O Livre Arbítrio

Agostinho

O Livre Arbítrio

Editor | Edson Manoel de Oliveira Filho
Produção editorial | Editora Filocalia
Projeto gráfico, capa e diagramação | Mauricio Nisi / Nine Design Gráfico
Revisão | Frank de Oliveira
Ilustração da capa | Gervasio Troche

Dados Internacionais de Catalogação na Publicação (CIP)
de acordo com ISBD

A221L

Agostinho, Santo, Bispo de Hipona, 354-430
O livre arbítrio: livro 2 / Agostinho ; tradução, introdução, notas, comentários e léxico de termos técnicos Ricardo Taurisano. – São Paulo, SP : Editora Filocalia, 2020.
496 p. ; 16 cm x 23 cm.

ISBN: 978-85-69677-30-7
Título original: De libero arbitrio

1. Livre arbítrio. 2. Determinismo. 3. Filosofia. I. Título. II. Taurisano, Ricardo.

2019-2286 CDD 233-7
CDU 123

Elaborado por Vagner Rodolfo da Silva – CRB-8/9410

Índice para catálogo sistemático:
1. Filosofia : Agostinho 233-7
2. Filosofia : Livre arbítrio 123

Editora Filocalia Ltda.
Rua França Pinto, 509 · São Paulo SP · 04016-032
Telefone: (5511) 5572 5363
atendimento@filocalia.com.br · www.editorafilocalia.com.br

Este livro foi impresso pela Pancrom Indústria Gráfica em maio de 2020.
Os tipos são da família ITC New Baskerville, ITC Stone Sans e Fat Flamingo.
O papel do miolo é o Lux Cream 70 g, e o da capa cuchê fosco 150 g.

Agostinho

O Livre Arbítrio

LIVRO 2

RICARDO TAURISANO
tradução, introdução, notas, comentários
e léxico de termos técnicos

FILOCALIA

Nada é desordenado no universo e nada é injusto;
quer o saibamos nós, quer o ignoremos.

Portanto nada no mundo acontece ao acaso.
Isto posto, parece seguir-se que qualquer coisa que se faz no mundo
em parte se faça por meio da ação divina, em parte por meio de nossa vontade.

AGOSTINHO[1]

Se aceitamos os bens da mão do Senhor,
por que não aceitaríamos os males?

Portanto não reproves a increpação do Senhor,
porque ele mesmo causa e pensa as feridas; ele fere e suas mãos curam.

O LIVRO DE JÓ[2]

---

1 (A.) *83 Questões diversas, Q. 27: "Nihil inordinatum in uniuerso nihilque iniustum est; siue scientibus siue nescientibus nobis"; Q. 24: "Nihil igitur casu fit in mundo. hoc constituto consequens uidetur ut quidquid in mundo geritur partim diuinitus geratur partim nostra uoluntate".*

2 Jó 2,10: "*Si bona suscepimus de manu domini, quare mala non suscipiamus?*" // *Ibid.* 5,17-18 (discurso de Elifaz): "*Increpationem ergo domini ne reprobes, quia ipse uulnerat et medetur, percutit et manus eius sanabunt*".

O meu reconhecimento a todos os que, de um modo ou de outro, querendo ou sem querer, me subsidiaram ao longo desta odisseia, sem cujo apoio jamais teria aportado, e entre os quais é imperioso destacar: Carla, *adamata uxor sociaque*, paciente e incansável apoiadora desde o primeiro até ao último pensamento; Walter, *percarissimus pater*, que não apenas me deu a vida *ad utendum omnibus* mas também de tudo *ad fruendum uita*; Edna e Diego, *dilecti ex corde fratres*, cujas palavras afetuosas enfunaram-me as velas da esperança; e por fim, Edson de Oliveira, *audax editor*, que com abraâmia fé neste engenho e nesta arte acreditou. Pois, como vaticinou o poeta, quando "Deus quer, o homem sonha, a obra nasce".

sumário

Avrelii Avgvstini
DE LIBERO ARBITRIO

Aurélio Agostinho
O LIVRE ARBÍTRIO

LIBER SECVNDVS

1,1 **1.** EVODIVS – Iam, si fieri potest, explica mihi quare dederit deus homini liberum uoluntatis arbitrium, quod utique, si non accepisset, peccare non posset.

AVGVSTINVS – Iam enim certum tibi atque cognitum est deum dedisse homini hoc, quod dari debuisse non putas?

E – Quantum in superiori libro intellegere mihi uisus sum, et habemus liberum uoluntatis arbitrium et non nisi eo peccamus.

A – Ego quoque memini iam nobis id factum esse perspicuum. sed nunc interrogaui utrum hoc, quod nos habere et quo nos peccare manifestum est, deum nobis dedisse scias.

2. E – Nullum alium puto. ab ipso enim sumus, et siue peccantes, siue recte facientes, ab illo poenam meremur aut praemium.

A – Hoc quoque, utrum liquido noueris an auctoritate commotus libenter etiam incognitum credas, cupio scire.

E – Auctoritati quidem me primum de hac re credidisse confirmo. sed quid uerius quam omne bonum ex deo esse, et omne iustum bonum esse, et peccantibus poenam recteque facientibus praemium iustum esse? ex quo conficitur a deo adfici et peccantes miseria, et recte facientes beatitate.

1,2 **3.** A – Nihil resisto. sed quaero illud alterum, quomodo noueris nos ab ipso esse. neque enim hoc nunc, sed ab ipso nos uel poenam uel praemium mereri explicasti.

E – Hoc quoque non aliunde uideo esse manifestum, nisi quod iam constat deum uindicare peccata, siquidem ab illo est omnis iustitia. non enim, ut alicuius est bonitatis alienis praestare beneficia, ita iustitiae uindicare in alienos. **4.** unde manifestum est ad eum nos pertinere, quia non solum in nos benignissimus in praestando, sed etiam iustissimus in uindicando est. deinde, ex

LIVRO SEGUNDO

1,1 **1.** EVÓDIO – Agora, se é possível, explica-me por que Deus deu ao homem o livre arbítrio da vontade, porque, se não o tivesse recebido, seguramente não poderia pecar.

AGOSTINHO – Então já tens por certo e conhecido que Deus deu ao homem isto, que reputas não deveria ter sido dado?

E – Tanto quanto no livro anterior pareceu-me inteligir, não apenas possuímos o livre arbítrio da vontade, como tampouco pecamos, a não ser por meio dele.

A – Eu também estou lembrado de que isso já ficou claro para nós. Mas eu perguntei agora se tens ciência de que Deus nos deu isto, que está manifesto que possuímos e por meio de que pecamos.

2. E – Reputo que nenhum outro [o poderia]. Pois existimos a partir dele, e seja pecando, seja agindo retamente, é dele que merecemos a pena ou o prêmio.

A – Também desejo ter ciência disto, se acaso tens conhecimento [do que afirmaste] de modo líquido e certo, ou se, movido de bom grado pela autoridade, [apenas] crês no que ainda te é desconhecido.

E – No que diz respeito a isso, confirmo que cri sem dúvida na autoridade em primeiro lugar. Porém que é mais verdadeiro do que [crer] que todo bem existe a partir de Deus, e que tudo o que é justo é bom, e que a pena, aos que pecam, e o prêmio, aos que agem retamente, é justo? De onde se conclui que é por Deus que os que pecam são afetados pela infelicidade, assim como os que agem retamente, pela felicidade.

1,2 **3.** A – A nada disso me oponho. Porém o que estou querendo saber é outra coisa, o modo como sabes que nós existimos a partir dele. Pois agora não me explicaste isto, e sim que dele merecemos tanto a pena como o prêmio.

E – Também isto não vejo de onde mais está manifesto, a não ser porque já está estabelecido que Deus pune os pecados, uma vez que é dele [que decorre] toda a justiça. Pois assim como [*não*] é próprio da bondade de alguém conceder benefícios a estranhos, assim também não é próprio da [sua] justiça punir estranhos. **4.** De onde ser manifesto que nós pertencemos a ele, porque não apenas é benigníssimo ao prestar-nos [suas benesses], mas também justíssimo ao punir-nos. E depois, a

eo quod ego posui tuque concessisti, omne bonum ex deo esse, etiam hominem ex deo esse intellegi potest. homo enim ipse, in quantum homo est, aliquod bonum est, quia recte uiuere, cum uult, potest.

1,3 **5.** A – Plane, si haec ita sunt, soluta quaestio est quam proposuisti. si enim homo aliquod bonum est et non posset, nisi cum uellet, recte facere, debuit habere liberam uoluntatem, sine qua recte facere non posset. non enim quia per illam etiam peccatur, ad hoc eam deum dedisse credendum est. satis ergo causae est cur dari debuerit, quoniam sine illa homo recte non potest uiuere. ad hoc autem datam, uel hinc intellegi potest, quia si quis ea usus fuerit ad peccandum, diuinitus in eum uindicatur. **6.** quod iniuste fieret, si non solum ut recte uiueretur, sed etiam ut peccaretur, libera esset uoluntas data. quomodo enim iuste uindicaretur in eum, qui ad hanc rem usus esset uoluntate, ad quam rem data est? nunc uero deus, cum peccantem punit, quid aliud tibi uidetur dicere, nisi: "Cur non ad eam rem usus es libera uoluntate, ad quam tibi eam dedi, hoc est, ad recte faciendum?". **7.** deinde, illud bonum, quo commendatur ipsa iustitia in damnandis peccatis recteque factis honorandis, quomodo esset, si homo careret libero uoluntatis arbitrio? non enim aut peccatum esset, aut recte factum, quod non fieret uoluntate. ac per hoc et poena iniusta esset, et praemium, si homo uoluntatem non haberet liberam. debuit autem et in supplicio, et in praemio, esse iustitia, quoniam hoc unum est bonorum quae sunt ex deo. debuit igitur deus dare homini liberam uoluntatem.

2,4 **8.** E – Iam concedo eam deum dedisse. sed nonne tibi uidetur, quaeso te, si ad recte faciendum data est, quod non debuerit ad peccandum posse conuerti, sic ut ipsa iustitia, quae data est homini ad bene uiuendum? numquid enim potest quispiam per iustitiam suam male uiuere? sic nemo posset per uoluntatem peccare, si uoluntas data est ad recte faciendum.

9. A – Donabit quidem deus, ut spero, ut tibi ualeam respondere, uel potius, ut ipse tibi eadem, quae summa omnium magistra est, ueritate intus docente, respondeas. sed paulisper uolo mihi dicas si id, quod abs te quaesiueram certum et cognitum tenes, deum nobis dedisse liberam

partir do que eu coloquei e tu consentiste, que todo bem existe a partir de Deus, pode ser inteligido que o homem também existe a partir de Deus. Pois o próprio homem, enquanto homem, é algum bem, porque pode viver retamente, quando quer.

1,3 **5.** A – Se é assim, claramente foi resolvida a questão que propuseste. Pois, se o homem é algum bem, e não poderia, a não ser quando quisesse, agir retamente, deveria ter possuído a vontade livre, sem a qual não poderia agir retamente. Pois não é porque também se peca por intermédio dela que se deve crer que Deus a deu para isto. Logo há motivos suficientes por que deveria ter sido dada, uma vez que sem ela o homem não pode viver retamente. Pois é para isto que foi dada, ou então se pode inteligi-lo pelo seguinte, porque se alguém fizer uso dela para pecar, ele é divinamente punido. **6.** O que se faria de modo injusto, se a vontade livre tivesse sido dada não apenas para que se vivesse retamente, mas também para que se pecasse. Pois como se poderia punir com justiça aquele que tivesse feito uso da vontade para a mesma finalidade para a qual ela foi dada? Na verdade, quando pune aquele que peca, que outra coisa te parece dizer Deus, senão: "Por que não fizeste uso da vontade livre para aquela mesma finalidade para a qual eu te dei, isto é, para agir retamente?". **7.** Depois, aquele bem, segundo o qual a própria justiça é recomendada na condenação dos pecados e na dignificação dos atos retamente praticados, de que modo poderia existir, se o homem carecesse do livre arbítrio da vontade? Pois não haveria nem pecado, nem ato retamente praticado que não se fizesse por meio da vontade. E por isto não apenas a pena seria injusta, mas também o prêmio, se o homem não possuísse a vontade livre. Porém devia tanto no castigo como no prêmio ter havido justiça, porque isto é um dos bens que existem a partir de Deus. Portanto Deus devia ter dado ao homem a vontade livre.

2,4 **8.** E – Concedo então Deus tê-la dado. Mas não te parece, eu te pergunto, se ela foi dada para agir retamente, que não deveria poder ser convertida para pecar, assim como a própria justiça, que foi dada ao homem para viver bem? Pois acaso pode alguém viver mal por causa de sua justiça? Assim ninguém poderia pecar por sua vontade, se a vontade foi dada para agir retamente.

9. A – Deus certamente concederá, como espero, que te possa responder, ou antes, que tu mesmo a ti respondas por meio dela, que é a mestra suprema de todos, a Verdade que ensina interiormente. Mas quero que me digas brevemente se aquilo, que eu quisera saber de ti se manténs como certo e conhecido, que Deus nos deu a vontade livre, se acaso convém dizer que isso, que admitimos que Deus nos deu, não deveria ter sido dado. **10.** Pois se é incerto que no-la tenha dado, investigamos

uoluntatem, utrum oporteat dicere dari non debuisse, quod dedisse confitemur deum. **10.** si enim incertum est utrum dederit, recte quaerimus utrum bene sit data, ut, cum inuenerimus bene datam esse, inueniatur etiam illum dedisse, a quo animae data sunt omnia bona. si autem inuenerimus non bene datam esse, non eum dedisse intellegamus, quem culpare nefas est. si uero certum est quod ipse illam dederit, oportet fateamur, quoquo modo data est, neque non dari, neque aliter eam dari debuisse, quam data est. ille enim dedit, cuius factum recte reprehendi nullo pacto potest.

2,5 **11.** E – Quamquam haec inconcussa fide teneam, tamen quia cognitione nondum teneo, ita quaeramus quasi omnia incerta sint. uideo enim ex hoc quod incertum est, utrum ad recte faciendum uoluntas libera data sit, cum per illam etiam peccare possimus, fieri etiam illud incertum, utrum dari debuerit. **12.** si enim incertum est ad recte faciendum datam esse, incertum est etiam dari debuisse; ac per hoc etiam utrum eam deus dederit incertum erit, quia si incertum est dari debuisse, incertum est ab eo datam esse, quem nefas est credere dedisse aliquid quod dari non debuit.

A – Illud saltem tibi certum est, deum esse.

E – Etiam hoc non contemplando, sed credendo inconcussum teneo.

13. A – Si quis ergo illorum insipientium, de quibus scriptum est: *Dixit insipiens in corde suo: "Non est deus!"*, hoc tibi diceret, nec uellet tecum credere quod credis, sed cognoscere utrum uera credideris, relinqueresne hominem, an aliquo modo quod inconcussum tenes persuadendum esse arbitrareris, praesertim si ille non obluctari peruicaciter, sed studiose id uellet agnoscere?

14. E – Hoc quod ultimum posuisti satis me admonet quid ei respondere deberem. certe enim, quamuis esset absurdissimus, concederet mihi cum doloso et peruicaci de nulla omnino et maxime de re tanta non esse disserendum. quo concesso, prior mecum ageret, ut sibi crederem bono animo eum istuc quaerere neque aliquid in se, quod ad rem hanc adtinet, doli ac peruicaciae latere. **15.** tum ego demonstrarem – quod cuiuis facillimum puto – quanto esset aequius, cum sibi de occultis animi sui, quae ipse nosset, uellet alterum credere, qui non nosset, ut etiam ipse tantorum uirorum libris,

corretamente se ela nos foi bem dada, de modo que, quando descobrirmos ter sido bem dada, seja descoberto igualmente que ele no-la deu, por quem foram dados à alma todos os bens. Porém, se descobrirmos não ter sido bem dada, intelijamos que ele não a deu, a quem atribuir culpa é nefasto. Agora, se é certo que ele mesmo a deu, convém reconheçamos, não importa o modo como foi dada, que ela, que foi dada, nem deveria não ter sido dada, nem ter sido dada de outra maneira. Pois ele a deu, cujo ato não pode ser retamente repreendido de forma nenhuma.

2,5 **11.** E – Embora eu retenha estas coisas por meio de uma fé inconcussa, contudo, porque ainda não as retenho por meio de cognição, investiguemo-las como se fossem todas incertas. Pois eu vejo a partir disto que é incerto, [a saber,] se a vontade livre tenha sido dada para agir retamente, ainda que por meio dela também possamos pecar, que se torna igualmente incerto se acaso ela devia ter sido dada. **12.** De fato, se é incerto que tenha sido dada para agir retamente, também é incerto se deveria ter sido dada; e por isto também será incerto se acaso Deus a tenha dado, porque, se é incerto se deveria ter sido dada, é incerto que tenha sido dada por ele, que é nefasto crer tenha dado algo que não deveria ter sido dado.

A – Pelo menos te é certo que Deus existe.

E – Também isto não é contemplando que retenho de modo inconcusso no espírito, mas crendo.

13. A – Logo, se algum daqueles insipientes, a respeito dos quais está escrito: "Disse o insipiente em seu coração: Não existe Deus!"[1], te dissesse isto, e não quisesse crer contigo naquilo em que crês, mas conhecer se acaso creste em fatos verdadeiros, deixarias este homem para trás, ou de algum modo julgarias que aquilo, que tu reténs como inconcusso, lhe deveria ser persuadido, especialmente se ele não quisesse opor-se de modo obstinado, mas conhecê-lo de fato, estudiosamente?

14. E – Isto que colocaste por último me sugere de modo suficiente o que lhe deveria responder. Pois com certeza, ainda que ele fosse completamente disparatado, conceder-me-ia que não se deve discutir com alguém mal-intencionado e obstinado a respeito de absolutamente nada, e principalmente de assunto tão elevado. Isso concedido, ele seria o primeiro a tentar convencer-me a fim de que eu cresse que ele pretendia investigar de boa mente, e que, no que diz respeito a esse assunto, não ocultava em si nenhuma má intenção nem obstinação. **15.** Então eu lhe demonstraria – o que reputo facílimo a qualquer um – o quanto seria mais equitativo, quando ele quisesse que alguém cresse nele, alguém que não conhecesse as coisas oriundas dos recônditos de seu espírito, as quais ele próprio conhecesse, que também ele mesmo cresse que Deus existe, através dos Livros de varões tão ilustres,

qui se cum filio dei uixisse testatum litteris reliquerunt, esse deum crederet, quia et ea se uidisse scripserunt, quae nullo modo fieri possent, si non esset deus; et nimium stultus esset, si me reprehenderet quod illis crediderim, qui sibi uellet ut crederem. iam uero quod recte reprehendere non ualeret, nullo modo reperiret cur etiam nollet imitari.

16. A – Si ergo, utrum sit deus, satis esse existimas, quod non temere tantis uiris credendum esse iudicauimus, cur non, quaeso te, de iis quoque rebus, quas tanquam incertas et plane incognitas quaerere instituimus, similiter putas eorumdem uirorum auctoritati sic esse credendum ut de inuestigatione earum nihil amplius laboremus?

E – Sed nos id quod credimus nosse et intellegere cupimus.

2,6 **17.** A – Recte meministi, quod etiam in exordio superioris disputationis a nobis positum esse negare non possumus. nisi enim et aliud esset credere, aliud intellegere, et primo credendum esset quod magnum et diuinum intellegere cuperemus, frustra propheta dixisset: *Nisi credideritis, non intellegetis.* **18.** ipse quoque dominus noster, et dictis et factis, ad credendum primo hortatus est quos ad salutem uocauit, sed postea, cum de ipso dono loqueretur quod erat daturus credentibus, non ait: “Haec est autem uita aeterna, ut credant”, sed: *Haec est,* inquit, *uita aeterna, ut cognoscant te uerum deum, et quem misisti, Iesum Christum.* deinde iam credentibus dicit: *Quaerite et inuenietis.* nam neque inuentum dici potest quod incognitum creditur, neque quisquam inueniendo deo fit idoneus, nisi ante crediderit quod est postea cogniturus. **19.** quapropter, domini praeceptis optemperantes, quaeramus instanter! quod enim hortante ipso quaerimus, eodem ipso demonstrante inueniemus, quantum [*haec*] in hac uita et a nobis talibus inueniri queunt. nam et a melioribus, etiam dum has terras incolunt, et certe a bonis et piis omnibus post hanc uitam, euidentius atque perfectius ista cerni optinerique credendum est; et nobis ita fore sperandum, et ista, contemptis terrenis et humanis, omni modo desideranda et diligenda sunt.

3,7 **20.** Quaeramus autem hoc ordine, si placet: primum, quomodo manifestum est deum esse; deinde, utrum ab illo sint quaecumque in

que deixaram por escrito o testemunho de terem vivido com o Filho de Deus, porque eles escreveram que também viram essas coisas, as quais de modo nenhum poderiam ser feitas, se Deus não existisse; e ele, que queria que eu cresse nele, seria demasiado estulto, se me repreendesse por ter crido naqueles [testemunhos]. E assim, aquilo que ele não pudesse repreender com retidão, de modo algum encontraria motivo por que também não quisesse imitar.

16. A – Logo, se estimas ser suficiente [nesta questão:] "se acaso Deus existe", o fato de não termos julgado temerariamente que se deve crer em tão ilustres varões, por que, eu te pergunto, a respeito dessas coisas também, as quais decidimos investigar como sendo duvidosas e claramente desconhecidas, não pensas de modo semelhante que se deva crer na autoridade desses mesmos varões, a fim de que não nos desgastemos mais na investigação delas?

E – Mas nós desejamos conhecer e inteligir aquilo em que cremos.

2,6 **17.** A – Estás lembrado retamente, porque não podemos negar agora o que no início da disputa anterior foi posto por nós. Pois se uma coisa não fosse crer, outra, inteligir, e se primeiro não se devesse crer no que de elevado e divino desejássemos inteligir, em vão teria dito o profeta: "Se não crerdes, não inteligireis"[2]. **18.** E também o nosso próprio Senhor, não apenas por ditos, mas também por feitos, primeiro exortou aqueles que chamou à salvação a crer, mas em seguida, como falasse a respeito do próprio dom que havia de dar aos que cressem, não diz: "Esta é, pois, a vida eterna, a fim de que creiam", mas diz: "Esta é a vida eterna, a fim de que te conheçam a ti, Deus verdadeiro, e aquele que enviaste, Jesus Cristo"[3]. Depois, aos que já creem, diz: "Procurai e encontrareis!"[4]. De fato, não se pode dizer que tenha sido encontrado aquilo que se crê desconhecido, nem que alguém se faça apto a encontrar Deus, se antes não crer naquilo que depois há de conhecer. **19.** Por isso, obedientes aos preceitos do Senhor, procuremos com insistência! Pois aquilo que procuramos por sua própria exortação, encontraremos por sua demonstração, tanto quanto podem estes assuntos ser encontrados nesta vida e por pessoas como nós. Na verdade deve-se crer que essas coisas são discernidas e possuídas de modo mais evidente e perfeito também pelos melhores, enquanto habitam ainda estas plagas, e certamente por todos os bons e piedosos, depois desta vida; e não apenas assim deverá ser esperado por nós, mas também, tendo desprezado o que é terreno e humano, essas coisas nos devem ser por todos os modos desejadas e amadas com dileção.

3,7 **20.** Investiguemos então nesta ordem, se te apraz: primeiro, de que modo está manifesto que Deus existe; em seguida, se acaso existem a partir dele todas as

quantumcumque sunt bona; postremo, utrum in bonis numeranda sit uoluntas libera. quibus compertis, satis adparebit, ut opinor, utrum recte homini data sit. quare prius abs te quaero, ut de manifestissimis capiamus exordium, utrum tu ipse sis. an fortasse tu metuis ne in hac interrogatione fallaris? cum utique si non esses, falli omnino non posses.

E – Perge potius ad caetera.

21. A – Ergo, quoniam manifestum est esse te, nec tibi aliter manifestum esset, nisi uiueres, id quoque manifestum est, uiuere te. intellegisne ista duo esse uerissima?

E – Prorsus intellego.

A – Ergo etiam hoc tertium manifestum est, hoc est, intellegere te.

E – Manifestum.

A – Quid in his tribus tibi uidetur excellere?

E – Intellegentia.

A – Cur tibi hoc uidetur?

22. E – Quia, cum tria sint haec: esse, uiuere, intellegere, et lapis est et pecus uiuit, nec tamen lapidem puto uiuere aut pecus intellegere; qui autem intellegit, eum et esse et uiuere certissimum est. quare non dubito id excellentius iudicare cui omnia tria insunt, quam id cui uel unum desit. **23.** nam quod uiuit, utique et est, sed non sequitur ut etiam intellegat, qualem uitam esse pecoris arbitror. quod autem est, non utique consequens est ut et uiuat et intellegat, nam esse cadauera possum fateri, uiuere autem nullus dixerit. iam uero quod non uiuit, multo minus intellegit.

24. A – Tenemus igitur horum trium duo deesse cadaueri, unum pecori, nihil homini.

E – Verum est.

A – Tenemus etiam id, esse in his tribus praestantius, quod homo cum duobus caeteris habet, id est, intellegere, quod habentem sequitur et esse et uiuere.

E – Tenemus, sane.

3,8 **25.** A – Dic mihi iam utrum illos uulgatissimos corporis sensus habere te noueris, uidendi et audiendi et olfaciendi et gustandi et tangendi.

E – Noui.

coisas, enquanto são bens; por último, se acaso a vontade livre deve ser contada entre os bens. Descobertas essas coisas, parecerá suficientemente claro, como imagino, se ela foi corretamente dada ao homem. Por isso, para que demos início a partir de [assertivas] absolutamente manifestas, quero antes saber de ti se tu mesmo existes. Ou talvez receies que te enganes nesta pergunta? Porque de fato, se não existisses, não poderias de modo nenhum enganar-te.

E – Prossegue antes ao que resta.

21. A – Logo, visto ser manifesto que tu existes, e que isso não te seria manifesto de outro modo, a não ser que estivesses vivo, também é manifesto que tu vives. Inteliges serem essas duas coisas muitíssimo verdadeiras?

E – Intelijo completamente.

A – Logo esta terceira também está manifesta, isto é, que tu inteliges.

E – Está manifesta.

A – Qual dentre estas três te parece ser a mais excelente?

E – A inteligência.

A – Por que te parece isto?

22. E – Porque, conquanto estas coisas sejam três: "ser", "viver", "inteligir", e tanto a pedra existe como a rês vive, contudo não reputo que a pedra viva ou a rês intelija; porém é certíssimo que aquele que intelige não apenas existe, mas também vive. Pelo que não hesito em julgar mais excelente aquilo em que todas as três estão presentes do que aquilo a que falte uma única. **23.** Pois o que vive sem dúvida também existe, mas não se segue que também intelija, gênero de vida que julgo ser próprio da rês. Porém o que existe nem sempre se segue que tanto viva quanto intelija, pois posso admitir que os cadáveres existem, contudo ninguém terá dito que vivam. E depois, o que não vive muito menos intelige.

24. A – Mantemos então que, destas três coisas, duas faltam ao cadáver; uma, à rês; nenhuma, ao homem.

E – É verdade.

A – Mantemos também isso, que, dentre estas três coisas, é melhor aquilo que o homem possui de par com as duas restantes, isto é, o inteligir, porque segue-se que o seu possuidor não apenas existe, mas também vive.

E – Mantemos, sem dúvida.

3,8 **25.** A – Diz-me agora se acaso sabes que possuis aqueles sentidos do corpo muitíssimo comuns, de ver, ouvir, cheirar, saborear e tocar.

E – Sei.

A – Quid putas pertinere ad uidendi sensum, id est, quid putas nos uidendo sentire?

E – Quaecumque corporalia.

A – Num etiam dura et mollia uidendo sentimus?

E – Non.

A – Quid ergo proprie ad oculos pertinet? quod per eos sentimus?

E – Color.

A – Quid ad aures?

E – Sonus.

A – Quid ad olfactum?

E – Odor.

A – Quid ad gustatum?

E – Sapor.

A – Quid ad tactum?

E – Molle uel durum, lene uel asperum et multa talia.

A – Quid? corporum formas: magnas, breues, quadras, rotundas, et si quid huiusmodi est, nonne et tangendo et uidendo sentimus, et ideo nec uisui proprie, nec tactui tribui possunt, sed utrique?

26. E – Intellego.

A – Intellegis ergo et quaedam singulos sensus habere propria, de quibus renuntient, et quaedam quosdam habere communia?

E – Et hoc intellego.

A – Quid igitur ad quemque sensum pertineat, et quid inter se uel omnes uel quidam eorum communiter habeant, num possumus ullo eorum sensu diiudicare?

E – Nullo modo, sed quodam interiore ista diiudicantur.

A – Num forte ipsa est ratio, qua bestiae carent? nam, ut opinor, ratione ista conprehendimus et ita se habere cognoscimus.

27. E – Magis arbitror nos ratione conprehendere esse interiorem quendam sensum, ad quem ab istis quinque notissimis cuncta referantur. namque aliud est quo uidet bestia, et aliud quo ea, quae uidendo sentit, uel uitat uel adpetit. ille enim sensus in oculis est, ille autem in ipsa intus anima,

A – Que pensas pertencer ao sentido de ver, isto é, que pensas tu que nós sentimos quando vemos?

E – Tudo o que seja corpóreo.

A – E por acaso sentimos também os objetos duros e moles quando vemos?

E – Não.

A – Logo o que é que pertence propriamente aos olhos? O que sentimos através deles?

E – A cor.

A – E aos ouvidos?

E – O som.

A – E ao olfato?

E – O odor.

A – E ao paladar?

E – O sabor.

A – E ao tato?

E – O que é mole ou duro, suave ou áspero, e muitas outras coisas do tipo.

A – Pois bem, as formas dos corpos: grandes, pequenas, quadradas, redondas, e as demais do mesmo gênero, acaso não as sentimos tanto ao tocá-las quanto ao vê-las, e por isso não podem ser atribuídas propriamente nem à visão tampouco ao tato, mas a ambos?

26. E – Intelijo.

A – Logo inteliges que cada um dos sentidos particulares tem certas [sensações] próprias, acerca das quais reportam, mas também que alguns deles têm certas [sensações] comuns?

E – Também isto intelijo.

A – Logo não podemos distinguir por meio de algum sentido desses que [sensação] pertence a que sentido, e que [sensação] têm todos em comum entre si, ou entre alguns deles?

E – De modo nenhum, mas essas coisas se distinguem por um certo [sentido] interior.

A – Não é acaso a própria razão, de que os animais carecem? Pois, de acordo com minha opinião, é pela razão que compreendemos essas coisas e conhecemos que elas são assim.

27. E – Julgo antes que por meio da razão nós compreendemos haver um certo sentido interior, ao qual todas essas [sensações], sem exceção, são referidas por meio desses cinco conhecidíssimos sentidos. E com efeito, uma coisa é aquilo por meio de que o animal vê, outra diferente, aquilo por meio de que evita ou procura obter os objetos

quo non solum ea quae uidentur, sed etiam ea quae audiuntur quaeque caeteris capiuntur corporis sensibus, uel adpetunt animalia delectata et adsumunt uel offensa deuitant et respuunt. **28**. hic autem nec uisus, nec auditus, nec olfactus, nec gustatus, nec tactus dici potest; sed nescio quid aliud quod omnibus communiter praesidet. quod, cum ratione conprehendamus, ut dixi, hoc ipsum tamen rationem uocare non possum, quoniam et bestiis inesse manifestum est.

3,9 **29.** A – Agnosco istuc, quicquid est, et eum interiorem sensum appellare non dubito. sed, nisi et istum transeat, quod ad nos refertur a sensibus corporis, peruenire ad scientiam non potest, quicquid enim scimus, id ratione conprehensum tenemus. scimus autem, ut de caeteris taceam, nec colores auditu, nec uoces uisu posse sentiri. **30.** et cum hoc scimus, nec oculis, nec auribus scimus, neque illo sensu interiore, quo nec bestiae carent. non enim credendum est eas nosse nec auribus sentiri lucem nec oculis uocem, quoniam ista non, nisi rationali animaduersione et cogitatione, discernimus.

31. E – Non possum dicere hoc me habere perceptum. quid? si enim sensu illo interiore, quo eas non carere concedis, hoc quoque diiudicant, nec colores auditu nec uisu uoces posse sentire?

A – Num etiam putas eas posse discernere ab inuicem colorem qui sentitur et sensum qui in oculo est et illum interiorem sensum apud animam et rationem, qua ista singillatim definiuntur et dinumerantur?

E – Nullo modo.

32. A – Quid? ista ratio posset haec quattuor discernere ab inuicem et definitionibus terminare, nisi ad eam referretur et color per oculorum sensum et ipse rursus per illum interiorem, qui ei praesidet, et idem interior per seipsum, si tamen iam nihil aliud interpositum est?

E – Non uideo quomodo aliter posset.

33. A – Quid? hoc uidesne, sensu oculorum colorem sentiri, eundem autem sensum eodem sensu non sentiri? non enim, quo sensu colorem uides, hoc eodem uides etiam ipsum uidere.

E – Non, omnino.

que sente, ao ver. Pois aquele primeiro sentido está nos olhos, porém o outro está dentro, na própria alma, [sentido] por meio de que os animais procuram obter e tomam para si o que os deleita, ou evitam e rejeitam o que lhes é desagradável, não apenas os [objetos] que se veem, mas também os sons que se ouvem e cada um dos demais [estímulos sensoriais] que se captam pelos sentidos do corpo. **28.** Todavia não se pode dizer que este [sentido] seja a visão, nem a audição, nem o olfato, nem o paladar, tampouco o tato; porém não sei que outro [sentido] seria capaz de presidir em comum a todos os demais. E porque compreendemos pela razão, como eu disse, não posso, pois, chamar a este mesmo [sentido] de razão, porque é manifesto que ele está presente também nos animais.

3,9 **29.** A – Reconheço [a existência] disso, seja o que for, e não hesito em chamá-lo de "sentido interior". Mas, a não ser que também aquilo que nos é transmitido pelos sentidos do corpo ultrapasse esse [sentido interior], não pode chegar plenamente até à ciência, pois tudo aquilo de que temos ciência, retemo-lo apreendido pela razão. Porém, para que me cale a respeito dos demais sentidos, nós temos ciência de que nem as cores podem ser sentidas pela audição, nem os sons, pela visão. **30.** E quando temos ciência disso, não é pelos olhos nem pelos ouvidos que temos ciência, tampouco por aquele sentido interior, de que nem os animais carecem. Pois não se deve crer que eles saibam que não sentem a luz pelos ouvidos, nem o som, pelos olhos, porque nós não discernimos essas coisas, a não ser por meio de observação racional e de cogitação.

31. E – Não posso dizer que eu o tenha percebido. E se por meio daquele sentido interior, de que, como tu admites, eles não carecem, também distinguem que não podem sentir as cores pela audição, tampouco os sons, pela visão?

A – Acaso pensas também que eles podem discernir um do outro, a cor que é sentida, o sentido que existe no olho, aquele sentido interior na alma e a razão, pela qual uma a uma essas coisas são definidas e dinumeradas?

E – De modo nenhum.

32. A – Pois bem, poderia essa razão discernir uma da outra estas quatro coisas e determiná-las por meio de definições, se não lhe fosse transmitida a cor pelo sentido dos olhos, e em seguida o próprio sentido [dos olhos], por aquele sentido interior que lhe preside, e esse mesmo [sentido] interior, por si mesmo, [isso,] contudo, se nada mais se interpõe [entre eles]?

E – Não vejo de que outro modo poderia.

33. A – Pois então! Vês isto, [a saber,] que a cor é sentida pelo sentido dos olhos, porém que o mesmo sentido não é sentido por si mesmo? Pois não é por este mesmo sentido, pelo qual vês a cor, que vês também que ele vê.

E – Não é, absolutamente.

A – Enitere etiam ista diiudicare. nam credo te non negare aliud colorem esse, et aliud colorem uidere, et item aliud, etiam cum color non subest, habere sensum quo uideri posset, si subesset.

E – Discerno et ista et inter se differre concedo.

34. A – Num horum trium quicquam uides oculis nisi colorem?

E – Nihil aliud.

A – Dic ergo unde uideas alia duo, non enim ea posses non uisa discernere!

E – Nescio quid aliud. esse scio, nihil amplius.

A – Nescis igitur utrum iam ipsa sit ratio, an illa uita sit, quam sensum interiorem uocamus, praecellentem sensibus corporis, an aliquid aliud?

E – Nescio.

35. A – Illud tamen scis, ea definire[1], nisi ratione, non posse, neque rationem id facere, nisi de his quae sibi examinanda offeruntur.

E – Certum est.

A – Quicquid est igitur aliud, quo sentiri potest omne quod scimus, ministerium rationis est, cui offert et renuntiat quicquid adtingit, ut ea quae sentiuntur discerni suis finibus possint et, non sentiendo tantum, sed etiam sciendo, conprehendi.

E – Ita est.

36. A – Quid? ipsa ratio, quae ministros suos et ea quae suggerunt discernit inuicem, et item quid inter haec et se ipsam distet agnoscit, seque illis praepotentiorem esse confirmat, num alia re se ipsam, nisi se ipsa, id est, ratione, conprehendit? an aliter scires te habere rationem nisi id ratione perciperes?

E – Verissimum est.

37. A – Quoniam ergo, cum colorem sentimus, non itidem sensu ipso nos sentire etiam sentimus, neque cum audimus sonum nostrum etiam audimus auditum, neque cum olfacimus rosam olet nobis aliquid et noster olfactus, neque quicquam gustantibus sapit in ore ipse gustus, nec tangentes aliquid ipsum etiam tangendi sensum possumus tangere, manifestum est quinque istos sensus nullo eorum sensu posse sentiri, quamuis eis corporalia quaeque sentiantur.

E – Manifestum est.

A – Esforça-te também por fazer essa distinção. Porque creio que tu não negues que uma coisa é a cor, e outra, ver a cor, e outra ainda, mesmo quando uma cor não esteja presente, possuir o sentido pelo qual a cor poderia ser vista, se estivesse presente.

E – Discirno também essas coisas e concedo que difiram entre si.

34. A – Por acaso vês alguma dessas três com os olhos, a não ser a cor?

E – Nenhuma outra.

A – Logo diz-me de onde vês as outras duas, pois não poderias discerni-las, não as tendo visto!

E – Não sei que outra coisa te dizer. Tenho ciência de que existem, nada além disso.

A – Portanto não tens ciência se acaso então é a própria razão, ou se aquela vida, que chamamos de "sentido interior", superior aos sentidos do corpo, ou outra coisa qualquer?

E – Não tenho ciência.

35. A – Contudo tens ciência de que não se pode defini-las, a não ser pela razão, e que a razão não pode fazê-lo, a não ser que se trate de algo que lhe seja apresentado para ser examinado.

E – Está certo.

A – Portanto seja o que for aquilo, pelo qual tudo de que temos ciência pode ser sentido, é próprio do ministério da razão, à qual ele apresenta e anuncia tudo o que atinge, a fim de que aquilo que é sentido possa ser discernido em seus limites e compreendido, não apenas sentindo, mas também tendo ciência.

E – Assim é.

36. A – Pois bem, a própria razão, que discerne seus ministros uns dos outros e as informações que eles fornecem, e que conhece igualmente bem a distância que há entre eles e ela mesma, e que confirma ser muito mais potente do que eles, acaso por alguma outra coisa, a não ser por si mesma, isto é, pela razão, ela apreende a si mesma? E de que outra maneira terias ciência de que possuis uma razão, se não percebesses isso por meio da razão?

E – Absolutamente verdadeiro.

37. A – Logo, visto que, quando sentimos uma cor, não é igualmente pelo próprio sentido que nós sentimos também o próprio sentir, nem quando ouvimos um som ouvimos também a nossa audição, nem quando cheiramos uma rosa se exala para nós algum [odor] e o nosso olfato, nem lhes resta na boca, aos que provam algo, o gosto do próprio [sentido] do paladar, nem ao tocar algo podemos tocar igualmente o próprio sentido do tato, [visto isso], está manifesto que esses cinco sentidos não podem ser sentidos por nenhum desses [mesmos] sentidos, ainda que por eles seja sentido o que é corpóreo.

E – Está manifesto.

4,10 **38.** A – Arbitror etiam illud esse manifestum sensum illum interiorem non ea tantum sentire quae accepit a quinque sensibus corporis, sed etiam ipsos ab eo sentiri. non enim aliter bestia moueret se uel adpetendo aliquid uel fugiendo, nisi se sentire sentiret, non ad sciendum, nam hoc rationis est, sed tantum ad mouendum, quod non utique aliquo illorum quinque sentit. **39.** quod si adhuc obscurum est, elucescet, si animaduertas quod exempli gratia sat est in uno aliquo sensu, uelut in uisu. namque aperire oculum et mouere aspiciendo ad id quod uidere adpetit nullo modo posset, nisi oculo clauso uel non ita moto se id non uidere sentiret. si autem sentit se non uidere dum non uidet, necesse est etiam sentiat se uidere dum uidet, quia, cum eo adpetitu non mouet oculum uidens, quo mouet non uidens, et indicat se utrumque sentire.

40. Sed utrum et se ipsam haec uita sentiat, quae se corporalia sentire sentit, non ita clarum est, nisi quod se quisque intus interrogans inuenit omnem rem uiuentem fugere mortem; quae cum sit uitae contraria, necesse est ut uita etiam seipsam sentiat, quae contrarium suum fugit. **41.** quod si adhuc non liquet, omittatur, ut non nitamur ad id quod uolumus, nisi certis manifestisque documentis. manifesta enim sunt: sensu corporis sentiri corporalia; eumdem autem sensum hoc eodem sensu non posse sentiri; sensu autem interiore et corporalia per sensum corporis sentiri et ipsum corporis sensum; ratione uero et illa omnia et eamdem ipsam notam fieri et scientia contineri. an tibi non uidetur?

E – Videtur sane.

A – Age, nunc responde unde sit quaestio, ad cuius solutionem peruenire cupientes iam diu ista molimur uia.

5,11 **42.** E – Quantum memini, trium illarum quaestionum quas paulo ante ad contexendum ordinem huius disputationis posuimus, nunc prima uersatur, id est, quomodo manifestum fieri possit, quamuis tenacissime firmissimeque credendum sit, deum esse.

A – Recte hoc tenes. sed etiam illud diligenter tenere te uolo, cum de te ipso quaererem utrum te esse noueris, non solum hoc, sed alia etiam duo nobis adparuisse quod noueris.

E – Id quoque teneo.

4,10 **38.** A – Julgo estar igualmente manifesto que aquele sentido interior não apenas sente o que recebeu dos cinco sentidos do corpo, mas também que os próprios sentidos são sentidos por ele. Pois de outro modo o animal não se moveria, seja ao procurar obter algo, seja ao fugir [dele], se ele não sentisse que estava sentindo, não para ter ciência, pois isto é próprio da razão, mas apenas para mover-se, o que sem dúvida não sente por intermédio de algum daqueles cinco. **39.** E se isso ainda está obscuro, começará a elucidar-se, se voltares a atenção para um único sentido, o que é suficiente, como a visão, por exemplo. Pois o animal não poderia de modo nenhum abrir os olhos e movê-los, enquanto observa, em direção ao que buscava ver, a não ser que, tendo os olhos fechados, ou não os tendo assim movido, sentisse que não estava vendo. Porém, se sente que não vê quando não vê, é necessário igualmente que sinta que vê quando vê, isso porque ele não move os olhos, quando está vendo, com o mesmo apetite com que os move, quando não está vendo, indicando também que sente ambas as coisas [: ver e não ver].

40. Mas se acaso também esta vida sente a si própria, a qual sente sentir os objetos corpóreos, não é assim evidente, a não ser porque cada um, ao interrogar-se interiormente, descobre que todo ser vivente foge da morte; [morte] que, uma vez seja contrária à vida, necessário se faz que também a vida sinta a si própria, a qual foge de seu contrário. **41.** E se isso ainda não está límpido e cristalino, que seja omitido, para que não avancemos para o que queremos, senão por meio de provas seguras e manifestas. Pois [o seguinte] está manifesto: os objetos corpóreos são sentidos pelos sentidos do corpo; porém um sentido não pode ser sentido por si mesmo; pelo sentido interior, contudo, podem ser sentidos não apenas os objetos corpóreos, [captados] pelos sentidos do corpo, mas também os próprios sentidos do corpo; e por meio da razão não apenas todas essas coisas se fazem conhecidas, mas também ela própria, além de serem [todas] elas contidas pela ciência. Ou não te parece?

E – Parece-me, sem dúvida.

A – Vamos lá, responde-me agora acerca daquela questão, por cuja solução já nos esforçamos há bastante tempo nessa via, desejosos de alcançá-la.

5,11 **42.** E – Quanto estou lembrado, daquelas três questões que propusemos um pouco antes, a fim de compor o ordenamento desta disputa, agora se está voltado para a primeira, isto é, de que modo se pode tornar manifesto, embora se deva tenacíssima e firmissimamente crer nisso, que Deus existe.

A – Retém-no retamente [na memória]. Porém quero que tu retenhas diligentemente também aquilo, [a saber,] quando indaguei de ti mesmo se acaso sabias que existes, tornou-se claro para nós que tu sabias não apenas isto, mas ainda duas outras coisas.

E – Retenho isso também.

43. A – Nunc ergo uide ad quam rem istarum trium intellegas pertinere omne quod corporis sensus adtingit, id est, in quo rerum genere tibi ponendum uideatur, quicquid uel oculorum uel alio quolibet corporis instrumento noster sensus adtingit, utrum in eo quod tantum est, an in eo quod etiam uiuit, an in eo quod etiam intellegit.

E – In eo quod tantum est.

A – Quid? ipsum sensum in quo genere trium horum esse censes?

E – In eo quod uiuit.

A – Quid igitur horum duorum melius esse iudicas, sensum ipsum, an quod sensus adtingit?

E – Sensum, scilicet.

A – Quare?

E – Quia melius est id quod etiam uiuit quam id quod tantum est.

5,12 **44.** A – Quid? illum sensum interiorem, quem quidem infra rationem et adhuc nobis communem cum bestiis superius indagauimus, dubitabisne huic sensui praeponere, quo corpus adtingimus et quem iam ipsi corpori praeponendum esse dixisti?

E – Nullo modo dubitauerim.

45. A – Etiam hoc cur non dubites uolo abs te audire. non enim poteris dicere hunc sensum interiorem iam in eo genere trium illorum esse ponendum, quod etiam intellegit, sed adhuc in eo quod et est et uiuit, etiamsi intellectu caret. iste enim sensus inest et bestiis, quibus intellectus non inest. quae, cum ita sint, quaero cur praeponas sensum interiorem [*huic*] sensui quo corporalia sentiuntur, cum sit uterque in eo genere quod uiuit. **46.** sensum autem istum, qui corpora adtingit, ideo praeposuisti corporibus, quia illa sunt in eo genere quod tantum est, iste uero in eo quod etiam uiuit; in quo, cum et ille interior reperiatur, cur eum meliorem putes, dic mihi. si enim dixeris quia ille istum sentit, non te credo inuenturum regulam qua fidere possimus, omne sentiens melius esse quam id quod ab eo sentitur, ne fortassis ex hoc etiam cogamur dicere omne intellegens melius esse quam id quod ab eo intellegitur. **47.** hoc enim falsum est, quia homo intellegit sapientiam et non est melior quam ipsa sapientia. quam ob rem uide qua causa tibi uisum sit sensum interiorem huic sensui quo sentimus corpora esse praeferendum.

43. A – Portanto vê agora a qual dessas três inteliges tu pertencer tudo o que o sentido do corpo atinge, isto é, em qual gênero de coisas te parece que deva ser posto tudo aquilo que, seja por meio dos olhos, seja por meio de outro qualquer instrumento do corpo, o nosso sentido atinge, se acaso no gênero do que apenas existe, ou se no do que também vive, ou ainda se no do que também intelige.

E – No do que apenas existe.

A – Pois bem, o próprio sentido [do corpo], em qual gênero destes três achas tu que ele esteja?

E – No do que vive.

A – Portanto qual destes dois julgas que é o melhor, o próprio sentido, ou aquilo que o sentido atinge?

E – O sentido, evidentemente.

A – Por quê?

E – Porque é melhor o que também vive do que o que apenas existe.

5,12 **44.** A – Pois bem, aquele sentido interior, que anteriormente averiguamos estar sem dúvida abaixo da razão e nos ser também comum com os animais, hesitarás acaso pôr à frente deste sentido, pelo qual atingimos os objetos corpóreos, e que agora mesmo disseste devia ser posto à frente do próprio corpo?

E – Não hesitarei de modo algum.

45. A – Também isto eu quero ouvir de ti, o motivo por que não hesitas. Pois não poderás dizer que este sentido interior deve agora ser posto naquele dos três gêneros que também intelige, mas apenas naquele que existe e vive, visto que careça de intelecto. Pois esse sentido está presente também nos animais, nos quais está carente o intelecto. Visto isso, quero saber por que pões o sentido interior à frente deste sentido, pelo qual os objetos corpóreos são sentidos, uma vez ambos estejam no gênero do que vive. **46.** Porém esse sentido, que atinge os objetos corpóreos, tu o puseste à frente dos objetos corpóreos, porque eles estão no gênero do que apenas existe, porém esse [sentido do corpo], no do que também vive; e uma vez que aquele sentido interior também se encontra nesse [mesmo gênero], diz-me por que consideras que ele seja melhor [do que aqueles cinco]. Pois, se disseres que é porque aquele [sentido interior] sente esses [cinco sentidos do corpo], não creio que terás descoberto uma regra em que possamos confiar, [como, por exemplo:] tudo o que sente é melhor do que aquilo que por ele é sentido; não ocorra que a partir disso sejamos talvez forçados a dizer também que tudo que intelige é melhor do que aquilo que por ele é inteligido. **47.** Pois isto é falso, porque o homem intelige a sabedoria e não é melhor do que a própria sabedoria. Por isso vê a causa por que te pareceu que o sentido interior deveria ser preferido a este sentido, por meio do qual sentimos o que é corpóreo.

48. E – Quia moderatorem et iudicem quemdam huius illum esse cognosco. nam et si quid huic in officio suo abfuerit, ille tanquam debitum a ministro flagitat, sicut paulo ante disputatum est. non enim se uidere aut non uidere sensus oculi uidet, et quia non uidet, non potest quid sibi desit aut quid satis sit iudicare, sed ille interior, quo admonetur et anima bestiae aperire oculum clausum et quod deesse, sentit implere. nulli autem dubium est eum qui iudicat eo de quo iudicat esse meliorem.

49. A – Cernis ergo etiam istum corporis sensum de corporibus quodam modo iudicare, ad illum enim pertinet uoluptas et dolor, cum uel leniter uel aspere corpore adtingitur. nam sicut ille interior quid desit uel satis sit oculorum sensui iudicat, sic ipse sensus oculorum quid desit uel satis sit coloribus iudicat. item sicut ille interior de auditu nostro iudicat, utrum minus an sufficienter intentus sit, sic iudicat auditus ipse de uocibus, quid earum leniter influat aut aspere perstrepat. **50.** non necesse est caeteros sensus corporis persequi. iam enim, ut opinor, animaduertis quid uelim dicere. ita scilicet sensum illum interiorem de istis corporis sensibus iudicare, cum eorum et integritatem probat et debitum flagitat, quem ad modum et ipsi corporis sensus de corporibus iudicant, adsumentes in eis lenem tactum reicientesque contrarium.

E – Cerno sane et uerissima esse consentio.

6,13 **51.** A – Adtende iam utrum etiam ratio de hoc interiore sensu iudicet. iam enim non quaero utrum eam meliorem illo esse dubites, quia non dubito id te iudicare, quamquam ne id quidem iam quaerendum putem, utrum de isto sensu iudicet ratio. namque in his ipsis quae infra eam sunt, id est, in corporibus et in sensibus corporis et isto interiore sensu, quo modo sit aliud alio melius et quam sit illis ipsa praestantior, quae tandem nisi ipsa renuntiat? quod profecto nullo modo posset, nisi de his ipsa iudicaret.

E – Manifestum est.

52. A – Cum ergo eam naturam quae tantum est neque uiuit neque intellegit, sicut[2] est corpus exanime, praecedat ea natura quae non tantum est, sed etiam uiuit neque intellegit, sicuti est anima bestiarum, et rursus hanc praecedat ea quae simul et est et uiuit et intellegit, sicut in homine mens

48. E – Porque conheço que aquele [sentido interior] é moderador e um certo juiz deste [sentido do corpo]. Pois mesmo se lhe faltar algo em seu ofício, aquele [sentido interior] o reivindica como se fosse uma dívida de um ministro seu, como se discutiu pouco antes. De fato, o sentido do olho não vê que vê ou que não vê, e porque não vê, não pode julgar do que lhe falte ou do que lhe seja suficiente, mas aquele, interior, pelo qual a alma do animal é admoestada não apenas a que abra os olhos fechados, mas também do que lhe esteja faltando, sente cumprir [o seu ofício]. Demais, ninguém tem dúvidas de que aquele que julga é melhor do que aquele acerca de que julga.

49. A – Logo percebes que esse sentido do corpo também julga de certo modo acerca dos objetos corpóreos, pois a ele é que pertencem tanto o prazer como a dor, quando é atingido, seja de modo suave, seja de modo áspero, por um corpo. Com efeito, assim como aquele sentido interior julga do que falte ou do que seja suficiente ao sentido dos olhos, assim também o próprio sentido dos olhos julga do que falte ou seja suficiente às cores. E de modo semelhante, assim como aquele sentido interior julga acerca da nossa audição, se acaso foi menos ou suficientemente atenta [aos sons], assim também a audição julga acerca dos sons, [sentindo] qual deles flua suavemente para dentro [dos ouvidos] ou cause asperamente algum estrépito. **50.** Não é necessário prosseguir aos restantes sentidos do corpo. Pois agora, penso eu, estás com a atenção direcionada ao que eu queria dizer. Assim aquele sentido interior claramente julga acerca desses sentidos do corpo, quando põe à prova a sua integridade e lhes reivindica sua dívida, assim como também os próprios sentidos do corpo julgam acerca dos objetos corpóreos, quando recebem em si seu toque suave e rejeitam o contrário.

E – Percebo, sem dúvida, e consinto que seja absolutamente verdadeiro.

6,13 **51.** A – Examina agora se acaso a razão também julga acerca deste sentido interior. Na verdade não estou querendo saber agora se duvidas de que a razão seja melhor do que o sentido interior, porque não tenho dúvidas de que tu [assim] o julgas, conquanto eu nem sequer considere que isso, [a saber,] se a razão julga acerca desse sentido, deva agora ser investigado. Com efeito, nisto mesmo que se encontra abaixo dela, isto é, nos objetos corpóreos, nos sentidos do corpo e nesse sentido interior, de que modo um é melhor do que o outro, e quanto ela mesma é mais excelente do que os demais, enfim, quem [no-lo] dá a conhecer, a não ser a própria razão? O que por certo não poderia de modo nenhum [fazer], se ela mesma não julgasse acerca destas coisas.

E – Está manifesto.

52. A – Logo, visto que à natureza que apenas existe, mas que não vive nem intelige, assim como o corpo desprovido de alma, precede a natureza que não apenas existe, mas que também vive, porém não intelige, assim como a alma dos animais, e a esta, por sua vez, precede aquela que não apenas existe, mas que simultaneamente

rationalis, num arbitraris in nobis, id est, in his quibus natura nostra conpletur ut homines simus, aliquid inuenire[3] posse praestantius quam hoc quod in his tribus tertio loco posuimus? **53.** nam et corpus nos habere manifestum est et uitam quandam, qua ipsum corpus animatur atque uegetatur, quae duo etiam in bestiis agnoscimus, et tertium quiddam, quasi animae nostrae caput aut oculum, aut si quid congruentius de ratione atque intellegentia dici potest, quam non habet natura bestiarum. quare uide, obsecro, utrum aliquid inuenire possis quod sit in natura hominis ratione sublimius.

E – Nihil omnino melius uideo.

6,14 **54.** A – Quid si aliquid inuenire potuerimus, quod non solum esse non dubites, sed etiam ipsa nostra ratione praestantius, dubitabisne illud quicquid est deum dicere?

E – Non continuo, si quid melius quam id quod in mea natura optimum est inuenire potuero, deum esse dixerim. non enim mihi placet deum appellare, quo mea ratio est inferior, sed quo nullus est superior.

55. A – Ita plane, nam ipse huic tuae rationi dedit tam de se pie uereque sentire. sed, quaeso te, si non inueneris esse aliquid supra nostram rationem, nisi quod aeternum atque incommutabile est, dubitabisne hunc deum dicere? nam et corpora mutabilia esse cognoscis et ipsam uitam, qua corpus animatur per adfectus uarios, mutabilitate non carere manifestum est et ipsa ratio, cum modo ad uerum peruenire nititur, modo non nititur, et aliquando peruenit, aliquando non peruenit, mutabilis esse profecto conuincitur. **56**. quae si, nullo adhibito corporis instrumento, neque per tactum, neque per gustatum, neque per olfactum, neque per aures, neque per oculos, neque per ullum sensum se inferiorem, sed per seipsam cernit aeternum aliquid et incommutabile, simul et seipsam inferiorem et illum oportet deum suum esse fateatur.

E – Hunc plane fatebor deum, quo nihil superius esse constiterit.

57. A – Bene habet, nam mihi satis erit ostendere esse aliquid huius modi quod aut fateberis deum esse aut si aliquid supra est eum ipsum deum esse concedes. quare, siue supra sit aliquid siue non sit, manifestum erit deum esse, cum ego, quod promisi, esse supra rationem eodem ipso adiuuante monstrauero.

também vive e intelige, assim como a mente racional no homem, acaso julgas que podes encontrar em nós, isto é, naquilo por meio de que nossa natureza se completa para que sejamos humanos, algo mais excelente do que isto, que, dentre estas três coisas, pusemos em terceiro lugar? **53.** Porque está manifesto que possuímos não apenas um corpo, mas também uma certa vida, pela qual o próprio corpo é animado e revigorado, dois atributos os quais reconhecemos igualmente nos animais, de par com um terceiro, como que a cabeça ou o olho de nossa alma, ou o que seja, se se pode dizer algo mais congruente a respeito da razão e da inteligência, atributo que a natureza dos animais não possui. Por isso, eu insisto, vê se acaso podes descobrir algo na natureza do homem que seja mais sublime do que a razão.

E – Não vejo absolutamente nada melhor.

6,14 **54.** A – E se pudermos descobrir algo, que não só não duvides existir, mas que igualmente seja mais excelente do que nossa própria razão, sendo o que for, hesitarás dizer que isso seja Deus?

E – Não direi de imediato que seja Deus, se puder descobrir algo melhor do que o que existe de mais excelente em minha natureza. Pois não me agrada chamar de "Deus" àquilo a que minha razão é inferior, e sim ao que nenhum [ser] é superior.

55. A – Sim, sem dúvida, pois ele mesmo concedeu a este teu raciocínio que sentisse a seu respeito de modo tão piedoso e verdadeiro. Mas [diz-me], eu te peço, se não descobrires existir acima da nossa razão nada, senão o que é eterno e absolutamente imutável, hesitarás dizer que isto seja Deus? Porque não apenas tens conhecimento de que os corpos são mutáveis, como também de que a própria vida, pela qual o corpo é animado por disposições variadas, não está evidentemente carente de mutabilidade, assim como a própria razão, que está sem dúvida provado ser mutável, quando num momento esforça-se por chegar à verdade, noutro não se esforça; por vezes chegando, por vezes não chegando. **56.** A qual razão, se, não tendo sido empregado nenhum instrumento do corpo, mas por si mesma, não pelo tato, nem pelo paladar, nem pelo olfato, nem pelos ouvidos, nem pelos olhos, nem por sentido algum inferior a si, [enfim, *se*, por si mesma] discerne algo eterno e incomutável, convém que reconheça, simultaneamente, não somente que ela mesma lhe é inferior, mas também que ele é o seu Deus.

E – Reconhecerei, sem dúvida, que Deus é aquele ao qual estiver estabelecido [entre nós] nada ser superior.

57. A – Está bem, pois me será suficiente mostrar que existe algo assim, algo que, ou reconhecerás que é Deus, ou então, se existe alguma [outra] coisa acima [disso], concederás que ela mesma seja Deus. Por isso, existindo ou não essa [outra] coisa acima, manifesto estará que Deus existe, quando eu demonstrar, ele próprio me ajudando, aquilo a que me propus, que existe [algo] acima da razão.

E – Demonstra ergo quod polliceris!

7,15 **58.** A – Faciam, sed prius quaero utrum sensus corporis meus idem sit qui tuus, an uero meus non sit nisi meus et tuus non sit nisi tuus. quod si non ita esset, non possem per oculos meos uidere aliquid quod tu non uideres.

59. E – Concedo prorsus; quamuis eiusdem generis, tamen singulos nos habere sensus, uidendi uel audiendi uel quoslibet alios caeterorum. non enim solum uidere, sed etiam audire potest aliquis hominum, quod alius non audiat; et aliud aliquid quolibet alio sensu quisquam sentire quod alius non sentiat. unde manifestum est et tuum non nisi tuum et meum sensum non esse nisi meum.

60. A – Hoc idem respondebis de illo etiam sensu interiore, an aliquid aliud?

E – Nihil sane aliud. nam et ille utique sensum meum sentit meus et tuum sentit tuus; nam ideo plerumque interrogor ab eo qui aliquid uidet, utrum hoc etiam ego uideam, quia ego me uidere aut non uidere sentio, non ille qui interrogat.

61. A – Quid? ipsam rationem nonne unus quisque nostrum habet suam, quandoquidem fieri potest ut ego aliquid intellegam, cum tu id non intellegis, nec utrum intellegam tu scire possis, ego autem sciam?

E – Manifestum est etiam rationales mentes singulos quosque nostrum singulas habere.

7,16 **62.** A – Num etiam poteris dicere singulos soles nos habere quos uidemus aut lunas aut luciferos aut caetera huius modi, quamuis suo quisque ac proprio sensu ista uideat?

E – Nullo modo istuc dixerim.

63. A – Possumus ergo uidere unum aliquid multi simul, cum sint sensus nostri nobis singulis singuli, quibus omnibus illud unum sentimus quod simul uidemus, ut, quamuis alius sensus meus sit et alius tuus, possit tamen fieri ut id quod uidemus non sit aliud meum aliud tuum, sed unum illud praesto sit utrique nostrum et simul ab utroque uideatur.

E – Manifestissimum est.

E – Demonstra, então, o que estás prometendo!

7,15 **58.** A – Farei, mas primeiro quero saber se acaso o meu sentido do corpo é o mesmo que o teu, ou se, na verdade, o meu não é senão meu, e o teu não é senão teu. Porque, se não fosse assim, eu não poderia ver algo por meio dos meus olhos que tu não estivesses vendo.

59. E – Concedo de imediato; conquanto [sejam todos] do mesmo gênero, contudo nós possuímos sentidos individuais, seja o de ver, seja o de ouvir, seja algum outro dos restantes. Pois qualquer homem pode não somente ver, mas também ouvir algo que um outro não [veja nem] ouça; e pode alguém sentir alguma outra coisa, por um outro sentido qualquer, que um outro não sinta. De onde ser manifesto que o teu sentido não é senão teu, e que o meu não é senão meu.

60. A – Responderás isto mesmo também acerca daquele sentido interior, ou algo diferente?

E – Nada além disso, sem dúvida. Porque invariavelmente aquele meu [sentido interior] sente os meus sentidos [corpóreos], assim como o teu [sentido interior] sente os teus [sentidos corpóreos]; e é por isso que muitas vezes sou interrogado por alguém que vê algo, [a fim de saber] se acaso eu o esteja vendo também, porque sou eu mesmo que sinto se vejo, ou se não vejo, não aquele que me interroga.

61. A – Pois bem, e a própria razão, cada um de nós não possui a sua, uma vez que é possível que eu intelija algo, quando tu não o inteliges, e que não possas ter ciência se acaso eu estou inteligindo, porém eu tenha ciência disso?

E – Está manifesto também que cada um de nós possui uma mente racional individual.

7,16 **62.** A – Porventura poderás dizer igualmente que nós possuímos cada um individualmente os sóis que vemos, ou as luas, ou os astros luminosos, ou outras coisas deste gênero, ainda que cada um as veja por um sentido seu e próprio?

E – De modo nenhum eu diria isso.

63. A – Logo podemos ver uma única e mesma coisa simultaneamente muitos de nós, ainda que os nossos sentidos sejam a cada um de nós individuais, [sentidos] todos pelos quais aquele objeto único que simultaneamente vemos é o [mesmo] que sentimos [individualmente], de modo que, embora um sentido seja meu, e outro, teu, contudo seja possível que o que vemos não seja uma coisa minha, outra, tua, mas um único e mesmo objeto esteja ao alcance de ambos e seja simultaneamente visto por ambos.

E – Está perfeitamente manifesto.

64. A – Possumus etiam unam aliquam uocem simul audire, ut, quamuis alius sit auditus meus alius tuus, non sit tamen alia mea et alia tua uox quam simul audimus, uel alia pars eius auditu meo capiatur et alia tuo, sed quicquid sonuerit et unum et totum audiendum simul adsit ambobus.

E – Et hoc manifestum est.

7,17 **65.** A – Iam etiam, de caeteris sensibus corporis, licet animaduertas quod dicimus, neque omnino illos, quod ad hanc rem adtinet, ita se habere, ut illos duos oculorum et aurium, neque omnino non ita. **66.** nam quia ex uno aere et ego et tu possumus implere spiramentum et eius aeris adfectionem odore sentire, et item quia ex uno melle uel quolibet alio cibo seu potu ambo gustare possumus et eius adfectionem sapore sentire; quamuis ille unus sit, nostri autem sint sensus singuli, tibi tuus et mihi meus, ut, unum odorem uel unum saporem cum ambo sentiamus, nec tu tamen eum meo sensu sentias nec ego tuo nec aliquo uno qui utriusque nostrum possit esse communiter, sed prorsus mihi meus sensus sit et tuus tibi, etiam si unus aut odor aut sapor ab utroque sentiatur. hinc ergo isti sensus inueniuntur habere aliquid tale quale illi duo in uisu et auditu. **67.** sed in eo dispares sunt, quantum ad id quod nunc agimus pertinet, quod, etsi unum aerem naribus ambo trahimus aut unum cibum gustando capimus, non tamen eam partem aeris duco quam tu nec eamdem partem cibi sumo quam tu, sed aliam ego, aliam tu. et ideo de toto aere cum spiro, duco partem quanta mihi satis est, et tu item de toto aliam quanta tibi satis est ducis. **68.** et cibus quamuis unus et totus ab utroque absumatur, non tamen et a me totus et a te totus absumi potest, quomodo uerbum et ego totum audio et tu totum simul, et speciem quamlibet quantam ego uideo tantam et tu simul; sed cibi uel potionis alia pars in me alia in te transeat necesse est. an parum ista intellegis?

E – Imo uero apertissima et certissima esse consentio.

7,18 **69.** A – Num censes tangendi sensum conparandum esse oculorum et aurium sensibus in ea re de qua nunc agitur? qua non solum corpus unum

64. A – Podemos ainda ouvir um único som simultaneamente, de modo que, embora uma audição seja minha, outra, tua, contudo não seja um meu, outro, teu, o som que simultaneamente ouvimos, nem uma parte dele seja captada pela minha audição e a outra, pela tua, mas o que se fizer soar se faça presente a ambos, não apenas único, mas também íntegro, para que seja ouvido [pelos dois] simultaneamente.

E – Também isto está manifesto.

7,17 **65.** A – Agora também, com respeito aos restantes sentidos do corpo, é lícito que voltes a atenção ao que estamos dizendo, que nem todos eles se constituem absolutamente do modo como foi dito, no que se refere a este ponto, como aqueles dois sentidos dos olhos e dos ouvidos, e nem que não seja completamente assim. **66.** De fato, a partir de um único [e mesmo influxo de] ar tanto eu como tu podemos encher as vias respiratórias e sentir as propriedades desse ar por meio do seu odor, e de modo semelhante, a partir de um único [e mesmo bocado de] mel, ou de qualquer outra comida ou bebida, podemos ambos degustar e sentir-lhe as propriedades por meio de seu sabor, ainda que um só [e mesmo] seja o bocado e que nossos sentidos, por sua vez, sejam individuais, possuindo tu o teu, e eu, o meu. Disso decorre que, embora sintamos um único odor ou um único sabor, contudo tu não o sintas com o meu sentido, nem eu, com o teu, tampouco com algum outro sentido único, que nos pudesse ser comum a ambos, mas, ao contrário, que eu possua precisamente o meu sentido, e tu, o teu, mesmo se um único e mesmo odor ou sabor seja sentido por ambos. Pelo que, pois, descobre-se que esses sentidos possuam algo em comum com aqueles dois [outros sentidos existentes] na visão e na audição. **67.** Porém nisso [que possuem em comum] são díspares, quanto ao que estamos discutindo, porque, ainda que aspiremos ambos um único [e mesmo influxo de] ar pelas narinas ou tomemos, degustando, uma única [e mesma] comida, contudo não aspiro a mesma parte do ar que tu, nem tomo a mesma parte da comida que tu, mas tomo eu uma parte, tu, outra. E por isso, quando estou respirando do ar todo, aspiro [apenas] a parte que me é suficiente; e tu, do mesmo modo, aspira do ar todo a parte que te é suficiente. **68.** E a comida, ainda que seja uma única [e mesma] consumida toda por nós dois, contudo não pode ser consumida toda por mim e também toda por ti, do modo como eu ouço uma palavra toda e tu também a ouves toda simultaneamente, [ou] uma aparência exterior qualquer, que tu também vês simultaneamente, tal qual eu a vejo; mas da comida ou da bebida é necessário que uma parte em mim se transforme, outra, em ti. Por acaso inteliges isso de modo insuficiente?

E – Muito pelo contrário, consinto que isso esteja absolutamente claro e certo.

7,18 **69.** A – [Sem dúvida] não supões que o sentido de tocar deva ser comparado com os sentidos dos olhos e dos ouvidos, nesse aspecto acerca de que agora estamos

ambo possumus sentire tangendo, sed etiam eamdem partem tu quoque poteris tangere quam ego tetigero, ut non solum idem corpus, sed eandem quoque corporis partem possimus ambo sentire tangendo. **70.** non enim, sicuti cibum aliquem adpositum non possumus et ego totum et tu totum capere cum ambo illo uescimur, sic etiam in tangendo accidit; sed et unum et totum quod ego tetigero etiam tu potes, ut id ambo tangamus, non singulis partibus, sed totum singuli.

71. E – Fateor hoc modo duobus illis superioribus sensibus hunc tangendi sensum esse simillimum. sed in hoc uideo esse dissimilem, quod simul, id est, uno tempore, et uidere aliquid unum totum ambo possumus et audire; tangere autem possumus quidem totum aliquid ambo uno tempore, sed partibus singulis; eamdem autem partem non nisi temporibus singulis, nam nulli parti quam tactu capis possum meum tactum admouere, nisi tu remoueris tuum.

7,19 **72.** A – Vigilantissime respondisti. sed oportet te etiam illud uidere: cum horum omnium quae sentimus alia sint quae ambo alia quae singuli sentiamus, ipsos uero sensus nostros, suos quisque, singuli sentiamus, ut neque ego sentiam sensum tuum neque tu meum, quid de his rebus quae sentiuntur a nobis per corporis sensus, id est, quid de corporalibus rebus non possumus sentire ambo, sed singuli, nisi quod ita fit nostrum ut hoc in nos uertere et commutare possimus? **73.** sicuti est cibus et potus, cuius nullam partem quam ego percepero et tu percipere poteris, quia et si nutrices alimenta mansa infantibus reddunt, illud tamen, quod inde gustatus rapuerit atque in mandentis uiscera commutauerit, nullo modo reuocari poterit ut in escam refundatur infantis. **74.** gula enim, cum aliquid iocunde sapit, etiamsi exiguam, tamen inreuocabilem partem sibi uindicat et hoc cogit fieri quod naturae corporis conuenit. quod nisi ita esset, nullus remaneret sapor in ore, posteaquam fuerint mansa illa reddita atque desputata. **75.** quod etiam de aeris partibus recte dici potest quas naribus ducimus. nam etiamsi aliquid aeris quod ego reddidero possis etiam tu ducere, non tamen poteris etiam illud quod inde in alimentum meum cesserit, quia nec reddi potest. nam etiam naribus alimentum nos capere

tratando? Porque não apenas um único [e mesmo] corpo podemos ambos sentir, ao tocá-lo, mas porque tu também poderás tocar a mesma parte que eu tiver tocado, de modo que não somente o mesmo corpo, mas igualmente a mesma parte do corpo possamos ambos sentir, ao tocá-la. **70.** Pois não é assim que acontece quando se toca algo, como [se dá com] uma comida qualquer servida, que não podemos tanto eu como tu ingeri-la toda, quando dela nos alimentamos; ao contrário, não apenas um único [e mesmo objeto] que eu vier a tocar, mas também ele todo, tu também podes [tocá-lo], de modo que ambos o toquemos, não em partes individuais, mas cada um de nós individualmente toque o objeto todo.

71. E – Reconheço que por este critério aqueles dois sentidos supramencionados são muitíssimo semelhantes a este sentido do toque. Mas vejo que são dessemelhantes nisto, porque simultaneamente, isto é, num único [e mesmo] intervalo de tempo, podemos não apenas ver, como ouvir uma única [e mesma] coisa por inteiro; além disso, podemos ambos seguramente tocar algum objeto todo num único [e mesmo] intervalo de tempo, mas em partes individuais; contudo não a mesma parte, a não ser em intervalos de tempo individuais, pois não posso mover o meu tato para nenhuma parte que tu estejas segurando com o teu tato, a não ser que tu o tenhas removido.

7,19 **72.** A – Respondeste de maneira extremamente atenta. Mas é preciso que tu percebas ainda o seguinte: visto que, de todos os objetos que sentimos, uns são os que sentimos ambos [em comum], outros, individualmente, e visto que sentimos os nossos próprios sentidos individualmente, cada um [sentindo] os seus, de modo que nem eu sinta o teu sentido, nem tu, o meu, visto isso, que objeto, dentre estes que são sentidos por nós através dos sentidos do corpo, isto é, dentre os objetos corpóreos, é o que não podemos sentir ambos [em comum], mas [apenas] individualmente, a não ser aquele que de tal modo se torne parte de nós que possamos convertê-lo e mudá-lo completamente em nós mesmos? **73.** Assim como a comida e a bebida, de que nenhuma parte que eu tiver ingerido por inteiro poderás tu também ingerir por inteiro, porque, ainda que as amas de leite retornem os alimentos mastigados [na boca] dos bebês, aquilo, contudo, que o paladar tiver retirado dali [da massa triturada] e mudado completamente nas entranhas dessas que mastigam, isso de modo nenhum poderá ser recuperado, a fim de que seja novamente vertido em repasto para os bebês. **74.** Pois a goela, quando saboreia algo de maneira jucunda, reivindica para si, contudo, uma parte irrecuperável, ainda que exígua, o que obriga a que se faça o que convém à natureza do corpo. Porque, se assim não fosse, nenhum sabor remanesceria na boca, depois que aqueles alimentos mastigados tivessem sido retornados e cuspidos. **75.** O mesmo se pode dizer retamente também acerca das partes de ar que aspiramos pelas narinas. Pois, ainda que tu também possas aspirar algo do ar que eu tiver expelido, contudo não poderás aspirar igualmente aquele ar que então tiver sido transformado em meu

medici docent; quod alimentum et spirando solus sentire possum et reflando restituere non possum, ut abs te etiam ductum naribus sentiatur. **76.** nam caetera sensibilia, quae, quamuis sentiamus, non tamen ea sentiendo in nostrum corpus corrupta mutamus, possumus ea siue uno tempore siue singulis uicissim temporibus ambo sentire, sicut uel totum uel pars ipsa quam sentio abs te etiam sentiatur; qualia sunt siue lux siue sonus siue corpora quae adtingimus, non tamen laedimus.

E – Intellego.

77. A – Manifestum est ergo ea quae non commutamus et tamen sentimus corporis sensibus, et non pertinere ad naturam sensuum nostrorum, et propterea magis nobis esse communia, quia in nostrum proprium et quasi priuatum non uertuntur atque mutantur.

E – Prorsus adsentior.

78. A – Proprium ergo et quasi priuatum intellegendum est quod unus quisque nostrum sibi est et quod in se solus sentit, quod ad suam naturam proprie pertinet; commune autem et quasi publicum, quod ab omnibus sentientibus nulla sui corruptione atque commutatione sentitur.

E – Ita est.

8,20 **79.** A – Age, nunc adtende et dic mihi utrum inueniatur aliquid quod omnes ratiocinantes sua quisque ratione atque mente communiter uideant, cum illud quod uidetur praesto sit omnibus nec in usum eorum quibus praesto est commutetur quasi cibus aut potio, sed incorruptum integrumque permaneat, siue illi uideant siue non uideant. an forte nihil huiusmodi esse arbitraris?

80. E – Immo multa esse uideo, e quibus unum commemorari satis est, quod ratio et ueritas numeri omnibus ratiocinantibus praesto est, ut omnis eam conputator sua quisque ratione et intellegentia conetur adprehendere, et alius id facilius, alius difficilius possit[4]; cum tamen ipsa aequaliter se omnibus praebeat ualentibus eam capere, nec cum eam quisque percipit in sui perceptoris, quasi alimentum, uertatur atque commutetur, nec cum in ea quisque fallitur ipsa deficiat, sed ea uera et integra permanente, ille in errore sit tanto amplius, quanto minus eam uidet.

alimento, porque esse ar não pode ser expelido. Com efeito, os médicos nos ensinam que tomamos o alimento também pelas narinas; alimento esse que só eu posso sentir, quando inspiro, e que não posso restituir, quando expiro, a fim de que também seja sentido por ti, ao ser aspirado pelas tuas narinas. **76.** Por sua vez, os demais objetos sensíveis, ainda que os sintamos, contudo não os modificamos em nosso corpo ao senti-los, corrompendo-os; e podemos ambos senti-los, seja [em comum] num único e mesmo intervalo de tempo, seja em tempos diferentes, cada um em sua vez, assim como também é possível seja sentida por ti quer a própria parte que sinto, quer o objeto todo; objetos como a luz, o som, ou os corpos que tocamos, os quais, contudo, não deterioramos.

E – Intelijo.

77. A – Portanto está manifesto que os objetos que não mudamos completamente e que contudo sentimos pelos sentidos do corpo, não apenas não pertencem à natureza dos nossos sentidos, como também por esse mesmo motivo são mais comuns para nós, porque não são convertidos e mudados em algo próprio nosso e como que privado.

E – Assinto completamente.

78. A – Logo "próprio" e como que "privado" deve ser inteligido como sendo aquilo que cada um de nós possui [como seu] e que sente por si só, em si [mesmo], porque pertence propriamente à sua natureza; por outro lado "comum" e como que "público", como aquilo que é sentido por todos os sencientes, [embora] sem nenhuma corrupção e mutação completa de sua [natureza].

E – É assim mesmo.

8,20 **79.** A – Vamos lá, agora presta atenção e diz-me se acaso se descobre algo que todos os que raciocinam vejam em comum, cada qual por meio de sua própria razão e de sua mente, conquanto o que se vê esteja ao alcance de todos e não seja completamente mudado pelo uso daqueles aos quais está ao alcance, como se fosse uma comida ou bebida, mas permaneça incorrupto e íntegro, quer eles o vejam, quer não o vejam. Ou julgas acaso não haver nada [que seja] assim deste modo?

80. E – Muito pelo contrário, vejo haver muitas coisas assim, dentre as quais é suficiente se rememore uma única, qual seja, que a razão e a verdade do número está ao alcance de todos os que raciocinam, de modo que todo aquele que faz cômputos se esforce por apreendê-la, cada um por meio de sua razão e de sua inteligência, podendo uns fazê-lo mais facilmente, outros, mais dificilmente[5]; [e de modo que,] ainda que ela própria se mostre igualmente a todos os que são capazes de captá-la, quando alguém a capta por completo, nem seja convertida e mudada completamente em seu captor, como se fosse um alimento, nem se torne deficiente, quando alguém nela comete algum engano, mas, permanecendo verdadeira e íntegra, quanto menos se a vê tanto mais amplamente se esteja em erro.

8,21 **81.** A – Recte sane. sed uideo te, tanquam non rudem harum rerum, cito inuenisse quod diceres. tamen, si tibi aliquis diceret numeros istos non ex aliqua sua natura, sed ex his rebus quas corporis sensu adtingimus impressos esse animo nostro, quasi quasdam imagines quorumque uisibilium, quid responderes? an tu quoque id putas?

82. E – Nullo modo id putauerim. non enim, si sensu corporis percepi numeros, idcirco etiam rationem partitionis numerorum uel copulationis sensu corporis percipere potui. hac enim luce mentis refello eum quisquis, uel in addendo, uel in retrahendo, dum conputat, falsam summam renuntiauerit. et quicquid sensu corporis tango, ueluti est hoc coelum et haec terra et quaecumque in eis alia corpora sentio, quamdiu futura sint nescio. **83.** septem autem et tria decem sunt, et non solum nunc, sed etiam semper; neque ullo modo aliquando septem et tria non fuerunt decem, aut aliquando septem et tria non erunt decem. hanc ergo incorruptibilem numeri ueritatem dixi mihi et cuilibet ratiocinanti esse communem.

8,22 **84.** A – Non resisto tibi, uerissima et certissima respondenti. sed ipsos quoque numeros non per corporis sensus adtractos esse facile uidebis, si cogitaueris quemlibet numerum tot uocari, quotiens *unum* habuerit; uerbi gratia, si bis habuerit *unum* duo uocantur; si ter tria, et si decies *unum* habent tunc uocantur decem; et quilibet omnino numerus quotiens habet *unum*, hinc illi nomen est, et tot appellatur. **85.** *unum* uero quisquis uerissime cogitat profecto inuenit corporis sensibus non posse sentiri. quicquid enim tali sensu adtingitur, iam non *unum*, sed multa esse conuincitur; corpus est enim, et ideo habet innumerabiles partes. sed ut minutas quasque minusque articulatas non persequar, quantulumcumque illud corpusculum sit, habet certe aliam partem dexteram, aliam sinistram, aliam superiorem, aliam inferiorem, aut aliam ulteriorem, aliam citeriorem, aut alias finales, aliam mediam. **86.** haec enim necesse est quamlibet exiguo corporis modulo inesse fateamur et propterea nullum corpus uere pureque *unum* esse concedimus, in quo tamen non possent tam multa numerari, nisi illius *unius* cognitione discreta. cum enim quaero *unum* in corpore et me non inuenire non dubito, noui utique quid ibi quaeram et quid ibi non

8,21 **81.** A – Retamente, sem dúvida. Mas vejo que tu encontraste bem depressa o que dizer, como quem não é desconhecedor destes assuntos. No entanto, se alguém te dissesse que esses números não são impressos em nosso espírito a partir de alguma natureza sua particular, mas a partir destes objetos que atingimos por meio do sentido do corpo, como se fossem espécies de imagens de cada objeto visível, que responderias? Ou também pensas isso?

82. E – Não pensei isso de modo nenhum. Pois, se os números são percebidos pelos sentidos do corpo, não é por esse motivo também que fui capaz de perceber, pelos [mesmos] sentidos do corpo, a razão da partição dos números ou de sua copulação. De fato, é por esta luz da mente que eu refuto todo aquele que, ao computar, tiver feito um cálculo errado, seja adicionando, seja subtraindo. E tudo o que eu toco por meio dos sentidos do corpo, como este céu e esta terra e todos os outros corpos neles existentes que sinto, não tenho ciência de quanto tempo venham a existir. **83.** Porém sete e três são dez, não somente agora, mas sempre; e nem de algum modo em tempo algum sete e três não foram dez, ou em tempo algum sete e três não serão dez. Por isso é que eu disse que esta incorruptível verdade do número é comum a mim e a qualquer um que raciocina.

8,22 **84.** A – Não te contesto, pois respondeste coisas absolutamente verdadeiras e certas. Mas verás facilmente que os próprios números também não são atraídos pelos sentidos do corpo, se cogitares que um número qualquer é chamado de tanto [conforme] quantas vezes [em si] contiver o *um*; por exemplo, se contiver o *um* duas vezes, será chamado de "dois"; se três vezes, de "três"; e se dez vezes contém o *um*, é chamado de "dez"; e assim todo e qualquer número, quantas vezes contém o *um*, daí é que tem o seu nome, e desse tanto é chamado. **85.** Na realidade todo aquele que cogita do modo mais verdadeiro possível sem dúvida descobre que o *um* não pode ser sentido pelos sentidos do corpo. De fato, tudo o que é atingido por tal sentido está provado já não ser *um*, mas muitos; pois é corpo, e por isso possui inumeráveis partes. Mas para que eu não prossiga indefinidamente a partes diminutas e cada vez menos articuladas, por pequenino seja um determinado corpúsculo, possui certamente uma parte direita, outra esquerda, uma superior, outra inferior, ou uma posterior, outra anterior, ou ainda umas partes limítrofes, outra média. **86.** Pois é necessário reconheçamos que esta parte, seja qual for, está dentro de uma medida exígua de corpo, por isso não admitimos que corpo algum seja pura e verdadeiramente *um*, corpo em que, contudo, uma tão grande quantidade de partes não se poderá enumerar, a não ser por meio de uma cognição discriminada daquele *um*. De fato, quando estou procurando o *um* em um corpo e não tenho dúvidas de que não vou encontrá-lo, invariavelmente sei o que

inueniam et non posse inueniri uel potius omnino ibi non esse. **87.** ubi ergo noui, quod non est corpus, *unum*? *unum* enim si non nossem, multa in corpore numerare non possem. ubicumque autem *unum* nouerim, non utique per corporis sensum noui, quia per corporis sensum non noui nisi corpus, quod uere pureque *unum* non esse conuincimus. porro si *unum* non percepimus corporis sensu, nullum numerum eo sensu percepimus, eorum duntaxat numerorum quos intellegentia cernimus. **88.** nullus est enim ex his qui non tot uocetur, quotiens habet *unum*, cuius perceptio sensu corporis non fit. cuiuslibet enim corpusculi pars dimidia, quamuis duabus totum constat, habet et ipsa dimidiam sua; sic ergo sunt illae duae partes in corpore ut nec ipsae simpliciter duae sint; numerus autem ille qui uocatur duo, quoniam bis habet illud quod simpliciter *unum* est, non potest pars eius dimidia, id est, illud ipsum quod simpliciter *unum* est, non potest rursus habere partem dimidiam uel tertiam uel quotamlibet, quoniam simplex et uere *unum* est.

8,23 **89.** Deinde quoniam, tenentes ordines numerorum, post *unum* duo uidemus, qui numerus ad *unum* collatus duplus inuenitur, duplus duorum non consequenter adiungitur, sed, interposito ternario, quaternarius sequitur, qui duplus est duorum. **90.** et haec ratio per omnes caeteros numeros certissima et incommutabili lege pertenditur, ut post *unum*, id est, post primum omnium numerorum, ipso excepto, primus sit qui duplum eius habet, duo enim sequuntur; post secundum autem, id est, post duo, ipso excepto, secundus sit qui duplum eius habet; post duo enim primus est ternarius, secundus quaternarius, duplus secundi; post tertium, id est, post ternarium, ipso excepto, tertius sit qui duplus est eius; post tertium enim, id est, post ternarium, primus est quaternarius, secundus quinarius, tertius senarius, qui duplus est tertii. **91.** atque ita post quartum, ipso excepto, quartus habet duplum eius; post quartum enim, id est, quaternarium, primus est quinarius, secundus senarius, tertius septenarius, quartus octonarius, qui duplex est quarti. atque ita per omnes caeteros hoc reperies, quod in prima copula numerorum, id est, *uno* et duobus inuentum est, ut quotus quisque numerus est ab ipso principio, totus post illum sit duplus eius.

ali estou buscando e não apenas o que ali não vou encontrar, mas também o que não pode ser encontrado, ou melhor, o que ali absolutamente não está. **87.** Logo onde é que eu conheço o *um*, que não é corpo? Mas se eu não conhecesse o *um*, não poderia enumerar as muitas partes em um corpo. Porém, seja de onde for que eu conheça o *um*, sem dúvida não é por meio dos sentidos do corpo que eu o conheço, porque por meio dos sentidos do corpo não conheço senão corpos, coisa que provamos pura e verdadeiramente que o *um* não é. Além disso, se não percebemos o *um* por meio dos sentidos do corpo, número nenhum percebemos por meio desses sentidos, ao menos daqueles números que discernimos por meio da inteligência. **88.** Pois dentre estes não há nenhum número que não seja chamado de tanto quantas vezes contém o *um*, cuja percepção não se faz por meio dos sentidos do corpo. Com efeito, metade de qualquer corpo diminuto, ainda que o todo consista em duas partes, contém ela própria também sua metade; logo essas duas partes se encontram no corpo de tal modo que não sejam simplesmente duas; porém aquele número que é chamado de "dois", por conter duas vezes o que é simplesmente *um*, não pode sua metade, isto é, aquilo mesmo que é simplesmente *um*, não pode, por sua vez, conter [em si] uma metade, ou terça parte, ou a quantidade que for, porque é simples e verdadeiramente *um*.

8,23 **89.** Em seguida, retendo a sequência dos números, não é porque após o *um* vemos o "dois", número que reunido ao *um* se descobre que é seu dobro, que o dobro de "dois" se lhe adjunja de modo análogo; mas, ao contrário, interpondo-se um número ternário, segue-se o quaternário, que é o dobro de "dois". **90.** E este raciocínio se estende através de todos os demais números por uma lei absolutamente certa e imutável, de modo que após o *um*, isto é, após o primeiro de todos os números, com exceção dele próprio, seja primeiro aquele que tem o dobro dele, porque segue-se o "dois"; porém depois do segundo, isto é, depois do "dois", com exceção dele próprio, o segundo seja aquele que tem o dobro dele; porque, depois do "dois", o primeiro [número na sequência] é o ternário, o segundo, o quaternário, que é o dobro do segundo; depois do terceiro, isto é, depois do ternário, com exceção dele próprio, o terceiro seja aquele que tem o dobro dele; porque, depois do terceiro, isto é, depois do ternário, o primeiro seja o quaternário, o segundo, o quinário, o terceiro, o senário, que é o dobro do terceiro. **91.** E assim também depois do quarto, com exceção dele próprio, o quarto [número na sequência] tem o dobro dele; porque depois do quarto, isto é, o quaternário, primeiro é o quinário, segundo, o senário, terceiro, o setenário, quarto, o octonário, que é duas vezes o quarto. E assim através de todos os demais encontrarás este [mesmo raciocínio], que [se descobriu] na primeira cópula dos números, isto é, quando encontrados o *um* e o "dois", de modo que o quanto de cada número, desde o seu princípio, seja o mesmo tanto que, [acrescido] depois dele, constitua o seu dobro.

92. Hoc ergo, quod per omnes numeros esse immobile, firmum incorruptumque conspicimus, unde conspicimus? non enim ullus ullo sensu corporis omnes numeros adtingit, innumerabiles enim sunt. unde ergo nouimus per omnes hoc esse, aut qua phantasia uel phantasmate tam certa ueritas numeri per innumerabilia tam fidenter, nisi in luce interiore conspicitur, quam corporalis sensus ignorat?

8,24 **93.** His et talibus multis documentis coguntur fateri, quibus disputantibus deus donauit ingenium, et pertinacia caliginem non obducit, rationem ueritatemque numerorum et ad sensus corporis non pertinere et inuertibilem sinceramque consistere, et omnibus ratiocinantibus ad uidendum esse communem. **94.** quapropter, cum multa alia possint occurrere quae communiter et tanquam publice praesto sunt ratiocinantibus, et ab eis uideantur, mente atque ratione singulorum quorumque cernentium, eaque inuiolata et incommutabilia maneant, non tamen inuitus acceperim quod ista ratio et ueritas numeri tibi potissimum occurrit, cum ad id, quod interrogaueram, respondere uoluisses. **95.** non enim frustra in sanctis libris sapientiae coniunctus est numerus, ubi dictum est: *Circuiui ego et cor meum, ut scirem et considerarem et quaererem sapientiam et numerum.*

9,25 **96.** Verumtamen, quaeso te, quid de ipsa sapientia putas existimandum? singulas quasque suas arbitraris singulos quosque homines habere sapientias? an uero una praesto est communiter omnibus, cuius quanto magis quisque fit particeps, tanto est sapientior?

97. E – Quam dicas sapientiam nondum scio, uideo quippe uarie uideri hominibus quid fiat dicaturue sapienter. nam et qui militant sapienter sibi facere uidentur, et qui, contempta militia, colendo agro curam atque operam inpendunt, hoc potius laudant tribuuntque sapientiae; et qui astuti sunt ad excogitandos modos conquirendae pecuniae uidentur sibi esse sapientes; et qui haec omnia neglegunt uel abiciunt et quaeque sunt huius modi temporalia et totum studium suum ad inuestigationem conferunt ueritatis ut semet ipsos deumque cognoscant, magnum hoc esse sapientiae munus iudicant; **98.** et qui huic otio quaerendi et contemplandi ueri nolunt se dare, sed potius

92. Portanto isto que através dos números todos observamos ser imóvel, firme e incorrupto, onde é que o observamos? Pois pessoa alguma atinge os números todos por meio de algum sentido do corpo, uma vez que eles são inumeráveis. Logo de onde é que conhecemos, através de todos eles, que isto é assim, ou então por que noção imaginária ou aparência fantástica se observa uma tão certa verdade do número, através do que é inumerável, com tamanha confiança, a não ser em uma luz interior, que o sentido corpóreo ignora?

8,24 **93.** Por estas e muitas evidências semelhantes, aqueles, aos quais Deus concedeu o engenho para as disputas dialéticas e cuja pertinácia não conduz à caligem [da ignorância], são forçados a reconhecer que essa razão e verdade dos números não apenas não pertence aos sentidos do corpo e constitui algo puro que não pode ser invertido, como também que é vista em comum por todos os que raciocinam. **94.** Por isso, ainda que possam ocorrer muitas outras coisas que estão ao alcance comum e como que público dos que raciocinam, e que sejam vistas por eles, pela mente e razão de cada um dos indivíduos que discernem, coisas que permaneçam invioladas e absolutamente imutáveis, contudo não foi invito que dei o meu assentimento à razão e à verdade do número, o que te ocorreu de preferência a tudo o mais, quando quiseste responder ao que eu interrogara. **95.** De fato, não é em vão que nos Livros santos se conjungiu o número à sabedoria, onde foi dito: "Circulei por aí, eu e meu coração, para que tivesse ciência, considerasse e buscasse a sabedoria e o número"[6].

9,25 **96.** No entanto, eu te pergunto, que pensas deve ser considerado a respeito da própria sabedoria? Julgas que os homens possuem cada qual suas próprias sabedorias particulares? Ou pelo contrário, que uma única está disponível em comum para todos, sendo cada qual tanto mais sábio quanto mais dela se faça partícipe?

97. E – Não tenho ciência ainda de que sabedoria é essa que estás referindo, porque vejo que aos homens parece muito variado aquilo que se faça ou diga com sabedoria. Pois tanto os que militam parecem a si mesmos agir de modo sábio como também os que, tendo desprezado o serviço militar, aplicam-se aos cuidados e ao trabalho no cultivo do campo, louvando isto de preferência e o atribuindo à sabedoria; e os que são astutos para excogitar modos de ajuntar riquezas parecem a si mesmos ser sábios; e os que negligenciam todas essas coisas, rejeitando tudo o que seja deste modo temporal e aplicando todo seu tempo de estudo para a investigação da verdade, a fim de que conheçam a si próprios e a Deus, esses julgam que isto constitui o grande encargo da sabedoria; **98.** e os que não querem entregar-se a este ócio de investigar e contemplar da verdade, mas dedicam-se de preferência a cuidados

laboriosissimis curis et officiis agunt, ut hominibus consulant, et in rerum humanarum iuste moderandarum et gubernandarum actione uersantur, sapientes se esse arbitrantur; et qui utrumque horum agunt et partim uiuunt in contemplatione ueritatis partim in laboribus officiosis quos humanae societati deberi putant, sibi palmam sapientiae uidentur tenere. **99.** omitto innumerabiles sectas, quarum nulla est quae non sectatores suos praeponens caeteris eos solos uelit esse sapientes. quam ob rem, cum id nunc agatur inter nos, ut non quid credamus respondendum sit, sed quid dilucida intellegentia teneamus, nullo modo tibi ad id quod interrogasti respondere potero, nisi quod credendo teneo, contemplando etiam et ratione cernendo nouerim, quae sit ipsa sapientia.

9,26 **100.** A – Num aliam putas esse sapientiam, nisi ueritatem in qua cernitur et tenetur summum bonum? nam illi omnes, quos commemorasti diuersa sectantes, bonum adpetunt et malum fugiunt; sed propterea diuersa sectantur, quod aliud alii uidetur bonum. quisquis ergo adpetit quod adpetendum non erat, tametsi id non adpeteret, nisi ei uideretur bonum, errat tamen. errare autem neque ille potest qui nihil adpetit, neque ille qui hoc adpetit, quod debet adpetere. **101.** in quantum igitur omnes homines adpetunt uitam beatam, non errant; in quantum autem quisque non eam tenet uitae uiam quae ducit ad beatitudinem, cum se fateatur et profiteatur nolle nisi ad beatitudinem peruenire, in tantum errat. error est enim cum sequitur aliquid quod non ad id ducit quo uolumus peruenire. **102.** et quanto magis in uia uitae quis errat, tanto minus sapit, tanto enim magis longe est a ueritate, in qua cernitur et tenetur summum bonum. summo autem bono adsecuto et adepto, beatus quisque fit, quod omnes sine controuersia uolumus. ut ergo constat nos beatos esse uelle, ita nos constat esse uelle sapientes, quia nemo sine sapientia beatus est. nemo enim beatus est nisi summo bono, quod in ea ueritate, quam sapientiam uocamus, cernitur et tenetur. **103.** sicut ergo antequam beati simus mentibus tamen nostris inpressa est notio beatitatis, per hanc enim scimus fidenterque et sine ulla dubitatione dicimus beatos nos esse uelle, ita etiam priusquam sapientes simus sapientiae notionem in mente habemus inpressam, per quam unus quisque nostrum, si interrogetur uelitne esse sapiens, sine ulla caligine dubitationis se uelle respondet.

e ofícios extremamente laboriosos, a fim de deliberar com os homens, voltando-se para a condução dos assuntos humanos, para moderá-los e administrá-los de modo justo, esses julgam que são sábios; e os que se dedicam a ambas as atividades, em parte vivendo na contemplação da verdade, em parte, nos labores oficiosos, os quais reputam dever-se à sociedade humana, esses parecem a si mesmos segurar a palma da sabedoria. **99.** Omito inumeráveis seitas, dentre as quais nenhuma há que não queira que os seus sectários, colocando-se à frente dos demais, apenas eles sejam [considerados] sábios. Por isso, uma vez que esse assunto está agora sendo conduzido entre nós, de modo que não se deva responder aquilo em que cremos, mas o que sustentamos por meio de uma dilúcida inteligência, não poderei de modo nenhum dar-te uma resposta para o que me interrogaste, a saber, "o que é a própria sabedoria?", se eu não conhecer aquilo que sustento, crendo, ao contemplá-lo também e discerni-lo pela razão.

9,26 **100.** A – Acaso pensas que a sabedoria é alguma outra coisa a não ser a verdade na qual se discerne e se possui o Bem supremo? Pois aqueles todos a que te referiste como seguindo [fins] diversos procuram o bem e evitam o mal; mas por causa disso é que seguem [fins] diversos, porque a cada um deles uma coisa [distinta] parece um bem. Logo todo aquele que procura o que não devia ser procurado, ainda que não o procurasse, se não lhe parecesse um bem, contudo erra. Porém aquele que não procura nada não pode errar, nem aquele que procura o que deve procurar. **101.** Portanto, na medida em que os homens todos procuram a vida feliz, não erram; porém, na medida em que alguém não possui o caminho da vida que conduz à felicidade, ainda que o reconheça e professe não querer senão atingir plenamente a felicidade, erra na mesma medida. Pois o "erro" é [o que acontece] quando se segue algo que não conduz até aonde queremos atingir plenamente. **102.** E quanto mais se erra no caminho da vida tanto menos se sabe, porque tanto mais longe se está da verdade, na qual se discerne e se possui o Bem supremo. Porém, tendo alcançado e adquirido o Bem supremo, qualquer um se torna feliz, o que sem controvérsia todos nós queremos. Logo, assim como é evidente que nós queremos ser felizes, do mesmo modo é evidente que queremos ser sábios, porque ninguém é feliz sem sabedoria. De fato, ninguém é feliz a não ser no Bem supremo, que se discerne e possui naquela verdade, que chamamos de "sabedoria". **103.** Logo, assim como antes de sermos felizes foi impressa em nossas mentes, pois, a noção de felicidade, através da qual temos ciência dela e dizemos resolutamente e sem dúvida alguma que nós queremos ser felizes, assim também antes de sermos sábios possuímos impressa na mente uma noção de sabedoria, através da qual cada um de nós, se seja interrogado se quer ser sábio, sem caligem alguma de dúvida responde que quer.

9,27 **104.** Quare, si iam constat inter nos quae sit sapientia, quam fortasse uerbis explicare non poteras – nam, si eam nullo modo animo cerneres, nullo modo scires et uelle te esse sapientem, et uelle debere, quod te negaturum esse non arbitror –, uolo iam dicas mihi utrum etiam sapientiam, sicut numeri rationem et ueritatem, omnibus ratiocinantibus communem se praebere arbitreris, an, quoniam tot sunt mentes hominum, quot homines sunt (unde nec ego de tua mente aliquid cerno nec tu de mea), tot etiam putes esse sapientias, quot potuerunt[5] esse sapientes.

105. E – Si summum bonum omnibus unum est, oportet etiam ueritatem in qua cernitur et tenetur, id est, sapientiam, omnibus unam esse communem.

A – Dubitas autem summum bonum, quicquid illud est, omnibus hominibus unum esse?

E – Dubito sane, quod diuersos diuersis rebus gaudere uideo, tanquam summis bonis suis.

106. A – Vellem quidem ut de summo bono ita nemo dubitaret, ut nemo dubitat, quicquid illud est, non nisi eo adepto posse fieri hominem beatum. sed, quoniam magna quaestio est, et longum sermonem forte desiderat, putemus omnino tot summa bona esse quot sunt ipsae res diuersae quae a diuersis tanquam summa bona adpetuntur! num ideo sequitur ut etiam ipsa sapientia non sit una communis omnibus, quia ea bona quae in illa cernunt et eligunt homines multa et diuersa sunt? **107.** si enim hoc putas, potes et de luce solis dubitare quod una sit, quia multa et diuersa sunt quae in ea cernimus, de quibus multis eligit quisque pro uoluntate quo fruatur per oculorum sensum. et alius altitudinem montis alicuius libenter intuetur et eo gaudet aspectu, alius campi planitiem, alius conuexa uallium, alius nemorum uiriditatem, alius mobilem aequalitatem maris, alius haec omnia uel quaedam horum simul plura confert ad laetitiam uidendi. **108.** sicut ergo ista multa et diuersa sunt quae in luce solis homines uident et eligunt ad fruendum, lux tamen ipsa una [*est*], in qua uidet et tenet quo fruatur unius cuiusque intuentis aspectus; ita, etiam si multa sunt bona eaque diuersa, e quibus eligat quisque quod uolet, idque uidendo et tenendo ad fruendum summum sibi bonum recte uereque constituat, fieri tamen potest ut lux ipsa sapientiae, in qua haec uideri et teneri possunt, omnibus sapientibus sit una communis.

9,27 **104.** Por isso, se agora está assente entre nós o que é a sabedoria, que talvez não tenhas sido capaz de explicar em palavras – pois se não a discernisses de modo nenhum no espírito, de modo nenhum terias ciência não apenas de que tu queres ser sábio, mas também de que tu deves querê-lo, o que não julgo que tu hás de negar –, quero agora que me digas se acaso julgas que também a sabedoria, assim como a razão e a verdade do número, se mostra comum a todos os que raciocinam, ou se, por serem tantas as mentes dos homens quantos os homens existentes (de onde nem eu [ser capaz de] discernir algo acerca de tua mente, nem tu, acerca da minha), pensas também serem tantas as sabedorias quantos os que puderam ser sábios.

105. E – Se o Bem supremo é um único para todos, é preciso também que a verdade na qual ele é discernido e possuído, isto é, a sabedoria, seja uma única e comum para todos.

A – Porém duvidas de que o Bem supremo, seja o que for, seja um único para todos os homens?

E – Duvido, sim, porque vejo diversos homens encontrar regozijo em coisas diversas, como se fossem seus bens supremos.

106. A – Gostaria ao menos de que ninguém duvidasse acerca do Bem supremo, assim como ninguém duvida de que, seja isso o que for, a não ser que tenha sido alcançado, o homem não pode tornar-se feliz. Mas, porque essa é uma grande questão, e que talvez demande um longo discurso, pensemos haver absolutamente tantos bens supremos quantos são os próprios objetos diversos que são procurados por homens diversos como se fossem seus bens supremos! Por acaso decorre disso que também a própria sabedoria não seja uma única, comum a todos, [apenas] porque esses bens, que nela os homens discernem e elegem, são muitos e diversos? **107.** Pois se pensas isto, também acerca da luz do sol podes duvidar de que seja única, por serem muitas e diversas as coisas que nela discernimos, dentre as quais, muitas, elege alguém aquela de que queira por sua própria vontade fruir por meio dos sentidos dos olhos. E assim um considera prazerosamente a altitude de algum monte e se compraz com seu aspecto; outro, a planície do campo; um, a convexidade dos vales; outro, a verdura dos bosques; um, a regularidade dos movimentos do mar; outro reúne simultaneamente todas estas coisas, ou algumas delas de maior valor, para sua alegria de ver. **108.** Portanto, assim como são muitas e diversas essas coisas que na luz do Sol veem e elegem os homens, a fim de fruí-las, contudo a própria luz é una, na qual o olhar de cada um dos que consideram vê e possui aquilo de que queira fruir; assim também, ainda que sejam muitos e diversos aqueles bens, dentre os quais alguém eleja o que há de querer, e ao vê-lo e possuí-lo o constitua reta e verdadeiramente o seu bem supremo, a fim de fruí-lo, contudo é possível que a própria luz da sabedoria, na qual estas coisas podem ser vistas e possuídas, seja ela uma única, comum para todos os que são sábios.

109. E – Fateor fieri posse, nec inpedire aliquid, ut non sit omnibus communis una sapientia, etiam si multa et diuersa sint summa bona. sed uellem scire an ita sit. quod enim concedimus fieri posse, ut ita sit, non continuo ita esse concedimus.

A – Tenemus interim esse sapientiam; sed utrum sit communis una omnibus, an singuli sapientes suas habeant, sicut animas uel mentes suas, hoc nondum tenemus.

E – Ita est.

10,28 **110.** A – Quid? hoc quod tenemus, uel esse sapientiam, uel sapientes et beatos esse omnes homines uelle, ubi uidemus? nam hoc te uidere et uerum esse, nullo modo utique dubitauerim. hoc ergo uerum sic uides, ut cogitationem tuam, quam, si mihi non enunties, ego prorsus ignoro? an ita, ut intellegas et a me uideri posse hoc uerum, tametsi mihi abs te non dicatur?

111. E – Imo ut abs te quoque, etiam me inuito, uideri posse non dubitem.

A – Quod ergo unum uerum uidemus ambo singulis mentibus, nonne utrique nostrum commune est?

E – Manifestissime.

A – Item credo te non negare studendum esse sapientiae atque hoc uerum esse concedere.

E – Prorsus non dubito.

112. A – Hoc item uerum et unum esse, et omnibus qui hoc sciunt ad uidendum esse commune, quamuis unus quisque id nec mea nec tua nec cuiusquam alterius sed sua mente conspiciat, cum id quod conspicitur omnibus conspicientibus communiter praesto sit, numquid negare poterimus?

E – Nullo modo.

113. A – Item iuste esse uiuendum[6], deteriora melioribus esse subdenda, et paria paribus conparanda, et propria suis quibusque tribuenda, nonne fateberis esse uerissimum, et tam mihi quam tibi atque omnibus id uidentibus praesto esse communiter?

E – Adsentior.

109. E – Reconheço que isso seja possível, que nada impede que exista uma única sabedoria comum para todos, ainda que os bens supremos sejam muitos e variados. Porém gostaria de ter ciência se acaso isso é assim mesmo. Pois aquilo que concedemos que seja possível ser de um certo modo, não de imediato concedemos que assim o seja de fato.

A – Mantemos interinamente que a sabedoria existe; porém se ela é uma única comum a todos, ou se acaso os que são sábios possuem cada qual as suas [sabedorias individuais], assim como suas almas e mentes, isto ainda não o mantemos.

E – É assim mesmo.

10,28 **110.** A – Pois bem, isto que mantemos, seja que a sabedoria existe, seja que todos os homens querem ser sábios e felizes, onde é que o vemos? Pois de que tu o vês e de que isto é verdadeiro, eu não tenho absolutamente nenhuma dúvida. Logo, que isto é verdadeiro, tu o vês assim como vês a tua cogitação, a qual, se não me dês a conhecer, eu ignoro completamente? Ou acaso assim [o vês], de modo que intelijas que isto também pode ser visto por mim como verdadeiro, ainda que não me tenha sido anunciado por ti?

111. E – Eu não duvido de modo nenhum, mesmo invito, que isto pode ser visto por ti também.

A – Portanto aquilo único e verdadeiro, que ambos vemos por meio de nossas mentes individuais, não nos é comum a cada um de nós?

E – Perfeitamente manifesto.

A – Creio igualmente que tu não negas que se deva dedicar ao estudo da sabedoria, e que concedes que isto seja verdadeiro.

E – Não tenho dúvidas, absolutamente.

112. A – Que isto igualmente é verdadeiro e único, e que pode ser visto em comum por todos aqueles que disto têm ciência, ainda que cada um o observe não pela minha, ou pela tua, nem pela de qualquer outro, mas por sua própria mente, uma vez que aquilo que se observa esteja ao alcance de todos os que observam em comum, por acaso poderemos negá-lo?

E – De modo nenhum.

113. A – Que igualmente se deve viver com justiça, que as coisas piores devem ser submetidas às melhores, que as iguais devem ser comparadas às iguais, e que a cada um devem ser atribuídas as coisas que lhe são próprias, não reconhecerás que isso tudo é absolutamente verdadeiro, e que está ao alcance, em comum, tanto para mim quanto para ti e para todos os que o veem?

E – Assinto.

114. A – Quid? incorruptum melius esse corrupto, aeternum temporali, inuiolabile uiolabili poteris negare?

E – Quis potest?

A – Hoc ergo uerum potest quisque suum proprium dicere, cum incommutabiliter contemplandum adsit omnibus qui hoc contemplari ualent?

E – Nullus hoc uere dixerit suum esse proprium, cum tam sit unum atque omnibus commune quam uerum est.

115. A – Item a corruptione auertendum animum atque ad incorruptionem conuertendum esse, id est, non corruptionem, sed incorruptionem diligendam esse quis negat? aut quis, cum uerum esse fateatur, non etiam incommutabile intellegat, atque omnibus mentibus id ualentibus intueri communiter praesto esse uideat?

E – Verissimum est.

A – Quid? eam uitam quae nullis aduersitatibus de certa et honesta sententia demouetur, dubitabit aliquis esse meliorem quam eam quae facile incommodis temporalibus frangitur atque subuertitur?

E – Quis dubitauerit?

10,29 **116.** A – Iam huius modi plura non quaeram. satis est enim quod istas tanquam regulas et quaedam lumina uirtutum et uera et incommutabilia, et siue singula siue omnia communiter adesse ad contemplandum eis, qui haec ualent sua quisque ratione ac mente conspicere, pariter mecum uides certissimumque esse concedis. sed sane quaero utrum haec tibi uideantur ad sapientiam pertinere, nam credo uideri tibi eum qui sapientiam adsecutus est esse sapientem.

117. E – Videtur omnino.

A – Quid? ille qui iuste uiuit, possetne ita uiuere, nisi uideret quae inferiora quibus potioribus subdat, et quae paria sibimet copulet, et quae propria suis quibusque distribuat?

E – Non posset.

A – Qui ergo haec uidet, num eum negabis sapienter uidere?

E – Non nego.

A – Quid? ille qui prudenter uiuit, nonne eligit incorruptionem et eam corruptioni praeponendam esse decernit[7]?

114. A – Pois bem, poderás negar que o incorrupto seja melhor do que o corrupto; que o eterno, do que o temporal; que o inviolável, do que o violável?

E – Quem o pode?

A – Logo pode alguém dizer que esta é sua própria verdade, visto que está presente para ser contemplada de modo absolutamente imutável por todos os que sejam capazes de contemplá-la?

E – Ninguém diria verdadeiramente que esta fosse sua própria [verdade], visto ser não apenas única e comum a todos, mas também verdadeira.

115. A – Quem nega igualmente que o espírito deva ser avertido da corrupção e convertido para a incorrupção, isto é, que não se deva amar com dileção a corrupção, mas a incorrupção? Ou quem é que, ainda que reconheça que isso é verdadeiro, não intelige também o absolutamente imutável, e não o vê ao alcance de todas as mentes capazes de considerá-lo em comum?

E – Absolutamente verdadeiro.

A – Pois bem, aquela vida que não é demovida por nenhuma adversidade do pensamento certo e honesto, duvidará alguém que seja melhor do que aquela que facilmente se despedaça diante dos incômodos temporais e é subvertida?

E – Quem duvidaria?

10,29 **116.** A – Já não procurarei mais [exemplos] desta natureza. Pois basta o que vês de modo semelhante a mim, e concedes ser absolutamente certo, que essas, por assim dizer, regras e como que luzes das virtudes, não apenas verdadeiras, mas também perfeitamente imutáveis, estão presentes, quer individualmente, quer todas em comum, para ser contempladas por aqueles que são capazes de olhar atentamente para estas coisas, cada um por meio de sua própria razão e mente. Mas quero saber com clareza se estas coisas te parecem pertencer à sabedoria, pois creio que aquele que alcançou a sabedoria te parece ser sábio.

117. E – Parece-me, sem dúvida.

A – Pois bem, aquele que vive justamente, poderia ele acaso assim viver, se não visse quais coisas inferiores haveria de submeter a quais de maior valor, quais iguais haveria de unir a si mesmas, e quais propriedades haveria de distribuir, a cada um as suas?

E – Não poderia.

A – Logo, aquele que vê estas coisas, negarás acaso que ele as veja sabiamente?

E – Não nego.

A – Pois bem, aquele que vive prudentemente, acaso não elege a incorrupção e determina que ela deva ser colocada à frente da corrupção?

E – Manifestissime.

A – Cum ergo id eligit, quo conuertat animum, quod eligendum esse nemo ambigit, num negari potest sapienter eligere?

E – Nullo modo negauerim.

A – Cum ergo ad id quod sapienter eligit conuertit animum, sapienter utique conuertit.

E – Certissimum est.

A – Et qui ab eo quod sapienter eligit, et quo se sapienter conuertit, nullis terroribus poenisque depellitur, sapienter sine dubio facit.

E – Prorsus sine dubio.

118. A – Manifestissimum est igitur omnes has, quas regulas diximus et lumina uirtutum, ad sapientiam pertinere, quandoquidem quanto magis quisque ad agendam uitam eis utitur, et secundum haec agit uitam, tanto magis uiuit facitque sapienter; omne autem quod sapienter fit non potest recte dici a sapientia esse separatum.

E – Omnino ita est.

119. A – Quam ergo uerae atque incommutabiles sunt regulae numerorum, quorum rationem atque ueritatem incommutabiliter atque communiter omnibus eam cernentibus praesto esse dixisti, tam sunt uerae atque incommutabiles regulae sapientiae, de quibus paucis, nunc singillatim interrogatus, respondisti esse ueras atque manifestas, easque omnibus qui haec intueri ualent communes ad contemplandum adesse concedis.

11,30 **120.** E – Dubitare non possum. sed peruellem scire utrum uno aliquo genere contineantur haec duo, sapientia scilicet et numerus, quia coniuncta etiam in scripturis sanctis haec posita esse commemorasti; an alterum existat ab altero, aut alterum in altero consistat, ueluti numerus a sapientia, uel in sapientia. **121.** nam sapientiam existere a numero aut consistere in numero non ausim dicere. nescio quo enim modo, quia multos noui numerarios aut numeratores, uel si quo alio nomine uocandi sunt qui summe atque mirabiliter conputant, sapientes autem perpaucos aut forsitan neminem, longe uenerabilior mihi occurrit sapientia quam numerus.

122. A – Rem dicis quam ego quoque mirari soleo. nam cum incommutabilem ueritatem numerorum mecum ipse considero et eius quasi

E – Perfeitamente manifesto.

A – Logo, quando ele elege para onde queira converter seu espírito, o que ninguém contesta deve ser eleito, pode acaso ser negado que ele o eleja sabiamente?

E – Não o negaria de nenhum modo.

A – Logo, quando converte seu espírito para aquilo que elege sabiamente, sem dúvida é sabiamente que o converte.

E – Está perfeitamente certo.

A – E aquele que não se deixa afastar por nenhuns temores ou penas daquilo que elege sabiamente, e a que se converte sabiamente, sem dúvida é sabiamente que o faz.

E – Sem dúvida, em absoluto.

118. A – Portanto está perfeitamente manifesto que todas estas, que dissemos ser regras e luzes das virtudes, pertencem à sabedoria, visto que quanto mais alguém usa delas para levar a sua vida, e segundo elas leva a vida, tanto mais sabiamente vive e age; porém não se pode dizer retamente que tudo o que se faz sabiamente esteja separado da sabedoria.

E – Assim é, absolutamente.

119. A – Logo tão verdadeiras e absolutamente imutáveis são as regras dos números, cujas razão e verdade disseste estarem ao alcance de modo perfeitamente imutável e em comum de todos os que são capazes de discerni-las, quanto verdadeiras e absolutamente imutáveis são as regras da sabedoria, das quais umas poucas, agora mesmo quando interrogado acerca de cada uma individualmente, respondeste serem verdadeiras e manifestas, as quais concedes sejam presentes a todos os que podem considerá-las comuns para serem contempladas.

11,30 **120.** E – Não o posso pôr em dúvida. Porém quero muito ter ciência se em alguma outra categoria estão contidas estas duas coisas: a sabedoria, evidentemente, e o número, porque recordaste que também nas santas Escrituras elas foram postas conjungidas; ou se acaso uma se origina da outra, ou se uma consiste na outra, como se o número [se originasse] da sabedoria ou [consistisse] na sabedoria. **121.** Pois não ousaria dizer que a sabedoria se originasse do número ou que consistisse no número. Na verdade não sei como, porque conheço muitos numerários ou numeradores, ou se por algum outro nome devam ser chamados aqueles que de modo elevadíssimo e admirável fazem cômputos, porém sábios, [conheço] muito poucos ou talvez nenhum, [enfim, não sei por que] me ocorre que a sabedoria seja de longe mais venerável do que o número.

122. A – Dizes uma coisa com que eu também costumo admirar-me. Com efeito, quando me ponho a considerar comigo mesmo a verdade perfeitamente imutável

cubile ac penetrale, uel regionem quandam, uel si quod aliud nomen aptum inueniri potest quo nominemus quasi habitaculum quoddam sedemque numerorum, longe remoueor a corpore. et inueniens fortasse aliquid quod cogitare possim, non tamen aliquid inueniens quod uerbis proferre sufficiam, redeo tanquam lassatus in haec nostra, ut loqui possim, et ea quae ante oculos sita sunt, dico sicut dici solent. **123.** hoc mihi accidit etiam cum de sapientia, quantum ualeo, uigilantissime atque intentissime cogito. et propterea multum miror, cum haec duo sint in secretissima certissimaque ueritate, accedente etiam testimonio scripturarum, quo commemoraui coniuncte illa posita, plurimum miror, ut dixi, quare numerus uilis sit multitudini hominum, et cara sapientia. sed nimirum illud est, quod una quaedam eademque res est. **124.** uerumtamen, quoniam nihilominus in diuinis libris de sapientia dicitur quod *adtingit a fine usque ad finem fortiter et disponit omnia suauiter*, ea potentia, qua fortiter a fine usque ad finem adtingit, numerus fortasse dicitur, ea uero, qua disponit omnia suauiter, sapientia proprie iam uocatur, cum sit utrumque unius eiusdemque sapientiae.

11,31 **125.** Sed quia dedit numeros omnibus rebus, etiam infimis et in fine rerum locatis – et corpora enim omnia, quamuis in rebus extrema sint, habent numeros suos, sapere autem non dedit corporibus neque animis omnibus, sed tantum rationalibus, tanquam in eis sibi sedem locauerit, de qua disponat omnia illa, etiam infima, quibus numeros dedit –, itaque, quoniam de corporibus facile iudicamus, tanquam de rebus quae infra nos ordinatae sunt, quibus inpressos numeros cernimus, putamus etiam ipsos numeros infra nos esse, et eos propterea uilius habemus. **126.** sed, cum coeperimus tanquam sursum uersus recurrere, inuenimus eos etiam nostras mentes transcendere atque incommutabiles in ipsa manere ueritate. et quia sapere pauci possunt, numerare autem [*etiam*] stultis concessum est, mirantur homines sapientiam numerosque contemnunt. docti autem et studiosi quantum remotiores sunt a labe terrena, tanto magis et numerum et sapientiam in ipsa ueritate contuentur et utrumque carum habent. et in eius ueritatis conparatione non eis aurum et argentum et caetera de quibus homines dimicant, sed ipsi etiam uilescunt sibi.

dos números e sua como que morada e santuário, ou região, por assim dizer, ou se se pode descobrir algum outro nome apropriado com que denominemos esta espécie de habitáculo e como que sede dos números, sou removido para longe do corpo. E ao descobrir talvez algo que ali possa cogitar, contudo não ao descobrir algo que seja capaz de proferir em palavras, retorno, como se esgotado, para esta nossa [morada corpórea], de modo que possa falar, e aquelas coisas que me foram postas diante dos olhos, eu as digo como costumam ser ditas. **123.** Isto me ocorre também quando de maneira extremamente vigilante e aplicada cogito acerca da sabedoria, quanto sou capaz de fazê-lo. E por causa disso muito me admiro, visto que estas duas estão na mais secreta e certa verdade, concordando também com o testemunho das Escrituras, em que recordei elas terem sido postas conjungidas, muitíssimo me admiro, como disse, que o número seja vil para a multidão dos homens, e a sabedoria, cara. Porém o fato de serem uma única e mesma coisa, isso não admira de modo algum. **124.** Entretanto, porque mesmo que se diga nos Livros divinos acerca da sabedoria que "ela atinge de um fim até ao outro fim de modo firme, e dispõe todas as coisas de modo suave"[7], aquela potência, pela qual ela atinge de modo firme de um fim até ao outro fim, talvez se diga "número", porém aquela outra, pela qual ela dispõe todas as coisas de modo suave, é então chamada propriamente de "sabedoria", embora sejam ambas [as potências] de uma única e mesma sabedoria.

11,31 **125.** No entanto, porque [a sabedoria] deu números a todas as coisas, inclusive às ínfimas e colocadas no fim de todas elas – pois os corpos todos também, ainda que sejam os extremos [na ordem] das coisas, possuem os seus números; o "saber", contudo, ela não deu aos corpos, nem a todas as almas, mas apenas às racionais, como se tivesse colocado nelas uma sede de onde pudesse dispor para si mesma todas aquelas coisas, inclusive as ínfimas, às quais deu os números –, e assim, porque julgamos facilmente acerca dos corpos tanto quanto das coisas que foram ordenadas abaixo de nós, nas quais discernimos impressos os números, pensamos que também os próprios números estão abaixo de nós, e por causa disso os temos por algo de menor valor. **126.** Mas, quando começamos a correr novamente em direção ao alto, por assim dizer, descobrimos que eles também transcendem nossas mentes e permanecem perfeitamente imutáveis na própria Verdade. E porque poucos podem saber, porém numerar até aos estultos foi concedido, os homens admiram a sabedoria e desprezam os números. Os ensinados e estudiosos, todavia, quanto mais removidos se encontram do labéu terreno tanto mais observam com atenção na própria Verdade não apenas os números, mas também a sabedoria, e os têm a ambos por caros; e na comparação com a verdade dos números não vilipendiam eles [apenas] o ouro e a prata e as restantes coisas por que os homens se batem a fio de espada, mas também a si mesmos.

11,32 **127.** Nec mireris numeros ideo uiluisse hominibus et caram esse sapientiam, quia facilius possunt numerare quam sapere, cum uideas carius illos habere aurum quam lumen lucernae, cui conparatum aurum ridetur. sed honoratur amplius res longe inferior, quia lucernam sibi et mendicus accendit, aurum uero pauci habent. quamquam sapientia absit ut in conparatione numeri inueniatur inferior, cum eadem sit, sed oculum, quo id cerni possit, inquirat[8]. **128.** sed quem ad modum in uno igne consubstantialis, ut ita dicam, sentitur fulgor et calor, nec separari ab inuicem possunt, calor tamen ad ea peruenit quae prope admouentur, fulgor uero etiam longius latiusque diffunditur, sic intellegentiae potentia, quae inest sapientiae[9]: propinquiora feruescunt, sicuti sunt animae rationales; ea uero quae remotiora sunt, sicuti corpora, non adtingit calore sapiendi, sed perfundit lumine numerorum. **129.** quod tibi fortassis obscurum est, non enim ulla uisibilis similitudo inuisibili rei potest ad omnem conuenientiam coaptari. tantum illud adtende, quod et quaestioni quam suscepimus satis est, et humilioribus etiam mentibus, quales sumus, sese manifestat, quia, etsi clarum nobis esse non potest utrum in sapientia, uel ex sapientia numerus, an ipsa sapientia ex numero, an in numero sit, an utrumque nomen unius rei possit ostendi, illud certe manifestum est utrumque uerum esse, et incommutabiliter uerum.

12,33 **130.** Quapropter nullo modo negaueris esse incommutabilem ueritatem, haec omnia quae incommutabiliter uera sunt continentem, quam non possis dicere tuam uel meam uel cuiusquam hominis, sed omnibus incommutabilia uera cernentibus, tanquam miris modis secretum et publicum lumen, praesto esse ac se praebere communiter. **131.** omne autem quod communiter omnibus ratiocinantibus atque intellegentibus praesto est, ad ullius eorum proprie naturam pertinere quis dixerit? meministi enim, ut opinor, quid de sensibus corporis paulo ante tractatum sit, ea scilicet quae oculorum uel aurium sensu communiter tangimus, sicuti sunt colores et soni, quos ego et tu simul uidemus uel simul audimus, non pertinere ad oculorum nostrorum auriumue naturam, sed ad sentiendum nobis esse communia. **132.** sic ergo etiam illa quae ego et tu communiter, propria quisque mente, conspicimus, nequaquam dixeris ad

11,32 **127.** Não te admires de os números terem sido vilipendiados pelos homens e a sabedoria lhes ser cara, porque podem mais facilmente numerar do que saber, pelo fato de veres que eles têm o ouro por mais caro do que a luz da lâmpada, com a qual o ouro, quando comparado, é digno de riso. Mas honra-se com mais amplitude aquilo que de longe é inferior, porque até o mendigo acende uma lâmpada para si, porém o ouro poucos possuem. No entanto afaste-se a ideia de que em comparação com o número a sabedoria seja considerada inferior, visto ser a mesma coisa [que ele], mas demanda um olho pelo qual isso possa ser discernido. **128.** Mas do mesmo modo como em um único fogo consubstancial, por assim dizer, sentem-se o fulgor e o calor, e não podem ser separados um do outro, apesar de o calor atingir os objetos que se movem para perto dele, e o fulgor se difundir mais longe e de modo mais amplo, assim também a potência da inteligência que existe na sabedoria: os objetos mais próximos fervem [ao seu contato], assim como as almas racionais; na verdade aqueles objetos que estão mais remotos, como os corpos, não atinge [a sabedoria] com o calor do saber, mas os inunda com a luz dos números. **129.** Isso talvez seja obscuro para ti, pois nenhum símile visível pode adaptar-se em total conveniência ao que é invisível. Atenta somente para esse fato, que é suficiente não apenas à questão que empreendemos discutir, mas que também é manifesto às mentes mais humildes, como somos nós, porque, mesmo se não possa estar claro para nós se o número está na sabedoria, ou se existe a partir da sabedoria, ou se a própria sabedoria existe do número, ou se está no número, ou se ambos os nomes podem mostrar-se como sendo de uma única e mesma realidade, certamente está manifesto que cada um deles é verdadeiro, perfeita e imutavelmente verdadeiro.

12,33 **130.** Por isso de modo nenhum hás de negar que a verdade absolutamente imutável existe, contendo estas coisas todas que são de modo perfeitamente imutável verdadeiras, que não podes dizê-la tua, minha, ou de um homem qualquer, e sim que está ao alcance e se oferece em comum a todos os que discernem as verdades absolutamente imutáveis, assim como uma luz maravilhosamente secreta e pública. **131.** Porém tudo aquilo que está ao alcance em comum de todos os que raciocinam e inteligem, quem dirá que pertence propriamente à natureza de algum deles? Pois estás lembrado, imagino, daquilo que pouco antes foi tratado com respeito aos sentidos do corpo, sem dúvida que aqueles objetos, os quais tocamos em comum pelo sentido dos olhos ou dos ouvidos, assim como são as cores e os sons, que eu e tu vemos simultaneamente ou simultaneamente ouvimos, que não pertencem à natureza de nossos olhos ou de nossos ouvidos, mas que são objetos comuns, para serem por nós sentidos. **132.** E assim também aqueles objetos que eu e tu observamos em comum, cada um com sua própria mente, de maneira nenhuma dirás que

mentis alicuius nostrum pertinere naturam. duorum enim oculi quod simul uident, nec huius, nec illius oculos esse poteris dicere, sed aliquid tertium, in quod utriusque conferatur aspectus.

E – Apertissimum atque uerissimum est.

12,34 **133.** A – Hanc ergo ueritatem, de qua iam diu loquimur et in qua tam multa conspicimus, excellentiorem putas esse quam mens nostra est, an aequalem mentibus nostris, an etiam inferiorem? sed si esset inferior, non secundum illam, sed de illa iudicaremus, sicut iudicamus de corporibus, quia infra sunt, et dicimus ea plerumque non tantum ita esse uel non ita, sed ita uel non ita esse debere; sic et de animis nostris, non solum ita esse animum nouimus, sed plerumque etiam ita esse debere. **134.** et de corporibus quidem sic iudicamus cum dicimus: "minus candidum est quam debuit", aut: "minus quadrum", et multa similiter; de animis uero: "minus aptus est quam debet", aut: "minus lenis", aut: "minus uehemens", sicut nostrorum morum se ratio tulerit. et iudicamus haec secundum illas interiores regulas ueritatis, quas communiter cernimus; de ipsis uero nullo modo quis iudicat. cum enim quis dixerit aeterna temporalibus esse potiora, aut septem et tria decem esse, nemo dicit[10] esse debuisse, sed tantum, ita esse cognoscens, non examinator corrigit, sed tantum laetatur inuentor.

135. Si autem esset aequalis mentibus nostris haec ueritas, mutabilis etiam ipsa esset. mentes enim nostrae aliquando eam minus, aliquando eam plus uident; et ex hoc fatentur se esse mutabiles, cum illa, in se manens, nec proficiat, cum plus a nobis uidetur, nec deficiat, cum minus, sed integra et incorrupta, et conuersos[11] laetificet lumine, et auersos puniat caecitate. **136.** quid? quod etiam de ipsis mentibus nostris secundum illam iudicamus, cum de illa nullo modo iudicare possimus? dicimus enim: "minus intellegit quam debet", aut: "tantum quantum debet intellegit". tantum autem mens debet intellegere, quantum propius admoueri atque inhaerere potuerit incommutabili ueritati. quare, si nec inferior, nec aequalis est, restat ut sit superior atque excellentior.

13,35 **137.** Promiseram autem, si meministi, me tibi demonstraturum esse aliquid quod sit nostra mente atque ratione sublimius. ecce tibi est ipsa

pertencem à natureza da mente de algum de nós. Pois aquilo que os olhos dos dois veem simultaneamente, não poderás dizer que são os olhos nem deste, nem daquele, mas uma terceira coisa, para a qual se direciona o olhar de um e outro.

E – É perfeitamente compreensível e verdadeiro.

12,34 **133.** A – Portanto esta verdade, acerca da qual já falamos há algum tempo e em que tantas coisas consideramos, reputas que ela seja mais excelente do que a nossa mente, ou igual às nossas mentes, ou ainda inferior? Mas se fosse inferior, não julgaríamos segundo ela, mas acerca dela, assim como julgamos acerca dos corpos, porque estão abaixo [de nós], e dizemos quase sempre que eles não apenas são assim deste modo e não são daquele outro, mas que deste e não daquele modo é que devem ser; assim também acerca de nossos espíritos, sabemos não somente que o espírito é assim deste modo, mas quase sempre também que de outro modo é que deve ser. **134.** E acerca dos corpos seguramente é deste modo que julgamos, quando dizemos: "é menos cândido do que devia", ou: "menos quadrado", e muitas coisas de maneira semelhante; acerca dos espíritos, por sua vez, [quando dizemos:] "é menos capacitado do que deve", ou: "menos leniente", ou: "menos veemente", em conformidade com o que a reflexão racional acerca dos nossos costumes tem revelado. Julgamos então estas coisas segundo aquelas regras interiores da verdade, as quais discernimos em comum; acerca das próprias regras, contudo, de modo nenhum se julga. Pois, conquanto se diga que os objetos eternos são preferíveis aos temporais, ou que sete e três são dez, ninguém diz que deveria ser assim, mas apenas, conhecendo que assim é, não corrige como um examinador, apenas alegra-se como um descobridor.

135. Porém, se esta Verdade fosse igual às nossas mentes, ela também seria mutável. Pois nossas mentes a veem menos umas vezes, outras, mais; e por isso se reconhecem como sendo mutáveis, ainda que, permanecendo em si mesma, ela nem se faça proficiente, quando é mais vista por nós, nem deficiente, quando o é menos, mas [mantendo-se] íntegra e incorrupta, ela não apenas alegre com sua luz os que se converteram, como também puna com a cegueira os que se averteram. **136.** Pois bem, é fato que também julgamos das nossas próprias mentes segundo ela, conquanto não possamos de modo nenhum julgar acerca dela? Pois dizemos [acerca da mente]: "intelige menos do que deve", ou: "intelige tanto quanto deve". Tanto mais, contudo, deve a mente inteligir quanto mais perto puder aproximar-se da verdade absolutamente imutável e aderir a ela. Por isso, se [a verdade] não é inferior nem igual, resta que seja superior e mais excelente.

13,35 **137.** Porém eu havia prometido, se estás lembrado, que te haveria de demonstrar [existir] algo que fosse mais sublime do que a nossa mente e razão. Eis que aqui

ueritas! amplectere illam, si potes, et fruere illa! et *delectare in domino et dabit tibi petitiones cordis tui!* quid enim petis amplius quam ut beatus sis? et quid beatius eo qui fruitur inconcussa et incommutabili et excellentissima ueritate? **138.** an uero clamant homines beatos se esse, cum pulchra corpora magno desiderio concupita siue coniugum siue etiam meretricum amplexantur, et nos in amplexu ueritatis beatos esse dubitabimus? clamant homines se beatos esse, cum aestu aridis faucibus ad fontem abundantem salubremque perueniunt, aut esurientes prandium coenamue ornatam copiosamque reperiunt, et nos negabimus beatos esse, cum irrigamur pascimurque ueritate? **139.** solemus audire uoces clamantium se beatos, si iaceant in rosa et aliis floribus, uel etiam unguentis odoratissimis perfruantur, quid fraglantius[12], quid iocundius inspiratione ueritatis? et dubitamus nos, cum ab illa inspiramur, dicere beatos? multi beatam uitam in cantu uocum et neruorum et tibiarum sibi constituunt, et cum ea sibi desunt, se miseros iudicant; cum autem adsunt, efferuntur laetitia. et nos cum mentibus nostris sine ullo strepitu, ut ita dicam, canorum et facundum quoddam silentium ueritatis inlabitur, aliam beatam uitam quaerimus et tam certa et praesente non fruimur? **140.** luce auri et argenti, luce gemmarum et aliorum colorum, siue ipsius lucis quae ad hos oculos pertinet, siue in ignibus terrenis, siue in stellis, uel luna, uel sole, claritate et iocunditate delectati homines, cum ab ista laetitia nullis molestiis, nulla indigentia reuocantur, beati sibi uidentur, et propter haec semper uolunt uiuere. et nos in luce ueritatis beatam uitam collocare metuimus?

13,36 **141.** Imo uero, quoniam in ueritate cognoscitur et tenetur summum bonum, eaque ueritas sapientia est, cernamus in ea teneamusque summum bonum, eoque perfruamur! beatus est quippe qui fruitur summo bono. haec enim ueritas ostendit omnia bona quae uera sunt, quae sibi suo captu intellegentes homines, uel singula, uel plura eligunt, quibus fruantur. **142.** sed quem ad modum illi, qui in luce solis eligunt quod libenter aspiciant et eo aspectu laetificantur, in quibus, si qui forte fuerint uegetioribus sanisque et fortissimis oculis praediti, nihil libentius quam ipsum solem contuentur, qui etiam caetera, quibus infirmiores oculi delectantur, inlustrat, sic fortis acies mentis et uegeta, cum multa uera et incommutabilia certa ratione conspexerit,

tens a própria Verdade! Abraça-a, se podes, e frui dela! E "deleita-te no Senhor e ele te dará os pedidos do teu coração!"[8]. Ora, que pedes mais do que que sejas feliz? E o que é mais feliz do que aquele que frui da inconcussa e absolutamente imutável e excelentíssima Verdade? **138.** Pois bem, se os homens clamam que são felizes quando envolvem em seu amplexo belos corpos, cobiçados com imenso desejo, seja de seus cônjuges, seja ainda de meretrizes, e nós, no amplexo da Verdade, hesitaremos dizer que somos felizes? Os homens clamam que são felizes quando, no estuar de sua garganta seca, chegam a uma fonte abundante e salutar, ou então, com fome, encontram uma refeição ou ceia ornamentada e copiosa, e nós havemos de negar que somos felizes quando irrigados e apascentados pela Verdade? **139.** Costumamos ouvir as vozes dos que clamam que são felizes se se deitam num leito de rosas e outras flores, ou se fruem intensamente de unguentos perfumadíssimos, [mas] o que é mais fragrante, o que é mais jucundo do que a inspiração da Verdade? E hesitamos dizer, quando somos inspirados por ela, que nós somos felizes? Muitos estabelecem para si a vida feliz no canto das vozes, não apenas das cordas, mas também das flautas, e quando estas coisas lhes faltam, creem-se infelizes; porém, quando estão presentes, são tomados de alegria. E nós, quando se nos penetra na mente, sem nenhum estrépito, por assim dizer, um certo canoro e facundo silêncio da verdade, procuramos uma outra vida feliz e não fruímos de uma tão segura e presente? **140.** Os homens têm-se deleitado com a luz do ouro e da prata, com a luz das pedras preciosas e de outras cores, ou [com a luz] da própria luz que pertence a estes olhos, seja nos fogos terrenos, nas estrelas, na Lua, ou no Sol, com seu esplendor e sua jucundidade, e quando não são afastados dessas alegrias por impedimentos nenhuns, nem por nenhuma indigência, parecem a si mesmos felizes, e por estas coisas querem viver sempre. E nós, tememos colocar a vida feliz na luz da Verdade?

13,36 **141.** Muito pelo contrário, visto que é na Verdade que se conhece e possui o Bem supremo, e que essa Verdade é a Sabedoria, alcancemos nela o discernimento e possuamos o Bem supremo, e dele fruamos completamente! Pois sem dúvida é feliz quem frui do Bem supremo. De fato, esta Verdade mostra todos os bens que são verdadeiros, bens que os homens que inteligem elegem para si segundo sua capacidade de apreensão, seja um único bem, seja mais que um, para que deles possam fruir. **142.** Porém do mesmo modo como aqueles que na luz do Sol elegem aquilo que prazerosamente queiram divisar e que se alegram nessa visão, dentre os quais, se alguns talvez tenham sido dotados de olhos mais vigorosos, sãos e fortíssimos, não observam nada com mais prazer do que o próprio Sol, o qual ilumina também os demais objetos em que os olhos mais fracos se deleitam, assim também é a acuidade da mente, forte e vigorosa, se considerar muitos objetos verdadeiros e absolutamente imutáveis por meio

diriget se in ipsam ueritatem, qua cuncta monstrantur; eique inhaerens tanquam obliuiscitur caetera, et in illa simul omnibus fruitur. quicquid enim iocundum est in caeteris ueris, ipsa utique ueritate iocundum est.

13,37 **143.** Haec est libertas nostra, cum isti subdimur ueritati; et ipse est deus noster, qui nos liberat a morte, id est, a condicione peccati. ipsa enim ueritas, etiam homo, cum hominibus loquens, ait credentibus sibi: *Si manseritis in uerbo meo, uere discipuli mei estis, et cognoscetis ueritatem, et ueritas liberabit uos.* nulla enim re fruitur anima cum libertate nisi qua fruitur cum securitate.

14,37 **144.** Nemo autem securus est in his bonis quae potest inuitus amittere. ueritatem autem atque sapientiam nemo amittit inuitus. non enim locis separari ab ea quisquam potest, sed ea, quae dicitur a ueritate atque sapientia separatio, peruersa uoluntas est, qua inferiora diliguntur. nemo autem uult aliquid nolens. **145.** habemus igitur qua fruamur omnes aequaliter atque communiter. nullae sunt angustiae, nullus in ea defectus. omnes amatores suos nullo modo sibi inuidos recipit, et omnibus communis est, et singulis casta est. nemo alicui dicit: "Recede, ut etiam ego accedam! remoue manus, ut etiam ego amplectar!". **146.** omnes inhaerent, id ipsum omnes tangunt. cibus eius nulla ex parte discerpitur; nihil de ipsa bibis quod ego non possim. non enim ab eius communione in priuatum tuum mutas aliquid, sed quod tu de illa capis, et mihi integrum manet. quod te inspirat non exspecto, ut reddatur abs te, et sic ego inspirer ex eo. non enim aliquid eius aliquando fit cuiusquam unius aut quorundam proprium, sed simul omnibus tota est communis.

14,38 **147.** Minus ergo ea quae tangimus, uel quae gustamus, uel quae olfacimus huic sunt ueritati similia; sed magis ea quae audimus et cernimus, quia et omne uerbum a quibus auditur totum auditur ab omnibus, et simul a singulis totum; et species omnis quae oculis adiacet, quanta uidetur ab uno, tanta et ab alio simul. **148.** sed multum longo interuallo sunt ista similia, nec tota enim simul sonat quaelibet uox, quia per tempora tenditur et producitur, et aliud eius prius sonat, aliud posterius; et species omnis uisibilis, tanquam intumescit per locos, nec ubique tota est. et certe omnia haec auferuntur

de uma razão segura, dirigir-se-á diretamente para a própria Verdade, na qual todas as coisas se mostram; e aderindo a ela, se esquece, por assim dizer, dos demais objetos, e nela frui simultaneamente de todas as coisas. Pois aquilo que é jucundo nas demais coisas verdadeiras, na própria Verdade é especialmente jucundo.

13,37 **143.** Esta é a nossa liberdade, quando somos submetidos a essa Verdade; e ela é o nosso próprio Deus, que nos liberta da morte, isto é, da condição de pecado. Pois a própria Verdade, ainda [enquanto] homem, falando com os homens, diz aos que creem nela: "Se permanecerdes em minha palavra, verdadeiramente sereis meus discípulos, e não apenas conhecereis a verdade, mas a verdade vos libertará"[9]. Pois de coisa nenhuma frui a alma com liberdade, a não ser da que frui com segurança.

14,37 **144.** Contudo ninguém está seguro nestes bens que pode perder invito. Porém a Verdade e a Sabedoria, ninguém pode perdê-las invito. De fato, ninguém pode ser separado dela espacialmente; mas aquela que se diz "separação" da Verdade e da Sabedoria, essa é a própria vontade perversa, pela qual os objetos inferiores são diligentemente amados. No entanto ninguém quer algo não querendo. **145.** Portanto a possuímos todos, para que dela fruamos de igual modo e em comum. Nela não há angústias nenhumas, nenhum defeito. Todos os seus amadores, de modo nenhum ela os acolhe ínvidos para si, sendo não apenas comum para todos, mas também casta para cada um deles individualmente. Ninguém diz ao outro: "Afasta-te, para que também eu me aproxime! Remove as tuas mãos, para que também eu a abrace!". **146.** Todos aderem a ela, todos tocam a mesma coisa. A sua comida não pode ser repartida em nenhuns pedaços; nada dela podes beber tu que eu não possa. Pois da tua comunhão com ela não mudas nada em algo privado teu, mas o que dela tomas tu, também para mim permanece íntegro. Não fico expectando pelo que ela te inspira, a fim de que seja retornado de ti, e assim eu mesmo seja inspirado por aquilo. Pois nada dela em momento algum se torna propriedade particular de um único qualquer, ou de alguns, mas simultaneamente para todos ela é toda comum.

14,38 **147.** Logo aqueles objetos que tocamos, ou que saboreamos, ou que cheiramos são menos semelhantes a esta verdade; mas os que ouvimos e discernimos [com os olhos] são mais, porque não apenas toda palavra ouvida pelos [ouvidos] é ouvida toda por todos, mas também [é ouvida] toda por cada um individualmente; e toda aparência que está diante dos olhos é vista tanto por um único [indivíduo] quanto por outro também, simultaneamente. **148.** Mas há uma distância muito longa entre essas semelhanças, pois uma voz qualquer não soa toda simultaneamente, já que ao longo do tempo ela se distende e se prolonga, e uma parte dela soa primeiro, outra, depois; e

inuito, et quominus eis frui possimus quibusdam inpedimur angustiis. **149.** nam et si posset esse cuiusquam suauis cantus sempiternus, et studiosi eius certatim ad eum audiendum uenirent, coarctarent sese atque pugnarent de locis, quanto plures essent, ut cantanti esset quisque propinquior, et in audiendo nihil tenerent manere secum, sed omnibus uocibus fugientibus tangerentur. **150.** solem autem istum, si uellem intueri atque id pertinaciter possem, et in occasu me desereret et subuelaretur nubilo et multis aliis obstaculis, uoluptatem uidendi eum inuitus amitterem. postremo, etiam si adesset semper suauitas et lucis uidenti, et uocis audienti, quid magnum ad me perueniret, cum mihi esset commune cum belluis?

151. At illa ueritatis et sapientiae pulchritudo, tantum adsit perseuerans uoluntas fruendi, nec multitudine audientium constipata secludit uenientes, nec peragitur tempore, nec migrat locis, nec nocte intercipitur, nec umbra intercluditur, nec sensibus corporis subiacet. **152.** de toto mundo ad se conuersis qui diligunt eam omnibus proxima est; omnibus sempiterna; nullo loco est; nusquam deest; foris admonet; intus docet; cernentes se commutat omnes in melius; a nullo in deterius commutatur; nullus de illa iudicat; nullus sine illa iudicat bene. ac per hoc eam manifestum est mentibus nostris, quae ab ipsa una fiunt singulae sapientes, et non de ipsa, sed per ipsam de caeteris iudices, sine dubitatione esse potiorem.

15,39 **153.** Tu autem concesseras, si quid supra mentes nostras esse monstrarem, deum te esse confessurum, si adhuc nihil esset superius. quam tuam concessionem accipiens, dixeram satis esse ut hoc demonstrarem. si enim est aliquid excellentius, ille potius deus est; si autem non est, iam ipsa ueritas deus est. siue ergo illud sit, siue non sit, deum tamen esse negare non poteris, quae nobis erat ad tractandum et disserendum quaestio constituta. **154.** nam, si te hoc mouet, quod apud sacrosanctam disciplinam Christi in fidem recepimus, esse patrem sapientiae, memento nos etiam hoc in fidem accepisse, quod aeterno patri aequalis sit, quae ab ipso genita est sapientia. unde nunc nihil quaerendum est, sed inconcussa fide retinendum, est enim deus et uere summeque est. **155.** quod iam non solum indubitatum, quantum arbitror, fide retinemus, sed etiam certa, quamuis adhuc tenuissima, forma

toda aparência visível, que, por assim dizer, se intumesce pelos espaços, não se encontra toda em toda parte. E por certo todos estes objetos nos são arrebatados de modo invito, e somos impedidos por determinadas angústias, para que possamos fruir deles. **149.** De fato, e se o canto suave de alguém pudesse ser sempiterno, e seus estudiosos aficionados viessem aguerridamente para ouvi-lo, se comprimissem uns aos outros e se batessem pelos lugares, quanto mais numerosos fossem, a fim de que cada um estivesse mais próximo daquele que cantava, contudo, ao ouvi-lo, nada reteriam para manter consigo, mas seriam apenas tocados pelas vozes, todas elas fugidias. **150.** Esse Sol, por sua vez, se eu quisesse considerá-lo e pudesse fazê-lo de modo pertinaz, mas no ocaso me desertasse e ficasse velado sob o céu nebuloso e sob muitos outros obstáculos, eu perderia, invito, o prazer de vê-lo. Em última instância, ainda que estivesse sempre presente a suavidade, não apenas da luz, para aquele que vê, mas também da voz, para aquele que ouve, que grande bem me adviria, uma vez que isso me seria comum com os animais?

151. Por outro lado, aquela beleza da Verdade e da Sabedoria, desde que apenas esteja presente uma vontade perseverante de fruí-la, mesmo comprimida pela multidão dos ouvintes, não exclui os que vêm até ela, nem acaba com o tempo, nem migra de um lugar a outro, nem é interceptada pela noite, nem é encerrada pela sombra, nem está sujeita aos sentidos do corpo. **152.** [Ao contrário,] está próxima de todos os que a amam com dileção, os que do mundo todo se converteram para ela; a todos é sempiterna; não está em nenhum lugar; em tempo algum está ausente; admoesta de fora; ensina de dentro; os que a discernem, muda-os todos completamente para melhor; por ninguém é absolutamente mudada para pior; ninguém julga acerca dela; ninguém sem ela julga bem. E por isto está manifesto que ela é sem dúvida superior às nossas mentes, mentes que se fazem individualmente sábias por ação dela própria, que é única, e que não se fazem juízes acerca dela, mas por intermédio dela, acerca dos demais objetos.

15,39 **153.** Pois bem, tu havias concedido que, se eu mostrasse existir algo acima das nossas mentes, tu confessarias que isso era Deus, apenas se não existisse nada mais elevado. Acolhendo a tua concessão, eu havia dito que me era suficiente demonstrá-lo. Ora, se existe algo mais excelente, isso, é que é Deus; porém, de preferência, se não existe, então a própria Verdade é que é Deus. Logo, se exista ou se não exista algo, contudo não poderás negar que Deus existe, questão essa que havia sido estabelecida para que fosse tratada e discutida por nós. **154.** Porque, se te incomoda isto, que recebemos da sacrossanta disciplina de Cristo para a fé, que exista um "pai" da Sabedoria, sê lembrado de termos nós acolhido também isto para a fé, que a Sabedoria é igual ao Pai eterno, ela que foi por ele próprio gerada. Nada disso agora deve ser investigado, mas com fé inconcussa é que deve ser retido, pois

cognitionis adtingimus. quod quaestioni susceptae sufficit, ut caetera quae ad rem pertinent explicare possimus, nisi quid habes aduersus ista quae opponas.

156. E – Ego uero incredibili omnino et quam tibi uerbis explicare non possum laetitia perfusus, accipio ista et clamo esse certissima. clamo autem uoce interiore, qua exaudiri cupio ab ipsa ueritate et illi inhaerere, quod non solum bonum, sed etiam summum bonum et beatificum esse concedo.

15,40 **157.** A – Recte, sane! etiam ego plurimum gaudeo. sed, quaeso te, numquid iam sapientes et beati sumus? an adhuc eo tendimus, ut id nobis esse proueniat?

E – Ego nos potius tendere existimo.

A – Vnde ergo ista conprehendis, quibus ueris certisque gaudere te clamas et haec ad sapientiam pertinere concedis? an quisquam insipiens potest nosse sapientiam?

E – Quamdiu insipiens est, non potest.

158. A – Tu ergo iam sapiens es aut nondum nosti sapientiam.

E – Non sum quidem adhuc sapiens, sed nec insipientem me dixerim, in quantum noui sapientiam, quoniam et certa sunt ista quae noui, et ad sapientiam pertinere negare non possum.

A – Dic, quaeso te, nonne fateberis eum qui non est iustus iniustum esse, et qui non est prudens imprudentem esse, et qui non est temperans intemperantem? an dubitari de his aliquid potest?

E – Fateor hominem, quando iustus non est, iniustum esse; hoc etiam de prudente et temperante responderim.

159. A – Cur ergo et quando sapiens non est, non sit insipiens?

E – Hoc quoque fateor, quando quisque sapiens non est, eum esse insipientem.

A – Nunc ergo tu quid horum es?

E – Quodlibet horum me appelles; nondum audeo me dicere sapientem et ex his quae concessi uideo esse consequens ut me insipientem non dubitem dicere.

160. A – Nouit ergo insipiens sapientiam. non enim, sicut iam dictum est, certus esset uelle se esse sapientem, idque oportere, nisi notio sapientiae menti

Deus existe, e existe de modo supremo e verdadeiro. **155.** O que não é duvidoso, e que agora não somente retemos com fé, conforme julgo, mas também atingimos por meio de uma forma de cognição certa, embora ainda muitíssimo tênue. E isso é suficiente para a questão empreendida, a fim de que possamos explicar os demais pontos pertinentes ao assunto, se não tens algo a opor que seja contrário a isso.

156. E – Eu sem dúvida aceito esses [argumentos], completamente tomado de uma incrível alegria, que não te posso explicar por palavras, e clamo serem absolutamente certos. Contudo clamo com uma voz interior, pela qual desejo ser ouvido pela própria Verdade e a ela aderir, o que concedo seja não apenas um bem, mas o Bem supremo e beatífico.

15,40 **157.** A – Retamente [clamas], sem dúvida! Eu também muito me alegro. Mas, eu te pergunto, por acaso já somos sábios e felizes? Ou ainda tendemos para isso, a fim de que isso nos venha a ser?

E – Eu estimo, antes, que nós estejamos tendendo.

A – Logo de onde é que compreendes essas coisas, verdadeiras e certas, com as quais clamas que te regozijas e concedes que pertençam à Sabedoria? Ou pode algum insipiente conhecer a Sabedoria?

E – Enquanto é insipiente, não o pode.

158. A – Logo tu já és sábio, ou então ainda não conheces a Sabedoria.

E – Por certo não sou sábio ainda, mas também não me diria insipiente, na medida em que conheço a Sabedoria, porque não apenas são certas essas coisas que conheço, como também não posso negar que elas pertencem à Sabedoria.

A – Diz-me, eu te peço, não reconhecerás que aquele que não é justo é injusto, e quem não é prudente é imprudente, e quem não é temperante, intemperante? Ou algo a respeito disso pode ser posto em dúvida?

E – Reconheço que o homem, quando não é justo, é injusto; também responderia isto acerca do prudente e do temperante.

159. A – Logo por que também, quando não é sábio, não é insipiente?

E – Reconheço isto também, que, quando alguém não é sábio, é insipiente.

A – Logo qual destes dois és tu agora?

E – Qualquer um destes de que me chames; ainda não ouso dizer que seja sábio, e vejo como consequência disso, que acabei de conceder-te, que não posso hesitar em dizer-me insipiente.

160. A – Logo o insipiente conhece a Sabedoria. Pois, como já foi dito, ele não estaria seguro de querer ser sábio, e de que isso era necessário, se uma noção da Sabedoria não lhe aderisse à mente; assim como [uma noção] daquelas coisas,

eius inhaereret; sicut earum rerum, de quibus singillatim interrogatus respondisti, quae ad ipsam sapientiam pertinent, quarum[13] cognitione laetatus es.

E – Ita est ut dicis.

16,41 **161.** A – Quid igitur aliud agimus, cum studemus esse sapientes, nisi ut, quanta possumus alacritate, ad id quod mente contingimus, totam animam nostram quodam modo conligamus, et ponamus ibi atque stabiliter infigamus, ut non iam priuato suo gaudeat, quod implicauit rebus transeuntibus, sed exuta omnibus temporum et locorum adfectionibus, adprehendat id, quod unum atque idem semper est? **162.** sicut enim tota uita corporis anima est, sic beata uita animae deus est. quod, dum agimus, donec peragamus, in uia sumus. et quod istis ueris et certis bonis, quamuis adhuc in hoc tenebroso itinere coruscantibus, gaudere concessum est, uide utrum hoc sit, quod scriptum est de sapientia, quid agat cum amatoribus suis, cum ad eam ueniunt et eam quaerunt, dictum est enim: *In uiis ostendet se illis hilariter et omni prouidentia occurret illis.* **163.** quoquo enim te uerteris, uestigiis quibusdam, quae operibus suis inpressit, loquitur tibi, et te, in exteriora relabentem, ipsis exteriorum formis intro reuocat, ut quicquid te delectat in corpore et per corporeos inlicit sensus uideas esse numerosum, et quaeras unde sit et in teipsum redeas atque intellegas te id, quod adtingis sensibus corporis, probare aut inprobare non posse, nisi apud te habeas quasdam pulchritudinis leges, ad quas referas quaeque pulchra sentis exterius.

16,42 **164.** Intuere coelum, et terram, et mare, et quaecumque in eis uel desuper fulgent, uel deorsum repunt, uel uolant, uel natant. formas habent quia numeros habent. adime illis haec, nihil erunt! a quo ergo sunt, nisi a quo numerus, quandoquidem in tantum illis est "esse", in quantum numerosa esse? **165.** et omnium quidem formarum corporearum artifices homines in arte habent numeros, quibus coaptant opera sua, et tamdiu manus atque instrumenta in fabricando mouent, donec illud quod formatur foris ad eam quae intus est lucem numerorum relatum, quantum potest, impetret absolutionem placeatque per interpretem sensum interno iudici supernos numeros intuenti. quaere deinde artificis ipsius membra quis moueat: numerus

acerca das quais respondeste uma a uma quando interrogado, as quais pertencem à própria Sabedoria, com cuja cognição te alegraste.

E – É assim como dizes.

16,41 **161.** A – Portanto que outra coisa fazemos quando nos esforçamos por ser sábios, com tanta alacridade quanto podemos, em direção ao que atingimos com a mente, a não ser coligir de algum modo nossa alma toda, colocá-la ali e fixá-la de maneira estável, de tal modo que ela já não se alegre com algo seu privado, que misturou às coisas transitórias, mas despida de todas as disposições do tempo e do espaço, apreenda aquilo que é único e sempre o mesmo? **162.** Pois assim como toda a vida do corpo é a alma, assim também a vida feliz da alma é Deus. Porque, enquanto [assim] agimos, até que alcancemos o objetivo, estamos [ainda] no caminho. E porque nos foi concedido alegrar-se nesses bens verdadeiros e seguros, posto que apenas corusquem neste itinerário tenebroso, vê se acaso isto, que foi escrito acerca da Sabedoria, é o que ela realiza com os seus amadores, quando eles vêm até ela e procuram conhecê-la, pois foi dito: "Nos caminhos se mostra a eles bem-disposta e em toda providência correrá ao encontro deles"[10]. **163.** De fato, para onde quer que te voltes, ela te fala por certos vestígios que imprimiu em suas obras, e a ti, quando retrocedes para as coisas exteriores, ela te chama de volta para dentro, pelas próprias formas dos objetos exteriores, para que vejas que tudo o que te deleita em um corpo e te atrai pelos sentidos corpóreos é numeroso, e procures saber de onde procede isto, e retornes para ti mesmo e intelijas que aquilo, que tu atinges pelos sentidos do corpo, não podes aprovar nem desaprovar, se junto de ti não possuas certas leis da beleza, às quais refiras todos os objetos belos que sentes exteriormente.

16,42 **164.** Considera o céu, a terra, o mar e todas as coisas que neles refulgem de cima, ou rastejam embaixo, ou voam, ou nadam. Elas têm formas porque têm números. Retira-lhes esta forma, nada serão! Logo de onde é que elas são, a não ser de onde é o número, visto que elas possuem tanto mais "ser" quanto mais numerosas são? **165.** E os homens, artífices por certo de todas as formas corpóreas, em sua arte têm números, aos quais adaptam sua obra, e movem as mãos e os instrumentos no fabrico por tanto tempo, até que aquilo que é formado por fora, tendo sido referido, quanto possível, àquela luz dos números que está dentro, impetre sua absoluta realização e agrade, através do sentido intérprete, ao juiz interno que considera os números supernos. Procura em seguida quem move os membros do próprio artífice: será o número, pois eles também são movidos numerosamente. **166.** E se subtraias o trabalho das mãos, e do espírito, a intenção de fabricar, e o movimento dos

erit, nam mouentur etiam illa numerose. **166.** et si detrahas de manibus opus, et de animo intentionem fabricandi, motusque ille membrorum ad delectationem referatur, saltatio uocabitur. quaere ergo quid in saltatione delectet. respondebit tibi numerus: "Ecce sum!". inspice iam pulchritudinem formati corporis: numeri tenentur in loco. inspice pulchritudinem mobilitatis in corpore: numeri uersantur in tempore. intra ad artem unde isti procedunt, quaere in ea tempus et locum: nunquam erit, nusquam erit. uiuit in ea tamen numerus, nec eius regio spatiorum est, nec aetas dierum. **167.** et discendae arti tamen, cum se accommodant, qui se artifices fieri uolunt, corpus suum per locos et tempora mouent, animum uero per tempora, accessu quippe temporis peritiores fiunt. transcende ergo et animum artificis, ut numerum sempiternum uideas. iam tibi sapientia de ipsa interiore sede fulgebit et de ipso secretario ueritatis; quae, si adhuc languidiorem aspectum tuum reuerberat, refer oculum mentis in illam uiam ubi ostendebat[14] hilariter. memento sane distulisse te uisionem quam fortior saniorque repetas.

16,43 **168.** Vae qui derelinquunt te ducem et oberrant in uestigiis tuis, qui nutus tuos pro te amant, et[15] obliuiscuntur quid innuas, o suauissima lux purgatae mentis sapientia! non enim cessas innuere nobis quae et quanta sis, et nutus tui sunt omne creaturarum decus. et artifex enim quodam modo innuit spectatori operis sui de ipsa operis pulchritudine, ne ibi totus haereat, sed speciem corporis fabricati sic percurrat oculis, ut in eum qui fabricauerit recurrat adfectu. **169.** similes autem sunt, qui ea quae facis pro te amant, hominibus[16], qui, cum audiunt aliquem facundum sapientem, dum nimis suauitatem uocis eius et structuras syllabarum apte locatarum auide audiunt, amittunt sententiarum principatum, cuius illa uerba, tanquam signa, sonuerunt. uae qui se auertunt a lumine tuo et obscuritati suae dulciter inhaerent! tanquam enim dorsum ad te ponentes, in carnali opera, uelut in umbra sua, defiguntur; et tamen etiam ibi quod eos delectat, adhuc habent de circumfulgentia lucis tuae. **170.** sed umbra, dum amatur, languidiorem facit oculum animi et inualidiorem ad perferendum conspectum tuum. propterea magis magisque homo tenebratur, dum sectatur libentius quicquid infirmiorem tolerabilius excipit. ex quo incipit non posse uidere quod summe est, et malum putare quicquid fallit inprouidum, aut inlicit

membros seja referido ao deleite, [o resultado] será chamado de "dança". Procura então o que causa deleite na dança. O número te responderá: "Aqui estou!". Examina agora a beleza de um corpo formado: os números se mantêm em seu lugar. Examina a beleza da mobilidade em um corpo: os números se revolvem no tempo. Adentra a arte de onde eles procedem, procura nela o tempo e o lugar: nenhum tempo haverá, nenhum lugar haverá. Contudo nela vive o número, de que não há uma região dos espaços nem uma idade dos dias. **167.** E no entanto, quando eles se acomodam à sua arte para aprendê-la, os que querem fazer-se artífices, movem seu corpo através dos lugares e dos tempos; o seu espírito, porém, [apenas] através dos tempos, porque obviamente com o progresso do tempo eles se fazem mais peritos. Transcende então o espírito do artífice também, a fim de que vejas o número sempiterno. No mesmo instante a Sabedoria refulgirá para ti de sua própria sede interior e do próprio [santuário] secreto da Verdade; a qual Sabedoria, se ainda repele o teu olhar mais lânguido, volta o olho da mente para aquele caminho onde ela se mostrava bem-disposta. Sê bem lembrado de teres diferido a visão, a fim de que a retomes mais forte e mais são.

16,43 **168.** Ai dos que te abandonam, seu condutor, e erram nos teus vestígios, esses que amam os teus acenos em lugar de ti, e que se esquecem do motivo por que lhes acenas, ó Sabedoria, suavíssima luz da mente purgada! Pois não cessas de acenar para nós o que e quão grande és, e os teus acenos são o embelezamento todo das criaturas. Com efeito, também o artífice acena de certo modo ao espectador de sua obra acerca da própria beleza da obra, para que ele não adira todo ali, mas, que percorra com os olhos a bela aparência do corpo fabricado, de modo que corra de volta com afeição para aquele que o fabricou. **169.** Porém são semelhantes aos homens que amam as coisas que fazes em lugar de ti, os que, quando ouvem algum sábio facundo, enquanto ávida e exageradamente ouvem a suavidade da sua voz e as estruturas das sílabas, habilmente posicionadas, deixam escapar o principal dos pensamentos, cujas palavras, como signos, fizeram soar. Ai dos que se avertem da tua luz e aderem docemente à sua obscuridade! Pois, como quem te dá as costas, eles se prendem em sua obra carnal, como se em sua própria sombra; e contudo, também ali, aquilo que os deleita, eles o têm ainda a partir da circunfulgência da tua luz. **170.** Mas a sombra, quando é amada, torna mais lânguido o olho do espírito e mais inválido para suportar o teu conspecto. Por essa razão mais e mais o homem é entenebrecido, enquanto persegue prazerosamente tudo aquilo que acaba por torná-lo toleravelmente mais fraco. A partir disso começa a não poder ver aquilo que é de modo supremo, e a considerar como sendo um mal tudo que engana o

indiguum, aut captum excruciat, cum ea pro merito patiatur auersionis suae, et quicquid iustum est malum esse non possit.

16,44 **171.** Si ergo quicquid mutabile aspexeris uel sensu corporis uel animi consideratione capere non potes, nisi aliqua numerorum forma teneatur, qua detracta in nihil recidat, noli dubitare, ut ista mutabilia non intercipiantur, sed dimensis motibus et distincta uarietate formarum quasi quosdam uersus temporum peragant, esse aliquam formam aeternam et incommutabilem, quae neque contineatur et quasi diffundatur locis, neque protendatur atque uarietur temporibus, per quam cuncta ista formari ualeant, et pro suo genere implere atque agere locorum ac temporum numeros.

17,45 **172.** Omnis enim res mutabilis etiam formabilis sit necesse est. sicut autem mutabile dicimus quod mutari potest, ita formabile quod formari potest appellauerim. nulla autem res formare se ipsam potest, quia nulla res potest dare quod non habet; et utique, ut habeat formam, formatur aliquid. quapropter quaelibet res, si quam habet formam, non ei opus est accipere quod habet; si qua uero formam non habet, non potest a se accipere quod non habet. nulla ergo res, ut diximus, formare se potest. **173.** quid autem amplius de mutabilitate corporis et animi dicamus? superius enim satis dictum est. conficitur itaque ut corpus et animus forma quadam incommutabili et semper manente formentur; cui formae dictum est: *Mutabis ea et mutabuntur; tu autem idem es et anni tui non deficient.* "annos sine defectu" pro "aeternitate" posuit prophetica locutio. de hac item forma dictum est quod *in se ipsa manens innouet omnia.* **174.** hinc etiam conprehenditur omnia prouidentia gubernari. si enim omnia quae sunt, forma penitus subtracta nulla erunt, forma ipsa incommutabilis, per quam mutabilia cuncta subsistunt, ut formarum suarum numeris impleantur et agantur, ipsa est eorum prouidentia. non enim ista essent, si illa non esset. intuitus ergo et considerans uniuersam creaturam, quicumque iter agit ad sapientiam, sentit sapientiam in uia se sibi ostendere hilariter et in omni prouidentia occurrere sibi; et tanto alacrius ardescit uiam istam peragere, quanto et ipsa uia per illam pulchra est, ad quam exaestuat peruenire.

imprevidente, seduz o indigente, ou excrucia o cativo, embora padeça isso pelo mérito de sua aversão e tudo que é justo não possa ser mau.

16,44 **171.** Logo, se não podes captar um objeto mutável que tenhas observado, seja pelo sentido do corpo, seja pela consideração do espírito, a não ser que ele esteja contido em alguma forma dos números, que, caso lhe seja subtraída, faz com que recaia em *um* nada, não duvides que, para que esses objetos mutáveis não sejam interceptados [em seu curso], mas que continuem [até completá-lo], como se fossem as circunvoluções dos tempos, por movimentos dimensionados e por uma variedade distinta de formas, [não duvides, pois,] que exista uma certa Forma eterna e absolutamente imutável, que nem seja contida e como que difundida pelos lugares, nem estendida e variada pelos tempos, através da qual todas essas coisas, sem exceção, possam ser formadas, e que complete e realize, segundo o seu gênero, os números dos lugares e dos tempos.

17,45 **172.** Pois é necessário que todo objeto mutável seja também formável. E assim como dizemos que é "mutável" aquilo que pode ser mudado, assim também eu denominaria "formável" aquilo que pode ser formado. Porém nenhum objeto pode formar a si mesmo, porque nenhum objeto pode dar aquilo que não possui; e invariavelmente, para que possua uma forma, algo é formado. Por essa razão um objeto qualquer, se possui alguma forma, não lhe é preciso receber o que possui; porém se um outro não possui forma, não pode receber de si aquilo que não possui. Portanto nenhum objeto, como dissemos, pode formar-se a si mesmo. **173.** E que mais diremos acerca da mutabilidade do corpo e do espírito? Pois mais acima se disse o bastante. E deste modo conclui-se que o corpo e o espírito são formados por uma certa Forma absolutamente imutável e que permanece para sempre; Forma a que se disse: "Mudarás as coisas e elas serão mudadas; porém tu és o mesmo e os teus anos não serão deficientes"[11]. A locução profética empregou "anos sem defeito" em lugar de "eternidade". Acerca desta mesma Forma foi dito que, "permanecendo em si mesma, renova todas as coisas"[12]. **174.** Do que se compreende também todas as coisas serem governadas pela Providência. Pois, se todas as coisas que existem, tendo sido sua forma completamente subtraída, não serão coisa nenhuma, a própria Forma completamente imutável, através da qual absolutamente todas as coisas mutáveis subsistem, de modo que pelos números de suas formas sejam completadas e realizadas, [essa Forma] é a própria Providência delas. Com efeito, essas coisas não existiriam se ela não existisse. Logo, aquele que olhou atentamente e que considera toda criatura, seja ele quem for que cumpra o itinerário para a Sabedoria, sente a Sabedoria no caminho mostrar-se a si bem-disposta e em toda providência correr em sua direção[13]; e tanto mais alacremente arde ao perfazer esse caminho quanto mais também o próprio caminho é belo por causa dela, a qual ele ferve [de amores] por alcançar de vez.

17,46 **175.** Tu autem, si praeter id, quod est et non uiuit, et id, quod est et uiuit neque intellegit, et id, quod est et uiuit et intellegit, inueneris aliquod aliud creaturarum genus, tunc aude dicere aliquod bonum esse, quod non sit ex deo! tria enim haec duobus etiam nominibus enuntiari possunt, si appellentur corpus et uita, quia et illa quae tantum uiuit neque intellegit, qualis est pecorum, et haec quae intellegit, sicuti est hominum, rectissime uita dicitur. **176.** haec autem duo, id est, corpus et uita, quae quidem creaturae deputantur – nam et creatoris ipsius uita dicitur, et ea summa uita est –, istae igitur duae creaturae, corpus et uita, quoniam formabilia sunt, sicuti superius dicta docuerunt, amissaque omnino forma in nihilum recidunt, satis ostendunt ex illa forma subsistere, quae semper eius modi est. quam ob rem quantacumque bona, quamuis magna, quamuis minima, nisi ex deo esse non possunt. **177.** quid enim maius in creaturis quam uita intellegens? aut quid minus potest esse quam corpus? quae quantumlibet deficiant et eo tendant ut non sint, tamen aliquid formae illis remanet, ut quoquo modo sint. quicquid autem formae cuipiam rei deficienti remanet, ex illa forma est quae nescit deficere, motusque ipsos rerum deficientium uel proficientium excedere numerorum suorum leges non sinit. quicquid igitur laudabile aduertitur in rerum natura, siue exigua, siue ampla laude dignum iudicetur, ad excellentissimam et ineffabilem laudem referendum est conditoris – nisi quid habes ad haec.

18,47 **178.** E – Satis mihi persuasum esse fateor et quem ad modum manifestum fiat, quantum in hac uita atque inter tales quales nos sumus potest, deum esse et ex deo esse omnia bona, quandoquidem omnia quae sunt, siue quae intellegunt et uiuunt et sunt, siue quae tantum uiuunt et sunt, siue quae tantum sunt, ex deo sunt. nunc iam tertiam quaestionem uideamus utrum expediri possit, inter bona esse numerandam liberam uoluntatem. quo demonstrato, sine dubitatione concedam deum dedisse nobis eam darique oportuisse.

179. A – Bene meministi proposita, et secundam quaestionem iam explicatam uigilanter animaduertisti. sed uidere debuisti etiam istam tertiam iam solutam. propterea quippe tibi uideri dixeras dari non debuisse

17,46 **175.** Tu, porém, se além daquilo que é e não vive, e daquilo que é, vive e não intelige, e daquilo que é, vive e intelige descobrires algum outro gênero dentre as criaturas, ousa então dizer que existe algo bom, que não tenha sua existência a partir de Deus! Pois estes três podem também ser enunciados por meio de dois outros nomes, caso sejam denominados "corpo" e "vida", porque não só aquele que apenas vive e não intelige, como a espécie das reses, mas também este que intelige, como no caso dos homens, de modo corretíssimo se diz "vida". **176.** Porém estes dois, isto é, corpo e vida, que certamente são contados como criaturas – na verdade também se diz "vida" do próprio Criador, e ela é a Vida suprema –, essas duas criaturas, portanto, corpo e vida, porque são formáveis, como nos ensinou aquilo que se disse mais acima, e porque, tendo perdido totalmente sua forma, recaem no nada, mostram de maneira suficiente que a partir daquela Forma é que subsistem, a qual é sempre do mesmo modo. Por isso os bens de qualquer tamanho, não importa se grandes, ou se mínimos, não podem existir, a não ser a partir de Deus. **177.** Pois o que é maior nas criaturas do que a vida que intelige? Ou o que pode ser menos do que o corpo? Esses dois, por mais deficientes sejam e tendam ao ponto de não existir, contudo algo de sua forma lhes remanesce, a fim de que de algum modo existam. Algo de sua forma por certo remanesce, para a criatura deficiente, que existe a partir daquela Forma que não sabe o que é ser deficiente, e que não permite que os próprios movimentos das coisas deficientes ou proficientes excedam as leis dos seus números. Portanto tudo aquilo que chama a atenção por ser louvável na natureza das coisas, quer seja julgado digno de exíguo, quer de amplo louvor, deve ser referido ao mais excelente e inefável louvor do Fundador – se não tens algo [a acrescentar] a estas coisas.

18,47 **178.** E – Reconheço ter sido suficientemente persuadido e como se torna manifesto, quanto é possível nesta vida e entre pessoas tais quais somos nós, que Deus existe e que a partir de Deus é que existem todos os bens, visto que todas as coisas que existem, quer as que inteligem, vivem e são, quer as que apenas vivem e são, quer as que apenas são, existem todas elas a partir de Deus. Então vejamos agora se a terceira questão pode ser expedida, se a vontade livre deve ser contada entre os bens. Tendo isso sido demonstrado, sem dúvida concederei que Deus no-la tenha dado e que era preciso ter-nos sido dada.

179. A – Estás bem lembrado do que foi proposto, e notaste atentamente que a segunda questão já está explicada. Mas devia ter visto que também essa terceira já está resolvida. Por isso, sem dúvida, havias dito que te parecia que o livre arbítrio da vontade não deveria ter sido dado, pelo fato de que é por ele que se peca. Pensamento este teu,

liberum uoluntatis arbitrium, quod eo quisque peccat. cui sententiae tuae, cum ego retulissem recte fieri non posse, nisi eodem libero uoluntatis arbitrio, atque ad id potius hoc deum dedisse adseuerarem, respondisti liberam uoluntatem ita nobis dari debuisse ut iustitia data est, qua nemo uti, nisi recte, potest. **180.** quae responsio tua in tantos circuitus disputationis nos ire conpulit, quibus tibi probaremus et maiora, et minora bona non esse, nisi ex deo. quod non tam dilucide ostendi posset, nisi prius, aduersus opiniones inpiae stultitiae, qua dicit *insipiens in corde suo: Non est deus,* qualiscumque de re tanta, pro nostro modulo inita ratio, eodem ipso deo in tam periculoso itinere nobis opitulante, in aliquid manifestum intenderetur. **181.** quae duo tamen, id est, deum esse et omnia bona ex ipso esse, quamquam inconcussa fide etiam antea tenerentur, sic tamen tractata sunt, ut hoc quoque tertium, inter bona esse numerandam liberam uoluntatem, manifestissime adpareat.

18,48 182. Iam enim superiore disputatione patefactum est constititque inter nos naturam corporis inferiore gradu esse quam animi naturam, ac per hoc animum maius bonum esse quam corpus. si ergo in corporis bonis inuenimus aliqua, quibus non recte uti homo possit, nec tamen propterea dicimus non ea dari debuisse, quoniam esse confitemur bona; quid mirum, si et in animo sunt quaedam bona, quibus etiam non recte uti possimus, sed quia bona sunt, non potuerunt dari, nisi ab illo, a quo sunt omnia bona? **183.** uides enim quantum boni desit corpori cui desunt manus, et tamen manibus male utitur qui eis operatur uel saeua uel turpia. sine pedibus aliquem si aspiceres, fatereris deesse integritati corporis plurimum bonum, et tamen eum qui ad nocendum cuipiam uel seipsum dehonestandum pedibus uteretur, male uti pedibus non negares. **184.** oculis hanc lucem uidemus formasque internoscimus corporum; idque et speciosissimum est in nostro corpore, unde in fastigio quodam dignitatis haec membra locata sunt; et ad salutem tuendam multaque alia uitae commoda refert usus oculorum. oculis tamen plerique pleraque agunt turpiter et eos militare cogunt libidini; et uides quantum bonum desit in facie, si oculi desint. cum autem adsunt, quis hos dedit, nisi bonorum omnium largitor deus?

como eu houvesse redarguido que não se podia agir retamente, a não ser por meio desse mesmo livre arbítrio da vontade, e asseverasse que era para isso de preferência que Deus no-lo havia dado, respondeste que a vontade livre nos deveria ter sido dada assim como a justiça foi dada, da qual ninguém pode usar, a não ser retamente. **180.** Resposta tua essa que nos impeliu aos circuitos tão longos desta disputa dialética, a fim de que neles pudéssemos provar que não apenas os maiores, mas também os menores bens não podem existir, a não ser a partir de Deus. O que não poderia ser demonstrado de modo tão dilúcido, a não ser que antes, contra as opiniões da ímpia estultícia, consoante a qual diz "o insipiente em seu coração: Não existe Deus!"[14], um qualquer assunto de tamanha dimensão, tendo sido empregada a razão na pequena medida de nossas forças, com o auxílio do próprio Deus num caminho tão perigoso, não houvesse tendido para algo manifesto. **181.** Logo aquelas duas questões, isto é, se Deus existe, e se todos os bens existem a partir dele, ainda que com fé inconcussa também antes estivessem retidas [no espírito], contudo foram tratadas assim, de modo que também este terceiro ponto, se a vontade livre deve ser contada entre os bens, se faça evidente de modo perfeitamente manifesto.

18,48 **182.** Pois já na disputa acima ficou patente e estabelecido entre nós que a natureza do corpo existe em grau inferior ao da natureza do espírito, e que por isto o espírito é um bem maior do que o corpo. Logo, se nos corpos bons encontramos alguns bens, dos quais o homem possa não usar retamente, não por isso, contudo, dizemos que eles não deveriam ter sido dados, porquanto confessamos que são bens, [assim sendo,] que há de surpreendente, se também no espírito existem certos bens, dos quais possamos também não usar retamente, mas porque são bens não poderiam ser dados, a não ser por aquele a partir do qual existem todos os bens? **183.** Por certo vês quanto de bem falta ao corpo ao qual faltam as mãos, e contudo usa mal das mãos aquele que por meio delas pratica sevícias ou torpezas. Se olhasses para alguém sem os pés, reconhecerias faltar à integridade de seu corpo muito de seu bem, e contudo aquele que usasse de seus pés para prejudicar alguém ou para desonrar a si próprio, não negarias que estivesse usando mal de seus pés. **184.** Por meio dos olhos vemos esta luz e conhecemos as diferenças entre as formas dos corpos; e o olho é também o que há de mais belo em nosso corpo, de onde eles terem sido colocados, estes membros, num certo fastígio de dignidade; e também para guardar a saúde e muitas outras coisas cômodas para a vida, aplica-se o uso dos olhos. Contudo os homens em sua maioria e na maior parte do tempo agem torpemente por meio de seus olhos, coagindo-os a militar em favor de sua inclinação sensual; e vês quão grande bem falta à sua face, se os olhos lhe faltam. Porém quando estão presentes os olhos, quem é que os deu, a não ser o largo doador de todos os bens, Deus?

185. Quem ad modum ergo ista probas in corpore et, non intuens eos qui male his utuntur, laudas illum qui haec dedit bona, sic liberam uoluntatem, sine qua nemo potest recte uiuere, oportet et bonum, et diuinitus datam[17], et potius eos damnandos, qui hoc bono male utuntur, quam eum qui dederit dare non debuisse fatearis.

18,49 **186.** E – Prius ergo uellem ut mihi probares aliquid bonum esse liberam uoluntatem, et ego concederem deum illam dedisse nobis, quia fateor ex deo esse omnia bona.

187. A – Itane tandem non probaui tanto molimine superioris disputationis, cum omnem speciem formamque corporis a summa omnium rerum forma, id est, a ueritate, subsistere fatereris et bonum esse concederes? nam et capillos nostros numeratos esse ipsa in euangelio ueritas loquitur. de numeri autem summitate atque a fine usque ad finem pertendente potentia, quae locuti sumus, excidit tibi? **188.** quae igitur ista est tanta peruersitas, capillos nostros, quamuis inter exigua et omnino abiectissima, tamen inter bona numerare, nec inuenire cui auctori tribuantur, nisi bonorum omnium conditori deo, quia et maxima et minima bona ab illo sunt a quo est omne bonum, et dubitare de libera uoluntate, sine qua recte uiui non posse concedunt etiam qui pessime uiuunt?

189. Et certe nunc responde, quaeso, quid tibi melius esse uideatur in nobis, sine quo recte uiui potest an sine quo recte uiui non potest?

E – Iam iam parce, quaeso: pudet caecitatis. quis enim ambigat id longe esse praestantius sine quo recta uita nulla est?

A – Iam ergo tu negabis luscum hominem recte posse uiuere?

E – Absit tam inmanis amentia!

A – Cum ergo in corpore oculum concedas esse aliquod bonum, quo amisso tamen ad recte uiuendum non inpeditur, uoluntas libera tibi uidebitur nullum bonum, sine qua recte nemo uiuit?

18,50 **190.** Intueris enim iustitiam, qua nemo male utitur. haec inter summa bona, quae in ipso sunt homine, numeratur omnesque uirtutes animi, quibus ipsa recta uita et honesta constat. nam neque prudentia, neque fortitudine,

185. Portanto, do mesmo modo como aprovas esses bens no corpo e, não levando em consideração os que deles usam mal, louvas aquele que deu estes bens, assim como a vontade livre, sem a qual ninguém pode viver retamente, é preciso que reconheças não apenas que ela é um bem, como também que foi divinamente dada, e que devem ser condenados de preferência os que usam mal deste bem, do que [dizer] que aquele que o deu não deveria dá-lo.

18,49 **186.** E – Então primeiro eu queria que me provasses que a vontade livre é algum bem, e eu concederia que Deus no-la deu, porque reconheço que todos os bens existem a partir de Deus.

187. A – E afinal não provei através do enorme esforço da disputa acima, visto que toda aparência exterior e toda forma de corpo subsiste a partir da Forma suprema de todas as coisas, isto é, a partir da Verdade, o que reconheceste e concedeste ser um Bem? Porque também os nossos cabelos estão numerados, diz a própria Verdade no Evangelho[15]. E acerca da supremacia do número e da potência que falamos estender-se de um fim até ao outro fim[16], isso te escapou? **188.** Portanto que tamanha perversão é essa, os nossos cabelos, conquanto estejam entre as coisas exíguas e absolutamente as mais abjetas de todas, todavia numerá-los entre os bens, e não descobrir a que autor devem ser atribuídos, senão àquele Fundador de todos os bens, Deus, porque não apenas os bens máximos, mas também os mínimos existem a partir dele, de quem existe todo bem, e hesitar acerca da vontade livre, sem a qual até os que vivem pessimamente admitem que não se pode viver retamente?

189. E agora me responde com convicção, eu te peço, que coisa te parece ser melhor em nós, aquilo sem o qual se pode viver retamente, ou aquilo sem o qual não se pode viver retamente?

E – Poupa-me desde já, eu te peço: estou envergonhado da minha cegueira. Pois quem é que tem dúvidas de que de longe é mais excelente aquilo sem o que a vida reta é nula?

A – Logo tu negarás agora que um homem lusco possa viver retamente?

E – Afaste-se de mim uma tão desmedida amência!

A – Logo, visto que concedes que o olho seja no corpo algum bem, o qual tendo sido perdido, contudo, ninguém é impedido de viver retamente, a vontade livre não te parecerá ser nenhum bem, sem a qual ninguém vive retamente?

18,50 **190.** Pois considera então a justiça, da qual ninguém usa mal. Ela é numerada entre os bens supremos, os quais existem no próprio homem, e também todas as virtudes do espírito, nas quais consiste a própria vida reta e honesta. Com efeito, nem da

neque temperantia male quis utitur; etiam in his enim omnibus, sicut in ipsa quam tu commemorasti iustitia, recta ratio uiget, sine qua uirtutes esse non possunt. recta autem ratione male uti nemo potest.

19,50 **191.** Ista ergo magna bona sunt. sed meminisse te oportet non solum magna sed etiam minima bona non esse posse, nisi ab illo a quo sunt omnia bona, hoc est, deo. id enim superior disputatio persuasit, cui totiens tamque laetus adsensus es. uirtutes igitur, quibus recte uiuitur, magna bona sunt; species autem quorumlibet corporum, sine quibus recte uiui potest, minima bona sunt; potentiae uero animi, sine quibus recte uiui non potest, media bona sunt. **192.** uirtutibus nemo male utitur; caeteris autem bonis, id est, mediis et minimis, non solum bene, sed etiam male quisque uti potest. et ideo uirtute nemo male utitur, quia opus uirtutis est bonus usus istorum, quibus etiam non bene uti possumus. nemo autem bene utendo male utitur. quare abundantia et magnitudo bonitatis dei non solum magna, sed etiam media et minima bona esse praestitit. magis laudanda est bonitas eius in magnis quam in mediis, et magis in mediis quam in minimis bonis, sed magis in omnibus quam si non omnia tribuisset.

19,51 **193.** E – Adsentior. sed illud me mouet, quoniam de libera uoluntate quaestio est, et uidemus ipsam bene uti caeteris, uel non bene, quo modo et ipsa inter illa quibus utimur numeranda sit.

194. A – Quo modo omnia quae ad scientiam cognoscimus ratione cognoscimus, et tamen etiam ipsa ratio inter illa numeratur quae ratione cognoscimus. an oblitus es, cum quaereremus quae ratione cognoscantur, confessum te fuisse etiam rationem ratione cognosci? **195.** noli ergo mirari, si caeteris per liberam uoluntatem utimur, etiam ipsa libera uoluntate per eam ipsam uti nos posse, ut quodam modo se ipsa utatur uoluntas, quae utitur caeteris, sicut se ipsam cognoscit ratio, quae cognoscit et caetera! nam et memoria non solum caetera omnia quae meminimus conprehendit, sed etiam quod non obliuiscimur nos habere memoriam: ipsa se memoria quodam modo tenet in nobis, quae non solum aliorum sed etiam sui meminit; uel potius nos et caetera et ipsam per ipsam meminimus.

prudência, nem da coragem, tampouco da temperança alguém usa mal; também nestas virtudes todas, assim como na própria justiça, que tu mencionaste, vige a reta razão, sem a qual as virtudes não podem existir. Porém da reta razão ninguém pode usar mal.

19,50 **191.** Logo essas virtudes são grandes bens. Porém é preciso que estejas lembrado de que não somente os grandes bens, mas também os mínimos não podem existir, a não ser a partir daquele de quem existem todos os bens, isto é, Deus. E a disputa acima te persuadiu disso, a que tantas vezes e tão alegre deste o teu assentimento. Portanto as virtudes, com as quais se vive retamente, são grandes bens; porém as aparências, seja de que corpos forem, sem as quais se pode viver retamente, são bens mínimos; agora as potências do espírito, sem as quais não se pode viver retamente, são bens médios. **192.** Das virtudes ninguém usa mal; porém dos restantes bens, isto é, dos médios e dos mínimos, pode-se usar não apenas bem, mas também mal. E da virtude ninguém usa mal, porque a obra da virtude é o bom uso dessas coisas, das quais também podemos não usar bem. Porém ninguém, ao usar bem, usa mal. Por isso é que a abundância e a magnitude da bondade de Deus proveu existirem não somente grandes bens, mas também médios e mínimos. Mais se deve louvar a sua bondade nos grandes do que nos médios, e mais nos médios do que nos mínimos bens, mas mais ainda em todos eles [em conjunto] do que se não os houvesse atribuído a todos.

19,51, **193.** E – Assinto, mas algo me incomoda. Visto que a questão é acerca da vontade livre, e vemos que ela usa bem de umas e não usa bem de outras coisas, de que modo ela mesma também deve ser numerada entre aquelas coisas de que usamos?

194. A – Do mesmo modo como conhecemos pela razão todas as coisas que conhecemos tendo em vista a ciência, e contudo também a própria razão se enumera entre as coisas que conhecemos pela razão. Ou estás esquecido de que, como buscássemos as coisas que se conheciam pela razão, havias tu confessado que até mesmo a razão pela razão se conhece? **195.** Logo não te admires que, se usamos das demais coisas por meio da vontade livre, nós possamos usar também da própria vontade livre por meio dela própria, de tal forma que a própria vontade use de certo modo dela mesma, ela que usa das demais coisas, assim como a razão conhece a si mesma, ela que conhece também as demais coisas! De fato, a memória também compreende não apenas todas as demais coisas de que estamos lembrados, mas também o fato de que não nos esquecemos de que temos uma memória: a própria memória de certo modo retém a si mesma em nós, ela que não somente das outras coisas, mas também de si mesma está lembrada; ou antes, nós é que estamos lembrados não apenas das demais coisas, mas também da própria memória, através dela própria.

19,52 196. Voluntas ergo, quae medium bonum est, cum inhaeret incommutabili bono eique communi, non proprio, sicuti est illa, de qua multum locuti sumus et nihil digne diximus, ueritas, tenet homo uitam beatam; eaque ipsa uita beata, id est, animi adfectio inhaerentis incommutabili bono, proprium et primum est hominis bonum. in eo sunt etiam uirtutes omnes, quibus male uti nemo potest. **197.** nam haec, quamuis magna in homine et prima sint, propria tamen esse unius cuiusque hominis, non communia satis intellegitur. ueritate enim atque sapientia, quae communis est omnibus, omnes sapientes et beati fiunt inhaerendo illi. beatitudine autem alterius hominis non fit alter beatus, quia et cum eum imitatur ut sit, inde adpetit beatus fieri, unde illum factum uidet, illa scilicet incommutabili communique ueritate. **198.** neque prudentia cuiusquam fit prudens alius; aut fortis fortitudine; aut temperans temperantia; aut iustus iustitia hominis alterius quisquam efficitur; sed coaptando animum illis incommutabilibus regulis luminibusque uirtutum, quae incorruptibiliter uiuunt in ipsa ueritate sapientiaque communi, quibus et ille coaptauit et fixit animum, quem istis uirtutibus praeditum, sibi ad imitandum proposuit.

19,53 199. Voluntas ergo, adhaerens communi atque incommutabili bono, impetrat prima et magna hominis bona, cum ipsa sit medium quoddam bonum. uoluntas autem, auersa ab incommutabili et communi bono et conuersa ad proprium bonum aut ad exterius aut ad inferius, peccat. ad proprium conuertitur, cum suae potestatis uult esse; ad exterius cum aliorum propria, uel quaecumque ad se non pertinent, cognoscere studet; ad inferius, cum uoluptatem corporis diligit. **200.** atque ita homo superbus, et curiosus et lasciuus effectus, excipitur ab alia uita, quae in conparatione superioris uitae mors est. quae tamen regitur administratione diuinae prouidentiae, quae congruis sedibus ordinat omnia, et pro meritis sua cuique distribuit. ita fit ut neque illa bona, quae a peccantibus adpetuntur, ullo modo mala sint, neque ipsa uoluntas libera, quam in bonis quibusdam mediis numerandam esse comperimus, sed malum sit auersio eius ab incommutabili bono et conuersio ad mutabilia bona. quae tamen auersio atque conuersio, quoniam non cogitur, sed est uoluntaria, digna et iusta eam miseriae poena subsequitur.

19,52 **196.** Portanto a vontade, que é um bem médio, quando adere ao Bem absolutamente imutável e que lhe é comum, não próprio, assim como é aquela Verdade acerca de que muito falamos e nada dissemos dignamente, o homem retém [em si] a vida feliz; e essa mesma vida feliz, isto é, a disposição do espírito que adere ao Bem absolutamente imutável, é um bem próprio do homem e seu bem primeiro. Nele estão também todas as virtudes, das quais ninguém pode usar mal. **197.** Com efeito, estes bens, conquanto sejam no homem grandes e os primeiros, contudo intelige-se suficientemente serem bens próprios de cada homem em particular, não comuns. A Verdade e a Sabedoria, que é [o Bem] comum a todos, todos os que são sábios também se fazem felizes ao aderir-lhe. Porém por meio da felicidade de um homem um outro não se faz feliz, porque quando o imita, a fim de que também o seja, procura fazer-se feliz a partir dali, de onde vê que o outro se fez feliz, naquela Verdade sem dúvida absolutamente imutável e comum. **198.** E tampouco pela prudência de um outro se faz alguém prudente; nem se torna alguém corajoso pela coragem alheia; ou temperante, pela temperança alheia; ou justo, pela justiça de um outro homem; ao contrário, adaptando o espírito àquelas regras absolutamente imutáveis e às luzes das virtudes, as quais vivem incorruptivelmente na própria Verdade e Sabedoria comuns, às quais também aquele adaptou e fixou o seu espírito, o qual, dotado dessas virtudes, propôs a si para que fosse imitado.

19,53 **199.** Portanto a vontade, ao aderir ao Bem comum e absolutamente imutável, impetra os primeiros e grandes bens do homem, embora ela mesma seja um certo bem médio. Porém a vontade peca, quando avertida do Bem absolutamente imutável e comum e convertida ao bem próprio, seja ao que é exterior, seja ao que é inferior. Converte-se para o seu próprio bem, quando quer estar em seu próprio poder; para o que é exterior, quando se esforça por conhecer os bens próprios dos outros, ou qualquer coisa que não lhe pertence; para o que é inferior, quando ama diligentemente o prazer do corpo. **200.** E assim o homem soberbo, que se torna não apenas curioso, como também lascivo, é capturado por uma outra vida, a qual, em comparação com a vida superior, é morte. Essa vida, contudo, é regida pela administração da divina Providência, que ordena todas as coisas em seus lugares congruentes, e de acordo com os merecimentos distribui a cada um o seu. Decorre disso que nem aqueles bens, que são procurados pelos que pecam, sejam de algum modo males, nem a própria vontade livre, que constatamos deve ser numerada entre um certo tipo de bens médios, e sim que o mal seja a aversão dela a partir do Bem absolutamente imutável e a conversão em direção aos bens mutáveis. Contudo essa aversão, e também a conversão, visto não ser coagida, mas voluntária, a ela subsegue uma pena justa e digna de infelicidade.

20,54 **201.** Sed tu fortasse quaesiturus es, quoniam mouetur uoluntas cum se auertit ab incommutabili bono ad mutabile bonum, unde iste motus existat. qui profecto malus est, tametsi uoluntas libera, quia sine illa nec recte uiui potest, in bonis numeranda sit. si enim motus iste, id est, auersio uoluntatis a domino deo, sine dubitatione peccatum est, num possumus auctorem peccati deum dicere? **202.** non erit ergo iste motus ex deo. unde igitur erit? ita quaerenti tibi si respondeam nescire me, fortasse eris tristior, sed tamen uera responderim. sciri enim non potest quod nihil est. tu tantum pietatem inconcussam tene, ut nullum tibi bonum uel sentienti uel intellegenti uel quoquo modo cogitanti occurrat, quod non sit ex deo. **203.** ita enim nulla natura occurrit, quae non sit ex deo. omnem quippe rem, ubi mensuram et numerum et ordinem uideris, deo artifici tribuere ne cuncteris! unde autem ista penitus detraxeris, nihil omnino remanebit, quia, etsi remanserit aliqua formae alicuius inchoatio, ubi neque mensuram neque numerum neque ordinem inuenias – quia ubicumque ista sunt forma perfecta est –, oportet auferas etiam ipsam inchoationem formae, quae tanquam materies, ad perficiendum subiacere uidetur artifici. si enim formae perfectio bonum est, nonnullum iam bonum est et formae inchoatio. **204.** ita detracto penitus omni bono, non quidem nonnihil, sed omnino nihil remanebit. omne autem bonum ex deo, nulla ergo natura est, quae non sit ex deo. motus ergo ille auersionis, quod fatemur esse peccatum, quoniam defectiuus motus est, omnis autem defectus ex nihilo est, uide quo pertineat, et ad deum non pertinere ne dubites! qui tamen defectus, quoniam est uoluntarius, in nostra est positus potestate. si enim times illum, oportet ut nolis; si autem nolis, non erit. **205.** quid ergo securius quam esse in ea uita ubi non possit tibi euenire quod non uis? sed, quoniam non, sicut sponte homo cecidit, ita etiam surgere potest[18], porrectam nobis desuper dexteram dei, id est, dominum nostrum Iesum Christum, fide firma teneamus et exspectemus certa spe et caritate ardenti desideremus! si quid autem de origine peccati diligentius quaerendum adhuc putas [[19]], in aliam disputationem differendum est.

20,54 201. Mas possivelmente tu vás querer saber, visto que a vontade é movida quando se averte do Bem absolutamente imutável em direção ao bem mutável, de onde é que esse movimento se origine. O qual sem dúvida é mau, ainda que a vontade livre, porque sem ela não se pode viver retamente, deva ser numerada entre os bens. Pois, se esse movimento, isto é, a aversão da vontade a partir do Senhor Deus, sem dúvida alguma é o pecado, podemos por acaso dizer que o autor do pecado seja Deus? **202.** Logo esse movimento não existirá a partir de Deus. Então de onde existirá? Na verdade, a ti que queres [tanto] saber isso, se eu te responder que não tenho ciência [disso], provavelmente ficarás triste, contudo terei respondido a verdade. Pois não se pode ter ciência do que é *um* nada. Mantém tão somente a piedade inconcussa, de tal modo que não te ocorra nenhum bem, a ti que sentes, inteliges, ou de algum modo cogitas, que não exista a partir de Deus. **203.** Pois deste modo nenhuma natureza te ocorre, que não exista a partir de Deus. E certamente todo objeto, onde vires medida, número e ordem, não hesites em atribuir a seu Artífice, Deus! Porém de onde tiveres subtraído esses três, nada absolutamente remanescerá, porque, ainda se remanescesse algum começo de alguma forma, onde não encontres nem medida, nem número, nem ordem – porque em todo lugar em que elas existem, uma forma perfeita existe – é preciso que retires também o próprio começo de forma, que, como uma matéria bruta, parece estar sujeita ao Artífice para ser aperfeiçoada. Pois, se a perfeição da forma é um bem, algum bem já é também o começo da forma. **204.** E assim, tendo sido completamente subtraído todo o bem, por certo não remanescerá algo, mas absolutamente nada. Porém todo bem existe a partir de Deus, logo nenhuma natureza existe que não exista a partir de Deus. Logo aquele movimento de aversão, que reconhecemos ser o pecado, visto que é um movimento defectivo, e todo defeito existe a partir do nada, vê bem a quem pertence, e não duvides de que não pertence a Deus! Contudo aquele defeito, visto que é voluntário, está posto em nosso poder. E se o temes, convém que não o queiras; e se não o quiseres, não existirá. **205.** Portanto que *é* mais seguro do que estar numa vida onde não te possa sobrevir aquilo que não queres? Mas, visto que não pode, assim como caiu o homem de maneira espontânea, assim também soerguer-se[17], agarremos com uma fé firme, esperemos com uma esperança segura e anelemos com uma caridade ardente a destra de Deus estendida do alto, isto é, nosso Senhor Jesus Cristo! Entretanto, se ainda pensas que se deve investigar algo acerca da origem do pecado de modo mais diligente [[18]], isso deve ser diferido para uma outra disputa.

206. E – Sequor sane uoluntatem tuam, ut in tempus aliud, quod hinc mouerit, differamus. nam illud tibi non concesserim, ut satis iam inde quaesitum putes.

EXPLICVIT
LIBER SECVNDVS

Adnotationes critici apparatus adbreuiatae

[1] Definiri.
[2] Sicuti.
[3] Inueniri.
[4] [Alius omnino non possit].
[5] Potuerint *uel* poterunt.
[6] Videndum.
[7] Decernet.
[8] Inquirit.
[9] Id est: [...] quae inest sapientiae, [ea quae sunt intellegentiae] propinquiora feruescunt.
[10] Nemo dicit [ita] esse debuisse.
[11] Conuersus [us].
[12] Fragrantius.
[13] Quorum.
[14] Vbi *se* ostendebat hilariter.
[15] Pro *te* amant *te*.
[16] Similes autem sunt *hominibus*, qui ea quae facis pro te amant...
[17] Datum.
[18] Sed quoniam non sicut homo sponte cecidit, ita etiam sponte surgere potest...
[19] [Nam omnino ego iam opus esse non arbitror...].

206. E – Sigo completamente a tua vontade para que difiramos para uma outra ocasião aquilo que desde aqui nos tem incomodado. Pois eu não concedo que reputes que isso já tenha sido até aqui suficientemente investigado.

TERMINA
O LIVRO SEGUNDO

Notas resumidas do aparato crítico e referências bíblicas

1 Sl 13,1 (14,1); 52,1 (53,2).
2 Is 7,9 (*iuxta* LXX).
3 Jo 17,3.
4 Mt 7,7.
5 [Outros, por fim, não o podendo de modo nenhum].
6 Ecl 7,25 (26).
7 Sb 8,1.
8 Sl 36,4 (37,4).
9 Jo 8,31-32.
10 Sb 6,17 (*Vulg.*); 6,16 (LXX).
11 Sl 101,28 (102,27/8).
12 Sb 7,27.
13 Sb 6,17.
14 Sl 13,1 (14,1); 52,1 (53,2).
15 Mt 10,30.
16 Sb 8,1.
17 Mas, visto que não, assim como o homem de modo espontâneo caiu, ele [*não*] pode do mesmo modo espontâneo soerguer-se....
18 [Pois absolutamente eu, de minha parte, já não penso ser necessário...]

NOTAS E COMENTÁRIOS

sumário às notas e comentários ao livro segundo

notas e comentários ao livro segundo

2,1,1,1. Por que Deus deu ao homem o livre arbítrio da vontade?

1. E – [...] explica-me por que Deus deu ao homem o livre arbítrio da vontade, porque, se não o tivesse recebido, seguramente não poderia pecar.

Retoma a disputa dialética de modo bastante objetivo o ponto exato onde se lhe deparou um gargalo ao final do livro anterior. Às duas principais questões do livro primeiro, referentes respectivamente à definição[1] e à causa primeira do malfazer[2], se havia respondido do seguinte modo: fazer mal é averter-se do que é eterno e converter-se ao que é temporal[3]; sua origem é o livre arbítrio da vontade[4]. No entanto, se o escopo antimaniqueísta era isentar Deus de qualquer participação na maldade[5], responsabilizando em vez disso a criatura, permaneceu irresoluto o problema inicial, como formulado no §11:

> Ora, cremos existirem a partir de um único Deus todas as coisas que existem, e que, contudo, Deus não é o autor dos pecados. Porém perturba a mente, se os pecados existem a partir destas almas, as quais Deus criou, [...] o modo como, nesta estreita relação, não se refiram a Deus os pecados.[6]

Se se crê, em conformidade com o que se postulou no início[7], que Deus é o criador de tudo o que existe, inclusive do homem e de cada uma de suas faculdades, dentre as quais se enumera o arbítrio livre da vontade, causa suposta do malfazer, como não imputar-lhe imediatamente a culpa pela má ação cometida por sua criatura, quando se utiliza mal da liberdade que ele mesmo

---

1 Cf. 1,3,6,14.

2 Cf. 1,2,5,10.

3 Cf. 1,16,35,116.

4 Cf. 1,16,35,117.

5 Cf. 1,1,1,2. Trata-se apenas do mal praticado pelo ser humano, não do sofrido, que, como discriminado logo no início da disputa, provém da administração da Providência, que aplica a Razão suprema a bons e maus, premiando os primeiros com a felicidade, castigando os segundos com a infelicidade, cada um segundo suas obras.

6 Cf. 1,2,4,11.

7 Cf. 1,2,5,12-13.

lhe concedeu? Não teria sido melhor jamais lhe ter concedido essa faculdade perigosa? Essa dúvida inicial, depois das discussões levadas a efeito no livro primeiro, persistia tão incisiva quanto antes na cabeça de Evódio:

> Mas quero saber se era conveniente que esse mesmo livre arbítrio, pelo qual estamos convencidos de possuir a faculdade de pecar, nos tivesse sido dado por aquele que nos fez. Pois parece-nos que não haveríamos de pecar se carecêssemos dele; e é de se temer que deste modo Deus ainda seja considerado o autor de nossos malfeitos.[8]

E se é verdade que Deus tenha dado ao homem o livre arbítrio da vontade, por meio de que haveria de pecar, contra si mesmo e muitas criaturas, por que motivo, sendo ele pré e onisciente, haveria de dotar o homem de uma faculdade de potencial autodestrutivo? Não soube desde sempre que o homem haveria de malbaratá-la? Teria lhe dado algo para sua própria ruína e perdição, sendo justo e perfeitamente bom? Se soube, como é preciso supor, em virtude de sua presciência, então o homem já nasceu predestinado à perdição, o que não seria nada abonador para o seu Criador. Isso, contudo, não se deve crer, ao menos a partir dos axiomas piedosos adotados no início da discussão[9]. Por que motivo, pois? Agostinho, porém, responde à indagação de Evódio com outra pergunta, que faz acompanhar de uma provocação: quer saber se ele tinha por líquido e certo que Deus havia dado ao homem esta faculdade; e sugere ainda que com sua dúvida ele estaria objetando de maneira nefanda à criação, ao questionar o que devia ou não ter sido feito pelo Criador de todas as coisas, ou que dons ele devia, ou não, ter dado ao homem. Trata-se obviamente de uma provocação dialética. Pois sugerir que uma faculdade do espírito qualquer não deveria ser dada ao homem significa dizer que Deus erra, quando a dá, fazendo algo digno de censura, censura da parte de uma de suas ínfimas criaturas, o que sem dúvida Evódio nunca pretendeu.

Em busca de ciência

> **1.** A – [...] Mas eu perguntei agora se tens ciência de que Deus nos deu isto, que está manifesto que possuímos e por meio de que pecamos.

Opera-se uma distinção importante entre o que afirma Evódio, subentendido a partir de sua pergunta inicial, do motivo por que teria Deus dado ao

---

8 Cf. 1,16,35,117.

9 Cf. 1,2,5,12-13.

homem o arbítrio livre da vontade, e o conhecimento seguro dessa suposta atribuição: "se acaso tens ciência de que Deus deu ao homem" essa faculdade[10]. Nada obstante a dúvida quanto ao tipo de conhecimento em questão, duas afirmações capitais são efetuadas de modo objetivo e manifesto, que o homem possui o livre arbítrio da vontade, e que é por meio desta faculdade que ele peca, o que ratifica de modo inegável tanto a causa do malfazer, como resultante das investigações do livro primeiro, a decisão livre da vontade, quanto a própria existência dessa causa no interior do agente. Tenha sido dada ao homem pela Divindade ou não, sabe-se ao menos que esta faculdade está nele e que é por meio dela que ele faz mal. Resta saber se de fato Deus é causa mediata desse malfazer, praticado de modo imediato e livre pelo homem.

2,1,1,2. Fé e razão V: intelecção, autoridade, conjectura

2. A –Também desejo ter ciência disto, se acaso tens conhecimento [do que afirmaste] de modo líquido e certo, ou se, movido de bom grado pela autoridade, [apenas] crês no que ainda te é desconhecido.

Percebe-se claramente neste reinício a insistência de Agostinho pela busca de uma ciência segura, como que a evitar a negação cética, ou as críticas dos que acreditavam o pensamento cristão fabuloso, como os pseudorracionalistas maniqueus. Ainda que o postulado de Isaías seja o farol a iluminar-lhe o caminho investigativo, a partir dos pressupostos de fé estabelecidos no início da obra[11], a compreensão que busca é a mais certa e inequívoca possível, como se percebe pelas exigências metodológicas nessas linhas iniciais[12], de par com a terminologia utilizada[13], deixando patentes os seus objetivos: reter no espírito de modo certo e não fiar-se em simples e infundadas conjecturas, o que opera como contraponto àquele outro tipo de conhecimento proveniente da fé, que aqui se define como crença no desconhecido, motivada de boa mente pela autoridade alheia. Portanto vê-se que o que se contrapõe à ciência, o conhecimento líquido e certo, configura-se um outro tipo de saber, se se pode dizê-lo, porém movido pela

---

10 Cf. 2,1,1,1: *"Vtrum deum dedisse hoc scias"*.

11 Cf. 1,2,5,12-13.

12 Cf. 2,1,1,1-2: *"§1. Iam enim certum tibi atque cognitum est... sed interrogaui utrum hoc scias... §2. Hoc quoque, utrum liquido noueris an auctoritate commotus libenter etiam incognitum credas, cupio scire"*.

13 Os verbos *cognosco* e *scire*, "conhecer" e "ter ciência", de par com os modificadores *certum* e *liquido*, "de modo seguro", "inequívoco", e "líquido", isto é, "claro".

crença no incógnito a partir de um prestígio testemunhal em que assente espontaneamente. Mas como chamar de "conhecimento" o que ainda é desconhecido?

Hebreus: hipóstase e prova refutatória

Claro está, como se disse nos comentários iniciais ao livro primeiro[14], que ninguém dá assentimento, seja ao que for, sem o mínimo concurso da razão. De onde ser lícito dizer que aquele que escolhe livremente aderir ao testemunho, numa palavra, que escolhe crer, o faz por meio de um movimento racional, ainda que aquilo em que escolha acreditar não seja comprovado por mecanismos racionais de verificação, como os operados pelos exercícios dialéticos. No entanto faz-se mister reconhecer aqui que a fé, apenas, no que ainda é desconhecido da razão, naquilo que não é comprovado cientificamente segundo os padrões racionais do tempo do filósofo, ainda não é o bastante, ao menos para os propósitos desta obra. Assim o que se deseja no *L.A.*, para muito além de crer (*credere*), é também ter ciência (*scire*), inteligir (*intellegere*) e conhecer (*cognoscere*) o incógnito. E se a fé deve preceder as investigações na aceitação da piedade axiomática[15], a razão é que determina o que se conhece, ou não, sem equívocos. Como filósofo Agostinho não se satisfaz apenas com o primeiro passo, a crença de boa mente naquilo que a razão não consegue explicar, ainda que sem o assentimento inicial nos pressupostos de piedade expostos não seja possível edificação dialética nenhuma. Logo, se o primeiro passo na ordem do tempo foi dado, a aceitação mútua dos postulados piedosos elencados no início do livro primeiro[16], ao segundo é que foi dada a precedência dali em diante, o exclusivo uso da razão filosófica. E deve ser lembrado também que o requisito *sine qua non* da fé nenhum outro é senão o fato de se acreditar naquilo em que não se vê, embora se espere, como postulava a carta da escola paulina aos

---

14 Cf. 1,1,1,1.

15 No *De ordine* (2,9,26) Agostinho já postulava que dupla era a via do conhecimento, autoridade e razão (*ad discendum item necessario dupliciter ducimur auctoritate atque ratione*), porém a autoridade teria a precedência cronológica, ao passo que a razão, a filosófica (*tempore auctoritas re autem ratio prior est*). Numa palavra, primeiro a fé nos testemunhos autorizados das Escrituras, depois a ciência através dos instrumentos da razão, o que significa dizer que o passo inicial é aceitar, mesmo sem provas, os testemunhos, para depois, num segundo passo, buscar inteligi-los, o que só é possível por meio da filosofia. E assim, se a fé está à frente no tempo, a razão é que tem a primazia na ordem da inteligência.

16 Cf. 1,2,5,12-13.

hebreus, porém de autoria incerta[17]: "A fé é a substância das coisas que se esperam; a prova dos fatos que não se veem". Percebe-se que o autor desta carta se utiliza de dois termos de fundamental importância para definir a fé (πίστις). O primeiro é ὑπόστασις, que pode ser traduzido por "substância", ou literalmente "hipóstase", que neste caso se refere ao objeto da espera. O segundo é ἔλεγχος, "prova", ou "argumento", cujo caráter refutatório serve para testar um dado conhecimento, referente aqui ao que não se percebeu pelo sentido da visão. Portanto a fé é simultaneamente substância e prova racional, que se obtém a partir daquilo que se espera, mas que não se vê, ausência esta que por certo se aplica aos demais sentidos corpóreos. E se é a substância do desejo e a prova do invisível, pode-se dizer que seja uma natureza inteligível, quer um pensamento, quer uma ideia ou forma, contudo que se faz presente de imediato no espírito, sem a mediação dos sentidos, mensageiros da experiência (ἐμπειρία). Todavia essa prova de que fala o autor da carta aos hebreus refere-se ao que os gregos denominavam πρᾶγμα, que se pode compreender como uma ocorrência concreta, numa palavra, um fato. E aí é que começam os problemas, pois como elaborar uma prova com base em fatos que não foram apreendidos por nenhum sentido, e que, precisamente por não terem sido constatados empiricamente, não merecem o estatuto de fato? Numa palavra, como provar o invisível, cuja substância se faz presente de imediato e apenas na mente de seu possuidor? Só por meio dos testemunhos alheios, justifica o autor da carta[18]: "Pois nesta fé os mais velhos é que serviram de testemunho". Portanto, ainda que nenhum fato tenha sido testemunhado presencialmente, seja ao ser experimentado pela visão, seja por outro qualquer sentido, ainda assim, por meio da confiança que se atribui à experiência dos *presbúteroi*, o testemunho dos mais velhos, se o diz comprovado, ou testado pela refutação. Por outra, por ser uma substância, uma hipóstase, pretende-se que a fé adquira estatuto ontológico dos mais interessantes, como algo que é, daí verdadeiro, ainda que apenas mental. Porém, se se refere ao que se espera (ἐλπιζομένων), presume-se que se refira ao que ainda não ocorreu, no caso dos eventos futuros que se aguardam, ou que se espera tenha ocorrido, no caso dos eventos pretéritos comunicados através de testemunhos, presumivelmente oculares. Em ambos os casos, contudo, configura-se uma natureza mental, a não dizer virtual, que só adquire *status* de substância por meio de um movimento ordenado da inteligência, uma vez depender de algo que, posto que

---

17 Hb 11,1: "ἔστιν δὲ πίστις ἐλπιζομένων ὑπόστασις, πραγμάτων ἔλεγχος οὐ βλεπομένων".

18 Hb 11,2: "ἐν ταύτῃ γὰρ ἐμαρτυρήθησαν οἱ πρεσβύτεροι".

creditado de verdade, se espera tenha sido ou haja de ser, porém que se nunca experimentou nem pode experimentar, pois ou já foi ou ainda não foi. Portanto é essa a natureza da fé, o assentimento de caráter irrefutável que se atribui aos axiomas ou pressupostos, sobre os quais se há de intentar erigir o edifício do conhecimento, muita vez do incognoscível.

Entre inteligência e opinião

Pois bem, Cristo não foi visto pela esmagadora maioria dos homens que se assumiram seus seguidores bastante depois de sua morte, dentre os quais se inclui o próprio Agostinho, que no tempo da escritura deste livro segundo[19] escreveu uma outra obra a respeito das vantagens da fé, *De utilitate credendi*, como uma tentativa de convencer seu amigo Honorato a abandonar o maniqueísmo, a que anos antes o próprio autor o persuadira a aderir. Os sectários do persa Mani, por estranho possa parecer, acusavam os católicos de fideísmo, a não dizer pieguismo, por entenderem que a fé devesse anteceder a razão na busca pela verdade, como consta do preceito do Isaías alexandrino amiúde citado[20], "Se não crerdes, não inteligireis", que eles ridiculizavam, e contra o que, no alto de sua pretensão, advogavam uma religião exclusivamente racional. Logo o objetivo de Agostinho ao escrever a Honorato resume-se em alçar a fé ao mais elevado patamar possível, onde estimava-se estar situada a ciência, ou ainda, nas palavras de M. Fiedrowicz[21], conferir-lhe "uma base racional", ao elucidar-lhe o "valor epistemológico". Para tanto era mais que necessário empreender uma clara distinção entre três tipos de "conhecimento": razão ou intelecção (*intellegere*), fé ou autoridade (*credere*) e opinião ou conjectura (*opinari*)[22]. Destas três operações mentais o inteligir se faz completamente sem defeitos ou vícios, sendo sempre bom[23], diz Agostinho. O crer, por sua vez, ora se dá de modo virtuoso, ora de modo vicioso ou defeituoso, logo pode ser bom

19 Entre meados de 389 e talvez 392.

20 Cf. 1,2,4,11. Antecedência essa que Agostinho limitou no *De ordine* (2,9,26) à ordem do tempo apenas, relegando à razão a precedência na ordem do conhecimento.

21 Michael Fiedrowicz, Introduction to *The Advantage of Believing*, p. 88. In: Augustine of Hippo. *Trilogy on Faith and Happiness*. New York: New City Press, 2010.

22 Esse "opinar" é sempre temerário, sem base alguma, seja a autoridade, seja a razão sistemática, embora aquele que opine suponha saber por certo o que de fato não sabe, pelo que é sempre vicioso, pecando pela ignorância e pelo orgulho presunçoso.

23 *Vt. cred.* 11,25: *"Intellegere sine uitio est"*.

ou mau[24]. Por último o opinar é invariavelmente mau, sempre mergulhado no vício[25]. O que se explica do seguinte modo. Inteligir as coisas boas ou divinas é o que há de mais venturoso para o homem, tanto quanto lhe é permitido ser feliz neste orbe, pois a verdadeira felicidade não é deste mundo[26]. E ainda que se intelija algo menos importante, ou quiçá supérfluo, obtempera Agostinho, isso não se configura necessariamente em detrimento do homem[27], a não ser que, ao esforçar-se por aprendê-lo, desperdice tempo precioso que poderia estar investindo no estudo e aprofundamento das coisas mais necessárias[28]. O ato de crer, por sua vez, pode ser bom ou mau. Pois aprender algo indigno a respeito de Deus é mau; e mau também é ser crédulo, isto é, crer muito pronta e temerariamente em tudo. Mas uma ressalva faz-se aqui imperiosa: aquele que crê não imagina saber o que não sabe; ao contrário, tem plena consciência de não possuir a ciência daquilo em que crê. Pelo que é lícito dizer que a crença se faz acompanhar de razões. E se aquele que crê reconhece que desconhece aquilo em que crê, não presume saber equivocadamente o que não sabe, pelo que não peca pela presunção, tampouco erra, se apenas dá um voto de confiança a algo que presume seja verdade, mas que não pode

---

24 *Ibid.*: *"Credere aliquando cum uitio"*.

25 *Ibid.*: *"Opinari numquam sine uitio"*. Vale notar que uma tripartição algo semelhante será elaborada neste livro segundo, quando o estatuto ontológico do livre arbítrio for determinado como bem médio, entre a indefectibilidade das virtudes e a indiferença das qualidades corpóreas no que tange à prática do bem (cf. 2,18,50,190-19,51,192).

26 Nas *Retratações* (1,14,2) Agostinho dirá que essa "felicidade" a que alude no *De utilitate credendi* se refere à vida depois da morte (*nam intellegere magna et honesta uel etiam diuina beatissimum est...*).

27 *Vt. cred.* 11,25: *"intellegere autem superflua nihil nocet"*.

28 *Ibid.*: *"sed fortasse discere nocuit cum tempus necessariorum occuparent"*. No *L.A.* a *scientia* foi definida como sendo uma certa "vida mais elevada e pura", que se alcança através da inteligência (1,7,17,59), ao passo que a aprendizagem (*disciplina*), o mecanismo pelo qual se dá essa ciência (1,1,2,4). Portanto essa vida mais elevada e pura é a presença do conhecimento no espírito, ou do espírito no Conhecimento, através do inteligir, ao passo que a aprendizagem, o processo que deflagra o inteligir e a consequente presença. Todavia no *De utilitate credendi* parece invertida a ordem das prioridades, sendo atribuída à aprendizagem, não propriamente à inteligência, essa presença no espírito. Seja como for, tanto aprender, *discere*, como inteligir, *intellegere*, implicam ambos a permanência de algo no espírito, pelo que, talvez, no *L.A.* Agostinho defenda a inadmissibilidade da aprendizagem do mal, numa palavra, de algo que não possui estatuto ontológico. No *Vt. cred.*, porém, o mal, ou melhor, aquilo que é prejudicial ao homem, pode ser aprendido, contudo sem nenhum prejuízo para quem o aprende, porque o prejuízo advém somente do praticá-lo ou padecê-lo, não de sua intelecção (*ipsa etiam noxia non intellegere sed facere aut pati miserum est*). O que se harmoniza com o que diz no *L.A.* (1,1,2,5), quando admite que os males até podem ser aprendidos, porém apenas para que se evitem, nunca pratiquem.

comprovar: "Se alguém que crê em algo compreende desconhecer aquilo em que crê, nenhuma culpa há nele"[29]. Portanto o ato de crer vem acompanhado da humildade do reconhecimento, humildade daquele que dá um crédito aos testemunhos, embora não possa ter ciência daquilo em que elege acreditar, como se dissesse para si que prefere crer a duvidar, embora saiba seja apenas uma crença, uma esperança de que assim seja. E há sem dúvida uma distância significativa entre crer e conhecer, visto que crer não é o que se pode denominar propriamente de "ciência". Ao contrário, pois quem crê têm ciência de não ter ciência daquilo em que crê, que lhe não constitui um conhecimento seguro, assim como sói ocorrer na narrativa dos eventos pretéritos, propõe o autor[30], aos quais se dá crédito, porém dos quais, porque não puderam ser experienciados, nunca se terá absoluta certeza[31]. Opinar ou conjecturar, por fim, é sempre mau e digno de censura. Isso, por duas razões: presunção e ignorância. Pois quem opina acha que sabe o que de fato não sabe e por isso nunca será capaz de aprendê-lo[32]. Depois, porque os que opinam sobre tudo sempre o fazem de modo temerário, com pressa e sem ponderação[33], o que se configura sinal evidente de alma em desajuste, a não dizer de ignorância. Logo quem opina age mal, porque apoia-se em conjecturas nada fundamentadas, nem na fé, nem na inteligência.

Disso decorre, nada obstante esse caráter não científico da fé, que ela pode ser boa, especialmente quanto se trata de objetos de conhecimento que se situam além da razão, aos quais as provas exclusivamente apodícticas são insuficientes, como se dá com os assuntos respeitantes a Deus e à alma. Assim sendo, no meio entre a ciência e a opinião resta a fé, essa alternativa luminosa e humilde, porém bastante eficaz, que de certo modo participa também do conhecimento através dos movimentos imprescindíveis da

---

29 *Ibid.: "si quis quid credit, si se id nescire intelligat, nulla culpa est".*

30 Não se devem retroprojetar noções da historiografia contemporânea sobre este superficial paralelo traçado pelo autor, pois não se refere à história como ciência, e sim ao simples narrar dos ocorridos pretéritos, de ouvir dizer, de uma boca até outra, como soía ocorrer na Antiguidade, ainda que registros anuais (*annales*) fossem mantidos pelas administrações de muitas cidades, e alguns escritores brilhantes, posto que nem sempre exatos, mais em virtude da pouca confiabilidade de suas fontes que de sua sincera intenção, como Tucídides, Salústio ou Tácito, para citar apenas três, se predispusessem a relatar *sincera cum fide* os eventos ocorridos no pretérito.

31 *Ibid.: "Id non solum nescio sed etiam nullo pacto me scire posse certo scio".*

32 *Ibid.: "Quod et discere non potest qui sibi iam se scire persuasit".*

33 *Ibid.: "Et per se ipsa temeritas non bene affecti animi signum est".*

mente e de suas premissas, ainda que ancoradas na autoridade, não na experiência, sem contudo participar da temeridade da opinião, que crê saber o que não sabe. E se a fé peca pela pouca ciência (*scientia*), contudo destaca-se pela humildade (*humilitas*), na consciência salutar e no reconhecimento de suas origens não exatamente racionais. Por outro lado, ao contrário de muitas filosofias[34], cuja presunção de ciência lhes constitui a própria fraqueza, quando advogam opiniões em lugar de conhecimento, a fé, quando sincera, por sua clareza e transparência, ao reconhecer seu próprio caráter, sua ignorância e sua dependência da autoridade no que tange aos objetos de conhecimento suprarracionais, se faz muito mais apropriada que a simples e muita vez presunçosa razão, a não dizer que exerce efeito catártico e terapêutico sobre ela, ao purificar sua capacidade de penetração, franqueando ao espírito o acesso à Verdade inapreensível, interditada ao ceticismo, como narra Agostinho em *Confissões:*

> Pois eu desejava ter certeza a respeito das coisas que não via, do mesmo modo como estava certo de que sete e três são dez. Mas eu não era tão insano a ponto de imaginar que nem mesmo isto pudesse ser compreendido. No entanto, assim como esta [certeza de tipo matemático], ambicionava também a das coisas corpóreas que não estivessem presentes diante de meus sentidos, e das espirituais, a respeito das quais não sabia pensar senão de modo corpóreo. E contudo eu podia ser curado, se cresse, a fim de que o olhar de minha mente, mais purificado, de algum modo se dirigisse para a tua verdade, estável sempre e indefectível...[35]

Essa tríade, "inteligir, crer e opinar", logo na sequência do tratado acerca da utilidade de crer é desdobrada por Agostinho de maneira bastante interessante e esclarecedora[36]: [i] Todo aquele que intelige também crê[37];

---

[34] Note-se a distinção que opera Agostinho em *Confissões* (7,20,26) entre "confissão" e "presunção", ao referir os neoplatônicos: "*Quid interesset inter praesumptionem et confessionem...*".

[35] Cf. 6,4,6: "*Volebam enim eorum quae non uiderem ita me certum fieri, ut certus essem, quod septem et tria decem sint. neque enim tam insanus eram, ut ne hoc quidem putarem posse conprehendi, sed sicut hoc, ita cetera cupiebam siue corporalia, quae coram sensibus meis non adessent, siue spiritalia, de quibus cogitare nisi corporaliter nesciebam. et sanari credendo poteram, ut purgatior acies mentis meae dirigeretur aliquo modo in ueritatem tuam semper manentem et ex nullo deficientem* [...]".

[36] *Vt. cred.* 11,25.

[37] *Ibid.*: "*Sed intelligens omnis etiam credit*".

[ii] Crê também todo aquele que opina[38]; [iii] Nem todo que crê intelige[39]; [iv] Ninguém que opina intelige[40]. O que assim pode ser explicado. [i] Todo aquele que intelige também crê, porque quem consegue formular ou acompanhar os raciocínios certos e seguros, ou quem consegue experimentar algo por meio dos sentidos, a partir de que formula sua ciência, crê tanto na verdade irrefutável dos raciocínios e movimentos de sua razão quanto crê na experiência obtida através da mediação dos sentidos. [ii] Todo aquele que opina também crê, porque embora esteja provavelmente errado, confia presunçosamente na "verdade" do conhecimento que de fato não possui. Talvez seu erro maior seja acreditar que sabe de modo indubitável, quando não possui certeza alguma do que afiança saber. [iii] Nem todo aquele que confia na autoridade de outrem intelige aquilo em que crê, ou seja, nem todos os que aceitam de boa mente o testemunho alheio como prova incontestável de verdade, a qual nem experienciou sensorialmente, nem provou por raciocínios nenhuns, enfim, nem todo o que dá crédito ao testemunho dos outros compreende aquilo em que decidiu crer, embora ao menos isso, em benefício próprio, intelija, que não possui ciência daquilo a que deu seu voto de confiança. [iv] Por fim nenhum dos que sustentam opiniões ou fazem conjecturas infundadas sobre seja o que for, que nem conhecem por movimentos sistemáticos da razão, tampouco pela experiência dos sentidos, e que também não admitem estar destituídos da ciência que sustentam temerariamente reter no espírito, nenhum deles tem inteligência do que opinam como se fosse verdade.

Porém isso tudo se refere apenas aos temas para os quais há ensino e teoria, obtempera Agostinho[41]. Para outros assuntos nada teóricos, como os da vida cotidiana, contudo, é impossível evitar o recurso à fé[42]. Assim é nas relações interpessoais em que se insere a amizade, por exemplo, nas quais o crédito dado à palavra, às intenções e aos sentimentos alheios se esteia substancialmente na fé, pois não há como saber o que vai no íntimo da cada um. E de modo surpreendente também com os mais céticos, como os neoacadêmicos, provoca Agostinho, que proclamam nada saber, preferindo antes ser chamados de

38 *Ibid.*: *"Credit omnis et qui opinatur"*.

39 *Ibid.*: *"Non omnis qui credit intellegit"*.

40 *Ibid.*: *"Nullus qui opinatur intellegit"*.

41 *Ibid.*: *"Et hoc dumtaxat in rebus ad aliquam pertinentibus disciplinam"*.

42 *Ibid.*: *"Nam in alio uitae actu prorsus nescio quo pacto possit homo nihil credere"*.

inscientes do que de descrentes, embora terem sustentado a crença em probabilidades[43]. Pois quem é que não crê naquilo que se dá ao trabalho de provar?[44] E quem é que quererá provar aquilo em que não crê, a não ser de má-fé?

No entanto reste clara a diferença radical entre fé e opinião, pois enquanto aquele que crê está ciente de que não compreende aquilo em que crê, sabendo não ter ciência daquilo a que dá seu voto de confiança, o opinante, que sustenta suposições ou conjecturas, acha que sabe o que de fato não sabe. E quando não se tem certeza a respeito de algo, diz Agostinho, melhor é crer, a fim de que a fé cultive e prepare a mente, permitindo a sementeira da verdade no espírito[45]. Isso, sem dúvida, se admoesta com mais propriedade no que respeita ao que é impossível de conhecer apenas por meio da razão: "Porém cremos, e cremos sem dúvida alguma naquilo que reconhecemos não poder ser conhecido"[46], como os assuntos da religião, que se define como sendo o culto e a compreensão de Deus[47], onde se reconhece não ser possível conhecimento de tipo exclusivamente apodíctico, pelo que, em suma, nas questões religiosas não se deve crer naqueles (os maniqueus) que dizem que não se deve crer sem antes compreender, e que prometem provas racionais acerca do incognoscível.

A instauração da autoridade

Por estar numa posição intermédia, entre o conhecimento exclusivamente racional e a opinião temerária, a fé participa da razão da primeira, embora também divida com a segunda a incerteza, porém não a presunção. Essa posição intermédia sustenta as pretensões do filósofo de fundar a fé sobre bases racionais, embora menos que as da ciência, ou impropriamente racionais, se se queira, quais sejam as da autoridade. Embora reconheça que ele mesmo nunca viu o Cristo[48], acreditou nele e acalentou em seu coração seus ensinamentos, posto

---

[43] *Ibid.*: "*Quamquam in illis etiam qui se in agendo probabilia sequi dicunt, scire potius nihil posse quam nihil credere uolunt uideri*".

[44] *Ibid.*: "*Quis enim quod probat non credit?*".

[45] *Ibid.* 14,31: "*Nam ego credere ante rationem cum percipiendae rationi non sis idoneus et ipsa fide animum excolere excipiendis seminibus ueritatis...*".

[46] *Ibid.* 11,26: "*Credimus tamen et sine ulla dubitatione credimus quod sciri non posse confitemur*".

[47] *Ibid.*: "*Cum de religione id est de colendo atque intelligendo deo*".

[48] *Ibid.* 14,31: "*Quoniam Christum ipsum... ego non uidi*".

que sem o sustento das provas racionais[49]. Mas se não viu o Cristo através de seus próprios olhos, deu crédito aos que disseram ter visto, as testemunhas oculares, as quais formam a própria base da fé, tão racional ou mediatamente empírica quanto possível, porque se constitui de "opiniões confirmadas" e da "reputação celebérrima" disseminadas entre povos e nações de todo o orbe civilizado desde o advento de Cristo[50]. E por que se deveria crer nessa fama tão célebre e na opinião dos povos e nações? Por que seria a fama dos milagres e ensinamentos de Cristo disseminada e aceita através das gentes mais digna de fé do que a opinião dos maniqueus, por exemplo? As razões dadas podem ser compreendidas como os próprios critérios para o testemunho a respeito de Cristo: [i] opinião pública ou fama (*fama*); [ii] reputação ou renome (*celebritas*); [iii] consenso ou concordância geral (*consensio*); [iv] antiguidade comprovada (*uetustas roborata*). Processo esse de constituição da autoridade, a base de sustentação da fé nas coisas que se não veem, que, segundo o filósofo, assim se transcorreu: [i] Cristo estabeleceu a sua autoridade por meio dos milagres que operou publicamente[51]. [ii] Em seguida, como consequência da autoridade estabelecida pelos milagres operados, mereceu do povo a fé, isto é, foi julgado digno de ser crido[52]. [iii] Depois, com o combustível desse crédito, ou *fides*, que o povo lhe atribuiu por causa da autoridade conquistada, arrastou consigo uma multidão[53]. [iv] Essa mesma multidão, que foi levada pela fé na sua autoridade ou poder de operar milagres, ao perpetuar-se e multiplicar-se em seu encalço, dando-lhe crédito e aos seus seguidores mais próximos, *mirabilia facientes*, fazedores de milagres, mesmo depois de sua morte, obteve-lhe a antiguidade, ou seja, a permanência temporal[54]. [v] Por fim essa antiguidade, expressa na multidão sempre crescente de pessoas que permaneceram através dos povos e nações crendo na autoridade de Cristo e na de seus seguidores, ao perpetuar-se na senda do tempo, confirmou a religião que se esforça por estabelecer e organizar[55]. Portanto esta é a sequência que instaurou a autoridade de Cristo: [i] milagres operados, *miracula*

---

[49] *Ibid.*: *"Deinde fateor me iam Christo credidisse et in animum induxisse id esse uerum quod ille dixerit etiamsi nulla ratione fulciatur"*.

[50] *Ibid.* 14,31: *"Nulli me uideo credidisse nisi populorum atque gentium confirmatae opinioni ac famae admodum celeberrimae"*.

[51] *Ibid.* 16,34: *"Miraculis conciliauit auctoritatem"*.

[52] *Ibid.*: *"Auctoritate meruit fidem"*.

[53] *Ibid.*: *"Fide contraxit multitudinem"*.

[54] *Ibid.*: *"Multitudine obtinuit uetustatem"*.

[55] *Ibid.*: *"Vetustate roborauit religionem"*.

operata; [ii] autoridade ou poder constituído, *auctoritas conciliata*; [iii] fé merecida, *fides merita*; [iv] adesão da multidão sempre crescente, *multitudo contracta*; [v] antiguidade ou perpetuidade da adesão obtida, *uetustas obtenta*; [vi] religião confirmada, *religio roborata*[56]. Em suma: Cristo operou milagres; os milagres lhe conferiram autoridade ou poder ou prestígio; a autoridade conquistada pelos milagres fez com que o povo acreditasse nele, em seu poder, em sua divindade; essa fé que as pessoas depositaram nele, fé que foi merecida, arrastou consigo uma multidão exponencialmente multiplicada, a qual, por crer em sua autoridade, lhe conferiu crédito; esse movimento popular se perpetuou no tempo, estabelecendo uma tradição, ou antiguidade, que lhe conferiu ainda mais valor, pois, como reza o lugar-comum, o que ocorreu há muito tempo merece mais dignidade do que o que ocorreu há pouco tempo apenas, ou seja, aquilo em que as pessoas acreditam e têm acreditado há séculos vale mais por sua antiguidade, pois se fosse mentira, argumenta-se, teria já sido esquecido; essa antiguidade, de par com a quantidade de crentes, com o tempo permitiu o estabelecimento de uma instituição que se cristalizou e organizou, a religião. Portanto muita gente, por muito tempo, crendo na autoridade dos feitos sobrenaturais de Cristo, fez surgir uma crença organizada que se reuniu num assembleia hierarquicamente ordenada, que cresceu, difundiu-se e granjeou para si a autonomia necessária, que lhe merecesse o estatuto de religião estabelecida.

Elevação catártica e propedêutica

Portanto essa autoridade, "salubérrima", exerce um poder catártico, ao desviar a mente de tudo que pode afastá-la da felicidade, visto que promove sua elevação, operando a conversão do amor deste mundo em direção ao amor de Deus[57]. E tudo o que se disse acima respeitante à autoridade de Cristo resume-se precisamente nessa elevação catártica da mente e consequente conversão para Deus, o que a razão por si só não tem o poder de propiciar, ao que parece. Acreditar, pois, em Cristo, cuja vida e ensinamentos, por causa da fé de uma assembleia cada vez mais numerosa, que por cada vez mais tempo lhe dá seu assentimento, e que se estabelece organizadamente como religião, outra coisa

---

[56] [i] *miracula operata;* [ii] *auctoritas conciliata;* [iii] *fides merita;* [iv] *multitudo contracta;* [v] *uetustas obtenta;* [vi] *religio roborata.*

[57] *Vt. cred.* 16,34: *"haec est saluberrima auctoritas, haec prius mentis nostrae a terrena inhabitatione suspensio, haec in deum uerum ab huius mundi amore conuersio".*

não é senão elevar a mente para o Criador, preferindo o seu amor perfeito, seguro e eterno, ao amor fugaz do mundo e das coisas que por natureza estão destinadas a perecer, o que se pode entender ainda como a diminuição do valor do corpo em benefício do espírito, ou a supervalorização do inteligível eterno em detrimento do sensível perecível. Portanto a fé na autoridade, que prepara a mente para a compreensão das coisas divinas, é propedêutica para a conversão do homem, o retorno a seu Criador.

2,1,1,2. Fé e razão VI

> **2.** [...] E – No que diz respeito a isso, confirmo que cri sem dúvida na autoridade em primeiro lugar.

A precedência da fé se confirma pela resposta de Evódio, que ratifica que seu "conhecimento" de que o livre arbítrio da vontade foi dado ao homem por Deus, e que o homem só é capaz de pecar por possuí-lo, advém da autoridade, não do exercício dialético. Embora a origem divina do livre arbítrio não tenha sido tratada no livro primeiro, apoiando-se exclusivamente nos pressupostos piedosos elencados no início[58], nomeadamente o da criação de tudo a partir do nada, o fato de o homem pecar exclusivamente por intermédio desta faculdade foi ali suficientemente tratado[59], o que não justifica ter dito que é pela autoridade que ele "sabe" disso.

> **2.** E – [...] Porém que é mais verdadeiro do que [crer] que todo bem existe a partir de Deus, e que tudo o que é justo é bom, e que a pena, aos que pecam, e o prêmio, aos que agem retamente, é justo? De onde se conclui que é por Deus que os que pecam são afetados pela infelicidade, assim como os que agem retamente, pela felicidade.

No intuito de justificar a origem "autorizada" de seu conhecimento, Evódio recapitula alguns pressupostos axiomáticos apresentados no início do livro primeiro como princípio da piedade: [i] todos os bens têm origem em Deus, o que significa dizer que devem sua existência a ele[60] – dentre os quais

58 Cf. 1,2,5,12-13.

59 Na verdade é uma das conclusões do livro primeiro. Cf. 1,14,30,99-101.

60 Preferiu-se traduzir *ex deo esse* de modo literal, "existem a partir dele", como se se dissesse que saíram de seu interior, o que não implica que lhe são conaturais, nem que constituem sua emanação, ao modo do panteísmo de tipo neoplatônico, apenas que participam de seu ser, quando vêm a ser. Cf. os verbetes *esse, esse ex deo* no LÉXICO T-F.

bens estaria o livre arbítrio da vontade; [ii] tudo o que é justo é igualmente bom; Deus é justo, logo ele e sua obra são bons; [iii] a Justiça (da Providência divina), que atribui prêmios aos bons e castigos aos maus, é também boa, pois ficou dito que tudo o que é justo é bom; [iv] por fim, como consequência dos anteriores, que decorrem da Justiça divina a felicidade e a infelicidade que afetam tanto bons como maus, respectivamente o prêmio e o castigo pelas boas e más ações praticadas por eles. Logo, se é boa a felicidade dos bons, é igualmente boa a infelicidade dos maus, pois tanto uma como a outra são justas, e o que é justo é bom, bem que tem origem em Deus. Interessa notar que Evódio, ao qualificar como "bom" tudo o que é justo, qualifica consequentemente Deus e toda a sua criação do mesmo modo, como supraposto, pois, se tudo o que é bom tem origem em Deus, e o que é justo é bom, o Justo deve ter origem nele. E isso importa muito, porque o que no princípio da discussão era compreendido (ainda que de modo equivocado) como um dos dois gêneros de mal[61], o mal que se padece por parte da Justiça divina, agora é considerado[62], ao invés, um bem. É patente também nesse princípio do segundo livro como o universo agostiniano se estrutura de modo radicalmente racional e ordenado, onde a Razão suprema tem por estabelecida de modo inevitável a retribuição de cada ação, seja ela boa ou má, como lâmina de duplo gume, fria, insensível, da "cega" Justiça da Lei eterna, que prescreve castigos e prêmios imediatos de acordo com o peso que cada ato impõe ao prato da Balança. Porém, como tudo o que Deus faz é bom, a Justiça, obra sua, não pode não ser boa. E se é justo que se retribua a cada um por seus feitos, segundo o que lhe cabe, a partir da noção clássica de justiça[63], essa retribuição justa não pode não ser boa também. Assim tem-se estabelecida a equivalência entre bondade e justiça, pois, como o próprio Agostinho havia dito em relação à lei humana[64], não se pode nem mesmo chamar de "lei" aquela que não for justa. Assim, se é justo, é bom; se é bom, deve ser justo, pois se fosse injusto seria mau, e se fosse mau, injusto.

---

61 Cf. 1,1,1,1-2.

62 De modo mais correto, diga-se, se se quiser manter a coerência com o resto do "sistema" proposto pelo filósofo. Do contrário Deus seria o autor de ao menos um dos dois supostos gêneros de mal, o mal sofrido. Porém, se esse mal sofrido é a própria Justiça da Providência divina, decorre forçosamente disso que a Justiça é má, o que seria uma contradição injustificável.

63 Cf. 1,5,11,33 "Ulpiano: a cada um o que é seu".

64 Cf. *ibid.*

2,1,2,3. Foi de fato Deus que criou o homem?

3. A – [...] o que estou querendo saber é outra coisa, o modo como sabes que nós existimos a partir dele.

É desse ponto em diante, depois das rápidas recapitulações empreendidas e de ratificada a precedência que se deverá atribuir à razão na ordem do conhecimento, que se inicia de fato a segunda parte da disputa dialética. Assim, se se quer conhecer o motivo por que Deus deu ao homem o livre arbítrio da vontade, faculdade por meio de que ele se fez capaz de pecar, por sua única responsabilidade, é necessário, em primeiro lugar, saber, de modo racional, tanto quanto possível, se de fato aquilo em que se crê como postulado de fé e princípio da piedade pode ser provado, que Deus criou todas as coisas a partir do nada, o que inclui o próprio homem em sua integridade, com seu arbítrio livre e todo o resto de que se constitua. Eis, portanto, o primeiro passo: saber se o homem, e com ele todas as suas faculdades, de fato deve sua origem a Deus, para depois, se possível, especular dos motivos por que ele teria dado a esse homem a faculdade que se descobriu ser a causa do malfazer. Não se pode esquecer que o escopo deste segundo livro, na sequência do que se "concluiu" no primeiro, é descobrir a causa da causa deste malfazer, numa palavra, a causa do próprio arbítrio livre da vontade, faculdade por intermédio da qual o homem faz mal. Porém, antes de buscar ter ciência se uma dada faculdade foi ou não dada ao homem pelo crido Criador de todas as naturezas, faz-se primeiro necessário, e lógico, obter ciência se de fato o homem foi por ele criado.

2,1,2,3. Sintaxe especiosa

3. E – Pois assim como [*não*] é próprio da bondade de alguém conceder benefícios a estranhos, assim também não é próprio da [sua] justiça punir estranhos.

Evódio recorre aos correlativos *ut... ita* de modo aparentemente esdrúxulo nesta passagem. O estranhamento se deve à comparação que efetua o interlocutor de Agostinho entre uma afirmação e uma "aparente" negação, porém por meio de advérbios correlativos, que, teoricamente, põem duas ideias paralelas uma ao lado da outra, e não ideias antagônicas como parecem ser essas: assim como o homem bom faz o bem para os desconhecidos, assim também a justiça

não pune os desconhecidos. Diz-se aparentemente, pois as ideias em latim talvez não sejam antagônicas, ao contrário do que parece. Pois fazer o bem a quem não se conhece poderia ser compreendido como não fazer mal a quem não se conhece. Por sua vez, não fazer mal ao desconhecido, no caso da lei, poderia equivaler a fazer bem. A ideia talvez se explique melhor na seguinte disposição:

> [1] assim como não é próprio do homem bom fazer mal contra um desconhecido,
> [2] assim também não faz mal contra o desconhecido a justiça;
>
> ou então:
>
> [1] assim como o homem bom faz bem a algum desconhecido
> (o que implica um benefício desinteressado),
> [2] assim também a justiça,
> que ao não punir aquele que não merece ser punido
> faz bem a desconhecidos – ou seja, é justa
> (uma vez ser injusta a justiça que pune aqueles cujos crimes são ignotos).

Porém se se tivesse traduzido do seguinte modo: "pois se é próprio da bondade de alguém conceder benefícios a estranhos, por sua vez não é próprio da justiça aplicar-lhes punição", estar-se-ia criando um contraste onde o latim pretende um paralelo, o que parece equivocado. Todavia, se se admita que o advérbio de negação esteja modificando o genitivo, do seguinte modo: "Pois, assim como é próprio da bondade de alguém conceder benefícios a estranhos, não é próprio da justiça castigar estranhos", ver-se-ia diante duma aparente escorregadela de Evódio – ou de algum estenógrafo, caso se admita a possibilidade das discussões terem sido estenografadas – ao fazer uso dos correlativos *ut... ita* deste modo, deixando de imprimir destaque ao contraste, por meio duma construção paralela[65]. Veja-se a tradução letra a letra da passagem, sem nenhuma pontuação ou acréscimo de caráter semântico:

> Pois NÃO
> [1] como é da bondade de alguém a estranhos conceder benefícios
> [2] assim da justiça aplicar punições contra estranhos.

---

[65] Pois nesse caso, se a intenção era estabelecer um contraste, o que os correlativos *ita.. ut* não soíam ser usados para fazer, pecou Evódio, ao não fazer uso da partícula apropriada para contrapor duas ideias.

NON *enim*

[1] *ut alicuius est bonitatis alienis praestare beneficia*

[2] *ita iustitiae uindicare in alienos.*

Vê-se que o advérbio *non*, "não", está no início da passagem, o que possibilita ao menos três soluções. Na primeira [i], como se disse, põem-se em paralelo duas construções adversárias[66], não semelhantes: (*a*) ser próprio e (*b*) não ser próprio:

> [i] Pois assim como é próprio da bondade de alguém conceder benefícios a estranhos,
> assim também *não* é próprio da justiça punir estranhos.

Na segunda, ao situar o advérbio de negação no segundo membro apenas, modificando o verbo "punir", tem-se uma tentativa de paralelização, pois se harmonizam: (*a*) a concessão de benefícios a estranhos (que supostamente é um bem desinteressado) e (*b*) a não punição a estranhos (que não deixa de ser um bem também, posto que indireto e um tanto forçado):

> [ii] Pois assim como é próprio da bondade de alguém conceder benefícios a estranhos,
> assim também é próprio da justiça *não* punir estranhos.

Há, porém, uma terceira alternativa que se faz também viável, não apenas por tratar-se de fala de Evódio, e porque os dois primeiros livros da obra foram escritos quando os interlocutores eram ainda leigos recém-conversos, mais influenciados pela tópica filosófico-literária da Antiguidade greco-romana do que pelas Escrituras cristãs[67], mas principalmente porque parece ser a melhor alternativa para explicar o argumento que se desdobra na sequência[68], preservando o paralelismo pretendido pela construção "assim como... assim também" (*ut... ita*), ainda que soe estranho à ética cristã:

> [iii] Pois assim como *não* é próprio da bondade de alguém conceder benefícios a estranhos,
> assim também *não* é próprio da justiça punir os estranhos.

---

66 De modo tão mais insólito quanto incoerente, pois ninguém diz "assim como.... assim também" para estabelecer um contraste, e sim um paralelo.

67 Na verdade não se sabe ao certo a data da escritura do livro segundo, iniciado depois do retorno a Tagasta, por volta de 389. Agostinho será consagrado presbítero em 391.

68 O que se fará no próximo comentário.

Ora, não conceder benefícios a estranhos/estrangeiros não era nada incomum à ética clássica, uma vez preceituava-se conceder benefícios aos amigos, familiares e conhecidos (de que se pretendia sempre auferir algum proveito) e prejuízo aos inimigos, bem ao contrário das palavras de Cristo[69]. Demais, além de ser um tópico clássico, não beneficiar inimigos ou estranhos podia ser tido igualmente por uma ação "justa", segundo a noção clássica de justiça, a que tantas vezes recorre Agostinho no livro primeiro[70], segundo a qual a cada um era devido o que lhe cabia de direito. Ora, ao desconhecido ou estrangeiro não poderia caber nada de direito, mesmo porque nenhuma relação havia entre um estranho e aquele que poderia conceder-lhe algum benefício, de onde tampouco haver a garantia de retribuição, como se dava nas relações clientelistas[71] da Roma antiga, entre um *dominus* e o vastíssimo círculo de seus *familiares*, que incluía também seus *clientes* ou "dependentes", relações que se transferiam naturalmente para a esfera religiosa, como é notório[72]. Essa última alternativa, muitíssimo coerente com a ética clássica, implica a elipse de *non* na segunda oração, sendo bem possível que o advérbio de negação tenha sido posto no início do período exatamente para negar as duas orações comparativas que se pretendia pôr em paralelo[73]. Seja como for, o fato inconteste de natureza gramatical é

---

69 Cf. Mt 5,44: "Mas eu vos digo: Amai os vossos inimigos e orai em favor dos que vos perseguem...!" (ἐγὼ δὲ λέγω ὑμῖν· ἀγαπᾶτε τοὺς ἐχθροὺς ὑμῶν καὶ προσεύχεσθε ὑπὲρ τῶν διωκόντων ὑμᾶς...).

70 Cf. 1,6,16,49; 13,27,89-90.

71 Clientelismo não muito distante da vassalagem medieval, em grande medida dele derivada.

72 No próprio comércio com as divindades pagãs, expresso pela construção cristalizada *do ut des*, "dou para que dês", ou seja, "eu dou, ou prometo dar algo para o deus para que ele me dê algo em retorno", percebe-se a atitude interesseira dos postulantes, que prometiam sacrifícios, oferendas, libações, estatuetas, entre outros tantos "pagamentos", ou quiçá "subornos", pelo benefício que se esperava receber, o que jamais se dava de modo gratuito, uma vez a divindade sempre cobrasse pelo benefício conferido e punisse com veemência o mau pagador – como ilustra a lenda do rei cretense Minos, que ao deixar de retribuir a Zeus o touro imaculado que lhe prometera por um benefício pedido e obtido, tenta enganá-lo, ofertando-lhe um boi de qualidade inferior, sendo punido cruelmente pelo rei dos deuses, ao ver a esposa conceber uma deformação do touro que negara ao deus, o híbrido Minotauro, rebento oriundo da vingança adúltera de Zeus. Percebe-se ainda hoje como é forte essa relação comercial, entre o crente e seu deus, nas promessas que se fazem e se cumprem amiúde, seja de penitência, de *ex-votos*, ou de objetos e partes corpóreas confeccionados de cera que se ofertam a santos e entidades várias em troca ou retribuição por curas desejadas, entre inumeráveis outros exemplos de atitudes que têm por finalidade, ainda que se alegue inconsciência, a compra do benefício que se espera receber.

73 O que não era incomum fazer Agostinho, embora aqui se trate de intervenção de Evódio.

que a construção *ita... ut*, "assim como... assim também", ou "do mesmo modo que...", põe em paralelo duas ideias que seguem na mesma direção, as quais, caso fossem contrastantes, requereriam partículas que expressassem inequivocamente essa oposição pretendida. Pelo que tanto a opção [ii] como a [iii] são as mais convenientes, excluída a [i], porque cria um contraste muito provavelmente não planejado. Resta, pois, decidir-se seja pela ética clássica, seja pela cristã. Neste sentido, vale lembrar ainda uma vez que: 1. não se trata de pronunciamento de Agostinho, e sim de Evódio, recém-batizado e convertido ao catolicismo, mas educado segundo os padrões da cultura greco-romana vigentes e muito valorizados socialmente na Antiguidade Tardia, especialmente numa província periférica como a Numídia, no norte africano, terra natal dos interlocutores; 2. o livro primeiro é do período dito "filosófico" de Agostinho, como se percebe pelas poucas referências escriturárias em contraste com temas e linguagem marcadamente estoicos e platônicos, cuja fonte primordial é Cícero; 3. o advogado Alípio, partícipe dos debates ocorridos um pouco antes em Cassicíaco, especialmente os que deram origem à sua primeira obra, *Contra Academicos*, e que era um dos amigos favoritos de Agostinho, tendo inclusive merecido lugar de destaque em *Confissões*, opunha-se veementemente a que se referisse o nome de Cristo nas obras iniciais do filósofo[74], postura que talvez se possa estender também ao próprio Evódio, o que explicaria uma certa ignorância escriturária por parte do discípulo neófito:

> Eis que me chama novamente a minha recordação; e me é doce, Senhor, confessar-te com que aguilhões interiores me domaste e de que modo me aplainaste, depois de rebaixados os montes e colinas dos meus pensamentos, e como endireitaste minhas tortuosidades e leniste minhas asperezas[75] e de que modo também o próprio Alípio, irmão de meu coração, se submeteu ao nome do teu Unigênito, Senhor e Salvador nosso, Jesus Cristo, nome que no início ele repelia como indigno[76] de ser inserido em nossos

---

74 Cf. *Conf.* 9,4,7.

75 Cf. Is 40,4: *"omnis uallis exaltabitur et omnis mons et collis humiliabitur et erunt praua in directa et aspera in uias planas"*; Lc 3,4-5: *"sicut scriptum est in libro sermonum Esaiae prophetae: uox clamantis in deserto parate uiam Domini; rectas facite semitas eius; omnis uallis implebitur et omnis mons et collis humiliabitur et erunt praua in directa et aspera in uias planas"*.

76 O verbo utilizado por Agostinho é *dedignor*, que significa "repelir" ou "recusar como indigno". Não se trata de modo nenhum de crer que Alípio considerasse os livros de Agostinho indignos do nome de Cristo, e sim o exato oposto.

livros, pois queria muito mais exalar o aroma dos cedros dos ginásios[77], que agora o Senhor deitou por terra, do que as ervas eclesiásticas, salutares contra as serpentes.[78]

Como se tornou patente pela leitura e comentários do livro primeiro, vê-se, pois, que não apenas o nome de Cristo ainda não se faz presente[79] com o peso com que se fará a partir dos primeiros anos da década de 390, quando o filósofo se consagra presbítero e logo depois bispo coadjutor de Hipona, mas que também a ética agostiniana até então era marcadamente clássica, o que se pode inclusive verificar pelo fato de ter Agostinho rejeitado a máxima áurea como exemplo de mau silogismo[80], sem nenhum pudor, a despeito de ter sido proferida pelo próprio Cristo[81]. Nada obstante as razões supra-aduzidas para justificar a terceira [iii] hipótese de tradução, a mais convincente delas apoia-se no próprio argumento de Evódio, como se pretende demonstrar na sequência.

2,1,2,3-4. O argumento de Evódio para provar a origem divina do homem

> **3.** E – Também isto não vejo de onde mais está manifesto, a não ser porque já está estabelecido que Deus pune os pecados, uma vez que é dele [que decorre] toda a justiça [...].

---

77 O cedro (*cedrus*) refere-se à resina que se aplica aos manuscritos para conservá-los. Ou seja, Alípio se interessava mais pelas discussões filosóficas pagãs que pelas Escrituras cristãs. Ginásio (γυμνάσιον), por sua vez, é sinônimo de "escola". Símbolo da cultura (παιδεία) greco-romana, o ginásio era o local por excelência em que os efebos gregos praticavam esportes, nus (γυμνός), e muitos filósofos e retóricos ministravam suas conferências, granjeando adeptos entre os mais jovens. Alguns comentadores creem Agostinho estar referindo os ginásios da propriedade de Cícero, em Túsculo, de onde o pensador romano escreveu as suas disputas *Tusculanas*, uma das fontes principais das discussões havidas em Cassicíaco.

78 *Conf.* 9,4,7: *"Reuocat enim me recordatio mea et dulce mihi fit, domine, confiteri tibi quibus internis me stimulis perdomueris et quemadmodum me conplanaueris humiliatis montibus et collibus cogitationum mearum et tortuosa mea direxeris et aspera lenieris quoque modo ipsum etiam Alypium fratrem cordis mei subegeris nomini unigeniti tui domini et saluatoris nostri Iesu Christi quod primo dedignabatur inseri litteris nostris magis enim eas uolebat redolere gymnasiorum cedros, quas iam contriuit dominus, quam salubres herbas ecclesiasticas aduersas serpentibus".*

79 No primeiro livro há apenas uma referência direta às Escrituras; no segundo, treze, das quais apenas quatro dizem respeito aos Evangelhos; no terceiro, por sua vez, 22 são as referências (12 NT; 10 VT).

80 Cf. 1,3,6,16,17.

81 Cf. Mt 7,12: "Πάντα οὖν ὅσα ἐὰν θέλητε ἵνα ποιῶσιν ὑμῖν οἱ ἄνθρωποι, οὕτως καὶ ὑμεῖς ποιεῖτε αὐτοῖς· οὗτος γάρ ἐστιν ὁ νόμος καὶ οἱ προφῆται".

O raciocínio de Evódio, à parte a sintaxe ambígua do trecho que se tentou explicar no comentário anterior, padece de uma circularidade redundante, ao menos em aparência. O argumento esquematizado, que visa dar resposta à pergunta de Agostinho, de como se pode dizer racionalmente que o homem tem origem em Deus[82], assim se desdobra: o homem tem origem em Deus porque: [i] está estabelecido pelas discussões anteriores que Deus pune os pecados e que [ii] de Deus decorre toda a justiça. Portanto o homem tem origem em Deus por causa da Justiça, ou seja, pelo fato de que Deus, ou a sua Justiça, pune os pecados. E como o argumento não é autoexplicativo, faz-se necessário desdobrá-lo, o que empreende Evódio na sequência supra-analisada:

3. E – [...] Pois assim como [*não*] é próprio da bondade de alguém conceder benefícios a estranhos, assim também não é próprio da [sua] justiça punir estranhos [...].

Construção em paralelo que se desdobra do seguinte modo: [iii] assim como [não] é característico da bondade de alguém conceder benefícios a estranhos; [iv] assim também é característico da justiça não punir estranhos; o que, como se empreendeu fazer logo acima, no comentário anterior, pode compreender-se de duas maneiras. A primeira a partir de uma ética mais cristã, por assim dizê-lo, onde: [iii.$_{a}$] é bom/justo fazer o bem (desinteressado) a estranhos, [iv.$_{a}$] assim como é boa/justa a lei que não pune (injustamente) um estranho, o que redunda dizer que lhe faz bem, ao não lhe fazer mal[83]. A segunda sob uma ética mais clássica, e talvez mais correta, se se considere que o advérbio de negação modifica as duas orações paralelas, onde [iii.$_{b}$] não é bom/justo conceder benefícios a estranhos[84], [iv.$_{b}$] assim como não é boa/

[82] Cf. 2,1,2,3.

[83] Essa segunda parte constitui a grande fraqueza dessa primeira opção, pois dizer que uma lei que deixa de punir o estranho faz-lhe algum bem é reconhecidamente uma conjectura "forçada". Sem dúvida pode-se argumentar que ao não puni-lo injustamente nada faz, nem bem nem mal.

[84] Como explicado no comentário anterior, pode parecer estranho que não se considere próprio da bondade de alguém conceder benefícios a estranhos (*bonitas* significa também integridade, excelência, numa palavra, a qualidade de um *uir bonus*), como se se dissesse que o bem desinteressado não fosse algo bom, contrariamente à ética cristã. Porém a ideia não é essa segundo a óptica antiga. Pois o benefício prestado a um estranho, que nada fez por merecê-lo e que provavelmente não irá retribuí-lo, destoa por completo da noção clássica de justiça, como explicado nos comentários ao livro primeiro (1,5,11,33), segundo a qual se deve atribuir a cada um de acordo com o que lhe cabe. Ora, que fez um estranho para merecer qualquer

justa uma lei que pune estranhos. Em suma, o argumento todo até aqui assim se desenrola (ou se enrola cada vez mais): o homem tem origem em Deus, porque: [i] Deus pune com justiça os pecados do homem; [ii] porque dele procede toda a Justiça, ou seja, Deus é absolutamente justo, visto que distribui a bons e maus respectivamente prêmios e castigos segundo o mérito de cada um; daí que, [iii] assim como [não] é próprio da bondade [*bonitas* < *bonus*] de alguém conceder benefícios [< *bene facere*] a estranhos, [iv] assim também não é próprio da justiça (*iustitia*) de uma lei punir estranhos. O que só se compreende perfeitamente pela óptica clássica, como aventado, traduzindo os termos a partir do étimo apropriado. Deste modo Deus pune os pecados dos homens porque é justo, ou seja, porque distribui a cada um aquilo que lhe cabe, segundo o seu merecimento. Mas ainda que esteja perfeitamente claro que ele é justo, isso nenhuma conexão parece ter com o fato de que o homem tenha sido criado por ele. Todavia, se se compreenda em [iii] a *bonitas* não como a bondade piedosa da caridade cristã, mas como o bem (*bonum*) do homem bom (*uir bonus*), e a justiça em [iv] como sendo da Lei de Deus, ou seja, como a "sua" Justiça, aí tudo parece encaixar-se. Isso, porque, assim como não é próprio do bem do homem, bem que é também justo, pois tudo o que é bom é justo[85], que ele distribua benefícios a quem ele não sabe se é digno, já que é um desconhecido, do mesmo modo não é próprio nem da justiça dos homens, muito menos da de Deus, que castigos sejam aplicados a estranhos, ou seja, àqueles que nada fizeram por merecer (ou que nada se sabe terem feito), vigendo em ambos os casos a noção de justiça clássica, que prescreve atribuir a cada um segundo o que lhe cabe. Logo, se se trata de um "estranho", seja em relação ao homem, seja às leis, nem pode ser beneficiado, nem punido, o que seria igualmente contrário à justiça.

Na sequência Evódio tenta reforçar, ou corrigir, o argumento do seguinte modo: o homem pertence a Deus, porque: [v] Deus é o mais benigno na concessão dos benefícios [vi] e o mais justo na punição dos pecados, o que, contudo, apenas parece reiterar o que já estava posto.

---

benefício? Nada. Logo nada lhe cabe. A noção de caridade cristã, segunda a qual se deve fazer o bem desinteressado a todos os que cruzem o caminho do crente devoto, não se coaduna com a definição de justiça antiga, pois dá-se a quem muita vez não é digno de receber, o que era absolutamente injusto, logo não era bom. Não se pode dizer que seja essa a intenção de Evódio, pois o argumento todo é confuso, mas pela sequência é bem possível que o seja.

85 Cf. *Ret.* 1,26: "e certamente tudo o que é justo é bom" (*utique bonum est omne quod iustum est*).

4. E – De onde ser manifesto que nós pertencemos a ele, porque não apenas é benigníssimo ao prestar-nos [suas benesses], mas também justíssimo ao punir-nos.

De fato, se o homem é punido pela Lei de Deus, sendo ele justíssimo ao punir, não pode ser punido como se fosse um estranho às leis, alguém cujo crime ou é ignoto, ou inexistente. Por outra, se é benigno à perfeição ao premiar o homem, não pode conceder-lhe benefícios que nada fez por merecer, como sugerido no paralelismo supradescrito. Pois bem, mas que se clareiem de vez as coisas, que ainda soam confusas. O que Evódio pretende dizer com essas voltas todas, numa palavra, é apenas que Deus é bom porque é justo, visto que a bondade, segundo crê, decorre da justiça, uma vez que ninguém que aja de modo injusto pode ser bom, nem o homem, nem a lei, muito menos Deus. O interlocutor de Agostinho – é o que se pode depreender do argumento – não parece capaz aqui de abstrair uma qualquer noção de bondade à parte do que considera um ato bom, como se não cresse possível a bondade, a não ser em um agente ou ação tidos por bons; e mais, parece ainda preso à noção política de bem, que materializava qualquer benesse ao convertê-la em *beneficia*, benfeitorias de caráter público ou privado[86], quantificáveis, que depois trariam de volta um bom retorno pelo investimento, bastante distintas das noções cristãs de amor desinteressado[87]. Demais, a própria passagem entre a bondade/justiça divina e a origem do homem pode igualmente explicar-se pelos postulados apresentados no início da obra[88], como axiomas ou princípios de piedade. De fato, se todo bem tem origem em Deus, criador de tudo o que existe, *ex nihilo*, Evódio conclui dizendo que o homem pode-se dizer tenha origem em Deus também, porque, enquanto homem, é um bem, uma vez que pode agir de modo reto, quando quer, o que sem dúvida é algo bom.

4. E – [...] E depois, a partir do que eu coloquei e tu consentiste, que todo bem existe a partir de Deus, pode ser inteligido que o homem também existe a partir de Deus. Pois o próprio homem, enquanto homem, é algum bem, porque pode viver retamente, quando quer.

Perceba-se que o argumento final se subdivide em dois. Primeiro, se todo bem tem origem em Deus, o homem, que é um bem, também tem origem em

86 Em grego εὐεργεσία ou εὐεργέτημα.

87 Ἀγάπη.

88 Cf. 1,2,5,12-13.

Deus. Segundo, o homem é um bem, porque, enquanto homem, pode agir retamente, o que equivale a dizer que quem pode fazer bem, por livre iniciativa, é igualmente um bem. Da primeira parte do argumento vê-se que Evódio apenas recorre à autoridade, à crença de que Deus é o criador de todas as coisas e de que tudo o que cria é bom. Na segunda, ao que parece, retoma o argumento anterior, que tenta associar as noções de justiça e de bem, ao dizer que o homem é bom porque faz bem, ou seja, age com justiça, de modo livre, por meio de sua vontade. Todas essas voltas, por fim, apenas para associar as noções de justiça e de bem, tanto em Deus como no homem, a fim de fazer derivar da bondade de Deus o bem em que se constitui o homem. De fato, assim como Deus é bom porque aplica justamente a justiça, atribuindo a cada um segundo suas obras, assim também o homem pode ser considerado bom, por agir de modo reto e justo, quando quer[89].

2,1,3,5-6. Do bom e do mau uso do arbítrio da vontade

> **5.** A – Se é assim, claramente foi resolvida a questão que propuseste. Pois, se o homem é algum bem, e não poderia, a não ser quando quisesse, agir retamente, deveria ter possuído a vontade livre, sem a qual não poderia agir retamente.

Se aceita o argumento de Evódio, retomado apenas a partir de seu final, quando diz que o homem tem origem em Deus e é algo bom, porque pode agir retamente, quando quer, contudo Agostinho vai além, ao justificar a origem divina da liberdade humana como dom necessário para que o homem possa de fato ser bom, o que parece resolver de inopino a questão inicial, deixada em aberto no final do livro primeiro, acerca do motivo por que Deus teria dado ao homem uma faculdade por meio da qual ele haveria de pecar. Com efeito, o homem só pode agir retamente[90] se for livre para tanto, ou ainda, como diz Evódio, "quando quer", logo o homem deve ser livre para que seja bom, o que deveria implicar, por sua vez, o fato de ter sido criado por Deus. O argumento é simples: se Deus criou os bens todos, dentre os quais inclui-se o homem, precisamente por ser capaz de agir retamente, ou seja, de viver a vida reta e honesta, o que não poderia fazer a não ser por sua vontade livre[91], faz-se necessário que a vontade livre, bem sem o qual o homem não

---

89 Cf. 1,13,27,89-90.

90 Lembre-se que a vida reta e honesta é a vida segundo as quatro virtudes cardeais, a qual se alcança pela boa vontade: cf. 1,12,25,83-85; 13,27,89-90; 29,98; 14,30,99-101; 31,103-104.

91 Cf. 1,14,30,99-101.

pode ser bom, tenha sido igualmente dada por Deus, o Criador e dispensador de todos os bens, do contrário não se diria ser ele o Criador de todos os bens, se o meio exclusivo pelo qual uma de suas criaturas pode ser boa não tem origem nele. Percebe-se que a vontade livre é um bem intermédio como a "aprendizagem" (*disciplina*)[92], por meio de que se chega à ciência, que, por sua vez, é um bem considerável em si mesmo. Portanto a vontade livre é um bem de caráter mediato, porque serve de meio para o homem fazer bem e, consequentemente, ser bom. No entanto, sabe-se que ela é utilizada também para agir mal, o que poderia de algum modo torná-la má. Contudo Agostinho argumenta que esta não é sua função precípua. Ao contrário, ela foi criada boa por Deus e concedida para o bem, não para fazer mal. Demais, está provada ser um bem, porque sem ela o homem não pode viver retamente, o que só pode fazer de modo voluntário.

> **5.** A – Pois não é porque também se peca por intermédio dela que se deve crer que Deus a deu para isto. Logo há motivos suficientes por que deveria ter sido dada, uma vez que sem ela o homem não pode viver retamente. Pois é para isto que foi dada...

Por outra, se a liberdade da vontade não fosse condição do ato moral, de que modo se poderia considerar a punição aplicada pela Providência divina como justa? Como punir com justiça aquele que age por necessidade, coagido de modo irrecusável? Logo o princípio axiomático de piedade segundo o qual é Deus que pune os pecados serve de justificativa para que a vontade livre tenha sido dada ao homem por Deus, do contrário ele não poderia ser justo e ao mesmo tempo punir os pecados cometidos de modo involuntário. Demais, se a vontade livre houvesse sido dada para fazer mal também, nesse caso tampouco seria justo que Deus punisse os pecados, pois, se o fizesse, estaria condenando a criatura, que ele mesmo dotou de livre vontade, por ter agido em conformidade com a sua prescrição, o que seria absolutamente injusto, a não dizer ainda absurdamente contraditório.

> **6.** A – [...] Pois como se poderia punir com justiça aquele que tivesse feito uso da vontade para a mesma finalidade para a qual ela foi dada?

Se o desvio da vontade livre é punido por Deus, isso se dá porque é um pecado. Portanto usar a vontade livre para fazer mal é pecar, o que implica um

---

[92] Cf. 1,1,2,4,-6.

abuso, ou seja, um mau uso, um desvio da finalidade original para a qual ela foi criada e conferida ao homem. Parte-se, pois, do axioma de que Deus pune os pecados, que se cometem por intermédio da vontade livre, para algo contrário ao fim pretendido por Deus, como ilustra o seguinte esquema:

1. Deus pune os pecados e premia o bem [axiomático];
2. Tanto o pecado como o ato bom são cometidos por meio da vontade livre;
3. Logo a vontade livre pode ser usada tanto para fazer mal como para fazer bem;
4. Logo Deus, ao punir os pecados, não pune a vontade livre, dom que ele mesmo concedeu ao homem, pune apenas o seu mau uso;
5. Logo Deus, ao premiar as boas ações, premia o bom uso da vontade livre;

De modo reverso, a partir do princípio axiomático que afirma a justiça de Deus, pode-se construir o argumento do seguinte modo:

6. Deus é sempre justo [axiomático];
7. Logo Deus jamais pune os pecados ou premia as boas ações injustamente;
8. Logo, ao punir o mau uso da vontade livre, Deus pune justamente;
9. Logo, ao premiar o bom uso da vontade livre, Deus premia justamente;
10. Logo o uso da vontade livre é mau, quando punido por Deus;
11. Logo o uso da vontade livre é bom, quando premiado por Deus.

Por outro lado, se Deus punisse uma ação cometida pela vontade livre, apenas e tão só por ter sido cometida pela vontade livre, a qual ele mesmo conferiu ao homem a fim de que ele se utilizasse dela para agir livremente, Deus seria necessariamente injusto. Porém, se Deus pune o uso da vontade livre, argumenta Agostinho, isso decorre apenas do fato de que seu uso/abuso é digno de punição. E, uma vez Deus sendo justo, justa deve necessariamente ser a punição. Pelo que, se o homem é punido por ter usado da vontade livre para agir, é forçoso haver algo passível de punição, do contrário seria punido injustamente, o que Deus, que é justo, não poderia fazer. Assim, se o homem tem a liberdade de ação, não pode ser punido pelo uso da liberdade, que o próprio Deus lhe deu, a não ser que tenha abusado dela, ou seja, que tenha usado mal dessa liberdade, agindo de modo contrário ao determinado por Deus. Deus deu ao homem a liberdade. Porém deu-a para que fosse bem utilizada, ou seja, para que dela se utilizasse o homem para agir bem, não para pecar. Portanto é o mau uso, não a liberdade em si mesma, que se deve inculpar pelo malfeito humano; do mesmo

modo é o seu bom uso, não a liberdade em si, que se premia quando se faz bem. Logo o pecado está não na liberdade do querer, mas no seu abuso. Pois bem, se há um uso reto, conclui-se que esse abuso nada seja senão um uso torto, pravo, numa palavra, um uso desordenado, em desarmonia com a reta razão prescrita pela Lei eterna, a Razão suprema. Portanto Deus instaura a Ordem, dá o arbítrio livre da vontade ao homem, inspira-lhe na alma sua Razão suprema, segundo a qual a liberdade concedida deve ser regulada para que não seja abusada; se, mesmo assim, o homem abusa dela, querendo mal, não é a Deus que se deve inculpar, nem ao dom dado por Deus, mas ao abuso desordenado do homem, cuja causa está no próprio abusador.

Liberdade mutilada?

O argumento de Agostinho parece bastante coerente e coeso, contudo permite levantar duas questões interessantes, uma das quais Evódio percebe, como se há de constatar pela sequência. O discípulo não se mostra muito satisfeito com as conclusões[93], ao indagar, com razão, do motivo por que teria Deus dado ao homem uma faculdade assim tão flexível, por meio da qual ele poderia não apenas fazer bem, merecendo o prêmio da felicidade, mas também pecar e, consequentemente, precipitar-se em sua própria condenação. Ou seja, a questão da causa do malfazer ainda está longe de ser resolvida, ao menos segundo as pretensões de Evódio, e com ela a imputabilidade de Deus, em conformidade com as teorias maniqueístas. O argumento não parece ingênuo, tampouco desprovido de razão, visto que, sendo Deus onipotente, não se compreende o motivo por que teria criado um ser aparentemente apenas para puni-lo pelo malfeito que poderia não ter cometido, se não lhe houvesse sido dada a famigerada faculdade em questão, ou se a faculdade do livre querer quisesse apenas bem. Suposição que conduz à segunda questão: se sua vontade só pudesse querer bem, sendo-lhe interdito malquerer, seria de fato livre? Ou seja, se Deus deu ao homem a liberdade de querer, como diz Agostinho na passagem, sem a qual ele não seria capaz nem de fazer bem, nem mal, quando o pune pelo suposto "mau" uso que dela faz, simultaneamente parece retirá-la, ou, quando não, mutilá-la, enquanto liberdade. Pois, se lhe é dado o livre querer, de que modo se lhe poderia impor uma sanção, pelo uso que dele fizesse? Ao restringir o uso

93 Cf. 2,2,4,8.

do querer, não lhe estaria retirando a própria liberdade? Ao impor um uso específico à vontade livre, determinando o que deveria ou não querer, não estaria mutilando a própria liberdade? Pois, se Deus dissesse, como sugere Agostinho:

> **6.** A – [...] "Por que não fizeste uso da vontade livre para aquela mesma finalidade para a qual eu te dei, isto é, para agir retamente?"

não estaria Deus destruindo o próprio dom que concedeu? Não é a liberdade uma condição de absoluta autonomia do querer, quando nenhuma interdição há para que se queira do modo como aprouver a cada um, sem nenhum constrangimento? Se há uma finalidade para a vontade, seria possível igualmente dizer que há para ela alguma liberdade? Numa palavra, de que maneira se pode dizer que é livre aquele que é obrigado a querer de um modo ou de outro, sob pena severa de sanção? E aquele que deixa de querer mal apenas por temer as consequências, seria esse digno de premiação, apenas ao evitar o malfeito que quis querer e fazer, mas de que se viu impedido por puro medo? Que seria essa liberdade, então, que o obriga a agir de um determinado modo, sob pena de ser punido severamente, se não o fizer? De que maneira se pode dizer livre aquele que só pode agir segundo uma *regula* externa a si? Trata-se, sem dúvida, de uma questão do maior interesse, pois aquilo que se compreende como liberdade não isenta o homem de sanções, quando age contrariamente à Lei divina, seja desordenando algum outro, seja a si mesmo, assim como não está isento de punição pela lei humana aquele que desobedece às determinações e restrições sociais impostas aos indivíduos de uma dada coletividade. Numa palavra, o homem é livre para querer, embora essa liberdade não o isente das consequências de suas escolhas. Na verdade, quando se fala de prêmio e castigo, costuma-se equivocadamente imaginar um verdadeiro δεσπότης – um senhor absoluto – julgando arbitrariamente dos destinos de suas criaturas, como se cada uma delas lhe constituísse um mero brinquedo, *Spielzeug*. Porém é preciso lembrar que a economia da Justiça divina era compreendida de modo nada antropomórfico pelas mentes mais ilustres, nenhuma semelhança guardando com as concepções pueris vulgarizadas ao longo das eras para doutrinar e dominar o povo iletrado, e sim com uma verdadeira Mente ou Razão supremas, que Agostinho chama também de Lei eterna, cuja noção de Justiça, como reiterado diversas vezes, prendia-se à noção clássica. Assim, se a liberdade prescrevia o querer individual sem freios, a justiça apenas regulava as consequências de cada

impulso arbitrado da vontade. Não se trata de impedir ou obstar o querer a partir da ameaça de sanções, mas de regular as consequências de cada movimento da vontade. Livre é a semeadura, obrigatória a colheita; ou, como dizia Paulo[94], "Tudo me é permitido, mas nem tudo me é vantajoso". A liberdade humana não é de modo nenhum obstada pelas consequências de suas escolhas, que constituem apenas a regra do jogo, por assim dizê-lo, visto que muitos escolheram e escolhem uma suposta infelicidade póstuma em favor daquilo que reputam sua felicidade presente, visto não crerem na sobrevivência da alma. Outros, ao revés, preterem uma falsa felicidade presente em prol de uma felicidade futura real, a qual esperam, porque nela creem. Demais, felicidade e infelicidade se dizem aqui apenas partir da ética platônico-cristã, que privilegia o inteligível em detrimento do sensível, com o que muitos discordam, como dito, preferindo os prazeres dos sentidos, mesmo fugazes, a qualquer expectativa de paz beatífica da alma, mesmo que eterna, num futuro sereno que nada lhes apetece. Logo o "castigo" cristão para muitos nada mais é do que a própria felicidade, que se obtém exatamente na fruição, tanto melhor quanto mais desenfreada, dos prazeres que os sentidos propiciam a cada um. Para esses, pois, não há falar de punição, ou antes, o castigo é aquilo que lhes impede o gozo, que lhes interdita o tumulto das paixões em que se regozijam. Assim o que para Agostinho configura-se punição, para eles é o paraíso.

Pois bem, embora não se pretenda avançar nessa discussão, contudo pode-se traçar um paralelo com o que ocorre nas sociedades regidas por leis civis, que, embora prescrevam a garantia das liberdades individuais e dos direitos de cada cidadão, essas mesmas liberdades e direitos não implicam ausência de deveres, muito menos a imposição de estritos limites, que carecem de ser respeitados sob pena de desordem ou da própria dissolução dessa mesma sociedade, visto que o direito de um não pode ultrapassar o do outro, sendo ambos iguais. Portanto pode-se supor que, ao conferir ao homem uma liberdade cujas consequências são reguladas pela Razão suprema, Deus não lhe deu uma falsa liberdade, que sempre pode ser "abusada", apenas quer ordená-la de modo a que a liberdade irrestrita de uma criatura não implique no tolhimento da liberdade irrestrita de outra, permitindo que cada um escolha para o que quer viver. Demais, se a liberdade não fosse irrestrita, nenhuma justiça seria possível, jamais cabendo a alguém algo que ele fez por necessidade, como

---

94 1Cor 6,12: "Πάντα μοι ἔξεστιν, ἀλλ' οὐ πάντα συμφέρει".

se se dispusesse a condenar a chuva por cair. Portanto Deus, ao que parece, pretende manter na esfera individual o mérito ou demérito de cada ação, de par com a consequente punição ou recompensa que cada um fez por merecer, dentro dos limites por ele especificados em sua Lei eterna, como posto no livro anterior, a fim de preservar simultaneamente a autonomia e o valor especial de sua criação, do contrário teria criado para sua própria diversão apenas uma série de brinquedos autômatos e tediosos, de nulo valor. Assim, ao estabelecer limites para a liberdade, Deus não retira do homem a autonomia para transgredi-los, como não retirou do primeiro conúbio nem do anjo prevaricador a possibilidade de contrariá-lo, apenas prescreveu o ordenamento de seu uso, de modo a preservá-lo na vida feliz, reta e honesta, diante de si, em vez de ver sua obra precipitada no nada da matéria mutável e corruptível e na perturbação frenética dos desejos insaciáveis. Demais, como Agostinho dirá adiante[95], "esta é a nossa liberdade, quando somos submetidos a essa Verdade; e ela é o nosso próprio Deus, que nos liberta da morte, isto é, da condição de pecado". Portanto a *summa libertas*, a suprema liberdade, não é poder querer qualquer coisa, o que a bem dizer não está interdito ao homem, visto que Judas quis e vendeu Jesus por algumas moedas, assim como os judeus quiseram condená-lo, libertando Barrabás, mas querer apenas o bem; aí sim será verdadeiramente livre a vontade, quando totalmente submissa à Verdade, em harmonia com o amor de Deus[96].

2,1,3,7. Justiça e liberdade: princípios da moralidade

> **7.** A – [...] Pois não haveria nem pecado, nem ato retamente praticado que não se fizesse por meio da vontade. E por isto não apenas a pena seria injusta, mas também o prêmio, se o homem não possuísse a vontade livre.

De modo bastante mais claro do que seu interlocutor havia feito com as noções de justiça e bem[97], Agostinho ratifica a relação entre justiça e liberdade, a qual constitui a base da moralidade, do bem e do malfazer. De fato, diz o filósofo, nenhum pecado ou ato reto seria possível em um universo de seres destituídos da vontade livremente arbitrada, como pedras, plantas, animais.

[95] Cf. 2,3,37,143.

[96] Cf. John Rist, *Augustine. Ancient Thought Baptized.* Cambridge: Cambridge University Press, 1994. p. 187.

[97] Cf. 2,1,2,3-4.

E se nenhum bem ou mal existe, tampouco castigo ou prêmio, sendo necessário desvincular felicidade e infelicidade de quaisquer valores ditos "morais". Na verdade sem a vontade livre nenhuma felicidade ou infelicidade seria possível, quando muito poder-se-ia falar de dor e prazer, movidos ambos pela necessidade, ou quaisquer outros mecanismos anímicos absolutamente inscientes. Porém o castigo e o prêmio decorrentes da Justiça divina são postulados axiomáticos, aceitos desde o início da disputa. Logo, inquestionáveis. E se assim é, deve necessariamente haver vontade livre. Pois Deus é justo, como se postulou axiomaticamente no início da obra como princípio de piedade[98], o que equivale a dizer que dele decorre toda a Justiça da Lei eterna, que, como se viu[99], aproxima-se bastante da noção clássica de justiça, que ordenava atribuir a cada um aquilo que lhe cabia[100]. Portanto a Justiça divina, assim como a humana, ambas preceituam atribuir a cada um o que lhe cabe, segundo os dispositivos da Ordem, ou seja, de acordo com os mecanismos ordenados que regulam racionalmente a universalidade da criação, no que se conveio chamar também de "Lei eterna"[101], a qual determina que se punam os pecados e premiem os atos retos. Logo Deus, que é justo, premia os bons e pune os maus, segundo sua própria Justiça. Porém, se não se pode agir bem ou mal senão mediatamente, por meio da vontade livre, decorre daí uma relação íntima entre liberdade e justiça, pois nenhuma punição ou premiação seria possível a ato não praticado livremente, o que implica que não haveria nem o pecado, tampouco a boa ação, se não houvesse a liberdade da vontade[102]. De fato, um ser autômato, desprovido de vontade livre, só seria capaz de atos moralmente neutros e necessários, uma vez ser incapaz tanto de fazer mal quanto bem. E ao contra-argumento de que Deus deveria ter criado um homem incapaz de pecar, pode-se responder agora, dizendo que, se o tivesse feito, teria igualmente criado um ser incapaz do bem, o qual jamais seria punido por seus maus atos, tampouco premiado por qualquer ação meritória. Numa palavra, se seria inapto para a infelicidade decorrente da perversidade de que era incapaz, seria igualmente inapto para a felicidade decorrente da bondade de

---

98 Cf. 1,2,5,12-13.

99 Cf. 1,13,27,89-90.

100 Na verdade é a noção clássica de justiça que se aproxima da Justiça da Lei eterna, e não o contrário. Pois, como Agostinho deixou claro no primeiro livro (1,6,15,50), nada há de justo nos ordenamentos humanos que não tenha sido derivado da própria Razão suprema.

101 Cf. 1,6,15,48-49.

102 2,1,3,7: *"Non enim aut peccatum esset aut recte factum quod non fieret uoluntate"*.

que era igualmente incapaz. Portanto, ao conferir a vontade livre ao homem, Deus permite, a não dizer "cria", ainda que de modo mediato, tanto o bem como o malfazer, como suspeitava Evódio. Mas ao contrário do que imaginava o interlocutor de Agostinho, essa permissão para fazer mal nem o torna culpado pelos malfeitos, perpetrados por livre e espontâneo querer do malfeitor, tampouco é má em si mesma, pois a liberdade é também a faculdade que permite ao homem ser bom, espelhando-se na imagem de seu Criador. E se não pudesse ser mau, não sendo livre, tampouco poderia ser bom, o que, como se disse, faria dele um autômato, infinitamente inferior àquilo que é em virtude de sua vontade livre. Porém, embora Deus lhe tenha dado a liberdade, não o mandou pecar; muito ao contrário, visto que a consequência do abuso da vontade livre é consideravelmente pesada.

Percebe-se a complexidade dessa relação entre liberdade e justiça, seja a da lei humana, seja a da Lei divina. O homem é livre para agir, mas nem tudo o que faz resulta em consequências boas, felizes. Não se trata, nesse caso, de imaginar um Deus punitivo e vingativo, que distribua sua arbitrária justiça de modo raivoso e emotivo, e sim, na esteira da concepção clássica, de uma Justiça absolutamente racional, a qual atribui de modo perfeitamente equitativo a cada um o que lhe cabe: aos pecadores, o castigo da infelicidade; aos bons, o prêmio da felicidade[103]. Como se disse, trata-se de uma Lei de caráter independente, nada obstante ter sido instituída por um Deus pessoal, pois nesse ordenamento, como tem sido exposto nesta disputa dialética, não parece haver espaço para nenhuma interferência[104], sendo cada agente o autor de sua própria dita ou desdita, por meio de sua livre vontade[105]. Nesse universo perfeitamente ordenado o homem é totalmente livre para agir bem ou mal, em benefício ou detrimento de si próprio. O preceito divino de modo nenhum

---

[103] Isso se diz, vale reiterar, segundo a ética adotada pelo filósofo, de ascendência platônica, visto que muitos preferem o temporal ao eterno, em que não creem, e com ele o universo dos sentidos, em detrimento dos conteúdos exclusivos da inteligência.

[104] Nem da Graça, nem da misericórdia, ao menos até aqui.

[105] A aula foi perfeitamente ministrada e os discípulos retamente instruídos. Veio o exame: cada um é o causador de sua própria nota, não devendo o professor ser responsabilizado senão pela qualidade da aula que ministrou e pela justiça da prova que aplicou. Nessa metáfora percebe-se que ele não é nem o carrasco que pune nem o benfeitor que premia, sendo o próprio discípulo, de acordo com o código convencionado e aceito pelas partes, o único responsável por seu desempenho. Assim talvez se possa melhor compreender, *mutatis mutandis*, a questão da aplicação da Justiça da Lei, onde cada um se faz o seu próprio carrasco ou salvador.

tolhe a liberdade humana; pelo contrário, dá-lhe a possibilidade de pensar e repensar seus atos com vistas a uma felicidade certa, desde que aja em harmonia com os ditames da Lei. De fato, a Lei está posta desde a eternidade criadora de Deus. O homem tem a escolha: a felicidade ou o seu oposto, para o que basta seguir ou desprezar as regras da Lei, imutáveis e eternas. Esse é o grau de liberdade que o homem possui no universo cristão: a liberdade de submeter-se às Regras divinamente instituídas ou desafiá-las, aceitando como consequência inevitável seja o prêmio por sua fiel e humilde observância, seja a punição pela desobediência ousadamente soberba. Manifesto está que se trata de um universo ordenado e hierarquizado segundo os axiomas postulados no início como princípio de piedade. Desprezados ou desacreditados esses axiomas, ter-se-ia uma ética toda diferente, decorrente de um universo sem Deus, tampouco Justiça ou Lei eterna e as noções correspondentes de prêmio ou castigo; universo este que não cabe aqui elaborar, porque estranho à mentalidade do autor.

> **7.** A – [...] Depois, aquele bem, segundo o qual a própria justiça é recomendada na condenação dos pecados e na dignificação dos atos retamente praticados, de que modo poderia existir, se o homem carecesse do livre arbítrio da vontade?

Do argumento proposto não se depreende que o homem deveria ser livre por razões humanísticas, ou seja, porque sem a liberdade ele não seria homem no pleno sentido do termo, sendo incapaz de ser moralmente bom e consequentemente feliz, e sim por razões teológicas[106], porque, se não fosse livre, Deus não seria justo, ao puni-lo por seus pecados. Logo parte-se das verdades axiomáticas, da noção de Justiça, a fim de salvaguardar a liberdade humana e justificar a necessidade de ter sido dado ao homem o arbítrio livre da vontade. Se é fato que a Providência pune os pecados, a liberdade é necessária, pois os pecados, para que sejam punidos com justiça, devem ser praticados livremente, do contrário seriam punidos injustamente. Logo, se se crê que a Justiça pune os pecados com justiça, o livre arbítrio da vontade deveria sim ter sido dado ao homem por Deus, que se crê sumamente justo. Do contrário um dos pressupostos axiomáticos deixaria de ser válido, se o homem carecesse do livre arbítrio, o da atribuição justa a cada um daquilo que lhe cabe, seja a felicidade, seja a infelicidade.

---

106 Ou talvez teocêntricas, em contraposição às razões antropocêntricas, em lugar de humanísticas.

2,2,4,8. Vontade e virtude

8. E – [...] assim como a própria justiça, que foi dada ao homem para viver bem [...] ninguém poderia pecar por sua vontade, se a vontade foi dada para agir retamente.

Conquanto tenha admitido que a vontade livre é dom de Deus, Evódio, ainda insatisfeito, levanta outra interessante objeção, que funda-se agora sobre a noção de virtude. O argumento caminha no seguinte sentido: se *x* é virtuoso, isso se dá porque *x* possui em si a virtude, o que lhe permite viver virtuosamente. Pois bem, em sendo *x* virtuoso, como poderia por meio de sua própria virtude viver de modo desvirtuoso? Em outros termos mais específicos, como poderia *x* agir de modo injusto precisamente por meio de sua justiça? ou de modo intemperante, por meio de sua temperança? ou de modo temeroso, por meio de sua coragem? ou de modo imprudente, por meio de sua prudência? Evódio é provável esteja se estribando no que foi concluído no início do livro primeiro em relação à aprendizagem (*disciplina*)[107], por intermédio da qual não se pode aprender senão o bem, uma vez que ela é boa, em argumento que assim se pode desdobrar:

1. O bem tem origem no Bem[108] [axiomático];
2. Por meio da aprendizagem se obtém a ciência;
3. A ciência é boa [axiomático];
4. Logo por meio da aprendizagem se obtém o bem;
5. Logo a aprendizagem é um bem;
6. Por meio do bem não se obtém nada de mau [axiomático];
8. Logo por meio da aprendizagem não se aprende algo mau;
9. Não se faz o bem senão por meio da vontade [axiomático];
11. Logo a vontade é um bem;
12. Logo ninguém pode fazer mal por meio da vontade[109].

Ao que parece, o argumento todo e consequentemente a conclusão hipotética de Evódio assentam-se sobre o axioma exposto no início, a saber, "o bem tem origem no Bem", constante também do princípio de piedade[110], porém de

---

[107] Cf. 1,1,2,4-6.

[108] Pois é do Bem supremo, Deus, que existem todos os demais bens.

[109] Essa é a conclusão que Evódio quer tornar aceite.

[110] Cf. 1,2,5,12-13.

modo paralelo nos postulados da criação a partir do nada e da origem divina e boa de tudo o que existe. Portanto é desse princípio em última instância que decorre que o malfazer não pode ter origem no bem, o que Agostinho pretende defender a todo custo nesta obra, contra as pretensões dos maniqueus. Há por detrás dessa ideia um pensamento tão mais complexo quanto mais simples possa aparentar, utilizado e defendido pela lógica grega, a rezar que não se podem predicar de um mesmo sujeito duas proposições contrárias[111]. Por exemplo não se poderia dizer segundo esse princípio da não contradição[112] que um sujeito qualquer fosse simultaneamente *x* e não *x*, que existisse e ao mesmo tempo não existisse. Pois como dizer que algo é simultaneamente bom e mau ou bom e não bom? Se bom é o que produz ou dá origem ao bem, e mau, o seu contrário, que produz ou dá origem ao malfeito, como dizer que o que é bom, produzindo o bem, seja mau também? Se Deus é a fonte de todo bem, porque tudo o que existe tem origem nele, não se pode admitir que o que tenha origem nele seja outra coisa senão o bem, do contrário ver-se-ia obrigado a dizer que do bem teve origem o malfeito. De fato, se Deus é bom porque só faz o bem, como poderia fazer mal fazendo o bem? Segundo esse mesmo raciocínio, ao que parece, Evódio indaga das virtudes, cuja obra é o próprio bem[113], o modo como poderiam fazer mal, sendo elas expressão do bem. Não poderiam de modo nenhum, do contrário ter-se-ia rompida a regra da não contradição, do que seria possível dizer que algo que é bom fosse simultaneamente mau, uma vez que a virtude, que é boa por fazer o bem, seria igualmente má por fazer mal. Porém, se isso funciona com as virtudes cardeais, ao que parece, não tem o mesmo sucesso com a vontade livre. Duas são as hipóteses para isso: ou a vontade não é uma virtude, ou a *dialecticorum regula* é falsa e, como decorrência funesta dessa falsidade o

---

111 No *Enchiridion* (4,14), Agostinho faz menção duma *dialecticorum regula*, por meio de que os lógicos ou dialéticos, como eram chamados então, "dizem que em sujeito algum podem predicar-se simultaneamente dois enunciados contrários" (*illa dialecticorum regula... qua dicunt nulli rei duo simul inesse contraria*).

112 Na *Metafísica* (1005b-19-20) Aristóteles defende o princípio da não contrariedade como sendo o mais seguro de todos os princípios, segundo o qual "é impossível que a mesma coisa simultaneamente exista e não exista, também segundo o mesmo atributo..." (τὸ γὰρ αὐτὸ ἅμα ὑπάρχειν τε καὶ μὴ ὑπάρχειν ἀδύνατον τῷ αὐτῷ καὶ κατὰ τὸ αὐτό...); (1005b23-24): "pois não é possível que alguém aceite que a mesma coisa exista e não exista" (ἀδύνατον γὰρ ὁντινοῦν ταὐτὸν ὑπολαμβάνειν εἶναι καὶ μὴ εἶναι); (1005b26-27): "se não se admite simultaneamente existir no mesmo [sujeito] os contrários" (εἰ δὲ μὴ ἐνδέχεται ἅμα ὑπάρχειν τῷ αὐτῷ τἀναντία).

113 Ou o bom uso das faculdades do espírito que também podem ser mal utilizadas, como dirá adiante (2,18,49,191).

malfazer poderia igualmente ser imputado a Deus, o Bem de que teria assim originado a maldade, como queriam os maniqueus. Óbvio que a primeira alternativa é a única aceitável para o pensamento cristão. Portanto a vontade livre não pode ser uma virtude[114], a não ser que, dando voltas e mais voltas, se considerasse que a virtude pudesse ser má, o que resultaria na maldade da justiça, da prudência, da temperança, da coragem e de todas as demais, precipitando o raciocínio num círculo vicioso de contradições, uma vez que o mau seria bom e o bom seria mau. À parte o percurso que Agostinho há de seguir, importa por ora apenas a dúvida de Evódio, saber se seria possível fazer mal por intermédio de algo que é bom, uma vez que a vontade livre é um bem, tendo sido dada ao homem por Deus, que é o sumo Bem e dador de todos os bens. Se a vontade foi dada ao homem para fazer o bem, ela deve ser boa por natureza, de onde não poder ser utilizada para fazer mal, sob pena de ter-se o bem fazendo mal, o que contraditoriamente faria com que algo bom fosse simultaneamente mau. Logo a vontade ou não foi dada por Deus ou, admitindo-se seja de fato boa, não pode ser utilizada para fazer mal[115].

2,2,4,9. A Verdade que ensina de dentro

> **9.** A – Deus certamente concederá, como espero, que te possa responder, ou antes, que tu mesmo a ti respondas por meio dela, que é a mestra suprema de todos, a Verdade que ensina interiormente[116].

Se se levar em conta o *De magistro*[117], diálogo escrito na África por volta de 389, pouco depois da escritura do primeiro livro do *L.A.*, em 388, talvez contemporâneo da composição deste livro segundo, ou ao menos de sua

[114] Na verdade, como será tratado na sequência da obra (2,18,49,186-195), o livre arbítrio da vontade, ao contrário das virtudes, que se dizem *magna bona*, "grandes bens", são bens de estatuto ontológico apenas "médio", *media bona*, porque podem ser bem ou mal utilizados.

[115] A solução de Agostinho, como se há de ver adiante (§§186-195), encontra uma terceira via, que, embora considere a vontade como um bem, permite-lhe seja mal usada, porém não por culpa dela, enquanto um bem divinamente dado, mas do querer livre do mal-utente.

[116] Ecoa aqui a teoria da iluminação divina, como expressa no *De magistro*, que tampouco deixa de fazer lembrar tanto a maiêutica socrática quanto a teoria da reminiscência platônica. Pois cabe ao discípulo dar à luz os conhecimentos que traz no bojo, ou, quando não, que lhe são inspirados pela luz do Cristo interior, a Verdade que ensina de dentro, restando ao mestre a humilde tarefa de facilitar o parto das ideias através da dialética.

[117] Liter. "Do mestre".

"gestação"[118], obra em que Agostinho disputa dialeticamente com seu filho Adeodato[119] a respeito da linguagem e daquele Mestre interior, compreende-se que ele é esta mesma "Verdade que ensina interiormente" (*ueritate intus docente*), "que ensina e que se diz habitar no interior do homem, Cristo, isto é, a incomutável Virtude de Deus e sua eterna Sabedoria"[120]. Em conformidade com o que se diz nessa obra, cabe à Verdade interior, o Cristo que ilumina de dentro, fazer aprender, e não à pretensão dos mestres de fora, que recorrem aos signos externos para ensinar uma Verdade que, por ser interior, só pode ser ensinada de dentro. A Evódio, portanto, cabe chegar à Verdade, iluminado pela Verdade interior, que ensina e leva aqueles que creem ao entendimento, segundo a máxima de Isaías:

> Pois diz o profeta: "Se não crerdes, não inteligireis". Logo aquilo que intelijo, nisso também creio; mas nem tudo aquilo em que creio intelijo igualmente. Tenho ciência de tudo o que intelijo; não tenho ciência de tudo aquilo em que creio. E nem por isso deixo de ter ciência do quanto é útil crer também nas muitas coisas de que não tenho ciência. [...] pelo que, ainda que não possa ter ciência da maioria das coisas, contudo tenho ciência disso, a saber, com quanta utilidade[121] nelas se creem.[122]

2,2,4,9. Da conveniência do livre arbítrio

> **9.** A – [...] se acaso convém dizer que isso [= a vontade livre], que admitimos que Deus nos deu, não deveria ter sido dado.

Se se assentiu em que o homem foi criado por Deus e em que é dele que recebeu a liberdade de arbitrar o seu querer[123], resta agora ter ciência disto, se

118 O *De magistro* muito provavelmente é anterior ao término deste livro segundo.

119 Que pouco depois da composição deste livro morreria (cf. *Conf.* 9,6,14).

120 *Mag.* 11,38,47: *"qui docet, qui in interiore homine habitare dictus est, Christus, id est, incommutabilis dei uirtus atque sempiterna sapientia"*.

121 Leia-se igualmente "com quanto proveito se creem nelas".

122 *Mag.* 11,37,46-47: *"Ait enim propheta:* 'Nisi credideritis, non intellegetis'. *quod ergo intelligo, id etiam credo; at non omne quod credo, etiam intelligo. omne quod intelligo scio; non omne quod credo scio. nec ideo nescio quam sit utile credere etiam multa quae nescio [...] quare pleraque rerum cum scire non possim, quanta tamen utilitate credantur scio"*.

123 Cf. 2,1,1,2.

convinha que essa faculdade lhe tivesse sido dada, isto é, se convinha que Deus tivesse dado ao homem a vontade livre, por meio de que ele haveria de pecar. Trata-se de uma pergunta delicada, pois questiona o querer divino, e com ele sua presciência, sabedoria, providência e justiça, o que implica uma enorme ousadia para uma reles partícula de sua criação[124].

2,2,4,10. Divinamente, se foi bem dada

10. A – [...] Porém, se descobrirmos não ter sido bem dada, intelijamos que ele não a deu, a quem atribuir culpa é nefasto.

Se Deus só faz o bem, não pode não ter dado bem a vontade livre, do que decorre necessariamente ter sido bem dada. Porém depreender o contrário, que foi Deus quem deu a vontade ao homem, se se descobre que ela foi bem dada, não é de modo necessário que se o faz, a menos que se aceite o princípio de piedade exposto no início, segundo o qual ele é o Criador de todos os bens. Logo, se se descobre que ela é um bem, nenhum outro poderia tê-la dado com exceção do Dispensador de todos os bens. Nesse caso Agostinho faz com que se equivalham o dar bem ao próprio bem, quando diz que, ao descobrir que foi bem dada, descobre-se que ele a deu, de quem decorrem todos os bens. Isso, porque, se dar bem qualquer coisa não é necessariamente um bem, dar bem uma faculdade da alma, por intermédio da qual é possível fazer bem, sim. Agora, se foi mal dada, não pode ter sido dada por ele, de quem só decorrem bens, cujos atos são todos perfeitos. Demais, dar mal, seja o que for, não pode ser considerado um bem, do contrário se diria também que fazer mal é fazer bem, o que seria contraditório. Portanto, se o princípio de piedade reza que Deus é bom e que tudo o que cria é igualmente bom, seu contrário nem deve ser proferido, que dele é possível decorrer algo mau, o que é abominável e antipiedoso. Assim está posto o argumento, de modo axiomático e inapelável: Deus não pode ser repreendido por nada que tenha feito, uma vez que é o regente supremamente bom e justo do universo. Portanto não cabe a dúvida de Evódio, se Deus devia ou não ter dado ao homem o livre arbítrio da vontade, retornando assim a discussão ao ponto anterior, que foi ele que deu ao homem a vontade, sendo absolutamente imperioso reconhecer que, "não importa o modo como foi dada, que ela, que foi dada, nem deveria não ter sido dada, nem ter sido dada de outra maneira".

---

[124] Cf. *Conf.* 1,1,1.

2,2,5,11. Fé e razão VII

11. E – Embora eu retenha estas coisas por meio de uma fé inconcussa, contudo, porque ainda não as retenho por meio de cognição, investiguemo-las como se fossem todas incertas.

Percebe-se ainda uma vez a importância dada pelos interlocutores à busca de tipo racional, expressa aqui pelo substantivo *cognitio*, "conhecimento", em contraste com *inconcussa fides*, "fé inconcussa", isto é, "inabalável". Para Evódio, embora o que se retenha no espírito por meio da fé seja algo cuja certeza se diz inabalável, resta sempre um saber de ordem distinta da ciência que se obtém por intermédio da inteligência, a não dizer inferior, admissão essa que o leva a convidar seu mestre, na esteira da proposta tantas vezes reiterada[125], a empreender uma investigação racional como se os conteúdos todos fossem incertos (*quasi incerta sint*), ou seja, como se devessem partir do ponto zero. Assim, posto que se digam "certos" os conteúdos de fé retidos pela mente – o que de modo nenhum se faz sem o concurso da razão –, os interlocutores querem prová-los por meio de argumentos dialéticos, tão apodícticos quanto possível, em se tratando muita vez de assuntos de natureza improvável, como Deus. Portanto, se são dois os tipos de conhecimento, fé e razão, o primeiro, embora possa ser possuído de modo inabalável no espírito, ao que parece não satisfaz a mente curiosa, ávida por razões e explicações racionais. A autoridade basta para chegar ao reino dos céus, porém a intelecção se faz necessária ao homem que pretende ir além, mesmo que plantado no aquém.

2,2,5,11-12. Se é mal usada, é incerto que tenha sido dada para o bem

12. E – [...] se é incerto que [a vontade livre] tenha sido dada para agir retamente, também é incerto se deveria ter sido dada [...]

O argumento apresentado por Agostinho[126] não satisfaz Evódio, que deixa claro ainda não inteligir como é possível dizer-se que a vontade livre foi dada exclusivamente para fazer o bem, e simultaneamente ser passível de má utilização pela criatura racional. Com efeito, se de fato a vontade livre foi dada apenas e tão somente para que o homem fizesse o bem, aquele que faz mal uso

[125] Cf. 1,2,5,13; 3,6,15; 10,21,74; 11,23,79; 2,1,1,2; 2,5,11.

[126] Cf. 2,2,5,11.

dela contraria os desígnios divinos. Pelo que parece a Evódio que não deveria ter sido dada, porque, se Deus em sua presciência sabia que o homem haveria de fazer mal uso dela, estranha-se que o Dispensador divino tivesse dado ao homem um dom apenas para que fosse malbaratado, a não ser que não tenha sido dada apenas para fazer o bem. E isto é incerto. Logo, se não se pode provar que foi dada para fazer o bem, não se pode provar nem que foi dada retamente, nem que foi dada por Deus, aquele que não faz nada que não seja perfeitamente bom. Se deu-a Deus, é porque é boa; se é boa, segundo Evódio, não poderia ser usada para fazer mal, pois é inconcebível que de algo bom surja algo mau, como se insiste desde o início em defender. Portanto Evódio retrocede e arrasta consigo a discussão ao estágio anterior[127].

2,2,5,12. Fé e razão VIII

12. A – Pelo menos te é certo que Deus existe. E – Também isto não é contemplando que retenho de modo inconcusso no espírito, mas crendo.

A dicotomia fé/autoridade e razão se expressa nessa passagem por um verbo inusitado, "contemplar" (*contemplo*)[128], em contraposição a "crer" (*credo*). A contemplação, ou observação atenta, contrapõe-se aqui à fé por ser um modo de conhecimento racional, mas também empírico, uma vez refere-se à observação, em contraste com a confiança ou crédito depositado no testemunho. Contudo essa observação de sentido contemplativo não se refere exclusiva tampouco prioritariamente à observação sensorial, que se obtém pelo sentido da visão, mas sobremodo à "observação" intelectual, que se obtém pela razão, quando se "veem" ideias e arrazoados vários na própria mente. Por sua vez o testemunho, contraponto da contemplação, é uma "prova" (πίστις)[129] obtida pela observação alheia, não própria, que, como se tem bastantes vezes reiterado, nunca prescinde de uma certa dose de razão. O termo latino *fides*, por sua vez, refere-se à confiança, garantia ou credibilidade que se votava à palavra de alguém, fosse humana, fosse divina,

---

127 Cf. 2,2,4,8.

128 O verbo *contemplare* guarda relação com o vocábulo *templum*, "templo", lugar sagrado que, por sua localização, não raro privilegiada no alto de alguma colina, podia ser visto de todas as partes, e do interior do qual se acreditava também poder a tudo ver.

129 Interessa notar que o mesmo termo que é utilizado nos Evangelhos para expressar a "fé" (πίστις) ou confiança que se deve aos testemunhos e à autoridade de origem divina é usado por Aristóteles, por exemplo, para referir as "provas" de caráter intelectual (πίστεις).

ou a algum empreendimento/documento. Era apoiado nesta fé que se assinavam contratos e assentavam todos os tipos de transação na Roma antiga, noção que de tão importante chegou a ser divinizada, merecendo templos e devoções de toda a sorte, incentivados pela classe política dominante[130], sem nenhuma dúvida.

2,2,5,13. Fé e razão IX

> **13.** A – Logo, se algum daqueles insipientes [céticos...] não quisesse crer contigo naquilo em que crês, mas conhecer se acaso creste em fatos verdadeiros, deixarias este homem para trás, ou de algum modo julgarias que aquilo, que tu reténs como inconcusso, lhe deveria ser persuadido [...]?

Se havia algum resquício de dúvida quanto ao projeto filosófico de Agostinho no *L.A.*, nesta passagem foi totalmente dirimido[131]. De fato, não se trata apenas de crer, e de crer de modo inconcusso, mas sobretudo conhecer de modo racional a verdade, ou não, daquilo em que se crê. Pois crer e compreender, como se tem dito, são duas formas de conhecimento que na verdade não se antagonizam, embora operem de modo distinto. Nenhuma das duas pode prescindir do concurso da razão, pois quem crê na autoridade dos testemunhos não pode jamais fazê-lo sem que ao menos saiba em quem, por quem e para quem está dando crédito por aquilo que não contemplou com os próprios olhos, e que lhe é quase sempre impossível de explicar racionalmente. Por outro lado, quem compreende por meio da razão não o faz tampouco sem alguma dose de crença, ainda que ligeira, visto que poucas são as áreas do conhecimento humano que se podem dizer inteiramente "científicas", baseadas completamente na observação empírica e no cálculo matemático, tido este por exato e irrefutável, e absolutamente independentes de quaisquer premissas de caráter axiomático. Demais muita coisa do que se crê, especialmente presente nas Escrituras, transcende não apenas as possibilidades de qualquer cômputo matemático, mas também da própria racionalidade humana, uma vez pressupor "valores" como o infinito e o eterno, a não mencionar os prodígios divinamente operados pelos profetas e pelo próprio Cristo, que, por desviar-se do empírico comum, não podem ser explicados senão em regime de excepcionalidade supranatural.

---

130 Na maior parte das vezes as funções religiosas do culto civil eram apanágio da elite política.

131 Com respeito à dicotomia fé-razão vejam-se as seguintes passagens e respectivos comentários: livro primeiro: 1,1,1; 2,5,13; 3,6,15-16; 7,16,57-59; 10,21,74; 11,23,79; livro segundo: 1,1,2; 2,5,11.

Percebe-se na passagem supracitada uma certa peculiaridade do maior interesse para a relação entre fé e razão, a perspectiva de persuasão. Ao que parece, enquanto o crente persuade a si mesmo de modo espontâneo, ou se deixa com docilidade persuadir a respeito de um dado objeto de fé, em que escolhe crer de modo inabalável, ainda que não possa sempre demonstrar as razões por que o faça, o cético, por sua vez, chamado pejorativamente na versão alexandrina do salmo de "insensato" (ἄφρων) ou desprovido de "prudência", desde que deseje sinceramente conhecer a verdade, não pretendendo apenas criar obstáculos por teimosia ou má-fé, enfim, desde que queira de boa mente conhecer os objetos da fé alheia, pode chegar também a uma certa "persuasão", que se põe como antítese de uma atitude de indiferença ou recusa que se demonstraria ao voltar-lhe as costas ou deixá-lo para trás. Portanto àquele que crê de modo inabalável há duas perspectivas: ou voltar as costas ao descrente, ou empreender a persuasão. Porém Agostinho não diz que se deve empreender a persuasão do cético em si mesmo[132], e sim que aquilo que se retém no espírito de modo inabalável é que deve ser objeto de persuasão[133], ou seja, que se deve[134] empreender a persuasão acerca dos objetos de fé. O vernáculo admite o uso intransitivo do verbo "persuadir", que foi utilizado para manter a tradução mais fiel ao original latino, a fim de lhe não alterar o sentido, o que se dá quando se propõe a persuasão do cético: "que aquilo, que tu reténs como inconcusso, lhe deveria ser persuadido", o que equivale a dizer que o que é retido no espírito como sendo uma crença inabalável é que deve ser feito objeto de persuasão. Ainda que seja esdrúxulo dizer que algo é persuasível a despeito daquele que se queira dele persuadir[135], há indubitavelmente uma distinção importante e radical a ser feita entre persuadir alguém a crer em algo, muita vez contra as demandas

---

132 Que para tanto deveria ter sido colocado no dativo.

133 2,2,5,13: "*... quod inconcussum tenes [id] persuadendum esse*".

134 Como alternativa ao desprezo pela dúvida do cético "insensato", desprezo que a escrita agostiniana não endossa de modo nenhum, ao contrário.

135 Natural neste caso imaginar a íntima relação entre a qualidade persuasória de um argumento teológico e a consequente tarefa de persuadir o cético dele, pois ninguém em sã consciência pretenderia tornar um argumento persuasivo se nenhuma persuasão jamais se pretendesse, ainda que fosse a de si mesmo. Porém o que se objetiva demonstrar com o argumento é antes a grave distinção entre a persuasão agonística das mentes discordantes, que se quer dobrar à força dos argumentos, e o esforço filosófico de tornar uma ideia persuasiva em si mesma, tão mais sedutora para quem dela queira livremente abeirar-se quanto certa em suas razões, pelo simples escopo de alcançar a verdade.

de sua razão, e persuadir ou tornar convincente aquele mesmo algo, a fim de que possa ser enfim compreendido racionalmente por alguém que não quer limitar-se a crer naquilo que não compreenda de imediato. No primeiro caso se estaria operando uma violência, ao ambicionar a persuasão sedutora de uma mente refratária à concessão de crédito de veracidade ao que lhe parece inverossímil, violência essa que não é de modo nenhum filosófica, muitíssimo pelo contrário. Não é o que deseja tampouco endossa Agostinho, nem para si, nem para os céticos, por mais insensatos fossem, ainda que ele mesmo adote a máxima do Isaías alexandrino, que preceitua a crença antes da compreensão, ou seja, que se dê um voto de confiança, um crédito de confiança e de veracidade, abrindo as portas do coração, a fim de que depois então se possa partir em busca da verdade por meio dos movimentos exclusivamente racionais. No segundo caso, por sua vez, Agostinho propõe a persuasão do objeto a ser crido, a sua apresentação ou demonstração, que sem dúvida deve ser tão racional quanto possível, a fim de que se chegue à intelecção. E com todo o efeito, não se trata de um convencimento de tipo exclusivamente agonístico, com vistas à persuasão pura e simples, para o que seria preciso recurso às provas ditas técnicas (ἔντεχνοι πίστεις) da retórica aristotélica clássica, os apelos ético (ἦθος) e patético ou emocional (πάθος), de par com os recursos argumentativos propriamente ditos (λόγος). Muito pelo contrário, Agostinho propugna por uma persuasão de caráter mais filosófico, por assim dizê-lo, em que o assunto que se quer persuasivo ou convincente deve sê-lo de modo racional, mas não para que aquele que se diz descrente venha a crer, e sim para que o cético venha a inteligir, ou antes, para que venha a conhecer realmente (*agnoscere*), desde que deseje fazê-lo de modo diligente (*studiose*), e não queira apenas combater por teimosia. Isso, porque o assunto que se faz inteligir de modo sinceramente apodíctico, como propunha Aristóteles, faz-se sedutoramente persuasivo em si e por si mesmo, sem que careça da apelação patética ou ética[136].

2,2,5,14. Aos cães e aos porcos, nem o santo, nem as pérolas!

> **14.** E – [...] não se deve discutir com alguém mal-intencionado e obstinado a respeito de absolutamente nada, e principalmente de assunto tão elevado.

---

136 Há que se reconhecer que fora do âmbito da matemática isso é bastante inviável, embora amiúde proposto e desejado. Porém, como soeu ocorrer ao longo da história das ideias, nunca foi pelo fato de ter sido quimérica que uma dada proposta deixou de ser idealizada e defendida.

Um dos pré-requisitos para a prática da dialética, como a entendiam os antigos, era a mente aberta e sincera dos partícipes, que deveriam evitar o debate meramente contencioso, cujo único fim era a vitória com vistas à humilhação do adversário. Essa era, inclusive, uma das críticas que se faziam à chamada "má retórica", agonística, cujo objetivo era dito ser apenas convencer, sem nenhum vínculo com a ética, muito menos com a verdade, como se constata pelas acusações veementes de Platão aos sofistas, alegadamente adeptos da má retórica e seus professores. Esse requisito era de tal modo importante que se torna um *koinòs tópos*, um lugar-comum do pensamento filosófico antigo, que se não deveria malbaratar o tempo e os próprios conhecimentos debatendo com pessoas que só quisessem polemizar e não estivessem dispostas a encontrar a verdade, apenas persuadir os outros de suas próprias opiniões. De fato, se o objetivo da dialética é a verdade, que se persegue e espera encontrar por meio do diálogo, quando então as perguntas e respostas dos interlocutores servem de filtro e controle necessários para que se possa avançar com segurança ao degrau seguinte da investigação, tendo em vista a construção do conhecimento, uma vez que é sempre necessário o assentimento dos interlocutores a que a discussão possa prosseguir, de que modo, pois, empreender um tal exercício filosófico sincero, cooperativo, se uma das partes deseja apenas boicotar a outra, procurando destruir a possibilidade do exame do contraditório, fazendo premeditadamente valer sempre sua própria opinião, a todo e qualquer custo, opinião que não deseja de modo algum fazer passar pelo exame criterioso e exigente da disputa, o crivo da dialética? Uma tal atitude torna a disputa inviável, como bem o sabiam os oradores, que muita vez aplicavam-na como tática para fugir ao combate, esquivando-se do assunto, não raro a fim de mudar o foco da questão (*ad rem*) para a acusação do adversário (*ad hominem*), o que frequentes vezes interrompia ou mesmo impossibilitava o exercício dialético, e consequentemente a descoberta da verdade. Muito provavelmente por conta disso Aristóteles, em uma das menos compreendidas de suas obras a respeito da linguagem, o tratado acerca dos lugares (*Tópica*), constante do *Órganon*, tenha sido levado a concluí-la com essa admoestação, a que ninguém procurasse praticar a dialética com a primeira pessoa com que deparasse no caminho:

> Não se deve praticar a dialética com qualquer um, nem exercitar-se[137] com o primeiro que se encontra. Isso, porque com algumas pessoas os raciocínios sem dúvida se fazem depreciar. Ora, contra alguém que de todos

[137] Liter.: "ginasticar", de γυμνάσιον, "ginásio", a escola onde se ginasticava nu (γυμνός).

os modos se esforça por deixar claro que está tentando evitar o debate, é justo por sua vez esforçar-se de todos os modos para provar sua tese por meio de raciocínios silogísticos, mas não é um comportamento adequado. Isso, porque não é conveniente associar-se prontamente com o primeiro que se encontra, o que forçosamente redunda em uma discussão viciosa; e também porque os que [assim] se exercitam são incapazes de abster-se de praticar a dialética de modo não agonístico[138].

Esse indivíduo qualquer com que se depara no caminho, com o qual Aristóteles diz não se deveria praticar a dialética, pode ser associado àquele que não era digno das verdades cristãs por acercar-se com "coração fingido", carente de sinceridade e de boa vontade, como advertia Agostinho em obra contemporânea acerca da utilidade de crer[139]. Demais, muito pior do que a crença temerária nos adeptos de outras ideologias era revelar segredos santos a esses "indignos" de coração fingido[140]. De modo análogo, uma trinca de séculos depois do estagirita o próprio Cristo advertia os seus discípulos a que não empreendessem a pregação da Boa-nova a qualquer um. Na verdade o critério é bem outro no caso cristão, pois a pregação do Evangelho não se fazia dialética, mas retoricamente. De fato, não se trata de empreender o debate do contraditório a fim de perseguir a verdade que se quer conhecer, e sim de apregoar a Verdade em que se deve crer, ainda que seja completamente estranha aos métodos da razão sistemática. Numa palavra, a pregação evangélica nunca pretendeu ser um debate franco de ideias que tivesse por fim a descoberta de alguma verdade, e sim a divulgação pelos quatro cantos de uma Verdade que se tem por absoluta e inquestionável, a cujas razões, tanto quanto possível, pode-se fazer recurso como subsídio à prédica, porém muito mais por meio de exemplos e entimemas do que por silogismos rigidamente construídos. De todo modo, vale a citação dessa *sententia* de Cristo, que, embora com finalidade bastante diversa, ilustra bem

---

138 Aristóteles, *Topica* (8,14 164b): "Οὐχ ἅπαντι δὲ διαλεκτέον, οὐδὲ πρὸς τὸν τύχοντα γυμναστέον. ἀνάγκη γὰρ πρὸς ἐνίους φαύλους γίνεσθαι τοὺς λόγους. πρὸς γὰρ τὸν πάντως πειρώμενον φαίνεσθαι διαφεύγειν δίκαιον μὲν πάντως πειρᾶσθαι συλλογίσασθαι, οὐκ εὔσχημον δέ διόπερ οὐ δεῖ συνεστάναι εὐχερῶς πρὸς τοὺς τυχόντας· ἀνάγκη γὰρ πονηρολογίαν συμβαίνειν· καὶ γὰρ οἱ γυμναζόμενοι ἀδυναντοῦσιν ἀπέχεσθαι τοῦ διαλέγεσθαι μὴ ἀγωνιστικῶς".

139 *Vt. cred.* 10,23: *"[indignum] eum dico qui ficto pectore accedit"*.

140 *Ibid.:* "Mais digno de recriminação é divulgar a um tal homem indigno segredos santos, se houver algum, do que crer nos homens religiosos [os maniqueus] que sustentam alguma coisa a respeito da própria religião" (*magis culpandum esse tali homini [indigno] pandere si qua sunt sancta secreta quam religiosis uiris de ipsa religione aliquid affirmantibus credere.*).

a disseminação desse *tópos* na Antiguidade greco-romana: "Não deem o que é santo aos cães, nem jogueis as vossas pérolas diante dos porcos, para que não as pisoteiem sob os pés e voltando-se vos despedacem"[141].

2,2,5,15. Da utilidade de crer no invisível

15. E – Então eu lhe demonstraria – o que reputo facílimo a qualquer um – o quanto seria mais equitativo, *quando* ele quisesse que alguém cresse nele, alguém que não conhecesse as coisas oriundas dos recônditos de seu espírito, as quais ele próprio conhecesse, *que* também ele mesmo *cresse* que Deus existe, através dos Livros de varões tão ilustres, que deixaram por escrito o testemunho de terem vivido com o Filho de Deus, porque eles escreveram que também viram essas coisas, as quais de modo nenhum poderiam ser feitas, se Deus não existisse; e ele, que queria que eu cresse nele, seria demasiado estulto, se me repreendesse por ter crido naqueles [testemunhos]. E assim, aquilo que ele não pudesse repreender com retidão, de modo algum encontraria motivo por que também não quisesse imitar.

À incerteza da conveniente doação divina do arbítrio livre da vontade ao homem[142], seguida da existência de Deus, que Evódio diz sustentar apenas por intermédio da autoridade, não da inteligência, Agostinho desafia seu discípulo a que dê razões para convencer o cético da passagem bíblica[143], que descrê da existência de Deus, em vez de deixá-lo prosternado em sua insipiência. Interessa notar que o argumento de Evódio guarda relação muito próxima com os encontrados em duas outras obras de Agostinho acerca da fé, o contemporâneo *De utilitate credendi*[144], já citado[145], e o posterior *De fide rerum quae non uidentur*[146]. Porém o que deveria persuadir da existência de Deus parece ter por escopo principal demonstrar a necessidade da crença no testemunho alheio, numa palavra, a necessidade da própria fé[147], como alternativa à razão, uma vez que ninguém sabe

---

141 Mt 7,6: "Μὴ δῶτε τὸ ἅγιον τοῖς κυσὶν μηδὲ βάλητε τοὺς μαργαρίτας ὑμῶν ἔμπροσθεν τῶν χοίρων, μήποτε καταπατήσουσιν αὐτοὺς ἐν τοῖς ποσὶν αὐτῶν καὶ στραφέντες ῥήξωσιν ὑμᾶς.".

142 Cf. 2,2,5,11. Evódio reconhece ainda não ter ciência se de fato foi Deus quem deu ao homem o livre arbítrio, nem se deveria ter sido dado, visto ser a causa do malfazer, e nem mesmo se foi dado apenas para fazer o bem, o que, segundo ele, não justifica seu abuso.

143 Cf. Sl 13,1 (14,1); 52,1 (53,2).

144 *C.* 391-392: "Da utilidade/do proveito de crer".

145 Cf. 1,1,1,1; 2,4,11; 2,1,1,2.

146 *C.* 400. Liter.: "Da fé nas coisas que não se veem". Essa obra, cuja autoria já foi colocada em dúvida, era conhecida como *De fide rerum inuisibilium*, "Da fé nas coisas invisíveis".

147 Seguramente contra as pretensões pseudorracionalistas dos maniqueus, que ridiculizavam os cristãos por causa do valor que estes atribuíam à fé, tendo por base o preceito do Isaías alexandrino supracitado, "Se não crerdes, não inteligireis".

ao certo o que se encontra no íntimo do outro. Por ser um argumento que se repete na obra do filósofo, permitindo supor a importância que lhe atribuía, aqui se desdobra tentativamente, na perspectiva de poder ser mais bem compreendido.

1. Toda gente deve recorrer à fé para conhecer em algum grau qualquer conteúdo que lhe seja incógnito (conclusão antecipada);

2. Toda gente desconhece um sem-número de conteúdos;

3. Por exemplo, ninguém pode conhecer os conteúdos das mentes alheias, que são incógnitos a toda gente, exceto àquele em cuja mente se encontram;

4. Logo é preciso crer nos testemunhos a respeito dos conteúdos incógnitos das mentes alheias, se se quiser em algum grau conhecê-los;

5. Ninguém pode dar testemunho a respeito do que lhe é incógnito, como os conteúdos das mentes alheias, apenas do que lhe é conhecido, como os conteúdos da própria mente;

6. Logo aquele que quer que alguém conheça os conteúdos de sua própria mente, incógnitos a toda gente, deve recorrer à fé, ou seja, deve dar testemunho dos conteúdos de sua própria mente e esperar que sejam cridos pelos outros;

7. Logo todo aquele que acha justo que os outros creiam em seu testemunho deve crer também no testemunho alheio, ou seja, quem quer que seus próprios conteúdos, incógnitos aos outros, sejam cridos por eles, deve reconhecer a justiça de crer nos testemunhos dos outros, incógnitos para si;

8. É dementado e injusto aquele que quer que seu próprio testemunho do que é incógnito aos outros seja crido, mas censura os que creem no testemunho alheio daquilo que lhes é incógnito;

9. Logo ninguém deve censurar a fé alheia nos testemunhos, uma vez todos carecerem de testemunhos para conhecer conteúdos incógnitos;

10. Os varões ilustres que escreveram acerca de Cristo são testemunhas[148], algumas imediatas, outras mediatas[149], da vida de Cristo;

11. Logo o testemunho dos varões ilustres que escreveram acerca de sua vida com Cristo[150] é digno de ser crido;

12. Ninguém pode conhecer a Deus[151], que está oculto de todos, isto é, está incógnito, senão por meio de testemunhos dignos;

148 O que se pode estender aos profetas, "testemunhas" de Deus, por assim dizê-lo.

149 As imediatas são as oculares; as mediatas, as que ouviram diretamente o testemunho das imediatas.

150 E de sua "relação" com Deus, no caso dos profetas.

151 Cf. Jo 14,7.

13. Logo deve-se crer em Cristo, porque os testemunhos a respeito dele são dignos;

14. Logo não há motivos para que não seja imitado aquilo que não pode ser censurado (conclusão final de Evódio), ou seja, se a crença nos testemunhos não merece censura (9), nenhum motivo há por que não seja imitada.

Percebe-se haver aqui mais de um argumento, posto que todos interligados. Primeiro propugna por demonstrar que se deve crer em Deus; depois, que é dementado aquele que quer que sua incógnita seja crida, mas recusa à incógnita do outro a sua fé, como se dissesse que dá crédito a seu *x*, mas não ao *x* do outro; em seguida, que não se deve censurar a fé, pois toda gente dela necessita; depois, que os testemunhos acerca da vida de Cristo são dignos, porque decorrentes da experiência sensorial das testemunhas; por fim, que Deus existe[152], porque os prodígios que se narram nos Evangelhos não poderiam ter sido operados senão por um ser divino, supranatural[153]. Porém, se é verdade que ninguém pode conhecer os conteúdos secretos, seja das mentes alheias, seja dos mistérios de Deus, não é necessariamente válido que aquilo que não pode ser censurado deva ser imitado. Todavia o que merece destaque aqui, para além das interessantes provas propostas por Evódio, é a ideia que Agostinho retoma em obra contemporânea, constante do primeiro item, que diz que todos têm necessidade de recorrer à fé, ou seja, de aceitar o testemunho alheio para conhecer em algum grau qualquer conteúdo que lhes seja incógnito. Isso, porque se sabem tantas as coisas absolutamente inatingíveis à ciência humana, que se não forem cridas nada delas pode ser conhecido, seja o incógnito da mente alheia, seja o incógnito das coisas divinas. Ideia semelhante podia ser encontrada também no *De amicitia* de Cícero, respeitante às relações sociais, sobremaneira a “amizade”, sentimento que dá título à obra. Para o pensador romano a amizade funda-se sobre a boa vontade[154], que, por sua vez, assenta-se no espírito de cada um, cujos conteúdos são desconhecidos dos demais. Disso decorre que a própria amizade esteia-se sobre o desconhecido, sendo edificada

---

152 O que foi excluído do desdobramento supraexposto.

153 O argumento de Evódio para a existência de Deus foi deixado de parte no esquema supraelaborado, não apenas por ser simplório, daí pouco eficaz, mas porque nada interessa neste passo, cujo escopo é a utilidade da fé. Diz ele que os eventos narrados pelas testemunhas oculares de Cristo, por serem maravilhosos, supranaturais, de modo nenhum seriam possíveis se Deus não existisse, logo deve-se concluir que ele existe!

154 Lat. *beneuolentia* [*bene uelle*], sentimento de benquerer em relação aos demais.

a partir do voto de confiança que se dá ao outro, numa palavra, sobre a *fides*, uma vez ser necessário dar crédito aos bons sentimentos dos amigos, por impossível prová-los. A bem da verdade todas as relações sociais se esteiam sobre a fé, pois, "se se removerem da natureza das coisas a associação da boa vontade, nem uma única família, nem uma cidade poderá se sustentar, nem sequer há de permanecer o cultivo dos campos"[155]. E de fato, se os amigos não creem uns nos outros, na sinceridade de seus propósitos e de seus sentimentos, em que se sustentará a relação de amizade? "Eis que creio em ti, mas não é mais equitativo que tu também creias em mim...?", indaga Agostinho[156]. No entanto, como disse Cícero, e com ele dirá o pensador de Hipona[157], não é apenas à amizade que importa a fé, mas a todas as demais relações sociais, inclusas aí tanto família menor (*domus*) como a maior, que é a cidade (*urbs*), esse consórcio de pessoas que devem manter relações civilizadas esteadas na confiança, ou seja, na *fides*.

O mesmo argumento será reforçado posteriormente no tratado acerca da fé naquilo que não pode ser visto[158], onde nem o amor seria possível sem as bases da confiança, da crença mútua entre as partes[159]. De fato, sem a fé na confiança que se deve aos homens, à sua palavra, confiança que é invisível, a vida social ver-se-ia imensamente perturbada. O argumento é o mesmo utilizado aqui no *L.A.* por Evódio: [i] Crer no invisível[160] é essencial[161]; [ii] Os valores humanos, como a amizade e o amor, são invisíveis; [iii] Os valores humanos são indispensáveis para a vida social; [iv] Logo crer no invisível é essencial para a vida social; [v] Logo os que vivem em sociedade creem forçosamente no invisível. Porém neste caso é feito um acréscimo de importância fundamental por parte de Agostinho[162], a saber,

---

155 Cícero, *De amicitia* 7,2: *"quod si exemeris ex rerum natura beneuolentiae coniunctionem nec domus ulla, nec urbs stare poterit, ne agri quidem cultus permanebit"*.

156 Agostinho, *Vt. cred.* 10,23: *"ecce credo tibi sed nonne est aequius ut etiam tu credas mihi..."*.

157 *Id. ibid.* 10,24: *"nam nihil sine cognitione esse credendum qui possum dicere? [...] cum et amicitia nisi aliquid credatur quod certa ratione demonstrari non potest omnino nulla sit..."*.

158 *Fide inuis.* 2,4.

159 *Ibid.* 2,4: *"Si auferatur haec fides de rebus humanis, quis non adtendat quanta earum perturbatio et quanta horrenda confusio subsequatur? quis enim mutua caritate diligetur ab aliquo, cum sit inuisibilis ipsa dilectio, si quod non uideo credere non debeo? tota itaque peribit amicitia quia non nisi mutuo amore constat"*.

160 Invisível esse, que, assim como o que vai na mente do outro, é incógnito a toda gente, com exceção daquele em cuja mente se encontra.

161 Equivalente à conclusão antecipada (1).

162 *Ibid.* 3,5: *"Sed amici hominis, inquies, erga me beneuolentiam quamquam uidere non possum, multis tamen indiciis indagare possum..."*.

os "sinais" (*indicia*) por que se podem conhecer as coisas invisíveis, os conteúdos que vão recônditos no peito dos homens, conhecidos apenas de seus possuidores. A sequência do argumento é essencial para que Agostinho possa fazer a transposição do campo social para o da religião, dos conteúdos ocultos no interior dos homens para os mistérios divinos. Ei-la: [vi] Os valores humanos, embora invisíveis, são de certo modo cognoscíveis por meio de alguns sinais exteriores (experiência sensorial empírica), como a fisionomia, as atitudes, a manutenção da palavra dada, a ajuda nos momentos de infortúnio etc.; [vii] As verdades da religião, isto é, as coisas de Deus, são também invisíveis; [viii] Logo, assim como os valores humanos invisíveis se deixam conhecer, de certa maneira e até certo ponto, por meio de sinais exteriores perceptíveis pelos sentidos, do mesmo modo os valores invisíveis da religião têm os seus sinais exteriores, pelos quais se permitem até certo ponto conhecer, por meio de experiência sensível; [ix] Crê-se na amizade, que é invisível, por meio dos sinais exteriores; [x] Logo é possível crer nas coisas invisíveis da religião por meio de seus sinais exteriores também. Essa transposição, do humano ao divino, da possibilidade de recurso aos sinais humanos para conhecer conteúdos humanos invisíveis ao recurso aos sinais divinos para conhecer as realidades invisíveis da religião, é fundamental na pretensão do filósofo de estabelecer as bases racionais da fé, de associá-la de algum modo à ciência (*scientia*), ao conhecimento racional. E diversos são os sinais visíveis que testemunham a respeito de Cristo, o qual não se vê, lembra Agostinho, dentre os quais: as profecias do Antigo Testamento, registradas por escrito, que previram o advento de Cristo; a quantidade e disseminação dos cristãos pelo mundo, em todas as nações, desde os primórdios da era apostólica até ao tempo do autor (séc. IV-V); as promessas de conversão de todos os povos, que, segundo ele, se havia realizado na Igreja, ela mesma sinal visível (*index*) de Cristo:

> Porém do mesmo modo como nas intenções dos amigos, que não se veem, se acredita por meio de indícios que se veem, assim também a Igreja, que agora se vê, constitui [um indício] de todas as coisas que não se veem, mas que são reveladas nos livros, onde também ela foi predita, não apenas um indício das coisas pretéritas mas também uma mensageira das coisas futuras.[163]

[163] *Fide inuis.* 5,8: *"Sed quemadmodum uoluntates amicorum, quae non uidentur, creduntur per indicia quae uidentur, sic ecclesia, quae nunc uidetur, omnium quae non uidentur, sed in eis litteris, ubi et ipsa est praedicta, monstrantur, et index est praeteritorum et praenuntia futurorum"*.

Em outra passagem um tanto posterior, constante do sexto livro de *Confissões*, Agostinho resume de modo bastante feliz esses argumentos todos em favor da utilidade de crer, ou seja, da própria fé, os quais aqui no *L.A.* se fazem presentes na pena de Evódio:

> A partir de então, já preferindo também a doutrina católica, sentia que ali mais modestamente não se ordenava crer de modo enganoso naquilo que não era demonstrado [...] ao contrário dali[164], [onde] pela promessa temerária de conhecimento se ridiculizava a credulidade e em seguida mandava-se crer em muitas coisas tão absolutamente fabulosas e absurdas, porque não podiam ser demonstradas. Depois, pouco a pouco, Senhor, tu, com tua mão suavíssima e misericordiosíssima examinavas minuciosamente o meu coração e o recompunha para mim, para que eu considerasse quão inumerável era quantidade de coisas em que cria, [mas] que não via, e diante das quais eu nem me encontrava presente quando aconteciam, tais como tantos eventos na história das nações, tantas ocorrências em lugares e cidades, que eu não havia visto; tanta coisa dos amigos, dos médicos, dos homens, coisas e mais coisas, nas quais, se não se cresse, absolutamente nada faríamos nesta vida; por último, porque retive inabalavelmente seguro comigo, por meio da fé, de que pais havia nascido, o que não poderia saber, a não ser que tivesse crido ao ouvir [o testemunho de alguém], tu me persuadiste de que, não os que cressem em teus livros, que firmaste com tamanha autoridade em quase todas as nações, mas os que não cressem, esses é que seriam acusados, e que não lhes deveria dar ouvidos, se por acaso me dissessem: "De onde é que tu sabes que aqueles livros foram ministrados ao gênero humano pelo Espírito do único Deus verdadeiro e veracíssimo?" Nisso mesmo é que se deveria crer sobretudo, porque nenhuma pugnacidade dos questionamentos caluniosos, [constantes] em tantas obras que eu havia lido dos filósofos, entre si conflitantes, me pôde fazer com que em algum momento deixasse de crer que tu existias, sendo o que fosse, coisa que eu ainda desconhecia, ou que [deixasse de crer que] a administração dos assuntos humanos te pertencia.[165]

---

164 No maniqueísmo.

165 *Conf.* 6,5,7: *"Ex hoc tamen quoque iam praeponens doctrinam catholicam, modestius ibi minimeque fallaciter sentiebam iuberi, ut crederetur quod non demonstrabatur [...] quam illic, temeraria*

2,2,5,16. Fé e razão X

16. A – [...] por que, eu te pergunto, a respeito dessas coisas também, as quais decidimos investigar como sendo duvidosas e claramente desconhecidas, não pensas de modo semelhante que se deva crer na autoridade desses mesmos varões [...]? E – Mas nós desejamos conhecer e inteligir aquilo em que cremos.

Nada obstante os interessantes argumentos de Evódio[166] em defesa da utilidade de crer, dispostos com o escopo de provar ao cético das Escrituras que sua insipiência é injustificável, visto a fé ser imprescindível para as relações sociais todas, sem mencionar o fato de haver muita coisa incógnita que só se permite "conhecer" mediatamente, através de testemunhos, Agostinho repreende ainda uma vez a insistência do discípulo, que a cada oportunidade que lhe é dada para argumentar retrocede, fazendo novamente recurso à autoridade, quando a proposta reiterada tantas vezes na obra é conhecer pela inteligência aquilo em que se crê. Pois, ainda que a fé preceda a razão, como disposto pelo preceito norteador do Isaías alexandrino, os objetivos filosóficos do *L.A.* se fazem plenamente manifestos, sendo reiterados a cada tentativa de retrocesso, como se patenteia na passagem supradestacada, em que se contrassituam, de um lado, a crença nada temerária (*non temere*) em ilustres varões (*tantis uiris*), os apóstolos e profetas, que se consideram autoridade das mais fidedignas, de outro, conhecer (*nosse*) e inteligir (*intellegere*) aquilo que ainda é incerto (*incertas res*) e incógnito (*incognitas*). Indubitável que tudo aquilo que se deseja conhecer é obviamente desconhecido, ainda que se tenha dado crédito ao testemunho alheio com respeito a seu conteúdo. Todavia

---

pollicitatione scientiae, credulitatem inrideri et postea tam multa fabulosissima et absurdissima, quia demonstrari non poterant, credenda imperari. deinde paulatim tu, domine, manu mitissima et misericordissima pertractans et conponens cor meum, consideranti quam innumerabilia crederem quae non uiderem neque cum gererentur adfuissem, sicut tam multa in historia gentium, tam multa de locis atque urbibus, quae non uideram, tam multa amicis, tam multa medicis, tam multa hominibus aliis atque aliis, quae, nisi crederentur, omnino in hac uita nihil ageremus; postremo quam inconcusse fixum fide retinerem, de quibus parentibus ortus essem, quod scire non possem, nisi audiendo credidissem, persuasisti mihi non qui crederent libris tuis, quos tanta in omnibus fere gentibus auctoritate fundasti, sed qui non crederent esse culpandos nec audiendos esse, si qui forte mihi dicerem: "Vnde scis illos libros unius ueri et ueracissimi dei spiritu esse humani genero ministratos?" id ipsum maxime credendum erat, quoniam nulla pugnacitas calumniosarum quaestinonum per tam multa quae legeram inter se confligentium philosophorum extorquere mihi potuit, ut aliquando non crederem te esse quidquid esses, quod ego nescirem, aut administrationem rerum humanarum ad te pertinere".

166 Cf. 2,2,5,15.

há eventos que escapam do testemunho vulgar, cuja importância ultrapassa a das relações interpessoais e sociais, carecendo daí de ser explicados de modo sistemático, exclusivamente pela inteligência, para que se deem razões à própria fé, quanto seja possível fazê-lo.

2,2,6,17-19. Fé e razão XI

17. A – [...] porque não podemos negar agora o que no início da disputa anterior foi posto por nós.

Referência à proposta de conhecer por meio da razão aquilo em que se crê através da fé, reiterada diversas vezes ao longo do primeiro livro e também deste segundo[167]. De todas as passagens desde o início da disputa até aqui que tratam da relação entre fé e razão, ou entre crer e inteligir, ou entre autoridade e ciência, talvez seja esta a que guarde maior interesse, permitindo entrever um Agostinho que começa a se desvincular de argumentos exclusivamente clássicos, inspirados sobremodo nas obras de Cícero, herdeiro e divulgador do patrimônio filosófico helênico. Com efeito, os argumentos a que recorre aqui o pensador de Hipona constroem-se principalmente sobre fundamentos "divinos", seja a partir da autoridade oracular dos profetas, seja do próprio Cristo, o Verbo que se fez carne[168]. Isso se dá porque o escopo principal, como se depreende claramente, volta-se cada vez mais para a fé, se bem que não propriamente em detrimento da ciência, e sim com vistas a estabelecer a preeminência daquela em relação a esta. Não se trata de modo nenhum de abdicar da ciência; muito ao contrário, pois é exatamente a ciência perfeita que se espera, quando se estiver face a face com o Senhor. No entanto torna-se cada vez mais evidente que essa ciência perfeita não é deste mundo, desta vida. Pois Agostinho não está referindo uma ciência como se a compreende hoje, nem mesmo como os filósofos naturalistas (φυσικοί) da Jônia a compreendiam *stricto sensu*, uma ciência exclusiva dos objetos e eventos respeitantes a este orbe sensível, que se desdobrará no cadinho dos séculos nas disciplinas modernas, subsumidas no âmbito das ciências exatas e biológicas. Isso, porque seu escopo começa a bosquejar-se para apenas duas vertentes, consideradas as mais importantes para a vida futura do homem, Deus e a alma. Numa palavra, ter ciência da alma para ter ciência

---

[167] Cf. 1,3,6,16; 2,5,12-13; 20,21,74; 2,2,5,16.

[168] Cf. Jo 1,14.

de Deus, quanto possível, pois esse é o destino do homem, cuja alma[169], imagem e semelhança do Criador[170], é a melhor parte. Assim sendo, resta bastante compreensível que tais objetos de conhecimento requeiram ciência distinta da que se volta para objetos sensíveis e mensuráveis, como o solo, por exemplo, seja através da geologia, seja da topografia. E com efeito, pois tanto a alma como Deus se constituem objetos de conhecimento, por assim dizê-lo, que ainda hoje se fazem muitíssimo problemáticos. No que tange a Deus, de modo especial, de par com sua incognoscibilidade há o problema correlato de sua inefabilidade[171]. E com a alma, posto que aqui nesta passagem não venha ao caso, não se dá de modo muito diferente, restando o tema restrito ao âmbito do "invisível", para lançar mão da terminologia empregada pelo filósofo em sua obra acerca da utilidade de crer[172]. Seja como for, para o filósofo destas páginas iniciais do livro segundo, batizado havia quase um lustro, mas possivelmente ainda não cooptado ao presbiterato, alguma ciência de Deus era sim possível. Isso, sem dúvida, desde que se tivesse aderido por primeiro à fé, uma vez que aquele que não cresse não poderia compreender.

Portanto a ciência que se busca é a de Deus, das coisas de Deus, para o que a ciência da própria alma se faz não apenas propedêutica como também imprescindível, pois será por meio dela que se pretenderá obter alguma ciência dele. As restantes ciências, das coisas que se apreendem pelos sentidos corpóreos, não obtêm outro destino senão um plano segundo, inferior, em relação ao plano ulterior e máximo em que se situa o Criador dos próprios sensíveis e dos sentidos. O pensamento é muito coerente, pois quem em sã consciência se contentaria com uma ciência diligente da obra, se pudesse ter ciência do próprio Artista diligente, o Criador das obras e de seus contemplantes? Indubitável que essas prioridades não se punham nesta sequência, e talvez em sequência alguma, para aqueles que não buscavam um Princípio criador, seja porque nele não criam, seja porque, consequentemente, não criam na própria ideia da criação. De todo modo, como esse não é o caso de Agostinho, convém retornar aos parágrafos supradestacados.

---

169 Compreendida aqui de modo impróprio como o princípio inteligente: mente, razão ou espírito.

170 Cf. Gn 1,26.

171 É óbvio que se é incognoscível não pode ser considerado "objeto de conhecimento", que se diz apenas com muita impropriedade, devido tanto à impossibilidade de dizer de outro modo quanto à necessidade imperiosa de fazê-lo.

172 Cf. 2,2,5,15. Vejam-se aí as referências às duas obras a respeito da fé: *Da utilidade de crer* (*De utilitate credendi*) e *Da fé nas coisas que não se veem* (*De fide rerum quae non uidentur*).

17. A – [...] Pois se uma coisa não fosse crer, outra, inteligir, e se primeiro não se devesse crer no que de elevado e divino desejássemos inteligir, em vão teria dito o profeta: "Se não crerdes, não inteligireis" (Is 7,9).

Resta evidente o propósito de Agostinho de operar uma distinção suficientemente clara entre fé e razão, entre crer e inteligir, quando destaca que uma coisa é crer, outra completamente diferente, inteligir[173]. E de fato, primeiro faz-se necessário crer nas coisas "elevadas e divinas", se se quiser depois inteligi-las. Porém, como se advertiu logo acima, o argumento agora está esteado na autoridade, no oráculo profético, cujo estatuto é divino. E que vaticina o Oráculo, senão que se dê primeiro o crédito de confiança, para apenas depois buscar a ciência daquilo que se pretende inteligir? Mas esse crer antecedente e sua consequente intelecção se referem às coisas de Deus, a tudo aquilo que não foi, nem é, tampouco será percebido pelos sentidos corpóreos nesta vida, o que inclui não apenas o que se considera meramente inteligível, mas também tudo o que transcende a esfera do comum, do esperado, do habitual, que muita vez penetra a nuvem escura do supranatural.

18. A – [...] nosso próprio Senhor, não apenas por ditos, mas também por feitos, primeiro exortou aqueles que chamou à salvação a crer, mas em seguida, como falasse a respeito do próprio dom que havia de dar aos que cressem, não diz: "Esta é, pois, a vida eterna, a fim de que creiam", mas diz: "Esta é a vida eterna, a fim de que te conheçam a ti, Deus verdadeiro, e aquele que enviaste, Jesus Cristo" (Jo 17,3).

E como se não bastasse o que diz o profeta, que fala por Deus, anunciando aos homens sua vontade, Agostinho recorre às próprias palavras de Deus, proferidas por ele mesmo, na figura do homem Jesus; e não apenas às palavras, mas também aos seus feitos[174], pois por meio deles, como curas e demais *mirabilia*, é que estabeleceu sua *auctoritas* e dela mereceu a fé popular[175]. A primeira coisa que fez o Senhor, lembra Agostinho, foi exortar os que chamou à salvação a que cressem, instituindo, segundo se depreende de seu raciocínio, a fé como pré-requisito para a salvação dos homens[176]. Depois, segue, ao referir o próprio "dom" que haveria de conceder a todos os que cressem[177], a salvação da danação e da

---

173 *"Aliud... credere, aliud intellegere."*

174 *"Et dictis et factis."*

175 *Vt. cred.* 16,34: *"auctoritate meruit fidem"*. Cf. 1,1,1,1; 2,1,1,2.

176 *"Ad credendum primo hortatus est quos ad salutem uocauit."*

177 *"...de ipso dono... quod erat daturus credentibus."*

morte, o que equivale à vida eterna, Cristo não a promete a fim de que apenas depois os homens creiam, como se subornados pelo dom antecipado de viver na beatitude eterna, diante da face de seu Criador, mas, bastante ao revés, promete às almas a vida eterna, não para que depois creiam, e sim para que, tendo já crido, conheçam enfim o verdadeiro Deus, que vive na Eternidade, e com ele Jesus Cristo, seu Filho unigênito, que por ser um com o Pai e sua Sabedoria criadora, nele se há de conhecer igualmente. Portanto a vida eterna é dom divino, para cuja obtenção se faz pré-requisito[178] a fé, a fim de que as almas cheguem à ciência perfeita, como diz Paulo[179], o fim ulterior a ser alcançado, como dá conta de expressar a subordinada adverbial final utilizada pelo evangelista na passagem citada pelo autor[180]. Ora, viver eternamente não faria sentido algum, se não se pudesse fruir de modo pleno do Fim último e supremo da alma, o próprio Ser, que é simultânea e perfeitamente Ciência, Bondade, Beleza, Beatitude, Amor e demais perfeições todas que de modo equívoco se predicam dele. Daí ser lícito inferir que a Vida eterna é conferida aos que creem em Cristo, pela fé, mesmo sem tê-lo visto, aos quais apenas depois se permitirá a Ciência perfeita. Logo primeiro vem a fé, apenas depois a beatitude da Vida eterna, onde se goza plenamente da Ciência perfeita.

Procurai e encontrareis!

18. A – [...] Depois, aos que já creem, diz: "Procurai e encontrareis!" (Mt 7,7). De fato, não se pode dizer que tenha sido encontrado aquilo que se crê desconhecido, nem que alguém se faça apto a encontrar Deus, se antes não crer naquilo que depois há de conhecer[181]. **19.** Por isso, obedientes aos preceitos do Senhor, procuremos com insistência! Pois aquilo que procuramos por sua própria exortação, encontraremos por sua demonstração, tanto quanto podem estes assuntos ser encontrados nesta vida e por pessoas como nós.

---

178 Dizer que a fé é pré-requisito do dom é sem dúvida contraditório, pois se é dom, é forçosamente gratuito, nada carecendo para que seja dado. Sem pretender adentrar essa complexa questão, pode-se sugerir por ora o seguinte entendimento, posto que provisório: a fé é condição necessária para que a alma possa receber o dom, porém não suficiente. Isso porque a única condição suficiente para o dom divino, gratuito por definição e natureza, é a insondável vontade de Deus.

179 Cf. 1 Cor 13,12: "τότε δὲ ἐπιγνώσομαι...".

180 Jo 17,3: "αὕτη δέ ἐστιν ἡ αἰώνιος ζωὴ ἵνα [*ut*] γινώσκωσιν σὲ [*cognoscant te*] τὸν μόνον ἀληθινὸν θεὸν καὶ ὃν ἀπέστειλας Ἰησοῦν Χριστόν".

181 No prólogo do primeiro livro de *Confissões* essas coisas se apresentam tautócronas: conhecer, invocar, crer, apregoar, embora a fé pareça ter certa precedência sobre os demais.

Por fim, como se ainda fosse necessário um corolário, emenda Agostinho uma outra palavra da Palavra encarnada de Deus, a que recorrerá frequentemente em suas obras subsequentes: "Procurai e encontrareis!"[182], o que quer fazer compreender como um protréptico à investigação das coisas divinas. Contudo essa exortação faz Jesus aos que "já creem"[183], o que significa dizer que alcançam a Ciência perfeita apenas aqueles que antes se predisponham à fé. E com efeito, ninguém haveria de investigar a existência do Ser no qual nem acredita, tampouco dar crédito ao que viesse descobrir, tivesse algo encontrado. Desta feita resta patente a importância do recurso à autoridade, que opera como um verdadeiro sopro axiomático com o qual se pretende enfunar as velas da investigação. Porém fique claro que esse pré-requisito da fé não anula o processo dialético, as demandas da razão, como se deu ao trabalho de explicar o filósofo um sem-número de oportunidades desde o alvorecer do livro primeiro. Ao contrário, justifica Agostinho de modo prudente logo na sequência, pois o que se procura motivado pela exortação de Deus encontra-se através de sua demonstração[184]. Com efeito, é o próprio Cristo que exorta a que o homem que crê empreenda as buscas da verdade[185], a ciência perfeita. O que diferencia a investigação agostiniana das buscas de uma ciência convencional é o escopo daquela, como se disse, em contraste com o desta. Esse escopo, contudo, embora deva ser apregoado aos quatro cantos, como insta Cristo aos que creem, é altamente problemático, constituindo em si mesmo o grande desafio da atividade racional, como o próprio filósofo dar-se-á conta, quanto mais voltar-se para ele, nada obstante o ônus episcopal e as demandas polêmicas que lhe sobrecarregarão os ombros por toda uma vida. Embora seja incognoscível e inefável o objeto das buscas, deve-se insistir nelas, *magis magisque*, mais e mais, até à iluminação derradeira, que não se dará nesse mundo, embora alguma coisa possa sim ser encontrada, ainda que por espíritos imperfeitos, como ele se reconhecia.

19. A – [...] Na verdade deve-se crer que essas coisas são discernidas e possuídas de modo mais evidente e perfeito também pelos melhores, enquanto habitam ainda estas plagas, e certamente por todos os bons e piedosos, depois desta vida; [...] mas também, tendo desprezado o que é terreno e humano, essas coisas nos devem ser por todos os modos desejadas e amadas com dileção.

---

182 Mt 7,7: "Ζητεῖτε καὶ εὑρήσετε" (*Quaerite et inuenietis*).

183 Lat.: *"iam credentibus"*.

184 Cf. 2,2,6,19: *"eodem ipso demonstrante inueniemus"*.

185 *Ibid.: "hortante ipso quaerimus"*.

Além da fé, Agostinho aponta outros pré-requisitos para a obtenção da Ciência perfeita, que, surpreendentemente, agora se diz possível até mesmo aos que habitam este orbe terrestre, o que contudo se refere apenas aos "melhores" (*melioribus*). Se esses são raros ou desconhecidos, as qualidades necessárias para contemplar a Ciência perfeita depois desta vida, ao revés, são manifestas: de par com a fé, a bondade e a piedade, o que implica sem dúvida o desprezo libidinoso de tudo aquilo que pode ser perdido invito[186], os bens temporais, cujo amor desordenado e injusto afasta o amor diligente das coisas eternas.

QVAESTIO I
A prova racional da existência de Deus: *deum esse demonstratur*
(2,3,7,20-15,40,157)

2,3,7,20. Três magnas questões

20. A – Investiguemos então nesta ordem, se te apraz: [1] primeiro, de que modo está manifesto que Deus existe; [2] em seguida, se acaso existem a partir dele todas as coisas, enquanto são bens; [3] por último, se acaso a vontade livre deve ser contada entre os bens. Descobertas essas coisas, parecerá suficientemente claro, como imagino, se ela[187] foi corretamente dada ao homem.

Posta no final do livro primeiro e retomada no início deste segundo, a questão se o livre arbítrio da vontade, apontado como a causa do malfazer, deveria ter sido dado por Deus, o criador de todos os bens, ao homem, através da qual faculdade ele se faria capaz de pecar[188], e de que obviamente teve conhecimento a Presciência divina desde sempre, coloca-se novamente, agora como sequência inevitável de três magnas questões que se levantam, as quais, depois de esclarecidas e demonstradas, pretende Agostinho elucidem a primeira em definitivo. As três questões são as seguintes: [i] Como se pode demonstrar de modo manifesto a existência de Deus? [ii] As coisas que existem, enquanto se constituam bens, têm sua origem em Deus? [iii] A vontade livre, que se diz ser a causa do malfazer, é também ela um bem? O nexo lógico proposto pelo filósofo parece

---

186 Cf. 1,3,6,17; 4,10,31.

187 Isto é, a vontade livre.

188 Cf. 1,16,35,117; 2,1,1,1.

bem concatenado. Se Deus existe e se existe do modo como foi descrito nos postulados piedosos elencados no início do livro primeiro[189], deve ser bom, único e perfeito, além de ser o criador de tudo o que existe. Porém isso precisa ser de algum modo comprovado racionalmente, a fim de que a segunda questão possa ser abordada. Se tudo o que existe tem origem em Deus, que é bom e só faz o bem, tudo o que existe, enquanto existe, deve igual e obrigatoriamente ser bom. Essa conclusão, contudo, corre o risco de tornar-se uma espécie de petição de princípio, se o item primeiro não for de algum modo comprovado, pois como se empreenderia provar a origem boa de tudo o que existe a partir de um Criador perfeitamente bom cuja existência não se logrou ainda demonstrar?[190] Portanto quer-se saber se de fato Deus, tendo sido provado existir, é o criador de todos os bens, apenas e na medida em que são bens, pois ele não poderia ter criado nada que fosse mau, a não ser que não fosse Deus, ou fosse apenas um dentre outros supostos deuses. Por fim, demonstrado que Deus existe e que todas as coisas boas têm origem nele, resta provar que o arbítrio livre da vontade é igualmente um bem, para que tenha sido criado e dispensado ao homem por Deus, que não apenas não faz mal, mas também pretende-se seja o criador exclusivo de tudo o que é bom. Assim, se o livre arbítrio for comprovado ser de fato um bem, não poderá não ter tido sua origem em Deus. Pois no caso divino, não fazer mal implicaria não ter dado ao homem o que não deveria dar, o que se constitui em última instância a causa do malfazer, e em si mesmo um ato no mínimo equivocado, impossível para um Deus onisciente, onipotente e perfeito. Disso tudo há de decorrer, espera Agostinho, a resolução da questão inicial

189 Cf. 1,2,5,12-13.

190 Por exemplo, quando se argumenta do seguinte modo: 1. Deus é bom e o criador de todos os bens. 2. Há comprovadamente bens. 3.*c.* Logo Deus existe. O que invalida o argumento, senão a falácia expressa pela assunção equivocada que (1) seja uma premissa verdadeira e comprovada? Na verdade (1) depende daquilo que se pensa estar provando em (3), que, precisamente por ser deduzido de uma premissa não comprovada, é uma conclusão absolutamente inválida. Embora não se trate estritamente de uma petição de princípio, pois (1) é antes decorrência de (3), não seu equivalente, serve para ilustrar a importância da ordem das provas, pois o que se quer saber, se a vontade livre é dom de Deus, só pode ser provado se se provar antes que existe um Deus e que ele é o criador e doador de todos os bens. Considere-se o seguinte argumento, em vez disso: 4. Deus existe. 5. Deus é o criador e dispensador de todos os bens. 6. O livre arbítrio é um bem. 7.*c.* Logo Deus é o criador e dispensador do livre arbítrio. Neste caso a falácia é ainda pior, pois (4) precisa ser provado para que (5) seja uma premissa válida, e mesmo que se aceite a veracidade de (6), a conclusão (7) restará duplamente inválida, visto ter sido deduzida de duas premissas ainda não provadas.

sobre se devia ter sido dado ao homem o arbítrio livre da vontade, que, em conformidade com o que se demonstrou no livro precedente, é a causa mediata de o homem fazer mal. Portanto o primeiro passo será empreender uma demonstração racional da existência de Deus, para que, depois de provado existir, seja possível comprovar se os bens todos têm de fato origem nele, dentre os quais a vontade livre, supostamente um bem.

Nuga gramatical

Destaca-se nesta passagem um detalhe que sugere relevância filosófica, mas que pode ser apenas uma nuga gramatical, a saber, o fato de Agostinho ter recorrido ao subjuntivo apenas em duas das três subordinadas substantivas que elaborou, na segunda e na terceira. De fato, saber se o livre arbítrio é ou não um bem e saber se todos os bens, enquanto bens, são obra de Deus constitui-se algo questionável e ainda duvidoso, que precisa ser comprovado racionalmente, o que justifica o uso do subjuntivo. Porém a primeira subordinada, que pretensamente busca saber se de fato Deus existe, indica, na forma de uma oração infinitiva, não necessariamente uma dúvida: "Investiguemos... de que modo está manifesto Deus existir"[191]. Parece que o rétor não quer saber se Deus existe ou não, mas o modo como (*quo modo*) isso se faz manifesto, claro, inequívoco, numa palavra, algo comprovado racionalmente. Se se restrinja apenas às rígidas regras clássicas da *consecutio temporum* latina, a consecução dos tempos verbais entre as orações principal e subordinada, percebe-se que os tempos verbais nas três subordinadas dependentes do subjuntivo *quaeramus*, "investiguemos", estão no presente: do infinitivo[192], na primeira, e do subjuntivo, nas duas restantes. O subjuntivo presente, como se sabe, pode expressar em seu matiz desiderativo uma ação futura, um desejo ou aspiração de que algo, que ainda não ocorreu, venha a ocorrer. Neste caso, "investiguemos" sem dúvida se reporta a um tempo futuro, pois expressa o convite imperativo, mas também desejoso, de Agostinho a Evódio, para que as discussões sigam o curso que ele está propondo, em três grandes partes, expressas respectivamente pelas três subordinadas, que funcionam como três propostas. Portanto nas três subordinadas o tempo verbal pode ser considerado "presente", seja na forma nominal do infinitivo, *esse*, seja na do presente do subjuntivo plural, *sint*, seja

191 *"Quaeramus... quomodo manifestum est deum esse".*

192 Há em latim três tempos para o infinitivo: presente, pretérito e futuro.

como componente auxiliar do adjetivo verbal passivo, *numeranda sit.* A escolha deste pretenso presente situa as três subordinadas em situação de simultaneidade com a oração de que de certo modo dependem, ou melhor, que completam, o que equivale dizer que se encontram no mesmo tempo gramatical da oração principal, o presente, que, como se disse, por seu valor volitivo, expressa um desejo presente de que algo venha a ocorrer no futuro, de que se descubram doravante as respostas agora desejadas. Todavia o que chama a atenção é a presença do infinitivo na primeira proposta, que, embora seja considerada uma forma nominal "neutra" em vernáculo[193], costuma ser traduzida por uma completiva com o verbo no indicativo presente, o que indica mais a evidência de um fato, do que propriamente uma dúvida: "Investiguemos de que modo é manifesto que Deus existe". Pois bem, se de fato é assim[194], Agostinho pretende apenas comprovar racionalmente o postulado axiomático, firme e piedosamente crido, que Deus de fato existe. Se gramaticalmente é lícita a dúvida quanto à preferência pelo indicativo[195], filosoficamente, contudo, está clara a distinção entre a certeza da existência de Deus e a incerteza a respeito da possibilidade ou não de prová-lo racionalmente. Uma coisa é dizer *utrum sit,* se acaso algo exista ou não; outra, distinta, é dizer *quomodo est manifestum...*, de que modo está mais que evidente que tal coisa existe. Portanto a célebre

193 Costuma-se dizer que o infinitivo é "neutro" quanto às categorias gramaticas de tempo, modo, aspecto, número e pessoa, embora, como dito acima, a categoria temporal não lhe seja estranha.

194 O que é controverso, admite-se, pois essas orações reduzidas de infinitivo, que em latim se chamam de "orações infinitivas" ou "or. de sujeito acusativo" são dependentes de verbos ditos *sentiendi,* isto é, que expressam sentimentos (liter. "de sentir"), que supõem uma percepção íntima e pessoal do falante, que opina, crê, julga, acha, pensa, cogita, supõe, enfim, que expressa mais o que vai em seu espírito do que o que de fato se comprova racionalmente ou se indica empiricamente. Daí ter sido comum, quando o uso do subjuntivo era mais aceito em vernáculo, traduzir certas orações infinitivas por orações em sua forma analítica com o verbo no subjuntivo, como por exemplo: *Credo deum esse,* "Creio que Deus exista", ou de modo mais evidente: *Credo eum id adprobare,* "Creio que ele o aprove", uso que hoje se diz reger mais pela estilística.

195 Na nova edição da clássica gramática de Allen e Greenough (1888) verifica-se que em dois dos subgrupos das subordinadas ditas "substantivas", [i] em que há verbos que expressam um desejo, [ii] e nas que se constroem com verbos que exprimem determinação ou resolução, aceitam-se tanto o subjuntivo como o infinitivo, o que poderia justificar as opções de Agostinho. Contudo as três propostas do filósofo melhor se qualificam como interrogativas indiretas, que também constituem um subgrupo das chamadas subordinadas substantivas, mas que se constroem invariavelmente com o subjuntivo e a presença de uma partícula de valor interrogativo, como nos casos supracitados, *quo modo* e *utrum.* (§553.b, d; §573). Cf. Greenough *et alii, New Latin Grammar,* 2001.

prova racional da existência de Deus (*deum esse demonstratur*) não pretende provar que Deus existe, como se costuma compreendê-la, numa palavra, não se pretende provar se Deus existe ou não, e sim o modo como se pode de alguma maneira demonstrar racionalmente sua existência, uma vez que já se possui o conhecimento de fé que ele existe, o que se não está pondo à prova.

2,3,7,20. *Cogito* agostiniano?!

> **20.** A – [...] Por isso, para que demos início a partir de [assertivas] absolutamente manifestas, quero antes saber de ti se tu mesmo existes. Ou talvez receies que te enganes nesta pergunta? Porque de fato, se não existisses, não poderias de modo nenhum enganar-te.

O passo inicial para tratar da primeira questão posta, de que modo está manifesto que existe um Deus[196], segundo a metodologia racionalista imposta por Agostinho desde o livro inaugural, é principiar (*exordium capere*) assentando todo e qualquer argumento subsequente sobre premissas absolutamente evidentes (*de manifestissimis*). O que não significa dizer que se está aqui neste passo recorrendo aos princípios de piedade elencados no início do livro anterior. Isso, porque o que a fé tinha a dizer de Deus já foi dito. Cabe agora exclusivamente à razão comprovar aquilo a que se houve por bem dar crédito. O primeiro passo, portanto, para demonstrar que existe um Deus – o que pode inicialmente parecer estranho ou, quando não, incongruente –, é ter a certeza absoluta, manifestíssima, da própria existência, enquanto sujeito inteligente capaz de ciência certa e de conjecturas erradas. Certeza essa a que o próprio filósofo, como se estivesse pretendendo avançar rapidamente, deu-se ao trabalho de induzir seu discípulo-interlocutor Evódio, por meio do famigerado "*cogito*" agostiniano: se porventura alguém tenha dúvida de sua existência, se acaso receie poder enganar-se com respeito à própria existência, reconheça então que o próprio ato de enganar-se por si só é evidência inequívoca de que existe, porque quem inexiste nunca se engana. Sem dúvida não se trata de estabelecer a precedência do célebre *cogito* cartesiano, com sua rígida metodologia e contexto consideravelmente distante[197].

---

[196] *Quomodo manifestum est deum esse.*

[197] Cf. *Discurso do Método, Parte IV:* "Ao ter percebido que nada absolutamente há nisto: *eu penso, logo existo,* que me garanta que eu digo a verdade, senão que vejo claramente que, para pensar, é necessário existir..." (*En ayant remarqué qu'il n'y a rien du tout en ceci:* je pense, donc je suis, *qui m'assure que je dis la vérité, sinon que je vois très clairement que, pour penser, il faut être...*).

O que importa, nesse passo, é reconhecer o valor de evidência inquestionável atribuído pelo filósofo à consciência do próprio existir. Ademais, à parte a singeleza aparente do argumento, que poderia igualmente ser interpretado pelas ferramentas da simples análise gramatical, é possível vislumbrar a ambiciosa proposta do autor: chegar a uma prova exclusivamente racional da existência do Ser tomando como ponto de partida alguma certeza irrefutável, independente de qualquer autoridade, de qualquer agente externo. Com efeito, a certeza da própria existência, embora o verbo utilizado por Agostinho esteja na passiva, *fallor*, o que poderia implicar a exigência de um agente externo, sendo possível "ser enganado" pela ação de outro, ou se se interpretasse o verbo como pronominal, quando então se enganaria a si mesmo, ainda assim o engano se dá no interior do sujeito pensante, em sua mente, pois quem não tem consciência de estar sendo enganado ou de enganar-se a si mesmo não sofre detrimento, ou, quando não, ao menos não sente o detrimento que sofre. Portanto ter ciência da própria existência, do ser de si, equivaleria, em instância primeira, a ter consciência de si, posto que seja suspeito o fato da opção pela passiva e mais ainda a opção por um verbo de sentido negativo, como *fallo*. Teria sido casual, apenas por causa da pergunta aparentemente demasiado singela, o que poderia induzir Evódio a crer em seu possível caráter caviloso, o que explicaria igualmente a passividade do verbo? De fato, pode-se muito bem ser engando por uma pergunta capciosa, o que seria evidência inequívoca da própria existência. Contudo, como a sequência das discussões há de comprovar, trata-se de estratagema bem calculado por parte do filósofo para levar a argumentação para uma direção específica, a das percepções sensoriais. Ora, quem se percebe enganado, errado, iludido, seja por outrem, seja ou por ação própria, assumindo a pronominalidade verbal, ainda assim padece algo, alguma afecção, numa palavra, percebe alguma coisa em si. De fato, a percepção da própria existência talvez tenha seu início rudimentar com os sentidos corpóreos, empiricamente, como se poderá verificar na sequência, até que se tenha alguma capacidade para perceber algo na mente. Tem-se por detrás dessa proposta ascensional o itinerário platônico, do corpo à mente, do material ao inteligível, que o cristianismo paulino reedita como da carne ao espírito.

In: René Descartes, *Œuvres et Lettres*. Paris: Gallimard, 1953, p. 148. (*Discours de la Méthode* (1637). Quatrième Partie.)

A tríade neoplatônica "ser, viver e inteligir"

Esse, uiuere et intellegere

2,3,7,21. Ser, viver e inteligir I: *esse, uiuere et intellegere*

21. A – Logo, visto ser manifesto que tu existes, e que isso não te seria manifesto de outro modo, a não ser que estivesses vivo, também é manifesto que tu vives. Inteliges serem essas duas coisas muitíssimo verdadeiras? [...] Logo esta terceira também está manifesta, isto é, que tu inteliges.

Não se deve perder de vista a proposta do filósofo expressa nas três questões levantadas[198]: [i] demonstrar a existência de Deus, em que se já crê; [ii] demonstrar se de fato ele tenha criado todas as coisas, na medida em que são boas; [iii] e demonstrar se a vontade livre deva ser também contada entre os bens criados por Deus; isso, para que se chegue à resposta da questão levantada no final do livro primeiro, saber se de fato ela devia ter sido dada ao homem, uma vez ter sido comprovado que é por meio dela que o homem faz mal. Pois bem, Agostinho está agora cuidando da primeira questão, a demonstração racional da verdade de fé em que se crê, a existência de Deus. O primeiro passo, como se viu no parágrafo anterior, é tomar como ponto de partida, excetuado o que possa derivar de autoridade externa, algo que se tenha por inquestionável, manifestíssimo, o que ele entende ser a consciência individual da própria existência, a consciência que cada um teria de si mesmo, do próprio ser (*esse*), consciência essa que deveria ser indubitável. Esse "ser" de si, contudo, para que se constitua de fato um ponto de partida inquestionável, requer algo mais. Isso, porque ninguém tem consciência de que existe, se em primeiro lugar não estiver vivo, ou seja, se não possuir a vida (*uiuere*), dom que se não vê por exemplo na matéria "morta", como a pedra ou o cadáver. Portanto, inextricavelmente ligada à consciência da própria existência, do "ser" de si, está a vida (*uita*), ou seja, o viver ou estar vivo (*uiuere*), como condição *sine qua non* para que se possa ter ciência do próprio ser, pois nada que esteja destituído de vida é capaz de ter ciência de ser, ainda que seja. Pois um cadáver, conquanto "exista", não pode jamais ter ciência de existir, porque é matéria inerte. Todavia, se a vida é pré-requisito para a consciência ou ciência da própria existência, logo se percebe que um cão, ainda que vivo, não é de modo nenhum capaz de uma tal ciência. Com efeito, embora viva, não sabe nem que vive, tampouco que existe. Disso decorre forçosamente uma nova consequência, ou antes, um pré-requisito

[198] Cf. 2,3,7,20.

adicional, inextricavelmente ligado à consciência de si, a saber, a capacidade de ter ciência, de compreender, numa palavra, de inteligir (*intellegere*). Para que se possa ter ciência, seja do próprio ser, seja do próprio viver, necessário se faz, antes de mais, possuir certa capacidade de inteligir (*intellegentia*). Daí a tríade: ser, viver e inteligir (*esse, uiuere, intellegere*), que se adjunge de modo inextricável. Portanto a premissa irrefutável, manifestíssima, sobre que se pretende erigir toda a argumentação com vistas a provar racionalmente a existência de Deus, assenta-se sobre essa tríade: ser, viver, inteligir, pois não se pode ter ciência da própria existência se não se está vivo e se não se possui a capacidade de ter ciência, o que nem as plantas tampouco os animais ou os minerais possuem, apenas as criaturas racionais.

Interessa notar como se inverte a exigência epistemológica apresentada por Cícero nas *Tusculanas*[199]. Pois, se para o pensador romano, na esteira do "conhece-te a ti mesmo" (γνῶθι σεαυτόν) apolíneo-socrático, aquela alma que não se conhece, que não tem ciência do que ela mesma seja, isto é, da própria natureza[200], nem será capaz de conhecer que existe[201], tampouco que se move; para o hiponense, ao contrário, ter ciência da própria existência, do ser de si, isso é o que se constitui o primeiro passo. E no que tange à ciência do movimento e da definição do que seja a alma, ao que parece, isso não constituía algo premente, o que talvez se explique pela tríade apresentada. De fato, nada pode saber que coisa seja (*qualis sit*), tampouco que exista (*esse*), ou se seja dotada de movimento (*moueat*), se por primeiro não possuir capacidade de intelecção. Os três graus de Cícero: [i] qualidade, [ii] existência e [iii] movimento equivalem aos três de Agostinho, porém em sentido inverso: [i] existência (*esse*); [ii] vida (*motus*) e [iii] inteligência (*qualis sit*), pois não se pode "qualificar" algo, tomando ciência de como seja, que características possua, entre tais, senão por meio da inteligência. Se para Cícero é imperativo antes de mais ter ciência do que seja a alma, para Agostinho, por sua vez, imprescindível antes de tudo é tomar ciência de si, ser consciente de existir, o que dá conta dos demais itens ciceronianos, movimento e qualidade, pois quem intelige, como expresso pela hierarquia triádica apresentada, tanto vive, o que implica movimento (mesmo nas plantas), como existe. Portanto, em vez de saber em primeiro lugar que coisa seja a alma, é preferível tomar ciência de si, saber se se tem de fato a ciência do ser de si, para o que, por consequência inevitável, deve-se estar vivo e existir.

199 *Tusc.* 1,22,53.

200 *Ibid.*: "*si qualis sit animus ipse animus nesciat*".

201 *Ibid.*: "*ne esse quidem se sciat*".

Pierre Hadot e os fundamentos (neo)platônicos da tríade

Para o neoplatonismo posterior a Plotino, diz Pierre Hadot[202], a tríade ser, vida e pensamento representa simultaneamente "uma interpretação da estrutura do ser em si e uma explicação da constituição dos seres particulares", pois o próprio ser concebe-se como um ato de autoposicionamento em três momentos: [i] posição de si; [ii] saída de si; [iii] retorno a si, os quais se explicam do seguinte modo: [i] a posição de si é o ato de ser ainda não desenvolvido; [ii] a saída de si, o ato de viver; [iii] o retorno a si, o ato de pensar-se[203]. Assim sendo, porque equivale a ser em três momentos, ou atos autoposicionados: ser, viver e pensar-se, o ato de ser é simultaneamente triplo e uno, explica o pensador francês[204], cada ato particular contendo os outros dois: ser é viver e pensar-se, assim como viver é ser e pensar-se, e pensar-se é ser e viver. Nesse esquema é de se imaginar que cada ser derivado do Ser primeiro, da Vida primeira e do Pensamento primeiro participe em algum grau do Ser, da Vida e do Pensar-se de acordo com sua respectiva natureza.

Hadot crê que Plotino recebeu essa doutrina pronta e a assimilou, cuja fonte primeira teria sido o *Sofista* platônico[205], hipótese que ele sustenta a partir de E. R. Dodds, para quem a distinção entre ser, vida e pensar se dá no νοῦς plotiniano, "no seio da segunda hipóstase". De fato, diz Dodds[206], "no sistema" de Plotino a segunda hipóstase é "a dualidade-na-unidade do Ser e a Inteligência divina", o que significa dizer que é simultaneamente o sujeito e o objeto transcendentes. Na verdade, segundo crê esse autor, os sucessores de Plotino é que teriam elaborado no interior dessa hipóstase uma "tríade subordinada": [i] τὸ ὄν: ser; [ii] ζωή: vida; [iii] νοῦς: pensamento[207]. Isso, porque na teoria pós-plotiniana todo inteligível possui uma estrutura triádica, que "espelha a cada nível a tríade

---

202 Pierre Hadot, "Être, vie, pensée chez Plotin et avant Plotin", p. 127-181. In: *Id.*, *Plotin, Porphyre. Études Néoplatoniciennes.* 2.ᵉ tirage. Paris: Les Belles Lettres, 2010.

203 *Ibid.*, p. 127: *Position de soi, sortie de soi et retour à soi.*

204 *Ibid.: "L'acte d'être... triple et un".*

205 *Ibid.*, p. 127-128 (cf. *Sofista* 248e).

206 Cf. *Proclus. The Elements of Theology.* (Revised, translated, introduced and commented by E. R. Dodds.) Oxford; NY: Oxford University Press, 2004 (1963), p. 252-253.

207 Embora Dodds reconheça perceptível no próprio Plotino uma tendência nesse sentido (cf. *En.* 5,4,2; 6,6,8), Plotino admite (5,9,8) que o ser é logicamente anterior ao pensamento (τὸ ὄν τοῦ νοῦ προεπινοεῖν ἀνάγκη), uma vez que aquele que pensa, para ser capaz de pensar, deve antes existir.

fundamental": [i] μονή – permanência ou posição de si; [ii] πρόοδος – saída de si; [iii] ἐπιστροφή – retorno a si; mas também: [i] πέρας – limite (forma ou perfeição); [ii] ἄπειρον – ilimitado (infinito ou informe); [iii] μικτόν – misturado. Porém quem determina que o segundo termo da tríade é ζωή, "vida", explica Dodds[208], o movimento do pensar que liga o objeto pensado ao sujeito pensante, é Platão, para quem a vida (ζωή) e a inteligência (νοῦς) são aspectos do ser (τὸ ὄν). De fato, é a partir dessa passagem do *Sofista* que Plotino se refere à ζωή como estando "coordenada" com τὸ ὄν e com o νοῦς, sugere Dodds, embora a vida não seja propriamente um "elo" entre os dois polos, muito menos uma hipóstase independente. Na verdade essa hipostasiação de ζωή teria sido elaborada apenas depois, diz ele, pelos seguidores de Plotino, como se percebe nas tríades estabelecidas por Proclo e Damáscio: [i] ὕπαρξις– existência; [ii] δύναμις – força/movimento; [iii] νοῦς – pensamento; e mesmo por Porfírio e Jâmblico: [i] ὄν – ser; [ii] ζωή – vida; [iii] νοῦς – pensamento. Eis a passagem do *Sofista* que teria ensejado a interpretação e o desenvolvimento da tríade ser, viver e inteligir:

> [Estrangeiro:] [...] Assim como "conhecer" é "fazer" alguma coisa[209], é necessário, por sua vez, que "o que é conhecido" depare "o sofrer"[210]. Pois o ser[211], segundo este raciocínio, é conhecido através do conhecimento[212]; e na medida em que é conhecido, assim é movido pelo sofrer[213], o que não dizemos acontecer com o que está em repouso[214]. [...] Na verdade como

---

208 *Ibid.*, p. 253.

209 Ποιεῖν τι, o que implica atividade, pois quem conhece faz algo, sendo o agente da ação de conhecer.

210 τὸ πάσχειν, o que implica passividade, pois quem é conhecido é paciente da ação de conhecer.

211 A substância (οὐσία), liter. aquilo que é. Admite-se que os objetivos filosóficos se sobrepuseram nesta passagem à fluência da tradução, reconhecidamente agramatical; porém assim se fez imaginando que o leitor teria recurso fácil a outras versões mais populares, às vezes tão mais literárias quanto distantes da letra do original. O objeto que não convém ser deixado de parte aqui é o contraste entre "fazer" (ποιέω) e "sofrer" (πάσχω), impraticável em qualquer língua moderna.

212 O termo é γνῶσις, que até pode ser traduzido por "inteligência", posto que de modo impróprio. Na verdade esse "conhecimento" expressa o "ato de conhecer", ou mesmo "o resultado" desse ato. É apenas nesse sentido que se admite a tradução "inteligência", como sendo o "conhecimento" de algo. Assim o Ser se torna conhecido quando se torna objeto/paciente da ação de conhecer, numa palavra, quando passivamente se faz "conhecimento".

213 O que significa que o que é conhecido, na qualidade de paciente da ação verbal, é "movido" como objeto do conhecer, padecendo a ação de ser conhecido.

214 De fato, ao ser conhecido, fazendo-se objeto de conhecimento, o Ser padece a ação de conhecer, portanto sendo movido, transformado, por assim dizê-lo, pelo conhecer, movimento

nos deixaremos facilmente convencer de que o movimento, a vida, a alma e o pensamento não estejam, pois, presentes naquilo que absolutamente é, [e que o Ser] nem viva, nem pense, mas [embora] venerável e santo, não possua uma inteligência, e que seja estável e imóvel?[215]

Percebe-se na célebre passagem platônica que o que é verdadeiramente (τῷ παντελῶς ὄντι), o Ser, não pode estar desvinculado nem do movimento (κίνησις), nem da vida (ζωή), nem da mente, ou antes, do pensamento (φρόνησις), nem da alma (ψυχή), devendo ser capaz de pensar (φρονεῖν) e viver (ζῆν), além de ser (εἶναι), obviamente. Plotino, lembra Hadot[216], utiliza-se dessa fórmula platônica já em seus primeiros tratados, de modo especial contra o materialismo estoico, para defender a ideia de que "o ser não é um cadáver" (τὸ γὰρ ὂν οὐ νεκρόν), nem está destituído de vida, nem deixa de ser mente (οὐδὲ οὐ ζωὴ οὐδὲ οὐ νοοῦν)[217], como já ensinava o platônico Numênio de Apameia. Embora o Ser plotiniano seja uma Vida perfeita, que é também Inteligência universal[218], destituídos do Ser nenhuma inteligência ou vida jamais viriam a ser. Contudo vale notar que, embora Platão diga que o Ser, além de vida e inteligência, é também alma e movimento, Plotino deixa esses atributos de parte, o que permite Hadot supor[219] inevitável que o filósofo tenha recebido a doutrina já pronta da tradição. Seja como for que a tenha recebido, o fato é que Plotino se esforça

que Platão associa à vida. Daí dizer que no Ser, em que há movimento, quando é movido pelo conhecimento, há igualmente vida, pois o que é movido não pode estar "em repouso". E se se diz que esse conhecer é autoconhecer-se, decorre disso que seu movimento é automover-se, o que faz com que seja não apenas vida, mas também alma e, obviamente, pensamento, pois nada que se pensa a si mesmo pode não pensar.

215 Platão, *Sofista* 248e: ΞΕΝΟΣ· "[...] ὡς τὸ γιγνώσκειν εἴπερ ἔσται ποιεῖν τι, τὸ γιγνωσκόμενον ἀναγκαῖον αὖ ξυμβαίνει πάσχειν. τὴν οὐσίαν δὴ κατὰ τὸν λόγον τοῦτον γιγνωσκομένην ὑπὸ τῆς γνώσεως, καθ' ὅσον γιγνώσκεται, κατὰ τοτοῦτον κινεῖσθαι διὰ τὸ πάσχειν, ὃ δή φαμεν οὐκ ἂν γενέσθαι περὶ τὸ ἠρεμοῦν. [...] ὡς ἀληθῶς κίνησιν καὶ ζωὴν καὶ ψυχὴν καὶ φρόνησιν ἦ ῥᾳδίως πεισθησόμεθα τῷ παντελῶς ὄντι μὴ παρεῖναι, μηδὲ ζῆν αὐτὸ μηδὲ φρονεῖν, ἀλλὰ σεμνὸν καὶ ἅγιον, νοῦν οὐκ ἔχον, ἀκίνητον ἑστὸς εἶναι;".

216 *Ibid.*, p. 128.

217 Plotino, *En.* 5,4,7 44; 6,9,2 24: "ἔχει δὲ καὶ ζωὴν καὶ νοῦν τὸ ὄν· οὐ γὰρ δὴ νεκρόν". Para Hadot é o uso repetitivo de "οὐ νεκρόν" que deixa claro tratar-se de uma polêmica antiestoica (*ibid.*, p. 129). O Ser não é corpo nem substrato de corpo, como queriam os estoicos. Se a doutrina da substancialidade do incorpóreo tem sua origem com Numênio de Apameia, diz Hadot, a do Ser como Vida e Inteligência deriva sua origem do *Sofista* platônico.

218 Cf. *En.* 3,6,5 10-32: "τοῦτο δὲ νοῦς καὶ ταύτῃ φρόνησις".

219 *Ibid.*, p. 130.

para provar que os inteligíveis de fato existem, ao contrário do que defendiam os estoicos, para quem os enunciados não existiam verdadeiramente, ao passo que a inteligência ou a verdade, por exemplo, eram seres corpóreos[220]. Nesse intuito, pois, recorre Plotino à tríade platônica, fazendo associar a vida e a inteligência ao ser[221], argumentando que, se de fato fossem destituídos de vida e de inteligência, nem se diriam ser alguma coisa.

Todavia é no tratado "Dos gêneros de ser" que a exegese da passagem do *Sofista* se faz de modo mais original, diz Hadot: "Por meio de uma análise reflexiva muito novidadeira Plotino descobre que a alma é uma essência vivente e pensante que busca contemplar-se; e subindo da alma até à inteligência, ele concebe a inteligência como a essência vivente e pensante por excelência". Daí os gêneros de ser constantes do *Sofista* representarem os "diferentes aspectos sob os quais a nossa inteligência desmembrada alcança a vida única da Inteligência"[222].

Mas não é só em Platão[223] que Plotino se apoia para desdobrar sua tríade, destaca Hadot[224]. No décimo segundo livro de sua *Metafísica* Aristóteles afirma o caráter "vivente" de seu Intelecto supremo: "o ato da inteligência é vida" (ἡ γὰρ νοῦ ἐνέργεια ζωή)[225], compreendendo o Ser divino como um vivente perfeito e autossubisistente, o que não passou despercebido de Plotino, que se utiliza da passagem em seu tratado acerca do Bem e do Uno[226]. Logo adiante, no mesmo livro da *Metafísica*, complementa Aristóteles dizendo que a atividade da inteligência é uma vida excelente (ζωὴ ἀριστή). Portanto, se primeiro identifica a vida com

---

220 Hadot, *op. cit.*, p. 130.

221 Plotino, *En.* 5,5,1 32-38.

222 Hadot, *op. cit.*, p. 130-131. Cf. *En.* 6,2,7 1-8; 48. No Tratado "Da eternidade e do tempo" Plotino descreve o inteligível como ser, vida e inteligência, do seguinte modo: é substância, na medida em que é sujeito; é movimento, enquanto nela se vê a vida; é repouso, enquanto ela resta absolutamente no mesmo estado; é alteridade e identidade, na medida em que essas coisas todas constituem conjuntamente uma única unidade. Na sequência emenda o filósofo que substância/sujeito, movimento/vida, repouso/permanência reunidos todos constituem uma única vida; e depois: alteridade, a infinitude do ato, a identidade sem diferença, o pensamento e a vida estáveis, que não vão de um objeto a outro, constituem a eternidade, aquela vida que permanece sempre idêntica, sempre presente, e que possui a totalidade (*En.* 3,7,5,11-17). Portanto a eternidade é ato infinito, identidade sem diferença, pensamento ou vida que não transitam de um a outro objeto, restando sempre idênticos e presentes, abarcando o todo.

223 Hadot examina também a influência da seguinte passagem do *Timeu* (39e): "ᾗπερ οὖν νοῦς ἐνούσας ἰδέας τῷ ὅ ἔστιν ζῷον [...] καθορᾷ", de que se houve por bem prescindir nesta análise.

224 *Ibid.*, p. 132 *et seq.*

225 Aristóteles, *Metafísica* 12 1072b27.

226 Cf. *En.* 6,9,9,17: "τὸ δὲ ἐκεῖ ζῆν ἐνέργεια μὲν νοῦ".

o Ser a partir de suas leituras platônicas, Plotino depois a associa à Inteligência, motivado pelo pensamento aristotélico. Numa palavra, resume Hadot, se o Ser é vida para Platão, é vida também a Inteligência, segundo Aristóteles[227]. Esse encontro que opera Plotino entre a *Metafísica* e o *Sofista* resulta num duplo movimento: [i] do Ser, que se reconhece vida e inteligência, em Platão, [ii] do Pensamento, que reconhece, enquanto pensamento de si, que é e vive.

Embora tanto o Ser como a Inteligência impliquem multiplicidade, visto que o primeiro é vida e pensamento[228], ao passo que a segunda constitui-se dos atos de ser, viver e pensar, a Fonte do ser, da vida e do pensamento é a Unidade da primeira Hipóstase, lembra Hadot[229], pois é o Ser de que tudo depende, em direção ao qual tudo olha, por meio do qual se é, vive e pensa, visto ser a causa da vida, da inteligência e do ser[230]. E se assim é, a tríade ser, viver e inteligir tem origem na simplicidade una do Ser, de que deriva. De fato, a Fonte dos seres, o Ser que é uno, conserva os seres todos: fazendo pensar os seres inteligentes, ao inspirar-lhes inteligência; fazendo viver os viventes, ao lhes infundir vida; fazendo existir os seres que não são capazes de existir por si só[231]. Daí ser perceptível, como sugeriu no princípio, que ser, viver e inteligir na verdade são três formas da existência[232], que se estrutura de modo completamente triádico[233]. Com efeito, para Plotino "a plenitude do ser não pode ser concebida senão como a unidade múltipla do ser, da vida e do pensamento", pois vem de Platão a ideia de que a perfeição substancial se liga inextricável e simultaneamente à posse dessas três formas de "realidade": existência, vida e inteligência[234].

E a ordenação hierárquica dos seres segue exatamente o mesmo critério, estabelecendo-se segundo estas mesmas três "categorias": ser, viver e pensar, como se vê desde Aristóteles[235]: [i] φυτά – as plantas, dotadas apenas de vida natural (φύσις); [ii] ζῷα – os animais, dotados de sensações e movimentos (ψυχή);

---

227 Hadot, *op. cit.*, p. 132.

228 Cf. *En.* 6,9,2 24-25.

229 *Id. ibid.*, p. 135.

230 Cf. *En.* 1,6,7 9-12: "dele todas as coisas dependem, e para ele é que olham, e ele é e vive e pensa: pois ele é a causa da vida e do pensamento e do ser" (ἀφ' οὗ πάντα ἐξήρτηται, καὶ πρὸς αὐτὸ βλέπει, καὶ ἔστι καὶ ζῇ καὶ νοεῖ· ζωῆς γὰρ αἴτιον καὶ νοῦ καὶ τοῦ εἶναι).

231 Cf. *En.* 6,7,23 18-24.

232 *Id. ibid.*, p. 127; 136: *"l'existence plénière et totale n'étant obtenue que par la possession simultanée des trois".*

233 Cf. *En.* 6,6,15 1-3; 18 50-51.

234 *Id. ibid.*, p. 138-139.

235 *Id. ibid.* Hadot aponta que os estoicos acresciam um grau anterior ao primeiro, que denominavam ἕξις, "estado" ou "modo de estar" [lat. *habitus*], que ele traduz por "consistência". Sêneca,

[iii] ἄνθρωποι – os homens, dotados de capacidade de pensar (λόγος). Porém quem integrou a ordenação hierárquica aristotélica à doutrina platônica dos graus do ser foram o platônico Antíoco de Ascalão e o estoico Posidônio de Rodes, como se depreenderá posteriormente na célebre "árvore" de Porfírio[236]: [i] substância/corpo: ser (*esse*); [ii] corpo animado/animal: vida (*uiuere*); [iii] animal racional/homem: pensamento (*intellegere*).

Transmissão escolástica: de Cornélio Celso a *Cidade de Deus*

Portanto o primeiro a dar à tríade o destaque que lhe mereceu independência como um "esquema fortemente estruturado", sustenta Hadot[237], foi Plotino[238]. Daí, dotado de vida própria, nada admira ter sido retomado de modo "escolástico" para servir de apresentação à doutrina de Platão, como se percebe, segundo destaca o estudioso francês, no oitavo livro da obra *Cidade de Deus* de Agostinho[239]. Suspeita-se que a fonte para a transmissão desse esquema escolástico tenha sido a enciclopédia de Cornélio Celso, cujo título era: "Opiniões de todos os filósofos" (*Opiniones omnium philosophorum*)[240]. Eis a passagem em questão de *Cidade de Deus:*

> Pois é provável que aqueles que são louvados por uma fama mais célebre, porque seguiram Platão e inteligiram de modo mais agudo e verdadeiro que ele devia de longe e retamente ser preferido aos demais filósofos dos gentios, sintam algo do tipo a respeito de Deus, a saber, que nele se encontrem não apenas [i] a causa do subsistir, [ii] mas também a razão do inteligir e [iii] a ordem do viver; dos quais três [i] um pertence à parte natural, [ii] o outro, à racional, [iii] o terceiro, à parte moral [da filosofia].[241]

---

por sua vez (*Ep.* 124,14), acresce um grau após o terceiro, que seria a divindade: "*Quattuor hae naturae sunt: arboris, animalis, hominis, dei*".

236 *Ibid.*, p. 140.

237 *Id. ibid.*

238 Hadot (*ibid.*, p. 144-145) obtempera que o esquema que se tornará célebre com o neoplatonismo posterior já havia sido utilizado antes de Plotino com uma tríade próxima, porém mais relacionada à παιδεία: *natura, doctrina, usus,* como se depara em Fílon de Alexandria, que por sua vez se apoia no esquema estoico da implicação mútua de todas as virtudes.

239 *Ciu. dei* 8,4-9.

240 Hadot (*op. cit.*, p. 141) se apoia aqui no excelente estudo de Pierre Courcelle, *Les Lettres Grecques en Ocident de Macrobre à Cassiodore.* Paris: 1943, p. 179).

241 *Ciu. dei* 8,4 53-56: "*Fortassis enim qui, Platonem caeteris philosophis gentium longe recteque praelatum, acutius atque ueracius intellexisse, ac secuti esse, fama celebriore laudantur, aliquid tale de deo sentiunt,*

Portanto aquelas três coisas que se descobrem em Deus, [i] a causa da subsistência ou do subsistir (*causa subsistendi*), [ii] a razão da inteligência ou do inteligir (*ratio intellegendi*) e [iii] a ordem da vida ou do viver (*ordo uiuendi*) se referem respectivamente aos três graus da tríade: [i] ser (*esse*), [ii] inteligir (*intellegere*) e [iii] viver (*uiuere*). Porém Agostinho neste passo vai além, reproduzindo a célebre associação platônica dos três elementos às três partes em que se epitomava a filosofia[242], [i] natural ou física (*naturalem*), [ii] dialética ou lógica (*rationalem*) e [iii] moral ou ética (*moralem*). Porém o que importa aqui é a presença em Deus, *in deo*, dessas três coisas, ser, vida e inteligência:

> Pois se o homem assim foi criado, de modo que através daquilo que nele excele atinja aquilo que excele completamente todas as coisas, isto é, o Deus único, verdadeiro e ótimo, sem o qual nenhuma natureza subsiste, nenhuma doutrina instrui, nenhum uso é proveitoso[243], que ele seja buscado, onde[244] para nós todas as coisas são interligadas! que seja discernido, onde para nós todas as coisas são certas! que seja amado, onde para nós todas as coisas são retas![245]

Logo em Deus, que é Unidade (*unum*), Verdade (*uerum*) e Bem supremo (*optimum*), as naturezas todas subsistem (*esse*), dá-se a instrução da doutrina (*intellegere*) e os usos todos se fazem proveitosos (*uiuere*), pelo que deve ser buscado, discernido e amado, onde respectivamente tudo está interligado, certo e reto. Porém o que se deve depreender desse esquema é que a tríade, sendo causada, por assim dizê-lo, por Deus, nele se encontra, que é o Ser, a Vida e a Inteligência supremos, de onde também ele ser, respectivamente: Natureza, Bem, Sabedoria; Causa, Ordem, Razão; Unidade, Virtude, Verdade. Para o pensador

---

ut in illo inueniatur et causa subsistendi et ratio intellegendi et ordo uiuendi; quorum trium unum ad naturalem, alterum ad rationalem, tertium ad moralem partem intellegitur pertinere".

242 O "caráter sistemático" dessa divisão tripartite da filosofia, explica Hadot (*ibid.*, p. 142), remonta não aos platônicos, mas aos estoicos, "que insistiam na implicação recíproca das três partes".

243 O verbo usado é *expedio*, que intransitivamente significa algo como: "sair-se bem", "ter bom uso", "ser útil", "convir", "ser proveitoso" etc.

244 Isto é, ele, no qual todas as coisas estão conectadas etc.

245 *Ciu. dei* 8,4 56-60: *"Si enim homo ita creatus est, ut per id, quod in eo praecellit, adtingat illud, quod cuncta praecellit, id est, unum uerum optimum deum, sine quo nulla natura subsistit, nulla doctrina instruit, nullus usus expedit: ipse quaeratur, ubi nobis serta sunt omnia; ipse cernatur, ubi nobis certa sunt omnia; ipse diligatur, ubi nobis recta sunt omnia"*. Note-se que há um eco intraduzível nessas três orações paralelas com que Agostinho termina o período, construído com os adjetivos *serta*, *certa* e *recta*.

francês[246] as três partes da filosofia correspondem aos três aspectos da realidade, cuja fonte única é Deus: [i] a física estuda o ser em si mesmo e a causalidade que o faz remontar ao Divino; [ii] a lógica, o conhecimento do ser e a iluminação que ele recebe de Deus; [iii] a ética vincula-se ao movimento vital que reconduz o ser à sua Fonte. Por outra, essas três partes da filosofia correspondem ainda ao progresso espiritual do homem, numa palavra, às etapas da παιδεία que revelam "a estrutura triádica da realidade humana"[247]. Assim a *natura* é o fundamento ontológico, a *doctrina*, o aspecto cognitivo, o *usus* o exercício prático ou o aspecto vital. Embora varie grandemente nos termos utilizados, Agostinho mantém-se fiel a esse esquema, diz Hadot[248], como se percebe pouco adiante na mesma obra[249]: [i] *esse:* princípio da natureza, causa da universalidade constituída, fazedor das coisas criadas; [ii] *uiuere:* bem, felicidade da vida, fonte da felicidade a ser bebida, bem das coisas que devem ser feitas; [iii] *intellegere:* verdade da doutrina, luz da verdade a ser percebida, luz das coisas que devem ser conhecidas.

A teoria de Hadot[250], contudo, é que a tríade "ser, viver, inteligir" guarda relação pré-plotiniana[251] com a divisão tripartite da παιδεία, que, por sua vez, está relacionada à mútua implicação das virtudes estoicas e à divisão da filosofia nas três partes suprarreferidas: física, lógica, ética, segundo o seguinte esquema:

	FILOSOFIA	*PAIDEÍA*
SER (*esse*)	Física (*naturalis pars*)	*natura*
VIVER (*uiuere*)	Ética (*moralis pars*)	*usus*
INTELIGIR (*intellegere*)	Lógica (*rationalis pars*)	*doctrina*

Esse paralelismo significa que o movimento de perfeição do homem coincide com o movimento universal do ser, que vai do ser *simpliciter* à vida

246 Veja-se o esquema de Hadot, *ibid.*, p. 142.

247 Pierre Hadot, *op. cit.*, p. 142.

248 *Ibid.*, p. 143.

249 *Ciu. dei* 8,9-10: [i] *principium naturae; causa constitutae uniuersitatis, effector rerum creatarum;* [ii] *felicitatis uitae, fons bibendae felicitatis, bonum agendarum;* [iii] *ueritas doctrinae, lux percipiendae ueritatis, lumen cognoscendarum.*

250 *Ibid.*, p. 145.

251 Um pouco antes de Agostinho a tríade "ser, inteligência, vida" parece refletir-se no esquema trinitário de Orígenes de Alexandria, aponta Hadot (*ibid.*, p. 147), para quem o Pai é o Ser, o Filho, a Inteligência, e o Espírito, a Vida, ou a Santidade moral, o que permite supor sua origem pré-plotiniana.

e à inteligência, assim como a *paideía*, do conhecimento da natureza ou do ser em si ao conhecimento prático, do uso ou experiência, até chegar enfim à ciência da doutrina em si mesma[252], pois "a natureza do homem só se aperfeiçoa pelo conhecimento e pela prática daquilo que se conforma com a natureza", diz Hadot[253].

Portanto o emprego insistente e sistemático da tríade "ser, viver, inteligir" por parte de Plotino se justifica, segundo Hadot, além dos aspectos platônico e aristotélico supra-apontados, pelo fato de tê-la recebido da tradição, seja através da sistematização das três fases da *paideía: natura, doctrina, usus*, seja da tripartição da filosofia em física, lógica e ética. Todavia é preciso compreender que Plotino entende os três elementos da tríade de modo absoluto, como sendo o ser em si, a vida em si, a inteligência em si, não nos seres particulares em que se manifestem, visto situar-se a tríade no plano da segunda hipóstase, do "mundo inteligível que é a inteligência"[254].

2,3,7,22-23. Ser, viver e inteligir II: critério quantitativo

> **22.** E – [...] aquele que intelige não apenas existe, mas também vive. Pelo que não hesito em julgar mais excelente aquilo em que todas as três estão presentes do que aquilo a que falte uma única.

Das três características encontradas em toda natureza: [i] ser ou existir (*esse*)[255], [ii] viver (*uiuere*) e [iii] inteligir (*intellegere*), Evódio qualifica a inteligência como a melhor delas, seguida da vida, e por último da existência. Nenhuma das três, neste passo, é considerada em si mesma, como inteligível, ao modo das ideias platônicas, e sim como atributo apenas dos seres naturais. Tudo aquilo que é existe, ainda que nem tudo que existe viva, isto é, seja dotado de movimento autônomo; por fim, das coisas todas que existem e vivem apenas algumas são dotadas de capacidade intelectual. Há sem dúvida um critério quantitativo aplicado aos gêneros de possuidores dos três atributos, pois não se aventa nenhuma hipótese para ordenar a vida acima da existência ou a inteligência acima da vida, em si mesmas. Assim viver **é**

252 O esquema de Hadot, contudo, parece situar a vida adiante da inteligência, como se a doutrina fosse anterior à práxis, o que não se harmoniza com o que Agostinho propõe no *L.A.*

253 *Ibid.*, p. 146.

254 *Ibid.*, p. 147.

255 O verbo latino *esse* era portador de tríplice acepção: ser, estar e existir. Salvo quando especificado pelo autor, não é possível endossar nenhuma distinção entre os sentidos além do contexto.

melhor que apenas existir porque quem vive igualmente existe, sendo por isso mesmo dotado de ambos os atributos, vida e existência, segundo um critério quantitativo, portanto. Deste modo a pedra é inferior ao animal porque, enquanto o animal existe, assim como a pedra, ele também vive, ou seja, é dotado de movimento, ao passo que a pedra não tem essa autonomia. Segundo tal raciocínio tem-se que o animal é melhor do que a pedra porque possui dois atributos, ao passo que a pedra, apenas um; contudo disso não decorre que a vida seja necessariamente melhor do que a existência, ao menos segundo o mesmo critério quantitativo. Seria preciso recurso a algum outro critério para empreender um tal juízo, embora essa tentativa muito provavelmente seja arrastada a subjetivismo tão inevitável quanto indesejável. Pelo mesmo critério quantitativo Evódio qualifica o homem, ser e vivente racional, acima tanto da pedra como do animal irracional porque, enquanto a pedra apenas é e o animal é e vive, o homem, por sua vez, é, vive e pensa. Portanto o homem, porque é possuidor dos três atributos, situa-se acima, numa escada valorativa, tanto do reino dos existentes apenas como do reino dos existentes-viventes, porém carentes de razão. Vale relembrar ainda uma vez que os critérios adotados por Evódio não pretendem ajuizar das faculdades em si mesmas, e sim enquanto atributos dos seres. Desta maneira uma tal faculdade AB é melhor do que uma B porque todo aquele que possui AB é tanto possuidor de A como de B, ao passo que os possuidores apenas de B carecem de A, assim como os de A, de B. Isso se comprova pelo que diz Evódio no final do §22, que "aquilo em que todas as três características estão presentes é melhor do que aquilo a que falte seja uma única", ainda que seu critério, ao fim, não sirva senão para qualificar os possuidores, não as características em si mesmas. Logo quem possui três é melhor do que quem possui dois, que, por sua vez, supera o que possui apenas um. Todavia Agostinho havia perguntado a respeito das características, não dos seus possuidores, numa palavra, por que motivo Evódio julgava que inteligir era em si mesmo melhor do que apenas viver ou existir.

2,3,7,24. Ser, viver e inteligir III: ordenação triádica dos seres

24. A – Mantemos então que, destas três coisas, duas faltam ao cadáver; uma, à rês; nenhuma, ao homem. [...] também isso, que, dentre estas três coisas, é melhor aquilo que o homem possui de par com as duas restantes, isto é, o inteligir, porque segue-se que o seu possuidor não apenas existe, mas também vive.

O inteligir é aceito na sequência por Agostinho como sendo melhor do que o ser e o viver, ou seja, a inteligência é melhor do que a existência e do que a própria vida. O argumento de Agostinho é que a compreensão por meio da inteligência supera tanto a vida como a existência porque aquele que a possui igualmente possui os demais atributos. Vê-se claramente, como se apontou nos comentários ao parágrafo anterior, que não se ajuíza do atributo em si, apenas de seu possuidor, porque quem possui a inteligência possui também o ser e o viver. Pode-se talvez inferir que a inteligência, em si mesma, segundo este argumento, seja melhor, porque para que se a possua é preciso possuir os demais atributos, isto é, a inteligência equivaleria, tudo conjugado, à própria tríade "ser, vida e inteligência", ao passo que a vida seria inferior por consistir numa díade apenas, "ser e vida", enquanto a existência seria somente uma mônada, "ser". Fosse isso, ainda assim o critério de julgamento estaria baseado na quantidade de atributos, e não na qualidade do atributo em si, o que não invalidaria de modo nenhum o próprio critério quantitativo enquanto instrumento de mensuração, embora por ele não se dissesse muito da coisa em si. Portanto, se a inteligência pressupõe vida e existência, decorre disso ser uma faculdade tríplice e melhor do que as demais por contê-las. Daí o "ser" *simpliciter* ser inferior ao binômio "ser-vida", que é sempre menos do que o trinômio "ser-vida-inteligência".

É bem verdade que o argumento de Agostinho opera na direção contrária à que se seguiu, quando diz do que está ausente (*deesse*) nas naturezas, não do que possuem: "destas três, duas faltam ao cadáver; uma, ao animal; nenhuma, ao homem". Disso se depreendem duas observações de interesse não insignificante. Primeira, é lícito supor que Agostinho esteja considerando a universalidade da criação constituída de três graus ou gêneros de natureza, as quais se subdividem segundo seus atributos: os seres que apenas são ou existem, como os minerais, por exemplo, cujo atributo, no caso, seria apenas "existir"; os seres que são e vivem, como os animais e mesmo as plantas, cujos atributos seriam respectivamente "ser" e "viver"; os seres que são, vivem e além disso inteligem, ou seja, que podem compreender por meio de alguma faculdade, que se costuma denominar "inteligência", cujos atributos seriam os dois anteriores acrescidos do próprio "inteligir". Há, sem dúvida, pela disposição de cada uma delas uma escada, uma hierarquização, segundo um critério antes quantitativo, como já se disse: quem tem mais atributos se situa acima na escada, em comparação com quem tem menos. Nesse caso,

contudo, ao dizer que à pedra faltam dois e ao animal um dos atributos, conclui-se que aquela criatura que possui os três, ser, viver e inteligir, está completa, estando as demais menos completas, ou seja, menos perfeitas, o que permite a hierarquização das três categorias segundo um critério de perfeição, por assim dizê-lo: [i] as criaturas que apenas são estão duplamente incompletas, pois faltam-lhes a vida e a inteligência; [ii] as que são e vivem apenas uma vez incompletas, porque lhes falta somente a inteligência; [iii] as que são, vivem e inteligem, por sua vez, porque nada lhes falta, são naturezas perfeitas, ou completas. Se se imagine que o melhor é o que é mais completo, tem-se a justificativa da ordenação hierárquica. Por outra, se se imaginar que o Ser perfeito, que é também a Vida perfeita e a Inteligência perfeita, Deus, o Criador de todas as naturezas, é o paradigma por excelência de tudo o que é, vive e intelige, tem-se que as criaturas que são, vivem e inteligem mais se aproximam do critério da semelhança com a divina Perfeição, ao passo que as demais, por lhes faltarem seja a inteligência, seja a vida, mais se afastam de sua Plenitude. Pois bem, disso tudo decorre a segunda observação, que esses atributos não apenas constituem o metro segundo o qual se erige a escada, mas também a própria escada, quando então se compreendem em sentido ontológico. Assim ser, vida e inteligência ou ser, viver e inteligir não se consideram apenas três atributos segundo os quais se mensuram as criaturas, mas constituem os próprios degraus da escada em que cada ser se coloca, segundo o critério próprio de cada degrau[256].

Carta 18: outra distribuição das naturezas

Essa hierarquização das naturezas criadas, como se pode constatar por exemplo na *Carta 18* de Agostinho ao diácono Celestino, escrita por volta da mesma época[257], apresenta-se um tanto mais elaborada, muito provavelmente para contemplar seres espirituais como os anjos, como se percebe pelo extrato a seguir:

---

256 Embora nesse passo essa suposição ainda não encontre suporte nas palavras da *disputatio*, parecendo que ser, vida e inteligência sejam apenas atributos (acidentes) que se predicam das criaturas, os quais, ao modo de simples adjetivos, absolutamente inexistem sem o sujeito de que se constituem predicativos, contudo ela será confirmada ao longo deste segundo livro e nas demais obras do filósofo.

257 *C.* 389-390.

§2. [...] Existe uma natureza que é mutável no espaço e no tempo, como o corpo. Existe ainda uma outra natureza que é também ela mesma mutável, mas de modo nenhum no espaço, apenas no tempo, como a alma. E existe uma natureza que não está sujeita à mudança, nem no espaço, nem no tempo; que é Deus. O que acabei de sugerir aqui como sendo de algum modo mutável denomina-se criatura; o que é imutável, Criador. [...] Compreendes, sem dúvida, nessa distribuição das naturezas, o que existe em grau supremo, o que em grau ínfimo, e todavia existe; e quem existe em grau médio, que é mais que o ínfimo e menos que o supremo.[258]

Na verdade essa divisão das naturezas (*distributio naturarum*) opera uma verdadeira "ordenação", tendo Agostinho recorrido aqui a uma outra tríade, que se estabelece segundo uma escala de valores, ou graus, que vão do superior ou supremo (*summe*) ao inferior ou ínfimo (*infime*), passando pelo grau médio (*medie*), que, por sua vez, é mais ou maior que o ínfimo (*maiusque infimo*), porém menor ou menos que o superior (*minus summo*). Essa tripartição hierárquica faz-se segundo as categorias de espaço (*locus*) e tempo (*tempus*), que se combinam com outras duas, mutabilidade (*mutabilis*) e imutabilidade (*nec mutari potest*), para poder então abranger as três naturezas (*naturae*) aduzidas: corpo (*corpus*); alma (*anima*); Deus (*deus*). A primeira delas, o corpo, que numa ampliação de sentido comporta tudo o que se possa compreender como "matéria" ou que seja material, é mutável, segundo as categorias espacial e temporal[259]. Numa palavra, a matéria está sujeita à ação do tempo, deteriorando-se ou podendo ser corrompida por agente externo; e do espaço, locomovendo-se ou podendo ser movida de um lugar a outro; sujeita, por conseguinte, a sofrer mutações em seu estado. A segunda substância, ou natureza, a alma, está sujeita a algum tipo de instabilidade apenas segundo a categoria temporal[260], já que de modo nenhum pode sofrer mutações de caráter espacial. Ora, dizer que a alma modifica-se no tempo, mas não no espaço, equivale a dizer que não está sujeita a nenhum deslocamento segundo uma coordenada espacial, ou a

---

258 *Carta 18* (§2): *"[...] est natura per locos et tempora mutabilis, ut corpus; et est natura per locos nullo modo sed tantum per tempora etiam ipsa mutabilis, ut anima; et est natura quae nec per locos nec per tempora mutari potest, hoc deus est. quod hic insinuaui quoque modo mutabile, creatura dicitur; quod immutabile, creator. [...] uides profecto in ista distributione naturarum, quid summe sit, quid infime, et tamen sit; qui medie, maiusque infimo et minus summo sit".*

259 *Ibid.: "per locos et tempora".*

260 *Ibid.: "tantum per tempora etiam ipsa mutabilis".*

qualquer mutação em suas dimensões, por assim dizê-lo; mas que, assim como a matéria, está sujeita à ação do tempo, seja "corrompendo-se", quando se afasta do Bem, seja "aperfeiçoando-se", quando se aproxima dele, aceite-se ou não a sua eternidade[261]. Entretanto a admissão de alguma mudança temporal sem nenhuma mudança espacial correspondente pode suscitar algumas dificuldades. De fato, como aquilo que se deteriora, ou que se aperfeiçoa, isto é, que sofre mutações qualitativas, e talvez também quantitativas, pode permanecer imutável no espaço? Pois bem, para avançar, seria proveitoso, antes de mais, que se possuíssem mais informações sobre a própria alma; entretanto, o que se sabe, ao menos de acordo com o texto da carta, resume-se à definição de uma natureza mutável apenas no tempo, mas absolutamente imutável no espaço[262]. Todavia é possível aventar duas hipóteses para tentar evitar a dificuldade suprarreferida, quais sejam: supor, por primeiro, que a alma, sendo dotada de algum tipo de forma, esteja encerrada em algum corpo, cujos limites lhe obstam qualquer deslocamento espacial, admitindo-se, para tanto, que o próprio corpo não sofra mutações em sua forma, o que, por sua vez, acarretaria obrigatoriamente mutações na alma que nele estivesse encerrada, ao modo de um conteúdo preso a um continente; e que, ademais, os deslocamentos espaciais do corpo, que conteria ou envolveria a alma, não implicassem movimentos espaciais da alma nele inserida. Hipótese essa, como pode perceber-se sem muito esforço, extremamente limitada por condições pouco sustentáveis. Por outro lado, uma segunda hipótese, bem simples, refere-se à própria especificidade de sua natureza, ou seja, à admissão da "informabilidade"[263] absoluta da alma, que a consideraria como uma natureza puramente intelectual, simplesmente não sujeita a deslocamentos no espaço, apenas no tempo, conforme já posto. Nesse caso a alma não estaria encerrada em um corpo, acompanhando-lhe o formato visível, de que ela mesma estaria completamente desprovida, sendo antes a mente (*mens*) ou o espírito (*animus*), numa palavra, o princípio pensante (νοῦς) cujo sopro (πνεῦμα) inteligente distingue o princípio vital (ψυχή) dos seres racionais. Todavia, hipóteses, apenas, pois nem ao menos pode-se estar

---

261 A alma se diz modificar-se também porque ora pensa uma coisa, ora outra, o que implica sem dúvida mudança em sua natureza, ao menos segundo uma coordenada temporal, visto que os pensamentos se sucedem em sequência, uns após os outros. Vale notar que esses pensamentos, por serem parte do universo inteligível, não acarretam nenhuma mudança espacial na alma.

262 *Ibid.*: "*per locos nullo modo*".

263 Não no sentido metafísico de *forma*, e sim de "formato" apreensível pelos sentidos corpóreos.

certo de que o que se denominou categorias espaciais ou temporais expressem realmente, segundo a intenção do filósofo, deslocamentos no espaço, no primeiro caso, e decomposição ou deterioração, no segundo. Portanto o que se sabe é que Agostinho considera a alma, seja isso o que for, uma natureza sujeita apenas à ação do tempo, mas não do espaço, como o corpo.

Por fim, aduz o filósofo uma terceira natureza ou substância que desrespeita as categorias até agora adotadas de espaço e tempo, pois nem está sujeita ao primeiro[264], deslocando-se ou sendo movida, nem ao segundo[265], sofrendo quaisquer mutações, seja corrompendo-se, como os corpos (*ut corpus*), seja talvez aperfeiçoando-se, como a alma (*ut anima*), isso porque já é perfeita, uma vez que é Deus (*hoc deus est*), de onde ser tanto imóvel quanto imutável. As categorias espaço e tempo, no caso desta terceira natureza, que é Deus, têm função unicamente apofática, isto é, de negar (*in-*), ou antes, de não dizer (ἀπόφημι), ao estabelecerem apenas um antimodelo a partir do qual procura-se não saber, mas saber que não. De fato, enquanto o corpo define-se por sua mutabilidade quanto ao espaço e ao tempo, e a alma, por sua mutabilidade no tempo, mas não no espaço, sendo, portanto, sujeitos à predicação, da terceira natureza, por sua vez, que é Deus, nada se predica, senão pela apófase, ao dizer-se que não se move no espaço nem no tempo, mas sem dizer o que faz ou o que é. Portanto, em contraste com essa natureza imóvel e imutável, que se diz igualmente "Criador" (*creator*), Agostinho subsome a natureza mutável, que inclui tanto "corpo" como "alma", em uma categoria maior, a das "criaturas" (*creatura*). Haveria, por assim dizer, em vista desta condensação, apenas duas naturezas que se dizem existir (*esse*): Criador e criatura.

Evidencia-se nesta distribuição das naturezas uma inquestionável estrutura ordenada, que atribui valores diferenciados a cada um dos seus elementos constituintes, em três graus: supremo ou maior, médio e ínfimo ou menor. Por outro lado, esta mesma estrutura hierarquicamente ordenada pode ser entendida de outro modo, a partir de uma chave de leitura referida no próprio *L.A.*, porém constante também de outras obras do filósofo, a tríade "ser, viver, inteligir". Assim o corpo, que existe (*esse*), como nos minerais, e que às vezes vive (*uiuere*), como no caso das plantas e animais, semoventes, contudo não é dotado de inteligência (*intelligere*); a alma, por sua vez, existe, vive, e no

264 *Ibid.*: "*quae nec per locos*".

265 *Ibid.*: "*nec per tempora mutari potest*".

caso dos humanos apenas[266], também intelige; Deus, todavia, é o Ser, a Vida e a Inteligência supremos, em si mesmo. Deste modo a tríade "ser, viver e inteligir" permite, neste caso específico, entender a distribuição das naturezas proposta pelo filósofo por outro ângulo hermenêutico. Pois bem, Deus, sendo o Ser supremo, talvez não esteja simplesmente acima dos seres ditos inferiores, alma e corpo, os quais criou, como se fosse apenas o ponto mais alto da escala, pois se ele é o Ser em plenitude (*summe*), ou supremo, os que estariam em sentido metafórico "abaixo" dele, conquanto existam, dir-se-ia apenas existirem em menor grau, ou serem "menos" do que o que é sumamente; e assim *usque ad finem*, até ao limite do que pode ser, além ou aquém do qual estaria o "não ser", ou o nada (*nihil*) metafísico. E do mesmo modo com a vida e a inteligência, que, se são supremos e plenos em Deus, afastando-se dele, numa sucessão até ao que vive em grau ínfimo e ao que intelige em grau igualmente mínimo, as criaturas afastam-se da Vida e da Inteligência, ao ponto da "não vida" e da "não inteligência", que constituem o defeito absoluto das duas respectivas naturezas[267]. Indo além, pode-se inferir que tudo o que intelige necessariamente precise viver e existir, pois não poderia haver compreensão sem vida ou existência, pelo que entende-se que a inteligência não se dissocie nem da vida tampouco da existência; por outro lado não se pode conceber existência suprema sem inteligência e vida também supremas. E assim, dizer que Deus é o Ser em grau supremo é dizê-lo também Inteligência e Vida no mais alto grau. Seja como for, depreende-se disso que o ser humano, na ordenação dos seres, seja o que mais se aproxime da Divindade, por participar, embora em escala infinitamente menor, de algo de sua plenitude, pois não apenas é, mas também vive e pensa, o que o situaria, por essa participação triádica, no ponto mais "elevado" da universalidade da criação. Nesse sentido também pode-se compreender o ser humano como imagem e semelhança do Criador, porque participa de seu Ser, de sua Vida e de sua Inteligência

[266] Se se considere *anima* como princípio de vida ou movimento (ψυχή), não de pensamento (νοῦς). Os corpos dos animais são animados por uma *anima*, de onde derivam seu nome, *animales*, o mesmo sopro vital que movimenta os corpos das criaturas racionais, as quais, porém, possuem um princípio inteligente, esteja onde estiver, seja na própria alma, como um seu apêndice, seja alhures. Vale notar que nesta carta Agostinho está considerando a alma como princípio inteligente, não de movimento. Da incongruência e falta de uniformidade entre os termos *animus, anima, mens, spiritus* cf. LÉXICO T-F, de par com os comentários ao livro primeiro (1,7,16,52-56).

[267] Que em Deus, porém, são uma única. Mas apenas nele!

supremos, na medida de sua capacidade e dentro dos limites que lhe foram demarcados por seu Original arquetípico. E mesmo que na unidade trina de Deus o Ser, a Vida e a Inteligência sejam um só, ser, vida e inteligência presentes em suas criaturas se fazem como que vestígios de seu Criador, os quais, contudo, por serem ordenadamente hierarquizados em cada criatura, em maior ou menor grau, desde a suma Perfeição até ao defeito total do que se encontra mais distante dele, permitem vislumbrar não apenas o arcabouço metafísico de que a criação se constitui, mas também algo dos mistérios insondáveis de seu divino Artífice.

2,3,8,25. Da apreensão do sensível I: os cinco sentidos

> **25.** A – [...] sabes que possuis aqueles sentidos do corpo muitíssimo comuns, de ver, ouvir, cheirar, saborear e tocar [...] que pensas tu que nós sentimos quando vemos? E – Tudo o que seja corpóreo.

Se o ponto de partida, "manifestíssimo", da prova racional acerca da existência de Deus, em que se crê a partir da autoridade, é a ciência de si, ou seja, estar certo a respeito da própria existência, o segundo passo, como aventou-se *supra*, outro não poderia ser, na sequência, senão de natureza igualmente epistemológica. De fato, uma coisa é dizer-se ciente do próprio ser, outra é demonstrá-lo, saber como se pode constatar o conhecimento de si. Ao que parece o único caminho a seguir, na esteira da proposta apresentada, de partir de premissas manifestíssimas, seria o dos sentidos, a via das apreensões sensoriais. Isso, porque, como se perceberá igualmente no início de *Confissões*, as primeiras experiências do ser humano no mundo, e com elas seus primeiros "conhecimentos", advêm das apreensões sensoriais: visão, tato, audição, olfato e paladar. A criança literalmente põe o mundo à sua volta na boca, toca-o com as mãos, sente-lhe os odores, ouve-lhe a princípio os ruídos, que pouco a pouco vão se metamorfoseando em sons mais e mais agradáveis, como as melodias das amas de leite, e, por fim, "devora" o mundo com os olhos ávidos por novidades, num universo em que tudo é novo e surpreendente. Nesse sentido, para ter-se a certeza comprobatória do ser de si, faz-se mister cientificar-se por primeiro das próprias sensações. De que modo se pode dizer estar ciente delas? De que modo o olho sabe que vê; o ouvido, que ouve; a mão, que toca; o paladar, que gosta; e o olfato, que cheira? Na pergunta, a própria resposta: não sabe. Não sabe porque nem a função do olho, nem a do olfato e demais sentidos corpóreos é

propriamente “saber”. Os sentidos não sabem, pois sua função é sentir. E nem mesmo aquilo que percebem é tão evidente assim. Pelo que se faz necessário antes de mais uma certa sistematização preliminar, a saber primeiro que sensação ou que percepção sensorial se atribui a que sentido, dos cinco “vulgaríssimos”, como diz Agostinho, para, depois, ver se há algum outro objeto de percepção que extrapole os limites ou capacidades de um ou mais sentidos.

O projeto de Agostinho, como ficará bastante mais claro na sequência, é “elevar-se” a Deus a partir dos sentidos, num itinerário da matéria ao imaterial, da criatura ao Criador, do apreensível sensorialmente até ao contemplável, que se apreende apenas pela inteligência, o sumo Ser, que se quer de algum modo demonstrar, tanto quanto possível. Nesse *iter*, do corpóreo sensorial ao supremo inteligível, do múltiplo carnal ao Uno espiritual, o elo será o homem, intermediário entre o sensível e o inteligível, exatamente por ser, viver e inteligir. Isso, porque nele há todos os três atributos presentes em cada um dos degraus da escada ascendente rumo ao Criador: a existência, a vida e a inteligência, ou seja, ser, movimento e pensamento. Se, como algo existente e vivente, ele é capaz de “sentir” o mundo, assim como os demais animais, é por meio da inteligência, que guarda em comum com a Inteligência suprema, que o ser humano faz-se apto a compreender tanto o que apenas existe e vive como também o que está dentro dele mesmo e acima. Diz-se dentro, porque o próximo passo é entender como as percepções sensoriais, que possui em comum com os animais irracionais, são compreendidas, ordenadas, explicadas e justificadas por alguma potência superior inerente a si. Portanto trata-se esse itinerário da mente rumo à compreensão de Deus de uma via “ascendente”, embora absolutamente interior, pois a própria escada se situa “dentro” do homem, escada que a mente faz mover, dos sentidos à inteligência, e desta ao que houver acima e puder ser contemplado.

Pois bem, a visão percebe as cores, a audição, o som, o olfato, o odor, o paladar, o sabor, enquanto o tato percebe a dureza ou moleza dos objetos sensíveis ao toque. No entanto, a visão não percebe o gosto, tampouco o tato, o odor, ou a audição, as cores, ainda que tanto a visão como o tato possam dar-se conta da textura de uma dada superfície, se lisa ou áspera. Essa constatação da apreensão “comum” de alguns objetos de percepção em contraste com outros, que, como as cores, por exemplo, só podem ser percebidos por um único sentido, de modo “individual”, neste caso os olhos, conduz ou “eleva” o raciocínio a um segundo degrau, a saber, a constatação de que o juízo acerca das percepções sensoriais não é feito por meio

dos sentidos. E mais, uma vez ser notório o fato de que os animais são igualmente dotados de sentidos, muita vez mais aguçados que os do ser humano, faz-se preciso encontrar outros caminhos que expliquem sua incapacidade de constatar as percepções sensoriais que sentem, embora sejam capazes de algo intermédio, que os estimula a perseguir aquilo que se lhes constitua um atrativo e evadir-se do oposto, que se lhes constitua como ameaça ou estímulo repugnante às percepções sensoriais. E que potência é essa, que neles é capaz de distinguir entre o que lhes convém e o que deve ser rejeitado?

2,3,8,25-26. Da apreensão do sensível II: sensações próprias e comuns

> **26.** A – Logo inteliges que cada um dos sentidos particulares tem certas [sensações] próprias, acerca das quais reportam, mas também que alguns deles têm certas [sensações] comuns?

Alguns objetos de percepção se dizem "próprios", enquanto outros, "comuns", segundo um critério "sensorial", ou seja, segundo possam ser percebidos por um único sentido ou por mais de um, simultaneamente. No entanto, se cabe aos olhos perceber tanto a cor como a textura de um dado objeto, assim como o olfato pode perceber odores e a temperatura das coisas, se estas exalem calor, isso não ocorre sem o concurso de algum outro sentido interior ao homem, que possa de algum modo operar a distinção de tais informações. A especulação de Agostinho o induz a imaginar algum tipo de mecanismo ínsito que possa "interpretar" os perceptos, ao retransmiti-los, numa palavra, ao anunciar novamente (*re-nuntiare*) aquilo que foi recebido dos sentidos corpóreos. Esse papel, como fica evidente pelo termo com que se designa esse arauto dos sentidos, não guarda relação mais próxima com a razão, salvo a de simples intermediário retransmissor. De fato, ao denominá-lo "sentido" (*sensus*), ainda que "interior" (*interior*), deixa claro que se trata de um órgão infrarracional, conquanto situado no interior do homem, que guarda mais proximidade com os cinco sentidos mensageiros (*quinque nuntii*), no dizer de Cícero[268], do que

[268] Cf. *Tusc.* 1,20,45-46. Assim como Agostinho, Cícero diz que não se discerne o que se vê por meio dos olhos (*non oculis cernimus ea quae uidemus*). Em verdade, havia no corpo humano certos "dutos condutores" entre os sentidos da visão, do olfato e da audição, por exemplo, e a alma, dutos que os antigos acreditavam ser as veias, encontradas "vazias" na dissecação dos corpos (*uiae quasi quaedam sunt ad oculos, ad aures a sede animi perforatae*). A alma é que ouve ou vê, diz Cícero, pois quando o ser humano se vê absorto em pensamentos ou se acha com alguma enfermidade grave, apesar de ter os olhos abertos, não vê nem ouve, o que comprova, diz ele,

com alguma faculdade superior capaz de fazer ilações ou reflexões acerca das informações que venha a perceber. E isso se justifica plenamente pelo fato de um tal sentido estar presente igualmente nos animais. Ora, não cabe ao tato interpretar se um dado objeto é redondo ou quadrado, pois um sentido não tem conhecimento de geometria, tampouco capacidade racional para avaliar formas e cotejá-las com modelos geométricos definidos, como o quadrado, por exemplo. Essa interpretação é atributo exclusivo da razão, não cabendo nem ao sentido interior, pois um cão não é capaz de diferenciar, seja ao segurar com as presas, seja ao roçar com as patas um dado objeto redondo, ainda que lhe não esteja ausente um tal sentido interior. Portanto, embora tome para si o objeto, se por meio do sentido interior venha a percebê-lo atrativo, ou se o despreze, ao senti-lo de algum modo repugnante, o cão jamais terá consciência alguma de sua forma geométrica, tampouco do porquê de perseguir ou evitar seja o que for. E assim, se algumas apreensões são comuns entre um ou outro dos sentidos, isso provavelmente se dá através de outro mecanismo que os extrapole, seja qual o nome com que se queira chamá-lo, pois não há nada na própria visão que lhe permita saber[269] se *x* é vermelho ou verde, se sua textura é rugosa ou lisa, se os nomes e as definições seja das cores, seja da textura, forma e especificidade dos objetos não estiverem de algum modo arquivados na memória e prontos para ser mensurados e cotejados pela razão com os dados dos perceptos que lhe chegam dos cinco mensageiros, mas não imediatamente, pois os objetos da mente são as ideias, os dos sentidos, os corpos, cuja mediação precisa ser feita de alguma maneira, do contrário essa comunicação e seu consequente processamento se fazem impossíveis.

---

que não são os órgãos sensoriais que percebem, órgãos que são apenas "janelas da alma" (*quasi fenestrae sint animi*). A alma, por sua vez, não consegue sentir nada, mesmo por intermédio dos sentidos, se não quiser fazê-lo ou não estiver presente, como se dá num cadáver (*quibus tamen sentire nihil queat mens, nisi ad id agat et adsit*). Essa explicação não se coaduna com a que é apresentada aqui por Agostinho, que não faz menção de artérias como transmissoras das percepções sensoriais para a alma, que em Cícero se confunde com o princípio inteligente. Para Agostinho, como fica claro, o corpo de fato sente algo, sendo responsável, por meio dos cinco sentidos, pela retransmissão das informações captadas, embora a interpretação desses sinais, o que fazer com eles, isso, contudo, seja atributo da razão, ainda que esta não se comunique diretamente com os sentidos. Essa comunicação entre os sentidos e o princípio inteligente ocorre não por meio de dutos condutores venais, como acreditava Cícero, e sim por uma potência denominada por Evódio "sentido interior".

269 Pois, como dito *supra*, "saber" não é atributo dos olhos e demais órgãos dos sentidos.

2,3,8,26-28. Da apreensão do sensível III: o oximorístico sentido interior

26. A – Logo não podemos distinguir por meio de algum sentido desses que [sensação] pertence a que sentido, e que [sensação] têm todos em comum entre si, ou entre alguns deles?

Cabe a Evódio, ainda uma vez[270], discorrer a respeito de um ponto de fundamental importância para as pretensões de Agostinho na obra, o "sentido interior", mensageiro entre os sentidos corpóreos e a razão. Por detrás desse sentido intermediário nenhuma espécie causa se se deparem ecos inspiradores de Cícero, admirado pelo fato de sensações tão dessemelhantes entre si, como as captadas pelos cinco sentidos: cor, odor, sabor, texturas e sons, serem compreendidas por uma única potência no homem[271]. Para o pensador romano a mente nunca poderia determinar essas coisas diferentes apenas através dos cinco mensageiros, a não ser que todas elas lhe fossem referidas por algum outro meio, que lhe permitisse arbitrar as percepções[272]. Deste modo, para que se fizesse juiz exclusivo das sensações[273], carecia a mente de um intermediário, cujo papel era o de conduzir as informações captadas pelos sentidos para que fossem julgadas por ela, intermediário esse que, segundo Cícero, outro não podia ser senão a rede de artérias e veias espalhadas pelo corpo, que funcionariam como dutos condutores das sensações para a mente[274].

A proposta de Evódio, por sua vez, elimina a ideia dos dutos condutores venais e arteriais, operando uma transformação por demais interessante nessa suposta intermediação, por meio de um recurso muito caro a seu mestre[275],

---

270 A definição de *libido*, no livro primeiro (1,4,10,31), também foi "elaborada" por ele.

271 *Tusc.* 1,20,46: "*quid? quod eadem res dissimillimas comprehendimus ut colorem, saporem, calorem, odorem, sonum?*".

272 *Id. ibid.*: "*nisi ad eum [animum] omnia referrentur et is omnium iudex solus esset*".

273 Contudo os objetos mais puros e transparentes (*puriora et dilucidiora*), ou seja, os inteligíveis, seriam discernidos tão só quando a alma se fizesse livre da matéria e tivesse chegado aonde sua natureza determina (*quo natura fert*), em conformidade com a doutrina platônica, pela qual, no que tange a esse ponto, guardava notória preferência o eclético romano.

274 *Id. ibid.* 1,20,47. Por sua natureza material, contudo, esses dutos eram imperfeitos e inaptos para a condução das naturezas puramente inteligíveis, como por exemplo as ideias (*tamen terrenis concretisque corporibus sunt intersaepta quodam modo*), o que seria sanado apenas depois da separação da alma do corpo, quando então nada mais se interporia entre ela e o conhecimento puro e verdadeiro (*cum autem nihil erit prater animum, nulla res obiecta impediet quo minus percipiat quale quidque est*).

275 A resposta de Evódio levanta questão das mais interessantes com respeito ao diálogo havido entre ele e Agostinho, saber em que medida esta *disputatio* se deu exatamente da forma como

que se pode denominar aqui, de modo impreciso e preliminar, estrutura argumentativa triádica ou, quando não, anacronicamente hierárquica, desenvolvida muito provavelmente a partir de suas leituras neoplatônicas. Pois bem, se as sensações são captadas pelos órgãos do corpo, instrumentos materiais, através do seu contato com objetos de percepção do mundo natural e igualmente corpóreo, resta saber como se dá a passagem desses perceptos de natureza corpórea para o reino do inteligível, para a mente, a fim de que esta reúna e ordene as informações recebidas, armazene-as na memória e produza seus juízos, como por exemplo determinar se um objeto *x* é esférico, ao compará-lo com algum paradigma de esfericidade presente na memória e instantaneamente disponível para julgamento. Contudo essa passagem do mundo corpóreo ao mundo das ideias, como é por demais notório, havia já perturbado as mentes filosóficas desde Platão, ao menos. Com efeito, de que modo a mente, que trabalha apenas com o que é imperceptível aos sentidos corpóreos, pode receber informações de natureza dessemelhante à sua, natureza "pesada", em linguagem tanto platônica como bíblica?[276] Se se adotasse a teoria de Cícero, ou antes, que ele provavelmente abraçou de algum filósofo que frequentara, seria preciso admitir, como ele, que o que fosse mais puro e dilúcido só pudesse ser percebido quando do desprendimento da alma do corpo, em algum *post mortem* de tipo socrático. Contudo Evódio sugere uma opção mais interessante, um intermediário que opera a mediação entre a matéria e a mente, participando dos sentidos corpóreos, porque é também sentido, mas participando também da mente, do incorpóreo, porque, como ela, é uma potência "interior", o que não necessariamente significa esteja "dentro" do corpo, mas seja um órgão de natureza híbrida, simultaneamente carnal e espiritual, por assim dizê-lo; numa palavra, um verdadeiro oximoro, que, de tão sutil, faz-se quase imperceptível. E de fato, quando se diz "sentido interior" (*interior sensus*), diz-se um oximoro, pois como pode ser "exterior", como pressupõe-se ser a natureza de um sentido corpóreo, e ao mesmo tempo ser "interior", como a mente e a razão, por

---

aqui se encontra, ou se acaso tenha sido em algum ponto "editada". De fato, algumas respostas de Evódio, de tão prontas e elaboradas, levam a crer tenham sido trabalhadas por Agostinho, ou, quando não, sejam ideias suas, não do discípulo, o que se permite supor pelo recurso a elas em outras obras do mesmo período e posteriores. O caso específico desta estrutura triádica, por exemplo, há de ser retomado em diversas passagens, não apenas nesta obra, mas em outras, tornando-se uma das formas preferidas do filósofo para argumentar, operando a mediação de polos antitéticos aparentemente inconciliáveis.

276 Gr. ἐμβριθής. Cf. *Fedro* 246d5 e *Sabedoria* 9,15, trecho este citado em *Confissões* 7,17,23.

exemplo?[277] Logo esse sentido interior, por causa de sua interior exterioridade ou interioridade exterior, poderia ser chamado com mais propriedade de "sentido espiritual", ou ainda, se se invertesse a figura com um tanto mais de elasticidade, de "mente corpórea", ou qualquer coisa do gênero[278].

> **26.** E – [...] essas coisas se distinguem por um certo [sentido] interior. [...] **27.** [...] uma coisa é aquilo por meio de que o animal vê, outra diferente, aquilo por meio de que evita ou procura obter os objetos que sente, ao ver. Pois aquele primeiro sentido está nos olhos, porém o outro está dentro, na própria alma...

Portanto esse intermediário não é um sentido corpóreo, e embora esteja na alma, não pode ser confundido com a razão. De fato, nem pode perceber diretamente os objetos sensíveis, por estar na alma, tampouco ajuizar das percepções, ordenando-as e qualificando-as, como o faz a mente, ainda que, como ela, esteja localizado no interior do homem. No §26, contudo, Evódio pretende atribuir a esse sentido certas características da razão, ao supor que a distribuição das sensações segundo cada sentido seria sua tarefa, do que Agostinho parece discordar, como fica patente pela pergunta que se segue, iniciada por *num*, que, como se sabe, é uma pergunta que visa apenas à confirmação negativa da tese nela exposta: "Ora, esse sentido interior então, que dizes julgar das percepções, não seria a razão, seria?"[279] Não, não seria, pois os animais também o possuem. De fato, uma coisa é perceber, pelo olfato, por exemplo, que um dado alimento em potencial é atrativo, isto é, ser atraído instintivamente por um odor qualquer ou ser por ele repelido, caso desagradável; outra, completamente distinta, decidir por tomá-lo ou repudiá-lo. Haveria, pois, nas almas dos animais, algo além dos sentidos, porém aquém da razão, que os motiva a buscar o que lhes é atrativo e evitar o que lhes causa repugnância, embora nenhum desses movimentos seja motivado pela razão, através de algum tipo de reflexão. Por fim Evódio parece concordar com a distinção entre a razão e o sentido interior, ao reconhecer que o papel da razão é compreender que há um sentido interior qualquer, receptáculo das sensações exteriores, captadas e enviadas pelos cinco sentidos corpóreos. Do mesmo

---

277 O sentido interior se encontra na alma, como deixa claro o §27 em destaque logo abaixo, o que comprova que não pode ser compreendido como um dos sentidos do corpo.

278 Para o uso filosófico das figuras de linguagem em Agostinho, veja-se o nosso trabalho: *O enigma do espelho. A retórica do silêncio nas* Confissões *de Agostinho de Hipona: São Paulo:* FFLCH/USP, 2014.

279 §26: *"Num forte ipsa est ratio, qua bestiae carent?"*.

modo no caso dos animais: "uma coisa é aquilo por meio de que o animal vê, outra, diferente, aquilo por meio de que evita ou persegue os objetos que sente, ao ver"; isso, porque a visão, a capacidade de ver, diz Evódio, está nos olhos, mas o móvel da busca ou evasiva, na alma, no interior: "aquele primeiro sentido está nos olhos; o outro, porém, está dentro, na própria alma"[280].

> **28.** E – [...] porém não sei que outro [sentido] seria capaz de presidir em comum a todos os demais. E porque compreendemos pela razão, como eu disse, não posso, pois, chamar a este mesmo [sentido] de razão, porque é manifesto que ele está presente também nos animais.

Pois bem, esse intermediário oximorístico, interior exterior, por sua vez, é atributo comum tanto dos que vivem, como os animais, como dos que vivem e compreendem, os humanos. Pelo que ele não pode ser a razão, exclusividade dos segundos, pois sabe-se que os animais estão desprovidos dela, ainda que alguns humanos, embora teoricamente racionais, ajam muita vez sem nenhum recurso a este atributo de ordem superior. De todo modo, algo há em comum entre os homens e os animais, o que Cícero admitia e provavelmente Agostinho com ele, a saber, tanto uns como outros, por natureza, perseguem o que lhes promete causar prazer e evitam o que lhes poderia ser motivo de dor ou desprazer[281], o que, como se viu, segundo as estimativas de Evódio,

---

280 Interessa notar que essa solução oximorística de um sentido presente na alma é bastante inovadora, pois situa na alma dos animais algo acima dos sentidos corpóreos, posto que abaixo da razão, como se se tratasse de uma subpotência, a não dizer subinteligência. Daí ser lícito dizer que além de ser e viver, embora não intelijam, os animais sentem animicamente, ou percebem infrarracionalmente, algumas coisas, o que os situa acima das plantas, por exemplo, que também são e vivem, porém provavelmente destituídas do sentido interior.

281 *Tusc.* 4,6,12: "Por natureza todos perseguem as coisas que lhes parecem boas e evitam os seus contrários" (*natura enim omnes ea quae bona uidentur sequuntur fugiuntque contraria*). Na verdade Cícero estabelece um contraste mais elaborado entre os princípios vitais ou almas dos seres (1,24,56). Enquanto as plantas têm potencial apenas para conferir a vida (*...uitam sustentari quam uitis, quam arboris, haec enim etiam dicimus uiuere*), os animais, por sua vez, limitam-se a perseguir o que lhes dá prazer e evitar seu contrário (*ut appeteret aut fugeret id quod esset ei commune cum bestiis*), o que os humanos com eles guardam em comum. Portanto: [i] *arbores, uitis – uiuere uel uitam sustentare*; [ii] *bestiae – adpetere, fugere*. A alma dos homens, contudo, tem muitas outras capacidades além dessas duas: conferir vida e perseguir ou evitar sensações agradáveis e desagradáveis, tais como (*ibid.* §57): 1. memória de coisas incontáveis (*memoriam infinitam rerum*); 2. capacidade de invenção ou descoberta das coisas (*inuentio*) (1,25,61), 3. capacidade de inferência das coisas ocultas, que se diz pensamento ou invenção (*inuestigat occulta, quae inuentio atque cogitatio dicitur*). E por conta dessas capacidades, diz Cícero, a natureza da alma, seja ela princípio vital, seja fogo, seja sopro, é sem dúvida divina (*si ulla alia de re obscura adfirmare possem*

cabe a esse sentido interior, intermediário entre as percepções sensoriais e a alma. Portanto esse algo a mais, além das sensações, que move os animais desprovidos de razão, a perseguir os atrativos e evadir-se dos repugnantes, que talvez hoje se denomine instinto, para os pensadores do tempo do filósofo era tão enigmático como surpreendente.

2,3,9,29-30. Da apreensão do sensível IV: *cogitatio et animaduersio*

29. A – [...] a não ser que também aquilo que nos é transmitido pelos sentidos do corpo ultrapasse esse [sentido interior], não pode chegar plenamente até à ciência, pois tudo aquilo de que temos ciência, retemo-lo apreendido pela razão... **30.** [...] não é pelos olhos nem pelos ouvidos que temos ciência, tampouco por aquele sentido interior...

Seja o que for esse oximorístico "sentido exterior", sem negar-lhe a existência, contudo Agostinho o distingue claramente de qualquer faculdade mental, por dois motivos. Primeiro por ser possuído também pelos animais, notoriamente tidos por "irracionais", ou seja, desprovidos de qualquer capacidade de raciocínio. Depois porque, pelos exemplos aduzidos, fica claro haver alguma outra faculdade, acima dos próprios sentidos, que permite que se chegue à ciência de que se ouve pelos ouvidos e se vê pelos olhos, o que nem o sentido da audição, nem o da visão são capazes de discernir, apenas a razão. Porém os sentidos por si só são incapazes de efetuar essa comunicação com a razão, de onde ser lícito inferir haver algo *in medio*. Demais, se ter ciência de algo é retê-lo na mente por intermédio da apreensão racional[282], ou então, como dito antes[283], possuir o que é percebido pela razão, resta claro que nenhuma ciência é originada pelos sentidos, nem pelo sentido interior, sendo necessário que os perceptos sejam anunciados à razão por algum "órgão" competente, que fale tanto a língua dos sentidos quanto a língua da razão, numa palavra, que seja o mediador entre os corpos e os pensamentos.

30. A – [...] porque nós não discernimos essas coisas, a não ser por meio de observação racional e de cogitação.

---

siue anima siue ignis sit animus, eum iurarem esse diuinum) (1,24,59), assim como divino é conhecê-la (1,22,52), o que se prova também pelo fato de ter sido prescrito por um deus conhecê-la (Apolo, pelo oráculo délfico, a Sócrates) (*hunc [animum] igitur nosse nisi diuinum esset, non esset hoc praeceptum tributum a deo*) (1,22,53).

282 *"Quicquid scimus, id ratione conprehensum tenemus"*.

283 Cf. 1,7,16,57: *"ratione habere perceptum"*.

Apenas e tão somente ao voltar o espírito com atenção (*animaduersio*) para os perceptos comunicados pelo sentido interior e refletir, ponderar, meditar (*cogitatio*) sobre o fato de que não se ouve pelos olhos nem se vê pelos ouvidos, é que se pode chegar a conhecer de fato que faculdade se deve atribuir a que sentido, o que de modo nenhum pode ser discernido (*discerno*) por algum ser desprovido de capacidades racionais.

2,3,9,31-32. Dos sentidos à razão I

31. [...] A – Acaso pensas também que eles podem discernir um do outro, [i] a cor que é sentida, [ii] o sentido que existe no olho, [iii] aquele sentido interior na alma [iv] e a razão, pela qual uma a uma essas coisas são definidas e dinumeradas?

Evódio insiste na possibilidade de alguma racionalidade inerente a esse oximorístico sentido interior, cuja paternidade parece ser mesmo sua, como Agostinho admite no §29, ao dizer que aceita a sua existência e tampouco vê qualquer dificuldade em denominá-lo deste modo, embora descarte presente nele qualquer atributo de caráter racional. Todavia a interpelação de Agostinho deixa claro que os animais, embora dotados desse sentido interior, contudo são incapazes: [i] de discernir as cores entre si; [ii] de discernir as cores do próprio sentido presente no olho capaz de senti-las, isto é, são incapazes de distinguir o objeto de percepção do órgão perceptivo; [iii] de perceber o próprio sentido interior; [iv] e muito menos de perceber a razão, que não possuem, pela qual essas coisas se definem e dinumeram, como diz Agostinho. Há, contudo, uma interessante questão que se levanta aqui a respeito desse sentido intermediário. Ora, se se constitui mensageiro anímico entre os sentidos corpóreos e a razão, como pode estar presente naqueles que são desprovidos de razão, isto é, como ser mensageiro do que não existe? Logo há que se operar uma distinção preliminar entre o sentido interior presente nos animais e o presente nos humanos, se é que se está falando da mesma capacidade. No caso dos animais, ele opera de modo "instintivo", para lançar mão de terminologia anacrônica, instigando o movimento de aproximação ou de aversão[284], a partir das percepções sensoriais, que fazem com que o animal persiga seja o que for que lhe constitua atrativo e se evada do contrário, que lhe cause repugnância. Isso, contudo, sem nenhuma função mediadora, numa palavra, sem servir de intermediário entre o corpo e o espírito,

---

284 Para o sentido específico do v. "averter" e do s. "aversão", cf. *auersio* e *auerto* no LÉXICO T-F.

visto que os animais deste último estão destituídos, ainda que sejam dotados de *anima*, o princípio vital, precisamente onde se situa o suposto sentido interior. Porém com os humanos o caso deve ser outro, uma vez que, ao contrário dos animais, são capazes de ter ciência a respeito do que percebem, do modo como o fazem, e ainda de distinguir tudo o que percebem e todos os modos possíveis de percepção. Numa palavra, para muito além da percepção animal ou sensorial, são capazes de operar distinções e definições, o que é atributo da razão. De fato, o próprio "definir", como pré-requisito da "distinção", equivale a mensurar os limites, as fronteiras dos objetos passíveis de percepção, saber onde terminam uns e onde se iniciam outros, sem o que é impossível distingui-los; mensuração essa que só pode ser posta em prática por uma faculdade capaz de computar, comparar, geometrizar, dinumerar etc., ausente nos que se dizem "irracionais".

> **32.** A – Pois bem, poderia essa razão discernir uma da outra estas quatro coisas e determiná-las por meio de definições, se não lhe fosse transmitida a cor pelo sentido dos olhos, e em seguida o próprio sentido [dos olhos], por aquele sentido interior que lhe preside, e esse mesmo [sentido] interior, por si mesmo, [isso,] contudo, se nada mais se interpõe [entre eles]?

O processo de apreensão dos objetos de percepção pelos sentidos e transmissão para a razão por intermédio do sentido interior é descrito por Agostinho no §32: um qualquer objeto de percepção, como a cor, por exemplo, é transmitido através do sentido intermediário desde o sentido adaptado para captá-lo, como os olhos, a fim de ser referido até à razão; em seguida o sentido que capta o percepto é ele mesmo enviado, por meio do intermediário, o sentido interior, que, por sua vez, autotransmite-se à razão, desde que nenhuma outra potência se interponha entre eles. Portanto de algum modo não apenas o percepto, mas o processo todo é transmitido à razão: [i] cor, [ii] sentido da visão, [iii] sentido interior. Não está claro como o próprio percepto, neste caso a cor, é decodificado pelo sentido interior e transmitido à razão, o que ocorre juntamente com o sentir próprio a cada sentido e com o sentido interior. Pois, se é um órgão anímico presente tanto nos irracionais como nos racionais, seria exigir muito dele que decodificasse as impressões sensoriais em termos matemáticos, ou em alguma outra linguagem elaborada para traduzi-los que fosse também adaptada à mente. Mais fácil seria imaginá-lo operando com imagens mentais, daguerreótipos revelados na folha argentina da alma a partir da sua captação na câmara escura dos sentidos, para lançar mão de uma metáfora. Mas seja como for, é assim que se dá a apreensão pelos sentidos, em conformidade com as especulações até aqui avançadas pela disputa dialética.

2,3,9,33-35. Dos sentidos à razão II

33. A – [...] creio que tu não negues que uma coisa é a cor, e outra, ver a cor, e outra ainda, mesmo quando uma cor não esteja presente, possuir o sentido pelo qual a cor poderia ser vista, se estivesse presente.

Os sentidos corpóreos não têm a capacidade de sentir-se a si mesmos, a capacidade de perceber o que e como fazem o que fazem. Portanto três são as distinções necessárias (efetuadas pela razão): [i] os objetos corpóreos ou perceptos potenciais; [ii] a percepção dos perceptos, que se dá pelos sentidos; [iii] os próprios sentidos, em si mesmos, enquanto potências capazes de percepção. Os objetos corpóreos passíveis de percepção sensorial (ditos "perceptos" quando são de fato percebidos) são aquilo tudo que possa ser visto, ouvido, tocado, saboreado ou cheirado, ou seja, percebidos por um ou mais dos cinco sentidos. E mesmo que se queira contestar a "corporeidade" dos odores ou sons, por exemplo, não resta dúvida que, em comparação com os objetos de captação pelas faculdades mentais, ditos inteligíveis, são indubitavelmente materiais ou corpóreos[285]. Porém entre os objetos e os sentidos pelos quais eles se tornam perceptos interpõe-se inusitadamente a própria percepção, o sentir. Com efeito, diz Agostinho, uma coisa é o objeto que é sentido, outra o sentido por que é sentido, e outra ainda o próprio sentir. Essa distinção que o filósofo efetua entre o sentir e o sentido é bastante interessante. Pois ainda que se possua o sentido da visão (supondo-se não seja deficiente), pode-se não ver, seja por não haver nada a ser visto, se se está na escuridão, ou por estar de olhos fechados. De todo modo, resta inata a capacidade da visão, um sentido pronto para ser usado, sentido que o homem guarda em comum com os animais, cuja capacidade é de captar imagens mais ou menos claras daquilo corpóreo que se apresente ao campo de apreensão do sentido. Ao que parece a ideia é considerar o sentido em si mesmo, enquanto potencialidade de ver, de ouvir, ou seja o que for. Esse sentido em si

285 O corpóreo para Agostinho não é necessariamente aquilo que possui um corpo visível, cujo formato é apreensível pelos olhos, mas aquilo que é apreensível pelos sentidos do corpo. Daí o odor ser corpóreo, porque é apreensível pelo olfato, assim como o gosto, captável pelo paladar. Os objetos ditos "inteligíveis", por sua vez, não são apenas invisíveis – o que também pode ser dito do ar e do cheiro, por exemplo –, mas são absolutamente inapreensíveis pelos sentidos do corpo, o que o cheiro e o ar não são, visto que se podem sentir o ar e os aromas todos. A própria luz se diz corpórea também, pois é perceptível pelos olhos, ao contrário da luz metafórica do conhecimento, apreensível apenas pela mente.

mesmo, quando posto em atuação, ao sentir, isto é, quando vê, ouve, gosta, toca ou cheira, produz a captação da "sensação", o percepto, o que é distinto tanto do objeto em si, percepto apenas em potencial, quanto do sentido em si, percipiente em potencial. De fato, a percepção não é nem o objeto nem o sentido, mas algo distinto. Quando se vê *x*, não é *x* em si mesmo, enquanto objeto, seja o que for, que adentra o sentido da visão, e sim uma sua imagem, um reflexo de *x*, captado pelo jogo de luzes e mecanismos captores presentes no sistema por demais complexo em que se constitui o órgão principal da visão, o olho. Logo essa imagem captada, o percepto, nem é o objeto potencial de percepção, *x*, nem o órgão do sentido da visão que faz a captação, o olho, tampouco o próprio sentido de ver, seja compreendido como a capacidade da apreensão, seja como o próprio ato da apreensão. Pois bem, é essa imagem que será levada ao sentido interior e dele, depois de decodificada e traduzida de modo misterioso, à razão, a fim de ser processada, o que equivale a dizer comparada, dinumerada, geometrizada, delimitada, e por fim distinguida dos demais objetos de percepção sensorial e definida, para em seguida ser catalogada e arquivada na memória, como lembrança de *x*, mas não de *x* em si, e sim da sua imagem, do vulto de *x*. Porém não é só isso que é referido à razão, que recebe, seja de modo mediato, através do mensageiro interior, seja de modo imediato, também o ato de sentir *x*, os olhos capazes de sentir *x*, e uma ideia do objeto *x* em questão e de suas características sensíveis[286], o qual também pode ser "experimentado" através de outros sentidos, de modo a que se complete a "experiência" de *x*.

34. A – Por acaso vês alguma dessas três[287] com os olhos, a não ser a cor? [...] **35.** Contudo tens ciência de que não se pode defini-las, a não ser pela razão, e que a razão não pode fazê-lo, a não ser que se trate de algo que lhe seja apresentado para ser examinado.

Entretanto a preocupação de Agostinho não se circunscreve nem aos objetos passíveis de percepção, nem à sua percepção, tampouco aos sentidos em si mesmos, como agentes percipientes em potencial. É a passagem ou transmissão dos perceptos para a razão que lhe interessa, para muito além desse processo de cognição sensorial, que se poderia denominar "empírico", uma vez

[286] Visto que o objeto *x*, ao contrário do alimento que é ingerido, ou do ar inalado, não pode ser transportado para o interior do olho, fazendo-se propriedade do observador, por assim dizê-lo.

[287] As três coisas a que se refere são: [i] a própria cor; [ii] o ato de ver a cor; [iii]. o sentido da visão capaz de ver a cor. Os olhos veem apenas a cor, mas não veem que veem a cor, nem veem que são um sentido de ver, ou seja, não têm ciência nem de que veem, nem de que são um sentido do corpo.

a especulação que se empreende tendo em vista a demonstração racional da existência de Deus, conquanto assentada nos pressupostos piedosos elencados no início, partiu, enquanto demonstração, da constatação do ser de si, e daí à própria experiência voltada à captação do mundo exterior pelos sentidos, mas que pouco a pouco se irá interiorizando pela introspecção, sem contudo deixar de ser observação da experiência interior do homem. Pois bem, pela observação da experiência, de modo empírico, portanto, Agostinho deduz que nenhum dos sentidos é capaz de perceber além de apenas uma única das três coisas enumeradas anteriormente, os objetos[288], uma vez que nem a percepção tampouco o sentido pelo qual se sente são por qualquer dos sentidos percebidos. Logo ou o sentido interior, superior aos sentidos do corpo, ou a razão é que são capazes de perceber as restantes duas, o sentir e o sentido. Porém, como se disse, a preocupação de Agostinho de modo nenhum pretende permanecer nos sentidos, e sim avançar para o Inteligível, pelo que deixa de importar se cabe ao sentido interior ou à razão a percepção tanto do sentir como do sentido que lhe é apropriado[289]. O que importa, para os fins da argumentação, é antes reconhecer que, seja como for que chegue à razão um qualquer percepto, cabe exclusivamente a ela, de que os animais inquestionavelmente estão destituídos, operar a sua definição.

35. A – Portanto seja o que for aquilo, pelo qual tudo de que temos ciência pode ser sentido, é próprio do ministério da razão, à qual ele apresenta e anuncia tudo o que atinge, a fim de que aquilo que é sentido possa ser discernido em seus limites e compreendido, não apenas sentindo, mas também tendo ciência.

Portanto seja o que for esse sentido chamado de "interior", responsável pela comunicação dos perceptos à razão, ele é ministro da razão, à qual refere e traduz o que o alcança, para que seu "conteúdo" seja de fato apreendido pelo espírito, o que se dá pela razão sistemática, que discerne cada coisa a partir de seus limites. Isso, porque, a fim de que algo possa ser apreendido pelo espírito faz-se mister seja antes discernido das demais coisas, avaliado, comparado, o que

---

288 Na verdade trata-se de uma "imagem" ou "vestígio" do objeto, o percepto, não o objeto em si. Para que esse objeto seja de algum modo reconhecido como tal é preciso alguma memória dele, ainda que sensorial, como no caso dos animais, além das informações processadas pela razão, que o inserem em alguma espécie relevante, relacionada esta a outras tantas espécies e gêneros.

289 Não importa se a consciência que a razão tem [i] das características do objeto sentido, [ii] do sentir próprio a cada sentido e [iii] da constatação dos órgãos pelos quais os sentidos sentem, enfim, se essa ciência é oriunda dos próprios sentidos, ou se é transmitida pelo sentido interior, visto que seu processamento e armazenamento na memória só é possível pela razão, ausente nos animais irracionais.

pressupõe, como se disse antes, uma definição, a fim de que possa, em sua espécie apropriada e no gênero correspondente, ser arquivado na memória com sua identidade própria, o que se dá, portanto, não apenas a partir da apreensão sensorial, mas também pela apreensão intelectual. Pois a imagem de *x* que é comunicada, seja pelo sentido interior ou por outra potência, ainda que seja fruto de apreensão sensorial, somente é apreendida espiritualmente, enquanto ciência, ao ser discernida em seus limites pela razão, que a desdobra até que seja compreendida de vez e possa então ser possuída e armazenada.

2,3,9,36-37. Dos sentidos à razão III

> **37.** A – [...] quando sentimos uma cor, não é igualmente pelo próprio sentido que nós sentimos também o próprio sentir [...] está manifesto que esses cinco sentidos não podem ser sentidos por nenhum desses [mesmos] sentidos, ainda que por eles seja sentido o que é corpóreo.

Se nenhum dos sentidos é de fato capaz de sentir-se a si mesmo, sentindo o próprio sentir e o sentido por que se dá o sentir, para além do seu objeto de percepção, resta avançar um grau acima, àquilo que tenha capacidade de fazê-lo. Porém esse sentir o próprio sentir e o sentido por que se sente esse sentir não parece ser de fato um sentir. Isso, porque talvez não se trate propriamente de sentir, e sim de alguma atividade de caráter mais racional que sensorial. De fato, ver *x* implica a captação de imagens de *x*, porém ver que se vê *x* ou que se tem a capacidade de ver *x*, isto é, ver o sentir e o sentido, não se dizem de modo apropriado atos de visão, e sim intelecção, uma vez serem atividades da mente, pois ninguém vê capacidades, potências, atos em si mesmos. Ora, quando se vê *x*, os olhos veem o objeto *x*, porém é a mente que tem ciência de estar captando imagens e se pergunta o modo como isso se dá, a que ela mesma responde, ao refletir empiricamente, a partir de experiências de percepções sensoriais, que ao fechar os olhos bloqueia essas imagens, as quais, contudo, quando estão abertos os olhos, se fazem visíveis novamente. Seja como for, o esquadrinhamento das imagens, a consciência de estarem sendo captadas e do meio por que isso se dá só se diz visão ou percepção de modo indireto, mediato apenas, pois é a mente que tem ciência de que ao abrir e fechar os olhos as imagens se captam ou deixam de captar-se, que tem ciência de que imagens se fazem presentes diante dos olhos e, por fim, que os próprios olhos são de certo modo corresponsáveis pelo sentir, que se diz visão.

36. A – [...] acaso por alguma outra coisa, a não ser por si mesma, isto é, pela razão, ela apreende a si mesma? E de que outra maneira terias ciência de que possuis uma razão, se não percebesses isso por meio da razão?

Porém, como se disse, esse sentir não é o objetivo final de Agostinho, e sim aquilo até aonde pode levar, o conhecimento até aonde se pode chegar por meio dele. Pelo que se deve seguir num movimento sempre "ascendente". Ora, o próximo grau desse propedêutico itinerário ascensional adrede traçado pelo filósofo, da apreensão sensorial dos objetos (corpóreos) de conhecimento à razão, para além da exclusiva consciência da razão de tudo o que lhe está abaixo, como [i] os objetos, [ii] o seu sentir, [iii] os sentidos por que se pode senti-los, [iv] o suposto sentido interior, resta por fim a consciência de si, [v] a consciência da própria razão. Com efeito, se apenas a razão é capaz de discernir o que lhe está abaixo, de [i] a [iv], que dirá de si mesma? Nenhuma dúvida há que as potências inferiores à própria razão, quer interiores, como o sentido homônimo, quer exteriores, como os sentidos corpóreos, não seriam capazes de discerni-la, restando esse discernimento ou a ela mesma, ou a algo que lhe seja superior, caso existisse. No entanto, como se desconhece a existência na criatura racional de algo acima dela, tem-se que somente a razão é capaz de ter ciência de si, não apenas do que seja, mas igualmente do que seja capaz de fazer e conhecer.

Assim começa a ficar mais claro o itinerário proposto por Agostinho, cuja direção "vertical" se dá a partir de dentro, embora tendo por ponto de partida os objetos sensíveis. Os objetos corpóreos se fazem perceber externamente pelos sentidos, igualmente corpóreos, para então serem transportados de modo um tanto misterioso, seja pelo sentido interior, seja de outro modo qualquer, para aquilo que no homem, já desde a tripartição platônica, encontra-se na parte superior de sua alma, o elemento racional (λογιστικόν), que é também aquilo que o faz imagem e semelhança de Deus[290]. Essa passagem, do material ao inteligível, que se faz aqui empiricamente, do sensorial ao intelectual, desde o exterior até ao interior e além, embora exclusivamente a partir da observação da experiência, constitui ponto fulcral para o platonismo, não apenas de Agostinho, mas de modo especial de seu prógono Plotino. Por outra, saber como se dá a passagem da multiplicidade da matéria à unidade divina, e vice-versa, é imprescindível para compreender, quanto possível, como deu-se o mistério da Encarnação de Cristo, e como se dá o retorno ao Uno, no caso de Plotino. Que

[290] Gn 1,26.

fique claro que a questão está muitíssimo distante de qualquer resolução, pois, ainda que os perceptos se concentrem na mente, sede da razão, inequívoca é a constatação da multiplicidade desta em contraste com a suposta unidade divina. Demais, o elo entre o corpóreo e o inteligível neste caso é feito de modo tão obscuro e improvável quanto os dutos arteriais e venais de Cícero, que, longe de explicar como as impressões corpóreas se transubstanciam em pensamento, supõem uma espécie de passagem como se os corpos invadissem a alma, não o contrário, como se a alma abstraísse algo deles, num processo complexo de racionalização da experiência, segundo o qual as apreensões corpóreas são analisadas, cotejadas, valoradas, codificadas, catalogadas e armazenadas na memória como imagens e conceitos puramente mentais.

2,4,10,38-40. O *modus operandi* do sentido interior

> **38.** A – [...] aquele sentido interior não apenas sente o que recebeu dos cinco sentidos do corpo, mas também que os próprios sentidos são sentidos por ele.

Se o sentido interior não apenas recebe os perceptos captados pelos sentidos corpóreos, mas também sente que sente os próprios sentidos corpóreos, a fenda deixada aberta no §37, onde se diz que os sentidos são incapazes de sentir-se a si mesmos, conquanto sintam os objetos passíveis de serem sentidos, é de certo modo coberta por esse intermediário. Assim o sentido interior sente não apenas o som captado pelo ouvido, instrumento do sentido da audição, mas sente igualmente o próprio sentido da audição, ou antes, sente que sente o sentido da audição, o que não é tão simples de explicar, nem para Agostinho. Numa palavra, o sentido interior sente que o ouvido está ouvindo, quando há algo para ser ouvido, e que não está ouvindo, quando nada há para ser ouvido. Assim ele sente o som e o próprio sentido da audição, como se percebesse a própria possibilidade de ouvir, em havendo algo para ser ouvido.

> **38.** A – [...] Pois de outro modo o animal não se moveria, seja ao procurar obter algo, seja ao fugir [dele], se ele não sentisse que estava sentindo, não para ter ciência, pois isto é próprio da razão, mas apenas para mover-se...

É preciso ter em mente que se trata de um "sentido", não de qualquer faculdade superior mais próxima da razão. Isso se explica pelo simples fato de que esse instrumento se faz presente também nos animais, que, segundo se

tem por verdade axiomática, são desprovidos de qualquer faculdade racional. Sua função, portanto, ainda que esteja acima dos sentidos que se dizem corpóreos, não pode ser muito distinta de um simples "sentir". Pois bem, a prova empírica[291] de que o sentido interior sente também os próprios sentidos, diz Agostinho, decorre do fato observado, e por qualquer um observável, de que o animal se move, ao sentir algo, seja em direção ao que se lhe constitui atrativo, seja em sentido contrário ao que se lhe constitui incômodo ou ameaça. O raciocínio não é tão simples, como o próprio Agostinho se dá conta logo na sequência, ao admiti-lo um tanto "obscuro"[292]. De fato, segundo o argumento, o animal se move, aproximando-se ou afastando-se de algo, não apenas porque sente um odor qualquer, seja atrativo, seja repelente, mas também porque sente sentir, ou seja, porque sente que sente. Mas por quê? Por que seria importante que sentisse sentir, a fim de mover-se? Não bastaria apenas que seu sentido fosse tocado pelo estímulo? Talvez não, pois seria preciso que de algum modo esse estímulo lhe despertasse algo mais, como uma associação, por dizê-lo pavlovianamente, que o motivasse a ir em direção à fonte do estímulo, caso a associação fosse com algo agradável, ou na direção contrária, caso repelente. E com efeito, se sente um odor, deve sentir igualmente o que tal odor sinaliza, seja algo atrativo, seja ameaça. Porém por que motivo deve sentir que sente, isso não é nada simples de compreender. Se está dormindo, por exemplo, talvez deva sentir que sente, para que desperte e movimente-se. Mas se está desperto, esse sentir que sente parece um tanto redundante. Suponha-se que se trate de um objeto passível de ser captado pelo sentido do olfato, como um odor que ao animal seja instintivamente atrativo. Pois bem, se por um lado ele chega ao odor atrativo através do sentido corpóreo do olfato[293], por outro, através do sentido interior ele chega tanto ao odor quanto ao próprio sentir, numa palavra, o animal sente que está sentindo um odor atrativo. Como decorrência dessa sensação do sentir, diz Agostinho, o animal se move, porque atraído pelo odor atrativo, assim como seria repelido pelo odor repugnante, ou por algum outro estímulo qualquer que lhe fosse antagônico ou ameaçador. Claro que não faz isso para conhecer, o que é atributo exclusivo da razão, que ele não possui, mas para pôr-se em movimento,

---

291 Diz-se "empírica" porque se trata de exemplo tirado da observação do comportamento dos animais, portanto a partir de reflexões acerca da "experiência".

292 *"Quod si adhuc obscurum est"*.

293 Poder-se-ia dizer, ao revés, que o odor chega até seu olfato, de fora para dentro.

diz o filósofo, o que se pode compreender anacronicamente como sendo um móvel de caráter absolutamente instintivo. Essa sensação do sentir, por sua vez, não decorre de nenhum dos cinco sentidos, mas do sentido interior. O argumento, até aqui, assim se pode preliminarmente desenhar:

1. Todo animal move-se em direção a algo que o atrai e em sentido contrário ao que o repugna;

2. Todo animal sente os objetos passíveis de percepção, atraentes ou repugnantes, por meio dos cinco sentidos corpóreos: visão, audição, olfato, paladar e tato;

3. Os cinco sentidos corpóreos sentem os objetos de natureza corpórea, os quais enviam na qualidade de perceptos ao sentido interior, sito na alma;

4. O sentido interior anímico sente os perceptos enviados pelos cinco sentidos corpóreos (os quais traduz em algum tipo de linguagem ignota e envia à razão);

5. O sentido interior anímico sente os cinco sentidos corpóreos, isto é, sente o sentir particular de cada um deles, sentindo que eles sentem;

6. Os cinco sentidos corpóreos não sentem a si mesmos;

7. Os animais só se movem na direção de algo ou em sentido contrário porque sentem os próprios sentidos, sentindo que ouvem, que veem, que tocam, que cheiram, que gostam.

O motivo "obscuro" por que foi dito que os animais só se movem porque sentem o sentir se pretende explicar na sequência, por meio de um exemplo:

> **39.** A – [...] o animal não poderia de modo nenhum abrir os olhos e movê-los, enquanto observa, em direção ao que buscava ver, a não ser que, tendo os olhos fechados, ou não os tendo assim movido, sentisse que não estava vendo. Porém, se sente que não vê quando não vê, é necessário igualmente que sinta que vê quando vê, isso porque ele não move os olhos, quando está vendo, com o mesmo apetite com que os move, quando não está vendo, indicando também que sente ambas as coisas [: ver e não ver].

O animal se move em direção ao que o atrai ou em sentido inverso ao que o assusta ou repugna porque "sente" alguma coisa – e isso é imprescindível ter em mente, a não se imaginar que Agostinho esteja atribuindo alguma atividade racional aos irracionais. Que sente? Sente que não sente, o que o move em direção ao sentir, para, em seguida, como decorrência desse sentir, mover-se em direção ao que o atraia ou na direção contrária, ao que o repugne. Assim

o animal sente que não sente, ou, no caso da visão, sente que não vê, para o que carece de abrir os olhos. Algo o atrai, talvez algum ruído, alguma outra sensação ou sensações combinadas, quando então é movido[294] a abrir os olhos para ver, seja o que for, na direção do que o teria atraído. Portanto o animal sente que vê e que não vê; numa palavra, sente o sentido da visão, quando esteja apto a ver ou o contrário, quando lhe esteja por algum motivo vedada a possibilidade de ver. A sequência do argumento, pois, poderia desenhar-se do seguinte modo tentativo:

8. Para que um objeto O_b seja sentido por um determinado sentido S_t se faz necessário que o sentido S_t esteja voltado na direção de O_b;[295]

9. Para que se volte um sentido S_t na direção de um objeto O_b é necessário que o sentido S_t esteja inoperante ou voltado em outra direção que não na de O_b, do contrário não necessitaria ser movido;

10. Logo quando um animal move seu sentido S_t em direção a um dado objeto O_b, assim o faz porque seu sentido S_t está ou inoperante ou voltado em outra direção, distinta da de O_b;

11. Logo, se o sentido S_t estivesse operante ou voltado na direção do objeto O_b, o animal não o moveria, nem seria levado a movê-lo por qualquer necessidade a si extrínseca;

12. Logo, se o animal move seu sentido S_t em direção ao objeto O_b, isso se dá porque sente que seu sentido S_t não está operante ou voltado para o objeto O_b;

13. Logo o animal sente a condição do sentido S_t, se esteja operante ou inoperante, ou se esteja voltado para a direção de O_b ou não;

14. Logo o animal sente necessariamente o sentido S_t (o que se pode estender a todos os demais quatro sentidos);

15. [Adendo:] O animal que sente O_b se move com mais ímpeto, seja em direção a O_b ou em fuga de O_b, do que quando não sente O_b;

16. Logo o animal sente sentir e não sentir O_b (o que corrobora 13-14).

Portanto o sentido interior, que sente os demais sentidos, é o responsável pelo movimento instintivo, ou melhor, sensitivo, dos animais, que só se movem porque sentem os sentidos, porque sentem que não estão sentindo, quando não

294 Instintivamente, ou pelo sentido interior.

295 Esse estar "voltado na direção" do estímulo significa estar "apto" a percebê-lo, não necessariamente estar direcionado para ele, visto nem sempre ser necessário voltar o nariz na "direção" de um odor para senti-lo, ou o ouvido, na de um som, para ouvi-lo.

estão sentindo; e sentem que sentem, quando sentem, ou seja, sentem quando os sentidos estão operantes e quando estão inoperantes, segundo a hipótese de Agostinho. Porém o objetivo é subir do corpóreo ao inteligível, dos sentidos a Deus, para o que é preciso saber se o sentido interior seja ou não capaz de sentir-se a si mesmo, o que não parece ser nada simples, admite o filósofo.

Vida autossenciente

40. Porém, se acaso também esta vida sinta a si própria, a qual sente que sente os objetos corpóreos, não é assim evidente, a não ser porque cada um, ao interrogar-se interiormente, descobre que todo ser vivente foge da morte; a qual, uma vez seja contrária à vida, necessário se faz que também a vida sinta a si própria, a qual foge de seu contrário.

Portanto o sentido interior, que Agostinho aqui denomina "vida", não por acaso, como se verá adiante[296], sente os perceptos que lhe são enviados pelos sentidos corpóreos, embora esteja situado na alma, e sente igualmente os próprios sentidos corpóreos. Esse duplo sentir, embora oriundo do reino dos corpos, dá-se na alma, de onde será então comunicado à razão, depois de misteriosamente traduzido para o reino do inteligível. Mas resta a dúvida se esse arauto dos sentidos sente a si mesmo, de modo que ele mesmo se comunique à razão, o que Agostinho procura responder por meio de um argumento à primeira vista pouco compreensível, que pode ser assim desdobrado, de modo apenas tentativo, a ver se se torne um tanto menos obscuro:

1. Todo vivente foge da morte;

2. A morte é contrária à vida;

3. Logo todo vivente foge de seu contrário;

4. Para que *v* possa fugir de seu contrário, *m*, é preciso que "sinta" o que ele é;

8. Para que *v* sinta *m*, é preciso antes que *v* sinta *v*;

9. Logo, se *v* foge de *m*, isso se dá porque *v* sente o que ele próprio é, o que lhe permite sentir o que seja seu contrário, a morte;

10. Logo *v* sente o que é *v* e consequentemente sente seu contrário, *m*;

11. Logo, se a vida foge da morte, isso se dá porque a vida sente o que ela é e o que é o seu contrário, a morte;

---

[296] Na tríade supraexposta os sentidos do corpo situam-se no grau dos seres (*esse*), ao passo que o sentido interior, sito na alma, no grau dos viventes (*uiuere*), e a razão, no grau dos inteligentes (*intellegere*).

12. Logo a vida sente o que é a vida;

13. Logo o sentido interior, que é uma espécie de vida[297], e que foge ao seu contrário, a morte, sente a si mesmo, senão não poderia sentir seu contrário;

14. Logo o sentido interior sente a si mesmo.

Parece que esse "sentir" implica antes um "saber" do que propriamente uma percepção irracional passível de ser encontrada nos animais. Demais, embora o sentido interior possa ser equiparado à vida, harmonizando-se com a tríade "ser, viver, inteligir", concluir daí que toda vida foge à morte, porque sente que ela seja seu contrário, é um enorme salto, que parece escapar de muitos passos menores que deveriam ser dados *in medio*. Agostinho reconhece a dificuldade da questão[298], sugerindo que seja deixada de parte, caso ainda não se tenha "liquefeito", isto é, tornado líquida e certa. A ideia em si não é nada má, embora seja desafiador aplicá-la ao sentido interior, estando este também presente nos irracionais. Ora, aceitar que tudo foge de seu contrário não é disparatado, nem que a vida procura evitar de algum modo instintivo a morte. Mas o problema começa quando se tem a necessidade de que a vida se conheça a fim de que seja capaz de conhecer o seu contrário, ou melhor, que ela "sinta-se a si mesma", visto que não é capaz de intelecção, para que daí possa "sentir" o seu contrário. Por outra, seria até possível que o paladar sentisse que o doce difere do amargo, ou do azedo, ou mesmo do não doce, se se queira, procurando uns e evitando outros, pois neste caso trata-se de um sentido corpóreo sentindo objetos igualmente corpóreos. E isso está posto, quando se disse que os sentidos do corpo sentem os objetos corpóreos, pois ambos pertencem ao grau dos corpos[299]. Agora dizer que o sentido interior seja capaz de sentir-se, porque é também capaz de sentir o seu contrário, seja o que for, isso parece mais problemático. Ou talvez não! Pois se o sentido interior está na alma, que é princípio vital, talvez seja possível depreender que sinta-se a si mesmo, visto que está em um grau acima dos corpos, que apenas são, porém não vivem. Se assim é, deve-se depreender

---

297 Cf. 2,4,10,40: *"sed utrum et se ipsam haec uita sentiat..."*.

298 Cf. 2,4,10,41: "E se isso ainda não está límpido e cristalino, que seja omitido [...].

299 Na verdade os sentidos do corpo são também "vida", pois um corpo sem alma é incapaz de sentir. Se os sentidos do corpo sentem, isso se dá porque o corpo em que e pelo que sentem é vivificado pelo princípio vital, *anima*. Porém, como se encontram no corpo, não na alma, se dizem corpóreos, o que se faz de modo parcial e impróprio, pois mais correto seria dizê-los corpóreos-anímicos, num oximoro. Já o sentido interior intermediário, por estar na alma, se diz com razão exclusivamente "vida", embora não devesse ser denominado, também por meio de oximoro, "sentido".

igualmente que toda vida sente-se a si mesma, o que não se aceita com relação aos corpos, que não se sentem, precisamente porque não são dotados do sentir. Logo é possível, sim, concluir que o sentido interior sinta-se a si mesmo, precisamente porque não é um sentido corpóreo, mas anímico, ou seja, porque está na própria alma (ψυχή), o princípio de movimento que anima os corpos, os quais não podem animar-se a si mesmos. Numa palavra, o sentido interior sente-se a si mesmo porque é vida, não corpo, e toda vida é capaz de sentir-se, sentindo igualmente seu contrário, a morte, embora não seja capaz de inteligir, o que é atributo das criaturas que são, vivem e inteligem.

2,4,10,41. Fé e razão XII: *certis manifestisque documentis*

41. A – E se isso ainda não está límpido e cristalino, que seja omitido, para que não avancemos para o que queremos, senão por meio de provas seguras e manifestas.

Uma vez mais ratifica Agostinho a sua proposta epistêmica de não buscar conhecimento senão a partir de evidências inequívocas, tendo como ponto de partida provas (*documenta*) seguras (*certa*) e evidentes (*manifesta*), em contraste com os pressupostos da fé, ainda que tidos por axiomáticos.

41. A – [...] está manifesto: [i] os objetos corpóreos são sentidos pelos sentidos do corpo; [ii] porém um sentido não pode ser sentido por si mesmo; [iii] pelo sentido interior, contudo, podem ser sentidos não apenas os objetos corpóreos, [captados] pelos sentidos do corpo, mas também os próprios sentidos do corpo; [iv] e por meio da razão não apenas todas essas coisas se fazem conhecidas, mas também ela própria, além de serem [todas] elas contidas pela ciência.

Dentre os "documentos" seguros e evidentes a que se refere Agostinho, degraus argumentativos sólidos sobre os quais se vai erigir a árdua tarefa de comprovar a existência de Deus, em que se crê por meio dos testemunhos, elencam-se os seguintes fatos empíricos: [i] os sentidos corpóreos percebem os objetos corpóreos passíveis de percepção sensorial; [ii] os sentidos corpóreos não são capazes de sentir a si mesmos, pois a audição não sente que ouve, nem a visão, que vê, nem o paladar, que gosta, nem o tato, que toca, nem o olfato, que cheira; [iii] o que os sentidos corpóreos sentem comunicam a uma certa "vida", que se houve por bem denominar "sentido interior", situada na alma, sentido intermediário acima dos sentidos do corpo, que, por sua vez, é capaz não apenas de sentir os perceptos acolhidos dos sentidos corpóreos, mas igualmente os próprios sentidos corpóreos, em si mesmos, ainda que se não tenha provado de

modo muito convincente se esse sentido interior é ou não capaz de sentir-se a si mesmo; [v] por fim, à razão, que está acima tanto dos sentidos do corpo como do sentido interior, tudo isso, de [i] a [iv], de par com ela mesma, se faz objeto de conhecimento. Tem-se, pois, uma "escada", que, quer queira, quer não, é indubitavelmente hierárquica, uma vez que aquilo que se encontra degrau acima é sempre melhor do que se encontra degrau abaixo, seja porque quantitativamente inclui em si todos os graus que lhe são inferiores, seja porque lhes é ontologicamente superior, seja porque pode mais do que eles[300], seja porque mais se assemelha ao paradigma divino. Portanto a razão, por estar situada na "cidadela", a parte mais elevada do homem, tem ciência de tudo o que está abaixo dela: objetos corpóreos, sentidos corpóreos, sentido interior, além da ciência de si mesma. Tudo isso, para ela, torna-se objeto de conhecimento, *scientia*, o que não exclui nem mesmo o próprio conhecimento de si, visto que ela tem ciência de que é razão e do que faz. Portanto ela é o cume da escada humana, a "cidadela" onde deveria estar o governo de todo o resto de que se constitui o homem, caso esteja ordenadíssimo. Resta saber se acima dela há alguma coisa e, se há, que coisa é. Se estiver no homem, a razão não será mais sua melhor parte; se fora dele, concluir-se-á pela existência de uma potência que lhe deverá ser necessariamente superior, a qual supõe-se seja Deus[301].

2,5,11,42-43. Ser, viver e inteligir IV: viver é melhor do que ser

42. E – [...] daquelas três questões que propusemos um pouco antes, a fim de compor o ordenamento desta disputa, agora se está voltado para a primeira, isto é, de que modo se pode tornar manifesto, embora se deva tenacíssima e firmissimamente crer nisso, que Deus existe.

Depois da brevíssima recapitulação do parágrafo anterior (§41), volta-se a argumentação para o primeiro dos três objetivos propostos no início deste livro[302]:

[300] A inteligência pode mais do que a vida e a existência porque ela, além de ser e viver, também intelige, ou seja, faz algo mais do que a vida, que apenas é e vive, mas não intelige, e também do que a existência, que nem vive, tampouco intelige, sendo esta, pois, duplamente menos capacitada.

[301] Uma pergunta que se pode fazer, sendo Deus essa potência, é se ele pode também constituir-se de algum modo objeto de conhecimento para a mente humana, isto é, se pode, de par com tudo o que se refere aos primeiros graus da suprarreferida escada, *notus fieri*, "tornar-se conhecido", o que implicaria algo ainda mais complexo, *scientia contineri*, saber se pode ser "contido" pela ciência humana.

[302] Cf. 2,3,7,20.

[i] comprovar racionalmente a existência de Deus, em que se crê antecipadamente, por meio da fé; [ii] comprovar se de fato todas as coisas que existem, enquanto constituam bens, tenham origem em Deus; [iii] e, por fim, saber se o livre arbítrio da vontade deve mesmo ser contado entre os bens, o que permitiria satisfazer a dúvida que desde o final do primeiro livro se coloca, sobre se devia ou não ter sido dado ao homem aquilo por meio de que ele haveria de pecar. Para a solução da primeira das três questões propostas Agostinho havia sugerido uma escada ascendente, dos sentidos à razão, cujos degraus eram constituídos pela tríade "ser, viver e inteligir", que agora é retomada:

> **42.** A – [...] quando indaguei de ti mesmo se acaso sabias que existes, tornou-se claro para nós que tu sabias não apenas isto, mas ainda duas outras coisas.

A ciência do ser de si, como dito anteriormente, está inextricavelmente ligada à ciência da vida e à ciência da inteligência, isto é, conhecer que se vive e que se intelige. Portanto as duas outras coisas a que alude Agostinho, de par com o existir, são o viver e o inteligir. Até aqui, contudo, trata-se apenas de breve recapitulação. Porém o que vem a seguir é típico do *modus cogitandi* agostiniano[303], o estabelecimento de estruturas argumentativas triádicas – porém não ainda trinitárias –, frequentemente construídas com o auxílio da elocução retórica[304], com figuras do tipo do oximoro, a fim de "mediar" antíteses inconciliáveis, como se viu brevemente na cunhagem do "oximorístico" sentido interior, como mediador entre os polos antitéticos corpo (sentidos) e mente (razão)[305]. Ao repartir a natureza em três graus, [i] ser, [ii] viver e [iii] inteligir, ou [i] existência (corpo), [ii] vida (movimento) e [iii] inteligência (mente ou espírito), Agostinho não apenas estabelece três categorias ontológicas adaptadas a incluir em si toda a universalidade da criação, mas principalmente se permite, por meio da verticalização que elas possibilitam, ou seja, por meio da sua hierarquização ascensional, ordenar toda a natureza numa escada bastante conveniente, por meio da qual pretende elevar-se até ao conhecimento de Deus, tanto quanto isso lhe seja possível.

---

303 De inequívoca ascendência neoplatônica.

304 Mas também da "invenção" (εὕρεσις ou *inuentio*), fazendo recurso aos *loci communes* ou τόποι, os lugares-comuns, argumentos condensados, tão mais imprescindíveis aos antigos quanto hoje mal compreendidos.

305 Essa mediação é tratada em detalhes em nosso estudo *O enigma do espelho* (vejam-se os comentários a 2,3,8,27).

O seixo, a sarça e o sauí

43. A – [...] em qual gênero de coisas te parece que deva ser posto tudo aquilo que, seja por meio dos olhos, seja por meio de outro qualquer instrumento do corpo, o nosso sentido atinge, [i] se acaso no gênero do que apenas existe, [ii] ou se no do que também vive, [iii] ou ainda se no do que também intelige.

O primeiro grau da escada é o ser, que neste caso específico inclui tudo aquilo que se possa considerar não apenas existente, mas também perceptível por intermédio dos sentidos do corpo, como o que se enquadra nos reinos mineral, vegetal e animal, pois assim como existe o seixo, igualmente existem a sarça e o sauí. Portanto o degrau primeiro da escada ascensional que Agostinho começa a edificar inclui tudo aquilo "que os cinco sentidos do corpo atingem", ou seja, todos os objetos que, por serem de natureza corpórea, se fazem passíveis de percepção por intermédio dos cinco sentidos corpóreos: visão, olfato, paladar, audição e tato. E isso inclui ainda, como se depreende sem grande esforço, tudo aquilo que, embora não tendo um "corpo" propriamente dito, se considere igualmente corpóreo, ou seja, de natureza material, como sons, aromas e sabores[306].

43. A – [...] o próprio sentido [do corpo], em qual gênero destes três[307] achas tu que ele esteja? E – No do que vive. A – Portanto qual destes dois julgas que é o melhor, o próprio sentido, ou aquilo que o sentido atinge? E – O sentido, evidentemente. [...] Porque é melhor o que também vive do que o que apenas existe.

Os cinco sentidos do corpo, para além daquilo que captam e em seguida transmitem ao sentido interior, em si mesmos, como potencialidades inerentes ao reino animal[308], seja este dotado de razão, seja destituído dela, situam-se

---

306 Esses, como dito em nota anterior, se dizem "corpóreos" porque apreensíveis pelos sentidos do corpo, o que não ocorre com os inteligíveis, como os pensamentos. Cf. 2,3,9,33-35.

307 Ser, vida e inteligência. Como dito antes, os sentidos inexistem nos corpos destituídos de sopro vital, como os seixos; e mesmo nas plantas, que seguramente são dotadas de algum movimento, difícil é comprovar nelas a existência dos sentidos. Contudo se dizem corpóreos, num quase oximoro, porque os sentidos, ao contrário do sentido interior, são ditos estar nos corpos, não na alma. Na verdade seus instrumentos, os órgãos sensoriais, como olhos, boca, ouvido, nariz e mãos é que fazem parte integrante dos corpos, embora esses mesmos órgãos só sejam capazes de operar quando movidos pela *anima*, o princípio vital. Portanto são "vida", posto que presa ao "ser" dos corpos.

308 Embora Agostinho não as inclua no argumento, é possível dizer que as plantas também sejam dotadas de algum "movimento", o que se percebe claramente em sua capacidade de sorver

na segunda categoria ordenadora, o segundo degrau da escada, "viver"[309]. De fato, como potencialidades dos seres, os sentidos implicam movimento, poder fazer, o que lhes capacita a elevação ao grau superior da escada, o grau da vida, daquilo que se move. Vale lembrar, contudo, que, para que algo possa estar no segundo degrau, deve estar igualmente no primeiro, pois os atributos são cumulativos. Com efeito, não se pode viver sem que se exista, embora seja possível existir, como no caso do seixo, sem que se esteja vivo. Portanto, ao subir a escada, elevando-se de categoria, acumulam-se atributos: primeiro degrau: ser; segundo degrau: ser e viver; terceiro degrau: ser, viver e inteligir. Disso decorre que aquilo que se encontra no degrau[310] acima em relação ao que se encontra no degrau anterior seja algo mais do que o que resta abaixo, precisamente porque possui mais atributos. Se esse possuir mais torna seu possuidor de algum modo ontologicamente melhor, e não apenas mais numeroso ou abundante em atributos, isso é o que se discutirá na sequência do diálogo, embora para o sempre temerário Evódio a resposta seja de imediato afirmativa: viver é melhor do que existir porque "é melhor o que também vive do que o que apenas existe", ou seja, melhor é aquilo que acumula atributos, possuindo dois, ser e vida, em comparação com o que possui apenas um, ser, assumindo que possuir mais equivalha a ser algo melhor. Isso até poderia ser, desde que se comprovasse que a vida em si mesma fosse algo melhor do que o ser, do contrário, se se acrescesse ao ser a vida, em verdade se lhe estaria subtraindo algo, visto que se lhe estaria acrescentando algo pior. E se assim fosse, melhor seria apenas ser, do que ser de modo imperfeito pelo acréscimo de uma vida que se constituísse algo deletério. Porém isso se diria apenas se se comprovasse que a vida em si mesma é algo ruim, ou pior que o ser, o que de modo nenhum se fez nem se pretende fazer. Logo é possível antecipar-se e afirmar que a dupla "ser e viver"

---

nutrientes, medrar, florescer, frutificar e seguir reproduzindo-se, o que de modo nenhum se constata nos minerais, por exemplo, a não dizer das restantes naturezas "mortas", como os objetos fabricados pela técnica humana. Neste caso em particular é sem dúvida estranho atribuir-lhes sentidos como tato ou paladar, para citar só dois, ao modo dos animais, embora sejam partícipes de algum modo também da categoria maior que inclui tudo o que seja dotado de vida ou movimento. Para o argumento em questão, todavia, essa distinção entre os reinos vegetal e animal se constitui de somenos relevância.

309 Se se trata de uma "escada", ainda que metafórica, depreende-se haver uma certa hierarquia entre os seus degraus constituintes, que sofrem incremento ascendente ou descendente em seu valor, de acordo com a direção que se siga, acima ou abaixo.

310 Os termos "grau" e "degrau" aqui se empregam como sinônimos, a referir os elementos subsequentes componentes de uma dada série, que neste caso é vertical.

é melhor do que a unidade "ser", visto que viver é algo bom que se acresce ao ser, que em si mesmo já é um grande bem. Daí ser justo inferir que dois bens valem mais do que apenas um.

2,5,12,44-50. Ser, viver e inteligir V: duas vidas

> **45.** [...] não poderás dizer que este sentido interior deve agora ser posto naquele dos três gêneros que também intelige, mas apenas naquele que existe e vive, visto que careça de intelecto[311].

Se a vida situa-se um degrau acima da existência na escada ascensional proposta por Agostinho, degrau este em que se inclui tudo o que se considera dotado de movimento, o que abrange obviamente aquelas cinco potencialidades pelas quais se percebem os objetos corpóreos[312], os cinco famigerados sentidos: visão, olfato, paladar, tato e audição, resta saber em que degrau se inclui o sentido interior, responsável por intermediar a comunicação dos perceptos captados pelos sentidos do corpo e a faculdade espiritual da razão. Se os objetos ditos corpóreos, considerados apenas existentes e sem vida, situam-se no primeiro degrau, ao passo que os viventes, que igualmente existem, situam-se degrau acima, no qual se incluem também os cinco sentidos, pelos quais

[311] Traduz *intellectus*, que pode ser entendido como simples "capacidade de intelecção", ou de "compreensão". Derivado do particípio passado de *intellego*, esse "intelecto" não constitui no *L.A.* termo técnico, tendo sido utilizado pelo autor apenas duas vezes em todos os três livros.

[312] Os cinco sentidos têm capacidade de captar sons, imagens, gostos, odores, de par com o toque de qualquer objeto corpóreo passível de apreensão sensorial, seja existente apenas ou igualmente vivente. Isso levanta uma questão não abordada por Agostinho, o fato de que os cinco sentidos apreendem não apenas aquilo que se encontra abaixo deles, como exemplares do primeiro degrau da escada, o que apenas existe, pois ao captar a imagem de uma mulher, por exemplo, o sentido da visão capta algo que também vive, além de existir e compreender. Pode-se entender essa aparente lacuna do seguinte modo. Ao apreender algo de um outro ser vivo, seja seu odor, seus ruídos ou sua imagem, apreendem-se odores, ruídos, imagens em si mesmos, porém não enquanto atributos pertencentes a seres de graus distintos da escada. E enquanto ruídos, imagens ou sons captados pelos sentidos, em si mesmos, esses constituem objetos de apreensão corpóreos, inertes e desprovidos de vida; porém apenas enquanto objetos de apreensão, ou seja, enquanto perceptos. De fato, o percepto não é a coisa em si, como a imagem que se reflete nos olhos, seja de um seixo, seja de uma sarça, seja de um sauí, seja de um anjo, em si mesma constituindo apenas e tão só uma imagem. Nesse sentido, pois, pode-se compreender o raciocínio do filósofo, desprezando a aparente lacuna deixada na argumentação. De todo modo, aceite-se ou não essa teoria, a possível lacuna não invalida o argumento para os fins propostos pelo autor, uma vez que a escada mantém-se válida, na sequência por ele proposta: existir apenas; viver e existir; existir, viver e inteligir.

se percebem esses mesmos objetos corpóreos, aquele sentido interior, acima dos sentidos corpóreos, porém abaixo da razão, nem poderá situar-se degrau abaixo do degrau da vida, tampouco degrau acima, no degrau da razão. Ora, os animais não possuem capacidade alguma de intelecção (*intellectus*), mas possuem o sentido interior, que os humanos também possuem. Pois bem, a não ser que se acrescente um novo degrau, entre o da vida e o da intelecção, há que se incluir o sentido interior no mesmo degrau dos cinco sentidos, o da própria vida. Contudo o sentido interior se diz melhor do que os cinco sentidos do corpo por algum motivo, que resta agora descobrir, embora ambos constem do segundo degrau da escada (*uiuere*).

45. [...] por que pões o sentido interior à frente deste sentido, pelo qual os objetos corpóreos são sentidos, uma vez ambos estejam no gênero do que vive. **46.** [...] diz-me por que consideras que ele seja melhor [do que os cinco sentidos corpóreos].

O que se procura, em verdade, é uma definição, ou talvez uma *regula* de caráter geral que permita qualificar e consequentemente ordenar as potencialidades dos seres viventes umas em relação às outras, como no caso dessas duas que se dizem igualmente "sentidos", distintas até então apenas pelos qualificativos que as situam, em relação ao corpo de seu possuidor, seja na parte de dentro, seja na parte de fora, ou melhor, no corpo e na alma. Vale lembrar, ainda uma vez, que o grande desafio é exatamente esse, encontrar a porta que permita ultrapassar os limites da corporeidade, da materialidade, primeiramente rumo ao interior do homem, e dali rumo à razão. Essa passagem, na esteira da "segunda navegação" (δεύτερος πλοῦς) platônica, se compreende como uma via ascensional, uma vez o corpóreo ou material ser considerado, desde Parmênides, ontologicamente inferior ao inteligível, àquilo que verdadeiramente é (οὐσία ὄντως οὖσα). Isso, porque o corpóreo se entende como transitório, efêmero, em contraste com o inteligível, que é de modo verdadeiro, o ser parmenídico, que, como o infinito do verbo que o representa, "ser" (*esse* ou εἶναι), não se circunscreve aos limites do tempo nem do espaço. De fato, o ser sempre foi, é e será, precisamente porque nunca foi, tampouco será, sendo apenas um "é" imutável, e por isso mesmo incorruptível e sem fim, um "é" conferidor de ser a tudo o que possa vir a ser. O corpóreo, pelo contrário, exatamente por ser corruptível, visto que toda matéria está sujeita a transformações incessantes, deixando incessantemente de ser o que era para

vir a ser o que não era, numa palavra, por ser mutável, considera-se inferior ontologicamente ao que apenas e tão somente é, o ser. Por complexo possa parecer, o raciocínio por detrás é deveras simples. Tudo aquilo que se transforma constantemente "morre", ao deixar de ser o que era para vir a ser algo distinto, e precisamente por isso essa transformação equivale a uma morte, a qual impõe um termo relativamente mais ou menos efêmero a tudo o que é corpóreo, seja um seixo, seja uma sarça, seja um sauí. De fato, o idoso não é mais o jovem que foi, como o jovem tampouco é a criança que há pouco era, tendo ambos "morrido", deixado de ser, a fim de que sejam algo distinto, que, por sua vez, também está morrendo. Daí dizer-se que o que é praticamente inexiste no reino das formas corpóreas, em virtude de sua tão mais curta quanto imperceptível duração, reino onde todas as coisas constante e inevitavelmente deixam de ser, morrendo, para ininterruptamente ser algo distinto do que eram, assumindo formas e formas, distintas umas das outras, até que, breve, não sejam mais. Nenhuma dúvida há da possiblidade de argumentar que o idoso é o mesmo jovem, apenas revestido de roupagem distinta, porém não outra pessoa. Todavia o argumento contrário é igualmente válido, como se vê já desde Platão, que no *Fédon* considerava o conhecimento como uma espécie de morte a operar uma transformação irreversível na alma[313]. Seja como for que se queira considerar a mutabilidade, a ideia, que não deixa de constituir-se um lugar-comum, um argumento pronto (τόπος), por assim dizê-lo, como inumeráveis outras, diz algo assim: "o que dura mais, ou permanece, é superior ao que dura menos, ou está destinado à corrupção". Ora, e que dizer do que é imortal, em contraste com o mortal? Os deuses eram imortais, assim como a alma, como Platão dera conta de demonstrar no *Fedro*, pois sendo um semovente, isto é, seu movimento não tendo causa exterior a si mesma, só poderia ter sido posta em movimento por sua própria vontade, desde sempre, o que comprovaria sua eternidade e consequente imortalidade. Contudo, em comparação com os deuses, o corpo do homem mortal, que era considerado

[313] Isso também remete à questão socrática das definições e consequentemente da essência das coisas. De fato, não obstante a inumerável quantidade de abelhas, aparentemente distintas e individuais, haveria uma como que "essência" da abelha, algo que a tornaria abelha, em si mesma, a despeito das individualidades. Seria essa a definição de abelha, ou então, em linguagem platônica, a ideia da abelha, de que as abelhas individuais seriam apenas cópias. Seja como for, para os fins desta argumentação, o que importa não é a essência da abelha em si, e sim seu exato oposto, a transformação da matéria de que a "cópia" imperfeita platônica seria constituída, seguramente inferior à sua ideia incorruptível.

uma espécie de prisão da alma, era notoriamente corruptível e pouco durável, embora imortal fosse sua alma, ainda que o desfrute de uma tal imortalidade se fizesse depender de condições bastante exigentes de ascetismo e zelo filosófico. Essa maior duração, ou eternidade, por sua vez, como não se faz muito difícil perceber, impõe-se como hierarquicamente superior à efemeridade da condição corpórea, assim como superior era a parte da própria alma responsável pelos movimentos racionais ordenadores[314], em contraste com as partes responsáveis pelas emoções mais ou menos descontroladas, como a ira ou os apetites de gênero considerado inferior, numa flagrante ordenação vertical, rigidamente hierárquica, que não escapou a Plotino, tampouco a Agostinho.

> **46.** [...] se disseres que é porque aquele [sentido interior] sente esses [cinco sentidos do corpo], não creio que terás descoberto uma regra em que possamos confiar, [como, por exemplo:] tudo o que sente é melhor do que aquilo que por ele é sentido; não ocorra que a partir disso sejamos talvez forçados a dizer também que tudo que intelige é melhor do que aquilo que por ele é inteligido. **47.** Pois isto é falso, porque o homem intelige a sabedoria e não é melhor do que a própria sabedoria. Por isso vê a causa por que te pareceu que o sentido interior deveria ser preferido a este sentido, por meio do qual sentimos o que é corpóreo.

Portanto restava encontrar alguma regra de caráter geral que permitisse explicar por que o sentido interior era melhor que os cinco sentidos, uma vez ambos estarem situados no mesmo degrau da escada, o segundo, o degrau da vida (*uiuere*), além de serem ambos comuns tanto aos irracionais como aos racionais, o que exclui a razão como possível causa. E o próprio Agostinho dá conta de oferecer de modo proléptico uma regra preliminar, apenas para ser descartada por ele mesmo na sequência como absurda, a rezar que tudo o que sente seria melhor do que aquilo que por ele seja sentido. O argumento, rejeitado, opera do seguinte modo:

1. Tudo o que sente é melhor do que o que por ele é sentido;
2. Os sentidos do corpo sentem os objetos corpóreos;
3. Logo os sentidos do corpo são melhores do que os objetos corpóreos;
5. O sentido interior sente os sentidos do corpo;
6. Logo o sentido interior é melhor do que os sentidos do corpo.

---

[314] Não se deve esquecer da relação íntima que beleza e ordem tinham para os antigos gregos e romanos, para os quais os termos κόσμος (ordem *ou* cosmos) e κοσμητικός (ordenado, ornamentado *ou* cosmético) não se relacionavam por mero acaso. Ver adiante os comentários: 2,16,41,163.

O argumento em si não estaria comprometido, fosse a premissa de caráter universal realmente válida, o que Agostinho desde logo recusa admitir, com o seguinte argumento, que, por ser derivado do primeiro, faz-se igualmente falacioso, e por isso inaceitável:

1. Tudo o que intelige é melhor do que o que por ele é inteligido;
2. O homem intelige a Sabedoria;
3. Logo o homem é melhor do que a Sabedoria – o que é falso!

Portanto nem o que sente é melhor do que aquilo que por ele é sentido, nem o que intelige, do que o que é por ele inteligido. Embora não reste muito evidente a associação entre sentir e inteligir que pretende estabelecer Agostinho, a qual invalida o segundo argumento pela derivação do primeiro, ela pode ser entendida do seguinte modo. Tanto sentir como inteligir implicam uma "apreensão" do objeto sentido ou inteligido, pois quem sente por meio de um dos cinco sentidos corpóreos na verdade apreende algo, que envia ao sentido interior, numa palavra, ao ser impressionado por uma sensação qualquer, que antes do contato com o sentido não existia, o senciente se torna possuidor de algo novo, o percepto, que não poderia ser comunicado ao sentido interior se inexistisse. Logo algo foi apreendido. Quanto ao que intelige pode-se inferir que a apreensão seja de natureza inteligível. De fato, ao inteligir algum objeto de conhecimento, torna-se possuidor de algo de natureza inteligível, que não possuía antes, quer na memória, quer na razão, quer alhures. Em ambos os casos, portanto, há apreensão de algum conteúdo, seja algum objeto corpóreo, seja incorpóreo. Pois bem, que é apreender senão ser capaz de tomar para si, envolvendo o objeto possuído? Ora, aquilo que é capaz de envolver, circunscrevendo o objeto a ser sentido ou inteligido, poderia, sim, ser considerado segundo algum parâmetro melhor do que aquilo que é por ele circunscrito, pois não se poderia delimitar algo sem que se fosse de alguma maneira maior ou mais abrangente do que esse algo, ao menos no que tange aos sentidos corpóreos. A intelecção, contudo, levantaria ainda outros problemas, pois não se tem por simples a tarefa de delimitar os objetos tidos por inteligíveis, visto serem incorpóreos. Ademais o exemplo empregado por Agostinho é bastante problemático, não apenas por ser tarefa nada simples definir "sabedoria", admitindo que possa de algum modo ser definida, mas acima de tudo porque a Sabedoria é epônimo de Cristo. E se assim é de fato, se a Sabedoria nada mais é do que o Verbo inefável de Deus,

aí então o problema de um lado torna-se insolúvel, visto ser inapreensível pela mente humana, embora de outro encontre uma saída, na Encarnação, o que, contudo, não vem ao caso neste passo. Porém não há nenhuma indicação inequívoca de que se esteja fazendo referência direta a Cristo na passagem. Por outro lado, ao contrário dos platônicos, dentre os quais sem dúvida se pode inserir o Agostinho deste livro segundo, há nominalistas, ou empiristas, por assim dizê-lo de modo um tanto anacrônico, que não veem nessa "sabedoria" muita coisa além de um substantivo abstrato, o que encaminharia a questão toda para o campo da gramática, onde o sujeito seria melhor que o objeto por impor-se sobre ele por meio do conteúdo expresso pelo verbo, ou qualquer coisa do gênero. Seja como for, a síntese proposta acima pode ser reelaborada no seguinte argumento[315], embora recusado por Agostinho, como se viu:

1. Apreender algo é contê-lo em si, ao circunscrevê-lo e possuí-lo;
2. Tudo que pode conter algo é maior do que aquilo que por ele é contido;
3. Tudo que circunscreve algo é melhor do que aquilo que por ele é circunscrito;
4. Todo aquele que sente, apreende o que por ele é sentido;
5. Todo o que compreende[316] (*ou* intelige), apreende o que por ele é compreendido (*ou* inteligido);
6. Logo todo aquele que sente é melhor do que aquilo que por ele é sentido;
7. Logo todo aquele que compreende (*ou* intelige) é melhor do que aquilo que por ele é compreendido (*ou* inteligido).

[315] Não há dúvidas de que o argumento pode ser contestado logo no início (1) com a definição de "apreensão", ou (3) ao supor-se que o que circunscreve é melhor do que o que é por ele circunscrito. Demais pode-se muito bem sentir o calor do fogo sem apreendê-lo, ou ouvir o som de um trovão, ou tocar uma montanha, e assim por diante, sem que se "possua" de fato aquilo que se sentiu. Contudo, talvez se deva ainda uma vez recorrer ao que foi dito em nota anterior, sobre a distinção entre o objeto de percepção sensorial e o percepto em si. Não é o fogo ou a montanha que se pretende apreender, e sim a sensação do calor ou da dureza da pedra, o som do trovão etc., que penetram a mente como imagens mentais, traduzidas e codificadas pelo sentido interior, não como objetos sensíveis, e sim como inteligíveis. Em assim sendo, torna-se possível dizer que se apreende e circunscreve aquilo que se sente, assim como o conteúdo que se intelige. Porém Agostinho não seguiu por esse itinerário.

[316] O verbo "compreender" até poderia ter sido utilizado para traduzir *intellegere*, nada obstante sua contraparte latina tender etimologicamente para *conprehendo*. Porém a opção mais técnica, "inteligir", foi adotada para que se mantivesse uma total uniformidade na tradução ao longo do *L.A.* Cf. verbetes *intellego, conprehendo* no LÉXICO T-F.

2,5,12,48. O critério do juízo

48. E – [...] [o sentido interior] é moderador e *um certo juiz* deste [sentido do corpo]. Pois mesmo se lhe faltar algo em seu ofício, [o sentido interior] o reivindica como se fosse uma dívida de um ministro seu [...] ninguém tem dúvidas de que *aquele que julga é melhor do que aquele acerca de que julga.*

A Evódio não restou senão a apresentação de um novo argumento, que, contudo, não foge muito ao proposto anteriormente. Se não se pode dizer que o que sente é melhor do que o que por ele é sentido, a fim de que se não incorra na tentação de cometer erro mais grave ainda, de dizer que o que intelige é melhor do que o que é inteligido, todavia não se deixou de dizer algo de estrutura muito semelhante, como: "o que julga é melhor do que aquilo que por ele é julgado". Portanto adota-se o critério do juízo em detrimento do critério do sentido ou do da intelecção. O sentido interior, embora seja apenas um "sentido", igualmente presente nos irracionais, diz-se agora "julgar", o que surpreende pela incoerência, ainda que se interprete seu "juízo" de modo atenuado, quando não "metafórico", como sugere o uso do pronome adjetivo indefinido (*quemdam*) que qualifica "juiz" (*iudicem*), visto que seu comportamento se aparenta ao de um verdadeiro árbitro. Ora, dizer que o sentido interior reivindica o débito dos sentidos, como um magistrado que reivindica a tarefa devida da parte de um seu ministro, significa dizer, em conformidade com o que se discorreu antes[317], que o sentido interior cobra dos sentidos corpóreos aquilo que eles por si só não podem perceber, pois não são capazes de "sentir" a si mesmos, isto é, não sentem o próprio sentido em que se constituem. De fato, o olho não sente se vê ou se não vê, pelo que não pode abrir-se para ver, quando não vê, se o sentido interior não lhe "cobrar" o que lhe falta, ou seja, o "débito", conforme a figura empregada. Portanto, como se disse, cabe ao sentido interior cobrar a dívida, isto é, aquilo que não está sendo visto pelo sentido da visão, a fim de que se possa voltar os olhos em direção ao que não sentia não estar vendo. Na verdade a metáfora não é das mais felizes, pois quem opera ao modo de um ministro, ao que parece, é o sentido interior, que serve à causa da razão, e não os sentidos corpóreos. E mais, dizer que um "sentido" julga, como se fosse um magistrado, extrapola a tênue linha a demarcar a fronteira entre o aparente e feliz paradoxo engendrado pelo oximoro "sentido interior", e o incoerente, ou

---

317 Cf. 2,4,10,39.

equívoco, que se estabelece com a metáfora do "juízo". De um modo ou de outro, o que surpreende não é o fato de Evódio ter arriscado uma outra definição, não muito distante da recusada antecipadamente por Agostinho no parágrafo anterior, e sim a anuência que se dá na sequência por parte do filósofo, o que merece seguramente um aprofundamento da análise.

> **49.** A – Logo percebes que esse sentido do corpo também julga *de certo modo* acerca dos objetos corpóreos, pois a ele é que pertencem tanto o prazer como a dor, quando é atingido, seja de modo suave, seja de modo áspero, por um corpo. [...] o próprio sentido dos olhos julga do que falte ou seja suficiente às cores. [...] a audição julga acerca dos sons, [sentindo] qual deles flua suavemente para dentro [dos ouvidos] ou cause asperamente algum estrépito.

Se bem que seja um "julgar" impreciso (*quodam modo iudicare*), quando não metafórico, ainda assim se trata de algum tipo de juízo, o que implica movimento de caráter presumivelmente racional, que não se coaduna de modo nenhum com aquilo que se definiu antes como sendo "sentido", e que se cuidou até então de fazer acompanhar do verbo "sentir", jamais de outro que implicasse algum tipo de atividade inteligente. Seja como for, esse "ajuizar" indeterminado dos sentidos, seja os do corpo, em relação aos objetos corpóreos, seja o interior, com respeito aos sentidos do corpo, mais se parece com um "sentir" do que com um "pensar" ou emitir "juízos". Com efeito, nenhum dos cinco sentidos é capaz de emitir juízos acerca do prazer ou do incômodo que "sente", quando lhe "atingem" quaisquer estímulos corpóreos, como o prazer da música que deleita os ouvidos[318], assim como não "julga" o sentido interior que é preciso abrir os olhos do corpo para que eles possam ver, os quais, estando fechados, não "sabem" o que lhes foge ao alcance. Nada obstante a precariedade dos conhecimentos acerca das faculdades sensitivas do homem em comparação com a ciência que hoje se possui, o que importa, para os fins a que se propõem Agostinho e Evódio, é a suposta superioridade da "vida" que constitui o sentido interior em relação à "vida" que se diz ser o sentido do corpo. Portanto trata-se de duas "vidas", duas potencialidades situadas no segundo degrau da escada, o do viver (*uiuere*), que por sua vez situa-se acima do ser (*esse*) e abaixo do inteligir

---

318 Evidente que o prazer da música se dá no cérebro ou, se se queira, na mente, e não nos ouvidos, mas no século IV não se podia imaginar algo do tipo. Muito pelo contrário, percebe-se que as observações e reflexões empíricas de Agostinho, embora desprovidas de quaisquer instrumentos científicos, como hoje se os concebe, com exceção da sua brilhante razão, se fazem bastante interessantes e bem avançadas em relação aos conhecimentos de seu tempo.

(*intellegere*), embora uma delas seja superior à outra. E essa superioridade, como se disse e se há de verificar na sequência, é imprescindível aos propósitos do filósofo de estabelecer uma hierarquia coesa desde os corpos corruptíveis até ao seu incorruptível Criador. E para que se possa empreender uma tal escalada ascendente, degrau após degrau, da criatura ao Criador, se faz preciso que cada degrau esteja conectado tanto ao antecedente como ao seu consequente, sob pena de ter-se uma escada defeituosa, em que faltam degraus.

50. A – [...] aquele sentido interior claramente julga acerca desses sentidos do corpo [...] assim como também os próprios sentidos do corpo julgam acerca dos objetos corpóreos...

Essa suprarreferida superioridade do sentido interior em relação aos cinco sentidos do corpo e destes em relação aos objetos corpóreos se estabelece segundo o interessante critério do "juízo", *regula* proposta por Evódio e anuída por Agostinho, que se fez estear em duas figuras retóricas: primeiro a metáfora, pela qual os sentidos "julgam" como se magistrados fossem; e depois a prosopopeia, consequência inevitável da primeira, que lhes atribui características exclusivamente humanas. Pois bem, essa metáfora "suspeita" se pretende justificar em virtude da atribuição do julgar, atributo específico da razão, aos sentidos, quer corpóreos, quer interior, cuja atribuição específica é, em vez disso, sentir. A "semelhança" entre os atributos, condição *sine qua non* da figura, se pode descobrir nas acepções do verbo "sentir", utilizado para expressar simultaneamente sentimentos e pensamentos. Os sentidos obviamente não praticam nenhuma atividade intelectual, mas sentem como se o fizessem, numa palavra, sentem como se pensassem, como se racionalizassem. Quando se diz que *x* é uma raposa, visto ser "esperto" como se crê vulgarmente que o animal o seja, tem-se uma semelhança subentendida entre a esperteza simbolizada pela raposa e a suposta esperteza de *x*. Neste caso dá-se algo semelhante: quando se diz que o sentido emite juízos, estabelece-se uma relação entre uma atribuição típica da razão, ou de um juiz, que é julgar, ou seja, discriminar as coisas, exercendo sobre elas um certo domínio ordenador, e a atividade sensorial dos sentidos, os quais "sentem" de modo assim especial e com tamanha superioridade sobre aquilo que por eles é sentido, que é como se juízos estivessem exercendo, pois seu sentir é tão ordenador quanto o julgar da razão. E se essa regra é válida para os sentidos, muito mais para a razão, cujo atributo, neste caso compreendido de modo literal, é realmente emitir juízos, o que significa *grosso modo* dizer de algo não apenas que

é assim ou de outro modo, como quem descrevesse um evento ou objeto qualquer, mas principalmente dizer que deveria ser assim ou de outro modo, como quem tem real poder de determinar os movimentos e as pausas dos eventos e objetos sobre os quais é capaz de emitir juízos.

2,6,13,51-53. Ser, viver e inteligir VI: supremacia da razão

> **51.** A – Examina agora se acaso a razão também julga acerca deste sentido interior. [...] nisto mesmo que se encontra abaixo dela, isto é, [i] nos objetos corpóreos, [ii] nos sentidos do corpo [iii] e nesse sentido interior, de que modo um é melhor do que o outro, e quanto ela mesma é mais excelente do que os demais, enfim, quem [no-lo] dá a conhecer, a não ser a própria razão?

É à razão que cabe o juízo a respeito de tudo o que permanece "abaixo" dela, sejam [i] os objetos corpóreos, sejam [ii] os sentidos do corpo, pelos quais os objetos são percebidos, seja [iii] o próprio sentido interior, que lhe comunica os perceptos recebidos dos sentidos do corpo. A razão, que é a faculdade de inteligir (*intellegere*), dentre todas as coisas que estão abaixo dela, de [i] a [iii], é a responsável por "julgar" acerca do que existe e do que existe e vive, além de ser a única capaz de julgar acerca do que existe, vive e igualmente intelige, ou seja, de emitir juízos acerca de si mesma, o que equivale a dizer que tem ciência de ser razão e de ser capaz de julgar de si e do que lhe está "abaixo", na escada hierárquica erigida pelo filósofo. Neste sentido, por causa de sua maior capacidade, para além de sua quantidade mais numerosa de atributos, em comparação com o que lhe está abaixo, ou seja, por existir, viver e inteligir, em comparação com o que apenas existe ou existe e vive, pode sem dúvida ser considerada superior. E mais, por ser atributo exclusivo dos seres humanos, que exatamente por serem capazes de inteligir também existem e vivem, a razão é, até ao momento, aquilo que de melhor se descobriu haver neles, uma vez que tanto animais como plantas existem e vivem, contudo não compreendem. Portanto a razão, ao que parece, não é apenas a excelência que há no homem, sua cidadela e melhor parte, mas também aquilo que o situa no degrau terceiro e máximo dessa hierarquia ontológica, o que faz com que ele próprio seja o que de mais excelente se conheça até aqui na natureza criada. Todavia, como se aventou antes[319], esse juízo (*iudicare*) da razão é atribuído de modo impróprio aos sentidos do corpo e ao sentido interior, uma vez que nenhum dos dois, exatamente por

[319] Cf. 2,5,12,44-50.

constituírem "sentidos", seria em princípio capaz de "julgar" acerca do que fosse. De fato, apenas à razão se atribui com propriedade essa faculdade julgadora, ainda que se entendam as atribuições impróprias anteriores como metafóricas.

> **52.** A – [...] acaso julgas que podes encontrar em nós [...] algo mais excelente do que isto[320], que, dentre estas três coisas[321], pusemos em terceiro lugar? **53.** [...] vê se acaso podes descobrir algo na natureza do homem que seja mais sublime do que a razão.

Resta a cada passo mais evidente a estratégia argumentativa de Agostinho para "elevar-se" dos sentidos à razão e desta ao Criador de todas as naturezas, naquilo que a tradição houve por bem denominar *deum esse demonstratur*, a demonstração racional da existência de Deus, como dito antes. De um lado têm-se três degraus da hierarquia: [i] o que apenas é ou existe (*esse*); [ii] o que existe e vive (*et esse et uiuere*); [iii] e o que além de existir e viver igualmente intelige (*et esse et uiuere et intellegere*). Três degraus de valor ou estatuto ontológico ascendentes, pois viver se considera melhor que existir apenas, assim como inteligir se tem por superior a viver e existir. De outro lado o ser humano, considerado em si mesmo, não apenas possui [i] um corpo (*corpus*), o qual corresponde ao primeiro patamar, por assim dizê-lo, o degrau do ser (*esse*); mas é também portador [ii] de uma certa vida (*uita*) por meio de que seu corpo é animado, movido e robustecido, princípio vital de que os animais são igualmente dotados e que se chama de "alma" (*anima*), correspondente ao segundo patamar, o degrau do viver (*uiuere*); porém há ainda um terceiro atributo, [iii] a inteligência (*intellegentia*), ou razão (*ratio*), a capacidade de compreender, de que os animais notoriamente carecem, a qual corresponde ao terceiro e último patamar conhecido, o degrau do inteligir (*intelligere*). Pois bem, esses três atributos, quer sejam considerados em si mesmos, quer sejam considerados apenas no microcosmo em que o homem se constitui, ordenam-se numa escada hierarquicamente ascendente, cujo incremento de valor de cada atributo corresponde ao incremento gradativo da escada, isto é, quanto mais se "sobe", do primeiro ao terceiro degrau, mais valor se atribui ao superior ou posterior (ὕστερος) em relação ao inferior ou anterior (πρότερος). Portanto a estratégia de Agostinho, como resta patente, foi elaborar uma escada por meio da qual fosse possível ascender ao que de mais sublime ou elevado pudesse ser discernido na natureza humana a

---

[320] A mente racional capaz da inteligência.

[321] Ser, viver e inteligir.

partir do que de mais ínfimo aí se pudesse reconhecer. Essa escada, que se diz igualmente "ontológica", pois nada mais é que um verdadeiro "ordenamento partitivo das naturezas" (*distributio naturarum*)[322], aplica-se à universalidade da criação, cujo ápice é o próprio ser humano[323], por causa da presença em si do melhor ou mais elevado atributo de todos os três, a razão.

Foi preciso, como se verificou, para além da edificação da escada, atribuir valor a cada um dos seus degraus em relação aos demais, transformando a escada numa sequência ordenadora hierárquica, em que cada um deles não apenas se situasse acima ou à frente dos anteriores, segundo um critério de posicionamento vertical ou oblíquo, mas também acima ou à frente segundo um critério ontológico, de acordo com o qual o degrau do "viver" se constituísse uma certa vida superior, mais excelente ou simplesmente melhor do que a simples "existência" ou "ser", assim como o "inteligir", por sua vez, uma outra vida muito acima do simples viver ou existir. Neste sentido, pois, trata-se de três modos de "vida", segundo os quais todas as naturezas ou criaturas se podem classificar, dentre os quais se incluem igualmente as potencialidades especificamente humanas. De fato, Agostinho trata o corpo, os sentidos e o sentido interior como modos de vida, como se constituíssem em si mesmos "vidas" que se pudessem incluir em uma das três categorias elencadas[324]: [i] o corpo, ao modo da matéria supostamente inanimada, como os seixos, constitui exemplar do grau primeiro, *esse*, uma vez que, desprovido da vida conferida pela alma, não é capaz de automover-se, sendo assim uma espécie de vida sem vida; [ii] os sentidos, atributos do corpo animado, ou seja, do "ser" associado ao "viver", pertencem ao segundo degrau, o da vida, uma vez participarem da vida do corpo, quando este se vê animado por um princípio vital ou de movimento; [iii] por fim a razão ou inteligência – Agostinho neste ponto não faz distinção alguma entre ambos os

322 Cf. 2,3,7,24.

323 Melhor seria dizer a "criatura inteligente", que inclui, além dos seres humanos, os espíritos de todas as classes e ordens existentes na corte celeste, como anjos, arcanjos etc. Na verdade a escada se diz ontológica duplamente, pois não apenas ordena as três partes em que o homem está constituído, [i] corpo (*esse*), [ii] alma (*uiuere*) e [iii] espírito ou mente (*intellegere*), mas também o conjunto universal das criaturas, numa palavra, todas as naturezas criadas por Deus: [i] criaturas que apenas são, como os corpos inertes, [ii] criaturas que são e vivem, como os animais, racionais ou não, [iii] criaturas que são, vivem e inteligem, como os homens e demais seres inteligentes.

324 Diz-se "vida" em sentido impróprio, quando não na acepção inespecífica de simples "existência", pois os corpos, considerados isoladamente, carecem totalmente de movimento quando desprovidos da vida que lhes comunica a alma.

termos –, situada acima tanto daquela vida que é e vive, a qual anima os corpos exânimes, quanto da massa corpórea que apenas é, constitui-se uma "vida" superior, como o próprio filósofo dá conta de definir, ao dizê-la "uma vida mais iluminada e perfeita pela luz da mente"[325].

Portanto três modos de vida, [i] corpo, [ii] alma e [iii] mente, pertencentes cada qual a um dos três degraus ontológicos da escada ascendente, até ao momento tripartite: ser, viver e inteligir, degraus que operam uma ordenação hierárquica de todos os seres da criação, como se o ordenamento (*ordo*) divino do universo em âmbito macrocósmico se reproduzisse microcosmicamente em cada uma das criaturas, ordenadas igualmente por um critério de valor, cujo fulcro é a vida. Quantitativamente, quanto mais vida possua, melhor é a criatura; ou então, segundo critério qualitativo, quanto melhor a vida que em si possua, tanto melhor será. Assim, segundo o critério quantitativo, [i] ser, [ii] ser + viver, [iii] ser + viver + inteligir se sucedem pela quantidade de vida que representam: [i] vida, [ii] vida + vida, [iii] vida + vida + vida. Pelo critério qualitativo, contudo, a ordenação se dá pela gradação valorativa de cada tipo de vida: [i] ser: vida mínima, [ii] ser + viver: vida mínima + vida média, [iii] ser + viver + inteligir: vida mínima + vida média + vida superior. Vê-se, pois, como Agostinho dá conta de ordenar hierarquicamente toda a universalidade da criação, segundo um critério que se aproxima bastante de seu ascendente platônico, uma escada cujo ápice é a razão, e cujos graus inferiores, representados pelos sentidos, pode-se dizer relacionem-se com os movimentos ou apetites que o homem guarda em comum com os animais. No entanto, se a tripartição de Platão se referia exclusivamente à alma, seccionada em três partes: [i] racional (λογιστική), [ii] irascível (θυμοειδής) e [iii] desiderativa (ἐπιθυμητική), a tripartição agostiniana, por sua vez, é mais abrangente, dando conta do homem integral, em seu conjunto corpo (σῶμα) e alma (ψυχή). De fato, [i] enquanto corpo (*esse*), situa-se o homem no primeiro degrau da escada; [ii] enquanto corpo dotado de alma ou vida (*uiuere*), no segundo; [iii] e na qualidade de corpo animado dotado de razão (*intellegere*), no terceiro e último degrau. Porém, como os atributos são cumulativos, ao inteligir, vive; ao viver, é; logo intelige, vive e é em absoluta e harmônica tautocronia, refletindo em si o próprio ordenamento da universalidade da criação divina. E mais, se o macrocosmo paradigmático de Platão é a cidade-Estado ateniense (πόλις), cuja ordenação hierárquica se devia reproduzir na alma humana, ou talvez o exato

---

325 Cf. 1,7,17,59: "*intellegere... luce mentis inlustrius perfectiusque uiuere*".

contrário, isto é, a ordenação da alma do sábio é que se devia reproduzir na ordenação da *pólis* ideal, ordenação que acima de tudo propugnava pelo domínio da razão, representado pelo governo dos filósofos sobre as demais classes de que a sociedade se devia constituir, segundo a utopia do idealista genial, o macrocosmo agostiniano, por sua vez, constitui o conjunto de toda a criação divina a partir do mais absoluto e lancinante nada, os seres todos, quer inanimados, quer animados destituídos de razão, quer animados racionais, que se ordenam segundo disposição preestabelecida pela Razão ou Lei eterna regente do universo, restando ao homem ou ordenar-se em perfeita harmonia com ela, ou afastar-se do Ser supremo, precipitando-se em direção contrária, ao enigma da ausência total de ser.

2,6,14,54. Que há além da razão, senão Deus?

54. A – E se pudermos descobrir algo, que não só não duvides existir, mas que igualmente seja mais excelente do que nossa própria razão, sendo o que for, hesitarás dizer que isso seja Deus?

Estabelecida a escada, em seus três graus, resta indagar agora se se encontrou seu ápice na razão ou se é preciso seguir "subindo". Todavia não se pode perder de foco o objetivo da própria escada: empreender uma prova racional da existência do Deus em que se crê por meio da fé. Ora, dizer que a razão é o que há de mais sublime na natureza do homem, o qual, por sua vez, constitui-se o que de mais sublime há na criação divina[326], implicaria não apenas a determinação de um limite além do qual não se pode ir, como de certo modo também aquilo mesmo que se está investigando, a prova racional da existência de Deus. De fato, se a razão se constitui o ponto culminante da natureza humana, ápice da criação, se se descubra algo acima dela, ou seja, se se possa provar a existência de algo além da razão, esse algo talvez pudesse ser a própria divindade que tanto se procura provar. Seja como for, essa é a tentativa de Agostinho: chegar ao cume, para que, além do qual, sendo possível, possa provar-se haver algo.

Por detrás dessa proposta se pode vislumbrar um pensamento dos mais interessantes, de que a razão é o *non ultra* no que tange à ciência[327] de Deus. De fato, seja o que for que exista, se de fato exista, acima e além da parte do homem mais

---

[326] Agostinho ainda não está considerando as criaturas espirituais.

[327] Se se trata de ciência, lógico é que se está desconsiderando quaisquer movimentos de natureza mística, os quais não pretendem chegar à ciência do Ser, mas à sua Presença inefável.

elevada, será sempre imperscrutável à própria razão, assim como aos sentidos do corpo está vetado qualquer conhecimento, seja do que for que lhe esteja acima, ou ao sentido interior, acerca da própria razão. Depreende-se, portanto, que a inteligência, assim como os sentidos, operam numa trajetória vertical exclusivamente descendente, isto é, direcionada para as coisas que se encontram abaixo dela, sendo capaz de perscrutar tão só aquilo que lhe seja inferior, numa escala vertical, ou, quando não, situado em mesmo nível, como no caso da razão, que é capaz da ciência de si mesma[328]. Pois bem, a demonstração racional da existência de Deus daria seu último passo a partir daqui, fosse aceita essa proposta de Agostinho de admitir como Deus aquilo que estivesse acima da razão, pudesse ser provado. Porém essa proposta não parece satisfazer os anseios de Evódio, a quem com toda justiça repugna a ideia de chamar de "Deus" simplesmente qualquer coisa que estiver acima da razão: "Pois não me agrada chamar de 'Deus' àquilo a que minha razão é inferior, e sim ao que nenhum ser é superior".

2,6,14,54-56. *Quo nullus est superior*

> **54.** E – Não direi de imediato que seja Deus, se puder descobrir algo melhor do que o que existe de mais excelente em minha natureza. Pois não me agrada chamar de "Deus" àquilo a que minha razão é inferior, e sim ao que nenhum [ser] é superior. [...] **56.** Reconhecerei sem dúvida que Deus é aquele ao qual estiver estabelecido [entre nós] nada ser superior.

A proposta de Agostinho esbarra na exigência bastante pertinente de seu discípulo, quando condiciona o seu assentimento à prova da existência de

328 Essa verticalidade descendente da razão levanta questões das mais interessantes e ambiciosas no que tange ao conhecimento de Deus. É fato que essa noção de verticalidade é dependente da hierarquização da criação, pois não haveria acima ou abaixo não houvesse sido erigida uma escada de valores. Com efeito, não há dizer melhor ou pior, superior ou inferior, senão de modo relativo, segundo uma subentendida ordenação quase geométrica dos seres, como a apresentada aqui por Agostinho, o que, se se coaduna perfeitamente com uma visão platônico-cristã, por certo destoa de uma concepção moderna do cosmo. Neste sentido, se para um Nietzsche, por exemplo, não há impedimentos de ordem hierárquica para falar seja do que for, para o cristão, contudo, o *non ultra* imposto pela razão cria dificuldades insolúveis, não apenas para o conhecimento de Deus, mas para que se possa inclusive falar dele, o que implica consequentemente o imperativo de seu louvor. Seja como for, pois esse não é o lugar para tratar disso, esse limite epistêmico imposto pela razão não parece ainda ter sido mensurado em toda a sua extensão e consequências pelo jovem Agostinho deste segundo livro, incansável e audaz perseguidor da verdade, mas o será em breve, como se constata nas páginas de *Confissões* e do tratado acerca dos mistérios trinitários, *De Trinitate*.

Deus não ao que estivesse imediatamente acima da razão humana, e sim àquilo que não deparasse acima de si mesmo coisa alguma, numa palavra, "ao qual nada é superior" – *quo nullus est superior.* E com efeito, coaduna-se muito melhor com a ideia piedosa que se deveria sustentar acerca de Deus, em conformidade com o que se propôs logo no início do primeiro livro[329], concebê-lo como sendo o supremo *quid,* ou seja, aquilo acima e além do qual nada mais pudesse existir, nada de melhor, de maior, de mais potente, de mais sábio, de mais perfeito. Essa superioridade divina, expressa pelo comparativo do adjetivo *superus,* condensa em si mesma, por assim dizê-lo, a escada ontológica integral estabelecida por Agostinho: ser, viver e inteligir, visto ser Deus simultaneamente não apenas o Ser, mas também a Vida e a Inteligência supremos, o *non ultra* por excelência[330].

Portanto essa concepção de Evódio acerca da divindade, como bem admite Agostinho, remete claramente ao princípio de piedade exposto no livro primeiro, como o próprio filósofo dá conta de observar, reconhecendo ter sido dádiva divina um tal pensamento acerca de Deus: "Pois ele mesmo concedeu a este teu raciocínio que sentisse a seu respeito de modo tão piedoso e verdadeiro"[331]. Porém essa colocação de Agostinho, dizendo ter sido dado por Deus o raciocínio de Evódio, ou antes, o ter sido concedido por ele ao raciocínio de Evódio um sentimento tão piedoso e verdadeiro, suscita algum interesse. Pois, se se trata de um movimento da razão, onde entraria esse piedoso e verdadeiro "sentir" conferido por Deus? Não há dúvidas de que o verbo latino *sentio,* "sentir", pode e costuma expressar algo como "opinião" ou "pensamento", fruto de atividade intelectiva, para além da percepção dos sentidos. Porém, se se leve em consideração o contexto da disputa dialética até aqui, a distinção que se esforçou Agostinho por estabelecer entre a atividade típica dos sentidos do corpo e do sentido interior, que, por estarem presentes igualmente nos irracionais, se considera um movimento não intelectivo, como entender agora esse "sentir" de maneira diversa, senão associado de algum modo à atividade análoga à dos sentidos do corpo, uma percepção oriunda da

---

329 Cf. 1,2,5,12-13.

330 Se é o A (ἄλφα), sendo a origem e causa de tudo que existe, mas também e simultaneamente o Ω (ὦ μέγα), por ser o fim, o destino de tudo, nele está (*sic*) o Ser, a Vida e a Inteligência de que participam todas as criaturas que são, vivem e inteligem, os três degraus da escada ordenadora da universalidade da criação.

331 Início do §55: *"ipse huic tuae rationi dedit tam de se pie uereque sentire".*

experiência, ou mesmo uma "afecção" sofrida pela infusão do Espírito divino? De fato, se o próprio Deus o concedeu, decorre disso que esse "sentir" foi recebido e acolhido pelo raciocínio de seu pseudoautor. Isso, se não estiver Agostinho de certo modo diminuindo o empreendimento intelectual de seu discípulo, recorrendo àquela outra dicotomia tão presente até então, entre fé e razão, ao referir que o pensamento de Evódio é fruto de um sentir, de uma espécie de intuição de fé, a qual, contudo, carece ainda de fundamento racional, por tratar-se de simples *sententia* apoiada na autoridade, o que talvez justificasse o recurso ao verbo *sentire*.

2,6,14,55-57. O critério da mutabilidade

> **55.** A – [...] se não descobrires existir acima da nossa razão nada, senão o que é eterno e absolutamente imutável, hesitarás dizer que isto seja Deus?

Como provar a existência de algo acima da razão? Por um lado, para provar a própria existência da razão, ou sua superioridade em relação aos demais atributos humanos, numa escala valorativa, foi preciso não apenas recurso ao que estava "abaixo" dela, mas também cotejar os atributos, enquanto atributos, mediatamente, ao fazer-se um paralelo entre os seres a que esses atributos foram atribuídos, ou seja, foi preciso comparar os animais, atribuídos de vida e de existência, aos seres atribuídos de existência, mas não de vida, e estes aos seres atribuídos de existência, vida e inteligência. Por essa comparação, segundo a escala de valores preestabelecidos, ser, viver e inteligir, foi possível classificar os seres numa direção ascendente, segundo a posse ou presença em si de cada um dos atributos, isoladamente ou em conjunto com os demais: corpos, corpos animados e corpos animados inteligentes. Contudo em todos os três degraus dessa escada percebe-se uma característica comum que de certo modo os congrega, a qual se pode denominar "mutabilidade". Pois essa característica situa tudo o que é, vive e intelige em um grande grupo, o conjunto das criaturas mutáveis, visto que todas elas estão sujeitas à mutabilidade, seja segundo as coordenadas de espaço e tempo, como no caso dos seres que existem apenas, como os minerais, ou que existem e vivem, como os animais, racionais ou não, seja segundo a coordenada exclusivamente temporal, no caso dos que inteligem, como a alma humana considerada em si mesma[332].

---

[332] Nesse sentido é possível dizer também que o "ser", assim como a mutabilidade, é característica comum entre as criaturas dos três degraus, visto que todas elas são, já que nenhuma poderia

Decorre necessariamente do estabelecimento desse grupo, sob a rubrica da mutabilidade, independentemente dos axiomas piedosos sobre os quais se está argumentando, a inferência ou, quando não, a perspectiva ao menos da assunção de algo contrário, induzida pela tendência natural da mente humana ao conhecimento por contraste. Isso, porque, se há um grande conjunto de seres mutáveis, é lícito ao menos supor a existência de algum conjunto antitético, a saber, das coisas presumivelmente imutáveis, para cuja comprovação bastaria a descoberta de um único exemplar, nada mais. A matemática, ao menos desde Pitágoras, possibilitara à imaginação humana a crença em seres imutáveis, perfeitos, pelo contraste entre a perfeição, uniformidade e consequente harmonia das formas geométricas e dos cômputos em comparação com e em detrimento da imperfeição, disformidade e desarmonia observáveis na própria natureza tangível circunjacente. Esses "seres" matemáticos, tidos por reais, de onde ser lícito recorrer ao canhestro "realidades", contudo, guardavam característica comum, eram fruto de cômputo, mensuração, arte, numa palavra, de atividade da razão humana, atividade cuja origem era antes interior, mental. De fato, um triângulo equilátero ou um círculo perfeito não se encontram na natureza tangível (a desconsiderar os astros do céu, tidos por seres perfeitos pelos antigos, desprovidos de instrumentos para sua observação mais acurada), podendo ser produzidos pela τέχνη, pela arte humana, apenas e tão somente a partir da sua razão, de imagens e cálculos mentais. Destarte, antes de ser riscado na areia, o triângulo se concebe equilátero na mente, numa imagem mental, assim como as operações aritméticas (de números inteiros), como a multiplicação de um número por si mesmo (*e.g.* 12 x 12) resultar invariavelmente em seu quadrado (= 144), ou o contrário, a divisão por si mesmo, em sua raiz dita "quadrada" (√144 = 12), ou ainda, de volta à geometria, como a equivalência da soma dos quadrados dos catetos ao quadrado da hipotenusa, nos triângulos retângulos, segundo o célebre teorema pitagórico. Pois bem, que decorre forçosamente dessa origem imaterial dos seres matemáticos, senão o reconhecimento de sua própria e manifesta imaterialidade? São tidos por reais, embora imateriais, intangíveis em seu estado natural, isto é, como concepções mentais. E dessa imaterialidade, a não dizer de sua perfeição, é que decorre o

viver sem que fosse, muito menos inteligir. Portanto, assim como se pode dizer que todas são, pode-se dizer igualmente que mudam. O princípio inteligente, se considerado em si mesmo, como no caso das criaturas exclusivamente espirituais, pode ser dito referir-se ao grau das criaturas que inteligem apenas, pois essas não sofrem mutação no espaço, apenas no tempo. Cf. *Carta 18* (2,3,7,24).

reconhecimento de sua consequente incorruptibilidade, uma vez serem os seres imateriais absolutamente "impermeáveis" à ação corruptora do tempo, pois, seja em que época, a equiparação lateral dum triângulo, dito por isso mesmo equilátero, se mantém inalterada, assim como a raiz quadrada de 1089 (= 33). Se os objetos corpóreos se transmutam em sua forma, sofrendo a ação do tempo, deixando de ser o que eram e vindo a ser algo distinto, num fluxo constante, os objetos imateriais ou incorpóreos, por sua vez, permanecem estáveis, como as "verdades" matemáticas, inalteráveis e eternas. O corpo é perecível, corruptível, mas os seres matemáticos, ou antes, os seres inteligíveis, fruto da atividade da mente, dos movimentos da razão, não, permanecem uma vez e sempre inalterados, embora a própria mente, em si mesma, em sua capacidade intelectiva, como máquina de calcular, seja mutável, ainda que para alguns, como Platão, seja tida por eterna, por ser capaz de mover-se a si mesma[333].

55. A – Porque não apenas tens conhecimento de que [i] os corpos são mutáveis, como também de que [ii] a própria vida, pela qual o corpo é animado por disposições variadas, não está evidentemente carente de mutabilidade, assim como [iii] a própria razão, que está sem dúvida provado ser mutável, quando num momento esforça-se por chegar à verdade, noutro não se esforça; por vezes chegando, por vezes não chegando.

À imaterialidade, portanto, associa-se a ideia de imutabilidade, à qual contrapõe-se naturalmente sua antítese, a mutabilidade, que, por fim, se associa aos objetos corpóreos ou tangíveis. E dessas relações, por conseguinte, decorre a associação entre mutabilidade e corpo e entre imutabilidade e espírito, ou mente, ou outra coisa qualquer de natureza não corpórea. Demais, que está operando Agostinho, desde o início deste livro segundo, senão a tentativa de estabelecer a passagem da mutabilidade da matéria à imutabilidade do espírito, a fim de chegar a Deus, o absoluto Inteligível? De fato, toda a discussão tem por pano de fundo essa dicotomia, tornada célebre sobremodo por Platão e, posteriormente, por Plotino, de quem Agostinho a teria aprendido, como ele mesmo nos dá a conhecer em *Confissões*[334].

Pois bem, não apenas os corpos são mutáveis, diz Agostinho, mas também a própria vida, que dá conta de animá-los, mutabilidade essa que não excetua nem mesmo a razão, que ora pensa uma coisa, ora pensa outra. Diante disso, a

---

333 Considerou-se aqui a alma (ψυχή) platônica como sinônimo de *mens*, o princípio inteligente, não de *anima*, o princípio vital que anima os corpos materiais.

334 Cf. *Conf.* 7,10,16; 8,2,3; 10,7,11.

proposta do filósofo (§55) é que Evódio admita que o imutável – e consequentemente eterno, pois o que não sofre mutação não pode encontrar o fim – esteja acima da inteligência, terceiro degrau da escada, ser, viver e inteligir, e que por isso mesmo seja admitido como Deus.

56. A – [...] [se a razão por si só, sem nenhum auxílio dos sentidos,] discerne algo eterno e incomutável, convém que reconheça, simultaneamente, [i] não somente que ela mesma lhe é inferior, [ii] mas também que ele é o seu Deus.

O que se segue, contudo, é menos evidente. Agostinho quer fazer admitir que a razão, tendo chegado ao conhecimento da existência do imutável e eterno por si só, sem auxílio algum de quaisquer sentidos do corpo ou mesmo do sentido interior, o que equivale a dizer sem auxílio algum de qualquer experiência de natureza corpórea, apenas e tão somente através de seus próprios movimentos inteligentes, numa palavra, se ela é capaz de discernir por si só a existência de algo de natureza imutável e consequentemente eterna, ela, razão, é forçada a reconhecer não apenas que [i] esse eterno e imutável lhe é superior, mas também que [ii] ele é o seu Deus. O argumento, como muitos até agora analisados, aparentemente obscuro ou truncado, não é dos mais complicados de compreender, desde que feito recurso às premissas apropriadas, de acordo com o pensamento do próprio filósofo, como antes exposto. Pois bem, se uma determinada mente racional M_r é capaz de "discernir", o que equivale a dizer "distinguir" ou "separar", uma determinada natureza que se presume divina D_{ie}, sendo essa D_{ie} imutável e eterna, decorre forçosamente disso uma inevitável capacidade de M_r de apreender algo de D_{ie}, o que significa dizer que M_r, em si mesma, pode de algum modo "participar" da eternidade e imutabilidade de D_{ie}, a não dizer que lhe seja comparável ou equipolente. Contudo o argumento de Agostinho não é esse, e sim que D_{ie}, natureza imutável e eterna, supostamente Deus, por ter sido de algum modo "discernida" por M_r, a mente racional, deve obrigatoriamente estar acima de M_r, sendo daí seu Deus. Ora, que D_{ie} está "acima" de M_r não é difícil de demonstrar segundo o critério de mutabilidade herdado dos platônicos, ao se considerar superior aquilo que é imutável e permanente ou eterno, em comparação com o que é corruptível e efêmero[335]. Assim: [i] Se tudo o que é imutável em sua natureza ou em si mesmo é eterno e se o que é eterno é

[335] Essa superioridade do inteligível ou imutável ou estável ou verdadeiro ou científico (que supõe-se "ser" verdadeiramente) em detrimento do corpóreo ou mutável ou instável, isto é, impermanente, ou falso ou fruto de simples opinião, enfim, é possível tenha sua raiz em Parmênides, embora se tenha tornado célebre a partir de Platão, com sua teoria das ideias.

melhor do que o que é corruptível e efêmero, pois o que permanece para sempre é naturalmente melhor do que o que tem fim[336]; [ii] e se a mente humana M_r é mutável[337]; [iii] e se aquilo que se encontra acima dela, D_{ie}, é imutável e eterno; [iv] logo aquilo que se encontra acima da mente é melhor do que a própria mente, ou seja, a mente humana M_r é inferior a essa substância eterna e imutável D_{ie}. Porém Evódio não aceitou esse tipo de argumento, exigindo que se provasse não apenas que havia algo acima da mente humana, fosse eterno e imutável ou não, mas que fosse algo acima do qual nada mais existisse: *quo nullus est superior.*

Portanto, para dizer que a natureza D_{ie} seja de fato Deus, faz-se necessário não apenas provar que se encontra acima da mente humana M_r e que é imutável e eterna, mas também e acima de tudo que nada mais, nem melhor, existe acima dela. Assim qualquer argumento que pretenda provar a existência de Deus, acima do qual nada pode existir, deve obrigatoriamente desdobrar-se de modo análogo à sequência seguinte: [i] Deus é o Ser superior a tudo que é; [ii] logo nada pode ser superior a Deus; [iii] a mente é o que de mais elevado há no homem; [iv] logo Deus, que é superior a tudo, deve ser superior à mente do homem; [v] logo Deus, ao qual nada há superior, deve ser superior a tudo o que, caso exista, seja superior à mente do homem; [vi] logo aquilo que é superior à mente do homem, caso exista, não por isso será Deus, ao qual nada pode ser superior, apenas porque é superior à mente do homem; [vii] pois aquilo que for inferior a algo, seja o que for, ainda que seja superior à mente do homem, ou àquilo que lhe seja superior, caso exista, não pode ser Deus, porque nada pode ser superior a Deus; [viii] logo Deus é aquele ao qual nada é superior (*quo nullus*

336 A alma, por mover-se a si mesma, ou seja, por não ser movida por outrem, é por Platão considerada como eterna. Esse mover-se, contudo, levanta uma questão interessante com respeito à sua mutabilidade. Se se compreender que ao mover-se a alma não deixa de ser o que é, ou seja, que não sofre transformações em sua natureza, como os corpos que se corrompem à extinção, então sua mobilidade não entra em choque com sua eternidade e presumível imutabilidade; porém se se considerar que ao mover-se ela de algum modo se transmuta igualmente, em sua natureza, deixando de ser o que era, então se rompe a relação entre imutabilidade e eternidade. E de fato, se, ao aprender ou evoluir ou contemplar realidades novas e distintas, a alma "morre", segundo metáfora do próprio Platão, para nascer de novo, com ideias novas, deve-se por isso considerá-la mutável ou imutável? E, sendo mutável, poderia ainda assim ser eterna? Seria preciso avançar e aprofundar mais a relação entre movimento e mutação para que se pudesse compreender melhor essa questão. Seja como for, o que importa, para os fins a que se propõe Agostinho e para as análises aqui decorrentes, é a associação entre inteligibilidade ou imaterialidade e imutabilidade.

337 Posto que nada absolutamente se diga aqui de sua possível eternidade.

est superior). Portanto, segundo a exigência metodológica bem posta por Evódio, uma vez provado existir algo acima de que nada mais absolutamente houvesse, esse algo, sim, poderia ser admitido como Deus. Agora, porém, resta prová-lo, caso seja possível reconhecer a existência de algo eterno e imutável acima da razão, através da própria razão[338], superior ao qual nada mais exista. Que ela é inferior ao eterno e imutável, isso provado está. Porém que nada mais exista além desse imutável eterno e que ele seja Deus, isso é o que se faz necessário agora demonstrar: "Por isso, existindo ou não essa outra coisa acima, manifesto estará que Deus existe, quando eu demonstrar, ele próprio me ajudando, aquilo a que me propus, que existe algo acima da razão".

Público e privado
Das apreensões próprias e comuns

2,7,15,58-59. Próprio ou comum I: os sentidos do corpo

58. A – [...] primeiro quero saber se acaso o meu sentido do corpo é o mesmo que o teu, ou se, na verdade, o meu não é senão meu, e o teu não é senão teu.

O primeiro passo para provar a existência de algo acima da razão, que seja eterno e imutável, de maneira aparentemente insólita, é efetuar a distinção entre público e privado. Como se há de ver adiante, contudo, essa distinção não tem nada de esdrúxulo, muito ao contrário. A intenção de Agostinho é conduzir seu adversário na disputa dialética à admissão de objetos de conhecimento de um certo caráter, o que lhe servirá de passagem ao degrau superior. Para não antecipar o passo da argumentação, diga-se apenas que a distinção pretendida visa num primeiro momento separar os sentidos capacitados para fazer apreensões individuais ou privadas dos que sejam capazes de fazer apreensões comuns ou públicas, embora, em última instância, toda apreensão se dê no sentido particular de cada senciente. Essa distinção entre sentidos implica uma outra, mais importante, entre os próprios objetos de percepção, que igualmente poderão ser considerados privados ou públicos, como se verá logo a seguir.

---

338 Essa exigência é crucial, pois a proposta tantas vezes reiterada ao longo dos dois primeiros livros é conhecer exclusivamente pela razão aquilo em que se crê pela fé. Ora, já se crê em Deus; agora resta prová-lo.

2,7,15,60. Próprio ou comum II: o sentido interior

> **60.** E – [...] Porque invariavelmente aquele meu [sentido interior] sente os meus sentidos [corpóreos], assim como o teu sente os teus...

Do mesmo modo como cada indivíduo possui seus próprios sentidos do corpo, assim também se dá com o chamado sentido interior, que sente os próprios sentidos do corpo, além daquilo que eles sentem, os perceptos. Tanto os cinco sentidos corpóreos como o sentido interior são próprios de cada senciente e não há como saber o que o outro sente, lembra Evódio, a não ser pela descrição mais ou menos sincera e acurada que o senciente dê ao que o interroga a respeito do que esteja ou não sentindo. E isso ocorre inclusive com os objetos de percepção que se dizem "comuns", como uma árvore, por exemplo, que embora possa ser vista simultaneamente por várias pessoas, talvez o que cada um veja, no fim, não seja tão semelhante quanto se poderia esperar, embora isso se dê por motivos que ultrapassem o exclusivamente sensorial, fugindo em muito ao escopo das discussões aqui entabuladas, pelo que convém deixá-los de parte.

2,7,15,61. Próprio ou comum III: a razão

> **61.** A – [...] e a própria razão, cada um de nós não possui a sua, uma vez que é possível que eu intelija algo, quando tu não o inteliges, e que não possas ter ciência se acaso eu estou inteligindo, porém eu tenha ciência disso?

Na sequência de seu método de argumentação ascendente, depois dos sentidos corpóreos e do sentido interior, verifica-se agora se a razão é atributo comum ou particular de cada indivíduo. Percebe-se aqui a mesma disposição triádica que se estrutura em três graus intimamente relacionados do seguinte modo: assim como o ser (*esse*) está para os sentidos corpóreos e os objetos todos de apreensão sensorial que se podem dizer igualmente "corpos" (*corpus*), assim o viver está para o sentido interior, aquela "vida" responsável pela intermediação entre os sentidos corpóreos e a razão, a qual se associa ao princípio de movimento, a alma (*anima*), e do mesmo modo está o inteligir (*intellegere*) para a razão, quer se a denomine mente, quer espírito, a parte melhor do ser humano. Pois bem, os três atributos são particulares de cada criatura, o que inclui obviamente a razão, que cada ser humano possui privada, individual, sendo absolutamente ignoto a um aquilo que o outro pense, seja o que for, visto que o espírito de cada um é exclusivamente seu.

2,7,16,62-64. Próprio ou comum IV: visão e audição

> **62.** A – Porventura poderás dizer igualmente que nós possuímos cada um individualmente os sóis que vemos, ou as luas, ou os astros luminosos, ou outras coisas deste gênero, ainda que cada um as veja por um sentido seu e próprio? [...] **63.** Logo podemos ver uma única e mesma coisa simultaneamente muitos de nós, ainda que os nossos sentidos sejam a cada um de nós individuais [...] **64.** Podemos ainda ouvir um único som simultaneamente...

Há sem dúvida objetos que podem ser apreendidos individualmente e objetos que podem ser apreendidos em comum. Os corpos como o Sol, a Lua e demais astros, por exemplo, podem ser "apreendidos" pelos sentidos por toda gente simultaneamente, embora seja cada um desses "objetos" apenas um[339], isto é, embora dois indivíduos captem em suas retinas cada um deles uma imagem particular do Sol, trata-se de um único e mesmo astro apreendido por ambos. Portanto um mesmo objeto corpóreo é apreendido por sentidos individuais e simultaneamente. E conquanto cada sentido individual seja distinto, aquilo que se percebe é de certo modo coletivo, ou seja, dá-se uma apreensão comum, pois todos em tese percebem pelos sentidos as mesmas propriedades do Sol, ainda que possam interpretá-las ou atribuir-lhes características e ênfases distintas por meio de seus movimentos mentais idiossincrásicos. A intenção de Agostinho se vai tornando cada vez mais clara à medida que progride escada acima, do corpóreo ao inteligível. Se um dado objeto *x* se faz perceptível pelo sentido da visão, por ser corpóreo, limitado no espaço por dimensões apreensíveis pelo órgão da visão, os sons, por sua vez, embora igualmente "corpóreos", ou seja, perceptíveis pelos sentidos do corpo, contudo não poderiam ser dimensionados ao modo dos objetos captados pelos olhos, pelo que talvez fossem tidos por mais etéreos, mais próximos das esferas celestiais, sublimes, como a própria música. Seja como tenha sido, contudo Agostinho deixa claro não apenas que os sons pertencem ao universo dos sentidos, mas principalmente que podem ser captados coletivamente, embora por sentidos individuais, pois o mesmo som pode ser ouvido por vários ouvidos sem detrimento algum de sua natureza. Porém o que aqui importa sobremodo, como dito e reiterado, é o itinerário ascendente que procura traçar, do corpóreo ao incorpóreo, do sensível ao inteligível, escada acima, até que descubra uma prova racional da Natureza divina.

---

339 Cf. 2,3,9,31-32. Não são obviamente os próprios objetos que se apreendem, apenas suas imagens, os perceptos captados pelos sentidos e enviados traduzidos à razão pelo sentido interior.

Objetos há, portanto, que podem ser percebidos por todos simultaneamente, ainda que por intermédio de seus sentidos corpóreos individuais, assim como, por antecipação, pode-se inferir a existência de "objetos" de percepção exclusivamente racional, os inteligíveis, que, embora captáveis pela mente particular de cada indivíduo, sejam contudo comuns ou públicos, como se há de ver na sequência. Porém pode-se primeiro especular sobre a estratégia do filósofo, ao empreender a passagem do privado ao público, do individual ao comum, sugerindo a breve hipótese de que a apreensão "comum" de algo opere como argumento em favor de sua existência, de modo especial no caso dos objetos de percepção incorpóreos. De fato, se se podia contestar a real apreensão de uma ideia particular, ainda que comprovada se considerasse, fora da mente de seu idealizador, no entanto a partir de sua "presença" na mente de várias pessoas, simultaneamente, é possível parecesse mais convincente. Esse argumento, da crença generalizada, desde priscas eras, era moeda corrente da apologética cristã, precisamente por sua disseminação e antiguidade (*uetustas roborata*)[340], que o fazia parecer "natural", por assim dizê-lo. Ora, um objeto de apreensão qualquer, conquanto incorpóreo, por ser comum, presente na mente de muitos, se faz no mínimo mais crível que uma ideia privada, seja qual for, que não passe pelo crivo da publicidade[341].

2,7,17,65-68. Próprio ou comum V: paladar e olfato

> **66.** A – [...] a partir de um único [e mesmo influxo de] ar tanto eu como tu podemos encher as vias respiratórias e sentir as propriedades desse ar por meio do seu odor, e de modo semelhante, a partir de um único [e mesmo bocado de] mel, ou de qualquer outra comida ou bebida, podemos ambos degustar e sentir-lhe as propriedades por meio de seu sabor, ainda que um só [e mesmo] seja o bocado e que nossos sentidos, por sua vez, sejam individuais, possuindo tu o teu, e eu, o meu. [...] Pelo que, pois, descobre-se que esses sentidos possuam algo em comum com aqueles dois [outros sentidos existentes] na visão e na audição[342].

---

340 Cf. 2,1,1,2 "A instauração da autoridade".

341 É óbvio que esse argumento é facilmente contestável, visto que a publicidade de uma ideia não a torna verdade, a não dizer algo necessariamente real, nem mesmo para um metafísico convicto. Porém não se trata do que hoje se pensa, ou crê, mas do que era pensado e crido no tempo do filósofo. Pois esse argumento da crença generalizada foi muito importante e eficaz para o estabelecimento da tradição cristã, como já havia sido para a judaica.

342 Embora defenda-se aqui uma posição contrária à "quebra" dos parágrafos, por entender que eles expressem não apenas a forma ou estilo, mas também o pensamento do autor, admite-se nem sempre ser possível mantê-los na dimensão do original, sob pena de dificultar demasiadamente a compreensão do texto para o leitor de hoje, menos acostumado a sequências mais elaboradas, e por isso mesmo mais trabalhosas, e mais afeito a conteúdos de célere apreensão. Os parágrafos

Embora haja objetos de percepção públicos, como os captados pelos olhos e ouvidos, seja o fulgor de Lúcifer, a célebre estrela matutina que todos podiam contemplar simultaneamente, seja o canto de um passarinho, cuja beleza podia ser ouvida por todos ao mesmo tempo, ainda assim, lembra Agostinho, nem todos os sentidos operam do mesmo modo, embora guardem características comuns. De fato, do ar todo disponível a *x*, toma ele apenas uma parte, que não mais poderá ser aproveitada por outrem do mesmo modo e com a mesma finalidade, uma vez tendo sido inalada, pois suas propriedades naturais sofrem alteração ou corrupção em caráter irreversível, pois o que se expira não tem as mesmas propriedades do que se aspirou; o mesmo ocorrendo com a comida, que, embora possa ser devolvida após abocanhada, nunca o é em seu estado original, desprovida de alteração e perda. Em assim sendo, embora o bocado de mel seja coletivamente um só e o todo de ar também, de que se inalará uma parte apenas, a porção que cada um ingere pelos sentidos do olfato e do paladar, sentidos individuais, é igualmente individual e intransferível, o que tem como consequência algo interessante. Conquanto oriundos do mesmíssimo bocado de mel, a parte desse todo que *x* ingere sendo distinta da que *y* ingere, cada qual com seu sentido corpóreo individual e intransferível, ainda assim ambos sentem teoricamente o "mesmo" gosto[343]. Do mesmo modo o ar que *x* inala é distinto do

longos, para muito além da praxe retórica da Antiguidade, reproduzem todo um método de pensar e de fazer filosofia, especialmente quando se trata da dialética, que se desdobrava passo a passo através da concatenação lógica das ideias, que se faziam seguir pausadamente, umas após as outras, à medida que eram aceitas pelo adversário-interlocutor, numa sequência despreocupada com sua própria extensão e com o tempo que seria necessário para seu completo desdobramento, cujo cume, caso atingido o objetivo, era o assentimento do interlocutor, ou, caso o raciocínio não obtivesse a sua chancela, a reformulação da pergunta, ou a introdução de uma nova ideia ou de uma contraproposta que reiniciaria o processo todo, a partir do ponto tido por problemático, até que se chegasse a um consenso, ainda que distante da verdade que se buscasse. Esse processo, hoje considerado de modo equivocado modorrento e excessivamente meticuloso, não se podia cumprir por meio de períodos rápidos, raciocínios truncados, conclusões não assentadas sobre premissas sólidas, mas de modo cuidadoso e paulatino, como quem construísse uma edificação que se queria sólida, bloco após bloco, *maxima cum cura*, a evitar desmoronamentos futuros, o que só era possível ao custo de provas as mais elaboradas. Daí a extensão "insólita" dos parágrafos, cujo acompanhamento, para os que não estão afeitos a esse tipo de exercício mental, parece fatigante e monótono, mas para os que compreendem o esmerado rigor e o belíssimo encadeamento lógico da sucessão de raciocínios segundo normas rigidamente aplicadas, adjetivos mais convenientes do que "instigante" e "deleitoso" não parece possam ser encontrados.

343 O que obviamente é passível de contestação, pois vários são os fatores a influenciar o paladar individual, fazendo com que o mel pareça mais ou menos doce a bocas distintas. Porém isso

que *y* o faz, conquanto oriundos da mesma medida de ar, o que implica certas semelhanças com os sentidos da visão e da audição, embora tal parentesco não seja universal, pois o Sol que os olhos veem é um só e o mesmo, e o som que os ouvidos ouvem, também.

67. A – [...] ainda que aspiremos ambos um único [e mesmo influxo de] ar pelas narinas ou tomemos, degustando, uma única [e mesma] comida, contudo não aspiro a mesma parte do ar que tu, nem tomo a mesma parte da comida que tu, mas tomo eu uma parte, tu, outra. [...] **68.** E a comida, ainda que seja uma única [e mesma] consumida toda por nós dois, contudo não pode ser consumida toda por mim e também toda por ti, do modo como eu ouço uma palavra toda e tu também a ouves toda simultaneamente [...] mas da comida ou da bebida é necessário que uma parte em mim se transforme, outra, em ti.

Se na contemplação das luzes dos astros do céu ou das melodias entoadas pelos pássaros podem todos simultaneamente desfrutar das percepções sensoriais sem detrimento algum da natureza do objeto captado pelos sentidos, o mesmo não se dá com os objetos que o olfato e o paladar sentem, pois nem o ar respirado tampouco a comida ingerida podem ser restituídos a seu estado original, que sejam por outros sentidos igualmente. Pelo que, ao dizer, no que tange à comida, que "seja uma única e mesma", di-lo de modo impróprio, pois distintas são as partes desse todo por cada um ingeridas e transformadas em cada ingerente. Essa distinção, como se disse, será importante aos propósitos do filósofo, pois será preciso demonstrar que objetos de percepção há que podem ser coletiva e simultaneamente percebidos sem detrimento algum em sua natureza, embora sejam de fato captados, por assim dizê-lo, o que implica dizer incorporados no interior de cada um, ao modo da comida que cada um comeu ou da bebida que bebeu, as quais, contudo, sofreram mutação e foram corrompidas, constituindo doravante parte da natureza de seu consumidor. Essa percepção coletiva

---

não invalida a proposta do filósofo de demonstrar que, ao contrário de objetos "públicos" que podem ser apreendidos "coletivamente", embora por sentidos individuais, permanecendo ainda assim únicos, outros há que, embora pareçam "coletivos" por seus efeitos, isto é, pela percepção que propiciam aos sentidos individuais dos sencientes, na verdade só o são de modo impróprio, pois referem-se a partes distintas de um mesmo objeto de percepção, ainda que de características comuns. Seja como for, cada senciente prova uma parte distinta de um todo teoricamente homogêneo e, ao prová-lo, corrompe irreversivelmente a natureza da parte provada, impedindo que seja retomada por outrem em sua íntegra. Esse tipo de objeto de caráter público de percepção distingue-se dos objetos públicos que podem ser percebidos coletiva e simultaneamente, contudo sem detrimento algum em sua natureza, como se há de ver logo na sequência.

simultânea não apenas opera uma espécie de prova, através de sua disseminação universal, mas também se confunde, por sua antiguidade, com um atributo natural do ser, se se possa dizê-lo. Com efeito, algo percebido por todos, desde sempre, não apenas presume-se tenha existência real, como o Sol, mas também guarda característica das mais notáveis, por sua universalidade concomitante com sua presença[344] individual no interior de cada senciente, como se dotado de ubiquidade. Porém, ao contrário da comida e da bebida, esse objeto "ubíquo" não sofre detrimento algum em sua natureza, como se há de ver logo mais.

2,7,18,69-19,72. Próprio ou comum VI: tato

> **70.** A – [...] não apenas um único [e mesmo objeto] que eu vier a tocar, mas também ele todo, tu também podes [tocá-lo], de modo que ambos o toquemos, não em partes individuais, mas cada um de nós individualmente toque o objeto todo.

Ao contrário do paladar e do olfato, cujas apreensões implicam detrimento irreversível da natureza do objeto gostado ou inalado, Agostinho quer fazer crer que com o tato é diferente, visto que duas ou mais pessoas são capazes de tocar o mesmo objeto, e não apenas em partes distintas, mas senti-lo por inteiro através do toque, o que Evódio contesta, com suficiente razão.

> **71.** E – [...] podemos ambos seguramente tocar algum objeto todo num único [e mesmo] intervalo de tempo, mas em partes individuais; contudo não a mesma parte, a não ser em intervalos de tempo individuais, pois não posso mover o meu tato para nenhuma parte que tu estejas segurando com o teu tato, a não ser que tu o tenhas removido.

E com efeito, se é verdadeiro que um dado objeto corpóreo pode ser tocado integralmente sem detrimento algum em sua natureza por duas ou mais pessoas, por outro lado é falso que isso possa ser feito de modo simultâneo, uma vez que não se pode tocar na mesmíssima parte que outro esteja tocando naquele exato momento. Isso se dá, como é fácil de constatar, por uma questão física, uma vez que dois corpos não podem ocupar o mesmo espaço simultaneamente, segundo a célebre lei de Newton, sendo portanto impossível que tanto a mão de *x* como a de *y* segurem o mesmo objeto *h* na mesma parte *p* e no mesmo

---

[344] Pode-se dizer que a imagem do Sol que cada um retém faça igualmente parte de si, assim como a comida que se come, por exemplo, embora o alimento ingerido sofra modificações em sua natureza, conquanto a imagem experimentada do Sol, não.

momento *m*. Por outra, os objetos todos apreensíveis pelos sentidos sofrem limitações espaçotemporais, pois nem mesmo o Sol pode ser visto simultaneamente e do mesmo modo em todas as partes do globo por todas as pessoas, a não dizer dos objetos passíveis de toque, como uma vergôntea, cujas dimensões limitam consideravelmente o toque a umas poucas mãos, no máximo. Isso, contudo, não ocorre com outros tipos de objeto de percepção extrassensorial, apreensíveis não pelos sentidos do corpo, e sim pela razão, como se há de constatar.

2,7,19,72-75. Próprio ou comum VII: individual e irreversível

> **72.** A – [...] que objeto, dentre estes que são sentidos por nós através dos sentidos do corpo [...] é o que não podemos sentir ambos [em comum], mas [apenas] individualmente [...]?

De todos os objetos passíveis de percepção sensorial, portanto, apenas um grupo se diz propriamente "individual", o daquilo que é sentido por cada senciente de modo particular e irreversível; isso, porque, ao senti-lo, aquilo que é sentido se torna parte do senciente de modo irrecuperável, sendo doravante impossível que seja por outrem sentido do mesmo modo. Esse gênero de objeto não pode ser sentido de modo coletivo, apenas individual, gênero que inclui sobremodo a comida e a bebida que se ingerem ou o ar que se aspira, para citar os exemplos aduzidos pelo filósofo.

> **73.** A – [...] Assim como a comida e a bebida, de que nenhuma parte que eu tiver ingerido por inteiro poderás tu também ingerir por inteiro, porque, ainda que as amas de leite retornem os alimentos mastigados [na boca] dos bebês, aquilo, contudo, que o paladar tiver retirado dali [da massa triturada] e mudado completamente nas entranhas dessas que mastigam, isso de modo nenhum poderá ser recuperado, a fim de que seja novamente vertido em repasto para os bebês.

O exemplo aduzido por Agostinho guarda grande interesse histórico e cultural. As crianças romanas eram criadas por suas amas de leite, que faziam muito do que hoje se atribui às babás das famílias que podem contratar seus serviços. Porém, diferentemente do que ocorre hoje, não havia alimento específico para os bebês, que, ao modo dos filhotes de passarinhos, eram alimentados com a comida adulta regurgitada em suas bocas, ou seja, os alimentos eram ingeridos e mastigados pelas amas de leite até que se transformassem em uma massa triturada apta a ser engolida e digerida pelas criancinhas, quando essas haviam então ultrapassado a fase da amamentação. Pois bem, nesse caso específico, e

extremamente apropriado para o argumento em questão, ainda que se acreditasse que as amas de leite "devolviam" todo o alimento mascado às bocas infantis, ainda assim, observa com bastante apuro Agostinho, nem todo o alimento abocanhado era revertido aos bebês, pois uma parte deles restava na boca das amas, para depois, de modo irreversível, ser transformada em sua própria natureza.

74. A – Pois a goela[345], quando saboreia algo de maneira jucunda[346], reivindica para si, contudo, uma parte irrecuperável, ainda que exígua, o que obriga a que se faça o que convém à natureza do corpo. Porque, se assim não fosse, nenhum sabor remanesceria na boca, depois que aqueles alimentos mastigados tivessem sido retornados e cuspidos.

---

345 Cf. o verbete *gula* no LÉXICO T-F. No que tange à tradução da passagem, vale uma nota com respeito ao termo insólito e aparentemente equivocado "goela". De fato, como se sabe, ninguém sente o sabor dos alimentos pelo esôfago, ou seja, pela goela, duto condutor dos alimentos da boca para o estômago. No entanto, nada obstante o inusitado que uma tal tradução possa despertar, é exatamente isso que o termo latino *gula* refere, ainda que possa igualmente traduzir "boca", órgão do paladar, usado duas linhas a seguir pelo filósofo (*nullus remaneret sapor in ore*). Ora, se usou logo depois *os*, "boca", por que teria usado pouco antes *gula*, como sujeito do verbo "saborear" (*gula cum aliquid sapit*), fazendo supor que o saborear dos alimentos neste caso devia-se a ela? Porque os dois termos, *gula* e *os*, seguramente não expressam a mesma coisa, e tampouco o filósofo referia-se ao mesmo processo. É certo que o gosto se dá na boca (*os*), nas papilas gustativas, provavelmente desconhecidas dos antigos. Porém, no caso das amas de leite, claro está que ao mastigar o alimento dos bebês e saboreá-lo, resta-lhes no aparelho gustativo uma parte desse alimento, de modo irreversível, que não pode ser retornado na íntegra. Ora, provavelmente a *gula* (esôfago) era associada ao processo todo do paladar de algum modo mais avançado, por sua posição posterior, ou seja, mais interna, sendo o duto por onde os alimentos escoavam para dentro, em direção ao ventre, após terem sido pela boca recebidos e triturados, e seu sabor tendo sido algo deteriorado, depois de sentido. Nesta passagem, pois, a goela parece preferível porque o alimento, quando ainda na boca, poderia ser vertido e reaproveitado, teoricamente intato, caso não tivesse sido ingerido ou permanecido na boca por tempo suficiente para sofrer detrimento em seu sabor; ao atingir o esôfago ou *gula*, contudo, a absorção de ao menos uma parcela desse alimento se faz irreversível, ou seja, já não poderia mais ser reaproveitado na íntegra, sem algum tipo de detrimento irreparável em sua natureza.

346 Interessante notar a hipálage utilizada aqui por Agostinho, figura retórica sofisticadíssima que se define pela transposição, seja sintática, seja semântica, das relações tidas por naturais ou esperadas entre os termos ou construções. Neste caso a transposição é sintática, uma vez que Agostinho transforma um adjetivo em advérbio, como que brincando com as funções entre os termos. De fato, ao dizer *gula enim, cum aliquid iucunde sapit*, transforma aquilo que de agradável deveria a *gula* saborear em modificador do processo, ou seja, em advérbio. Ao invés de dizer que a *gula* saboreia algo agradável, diz que saboreia agradavelmente algo. O advérbio *iucunde* refere-se na prática a *aliquid*, não a *sapit*, embora sintaticamente isso se torne um tanto inusitado, ainda que, em vernáculo, muitos advérbios sejam de fato modificadores de adjetivos.

Na verdade, quando o paladar sente o sabor de algum alimento, diz Agostinho, "reivindica para si", de modo irreversível, uma parte desse alimento, que não mais poderá ser recuperado e tornado em repasto para os bebês. O corpo, pois, levando a efeito aquilo que diz respeito à sua natureza, absorve algo do alimento, não para seu sustento, no caso, pois o alimento será posto fora, mas para o próprio sentido do paladar, isto é, para que o paladar possa sentir o gosto, ao que parece, faz-se necessário que absorva algo, o que se comprova, argumenta o filósofo com bastante propriedade, pelo fato de que ao vomitar o alimento inserido na boca resta muito de seu sabor, o que não poderia acontecer se o alimento fosse vertido fora em sua totalidade. De fato, não poderia sentir sabor de algo que não estivesse mais ali, a não ser que algo dele tivesse permanecido para ser sentido. Observações deste jaez, que serão retomadas em riqueza de detalhes nos relatos sobre a infância no livro inaugural de *Confissões*, deixam entrever a acuidade intelectual de Agostinho e sua profunda capacidade de observação, além da pertinácia das ponderações decorrentes. Observação mais aguda, contudo, e difícil de constatar, ao menos em sua época, o filósofo aduz com o segundo exemplo, o ar que se aspira pelas narinas. A partir de um ensinamento médico da época, bastante avançado e pertinente, a rezar que pela respiração o ser humano também absorvia alimento[347], Agostinho corretamente interpreta que o ar que se respira não apenas serve de sustento ao organismo, mas também que não pode ser reaproveitado. Embora não tenham tido ciência da absorção do oxigênio pela respiração e da exalação do dióxido de carbono na atmosfera, ainda assim os médicos antigos estavam certos quanto à "alimentação" e à impossibilidade de reaproveitamento do ar inalado, embora por motivos outros que os por eles imaginados.

75. A – [...] os médicos nos ensinam que tomamos o alimento também pelas narinas; alimento esse que só eu posso sentir, quando inspiro, e que não posso restituir, quando expiro, a fim de que também seja sentido por ti, ao ser aspirado pelas tuas narinas.

2,7,19,76-78. Próprio ou comum VIII: público e privado

76. A – Por sua vez, os demais objetos sensíveis, ainda que os sintamos, contudo não os modificamos em nosso corpo ao senti-los, corrompendo-os [...] objetos como a luz, o som, ou os corpos que tocamos, os quais, contudo, não deterioramos.

---

[347] Vejam-se os verbetes *alimentum*, *esca* e *cibus* no VOCABULÁRIO T-F.

Ao contrário dos objetos sentidos pelo olfato e paladar, os demais não sofrem detrimento em sua natureza ao ser sentidos pelos restantes sentidos do corpo, como visão, audição e tato. Embora no caso do toque admita-se que a simultaneidade seja um empecilho à sensação conjunta, como dito[348], de onde Agostinho ter adicionado a cláusula "em tempos diferentes, cada um por sua vez" (*siue singulis uicissim temporibus*). Portanto nenhum desses objetos, ao ser sentido, sofre qualquer mutação em sua natureza, permanecendo aquilo que era antes de ser captado pelos sentidos.

78. A – Logo "próprio" e como que "privado" deve ser inteligido como sendo aquilo que cada um de nós possui [*como seu*] e que sente por si só, *em si mesmo*, porque pertence propriamente à sua natureza; por outro lado "comum" e como que "público", [deve ser inteligido] como aquilo que é sentido por todos os sencientes, [embora] sem nenhuma corrupção e mutação completa de sua [natureza].

A consequência dessa distinção entre objetos que sofrem detrimento em sua natureza e objetos que permanecem intocados ao serem experienciados pelos sentidos é crucial para a prova racional da existência de Deus que Agostinho vem desdobrando desde o início deste segundo livro[349]. Pois bem, se por um lado há objetos que, ao serem sentidos individualmente, sofrem mudança em sua natureza, não podendo mais ser sentidos do mesmo modo, por outro há os que são sentidos pelos sentidos do corpo, de modo simultâneo ou não, mas por toda gente, os quais, precisamente por não se tornarem parte de nenhum senciente nem sofrerem detrimento em sua natureza se dizem objetos coletivos, comuns ou públicos. Nada obstante ser possível argumentar em favor da "posse" de um dado objeto por meio de sua imagem mental, seja na memória, seja alhures, Agostinho refere-se aqui neste degrau ainda e exclusivamente aos objetos de caráter corpóreo, não aos inteligíveis, que serão tratados adiante. Em assim sendo, ninguém possui como seu o Sol, a Lua, ou os astros luminosos que vê[350]; e ao vê-los tampouco pode operar qualquer modificação em suas naturezas. Pelo que o Sol que cada um vê é o mesmo que todos em conjunto veem, em simultâneo ou não. O contrário desse gênero, dito "comum", é o que Agostinho define como próprio, individual ou privado, que se refere àqueles objetos corpóreos que, ao serem sentidos por um ou mais dos cinco sentidos do corpo, não

348 Cf. 2,7,18,69-19,72.

349 Cf. 2,3,7,20.

350 Cf. 2,7,16,62.

podem ser compartilhados por nenhum outro senciente, seja em simultâneo, seja individualmente, pois sofrem detrimento em sua natureza, deixando de ser aquilo mesmo que eram quando captados pela primeira vez.

Em resumo, pois: [i] públicos são os objetos corpóreos passíveis de percepção pelos sentidos do corpo, especificamente [i_a] a visão, [i_b] a audição e [i_c] o tato, que podem ser sentidos em comum por todos sem detrimento algum em sua natureza, de modo sincrônico, como a luz do sol, pela visão, ou o canto das aves, pela audição, ou diacrônico, isto é, cada um a seu tempo, em intervalos distintos, como os objetos passíveis de apreensão pelo toque. Por outro lado, [ii] privados ou próprios são os objetos corpóreos passíveis de percepção pelos sentidos do corpo, de modo particular [ii_a] o paladar e [ii_b] o olfato, objetos que cada um sente em si mesmo unicamente, e por si só, uma vez que ao senti-los os objetos se transformam no senciente, ou seja, sofrem detrimento em sua natureza, não podendo ser experienciados por nenhum outro, como os objetos comidos, bebidos ou aspirados, que se transformam em alimento para o corpo dos que os sentem, de modo irreversível. Se os objetos privados pertencem à natureza do senciente, os públicos, por sua vez, não, já que não se modificam ao serem experienciados, permanecendo sempre o que são, inalterados.

Correlação política

Interessa notar aqui a coincidência entre os conceitos de público e privado, tanto no que tange aos cinco sentidos do corpo como a seus "correlativos" políticos, como se pôde ver no primeiro livro[351]. De fato, Agostinho ainda não o disse, mas não se requer muito esforço para perceber a consequência que daqui irá depreender, da superioridade dos bens de caráter público em relação aos bens privados, isto é, da superioridade dos objetos passíveis de percepção sensorial públicos e inalteráveis em sua natureza em contraste com os corruptíveis e ditos privados. Do mesmo modo, em sua teologia política descreveu como "degenerado" e passível de perda da prerrogativa de sua própria liberdade o povo que dá preferência ao interesse privado em detrimento do público. Agostinho não é o primeiro filósofo a traçar um paralelo entre as disposições políticas e sociais das cidades e as mesmas disposições inerentes aos indivíduos. Platão o fizera, em sua *República,* como dito antes, mostrando que a

---

[351] Cf. 1,6,14,46.

disposição ideal tanto do homem ordenado como da cidade-Estado ordenada deviam seguir na mesma direção, cabendo o governo sobre os impulsos inferiores ao talante da razão, em ambos os casos. E assim também se viu no livro primeiro deste *L.A.*, onde o homem ordenadíssimo agostiniano, assim como a cidade retamente administrada, não deveriam espelhar-se nos interesses privados, seja de cada cidadão, seja dos magistrados corruptos, em detrimento do bem comum e público, mas na estabilidade e eternidade da Lei divina, cujo predomínio, assim como no modelo racionalista socrático-platônico, cabia à Razão, ainda que, neste caso específico, divinamente suprema. Indo além, vale notar também que as disposições de caráter hierárquico não deixam de se fazer presentes nessa "vida" exterior do homem, expressa por seus cinco sentidos corpóreos, pelos quais ele experiencia o mundo à sua volta, especialmente na comunidade em que habita e empreende suas elucubrações, tendo esse mesmo empirismo como ponto de partida. Com efeito, alguns sentidos se fazem associar a objetos de percepção que tendem a ser superiores, como os astros do céu ou o som da música, por exemplo, de onde, por analogia, derivação ou participação, supõe-se a superioridade dos sentidos aptos a captá-los.

2,8,20,79-80. Próprio ou comum IX: os olhos da mente

> ***79.*** A – [...] diz-me se acaso se descobre algo que todos os que raciocinam vejam em comum, cada qual por meio de sua própria razão e de sua mente, conquanto o que se vê esteja ao alcance de todos e não seja completamente mudado pelo uso daqueles aos quais está ao alcance, como se fosse uma comida ou bebida, mas permaneça incorrupto e íntegro, quer eles o vejam, quer não o vejam. [...]

Tendo sido distinguidos os objetos de percepção públicos dos privados, além dos próprios sentidos do corpo, quais sejam adaptados aos primeiros, quais, aos segundos, Agostinho dá agora um último passo, degrau acima, chegando cada vez mais perto do seu objetivo inicial, provar a existência de algo acima da razão, *quo nullus est superior*, que se possa denominar Deus. Se público é tudo aquilo que, sendo percebido por um dos cinco sentidos do corpo, pode ser sentido por todos sem nenhum detrimento em sua natureza, seja de modo simultâneo, como os perceptos captados por intermédio da visão ou da audição, seja de modo intermitente ou não simultâneo, por intermédio do tato, quer-se saber agora se há algum objeto como esses, público ou comum, porém que seja percebido não pelos sentidos do corpo, e sim pelos "olhos" da razão ou

da mente. Na verdade trata-se de chegar ao topo do terceiro e último degrau daquela escada tripartite, o degrau do inteligir. Pois bem, se se quer um objeto de caráter público, por um lado não pode, ao contrário dos que se têm por privados, sofrer detrimento em sua natureza, isto é, não pode transmutar-se na natureza de seu possuidor, como a comida, a bebida ou o ar que, quando ingeridos, se transformam em *alimentum* e parte da própria natureza de seus sencientes-consumidores; por outro, deve necessariamente existir por si só, de modo absoluto, quer seja visto, quer não, por um suposto senciente. Esse detalhe é de importância fundamental, porque, se existe, independentemente dos que o vejam ou deixem de vê-lo, não pode ser confundido com um mero conceito, uma simples opinião ou algo que tenha existência apenas nominal, como se fosse simples palavra na mente do pensante, o que Deus não poderia ser.

O termo "senciente" talvez não seja o mais apropriado para definir os seres e os atributos do terceiro e último grau da escada das naturezas. Com efeito, se se está procurando descobrir algo que seja "visto em comum", isso não significa dizer que se trate dos olhos corpóreos, pois neste caso refere-se a visão, de modo figurado, à capacidade de fazer uso das faculdades raciocinativas. Assim esse "ver" não se confunde com "sentir", porque não se refere senão figuradamente a um dos cinco sentidos, uma vez que se pretende uma certa visão por meio da mente e da razão, provavelmente considerando a segunda o instrumento da primeira[352].

Portanto o que se quer saber é se há algum objeto de caráter público que possa ser captado simultaneamente por todos, contudo sem que sofra prejuízo em sua natureza, sendo percebido não pelos sentidos do corpo, mas pelas potências raciocinativas presentes naqueles que concomitantemente são, vivem e inteligem. Embora se trate de um objeto "comum", o modo como cada ser pensante deve apreendê-lo é equivalente ao modo como se apreendem pelos sentidos os objetos corpóreos, cada um por meio de seu próprio e exclusivo instrumento, no caso a mente e a razão individuais. Logo, conquanto comum, a apreensão se dá individualmente. Por outra, como decorrência inevitável de suas características, quais sejam: ser público, incorruptível e inteligível, depreende-se necessariamente que se trata de um objeto absolutamente incorpóreo, porque, se o que se pode captar pelos sentidos do corpo deve obrigatoriamente ser corpóreo, o que só se apreende pela mente presume-se esteja destituído de

---

[352] Cf. *L.A.* 1,8,18,61; 9,19,68.

um corpo. Agostinho não o diz, mas está implícita a natureza inteligível daquilo que é incorruptível, pelo que também imutável, uma vez que e mutabilidade parece ser atributo inalienável dos corpos ditos materiais.

Razão e verdade do número

> **80.** E – [...] que a razão e a verdade do número está[353] ao alcance de todos os que raciocinam [...] ainda que ela própria se mostre igualmente a todos os que são capazes de captá-la, quando alguém a capta por completo, nem seja convertida e mudada completamente em seu captor, como se fosse um alimento, nem se torne deficiente, quando alguém nela comete algum engano, mas, permanecendo verdadeira e íntegra...

A resposta de Evódio vem direto ao encontro dos propósitos do filósofo, ao propor como paradigma do que se procura aquilo que denomina "razão e verdade do número" (*ratio et ueritas numeri*). Pelo termo *ratio* deve-se compreender o caráter exclusivamente racional das operações matemáticas, sua inteligibilidade, para muito além dos símbolos numéricos vulgares[354] como expressão de

---

[353] Manteve-se a concordância original latina no singular, embora o sujeito pareça composto. É comum Agostinho referir naturezas inteligíveis no singular, fazendo com que se considerem unidade indivisível, especialmente se elas se referem de algum modo a Deus, que é uno. Neste caso "razão e verdade do número", embora expresse uma unidade indivisa, que poderia ser parafraseada como "a verdade racional da matemática", ainda não é Deus, mas por ter natureza que muito se assemelha à dele: pública, incorruptível, imutável, eterna e inteligível, a questão ultrapassa o âmbito restrito da gramática. Todavia é preciso dizer que a própria gramática latina endossava esse tipo de concordância, que não era de modo nenhum considerada um solecismo. Ao contrário, segundo o latinista Lucien Sausy, por exemplo, quando o verbo latino tem mais de um sujeito, pode concordar com aquele que está mais próximo: [i] se o verbo precede os sujeitos; [ii] se o sujeito mais próximo ao verbo é o mais importante; [iii] se cada sujeito se põe em destaque por partículas como *aut, uel, -ue* ou *siue*; [iv] se, por fim, os sujeitos constituem um "todo" (*quand les différents sujets forment un tout*). Este último parece ser o caso da passagem traduzida, uma vez que *ratio et ueritas numeri* pode ser compreendido como uma unidade semântica, daí a opção da tradução por manter a concordância original, seja esta justificada semântica, seja sintaticamente. Cf. Lucien Sausy, *Grammaire Latine Complète*. Paris: Eyrolles, 2010, p. 209, §271.

[354] O cálculo matemático, como dá conta de ilustrar o termo latino *calculus*, "pedrinha", era muita vez posto em prática com o subsídio de pequenos seixos que representassem as quantidades, ou seja, os números. De onde ser lícito depreender, a partir da práxis, que a natureza quantitativa do número, em verdade, não era tão incorpórea como as operações que com os números se praticavam. Pelo que importa distinguir bem o número, como símbolo de determinada quantidade de corpos, do número como expressão puramente inteligível do cômputo, isto é, das operações matemáticas em si mesmas, as quais, como verdadeiros νόμοι, leis da própria

mera quantidade. Esse caráter inteligível do número, por sua vez, se associa inextricavelmente à sua própria verdade (*ueritas*), ou seja, a absoluta perfeição ou infalibilidade tanto de seus cômputos como das somas, subtrações, produtos ou quocientes deles resultantes, no caso da aritmética, por exemplo. Demais, tão importante quanto ser verdade, é que seja *ratio*, uma vez que um dado objeto qualquer, pertencente ao primeiro grau da escada das naturezas, por simplesmente ser (*esse*), pode também em seu gênero ser verdadeiro[355], embora não pertença ao universo do inteligível. Portanto a unidade do binômio *ratio et ueritas numeri*, razão e verdade do número, é o paradigma apresentado por Evódio, cujas características, segundo as demandas de Agostinho, devem ser as seguintes: [i] ser um objeto de caráter público que esteja ao alcance da apreensão de todos; [ii] poder ser vista (*ueritas*) por todos os que raciocinam; [iii] poder ser apreendida, embora com esforço, por todos os "computadores", isto é, por todos os que são aptos a computar ou fazer cálculos, onde resta explícita a noção de inteligibilidade, principalmente por causa do substantivo deverbal *computator*; [iv] por fim, não poder ser corrompida ou mudada por aqueles que a apreendem, ainda que ao usá-la para fazer um qualquer cálculo cometam algum engano, que em nada modifica sua natureza. Pelo contrário, sentencia Evódio ao final, quanto maior o erro em que se incorra tanto maior se depreende seja sua verdade, ou antes, quanto mais se esteja errado tanto maior a própria cegueira a impedir sua visão.

80. E – [...] quanto menos se a vê, tanto mais amplamente se esteja em erro.

Longo foi o caminho percorrido por Agostinho e Evódio, dos sentidos do corpo até à percepção por meio da "visão" da mente e da razão, percepção essa extrassensorial que implica forçosamente a apreensão de objeto de caráter distinto dos até então sentidos pelos instrumentos do corpo, os célebres cinco sentidos, pois a mente e a razão não captam os objetos corpóreos por sentido algum dentre os cinco conhecidos, a não ser de modo metafórico. De fato, como se poderia "ver" que a raiz de nove é três, senão por meio de alguma operação

razão, não podiam senão ser feitas a partir de grande esforço de abstração. Estas é que se devem associar ao número metafísico, como o Uno, expressão da Unidade divina e perfeita, não o símbolo numérico que indica mera quantidade de corpos, e sim a perfeição das leis puramente inteligíveis e eternas, as quais se aplicam aos símbolos numéricos.

355 Isso, tanto quanto é possível que um objeto de natureza corpórea "seja" de fato, em virtude de sua transitoriedade.

interior, de caráter exclusivamente inteligível, ou seja, que só pode ser desdobrada pelos processos e movimentos da inteligência ou razão, supondo-se esta de algum modo ínsita na mente ou espírito? Portanto, se o que não é corpóreo não pode ser sentido pelos sentidos do corpo, deve ser apreendido por alguma outra faculdade do ser humano, excluídos os sentidos. Na escada das naturezas erguida pelo filósofo, tem-se que no degrau supremo, acima tanto dos sentidos do corpo, equivalentes ao ser, como do sentido interior, equiparado à vida, situa-se a capacidade raciocinativa do homem, de que tanto os animais como os inanimados estão desprovidos, objetos de percepção sensorial esses associados respectivamente aos graus segundo e primeiro da escada, viver e ser. Logo, se os objetos de percepção seguem a mesma sequência na escada que os atributos ou instrumentos humanos com os quais eles são captados, tem-se forçosamente que o último degrau, em que se situa sobranceira a razão, divide a sua proeminência com os objetos de apreensão que lhe correspondem, ou seja, que podem ser por ela captados, os objetos ditos "inteligíveis"[356], objetos esses que só podem ser "vistos" pelos olhos da mente. Deste modo, não apenas se chegou ao ponto culminante no homem, mas igualmente na escada das naturezas.

Bastante ao contrário do que se verá séculos depois, no auge da escolástica, com a famigerada querela dos universais, para Agostinho, a quem tanto a *Metafísica* de Aristóteles como muito provavelmente também o *Parmênides* de Platão eram praticamente desconhecidos, não se levanta a questão da existência real desses objetos passíveis de apreensão pela mente ou razão. Com características um tanto semelhantes às ideias platônicas, derivadas, como se disse, da dialética entre Parmênides e Heráclito, os objetos captados pela mente são considerados não apenas verdadeiros, mas também os únicos absolutamente verdadeiros, se comparados com a sua contrapartida, os objetos corpóreos, pois enquanto os primeiros são incorruptíveis e estáveis, como o ser (εἶναι) parmenídico, pelo que também eternos, os últimos, por sua vez, são temporais e corruptíveis, ou seja, em mutação ininterrupta, como o fluxo (ῥοή) heraclitiano. O fato é que, para Agostinho, aquilo que se apreende exclusivamente pela razão, como a verdade dos números, não apenas é incorruptível como também eterno, o que lhe confere, como consequência necessária, indubitável existência. Portanto não se está à procura de fórmulas nominais, mas de seres tidos por reais, cuja existência se prova por sua apreensão comum, segundo o argumento desenvolvido pelo filósofo até aqui, de viés marcadamente platônico.

[356] É importante ressaltar que Agostinho não se utiliza do termo "inteligível".

Razão e verdade do número
O *um* inapreensível

2,8,21,81-83. Da natureza do número I: matemática e razão

81. A – [...] se alguém te dissesse que esses números não são impressos em nosso espírito a partir de alguma natureza sua particular, mas a partir destes objetos que atingimos por meio do sentido do corpo, como se fossem espécies de imagens de cada objeto visível, que responderias?

Não foi necessário esperar muito para que as primeiras objeções à existência de "objetos" unicamente apreensíveis pelos "olhos" da mente fossem notadas, sendo um próprio platônico a fazê-lo. De fato, Agostinho sugere a hipótese de que essa *ratio et ueritas numeri* aduzida por Evódio não se refira senão aos próprios objetos corpóreos sentidos pelos cinco sentidos do corpo, especificamente pela visão, sem contudo excluir os demais, como se se tratasse apenas de uma imagem ou representação (*quasi quasdam imagines*) de cada um dos objetos corpóreos visíveis (*quorumque uisibilium*), ainda que essas imagens fossem de certo modo "impressas" (*impressos esse animo nostro*) no espírito de cada senciente, como carimbos mentais. E que significa dizer isso, senão que o número não tem existência real ou própria, ou seja, que a ideia de número não decorre de uma sua natureza própria (*ex sua natura*), como a ideia platônica, protótipo eterno e puramente inteligível dos objetos apreensíveis pelos sentidos, corpóreos, mutáveis, que nada mais eram além de meras cópias imperfeitas das ideias imutáveis? Não é possível derivar a origem dessa pretensa objeção apresentada por Agostinho, a qual indubitavelmente não é de sua particular preferência, influenciado como estava então pelo pensamento do neoplatônico Plotino, por meio das leituras que havia feito de seu célebre tradutor latino, o serôdio convertido cristão Mário Victorino. Em verdade trata-se mais de um exercício dialético, cujo escopo é reforçar as teses que se apresentam e se pretendem defender que refutar de fato a existência dos inteligíveis, como que a exercitar o interlocutor e discípulo, forçando-o a encontrar razões para justificar a existência da natureza puramente inteligível que recém-propôs, não apenas a ver se ele a compreendia de fato, mas para dar substância ou fundamento à própria argumentação que se está laborando por edificar, para a qual a natureza inteligível se faz não apenas imprescindível, mas ponto final. Mas que se quer dizer com a suposição de que o número seja apenas uma imagem mental de um objeto corpóreo visível?

Provavelmente que a uma pedrinha ou *calculus* equivale um símbolo, I; duas pedrinhas, por sua vez, seriam representadas pela imagem ou símbolo II; três, por III, e assim por diante[357]. Numa palavra, que o número não teria existência real em si mesmo, sendo apenas uma representação do objeto corpóreo de que se constituísse símbolo, como talvez as próprias palavras, como *gladius*, por exemplo, que se poderia dizer apenas simbolizasse a espada curta de dois gumes utilizada pelos romanos, não servindo, em si mesma, a palavra "gládio", senão para representar o armamento de metal, pois ninguém seria insano o suficiente para ingressar fosse na arena do circo, fosse no campo de batalha munido simplesmente dum fragmento de papiro com a inscrição *GLADIVS*. E qual seria a consequência disso, senão que o número, fosse isso mesmo, não representasse aquela natureza que se perseguia, pública, apreensível pela razão e incorruptível, pois um *gladius* de ferro não pode ser sentido em comum por todos, nem é incorruptível, tampouco apreensível exclusivamente pela razão, ainda que sua imagem mental o seja. Porém uma imagem mental[358] não é a coisa em si, assim como o lábaro não é o exército que anuncia. Logo, ao deparar a imagem da coisa, não se depara a própria coisa, e sim um simulacro.

> **82.** E – [...] se os números são percebidos pelos sentidos do corpo, não é por esse motivo também que fui capaz de perceber, pelos [mesmos] sentidos do corpo, a razão da partição dos números ou de sua copulação[359]. De fato, é por esta luz da mente que eu refuto todo aquele que, ao computar, tiver feito um cálculo errado, seja adicionando, seja subtraindo.

A intervenção de Evódio dá conta suficientemente de justificar a existência real dos números, ao empreender a necessária distinção entre o número matemático como representação de uma determinada quantidade de objetos

---

[357] *Calculus* ● = I; *ergo duo calculi* ●● = II; ●●● = III; ●●●● = IIII ou IV = ●●●●● -●; ●●●●● = V; ●●●●●● = VI = ●●●●● +●; ●●●●●●● = VII = ●●●●● + ●● *et seq.*

[358] Poder-se-ia contradizer que essa imagem fosse de fato mental, pois o que se evoca pelo signo verbal *gladius*, enquanto imagem, não é apenas visual, mas também sonoro, tátil, podendo inclusive, num exagero, ser sentido pelo olfato e pelo paladar, através do cheiro da tinta sobre o papiro ou pergaminho e de seu paladar. Contudo, ao dizê-la "mental", está-se referindo ao "signo linguístico", a "imagem acústica" que se associa a um "significado", naquilo que Saussure entendia como a "impressão psíquica" do som produzido ao pronunciá-la. Portanto, quando se escreve ou fala *gladius*, evoca-se uma imagem de caráter psíquico ou mental, através do som e/ou da forma do que foi lido, imagem essa que não é o objeto corpóreo em si, embora possa ser considerada em si mesma, como dito, algo corpóreo também.

[359] Cf. os verbetes *copula* e *copulatio* no Léxico T-F.

corpóreos e as operações exclusivamente racionais que se podem levar a efeito por seu intermédio. Se, por um lado, como reconhece Evódio, as quantidades são percebidas pelos sentidos do corpo, uma vez que é possível ver com os olhos corpóreos duas ou mais maçãs e tocá-las, distinguindo pelo tato uma da outra, conquanto a ciência da quantidade não seja oriunda dos sentidos, e sim de operação mental, pois um símio é igualmente capaz de tocar as duas ou mais maçãs, sem contudo dar-se conta de sua quantidade, enfim, ainda que se possa tocar nas duas ou mais maçãs e vê-las, dividi-las ou reparti-las (*partitio*) e somá-las ou empreender sua cópula (*copulatio*), contudo é atributo exclusivo de faculdade distinta dos sentidos do corpo, que Evódio denomina aqui, recorrendo a uma metáfora apresentada antes, "luz da mente"[360]. Portanto o cálculo matemático, cujo instrumento é o número, noção de quantidade representada por símbolos, como pedrinhas ou letras, não se pratica senão por meio da luz da mente, por meio daquelas faculdades raciocinativas dos seres pertencentes ao terceiro e último degrau da escada das naturezas erigida, inteligir (*intellegere*), embora esses não prescindam dos dois primeiros degraus, cumulativos, ser (*esse*) e viver (*uiuere*). Todavia, ainda que os objetos de percepção exclusivamente mental se possam dizer associados aos primeiro e terceiro grau da escada, uma vez que talvez não fosse apropriado dizer que a noção de número viva, ainda assim, no caso do homem, faz-se mister que ele não apenas seja, mas que também viva, a fim de que possa por fim ser capaz de inteligir.

83. E – Porém sete e três são dez, não somente agora, mas sempre; e nem de algum modo em tempo algum sete e três não foram dez, ou em tempo algum sete e três não serão dez. Por isso é que eu disse que esta incorruptível verdade do número é comum a mim e a qualquer um que raciocina.

Evódio opera ainda uma outra distinção das mais importantes, que tem servido de sustentáculo para muito do que se argumentou até aqui, a distinção entre objetos inteligíveis e corpóreos, no que tange à sua durabilidade ou permanência no tempo. Com efeito, sabe-se que por mais duradouros sejam os objetos perceptíveis pelos sentidos do corpo, os quais se dizem corpóreos porque incluem tudo o que exista no céu e na terra e que possa ser captado pelos cinco sentidos do corpo, tudo isso terá um fim, por mais distante no tempo se o admita. Porém a "verdade" matemática, como o resultado da

[360] Cf. 1,7,17,59 *"lux mentis"*.

soma entre três e sete, foi, é e será sempre a mesma. Portanto o número ou cálculo racional numérico é invariável, imutável, pelo que permanente, isto é, pode ser considerado eterno, ao modo da Lei ou Razão suprema tantas vezes aludida no livro primeiro. Trata-se, pois, da "verdade incorruptível do número", que não se confunde com as quantidades de objetos corpóreos, todos perecíveis. Disso se faz suficientemente perceptível a associação que adotou a patrística entre as ideias e a própria divindade, relação essa que não deixou de encontrar precedente nas próprias concepções tanto platônicas como aristotélicas a respeito do divino (θεῖον). De fato, assumindo-se que o número tenha existência real, que não seja apenas uma imagem mental de algo corpóreo, percebe-se facilmente como suas características se adaptam perfeitamente ao que se poderia cogitar acerca da divindade, como sua pura inteligibilidade, eternidade e consequente incorruptibilidade, que pressupõe imutabilidade e existência comum ou pública, ou seja, que permita fruição total por todos simultaneamente. Vê-se, além do mais, como essas categorias filosóficas não apenas serviram aos objetivos da apologética, mas também permitiram aos cristãos fundamentarem sua teologia. Com efeito, o que se aplica às ideias será igualmente usado para falar de Deus, *mutatis mutandis*, embora não se trate de cópia servil, pois desde a apologética cristã e o neoplatonismo patrístico até às especulações de Agostinho acerca da *Trindade* um enorme caminho foi percorrido, de modo que muita vez se torna difícil até mesmo traçar sequer um paralelo entre as categorias gregas que serviram de base ao pensamento cristão e seu desenvolvimento.

2,8,22,84. Da natureza do número II: o *um*

84. A – [...] Mas verás facilmente que os próprios números também não são atraídos pelos sentidos do corpo...

O primeiro ponto de interesse nesta passagem refere-se à suposta "atração" dos números pelos sentidos do corpo. Por detrás da simples ideia de percepção sensorial, parece haver uma certa atividade dos sentidos, obviamente conduzidos pelas faculdades raciocinativas no homem, embora instintivos ou automáticos nos demais seres irracionais viventes. Por outro lado, ao referir que os números não são "atraídos" pelos sentidos do corpo, parece que se faz alusão não aos números enquanto expressão de quantidade, mas aos números

como operação racional, ainda que, seja como expressão de quantidade, seja como operação mental, o número é dito não poder de modo nenhum ser captado pelos sentidos do corpo, pois conquanto um animal irracional qualquer venha a tocar um, dois ou mais objetos, ainda assim não terá ciência alguma da quantidade que está tocando, conquanto possa discernir de algum modo por meio de uma operação incógnita entre o sentido interior e os cinco sentidos, como o olfato e o tato, por exemplo, se os objetos lhe sejam apetitivos, indiferentes ou repelentes.

> **84.** A – [...] se cogitares que um número qualquer é chamado de tanto [conforme] quantas vezes [em si] contiver o *um*; por exemplo, se contiver o *um* duas vezes, será chamado de "dois"; se três vezes, de "três"; e se dez vezes contém o *um*, é chamado de "dez"; e assim todo e qualquer número, quantas vezes contém o *um*, daí é que tem o seu nome, e desse tanto é chamado.

Na sequência Agostinho deixa claro que está considerando os números não enquanto mera expressão de quantidade, e sim como resultado de certa operação matemática, que os irracionais são incapacitados para efetuar, operação esta copulativa puramente abstrata que verifica o resultado da soma dos *um* existentes, ou antes, representados por um determinado signo matemático-numérico, que se pode aplicar a qualquer objeto, seja corpóreo ou não. Com efeito, três maçãs, como toda criança aprende rapidamente na escola, equivale a *um* de maçã mais *um* de maçã mais *um* de maçã, sequência esta que ela aprende a reconhecer como ternária, ou seja, que repete por três vezes a unidade, o *um* de maçã, de modo cumulativo, fazendo com que o resultado dos três *um* de maçãs equivalha a algo quantitativamente distinto do *um* original de maçã. Há sem dúvida uma certa circularidade na explicação de Agostinho, uma vez se vê obrigado a recorrer a uma noção numérico-quantitativa, em sua forma latina adverbial, *bis, ter... decies*, traduzida pelas expressões vernáculas "duas vezes", "três vezes", "dez vezes", para explicar os próprios signos numéricos, de que pretende decorrer por sua vez a noção de *um*. Ora, se todo número, enquanto signo, expressa na imagem mental que evoca uma determinada soma ou cópula do *um*, como o número três, III, que se define por esse raciocínio como três vezes o *um*[361], percebe-se a necessidade do número para entender o número, isto

[361] Vê-se que essa ideia é muito mais clara no canhestro sistema numeral romano que no arábico. Por exemplo, o numeral III evidencia uma sequência de I muito mais nítida que o signo "3": ●●● = I + I + I = III. Por sua vez, o numeral V, bem ao estilo romano, abrevia I + I + I + I + I

é, que seja preciso antes compreender tanto a noção de quantidade como as operações mentais de adição ou cópula e subtração ou repartição, a fim de que se possa saber que o signo treze, XIII, expressa a soma do *um* treze vezes[362]. De fato, como somar treze *um* sem saber efetuar uma soma? Ou como multiplicar determinado número de vezes o *um* sem saber multiplicar? Ou como saber que XVIII (*duodeuiginti*) literalmente significa "dois de vinte", ou ainda, "vinte menos dois", sem noções de subtração? Ou então, como saber que o três equivale a três vezes o *um* sem saber o que é o *três*? Obviamente, de um ponto de vista prático e mesmo, é lícito dizê-lo, corpóreo, pode-se imaginar que o "dois" seja o dobro do *um*, ou seja, o *um* acrescido de si mesmo ou de uma parte que lhe fosse equivalente; ou que o três fosse o *um* acrescido do "dois", isto é, do *um* mais o dobro do *um* ou o *um* acrescido de si mesmo, o que equivaleria a dizer que o três seria o *um* acrescido do *um* acrescido de si mesmo; e que o quatro seria o dobro do "dois" ou o *um* acrescido do *um* acrescido de si mesmo e novamente acrescido de si mesmo, e assim sucessivamente. Portanto um número qualquer se denomina a partir da quantidade de *um* que contenha em si, ou seja, a cópula dos *um* nele contidos, o que só se pode apreender por intermédio da razão, jamais dos sentidos.

Duas observações se fazem necessárias neste ponto. Primeiro, embora os antigos conhecessem o cálculo com frações ou partições dos números[363], a sua aritmética trabalhava primordialmente com números inteiros, mesmo porque seu sistema numérico não oferecia muitos recursos para que operações com cálculos decimais se desenvolvessem, o que só ocorrerá bem mais tarde, com o sistema numérico arábico. Depois, como deve ter sido notado, preteriu-se adrede o termo "unidade" na tradução e nos comentários desta passagem e subsequentes. Isso se deu não apenas porque o latim já possui um termo específico para expressar a unidade, *unitas*, atestado em autores como Plínio, o Jovem, e Aulo

---

(●●●●●) como sendo um signo do signo; de onde IV ser V – I ou IIIII – I (●●●● [-●]), isto é, cinco vezes o *um* menos uma vez o *um*; ou então VIII, por sua vez, que expressa IIIII + III, isto é, cinco vezes o *um* (●●●●●) mais três vezes o *um* (●●●), e assim sucessivamente.

[362] Na verdade é um signo de signos também, pois XIII é a junção dos signos X e I três vezes, ou seja, a soma do conjunto I + I + I + I + I + I + I + I + I + I (●●●●●●●●●●) e do conjunto I + I + I (●●●) ou duas vezes o signo V = V + V e a soma de três I, ou ainda duas vezes I + I + I + I + I (●●●●● + ●●●●●) adicionado a I + I + I (●●●).

[363] Os babilônios e os egípcios desenvolveram cada um por si um sistema próprio para o cálculo com frações desde pelo menos 2000 a.C. Os próprios romanos se utilizavam do cálculo com frações para objetivos práticos, como a cobrança de taxas.

Gélio, mas principalmente porque o termo *unitas*, "unidade", como atributo da divindade, poderia confundir-se com a própria divindade, notoriamente trina (*trinitas*), numa perigosa associação entre o Uno neoplatônico e o Deus cristão, que embora se diga comumente uno, por ser o único Deus, em conformidade com o monoteísmo judaico-cristão, ainda assim é misteriosamente três em sua unidade. Demais, Agostinho bem poderia ter feito uso do termo *unitas*, se assim o tivesse desejado, mesmo que se possa aventar a possibilidade de o termo não ter sido de uso muito comum à época.

2,8,22,85. Da natureza do número III: o *um* é inapreensível

> **85.** A – [...] o *um* não pode ser sentido pelos sentidos do corpo. De fato, tudo o que é atingido por tal sentido está provado já não ser *um*, mas muitos; pois é corpo, e por isso possui inumeráveis partes.

Se no parágrafo anterior parecia que Agostinho estava tratando dos números matemáticos acima de tudo, que se definem pela quantidade de *um* que em si contenham, posto que inapreensíveis sensorialmente, agora parece voltar-se a uma outra espécie de número. Bem se sabe que é possível sentir, seja pelo tato, seja pela visão, que duas maçãs são qualquer coisa distinta de uma única maçã, ainda que essa operação, seja com que sentido for, não se faça sem o concurso da razão, como já dito. Porém Agostinho está referindo algo distinto. Embora diga que o *um* não pode ser apreendido pelos sentidos do corpo, não se trata aqui especificamente de voltar o foco para a apreensão sensorial, o que, como se viu, conduziria a discussão de volta aos sentidos, a fim de saber qual seria sua participação na apreensão da quantidade, em subsídio às operações necessárias da razão. Ora, imagina-se seja possível sentir o *um*, isto é, uma unidade, seja de que objeto for, desde que corpóreo. Contudo esse *um* que se supõe sentir – o que Agostinho de modo algum contesta –, não é verdadeiramente *um*, porque o *um* não pode jamais ser sentido, pois tudo o que é corpóreo, em sua natureza, é por definição múltiplo, uma vez poder ser incontavelmente dividido[364]; e mesmo a menor parte resultante dessa divisão, por menor seja, ainda assim será constituída de alguma parte, seja superior, seja inferior, seja lateral, seja interna ou externa.

---

[364] Na verdade esse "incontável" é hiperbólico, quando não teórico apenas, pois tudo o que é corpóreo supõe-se tenha um fim, um limite, que, ao ser atingido e ultrapassado, ou deixa-se o objeto ou o próprio deixa de existir.

85. A – [...] por pequenino seja um determinado corpúsculo, possui certamente uma parte direita, outra esquerda, uma superior, outra inferior, ou uma posterior, outra anterior, ou ainda umas partes limítrofes, outra média.

E sendo assim, uma maçã, conquanto seja considerada vulgarmente como uma única maçã, uma unidade, em última instância não é *una*. O que se vê como *um* é um simulacro muito distante da unidade do *um*, por ser um conjunto de inumeráveis partes a que vulgarmente se dá o nome de maçã e se contabiliza como sendo apenas *uma*, mas se o faz de modo equivocado. Trata-se, numa palavra, da dimensão espacial do corpo, em contraste com a ausência de dimensão de uma sua contrapartida, que talvez se possa denominar natureza espiritual ou inteligível. Portanto a apreensão pelos sentidos corpóreos implica sempre um corpo e consequentemente uma dimensão espacial, por ínfima seja, ainda que se trate das partículas "invisíveis", conquanto sensíveis, de ar inaladas, que, como se viu, constituem alimento aos seres viventes[365]. Estabelece-se assim a fulcral distinção entre unidade e multiplicidade, entre o *um*, inapreensível pelos sentidos do corpo, e um não *um* apreensível pelos referidos sentidos. Pois tudo o que é corpo deve necessariamente ser não *um*, ou múltiplo, se se queira, por causa de suas dimensões espaciais, por menores sejam, o que, por fim, é requisito *sine qua non* para a apreensão sensorial, uma vez que não se pode sentir, seja por que sentido for, o que não tem começo ou fim, isto é, o que não tem parte alguma. Demais todas as partes têm igualmente seus contrários, pois nenhuma parte haveria superior sem a contraparte inferior, ou a esquerda, sem a direita, como jamais se poderia imaginar um lado que fosse "fora" de algo que não possuísse um "dentro", assim por diante. E mesmo que se atinja o átomo, vê-se que ele mesmo contém em si partes, seus limites, sua forma, seus prótons, nêutrons e elétrons, a não ter de avançar a partículas ainda menores. Seja como for, ainda assim se trata de algo de certo modo mensurável, dimensionável, numa palavra, uma partícula, que é sempre, por menor seja, uma parte de algo, algo que em si mesmo possui outras partes.

Portanto o que importa para os fins a que se propõem Agostinho e Evódio, tendo por pano de fundo a distinção entre corpóreo e incorpóreo, que, por sua vez, implica outra distinção, entre o que se pode captar pelos sentidos do corpo e o que lhes é inacessível, é a constatação da inapreensibilidade do *um* e a exclusiva apreensibilidade do múltiplo. Só é apreensível pelos sentidos corpóreos o que é múltiplo, não *um*, divisível em partes, numa palavra, corpo. Pelo que,

---

[365] Cf. 2,7,17,65-68.

se o *um* é inapreensível pelos sentidos do corpo, decorre necessariamente que seja incorpóreo[366]. Tem-se, portanto, de modo inusitado, a partir da definição de número, como sendo a soma do *um* contida numa determinada quantidade, a descoberta da natureza incorpórea, ou, quando não, de ao menos uma de suas características inalienáveis, a unidade.

2,8,22,86-88. Da natureza do número IV: o *um* não é corpo

> **86.** A – [...] não admitimos que corpo algum seja pura e verdadeiramente *um*, corpo em que, contudo, uma tão grande quantidade de partes não se poderá enumerar, a não ser por meio de uma cognição discriminada daquele *um*.

Sendo o corpo não *um*, tem-se necessariamente que o *um* não pode ser corpo, que não pode estar no corpo, que não tem nada que ver com a natureza do corpo. De onde restar claro que, quando se vê *um* objeto corpóreo qualquer, cuja quantidade é supostamente *um*, está-se enganado pelas aparências, pois o que se vê, em verdade, é um conjunto de partes incontáveis que, por conveniência apenas, se denomina *um*, porém que não pode jamais conter em si a verdadeira unidade, uma vez que esta não é corpórea. Todavia Agostinho diz que as partes de um tal objeto poderiam enumerar-se caso fosse conhecido o *um*, numa palavra, caso fosse tido um conhecimento discriminado deste *um* em si mesmo. Mas se o *um* não se pode encontrar no corpo, porque ali não está, como se há de enumerar-lhe as partes, desse mesmo corpo? Se só se podem conhecer as partes todas de um dado corpo por meio de um conhecimento do *um* em si mesmo, e se o *um* não pode definitivamente ser encontrado no corpo, crê-se que ou jamais se há de enumerar as partes deste corpo, ou que se há de buscar um conhecimento do *um* alhures.

> **87.** A – Logo onde é que eu conheço o *um*, que não é corpo? Mas se eu não conhecesse o *um*, não poderia enumerar as muitas partes em um corpo. Porém, seja de onde for que eu conheça o *um*, sem dúvida não é por meio dos sentidos do corpo que eu o conheço, porque por meio dos sentidos do corpo não conheço senão corpos, coisa que provamos pura e verdadeiramente que o *um* não é. Além disso, se não percebemos o *um* por meio dos sentidos do corpo, número nenhum percebemos por meio desses sentidos...

[366] É evidente que mesmo os objetos corpóreos invisíveis a olho nu, como a própria medida de ar inspirado, segundo o exemplo anteriormente citado (cf. 2,7,17,65-68), nem por isso deixam de ser corpóreos, pois, mesmo que não possam ser seccionados a olho nu pela arte humana, contudo podem sem dúvida sê-lo em tese, em virtude de sua natureza múltipla.

Pelos sentidos do corpo só se conhecem corpos. O *um* não é corpo. Logo o *um* não pode ser conhecido jamais pelos sentidos do corpo. Então onde é que se pode conhecê-lo? Conquanto não se o saiba, o que se sabe não é pouco, que o *um* não é corpo. E disso decorre algo por demais interessante: a inapreensibilidade do número. Com todo o efeito, se não se pode apreender senão corpos por meio dos sentidos do corpo, não se poderá apreender o número, que não é corpo. Não se trata especificamente das quantidades numéricas, os números matemáticos vulgares, expressão de quantidade, soma de corpos e de partes de corpos, que, como se viu, nada obstante se considerarem perceptíveis, se o faz equivocadamente. Os números verdadeiros, resultado da cópula do *um*, esses não se podem apreender pelos sentidos, uma vez que o *um* não é corpo. Ora, como apreender o três, que é a soma do *um* mais o dobro do *um*, se não se pode apreender o *um*? Impossível. Logo a natureza inteligível dos números não se capta pelos sentidos corpóreos.

88. A – Pois dentre estes não há nenhum número que não seja chamado de tanto quantas vezes contém o *um*, cuja percepção não se faz por meio dos sentidos do corpo.

Tudo o que os sentidos do corpo apreendem é constituído de partes, tantas quantas contêm em si o *um*. E se toda parte pode ser dividida e subdividida, sempre haverá partes nas partes, por menores sejam, até que se atinja o *um*. Porém o *um* verdadeiro – não o simulacro –, esse não pode ser subdividido, porque então deixaria de ser *um*. O *um* não pode ter partes, pois se as possuísse não seria verdadeiramente *um*, e sim muitos.

Do maior interesse é notar que Agostinho não teve muito cuidado em fazer a passagem da matemática que, por questão de conveniência se pode dizer "corpórea", isto é, aplicada, à matemática incorpórea, ou metafísica, por assim dizê-lo, herança pitagórico-platônica. Isso causa uma enorme dificuldade ao leitor não muito íntimo da cultura filosófica da Antiguidade pré-cristã e também imperial pagã, de modo especial a síntese neoplatônica. Contudo para um leitor de sua época isso era moeda corrente, pelo que a única distinção necessária era a que opera no §87, ao dizer que está referindo o número que se discerne pela inteligência[367], não o outro, decorrente de uma matemática aplicada a fins considerados menos elevados, ou seja, das quantidades vulgarmente aplicadas aos corpos[368].

---

367 *"Dumtaxat numerorum quos intellegentia cernimus."*

368 Cf. *Tusc.* 1,19,71. No *Fédon* (78c) Platão diz que tudo o que é composto pode ser dissolvido e o que não o é não pode. O composto é mutável; o não composto, não. A natureza da alma é una

2,8,23,89-91. Da natureza do número V: *ratio numerorum*

89. A – Em seguida, retendo a sequência dos números, não é porque após o *um* vemos o "dois", número que reunido ao *um* se descobre que é seu dobro, que o dobro de "dois" se lhe adjunja de modo análogo; mas, ao contrário, interpondo-se um número ternário, segue-se o quaternário, que é o dobro de "dois". **90.** E este raciocínio se estende através de todos os demais números por uma lei absolutamente certa e imutável [...] **91.** de modo que o quanto de cada número, desde o seu princípio, seja o mesmo tanto que, [acrescido] depois dele, constitua o seu dobro.[369]

Esta passagem, nada obstante guardar interesse considerável pelo prisma da matemática histórica, que, se por um lado demonstra quão canhestro era o raciocínio de então, cerceado pelos grilhões de uma linguagem que a ele não parecia adequada, por outro deixa entrever o valor dos pensadores de antanho, que mesmo sem instrumentos apropriados venciam as dificuldades com raciocínios ordenados e muita vez sofisticadíssimos, que impressionam mais pela estruturação que pelas conclusões; enfim, nada obstante estas constatações de ordem técnica, histórica e cultural, a passagem tem função importante no argumento que se desdobra para comprovar a existência de algo [i] que tenha caráter público, ou seja, que possa ser apreendido por todos simultaneamente e sem detrimento de sua natureza; [ii] que possa ser visto pelos seres dotados de capacidade raciocinativa, não sendo, como consequência, apreendido pelos sentidos do corpo; [iii] que seja incorruptível, e por isso mesmo, eterno[370].

(*quin nihil est animis admixtum, nihil concretum, nihil copulatum, nihil coagmentatum, nihil duplex*); a do corpo, não, cuja morte outra coisa não é senão a desagregação de suas partes (*est enim interitus quasi discessus et secretio ac diremptus earum partium, quae ante interitum coniunctione aliqua tenebatur*). Embora a alma platônica fosse não composta (ἀξύνθετος), ainda assim ele a divide em duas partes, racional (λογιστικόν) e irracional (ἄλογον), a qual se subdivide em outras duas, apetitiva (ἐπιθυμητικόν) e irascível (θυμοειδής).

369 Vale notar, no que diz respeito à tradução, que se procurou manter uma rígida fidelidade ao original latino nesta passagem, sem procurar explicá-la ou parafraseá-la, simulando traduzi-la. A passagem sem dúvida oferece enorme desafio à leitura, desafio que, contudo, procurou-se dirimir pelos comentários que se seguem. A conclusão do argumento poderia ser reescrita da seguinte maneira aproximada: "de modo que a quantidade de cada número desde o seu princípio seja o mesmo tanto que depois dele constitua seu dobro", ou seja, a mesma quantidade de *um* que cada número contenha em si na sucessão dos números, esta quantidade, quando acrescida ao número, compõe seu dobro, como por exemplo o IV, que contém em si quatro *um*, IIII, de onde ser preciso mais quatro *um*, IIII, depois dele, a fim de que seu dobro seja constituído, de quatro *um* mais quatro *um*, o que dá VIII (ou IIII + IIII).

370 Cf. 2,8,20,79-80.

Portanto o raciocínio matemático apresentado quer preencher as exigências acima, fazendo-se a invenção (*inuentio*) de uma regra de caráter universal, certíssima, imutável, pública, eterna e inteligível, o último degrau antes do encontro com uma suposta natureza divina. O que parece estranho e incompreensível, por conta da canhestra sequência de cálculos descritos de modo linear e expositivo, é por demais simples, como pretende demonstrar o argumento que se desdobra logo abaixo, em forma esquemática:

1. O dobro de I é duas vezes I = II;

2. O número II vem logo depois de I na sequência numérica (*ordo numerorum*);

3. Logo o dobro de I é o primeiro número na sequência numérica, excluído o I;

4. Logo II, que é o dobro de I, é o primeiro número na sequência numérica, depois de I;

5. O dobro de II, que é duas vezes II, é IV = IIII;

6. O dobro de II, contudo, não vem logo depois de II, e sim depois de III;

7. Logo o dobro de II é o segundo número na sequência, excluído o II;

8. Logo IV, que é o dobro de II, é o segundo número na sequência, excluído o II, do seguinte modo: o primeiro é III, o segundo, IV (= IIII);

9. O dobro de III, que é duas vezes III, é VI = IIIIII;

10. O dobro de III não segue imediatamente III, vindo depois do IV e do V;

11. Logo o dobro de III é o terceiro número na sequência numérica, excluído o próprio III, do seguinte modo: primeiro, IV (= IIII), segundo, V (= IIIII), terceiro, VI (= IIIIII);

12. Logo VI, que é o dobro de III, é o terceiro número na sequência;

13. O dobro de IV, que é duas vezes IV, equivale a VIII = IIIIIIII;

14. O dobro de IV vem depois de V (= IIIII), VI (= IIIIII) e VII (= IIIIIII);

15. Logo o dobro de IV é o quarto número na sequência, excluído o próprio IV;

16. Logo VIII (= IIIIIIII), que é o dobro de IV, é o quarto número na sequência;

17. Logo a quantia exata que cada número representa, a partir de si próprio (mas com exclusão de si), na sequência dos números[371], depois dele, constitui o seu dobro;

[371] A óbvia e elementar sequência numérica (*ordo numerorum*) é I, II, III, IV, V, VI, VII *ad infinitum*.

18. Logo o dobro de um número cardinal é o seu correspondente ordinal na sequência, a partir dele, excluído o próprio número, como por exemplo: o dobro do número cardinal X (= IIIIIIIIII) é o décimo número depois de X, com exclusão do próprio X, ou seja, XX (= IIIIIIIIIIIIIIIIIIII)[372].

Pode-se estranhar todo esse torneio verbal para dizer canhestramente que o dobro de um número é o próprio número somado a si mesmo. Todavia, como dito antes, a matemática antiga sofria entraves decorrentes das limitações de sua linguagem simbólica. Por outro lado, aquilo que para o homem contemporâneo parece canhestro, herdeiro que é do sistema arábico de numeração e de séculos de abstração, potencializados infinitamente pelos avanços da tecnologia digital, para os antigos, contudo, não apenas não era, como também se justifica plenamente. Se se ativer à noção básica da própria estrutura da numeração romana, de par com a ideia já exposta de que toda a pluralidade nada mais é senão a soma da unidade, ou antes, do *um*, inatingível pelos sentidos do corpo, o cálculo de Agostinho não apenas se faz compreensível, mas também bastante sofisticado. De fato, se se procurar explicá-lo por meio da numeração arábica, toda a metafísica por detrás das operações deixa de ser apreendida. Não é apenas por causa das dificuldades apresentadas pelos números romanos que o filósofo recorre aos ordinais, como *primus, secundus, tertius, quartus* etc., ou aos distributivos, como *ternarius, quaternarius, quinarius* etc. De fato, se se retiver na mente a noção capital de unidade, o *um*, que não apenas dá início à sequência dos números, mas cuja noção se tem por inapreensível, perceber-se-á como os ordinais primeiro, segundo, terceiro, e os distributivos ternário, quaternário, octonário etc. se fazem não apenas adequados, mas também imprescindíveis. Isso se diz porque se está considerando a sequência de números como se considerou pouco antes a quantidade infinita de partes de um determinado corpo, como decorrentes de uma partição, ou antes, de modo invertido, de uma cópula do *um*. Com efeito, o dobro de um determinado número, que melhor seria expresso como duas vezes esse número, se expressa pela quantidade de *um* que há na sequência, depois do número, até que se atinja a quantidade de *um* representada pelo próprio número. Por exemplo, se III é três vezes o *um*, I, tem-se que o seu dobro, ou seja, duas vezes III, equivalha a duas vezes o *um* três vezes (II x I + I + I)[373], ou que duas vezes III, que

---

[372] Diz-se com exclusão dele, pois a conta que se faz é a partir de XI (1.º), XII, (2.º), XIII (3.º), XIV (4.º), XV (5.º), XVI (6.º), XVII (7.º), XVIII (8.º), XIX (9.º), XX (10.º).

[373] 2 x ●●● ou ●●● + ●●●.

é o dobro de III, seja na verdade o terceiro *um* depois do próprio III: III + I, I, I = IIIIII = VI[374]. Logo, quando diz que "depois do quarto, com exceção dele próprio, o quarto número na sequência tem o dobro dele, porque depois do quarto, isto é, o quaternário, primeiro é o quinário, segundo, o senário, terceiro, o setenário, quarto, o octonário, que é duas vezes o quarto", que está dizendo Agostinho, senão que, depois do quarto número na sequência de *um*, IIII, excetuado ele próprio, ou seja, partindo do quinto *um* depois do quarto *um*, descobre-se que o quarto *um* é duas vezes o número IIII, ou seja, IIII + IIII = VIII; o que se justifica de modo igualmente unitário, quando se desdobra toda a sequência, ao dizer que o primeiro *um* depois do número IIII é o quinário, ou seja, cinco vezes o *um*, que é seguido pelo senário, ou seja, seis vezes o *um*, e depois pelo setenário, ou seja, sete vezes o *um*, para, por fim, chegar-se a duas vezes o *um* vezes quatro, ou seja, o octonário, isto é, oito vezes o *um*, IIIIIIII, que por conveniência o sistema romano abreviou como VIII, que é também o V (= IIIII) + III, ou o V – I = IV + IIII.

Portanto, por mais canhestro pareça o cálculo, faz todo sentido e se justifica plenamente, não apenas pelo sistema numérico romano, ainda muito preso aos corpos ou pedrinhas, *calculi*, de onde também muito visual, ou seja, circunscrito ao que se apreende pelos sentidos, o que de certo modo obstou em muito o seu desenvolvimento, sendo tanto mais admirável o nível de abstração atingido por Agostinho nesta aparentemente simples passagem quanto mais cerceado se via pelas categorias impostas pelo sistema numérico em que era constrangido a pôr em prática o seu engenho.

2,8,23,92. Da natureza do número VI: *na* luz interior

> **92.** A – [...] Logo de onde é que conhecemos, através de todos eles, que isto é assim [...] a não ser em uma luz interior, que o sentido corpóreo ignora?

Portanto, para os fins objetivados pelo filósofo, importa sobremodo esta conclusão a que chega neste parágrafo, que, em não sendo possível a verdade dos números ser atingida pelos sentidos do corpo[375], resta que seja apreendida

---

[374] 3 (●●●) + ● (1.º) + ● (2.º) + ● (3.º).

[375] A verdade dos números não se apreende pelos sentidos do corpo por dois motivos básicos. Primeiro porque os números são "inumeráveis", no dizer de Agostinho, e nenhum sentido corpóreo finito poderia fisicamente compreender o infinito. O segundo motivo havia já sido dito (cf. 2,8,22,86-88), a saber, o *um*, que, por inexistir no corpo, não pode ser apreendido por um sentido qualquer do corpo.

de algum outro modo. Ora, se não é pelos sentidos corpóreos, que operam no exterior, captando objetos que, por serem delimitados espacialmente pelas dimensões dos corpos que possuem, são apreensíveis por eles, resta apenas o seu contrário, o interior, por meio de algum outro pseudossentido ou atributo qualquer, situado em alguma parte de dentro do ser percipiente. Na verdade não se trata de percepção, e sim de "observação" (*conspicere*), mas não em sentido literalmente corpóreo, e sim em sentido derivado ou metafórico, isto é, trata-se de uma observação que se dá pelos olhos da mente, como dito antes[376], "olhos" que veem através de uma luz igualmente interior (*in luce interiore*), completamente desconhecida dos sentidos do corpo, a qual luz não pode ser captada pelo sentido ordinário da visão através do olho corpóreo. Essa "visão" interior, por sua vez, dá-se de modo tão certo e confiante que sua apreensão se tem por verdade inquestionável, ou antes, os raciocínios operados pela inteligência (*intellegere*), essa luz da mente[377], no caso dos cálculos matemáticos desdobrados no parágrafo anterior, são absolutamente inquestionáveis, estáveis, como a *lex aeterna* ou *summa ratio* de que se falou no livro primeiro[378]. E de fato, aquela lei do dobro, se se pode denominá-la assim, a decretar que o dobro de um número cardinal é o seu correspondente ordinal na sequência, a partir dele e acrescido à sua quantidade, excluído o próprio número, se aplica por toda a sucessão numérica, *ad infinitum*, como se demonstrou em pormenores.

2,8,24,93. Da natureza do número VII: *ratio et ueritas*

> **93.** A – [...] essa razão e verdade dos números não apenas não pertence aos sentidos do corpo e constitui algo puro que não pode ser invertido, como também [...] é vista em comum por todos os que raciocinam.

Note-se ainda uma vez a unidade atribuída por Agostinho aos termos *ratio* e *ueritas*, adjungidos ao restritivo "número", que se patenteia por sua insistência em fazer a concordância pelo singular, não pelo plural. O que se dá, como dito antes[379], porque se está considerando gramaticalmente *ratio et ueritas numeri* como uma espécie de locução, cujo sentido se amalgama em algo como "verdade inteligível do número", ou ainda "verdade racional do cômputo

---

376 Cf. 2,8,20,79-80.

377 Cf. 1,7,17,59.

378 Cf. 1,6,15,48-49.

379 Cf. 2,8,20,79-80 "Razão e verdade do número".

matemático", ou algo de semelhante gênero. Há que notar ainda que os termos constantes da expressão "razão e verdade do número", ao menos filosoficamente, não poderiam ser considerados como coisas distintas, sob pena de arruinar a proposta do filósofo, pois razão e verdade não se distinguem no plano das ideias, ou seja, no plano eterno e imutável a que pretende o pensador chegar, e que posteriormente associará à própria ideia de Deus. Por outra, quando diz "razão e verdade dos números", Agostinho se refere tanto ao cômputo ou à operação matemática pela qual se obtêm as somas ou cópulas e as diferenças ou repartições, *ratio* que corresponde a uma única substância, por assim dizer, que não pode não ser verdadeira, como também aos próprios resultados das operações, isto é, às somas, subtrações, produtos ou quocientes, que tampouco podem não ser verdadeiras. Portanto não convém dissociar a razão da verdade, ao menos no que tange ao número, seja porque desejou-se preservar a expressão empregada inicialmente por Evódio[380], seja porque pretendeu-se considerar o binômio como uma única entidade, uma unidade perfeita, como o próprio *um*, ausente nos corpos exatamente por não ser múltiplo, ou seja, por não poder ser repartido. E se a razão-verdade dos números pudesse de fato ser repartida, se não constituísse em si uma unidade perfeita, nem poderia ser partilhada em comum simultaneamente, como algo público, tampouco poderia ser incorruptível, pois, embora Agostinho ainda não o tenha dito, multiplicidade e mutabilidade se ligam como dois atributos inextricáveis, presentes nos objetos corpóreos. Por fim, como consequência da mutabilidade, é possível que esse binômio não pudesse ser incorruptível tampouco. Seja como for, a justificativa filosófica para a concordância pseudossolecista guarda maior interesse, ainda que a gramatical tenha seu valor e sua justeza. No entanto logo a seguir é à autoridade das Escrituras sagradas que caberá a justificativa determinante para a associação que se faz entre "verdade" e "número", não mais entre esta e "razão".

Em conformidade com o que já se apontou nos comentários ao parágrafo anterior, Agostinho chega de vez ao que pretendia, encontrar algo que satisfizesse as características suprademandadas[381], agora retomadas e recapituladas: [i] não pertencer à natureza dos sentidos do corpo, ou seja, constituir-se um objeto de apreensão não corpóreo, alcançável apenas pela razão, atributo dos seres viventes inteligentes, pertencentes ao terceiro grau da escada das naturezas; [ii] consistir

---

380 *Ibid.*

381 Cf. 2,8,20,79-80.

numa natureza mais pura[382] e imutável, como consequência de sua incorporeidade, que a torna incorruptível, por ser inacessível à ação do tempo; [iii] ser comum ou pública, o que lhe permite ser apreendida simultaneamente por todos indistintamente, sem contudo sofrer nenhum detrimento em sua natureza, como a comida que se ingere ou o ar que se aspira, os quais, como se viu, embora possam ser restritamente partilhados, não podem ser totalmente compartilhados.

2,8,24,94-95. Da natureza do número VIII: pedrinhas da sabedoria

> **94.** A – [...] não foi invito que dei o meu assentimento à *razão e à verdade do número* [...] **95.** De fato, não é em vão que nos Livros santos se conjungiu o *número* à *sabedoria*, onde foi dito: "Circulei por aí, eu e meu coração, para que tivesse ciência, considerasse e buscasse a sabedoria e o número".

Tanto a versão Vulgata hieronímica quanto a versão grega dos LXX, a tão mais célebre quanto lendária[383] Septuaginta, diferem um pouco nesta passagem do texto do Eclesiastes que possuía Agostinho. Ei-las:

---

382 A metáfora da pureza (*sinceritas*) da natureza inteligível encontra seu precedente ilustre na tradição pitagórico-platônica, como se pode constatar no *Fedro* (250b5-c), por exemplo, quando Platão descreve a luz da beleza existente no mundo das ideias como sendo καθαρόν, de par com outras tantas descrições de caráter sublime. Vejam-se ainda as *Tusculanas* de Cícero (I-II), obra que retoma temas e ideias semelhantes com respeito à pureza da natureza inteligível, além dos comentários ao livro precedente (*L.A.* 1,7,17,59), quando Agostinho define a inteligência como sendo uma "certa vida mais elevada e mais pura" (*superiorem quamdam et sinceriorem uitam*).

383 Diz-se "lendária" porque teria sido encomendada por volta dos séc. III-II a.C. por um dos sucessores do sátrapa do Egito, o general alexandrino Ptolomeu I Sóter (366-283 a.C.), um dos diádocos de Alexandre, o Grande, entre os quais o império foi dividido após sua morte, no final do séc. IV. Ptolomeu teria sido motivado por sua ambição de ter ao menos um exemplar de toda a produção intelectual universal na célebre biblioteca de Alexandria, recém-fundada por ele, deflagrando doravante um movimento de incentivo à produção literária, ao estudo e à pesquisa científica, o que leva ao acúmulo de informações e consequente erudição, cujo instrumento principal era o rolo de papiro, abundante então no Egito, movimento esse sem precedentes na história, que, após sua morte foi adotado e continuado por sua dinastia. Rezava a lenda que um dos Ptolomeus teria por isso encomendado uma tradução das Escrituras hebraicas a um grupo de 72 sábios judeus (seis rabinos de cada uma das doze tribos), que teriam terminado a tradução em 72 dias, quantidade essa aproximada que deu nome à versão bíblica, Septuaginta, que em latim quer dizer "Setenta" (LXX). A Septuaginta foi traduzida para a língua grega "comum" ou *koinḗ* (κοινή), falada em toda a bacia do Mediterrâneo oriental urbano (em paralelo com as línguas nativas, mantidas por séculos fora dos centros urbanos), desde o sul da Itália até a babilônica Susa, e até mesmo em algumas localidades próximas ao Punjab, região sul do Afeganistão e noroeste da Índia. A despeito da "explicação" lendária e das atuais suspeitas de que a Septuaginta nem mesmo tenha existido, a teoria mais provável para a sua existência é a hipótese de que a comunidade hebreia do Egito

Percorri todas as partes com meu espírito
para que conhecesse e considerasse e buscasse
a sabedoria e a razão [/o cálculo *das coisas*].[384]

Circulei eu e também o meu coração
[com a finalidade] de conhecer e inspecionar e buscar
a sabedoria e uma pedrinha [/o cômputo das coisas].[385]

Sir Lancelot Brenton, em sua versão inglesa (1851)[386], traduz o termo grego ψῆφος, que literalmente significa "seixo" ou "pedrinha", por *account*, "cômputo", "conta" ou "cálculo", que faz seguir de um complemento nominal genérico no genitivo, "das coisas" (*the account of things*); sugestão essa que Lust, Eynikel e Hauspie[387] endossam prontamente. Portanto, enquanto a versão Vulgata de Jerônimo traz "sabedoria e razão", a versão dos LXX, "sabedoria e seixo" ou "pedrinha", que se pode sem prejuízo algum compreender como "cômputo". De fato, não só é possível como bastante provável que o grego *psêphos*, cuja tradução literal latina é *calculus*, "seixo", tenha muito cedo sido associado ao número ou cálculo matemático, que, como já se disse antes[388], se praticava amiúde com o subsídio de pedrinhas, *calculi*, com que não apenas se ensinavam as crianças as operações aritméticas mais elementares, mas inclusive se praticavam operações mais avançadas, como as desenvolvidas por matemáticos célebres, como Teeteto, para citar um. Por sua vez, o termo latino *ratio*, que também pode ser traduzido como "cálculo", se associa também intimamente à matemática, a *ratio numerorum*. Pois bem, seja como for, essa associação, entre "razão" matemática e "seixo" ou "cômputo" (*calculi*), representada pelo grego ψῆφος, não é de modo nenhum irreal, sendo, ao contrário, bastante provável, de onde a versão de que dispunha Agostinho tê-la traduzido por *numeri*, "número", que igualmente pode expressar

---

alexandrino havia perdido o domínio do hebraico, tendo sido então necessária a tradução para o grego, idioma universal da época e a língua da elite cultural egípcio-helênica.

384 Ecl 7,26: "*Lustraui uniuersa animo meo ut scirem et considerarem et quaererem sapientiam et rationem...*". Cf. Gryson & Weber, *Biblia Sacra Iuxta Vulgatam Versionem*. Stuttgart: Deutsche Bibelgesellschaft, 1994.

385 Ecl 7,25: "ἐκύκλωσα ἐγώ καὶ ἡ καρδία μου τοῦ γνῶναι καὶ τοῦ κατασκέψασθαι καὶ ζητῆσαι σοφίαν καὶ ψῆφον...". Vê-se que a numeração das duas versões difere para este versículo. Cf. Alfred Rahlfs, *Septuaginta*. Stuttgart: Deutsche Bibelgesellschaft, 2004.

386 Sir Lancelot Brenton, *The Septuagint with Apocrypha*. Massachusetts: Hendrickson, 2007.

387 Cf. J. Lust, E. Eynikel e K. Hauspie, *Greek-English Lexicon of the Septuagint*. Stuttgart: Deutsche Bibelgesellschaft, 2003, p. 673.

388 Cf. 2,8,20,79-80 "Razão e verdade do número".

o cálculo matemático, sendo comumente vertido por "conta", isto é, o ato de "calcular" com números. Todavia a associação entre o mero cômputo das coisas na observação da vida cotidiana, como expresso na passagem sorumbática do livro do Eclesiastes, e o número metafísico, como expressão de uma verdade imutável e eterna, deve-se exclusivamente ao gênio do filósofo.

Portanto o binômio verdade-razão (*ueritas et ratio*), ao que tudo indica, preenche os pré-requisitos desejáveis[389], embora Agostinho admita a existência de muitas outras coisas (*multa alia*) com as mesmas características[390], isto é, [i] estar ao alcance comum e público de todo ser dotado de capacidade raciocinativa, ou seja, que não apenas exista, mas também viva e intelija, embora a apreensão se dê individualmente no interior de cada um (*singulorum*); [ii] ser um objeto de apreensão não corpóreo, ou seja, não ser apreensível pelos sentidos do corpo, e sim ser visto apenas pelos olhos da mente; [iii] e ser, como consequência disso, algo que permaneça inviolável e imutável, que não se possa corromper nem tenha fim. Portanto, ainda que existam outros objetos que tais, o binômio verdade-razão dos números, sugerido por Evódio antes[391], foi prontamente acolhido por Agostinho, porque, como ele mesmo justifica, a autoridade das Escrituras imprime-lhe sua chancela de caráter divino, ao conjugar o termo "número" (*numerus*), constante da versão de que dispunha Agostinho do Eclesiastes, à palavrinha de estatuto mais que divino, "sabedoria" (σοφία ou *sapientia*), que, como se sabe, estava desde há muito associada a Cristo, fosse *a priori*, como no epônimo livro da Sabedoria, fosse no Novo Testamento, com Paulo[392]. Não teria sido em vão, obtempera Agostinho, que na autoridade inspirada dos livros sagrados se encontrasse a conjunção entre os termos "número" e "sabedoria" a expressar o cálculo matemático perfeito, eterno, imutável e por isso mesmo absolutamente inteligível, absolutamente inapreensível pelos sentidos corpóreos, e a própria sabedoria, como expressão da Sabedoria criadora do mundo, ordenadora do Universo, presente desde a criação, a qual se confunde com a própria Providência que a tudo governa, numa palavra, o Verbo de Deus, Cristo.

Trata-se, como se há de ver, de uma conjunção da maior importância para os propósitos do filósofo e da argumentação subsequente. Pois, se vinha tratando, ao menos gramaticalmente, os termos *ratio* e *ueritas* como uma expressão ou

389 Cf. 2,8,20,79-80.

390 O que se refere aos inteligíveis em geral.

391 Cf. 2,8,20,79-80.

392 Cf. 1Cor 1,22-24.

locução única a representar uma mesma ideia, ou, quando não, uma associação de ideias que justificasse a concordância verbal no singular, agora, ao recorrer à autoridade divina, não apenas corrobora a tese aventada da conjunção proposital dos termos, adrede tratados no singular, mas confere-lhe estatuto divino e soberano de Unidade. Com efeito, se nos Livros santos, cuja autoria é supostamente divina, conjungiu-se o número, entendido como cálculo ou raciocínio matemático, a representar a Lei eterna e imutável da Razão, à sabedoria, que ali melhor se grafa com inicial destacada, Sabedoria, ou seja, Cristo, o Verbo de Deus, opera-se a conjunção inextricável entre *ratio* e *uerbum*, Razão e Verbo, o que equivale a dizer prontamente que se constituem uma e a mesmíssima coisa: Deus. De fato, essa razão por detrás de todo cômputo matemático, que é o que interessa ao filósofo, tem os mesmos atributos da Razão suprema, o Verbo divino, a saber, eternidade, imutabilidade, incorruptibilidade, apreensibilidade comum ou pública sem detrimento algum de sua natureza, incorporeidade, que implica inteligibilidade, entre tais. Não se faria preciso recurso ao número como essência das coisas, ao modo de Pitágoras, embora seja isso o que Agostinho irá fazer adiante, para notar que a natureza do número constitui exemplar perfeito de um mundo análogo ao das ideias platônico e adotado prontamente pela patrística, único mundo possível em que se poderia imaginar uma divindade qualquer, ainda mais uma exclusiva e absoluta como a judaico-cristã. O cálculo matemático, quer aritmético, quer geométrico, conduz o homem à perfeição, presente apenas por meio de alguns vestígios na natureza que o circunda, pois círculos, triângulos ou quaisquer outras figuras geométricas imagináveis pela mente humana não se encontram na natureza, assim como as retas perfeitas. Todavia desde muito cedo perceberam os pensadores gregos, a não recuar mais no tempo a outros povos e culturas tão ricos e evoluídos quanto os helenos, como babilônios e egípcios, a simetria dos movimentos dos astros, a harmonia dos sons da natureza, o ritmo das estações do ano e das marés, para não ir além desses exemplos, o que levou as mentes de antanho a "descobrir" nesses padrões, nessa uniformidade universal todo um *kósmos*, isto é, uma "beleza", que prontamente se associou não apenas à noção de "ordem" como à de "forma" e "harmonia". Portanto essa perfeição dos números, embora não se observe de imediato em sua plenitude na natureza, teoricamente se pode prefigurar diante do pano de fundo dos cálculos ou razões seguras da matemática, de caráter tão perfeito, estável, incorruptível e inviolável como o produto entre dois e dois, invariavelmente quatro, perfeição que faz com que uma gestação

dure nove meses, com que determinadas plantas floresçam em épocas específicas e previsíveis, com que eclipses possam ser previstos, assim sucessivamente. Logo, quando se diz que para um Pitágoras tudo é número, deve-se entender que tudo pode ser compreendido a partir dessa *ratio numerorum*, do mesmo padrão que se observa nas leis acústicas, teoricamente descobertas por ele, na partição e repartição das cordas tesas do arco e consequentes frequências sonoras sempre constantes. Em suma, se a ideia da perfeição da Natureza era corrente, a partir da observação dos ciclos lunares, das estações do ano, da regularidade das gestações, entre tais, contudo esses vestígios eram apenas indícios de uma Perfeição ideal, sem dúvida incorpórea, daí captável apenas pela inteligência. De fato, nenhum cálculo matemático se via pairando sobre a face do abismo, embora fosse possível calcular matematicamente e prever os movimentos dos corpos celestes (com exceção dos movimentos erráticos dos planetas). Todavia esses cálculos, em si mesmos, não eram observáveis pelo sentido da visão, como eram os movimentos estelares, mas apenas "visíveis" pelas luzes da inteligência.

E não se requereu grande esforço por parte dos padres para acolher essas categorias e arrazoados como sustentáculo para seus argumentos, fossem eles de natureza simplesmente apologética, fossem especulações de natureza filosófica acerca da divindade, o que acabaram por usar no confronto contra seus próprios autores, os politeístas de vária espécie, nas disputas que se seguiram ao esforço cristão por legitimar-se num mundo de cultura predominantemente greco-romana. Portanto Verdade, Número, Razão, Sabedoria, e mesmo Beleza, Bem ou Bondade, no cadinho das ideias a respeito do Uno hão de fundir-se numa substância só, Deus, não apenas por possuírem os mesmos predicados, mas por constituírem de fato a mesma natureza, expressa embora por termos humanos distintos que, contudo, a partir da eternidade sabática além da compreensão humana, são completamente inefáveis.

Sabedoria e Verdade

2,9,25,96. Da sabedoria I: noção de participação

96. A – [...] Julgas que os homens possuem cada qual suas próprias sabedorias particulares? Ou pelo contrário, que uma única está disponível em comum para todos, sendo cada qual tanto mais sábio quanto mais dela se faça partícipe?[393]

[393] Liter.: "da qual [sabedoria,] quanto mais cada um se faz partícipe tanto é mais sábio".

Depois de ter sido associada à verdade com a chancela da autoridade divina[394], primeiramente por meio da conjunção com o número, a sabedoria, que se confunde com o próprio Verbo de Deus, presente desde a criação do mundo, que ele próprio presidiu, carece agora de ser estabelecida como algo de caráter público, não privado. Pois, como dito[395], uma das características necessárias àquilo que se procura acima da razão é a de ser público, passível de apreensão comum e simultânea por todos os que queiram e sejam dotados de inteligência para tanto, sem que sofra, contudo, qualquer detrimento em sua natureza. Pelo que resta saber se esta sabedoria se enquadra na descrição, a fim de ser qualificada como bem de tal natureza, o que se irá empreender nos parágrafos subsequentes. Contudo vale antes destacar o recurso que Agostinho faz, de modo um tanto despretensioso aqui, à noção de "participação", que será importante em seu pensamento maduro. Pois bem, como contrário ao conceito de privado ou individual, na suposição relativista de cada um possuir a sua própria sabedoria particular, sugere o filósofo a contrapartida anteriormente citada, da posse comum ou pública, conquanto agora reformulada, ou antes, acrescida de um termo novo, *particeps*, aventando a hipótese de que cada um quanto mais se faça "partícipe" da sabedoria tanto mais sábio se torne. Na verdade essa noção de "participação" não é assim tão inusitada, tendo sido trabalhada pouco acima[396], *mutatis mutandis*, quando Agostinho e Evódio tratavam dos sentidos do corpo, de modo especial os sentidos do paladar e do olfato, que causavam algum detrimento na natureza do objeto captado por eles, como a comida e a bebida que se ingerissem ou o ar que se inspirasse, os quais, por terem sido corrompidos ou modificados pela ingestão ou aspiração, ao se terem transformado de algum modo na própria natureza de seu captor, nada obstante se dizerem de apreensão pública ou comum, nem podiam ser tomados simultaneamente por todos[397], tampouco podiam ser considerados imutáveis ou incorruptíveis, eternos ou ilimitados. De fato, ao tomar alguém uma parte do alimento, da bebida ou do ar para consumo privado, invariavelmente se toma a parte de outrem, parte que doravante não se poderá reutilizar, uma vez que a mesma parte do alimento ou da bebida ou do ar respirado não mais pode ser tomada por ninguém, ainda que duas pessoas possam tocar na mesma parte de um dado objeto, embora não de modo simultâneo.

---

394 Ecl 7,26 (*iuxta* LXX 7,25).

395 Cf. 2,8,20,79-80.

396 Cf. 2,7,17,65-68.

397 Cf. 2,7,18,69-19,72.

Pois bem, "participar" ou ser "partícipe" de algo significa igualmente tomar para si uma parte desse algo, como permite depreender a etimologia (*pars + capere*). Logo, ao dizer que se torna tanto mais sábio quanto mais participa da sabedoria, Agostinho, fazendo recurso ao mesmo gênero de exemplo utilizado com respeito aos objetos corpóreos, porém agora de modo "incorpóreo", diz que se torna tanto mais sábio alguém quanto mais toma para si uma "parte" da sabedoria, a qual, supõe-se, de algum modo "ingira", "aspire", "capte" ou "apreenda", contudo não por algum sentido do corpo, e sim por meio da inteligência ou da razão, os "olhos" da mente. Por conseguinte participar da sabedoria é tomar para si, de modo metafórico ou, quando não, incorpóreo, uma "parte" da sabedoria, sem contudo causar-lhe nenhum detrimento, parte essa que pode ser simultaneamente tomada ou captada ou compreendida por meio da inteligência por tantos quantos quiserem fazê-lo, *in aeternum.* No entanto, que coisa é essa sabedoria, se é bem comum ou público, incorpóreo, incorruptível, se pode ser apreendida racionalmente por todos os que queiram e possam fazê-lo, cuja noção se confunde com a de "verdade", além de estar conjungida à noção de razão matemática ou número, sob a chancela da autoridade das Escrituras sacras, enfim, isso será averiguado na sequência.

O ser do É

Com respeito ainda à noção suprarreferida de "participação", que, no âmbito do universo corpóreo subentende que uma dada parte de algo seja tomada, conquanto sem detrimento da natureza do objeto tomado, uma vez ser possível participar de *x* sem corrompê-lo ou diminuí-lo, vale dizer que na metafísica de tonalidade platônica de Agostinho o ser humano "é" (*est*) por participar do Ser supremo (*summum esse*), que é Deus, dador de todo ser, criador supremo de tudo o que "é" ou "existe". Há sem dúvida uma leitura gramatical, de par com a lógica, a epistemológica e a metafísica, nesta questão[398]. Com efeito, a forma nominal do verbo "ser", dita "infinitivo", expressa algo que por sua natureza não pode ser definido, ao menos pelas categorias gramaticais de número, pessoa e tempo, como se o Ser em potência absolutamente perfeita, quando diz seu *fiat*, "Que se faça!",

398 Gramatical, pois refere-se ao sujeito e seus predicados; lógica, pois trata da afirmação (κατάφασις) e negação (ἀπόφασις) do que se enuncia na proposição; metafísica, pois trata da Substância (οὐσία), do que é (τί ἐστιν); epistêmica, porque visa ao conhecimento (ἐπιστήμη) do que se pode ou não saber e afirmar acerca do Ser; numa palavra, do que se pode predicar do Sujeito, do que se pode afirmar ou negar do que é, na proposição; do que se pode, enfim, dizer verdadeiro ou falso.

estivesse dizendo, em verdade, *sit*, "Que seja!". De fato, quando se diz que algo é, determina-se a sua existência, segundo as categorias de pessoa, número, tempo e voz, passando a referir uma terceira pessoa singular presente e ativa. Logo é possível dizer que o Ser, ao delimitar-se, torna-se um *é*, sendo um sujeito determinado, assim como o Criador infinito que, ao fazer-se carne, inseriu-se nas cadeias delimitadoras das coordenadas espaçotemporais, ou seja, permitiu-se limitar segundo as categorias: [i] pessoa (ele, Jesus), [ii] número (um só homem) e [ii] tempo (na Palestina imperial romana, por pouco mais de três décadas), para não ir além. Portanto, assim como o Verbo infinito feito carne torna-se "ele", o homem Jesus, do mesmo modo o que *é*, diz-se, por participação, ou seja, por tomar para si uma parte do Ser supremo, infinito e eterno, é possibilitado que seja, ou melhor, torna-se algo que *é*.

2,9,25,97-99. Da sabedoria II: cada um tem a sua

> **97.** E – Não tenho ciência ainda de que sabedoria é essa que estás referindo, porque vejo que aos homens parece muito variado aquilo que se faça ou diga com sabedoria. [...] **99.** Omito inumeráveis seitas, dentre as quais nenhuma há que não queira que os seus sectários, colocando-se à frente dos demais, apenas eles sejam [considerados] sábios.

A resposta de Evódio, impecável por sua coerência e sobriedade, deixa entrever não apenas uma visão relativista da sabedoria, mas uma dúvida de caráter atemporal, como se pode constatar, por exemplo, pelas palavras incisivas de Russell na introdução de sua tão mais célebre e premiada quanto polêmica *História da filosofia ocidental*, sobre se existiria de fato coisa tal como aquilo que se compreende por "sabedoria", ou se não se trataria apenas de um último requinte da mais pura insensatez[399]. De fato, obtempera Evódio, tanto os militares como os agricultores e os comerciantes, a não dizer os filósofos e religiosos, ou seja, os que se dizem buscadores da sabedoria, que passam a vida atrás apenas do conhecimento de si e de algo divino, colocando em plano inferior os assuntos todos que movimentam a vida e os interesses do homem vulgar, mas também aqueles que se dedicam aos assuntos políticos e aos destinos dos povos, ou ainda os que, teoricamente mais equilibrados, fazem uma e outra coisa, dividindo seu tempo entre as artes liberais e os afazeres da vida pública, como o modelo preferido do próprio Agostinho, Marco Túlio Cícero, por exemplo, em suma,

[399] Cf. Bertrand Russell, *The history of western philosophy*. New York: S&S, 1945, p. xiii.: *"Is there such a thing as wisdom or is what seems such merely the ultimate refinement of folly?"*.

todos os sectários de correntes de pensamento e ideologias as mais variadas, todos, sem exceção, creem-se superiores aos restantes por julgarem-se na posse exclusiva da sabedoria, o que não se assume senão em detrimento e exclusão de todos os demais, sabedoria essa a qual, incontestavelmente, se fosse uma única, não poderia de modo razoável dizer-se estar na posse de todos eles, tão distintos entre si em seus propósitos e modos de vida. Portanto empiricamente não parece haver uma única sabedoria, e sim muitas, cada indivíduo ou grupo possuindo ou crendo possuir a sua própria, em detrimento da pseudossabedoria alheia; isso, a não ser que a opinião comum se distancie da verdade científica, como muita vez a crença, da certeza absoluta.

2,9,25,99. Da sabedoria III: opinião e conhecimento

99. E – [...] Por isso, uma vez que esse assunto está agora sendo conduzido entre nós, de modo que não se deva responder aquilo em que cremos, mas o que sustentamos por meio de uma dilúcida inteligência, não poderei de modo nenhum dar-te uma resposta para o que me interrogaste, a saber, "o que é a própria sabedoria?", se eu não conhecer aquilo que sustento, crendo, ao contemplá-lo também e discerni-lo pela razão.

Ainda uma vez Evódio parece retomar a distinção entre conhecimento de fé, a partir da autoridade, e conhecimento racional. Contudo os exemplos aduzidos não têm que ver com outra autoridade senão a que se origina empiricamente, isto é, da observação dos eventos, observação essa que não deixa de ser também racional. De fato, os exemplos todos de Evódio[400] não têm que ver com conteúdos de fé. Ao contrário, ou são fruto de observação sua, ou de observações que fazem parte do patrimônio comum, que o pensamento grego agrupava sob o termo "opinião", em contraposição a um conhecimento construído sobre bases exclusivamente apodícticas ou "científicas". Logo a autoridade a que se refere Evódio, ao contrapor o conhecimento oriundo de um suposto *credere*, neste caso, tem que ver com a autoridade da opinião, da observação baseada no senso comum, a partir de exemplos, não no testemunho escritural. Assim, ao contrapor aquilo que se retém como conhecimento a partir "do que se crê" (*credendo*) ao que se retém por meio de uma "inteligência dilúcida" (*dilucida intellegentia*) ou lúcida compreensão, está Evódio contrapondo, neste caso, as observações empíricas baseadas no senso comum ao conhecimento científico, e não necessariamente a fé nos artigos da religião à ciência experimental

[400] Ref. aos dois últimos parágrafos e ao início deste: §§97-99.

ou ao método dialético. A proposta de ambos os interlocutores, desde o início, tem sido buscar um conhecimento de tipo específico (*nouerim*), que aqui Evódio faz representar pelas formas nominais de gerúndio *cernendo* e *contemplando*, "por meio do discernir" e "do contemplar", ou seja, do conhecer discriminadamente, tomando ciência das distinções entre os objetos e entre suas próprias partes, cujo conhecimento se aprofunda pela contemplação, observação atenta, mas não a que se dá por intermédio dos olhos, órgãos da visão corpórea, um dos cinco sentidos que se dizem corpóreos, e sim da razão, bem ao modo da contemplação aristotélica (θεωρία). Portanto o conhecimento de tipo "científico" (*cognoscere*) buscado se expressa pelo discernimento e pela contemplação exclusivamente racionais dos objetos que se pretende sejam apreendidos de modo absolutamente translúcido, no espírito, ou na mente.

2,9,26,100. Da sabedoria IV: uma definição de "sabedoria"

> **100.** A – Acaso pensas que a sabedoria é alguma outra coisa, a não ser a verdade na qual se discerne e se possui o Bem supremo? Pois aqueles todos a que te referiste como seguindo [fins] diversos[401] procuram o bem e evitam o mal[402]; mas por causa disso é que seguem [fins] diversos, porque a cada um deles uma coisa [distinta] parece um bem.

Conquanto a tarefa do filósofo esteja sendo bastante dificultada, mas também indubitavelmente instigada e aperfeiçoada, pelas intervenções de Evódio, provar o caráter público da sabedoria se fazia imprescindível para as pretensões do argumento que tem se esforçado por elaborar desde o início deste livro segundo, prova essa que não se pode estabelecer sem o assentimento voluntário de seu interlocutor. Portanto se fazia necessário encontrar uma brecha que permitisse penetrar o entendimento de Evódio, a fim de conquistar-lhe essa anuência de modo exclusivamente apodíctico. Pois bem, se Sócrates indicara o caminho, abrindo os "veios" da definição, que não objetivavam senão desaguar na própria substância do que se pretendia descobrir, por que não segui-lo, a ver se era factível de algum modo destruir argumento robusto, embebido em relativismo empiricamente irrefutável, ao menos em aparência. Porém desafio nenhum seria mais ingrato que definir a "sabedoria", nem mesmo uma definição da própria "verdade" ou daquilo, seja o que for, que se entenda por *summum*

401 Refere-se aos exemplos citados por Evódio em 2,9,25,97-99.

402 Ou porventura: "procuram algo bom e evitam algo mau".

bonum, o “Bem supremo”, a não ser, talvez, que se reunissem os três conceitos caliginosos numa única tentativa de definição: [i] sabedoria, [ii] verdade e [iii] bem, exatamente o que empreende Agostinho, ao dizer que “sabedoria é a verdade em que o Bem supremo é discernido e possuído”[403].

Qual a estratégia do filósofo, pois, ao associar a sabedoria à verdade, como havia feito parágrafos antes[404], ao operar a sua conjunção com a razão, em referência ao cômputo matemático? Sem dúvida transferir o caráter unívoco e uno da verdade também à sabedoria. De fato, ainda que se possa dizer haver mais de uma verdade, com respeito a temas diversos, pode-se seguramente argumentar em favor de uma verdade única, desde que nominalmente restrita por algum adjunto, o que se expressa na sequência da definição, uma vez que a sabedoria não é qualquer verdade, e sim “aquela” verdade em que se discerne e se possui algo específico e de modo nenhum genérico. Portanto trata-se de uma única verdade que serve de sustentação para dois objetivos igualmente importantes: [i] discernir e [ii] possuir o Bem supremo. Se por um lado “discernir” outra coisa não é senão ter ciência de algo, algo que se compreende exatamente pelas distinções que se podem operar, as quais delimitam, ou seja, definem o objeto, penetrando-lhe a essência, a fim de saber o que verdadeiramente seja, por outro lado essa mesma ciência do discernimento não se dissocia da posse do objeto, em conformidade com o que o próprio Agostinho dissera no livro primeiro[405], ao definir o conhecimento como sendo a posse daquilo que se percebe ou se capta completamente pela razão. Logo trata-se de uma apreensão intelectual, de um possuir por meios exclusivamente racionais aquilo que se conhece, o que situa no mesmo nível semântico tanto a posse como a ciência, uma vez ser paradoxal alguém dizer que conhece algo que não possua de fato em seu espírito, ou que o possua sem tê-lo conhecido jamais. Portanto a definição de sabedoria implica uma determinada verdade, seja o que for, mas que é única, na qual se atinge a perfeita ciência e consequente posse do Bem que se tem por supremo. Por sua vez esse Bem, exatamente por ser supremo, deve igualmente ser único, do contrário não poderia ser supremo, isto é, estar acima de todos os restantes bens. Logo tem-se uma única verdade em que se possui discernindo e se discerne possuindo um único Bem acima de todos os demais. Percebe-se inequivocamente a direção em que move o argumento o filósofo, no sentido da

---

403 Cf. 2,9,26,100: *“Sapientiam... ueritatem in qua cernitur et tenetur summum bonum”.*

404 Cf. 2,8,24,93.

405 Cf. 1,7,16,57.

unidade, em detrimento ou em aversão à multiplicidade da postura relativista aduzida por Evódio, que propugna pela existência de tantas sabedorias quantos bens se possam enumerar.

Mas se a sabedoria é essa verdade em que se possui esse Bem único, parece que não constitui em si mesma um fim, sendo de preferência um instrumento em que ou pelo que se discerne e possui o fim último, e que tampouco pode ser particular, constituindo algo diferente para cada um de seus possuidores, visto que deve ser única. Com respeito à suposição de que seja apenas um instrumento para fim ulterior, vale destacar que Agostinho di-la ser aquilo *em que* o Bem supremo é possuído e discernido, não o meio *por que*, o que é suficientemente distinto. Pois se é *nela* que se possui e discerne o Bem, essa posse intelectual, que é discernimento e contemplação, não se pode realizar *fora* dela, o que sugere seja mais que um mero instrumento a fim ulterior, ou requisito *sine qua non* para a contemplação do Bem, mas que seja ou parte desse Fim, ou, quando não, um com ele. Porém isso será tratado na sequência. Agora, no que tange ao relativismo de Evódio, adota Agostinho estratégia interessante. Por primeiro vê-se que associa uma característica comum aos animais irracionais[406] a todo aquele cujo fim último se distancia do que deveria ser, ou seja, a todo aquele cujo fim último se converte de algum modo para a busca de prazeres e para a fuga das dores. Depois assume essa busca pelo prazer e fuga das dores como a causa empírica e primeira de se considerarem tantos os bens supremos quantas as vontades dos homens. Embora o filósofo tenha referido a busca do bem e a fuga do mal, pode-se sem risco associá-los respectivamente ao prazer e à dor, como soía fazer o pensamento das escolas filosóficas desde muito antes[407]. Assim, se cada um elege um fim último para si distinto dos demais, deixando-se

406 Cf. 1,8,18,62: "[...] toda a atividade da vida selvagem constitui-se em procurar os prazeres do corpo e evitar os incômodos".

407 Veja-se a síntese que Cícero faz em suas disputas *Tusculanas* (2,5,15), averiguando não tanto quem defendia a busca do prazer como fim último a ser perseguido, mas aqueles que supunham seu contrário, a dor (πόνος), como o mal supremo a ser evitado, em conformidade com o que pregavam as escolas cirenaicas, epicuristas e peripatéticas, com seu máximo expoente, o pseudossocrático (séc. IV a.C.) Aristipo de Cirene (*quorum princeps et auctoritate et antiquitate Socraticus Aristippus*), para quem o mal supremo era a dor (*qui non dubitauit summum malum dolorem dicere*); ou Epicuro (séc. IV-III a.C.), que segundo Cícero teria adotado servilmente a mesma opinião "pusilânime" e "efeminada" da escola cirenaica (*hanc eneruatam muliebremque sententiam*); ou ainda o peripatético Hierônimo de Rodes (*c.* 300 a.C.), que defendia a tese do bem supremo como sendo uma vida sem dor (*hunc post Rhodius Hieronymus uacare dolore summum bonum dixit*), cuja virtude correspondente e consequente era a ἀπονία, espécie de insensibilidade à dor ou sua completa ausência (ἀ-πόνος).

guiar pela busca dos prazeres ou fuga das dores[408], é levado a considerar como fins dignos os meios que lhes correspondam, ou seja, aquilo que leve ao prazer ou afaste da dor. Percebe-se com isso uma subversão da ordem, quando elegem-se bens privados em lugar dos públicos, fins individuais ao invés dos coletivos, que podiam ser por todos simultaneamente fruídos, o que o prazer, de ordem inequivocamente privada, não permite. Vê-se, por conseguinte, que os fins elencados por Evódio como paradigmas de vidas supostamente sábias, em conformidade com a leitura proposta por Agostinho, que os resume na simples busca do bem e evasão do mal, finalidades exclusivamente privadas, como dito, não preenchem os pré-requisitos daquilo que se pretende descobrir acima da razão, que deve: [i] ser público, [ii] ser inteligível, [iii] ser incorruptível. Com efeito, nem as riquezas, nem o trabalho do campo, nem a milícia, tampouco as obrigações do fórum ou mesmo a busca da verdade filosófica por si só, ou mesmo religiosa, conforme exposto por Evódio, parecem cumprir essas demandas.

2,9,26,100-101. Da sabedoria V: definição de "erro"

> **100.** A – [...] Logo todo aquele que procura o que não devia ser procurado, ainda que não o procurasse, se não lhe parecesse um bem, contudo erra. Porém aquele que não procura nada não pode errar, nem aquele que procura o que deve procurar. **101.** [...] Pois o "erro" é [o que acontece] quando se segue algo que não conduz até aonde queremos atingir plenamente.

Se se convertem os meios em fins, por procurar cada qual o seu prazer individual e intransferível ou evadir-se da dor, igualmente individual e intransferível, ao contrário dos bens tidos por públicos ou comuns, que podem ser fruídos em simultâneo e sem nenhum detrimento em sua natureza, procura-se errado, ainda que os propósitos possam aparentemente ser tidos por justos ou bons, uma vez que todos querem ser felizes, inclusive os maus, e todos querem ser sábios ou entregar-se ao prazer, esquivando-se da dor, seja física, seja psíquica[409]. Todavia, como dito no final das discussões do livro primeiro, ainda que todos queiram ser felizes, nem todos fazem por onde merecê-la, a felicidade, o que explica tão poucos alcançá-la[410]. Pois bem, se a sabedoria é a verdade na qual se conhece e possui o Bem supremo, como ficou dito acima, verdade que é una, pois uno é também esse Bem, acima de todos os demais, fim último e digno de fruição em si mesmo,

---

408 Cf. 1,7,16,57.

409 Cf. 1,14,30,99-100.

410 Cf. 1,14,30,101-102.

depreende-se facilmente que não pode ser verdadeira uma qualquer verdade que não leve ao objeto desejado: ou não é verdade, ou então não se trata do Bem supremo. Porém, se o que se quer descobrir é esse mesmo Bem supremo, fim último que se pretende alcançar, Deus, a definição padeceria de circularidade angustiante, a não ser que se chegasse a alguma conclusão com respeito ao meio, essa verdade única em que se pretende conhecer e possuir o fim que ainda não se alcançou. Agostinho diz que nem erra quem nada procura, nem quem procura o que deve ser procurado. Portanto quem não procura o Bem supremo, aparentemente não erra, como tampouco erra quem o procura corretamente, isto é, quem não procura algo em seu lugar, como se fosse o fim, sendo apenas o meio. Logo, uma vez que todos querem ser felizes, como constatado no livro primeiro[411], aqueles que procuram a felicidade que tanto desejam supõe-se que não errem. Por outra, todo aquele que, embora querendo ser feliz, não possua o que Agostinho denomina de "caminho da vida que conduz à felicidade"[412], ainda que queira de todos os modos e o admita publicamente não querer outra coisa senão a felicidade, esse erra. E erra por quê? Porque, segundo define o filósofo, o erro é o que se dá quando se persegue algo que não leva até ao fim que se quer alcançar. Ora, quando se convertem meios em fins, sabe-se que a fim nenhum se há de chegar, forçado a caminhar em círculos, como *ourobóros* a perseguir a própria cauda. Logo o relativismo de Evódio não apenas não conduz ao fim último, mas impele cada um a orbitar em torno do eixo constituído por si mesmo, perseguindo falsos fins por falsos meios. Assim, aqueles que perseguem finalidades individuais, que não podem ser fruídas coletiva e simultaneamente, perseguem prazeres particulares ou evadem-se de dores que possam os estar ameaçando, mas não perseguem o Bem supremo. E como se sabe? Porque o que se procura deve ser um bem [i] de caráter público que possa ser fruído simultaneamente por todos, sem nenhum detrimento de sua natureza, [ii] não corpóreo, isto é, apreensível apenas pela razão, não pelos sentidos do corpo, e [iii] eterno, o que equivale a dizer imutável ou incorruptível. No entanto, ainda que Evódio tenha elencado a busca do conhecimento de si e de Deus como o bem de alguns, por tê-la situado em mesmo nível que o trabalho com o arado, nos campos, ou que as estratégias de negociantes para amealhar riquezas, a diminui e instrumentaliza, fazendo com que deixasse de ser considerada suprema, isto é, aquele Bem acima ou além de que nada mais pode existir.

---

411 Cf. 1,14,30,99-102.

412 *"Vitae uiam quae ducit ad beatitudinem."*

Se a sabedoria que se quer encontrar se define como sendo a verdade em que se conhece e possui o Bem supremo, talvez seja preciso, antes de mais, saber algo a respeito desse Bem supremo, que se quer possuir e conhecer por intermédio dessa única verdade, a fim de se chegar, em sentido reverso, à própria sabedoria[413]. O que se sabe, até agora, é que aqueles perseguidores todos citados por Evódio elegeram para si bens supremos diversos porque, em verdade, elegeram mal, numa palavra, erraram, uma vez que optaram por seguir aquilo que não conduz ao fim desejado. Se o fim desejado era seu bem supremo e o que elegeram como fim não os levou até ao único e verdadeiro Bem supremo, isso se deu porque ou não elegeram de fato o Bem supremo ou porque escolheram o caminho errado.

2,9,26,102-103. Da sabedoria VI: *nemo sine sapientia beatus*

102. A – E quanto mais se erra no caminho da vida tanto menos se sabe, porque tanto mais longe se está da verdade, na qual se discerne e se possui o Bem supremo.

Portanto, se o erro é seguir o que não conduz até ao objetivo que se deseja alcançar, quanto mais se erra, conclui o filósofo, mais longe se está da verdade, na qual se discerne e possui o Bem supremo, e assim também mais longe da sabedoria. Nada obstante a aparente circularidade, o argumento conclui pela dissociação entre o erro e a verdade: enquanto esta aproxima da meta, aquele afasta. Se a meta é o Bem supremo, a verdade é onde se o tem alcançado, numa palavra, onde se o tem discernido e possuído, o que neste caso redunda praticamente no mesmo, como dito[414], ao passo que o erro é o que dele afasta, mas também o que dele mantém afastado. Contudo que significa esse "alcançar" o Bem supremo, que se pode equiparar seja ao discernimento, seja à sua posse, a não ser a própria felicidade, que todos querem, como ficou assente desde o final do livro precedente[415], embora tão poucos dela desfrutem?

---

413 Dizer que a sabedoria é a verdade na qual se possui o Bem supremo (§100), sem que se saiba nem o que é verdade, nem o que é esse Bem supremo, é como definir algo por meio de indefinições, a não ser que as três coisas, sabedoria, verdade e bem sejam apenas três aspectos ilusoriamente distintos da mesma substância. Todavia, em vez de uma trindade divinamente una, parece que aqui se tem apenas uma díade, visto sabedoria e verdade serem nomes que indiquem o mesmo objeto, *intellegere*. Assim, ao [i] Ser, o Deus onipotente, origem de tudo o que existe, associa-se aqui [ii] o Inteligir, Sabedoria e Verdade, [iii] e a Vida, o Bem amoroso e providente que a tudo preside.

414 Mesmo que nem todo aquele que possui discirna completamente o que possui, ninguém discerne algo sem possuí-lo na mente, pois é ali mesmo onde se dará o discernimento, não alhures.

415 Cf. 1,14,30,99-101.

102. A – [...] Porém, tendo alcançado e adquirido o Bem supremo, qualquer um se torna feliz, o que sem controvérsia todos nós queremos. Logo, assim como é evidente que nós queremos ser felizes, do mesmo modo é evidente que queremos ser sábios, porque ninguém é feliz sem sabedoria.

No entanto parece que as prioridades se invertem, pois é ao possuir e discernir, ou seja, ao alcançar o Bem supremo, que aquele que o faz se torna feliz. Se assim é, ou o Bem supremo não é o Fim último a ser alcançado, ou, se o é, é também a própria felicidade. Pois como pode ser o Fim, se é depois dele que se torna feliz? Ou seria a felicidade apenas o nome que se atribui ao seu discernimento e posse, que se dá naquela verdade, que se diz sabedoria? Se assim é, então a felicidade é a posse e o discernimento do Bem supremo, que se dá naquela verdade que se diz sabedoria, o que parece colocar em patamar semelhante todas essas coisas, como se uma única fossem: sabedoria, verdade, felicidade e Bem supremo. Do contrário, se a felicidade é o discernimento e posse do Bem supremo, mas não é nem a verdade, nem a sabedoria em que isso se dá, resta que o binômio sabedoria-verdade seja condição *sine qua non* do Bem supremo, cujos discernimento e posse constituem a felicidade. Assim, ao dizer "que ninguém é feliz sem sabedoria", isto é, que não se alcança o Bem supremo, a não ser na sabedoria, Agostinho parece que confirma essa suposição, o que será esclarecido adiante. Contudo, no que tange propriamente à "verdade", parte integrante da definição de sabedoria, é preciso dissipar a caligem que ainda a envolve, a não descair o argumento em tautologias.

2,9,27,103-105. Da sabedoria VII: noções impressas

103. A – Logo, assim como antes de sermos felizes foi impressa em nossas mentes, pois, a noção de felicidade [...] assim também antes de sermos sábios possuímos impressa na mente uma noção de sabedoria...

Agostinho recorre ainda uma vez à "noção impressa", que no livro anterior foi referida à Lei eterna[416]. Neste caso, contudo, aponta essa "noção impressa" para a felicidade, que se compreende como o discernimento e a posse do Bem supremo, e a sabedoria, que é aquela verdade em que se discerne e possui o Bem supremo, ou seja, em que se é feliz, as quais, sabedoria e felicidade[417], não seriam

416 Cf. 1,6,15,51.

417 Se a sabedoria é condição *sine qua non* da felicidade, que é o discernimento e a posse do Bem supremo, visto que ficou dito que ninguém é feliz sem sabedoria, ou se esta e a felicidade são

buscadas pelo homem se não estivessem de algum modo impressas em sua alma. Ora, se foram impressas na alma, sem dúvida o foram em algum momento pregresso, seja no ato da concepção, se se imagine a alma ter sido criada com o corpo, seja em momento anterior, se se imagine tenha sido criada antes do consórcio com o veículo de carne. Seja como for que se queira imaginá-lo, o fato é que se constitui tarefa das mais árduas evitar aqui uma associação com a "reminiscência" (ἀνάμνησις) platônica, através da qual a linguagem das formas incorpóreas, que outrora a alma que seguia em cortejo com os deuses contemplou do alto (ὑπεριδοῦσα), se lhe faz lembrança, tão mais viva quanto mais ela se eleve desde a multiplicidade das percepções à unidade inferida pelo pensamento, numa palavra, desde o corpóreo que aqui apenas se diz ilusoriamente existir (ἃ νῦν εἶναί φαμεν) até ao incorpóreo que verdadeiramente existe (τὸ ὄν ὄντως)[418]. Assim também nesta passagem, seja como e quando as tenha recebido, pouco importa por ora, é precisamente por causa das noções impressas na alma que o homem agostiniano sabe da Lei eterna a que deve obedecer, mantendo-se ordenadíssimo, assim como sabe que quer ser feliz e que quer ser sábio, ainda que não possa afirmar se jamais experimentou alguma das duas, felicidade e sabedoria.

> **103.** A – [...] noção de felicidade, através da qual temos ciência dela e dizemos resolutamente e sem dúvida alguma que nós queremos ser felizes [...] noção de sabedoria, através da qual cada um de nós, se seja interrogado se quer ser sábio, sem caligem alguma de dúvida responde que quer.

E de fato, como buscar o que se desconhece, se não se possui no espírito ao menos uma noção, por diminuta seja, daquilo que se pretende perseguir? Porém, mais do que uma simples reminiscência de tonalidade platônica, essas noções impressas (*notiones inpressae*) na alma, ao que parece, produzem um conhecimento (*scimus*) seguro e inequívoco (*sine ulla dubitatione*) seja do desejo de felicidade, seja do desejo de sabedoria. Logo, mesmo que não saiba com precisão o que é a sabedoria ou o que é a felicidade, tem ciência inequívoca de que possui em si ambas as vontades, quer de ser feliz, quer de ser sábio. E se tampouco sabe de onde o sabe, isso se dá porque essas noções, embora estejam "dentro" de sua alma, lhe foram impressas "de fora", ou seja, por intermédio de algum outro agente que não ele mesmo, o que significa que lhe foram seguramente dadas por Aquele que o criou.

---

uma e a mesma coisa, assim como aquilo em que a segunda se dá e que define a primeira, isto é, a verdade, isso ainda está por decidir.

418 Cf. Platão, *Fedro* 249b-c.

Agência externa

104. A – [...] se não discernisses [*a sabedoria*] de modo nenhum no espírito, de modo nenhum terias ciência não apenas de que tu queres ser sábio, mas também de que tu deves querê-lo, o que não julgo que tu hás de negar...

Mesmo sem ter definido a "verdade" na qual o Bem supremo se diz discernir e possuir e em que se constitui a própria sabedoria, Agostinho segue com o argumento, dando por assente a questão, a partir daquela ideia de "noção impressa" a que recorreu em §103, ao modo de um verdadeiro *deus ex machina*. O argumento é bastante simples e do seguinte modo se pode esquematizar.

1. Todos desejam aquilo que conhecem;
2. Ninguém pode desejar o que não conhece;
3. Todos desejam a felicidade;
4. A felicidade é o Bem supremo;
5. Logo todos desejam o Bem supremo;
6. A sabedoria é a verdade em que se alcança o Bem supremo, que é a felicidade;
7. Logo ninguém é feliz sem sabedoria;
8. Logo, se todos desejam a felicidade, que é o Bem supremo, todos devem desejar igualmente a sabedoria, sem a qual não se é feliz;
9. Logo, se todos desejam o que conhecem e se ninguém pode desejar o que não conhece, todos conhecem o Bem supremo e a sabedoria, do contrário não poderiam desejá-los.

Todavia o homem não é nem feliz, nem sábio, muito menos está de posse do Bem supremo. Mas se ele as quer indubitavelmente, como diz Agostinho, de que modo as conhece, ou seja, qual o nível de ciência que tem dessas três coisas, sabedoria, felicidade e Bem? Se não há como saber da felicidade quem nunca a experimentou, nem da sabedoria quem nunca foi sábio, nem do Bem supremo quem nunca foi bom, se o homem sabe que as quer e que deve querê-las acima das demais coisas, isso se dá porque tem em si, como reiterado, uma noção que lhe foi impressa, sem a qual não poderia sabê-lo. E se lhe foi impressa, como sugere o particípio passado, não tendo conhecido por mérito próprio essas coisas, só pode tê-las recebido de fora, obviamente da parte daquele que o criou, como conclui a seguir o argumento suprainiciado.

10. O que se conhece [i] ou se conhece ativamente, por iniciativa ou experiência próprias, seja pelos sentidos, seja pela observação racional, [ii] ou se conhece de modo passivo, através de agência externa, ainda que de fonte inespecífica;

11. O homem nunca foi feliz[419], nem sábio, nem jamais alcançou o Bem supremo, ou seja, nunca o discerniu nem o possuiu naquela verdade que se diz sabedoria;

12. Logo o homem nunca experimentou a felicidade, nem a sabedoria, tampouco o Bem supremo;

13. Logo, se o homem os deseja porque os conhece, pois ninguém pode desejar o desconhecido (2), deve conhecê-los por alguma outra fonte que não a empírica e ativa [i];

14. Logo o homem conhece a sabedoria e o Bem supremo, que é a felicidade, por meio de agência externa, de modo passivo [ii], através daquela noção que lhe foi impressa na alma por seu Criador[420].

2,9,27,104-105. Da sabedoria VIII: bem público ou privado?

104. A – [...] quero agora que me digas se acaso julgas que também a sabedoria, assim como a razão e a verdade do número, se mostra comum a todos os que raciocinam, ou se [...] pensas também serem tantas as sabedorias quantos os que puderam[421] ser sábios.

Posto que ainda não se tenha em mãos uma definição daquela "verdade", que se diz a "sabedoria" em que o Bem supremo se conhece e possui, Agostinho retoma a pergunta feita a Evódio[422], se se poderia compreendê-la, a essa "sabedoria", introduzida no diálogo a partir da citação do Eclesiastes e chancelada pela autoridade divina[423], como [i] sendo comum a todos, tornando tanto mais sábio alguém quanto mais dela se fizesse partícipe, [ii] sendo "vista" individualmente na mente dos que a discernem, [iii] embora permaneça inviolada e imutável, como ocorre à noção de número e bastante ao contrário da multiplicidade

---

419 Suposição, admitindo-se a condição pós-lapsária da progênie adâmica.

420 Cf. 1,2,5,12-13. É de caráter axiomático o princípio piedoso que diz que tudo o que existe, o que inclui o homem, tenha sido criado *ex nihilo* exclusivamente por um único Deus, que é sumamente bom.

421 Há discrepâncias nos manuscritos com respeito ao tempo deste verbo, que também aparece no futuro perfeito, *potuerint*, "puderem", liter., "os que terão podido ser sábios".

422 Cf. 2,9,25,96.

423 Cf. 2,8,24,94-95; Ecl 7,26 (25).

relativa dos exemplos aduzidos por Evódio em resposta. Numa palavra, haveria uma única sabedoria comum a todos, imutável e puramente inteligível, ou, ao revés, tantas quantas as mentes capazes de concebê-las? Se o Bem supremo fosse um único para todos, redargui Evódio, seria necessário, segundo a definição apresentada, que a verdade em que ele é discernido e possuído, isto é, a sabedoria, fosse igualmente uma única para todos.

> **105.** A – Porém duvidas de que o Bem supremo, seja o que for, seja um único para todos os homens? E – Duvido, sim, porque vejo diversos homens encontrar regozijo em coisas diversas, como se fossem seus bens supremos.

A insistência de Evódio pelo posicionamento empiricamente relativizado obrigará Agostinho a um novo esforço argumentativo, a fim de comprovar o caráter da "sabedoria" segundo os pré-requisitos exigidos[424]. Com efeito, como provar que exista de fato um bem que mereça não apenas ser considerado acima de todos os demais quanto ao seu valor, mas seja igualmente desejado por todos indistinta e pacificamente como sendo o Bem último de cada um individualmente e de todos coletivamente, um fim em si mesmo, quando se veem tantos bens quantos os homens que atrás deles correm?

2,9,27,106. Da sabedoria IX: paradoxo ou conjunção suprema?

> **106.** A – Gostaria ao menos de que ninguém duvidasse acerca do Bem supremo, assim como ninguém duvida de que, seja isso o que for, a não ser que tenha sido alcançado, o homem não pode tornar-se feliz.

No §102 Agostinho já havia dito que a felicidade se seguiria necessária e imediatamente à posse e discernimento do Bem supremo, como uma consequência natural: "tendo alcançado e adquirido o Bem supremo, qualquer um se torna feliz", o que agora corrobora, ao estabelecê-lo como condição *sine qua non* para a felicidade, esse Bem supremo que, "a não ser que tenha sido alcançado, o homem não pode tornar-se feliz" (§106). Porém, se é supremo o Bem, como ser antecâmara da felicidade? E de fato, se no §102 havia condicionado a felicidade à sabedoria, ao dizer que "ninguém é feliz sem sabedoria", parece ter situado a felicidade acima da própria sabedoria, aquela verdade *em que* se possui e discerne o Bem supremo. Afinal, que é o Bem supremo, se não é a própria

---

[424] Cf. 2,8,20,79-80.

felicidade, pois parece que é ela de preferência o último dos bens todos a ser amado e alcançado em si mesmo?

Pois bem, ao condicionar a felicidade ao Bem supremo, ou está implicando sua coincidência, entre ele e a felicidade, que seriam portanto uma e a mesma coisa, como aventado antes[425]; ou então, ao contrário, implica a subordinação do próprio Bem supremo à felicidade, o que parece incoerente, pois o que é supremo não pode estar submetido a nada que lhe seja inferior, do contrário não poderia ser supremo. Nesta segunda alternativa sem dúvida o Bem supremo, que seria o fim último que se deveria alcançar e possuir em si e por si mesmo, sem nenhuma outra finalidade ulterior, faz-se paradoxalmente um instrumento da felicidade, que, essa sim, parece constituir-se ela mesma o Bem supremo, "que sem controvérsia todos nós queremos" (§102). Agora novamente (§106), ao dizer que ninguém se torna feliz a não ser que alcance o supremo Bem, parece reiterar que o supremo Bem é condição *sine qua non* da felicidade, que, por causa disso, torna-se ela mesma certamente o fim último a ser alcançado, em si e por si mesma, sem nenhum finalidade ulterior. De fato, ao contrário desse suposto Bem supremo, que se faz necessário para que se venha a ser feliz, ninguém, por sua vez, se faz feliz tendo em vista fim ulterior, isto é, ninguém quer ser feliz a não ser para ser feliz, pois a felicidade é um bem em si mesmo, fazendo com que aquele que a obtenha nada mais queira além de mantê-la, permanecendo simplesmente feliz, apenas e tão somente para ser feliz, em virtude da própria felicidade. Ademais, ao condicionar a felicidade, que parece ser de fato o supremo Bem, à própria sabedoria (§102), ao dizer que ninguém é feliz sem sabedoria, estabelece outro pré-requisito elevado para esse fim último que é a felicidade, desfazendo qualquer impressão de circularidade ou de paradoxo. Com efeito, segundo o que foi dito por Agostinho em §102 e §106, o fim último é de fato a felicidade, que tem por condição a sabedoria, a qual é a verdade em que se discerne e possui o Bem supremo; logo a sabedoria é a verdade na qual se discerne e possui a própria felicidade, que é, sim, o Bem supremo; pelo que se faz necessária a sabedoria, a fim de que se possa discernir e possuir a suprema felicidade, que é o Bem último a ser almejado e conquistado pelo homem.

Ainda que a escritura desse livro segundo seja anterior à de *Confissões* e à elaboração de um pensamento não apenas mais independente do neoplatônico, mas sobremodo mais em harmonia com os princípios cristãos desposados,

---

425 Cf. 2,9,26,100-103.

de que cada vez mais Agostinho ia tomando ciência pelo estudo das Escrituras, podem-se fazer aqui algumas breves ilações a respeito de tudo o que se disse *supra*. Para o filósofo e teólogo maduro, como é por demais notório, Deus constitui o Bem supremo, único fim em si mesmo digno de ser fruído por si e em si. Em sendo assim, a felicidade que se venha a experimentar ao possuir esse Bem e discerni-lo, tanto quanto se faça ao homem possível, será não apenas eterna, mas deverá ser escrita com inicial maiúscula, Felicidade, pois não somente coincide com o Bem supremo, mas também é o próprio Deus que se busca. Isso, porque, se se imaginasse que ao alcançar Deus o homem se tornasse feliz, Deus se faria mero instrumento dessa felicidade, constituído irremediavelmente abaixo desse fim último que se perseguiria doravante por si mesmo, como quem o invocasse e nele cresse apenas para atingir algum fim ulterior, mais importante e digno em si mesmo. Mas não é assim. Na verdade a Felicidade é a própria posse de Deus, a contemplação eterna de sua Face, que é também Sabedoria, o que tampouco poderia ser diferente da própria Verdade. Deste modo Agostinho percebe muito rapidamente que não apenas não se pode admitir nenhum outro Fim último além de Deus, mas também que tudo o que se espera fruir em uma suposta eternidade, em conformidade com as promessas de Cristo, dever-se-á fazê-lo por participação, não nos predicados, impróprios todos, e sim na própria natureza divina, como a *sua* Sabedoria, Paz, Eternidade, Beatitude, entre tais, que são todas elas, conjungidas, uma só coisa, ele próprio. E assim Deus seria sua própria Bondade, Eternidade, Beleza, e demais todas perfeições, como se constata, por exemplo, nesse tão mais breve quanto belo excerto de *Confissões*:

> Porém tu és o bem
> que não carece de bem algum.
> Estás sempre em repouso
> porque teu repouso és tu mesmo.[426]

Nada obstante esse desenvolvimento um tanto posterior, não se carece de avançar nem no tempo, tampouco a obras subsequentes, a fim de considerar conjungidos a Felicidade e o Bem supremo, a não dizer torná-los sinônimos perfeitos, pois, assim não fosse, não apenas deixaria de ser supremo o bem que conduzisse a fim ulterior, mas se instrumentalizaria irremediavelmente, como dito, fazendo-se meio para fim ulterior e maior.

---

[426] *Conf.* 13,38,53: *"Tu autem bonum nullo indigens bono. semper quietus es, quoniam tua quies tu ipse es"*.

2,9,27,106-109. Da sabedoria X: luz corpórea e incorpórea

106. A – [...] porque essa é uma grande questão, e que talvez demande um longo discurso, pensemos haver absolutamente tantos bens supremos quantos são os próprios objetos diversos que são procurados por homens diversos como se fossem seus bens supremos!

Nada simples a tarefa de Agostinho, de convencer Evódio de que sua visão relativista da sabedoria[427] podia não corresponder à realidade, ainda que estivesse de acordo com as observações decorrentes da experiência. Aparentemente a contragosto, pois, admite interinamente a possibilidade de haver tantos bens supremos quantos objetos diversos perseguidos pelos homens, apenas para em seguida socorrer-se de um último recurso legítimo, a retórica.

106. A – [...] decorre disso que também a própria sabedoria não seja uma única, comum a todos, porque esses bens, que nela os homens discernem e elegem, são muitos e diversos?

Seria de fato lícito, indaga retoricamente – sem aguardar resposta alguma, obviamente, a qual dará conta de induzir através de exemplos e de outro recurso –, concluir que a sabedoria não poderia ser única e comum a todos apenas e tão somente por serem os bens procurados pelos homens múltiplos e variados? Com efeito, como aceitar que exista um único bem eleito por todos, quando se vê que cada um tem o seu bem particular? E se todos possuem cada qual o seu próprio bem, decorre forçosamente disso que a sabedoria, aquela verdade em que se discerne e possui o Bem supremo, não pode ser única e comum a todos, pois, havendo múltiplos bens, como supor que a verdade em que eles são discernidos e possuídos seja uma só? No entanto não é isso de modo nenhum que conclui o filósofo, ao responder ele próprio à pergunta retórica recém-formulada – aparentemente óbvia para ele de um modo diverso do que o seria para os leitores e para Evódio – mediante duas ferramentas das mais interessantes: a primeira trata-se de recurso poderoso partilhado em comum tanto pela dialética como pela retórica, a demonstração pelo absurdo (*reductio ad absurdum*); a segunda, de uma metáfora, cuja origem se perde no tempo, embora seja possível Agostinho tê-la emprestado de Plotino.

107. A – Pois se pensas isto, também acerca da luz do sol podes duvidar de que seja *única*, por serem *muitas* e *diversas* as coisas que nela discernimos...

---

427 Cf. 2,9,25,97-98.

Reduz ao absurdo o argumento de Evódio, por primeiro, ao assumir interinamente seu ponto de vista, contrário ao que quer fazer valer, dizendo: "Pensemos haver absolutamente tantos bens supremos quantos são os próprios objetos diversos que são procurados por homens diversos como se fossem seus bens supremos!"; em seguida, porém, pondo em relevo as consequências absurdas que decorreriam de uma tal opinião, contudo que se considera através de uma analogia apenas, diz: "Pois se pensas isto, também acerca da luz do sol podes duvidar de que seja única, por serem muitas e diversas as coisas que nela discernimos...", como se dissesse que esta segunda absurdidade negaria aquela primeira. E ao reduzir a perspectiva de Evódio ao absurdo por meio da analogia, pretende agora provar o seu raciocínio por meio de exemplos. Ora, se o objetivo de Agostinho era provar a unidade e comunidade da sabedoria, em contraste com a postura relativista de Evódio, construída e sustentada empiricamente, não sendo possível argumentar de outro modo, careceria, para tanto, de associá-la a algum objeto que funcionasse não apenas como simples paradigma, mas principalmente como um intermediário transcendente, operando a conjunção entre as dimensões corpórea e incorpórea, o que só à luz caberia fazer. De fato, dos objetos todos tidos por corpóreos, que outro além da luz poderia ilustrar, ainda que metaforicamente, um objeto de natureza incorpórea com as características todas exigidas na argumentação[428]: [i] ser público, apreensível por todos simultaneamente, sem detrimento algum em sua natureza; [ii] ser incorpóreo, apreensível por aqueles viventes dotados de inteligência; [iii] ser imutável e obviamente não estar sujeito a nenhuma corrupção? A luz do Sol é uma só, embora seja desfrutada por todos simultaneamente sem detrimento algum em sua natureza, além de ser considerada incorruptível. Todavia, embora não seja um objeto apreensível exclusivamente pela razão, faz-se tão etérea como se o fosse, pois ainda que seja visível, não se pode inalar, gostar, ouvir ou tocar[429]. Contudo, nada obstante as semelhanças e a celebridade do exemplo, argumenta-se apoiado apenas em uma metáfora, o que não é de modo nenhum estranho ao proceder filosófico, como se pode verificar, só para citar um único exemplo, na célebre alegoria da caverna, constante do sétimo livro da *República* de Platão, em que, de par com inúmeros outros símbolos, o discípulo de Sócrates associa de modo inequívoco a luz ao conhecimento (παιδεία), fosse a luz bruxuleante no interior da furna, que permitia apenas a

---

428 Cf. 2,8,20,79-80.

429 Posto que seja possível sentir o calor emanado pela radiação térmica através dos sentidos.

visão de sombras e pálidos reflexos, retendo os homens na semi-ignorância de enganosas aparências, fosse a luz do Sol no exterior, pela qual se podia, após período de adaptação e momentâneo ofuscamento, finalmente ver as coisas como realmente eram, não mais sombras, e sim formas perfeitas, banhadas que estavam definitivamente pela luz brilhante da Verdade.

Se a luz solar da alegoria platônica permitia aos homens recém-egressos da furna contemplar a verdade das formas, não mais as sombras indistintas do interior, a luz do Sol de Agostinho, que visa argumentar em favor da unidade da sabedoria, ao reduzir ao absurdo o relativismo de Evódio, sendo apenas uma metáfora, bem mais humilde e menos poética que o recurso retórico de Platão, pretende tão só subsumir duas substâncias, embora de características semelhantes, porém não idênticas, sob uma única e mesma rubrica maior, que incluísse os objetos que preenchessem os pré-requisitos apresentados antes[430], dentre os quais citou-se o número como paradigma perfeito. Embora esteja argumentando em favor da sabedoria, bem esse que, admitindo-se sua existência de fato, é incorpóreo e apreensível exclusivamente pela razão, Agostinho aduz exemplos semissensíveis, que assim se dizem porque com o subsídio da luz solar é possível captar cores e formas por meio dos olhos, órgãos do sentido corpóreo da visão, contudo os exemplos aduzidos referem não apenas o que se capta pela visão, mas o que se infere pela razão, como: [i] a altitude de algum monte; [ii] a planície do campo; [iii] a convexidade dos vales; [iv] a verdura dos bosques; e [v] a regularidade dos movimentos do mar. Com efeito, não é bem pela visão que se percebem padrões regulares, convexidades, planuras, profundidades, ou mesmo as cores, que só se definem em contraste com outras cores, cujos nomes e características dependem não apenas da memória, mas também de atividade taxonômica, exclusiva da razão, jamais de qualquer dos sentidos do corpo.

Quem está familiarizado com o pensamento de Agostinho não deve pôr em dúvida que a natureza semissensível dos exemplos tenha sido adrede selecionada por ele, a fim de edificar a ponte entre o corpóreo e o incorpóreo, entre a luz solar sensível e a luz insensível da sabedoria, que quer provar una e comum a todos. Portanto conclui o filósofo por meio de uma comparação no estilo homérico ou épico: assim como muitas e diversas são as coisas que se podem ver graças ao banho que recebem da luz solar sensível, sendo daí capazes de eleger cada qual o bem que queira desfrutar pela visão e estabelecer para

---

430 *Ibid.*

si como supremo, assim também, embora sejam tantos os objetos eleitos pelos homens como seus bens supremos, conforme argumentara Evódio[431], objetos esses, sugere Agostinho, que só foram capazes de eleger porque haviam sido banhados pela luz da sabedoria, enfim, embora essa pluralidade de objetos, a luz da sabedoria deve ser uma única e comum a todos, assim como a luz solar sensível. Dentre esses objetos aduzidos por Evódio, vale lembrar, elencam-se: [i] as atividades militares, [ii] o cultivo dos campos, [iii] a busca de riquezas, [iv] a busca do conhecimento de si e de Deus; [v] a vida pública ou política; [vi] e o equilíbrio entre as artes liberais e a vida pública. Vê-se que todos esses itens, à parte a possível materialidade a que se refiram, podem ser compreendidos como referindo-se a valores humanos, distintos completamente daquilo que os irracionais perseguem, ainda que se possam relacionar, em última instância, à busca do prazer e à fuga das dores. De fato, pode-se dizer que se trate de [i] glória militar; [ii] paz e tranquilidade da vida campesina; [iii] fama que se adquire pela posse de riquezas; [iv] fama ou glória da sabedoria; [v] o poder da política; [vi] e uma junção equilibrada entre iv e v. Em assim sendo, Agostinho está certo ao dizer que esses objetos múltiplos e variados, que ele denomina bens[432], só foram eleitos para serem fruídos como bens supremos e últimos porque os que os elegeram foram banhados também por uma certa luz, "luz da sabedoria, na qual estas coisas podem ser vistas e possuídas".

> **108.** A – [...] assim como são muitas e diversas essas coisas que na luz do Sol veem e elegem os homens, a fim de fruí-las, contudo a própria luz é una [...]; assim também, ainda que sejam muitos e diversos aqueles bens [...] é possível que a própria luz da sabedoria, na qual estas coisas podem ser vistas e possuídas, seja ela uma única, comum para todos os que são sábios.

Causa espécie, contudo, que Agostinho, ao contemporizar com Evódio, tenha não apenas admitido interinamente a possibilidade de múltiplas sabedorias, mas também chamado militares, agricultores, políticos, comerciantes, assim como filósofos, todos esses, enfim, de sábios, por serem capazes de ver e possuir os bens enumerados sob a luz da sabedoria, elegendo seus fins últimos "com retidão" e "verdade". Ao que parece não há juízo algum de valor com respeito a tais atividades aduzidas por Evódio; ao contrário, todas elas permitem que seus praticantes elejam seus bens supremos, segundo suas escolhas individuais, o que

---

[431] Cf. 2,9,25,97-98.

[432] *"Multa sunt bona eaque diuersa."*

não excluiria a possibilidade de que tal escolha se desse banhada sob a luz única e comum da sabedoria. Seja como for, o argumento, embora interessante e tomado da verve poética muito característica ao filósofo, ainda parece um tanto tíbio e inusitado, pelo que convém desdobrá-lo no seguinte esquema tentativo, a fim de perceber sua verdadeira força:

1. A luz do Sol é única e, embora sensível, pode ser apreendida pública e simultaneamente por todos os que são dotados de visão corpórea, além de ser considerada incorruptível;

2. Os objetos todos que os homens veem individualmente, cada qual por meio do sentido dos próprios olhos, para sua fruição privada, assim só podem ser vistos na ou sob a luz do Sol;

3. Os objetos que se veem pelos olhos do corpo são múltiplos e inumeráveis;

4. Logo, apesar de a luz do Sol ser única e pública, múltiplos são os objetos vistos individualmente através dela;

5. Muitos são os objetos eleitos pelos homens para serem por eles fruídos particularmente como se fossem seus bens supremos[433];

6. Esses objetos, embora refiram-se em primeira instância a atividades consideradas corpóreas, só podem ser buscados e apreendidos por seres racionais, porque são incorpóreos, tais como a glória, o poder, a fama, a honra, a tranquilidade e o conhecimento;

7. Os objetos incorpóreos não podem ser apreendidos pelos sentidos corpóreos;

8. Logo esses objetos (6) não podem ser apreendidos pelos olhos, órgãos do sentido corpóreo da visão;

9. Logo os homens só podem buscar possuir tais bens com o concurso de uma qualquer substância, ou potência, não corpórea, que lhes permita elegê-los, contemplá-los e fruí-los, o que os irracionais não podem fazer;

10. Essa substância, assim como a luz do Sol, "ilumina" interiormente o querer dos homens para que cada um eleja o seu bem supremo;

11. Mas a "luz" dessa substância, ao contrário da luz solar, não pode ser corpórea, pois não pode ser apreendida pelo sentido da visão;

12. Logo, para que essa eleição individual seja feita "com retidão e verdade", faz-se necessário que ela seja "iluminada" por uma luz reta e verdadeira, perfeitamente imutável e que possa ser por todos os seres pensantes percebida simultaneamente e sem nenhum detrimento em sua natureza;

---

433 Cf. 2,9,25,97-98.

13. Logo essa "luz" deve igualmente ser única, não apenas por ser comum a todos, mas também por ser reta e verdadeira e por ser incorpórea, uma vez que nenhum objeto corpóreo pode ser uno[434];

14. Logo, assim como são muitos e variados os objetos eleitos por cada homem para serem fruídos como seus bens supremos, como também muitos e variados são os objetos iluminados pela única e pública luz solar, para que sejam por todos contemplados simultaneamente, assim também é possível seja uma única essa luz da sabedoria que lhes ilumina a eleição;

15. Logo a luz da sabedoria é *ou* pode ser única.

É verdade que Agostinho não afirma peremptoriamente que essa "luz" metafórica seja una, e sim ser possível que o seja. À parte o poder argumentativo das figuras retóricas, vê-se que não é a primeira vez nessa obra que Agostinho recorre a esta célebre metáfora da luz para falar de alguma atividade relativa ao conhecimento. No livro primeiro definiu a compreensão que se dá pela inteligência (*intellegere*), terceiro degrau da escada das naturezas, como sendo uma vida mais iluminada e perfeita na *luz* da mente (*luce mentis*)[435]; neste segundo, por sua vez, fala de uma visão, no sentido de compreensão intelectual, que se dá numa *luz* interior (*in luce interiore*)[436]. Se no primeiro exemplo refere uma *luz* mental que torna a vida mais perfeita e iluminada[437], no segundo, uma *luz* interior que permite a visão da verdade dos números, inapreensível pelos sentidos do corpo. Na verdade em ambos os casos a *luz* emana da mesma fonte, a mente, potência incorpórea, muita vez chamada de espírito, outras tantas de razão. Seja como for, trata-se de uma potencialidade cuja característica, a intelecção, se faz representar pela metáfora da *luz*, uma vez permite que os objetos de apreensão sejam tornados mais compreensíveis, menos caliginosamente impenetráveis, pelas faculdades raciocinativas, ao modo de um mistério ou enigma que se vai desvelando, ou da treva de uma furna que se vai paulatinamente dissipando pela iluminação. Porém Agostinho reconhece que nesse caso o poder da metáfora, por mais célebre, não é suficiente para dar seguimento à disputa dialética sem a completa anuência

[434] Cf. 2,8,22,85-88.

[435] Cf. 1,7,17,59.

[436] Cf. 2,8,23,92.

[437] Vale lembrar que o vernáculo "esclarecer" tem origem em metáfora semelhante, pois "claro" não é apenas aquilo que está sendo banhado pela luz solar, mas o que é banhado pela "luz" do conhecimento, que põe fim às "trevas" da ignorância.

de seu discípulo, que insiste em conhecer as razões para se deixar convencer, dando seu assentimento, o que os movimentos retóricos de Agostinho não deram conta ainda de fazê-lo, pois possibilidade não é verdade.

109. E – Reconheço que *isso* seja possível, que nada impede que exista uma única sabedoria comum para todos, ainda que os bens supremos sejam muitos e variados. Porém gostaria de ter ciência se acaso isso é assim mesmo. Pois aquilo que concedemos que seja possível ser de um certo modo, não de imediato concedemos que assim o seja de fato.

Ainda que Evódio admita a possibilidade da unidade da sabedoria, em contraste com a multiplicidade de bens supremos eleitos pelos homens, todavia essa hipótese precisa ser provada, a fim de ser aceita como verdade de ciência, segundo os propósitos amiúde reiterados desde o princípio da obra, de conhecer pela razão aquilo que se admite pela autoridade dos testemunhos. Nesse caso, contudo, não se trata de testemunho escriturário, e sim de argumentação retórica, assentada em premissas apenas prováveis, de modo algum tidas por seguras ou inquestionáveis.

109. A – Mantemos interinamente que [i] a sabedoria existe; porém [ii] se ela é uma única comum a todos, [iii] ou se acaso os que são sábios possuem cada qual as suas [sabedorias individuais], assim como [possuem] suas almas e mentes, isto ainda não o mantemos.

Portanto ainda não está provado se de fato a sabedoria seja única, comum a todos, como se propugnou por fazer admitir, embora esteja assente entre os debatedores que ela exista, tendo sido definida *supra* como sendo "a verdade em que se discerne e possui o supremo Bem"[438], ainda que este seja interinamente tido como múltiplo.

2,10,28,110-115. Da sabedoria XI: única, verdadeira e pública

110. A – [...] Logo, que isto é verdadeiro, tu o vês assim como vês a tua cogitação, a qual, se não me dês a conhecer, eu ignoro completamente?

Dá-se sequência à argumentação para provar a existência de algo que preencha os pré-requisitos apresentados[439], associados à natureza do número, a

[438] Cf. 2,9,26,100.

[439] Cf. 2,8,20,79-80.

partir da autoridade das Escrituras[440]. Se havia ficado assente entre os interlocutores que [i] a sabedoria existe e que [ii] a posse da felicidade é desejo comum de todos os homens[441], persistia contudo a dúvida se [iii] seria ela, a sabedoria, única e comum a todos, isto é, pública, em conformidade com os pré-requisitos suprarreferidos, ou se [iv] seria individual, posse privada de cada um, uma vez ter Evódio apresentado vários exemplos de sabedorias particulares[442], num relativismo que até ao momento não pôde Agostinho refutar de modo satisfatório. Logo, se a *reductio ad absurdum* reforçada retoricamente pela figura e exemplos aduzidos não deu conta de demover Evódio de seu relativismo, sustentado por um certo empirismo, restava ao filósofo aprofundar suas concepções metafísicas, como ele mesmo dará conta de relatar e explicar um pouco mais tarde com enorme carga poética em *Confissões*[443]. E de fato, um de seus tormentos espirituais de juventude, em conformidade com o que ele mesmo confessará na célebre obra-prima, identifica-se aqui sob certo aspecto com a postura intelectual de Evódio. No entanto o próprio Agostinho à época da escritura deste livro segundo era já capaz não apenas de conceber a substância incorpórea, mas também argumentar apologeticamente em seu favor, como aqui se vê. Todavia, segundo narrará em *Confissões*, pode-se dizer que o processo todo tenha sido qualquer coisa, menos simples[444].

Pouco antes de sua conversão[445], quando discutia com amigos a respeito da questão da natureza última dos bens e dos males, admitia Agostinho que, sobre esse tema, teria então conferido a palma da vitória, dentre todas as escolas que conhecia, ao filósofo grego Epicuro[446], se já então não acreditasse que a vida da alma resistisse à morte do corpo[447], proposta que Epicuro, segundo soubera, jamais admitiu[448]. Essa imortalidade da alma, que ele, Agostinho, então imaginava não ir além de uma vida de satisfação eterna dos prazeres, e na qual inexistia

---

440 Cf. 2,8,24,94-95.

441 Cf. 2,9,25,100-103; 27,109.

442 Cf. 2,9,25,97-98.

443 Cf. *Conf.* 6,16,26-7,1,2.

444 Deve-se ter em mente que os relatos autobiográficos narrados por Agostinho em *Confissões* referem-se a período que antecede a escritura do *L.A.* (388-395), obra esta que foi concluída anos antes da escritura daquela (397-400).

445 Apesar de ter sido um longo processo, costuma-se datá-la em 386, a partir do que ele mesmo relata em *Confissões*, nomeadamente o episódio do jardim milanês (*Conf.* 8,5-9).

446 *Conf.* 6,16,26: *"Epicurum accepturum fuisse palmam"*.

447 *Id. ibid.*: *"Nisi ego credidissem post mortem restare animae uitam"*.

448 *Id. ibid.*: *"Quod Epicurus credere noluit"*.

qualquer receio de sofrer privação[449], concebia não apenas portadora da felicidade tão sonhada, mas também o melhor modo de vida possível[450]. De fato, ele mesmo reconhecia que naqueles dias não era ainda capaz de idealizar algo que não fosse corpóreo, de conceber a luz da honradez (*lumen honestatis*) e aquela beleza que não era perceptível por meio dos olhos da carne (*non uidet oculus carnis*), e sim interiormente (*ex intimo*), e que fosse abraçada em virtude de si mesma[451]. Esse semiepicurismo momentâneo o impedia de admitir qualquer substância (*aliquid substantiae*) que não fosse perceptível pelos olhos do corpo[452]; fato que, por conseguinte, o impelia a idealizar o próprio Criador como uma "massa", conquanto não de forma humana[453], ainda assim de algum modo corpórea. Uma massa, acreditava, que fosse incorruptível (*incorruptibilem*), inviolável (*inuiolabilem*) e imutável (*inconmutabilem*), e que, contudo, não sabia como conceber[454]. De coração "cevado" (*incrassatus corde*), isto é, "obtuso", admite Agostinho, nem a si mesmo conseguia conceber claramente[455], quanto mais algo que não se distendesse no espaço[456], ou que não se expandisse, nem se retraísse, nem inchasse, ou ainda, que nem contivesse ou pudesse conter alguma coisa deste gênero; nada disso, pois, admitia ser além de um simples nada (*nihil prorsus esse arbitrabar*).

Não se requer muito esforço para compreender que, naquele tempo[457], aquilo que agora busca provar e de que pretende convencer Evódio, seja a verdade, seja a sabedoria, fosse para ele algo não muito distante das concepções relativistas que o discípulo esforça-se por sustentar[458]. Por outro lado as características que aduz em *Confissões* acerca da natureza divina já o impeliam, sem que soubesse,

---

449 *Id. ibid.*: *"In perpetua corporis uoluptate [...] sine ullo amissionis terrore"*.

450 *Id. ibid.*: *"Quid aliud quaereremus?"*.

451 *Id. ibid.*: *"Gratis amplectendae pulchritudinis"*.

452 *Conf.* 7,1,1: *"Nisi tale non poteram quale per hos oculos uideri solet"*.

453 *Id. ibid.*: *"Non te cogitabam, deus, in figura corporis humani"*.

454 *Id. ibid.*: *"Sed quid te aliud cogitarem non occurrebat [...] nesciens unde et quomodo"*.

455 *Conf.* 7,1,2: *"Nec mihimet ipsi uel ipse conspicuus"*.

456 *Id. ibid.*: *"Quidquid non per aliquanta spatia"*.

457 O tempo dos eventos narrados em *Confissões*, anteriores à sua conversão, em 386.

458 De fato, o materialismo de Agostinho, em conformidade com o que relata em *Confissões*, não tinha por consequência apenas uma dificuldade de conceber a divindade ou qualquer substância incorpórea, mas igualmente a adoção de um semiepicurismo, que via na busca do prazer e na cessação de toda dor o escopo fundamental da vida (daí sua insistência pela *securitas/* ἀταραξία, como se vê em diversas obras), inclusive *post mortem*, como ele o admite, o que redunda também numa concepção relativista da vida, a partir daquilo que cada um eleja para si como fonte de prazer e fim último a alcançar.

em direção a uma outra realidade superior, suprassensível. De fato, como conceber neste mundo corpóreo uma massa qualquer que fosse simultaneamente incorruptível, inviolável e imutável? E não constituem essas características igualmente os pré-requisitos[459], ainda que parciais, da substância que se tanto busca acima da mente? No entanto, se a substância incorpórea não pode ser captada pelos sentidos do corpo, uma vez que não é corpo nem pertence à natureza do corpo, sendo exclusividade da mente, da atividade que ali se desenvolve, como concebê-la aquele que nem mesmo crê a atividade mental ser de fato algo real? Ora, como ele mesmo admite na sequência da célebre obra[460], nem mesmo conseguia perceber que a própria atividade da mente, pela qual formava aquelas imagens mentais, a partir das formas ditas corpóreas que os olhos apreendem, as únicas imagens que seu coração podia então aceitar, enfim, que esta como que atividade ou "atenção" da mente não pertencia ao mesmo gênero de coisas, nem ao das formas percebidas pelos olhos, as quais ocupam lugar no espaço, nem ao das próprias imagens retínicas formadas por ela. Não percebia, pois, que esta atividade da mente não podia ser um simples nada. De fato, ela não formaria as imagens que forma se não fosse algo de grandioso[461]. E assim como a atividade ou movimento da mente, que ali denomina *intentio*, se distingue tanto das formas dos objetos corpóreos, "que ocupam lugar no espaço", como das próprias imagens deles apreendidas ou formadas através da captação dos olhos, instrumento do sentido da visão, assim também os números, enquanto quantidade, seja de pedrinhas, seja de objetos quaisquer, se distinguem absolutamente das operações mentais por meio deles efetuadas. O argumento de Agostinho nessa passagem de *Confissões* faz ecoar, ainda que numa longínqua analogia, a apologética cristã primitiva, que pretendia provar a excelência e existência do Criador através da contemplação da grandiosidade de *sua* obra. Com efeito, se todos reconhecem as imagens que se formam na mente, em não tendo sido formadas alhures, mas pela própria mente, se estas imagens constituem algo de grandioso, grandiosa igualmente deve ser aquela potência que as formou. A despeito do argumento, o que vale para os propósitos desta análise é a constatação por parte de Agostinho da existência real de algo incorpóreo, que por sua própria natureza só pode ser apreendido pela mente, algo esse que está além das imagens mentais formadas a

---

459 Cf. 2,8,20,79-80.

460 *Conf.* 7,1,2.

461 *Id. ibid.*: *"[...] nec uidebam hanc eandem intentionem, qua illas ipsas imagines formabam, non esse tale aliquid, quae tamen ipsas non formaret, nisi esset magnum aliquid"*.

partir dos objetos corpóreos, além dos números enquanto expressão da quantidade de objetos. Isso, porque, se se tratasse apenas das imagens fixadas na mente a partir da captação do reflexo da luz no interior dos olhos, essas imagens não seriam totalmente incorpóreas, tampouco incorruptíveis ou eternas, porque, dependentes dos objetos de que se originam, seriam mutáveis como eles. Por outro lado as regras dos cálculos matemáticos, nada obstante a quantidade de pedrinhas ser sempre variável, permanecem estáveis e verdadeiramente imutáveis, uma vez o quadrado da hipotenusa ser para sempre equivalente à soma dos quadrados dos catetos, num triângulo de ângulo reto, seja em que dimensão se o conceba, quer em centímetros, quer em polegadas.

Vale notar ainda que no fim de sua vida, pensador mais experiente e consequentemente nada ingênuo, no último livro de seu tratado acerca dos mistérios da Trindade[462], reconhece, com respeito ao pensamento ou à substância inteligível – realidade que se não deve confundir com as imagens mentais de objetos corpóreos –, que ela se constitui, assim como a própria divindade, um verdadeiro enigma, pois, embora algo inequivocamente real, presente no interior do ser pensante, capaz de mover seu corpo, suas ações, seus propósitos, numa palavra, uma potência capaz de mover imediatamente seu mundo privado e mediatamente o próprio mundo corpóreo à sua volta, ainda assim, contudo, talvez por ser invisível, intangível, insensível e de certo modo inapreensível, mais pareça um nada:

> E isto é um enigma ainda maior, o fato de não vermos aquilo que não podemos não ver. Pois quem é que não vê o seu pensamento? E quem é que vê o seu pensamento? Não com os olhos carnais, digo, mas pelo próprio conspecto interior? Quem não o vê? E quem o vê?[463]

Ainda em *Confissões* Agostinho justifica como fulcral a constatação [i] da superioridade do incorruptível em relação ao corruptível, [ii] da inviolabilidade em detrimento da violabilidade e [iii] da imutabilidade em contraste com seu oposto, a mutabilidade, isso, enfim, para que se pudesse conceber a substância inteligível e posteriormente a própria divindade[464]. Portanto precisamente onde (*ubi*) era capaz de perceber que aquilo que não se corrompe é melhor do

---

462 *Trin.* 15,9,16.

463 *Trin.* 15,9,16: *"Et hoc est grandius aenigma ut non uidemus quod non uidere non possumus. quis enim non uidet cogitationem suam? et quis uidet cogitationem suam? non oculis carnalibus dico sed ipso interiore conspecto? quis non eam uidet? et quis eam uidet?"*.

464 *Conf.* 7,4,6: *"Cum autem uerissime atque certissime incorruptibile corruptibili praeponatur..."*.

que o que se corrompe[465], ali mesmo (*ibi*) compreendia que devia concentrar sua atenção e buscar o que procurava, porque a corrupção, ou o corromper-se, isso não é um bem[466], mas Deus, que é incorruptível, além de ser inviolável e não sujeito à mutação, é bom, ou antes, é o próprio Bem. Do que, por consequência, era então possível concluir que o Bem supremo fosse incorruptível, além de inviolável e não sujeito à mutação. Interessa notar, contudo, que essa metafísica de cunho parmenídico-platônico adotada pelo filósofo por toda uma vida, porém com adaptações cristãs da maior importância, não se esforça muito para explicar a causa da suposta superioridade do incorruptível, inviolável e imutável em detrimento de seus contrários para além da ânsia comum de imortalidade presente no coração de todos os homens desde sempre. Com efeito, não é por permanecer indefinidamente que a pedra seja melhor que o ser humano. O critério da permanência, imutabilidade ou incorruptibilidade, neste caso, não mantém o seu valor se separado da inteligibilidade, de que o mineral estaria excluído. No caso do cômputo matemático, por sua vez, para alguns seria preciso imaginá-lo automovente, ao modo da alma platônica, a que fosse realmente algo em si mesmo, fora da mente que o produziu e o preservou na memória, isso, sem dúvida, em se considerando seja mais que uma simples figura. Seja como for, Agostinho recebe essas categorias e conceitos todos muito prontos e ordenados, restando-lhe aceitá-los e adaptá-los ao testemunho cristão.

De volta ao texto propriamente dito do *L.A.*, a partir [i] da sua definição de sabedoria[467] como sendo a verdade em que o sumo Bem é discernido e possuído, assumindo a possibilidade de múltiplos bens supremos e consequentemente múltiplas sabedorias, e [ii] da constatação de que todos querem ser felizes e sábios, ou seja, possuir a sabedoria que leva ao Bem supremo, que se confunde com a felicidade, Agostinho estabelece como assente que [i] tanto a sabedoria existe como [ii] que todos querem de fato o Bem supremo, ou seja, a Felicidade suprema que se adquire por meio da sabedoria. Portanto a questão da multiplicidade dos bens supremos redunda na das variadas noções de felicidade, que se atinge através de alguma sabedoria específica. Pois bem, o argumento do filósofo é do maior interesse[468], porque ao assumir interinamente a relativização

---

465 *Id. ibid.: "Incorruptibile corruptibili praeferendum...".*

466 *Id. ibid.: "Corrumpi autem non est bonum...".*

467 Cf. 2,9,26,100.

468 E sem dúvida é o embrião dos argumentos supracitados em apologia da existência do inteligível, constante de *Confissões* (7,1,2) como do *De Trinitate* (15,9,16), mas que se reproduzem em várias de suas obras subsequentes.

da sabedoria e consequente felicidade supremas defendidas por Evódio é que logra argumentar e talvez provar a unidade da substância inteligível, que era seu propósito desde o início. Ora, independentemente do que seja a sabedoria ou a felicidade a que ela conduza, o ponto decisivo e inconteste, a partir do assentimento mútuo dos disputantes dialéticos, é que eles propriamente assintam, o que não poderiam fazer, se aquilo a que dão seu assentimento não fosse verdadeiro. Logo, se assentem, é porque aquilo a que dão seu assentimento é real, do contrário estariam assentindo em algo inexistente. E como é que o fazem, numa palavra, como é que dão seu assentimento, senão por meio da atividade mental, por meio do próprio pensamento? Porém o pensamento de cada um é de cada um, individual, particular, privado, pelo que desconhecido de outrem, seja quem for. E mais, é invisível, intangível, imperceptível pelos sentidos do corpo, embora possa ser partilhado em comum por todos, assim como os cômputos matemáticos, como Agostinho e o próprio Evódio acabam de comprovar, ao comungar do mesmíssimo assentimento, ao reconhecer a existência tanto da sabedoria como do desejo universal pela felicidade, que se adquire por meio de uma certa verdade, segundo a definição apresentada *supra*. De que modo, pois, pode Evódio compreender que tanto ele como Agostinho partilham das mesmíssimas suposições, às quais dão seu assentimento voluntário e consciente, sem ser obrigado a reconhecer de modo necessário a existência disso, seja o que for, *em que* ambos assentem? Estaria provada, por conseguinte, a existência de uma única sabedoria, apenas por isso?

> **111.** A – [...] Portanto aquilo único e verdadeiro, que ambos vemos por meio de nossas mentes individuais, não nos é comum a cada um de nós?

Não ainda que a sabedoria seja única, mas apenas que exista algo único e verdadeiro, comprovado empiricamente agora, que seja igualmente comum para ambos, embora visto individualmente por cada um através de suas próprias mentes. Contudo, ainda que se admita que a sabedoria possa não ser única para toda a gente, ainda assim Agostinho assume que seu estudo seja algo de certo modo comum e verdadeiro. Contudo não se trata do estudo em si mesmo, e sim do dever de dedicar-se a ele, estudo que, seja do que for, deve ser perseguido. E de fato, quem ousaria negar que seja preciso dedicar-se à sabedoria, àquela verdade por meio de que se alcança a Felicidade suprema, uma vez que todos comprovadamente desejam ser felizes?

111. A – Creio igualmente que tu não negas que se deva dedicar ao estudo da sabedoria, e que concedes que isto seja verdadeiro. [...] **112.** A – Que isto igualmente é verdadeiro e único, e que pode ser visto em comum por todos aqueles que disto têm ciência [...] por acaso poderemos negá-lo?

Certas verdades há, portanto, segundo o argumento do filósofo, que por serem patrimônio comum, tidas por universais, podem dizer-se comuns, públicas, compartilhadas, como a luz do Sol, por exemplo, que, embora seja uma, é aproveitada por todos os que o queiram e possam, de modo simultâneo e sem nenhum detrimento em sua natureza. Esse caráter público, como se disse, importa para a argumentação porque confere ao bem em questão sua independência ontológica, ao ser capaz de ser fruído individualmente sem que, contudo, esteja apenas na mente de um qualquer fruidor. Portanto ser algo público opera como uma espécie de antídoto ao nominalismo *avant la lettre*, comprovando, segundo crê Agostinho, a existência de um bem, independentemente de quem venha ou possa vir a fruí-lo.

Na sequência três outros exemplos são aduzidos pelo filósofo como deveres notórios de todo homem: [i] viver com justiça; [ii] que o pior seja submetido ao melhor, o que se pode compreender como aquele mesmo princípio ordenador a que se recorreu com insistência no livro primeiro[469], a saber, que tudo o que é superior deve exercer seu domínio sobre o que lhe está abaixo, sob pena de incidir em desordem ou pecado, assim como a razão, por exemplo, deve governar as paixões da alma, a fim de que homem esteja ordenadíssimo segundo os ditames da Lei divina ou Razão suprema; [iii] que as coisas semelhantes devam ser equiparadas umas às outras, ou seja, situadas no mesmo grau, seja ontológico, seja moral; [iv] por fim, a atribuição a cada um do que lhe cabe, que outra coisa não é senão a própria definição clássica de justiça[470].

113. A – Que igualmente se deve viver com justiça, que as coisas piores devem ser submetidas às melhores, que as iguais devem ser comparadas às iguais, e que a cada um devem ser atribuídas as coisas que lhe são próprias, não reconhecerás que isso tudo é absolutamente verdadeiro, e que está ao alcance, em comum [...] para todos os que o veem?

Há nos diferentes manuscritos do *L.A.* que sobreviveram à passagem dos séculos uma variação interessante nesta passagem. Na edição crítica utilizada para esta

[469] Cf. 1,6,15,48-49; 8,18,61; 64.

[470] Cf. 1,5,11,33.

tradução, da série latina do *Corpus Christianorum*[471], diferentemente da solução aqui adotada, consta a expressão *iuste esse uidendum*, significando que se deva "ver" com justiça, e não "viver", como aparece em outros manuscritos[472]. Essa alternativa criaria grave desafio para a tradução, tornando a passagem incompreensível e discordante da sequência, como se há de ver. Por outro lado, o que se crê mais provável[473], ao lançar mão do advérbio *iuste*, "com justiça", como modificador do adjetivo verbal passivo de valor impessoal, *uiuendum esse*, "deve-se viver", Agostinho esteja referindo a vida reta (*recte uiuere*)[474], que se pode compreender como a vida vivida segundo aquilo que a reta razão tem por moralmente justo, o que, no fim, se equipararia à posse completa das virtudes ditas cardeais[475], dentre as quais se inclui a própria justiça. No entanto, o que importa neste momento, para os fins a que o argumento se propõe, não é o fato de que esses exemplos todos [i-iv] cumpram os pré-requisitos supracitados, e sim que seu conhecimento seja fruto de uma operação que se tem por verdadeira e que, embora individual, por dar-se na mente de cada um privadamente, esteja ao alcance coletivo, constituindo o que o filósofo havia definido por bem de caráter público ou comum.

114. A – Pois bem, poderás negar que o incorrupto seja melhor do que o corrupto; que o eterno, do que o temporal; que o inviolável, do que o violável?

Na sequência (§114), recorre aos mesmos três atributos citados em *Confissões*[476] para explicar como se deu a passagem de uma concepção corpórea a uma incorpórea a respeito da divindade: [i] incorruptibilidade, [ii] inviolabilidade e [iii] incomutabilidade, que Agostinho refere também por [iii] eternidade, que depois faz aplicar a três situações análogas (§115): [i_b] que se deve buscar o que não se corrompe em lugar do que se corrompe; [ii_b] que a vida que se corrompe e se deixa destruir é inferior à vida que permanece estável e

---

471 Vol. XXIX. Turnholti Typographi Brepols Editores Pontifici, MCMLXX, p. 200-321.

472 Os demais manuscritos são os seguintes: 1. δ = consensus codicum *S Y* (*S* = Trecensis 40, saec. XII, olim de Clara Valle; *Y* = Parisinus 16725, saec. XII, olim S. Martini a Campis); 2. *Am.* = editio Amerbachii Basileensis 1506; 3. *Er.* = editio Erasmi Basileensis 1528; 4. *Lou.* = editio theologorum Louaniensium 1576.

473 Isso será comprovado adiante (2,10,29,117), quando Agostinho retomar três desses princípios: [i] *recte uiuere*, [ii] *paria paribus conparare*, [iii] *sua cuique tribuere*.

474 Cf. 1,6,14,45-6 *et passim*.

475 Cf. 1,13,29,97: "Aquelas virtudes [...] as quais possuir seria o mesmo que viver reta e honestamente".

476 *Conf.* 7,4,6.

firme em seus propósitos, não se deixando abalar pelos infortúnios; [iii_b] que o incomutável, que se pode compreender por eterno, está presente em todas as mentes que são capazes de contemplar esses conhecimentos comuns a todos, como os exemplos aduzidos. Logo as mesmas três características relacionadas à divindade se fazem presentes na substância inteligível: incorruptibilidade, inviolabilidade e incomutabilidade ou eternidade, o que se pode associar também, sem nenhuma dúvida, à invisibilidade e à insensibilidade, isto é, ao fato de que essas coisas só são apreensíveis pelos movimentos da razão ou mente ou espírito. A questão que se levanta, contudo, é tão mais complexa quanto fundamental para os desdobramentos da metafísica ocidental. De fato, em que consistem esses exemplos todos aduzidos por Agostinho como paradigmas da substância incorpórea, imutável, inviolável e incorruptível? Ao menos duas grandes perspectivas se erigiram ao longo da história. De um lado, há os que os consideram como meros substantivos abstratos, nomes apenas, desprovidos de existência própria fora de um léxico qualquer, ou então, como modificadores ou adjuntos, só fariam sentido quando adjungidos aos nomes que estariam modificando, como quando se diz que *x* ou *y* são mutáveis, conquanto a mutabilidade seja considerada apenas um rótulo a explicar um fenômeno ou processo a que *x* ou *y* se submetem por natureza e jamais uma realidade em si mesma. De outro lado, na esteira do platonismo ou do medioplatonismo judeu-cristão desenvolvido a partir de Alexandria, que considerava cada palavra divina um anjo de Deus, ou pensamentos seus, aos quais se conferiu uma forma, ao modo do mundo das ideias platônico, são elas portadoras cada uma de uma identidade própria, constituindo em si mesmas algo real. Esta última perspectiva, por assim dizer, é a que mais se coaduna com o pensamento do filósofo de Hipona, que considera os três aspectos citados, incorruptibilidade, imutabilidade ou eternidade e inviolabilidade, como algo mais que simples propriedades das naturezas, qualquer coisa de verdadeiro e absoluto, como as operações matemáticas citadas no início da argumentação[477]. Pode-se dizer, inclusive, sem incorrer em temeridade, que o próprio filósofo não estivesse alheio a essas duas posições, pois parece a todo custo precaver-se desse como que nominalismo *avant la lettre*, pelo antídoto da publicidade, ao empreender provar que, ao ser apreendido em comum, um bem não apenas deixa de ser propriedade particular de cada um, existindo apenas e tão somente na mente que o possui, mas adquire um *status* próprio,

[477] Cf. 2,8,23,89.

independente, como se há de constatar adiante, estatuto ontológico esse não dos menores: "pode alguém dizer que esta é sua própria verdade, visto que está presente para ser contemplada de modo absolutamente imutável por todos os que sejam capazes de contemplá-la?"[478]. Numa palavra, se uma ideia é comum a todos, como a luz do Sol, como poderia ser simultaneamente exclusiva de cada um? E se é comum a todos, como se dirá que simplesmente inexiste, como fórmulas matemáticas, que não apenas se aplicam em toda parte sobre os corpos mutáveis, como se vê na engenharia de pontes, aquedutos, templos e cidades inteiras, mas também são descobertas na contemplação dos ciclos dos astros, das estações, das gestações, não tendo sido "criadas" pela mente humana *ex nihilo*, apenas por ela "inventadas" (*inuenire*), isto é, "descobertas", quando então seu descobridor exclama contente e grato, como Arquimedes, *Hēúrēka!*[479]

2,10,29,116-118. Da sabedoria XII: luzes das virtudes ou princípios da justiça

> **116.** A – [...] essas, por assim dizer, regras e como que luzes das virtudes, não apenas verdadeiras, mas também perfeitamente imutáveis, estão presentes, quer individualmente, quer todas em comum, para ser contempladas por aqueles que são capazes de olhar atentamente para estas coisas, cada um por meio de sua própria razão e mente.

O que Agostinho refere como "regras e luzes das virtudes" são os exemplos aduzidos nos parágrafos §§111-115, quais sejam: (§111) [i] que se deve dedicar ao estudo da sabedoria; (§112-113) [ii] que se deve viver com justiça; [iii] que o superior deve ser preferido ao inferior; [iv] que os iguais devem ser equiparados; [v] que a cada um deve atribuir-se aquilo que é seu por direito; (§114)

---

478 Cf. 2,10,28,114.

479 Ηὕρηκα, "eu descobri" (perf. de εὑρίσκω). O v. latino *inuenire* (*in* + *uenio*), que pode liter. ser traduzido por "vir ao encontro de", "topar com", daí "descobrir" e "encontrar", ilustra bem a concepção mais humilde que tinham os antigos diante dos fenômenos da natureza e da vida, de que jamais se acharam os gênios criadores, como o homem romântico veio a crer, e depois dele praticamente todos até hoje. E assim é, como se comprova pela definição que Cícero oferece para os tópicos (τόποι) (*Top.* 1,2,7-8): "Assim como a descoberta daquelas coisas que estão ocultas se torna fácil [...] assim também, quando queremos pesquisar algum argumento, devemos conhecer os seus 'lugares' [...] as 'sedes' de onde os argumentos são retirados [...]". Para a profunda decepção dos inúmeros gênios criativos deste século, admite o mais célebre dos rétores romanos que ninguém cria um argumento *ex nihilo*, apenas descobre aqueles que restam de algum modo "ocultos", o que não seria possível se não existissem.

[vi] que aquilo que não se corrompe ou deteriora é melhor do que o que sofre corrupção; [vii] que tudo o que não tem fim supera o que está sujeito ao tempo; [viii] que o que pode sofrer violação ou mutação invita em sua natureza é inferior ao que não o pode; (§115) [ix] que o espírito deve averter-se de tudo o que pode corromper-se e converter-se ao que é incorruptível, ou seja, que deve amar o que não se corrompe em lugar do que se corrompe; [x] que a natureza incomutável está ao alcance comum de todas as mentes capazes de contemplá-la; [xi] que a vida, cuja adesão ao pensamento certo e honesto é inabalável, está acima da vida frágil, cuja adesão a esse pensamento certo e honesto se quebra facilmente ao menor contratempo de ordem temporal, subvertendo-se. Pois bem, essas luzes das virtudes ou regras de vida, como Agostinho as denomina, são verdadeiras e incomutáveis, além de se fazerem disponíveis para a contemplação comum, o que equivale a dizer que, ainda que sejam vistas pela mente de cada um individualmente, podem ser conhecidas de todos simultaneamente, características que satisfazem os requisitos anteriormente postos[480]. Porém o que se quer saber de fato é se essas luzes das virtudes tenham algo que ver com a sabedoria, de que se vem discorrendo há alguns parágrafos, desde sua conjunção com o número, a partir da citação do Eclesiastes[481].

116. A – [...] Mas quero saber com clareza se estas coisas te parecem pertencer à sabedoria, pois creio que aquele que alcançou a sabedoria te parece ser sábio.

Ter-se-ia acaso uma nova definição para a sabedoria: "viver com justiça", de par com aquela apresentada anteriormente[482], que diz ser ela "a verdade em que se discerne e possui o Bem supremo"? Praticamente todos os onze itens citados do §111 ao §115 não exprimem senão exemplos da mesma virtude cardeal, a justiça (*iustitia*). Excluído o primeiro exemplo, [i] que diz apenas que o estudo da sabedoria é imperioso, na sequência, depois de prescrever a vida com justiça [ii], elencam-se três atributos ou tarefas dessa mesma justiça: [iii] a preferência do superior em relação ao inferior, [ix] a equiparação dos iguais e [v] a atribuição a cada um do que lhe cabe. Os demais itens nada mais são que exemplos ou desdobramentos dos anteriores: [vi] que o incorruptível, [vii] o eterno e [viii] o inviolável são superiores ao corruptível, temporal e violável, em conformidade

480 Cf. 2,8,20,79-80.

481 Cf. 2,8,24,94-95.

482 Cf. 2,9,26,100.

com o terceiro item e cuja implicação moral é a sua preferência em detrimento de seus contrários, como expressa em [ix]: que se deve buscar o superior e desprezar o inferior; [x] por fim, que a vida segundo os princípios supraelencados é superior à vida contrária e [xi] que está à disposição de todas as mentes capacitadas para a contemplação. Pois bem, tendo isso em vista, seria lícito aventar a hipótese de que Agostinho estivesse equiparando a sabedoria à justiça? Ao que parece, pela sequência, quem vive com justiça, segundo os exemplos supra-aduzidos, carece antes da própria sabedoria para fazê-lo:

> **117.** A – [...] [ii] aquele que vive justamente, poderia ele acaso assim viver, [iii] se não visse quais coisas inferiores haveria de submeter a quais de maior valor, [iv] quais iguais haveria de unir a si mesmas, e quais propriedades haveria de distribuir, a cada um as suas? [...] negarás acaso que ele as veja sabiamente?

De fato, para viver com justiça [ii][483] é preciso ser sábio, a fim de que veja [iii] que o superior deve ser preferido ao inferior, [iv] que os semelhantes sejam assim considerados e reunidos, [v] e que se deve atribuir a cada um o que lhe cabe de direito. E se para ter conhecimento dessas luzes da virtude ou regras de vida é preciso ser sábio, não menos para pô-las em prática, elegendo por sua vontade, subordinada à razão, o incorruptível em detrimento do corruptível e em benefício de si mesmo, fim esse que se tem por incontestável. E quem usa de sua vontade livre para eleger o que deve ser eleito, subordinando-a aos ditames da reta razão, não pode fazê-lo senão sábia e justamente, e semelhantemente é com sabedoria que ele se afasta do que deve evitar e não se afasta do que deve sustentar.

> **117.** A – [...] aquele que não se deixa afastar por nenhuns temores ou penas daquilo que elege sabiamente, e a que se converte sabiamente, sem dúvida é sabiamente que o faz.

Portanto, se essas luzes das virtudes ou regras de vida nem se conhecem, tampouco se praticam sem sabedoria, decorre inevitavelmente disso sua inextricável conjunção, isto é, entre a virtude e a sabedoria.

---

[483] Esta é a prova definitiva de que a passagem discrepante do §113 deve ser lida como *iuste esse uiuendum*, "que se deve *viver* justamente", e não *iuste esse uidendum*, "que se deve *ver* justamente". Isso, porque Agostinho cita novamente os três princípios, agora porém com outras palavras, e ao fazê-lo não diz que se deve "ver com justiça" e sim "viver com justiça" (§113 *iuste esse uiuendum*; §117 *qui iuste uiuit*).

118. A – Portanto está perfeitamente manifesto que todas estas, que dissemos ser regras e luzes das virtudes, pertencem à sabedoria [...] porém não se pode dizer retamente que tudo o que se faz sabiamente esteja separado da sabedoria.

Logo, ao que parece, a sabedoria outra coisa não é senão o conhecimento e consequente prática das virtudes, de modo especial as que se dizem cardeais: prudência, justiça, temperança e fortaleza de ânimo ou coragem[484]. Porém essas regras todas que Agostinho denomina luzes das virtudes referem-se à justiça, ainda que se diga, como os estoicos o faziam, que todas as virtudes estão interligadas e que aquele que possuísse uma possuía igualmente todas. Seja como for, parece que para Agostinho a virtude predominante é a justiça. Com efeito, no §113 deste livro segundo, após prescrever a vida vivida com justiça, introduz três preceitos: [i] que o pior deve ser submetido ao melhor; [ii] que os iguais devem ser equiparados; [iii] que a cada um deve ser atribuído o que é seu. Se o terceiro preceito não oferece dificuldades de interpretação, o imperativo de atribuir a cada um segundo o que lhe cabe, sendo conhecido como definição clássica de justiça[485], os dois primeiros não se identificam com tanta facilidade. O primeiro deles, que estipula a preferência do melhor em detrimento do pior, talvez possa ser depreendido do livro primeiro[486], pois ao estabelecer como justa a felicidade dos bons e a infelicidade dos maus, Agostinho associa bondade a felicidade e maldade a infelicidade, cuja consequência outra não é senão a eleição do melhor em lugar do pior, pois quem elege o bem, que é notoriamente melhor do que o mal, obtém a felicidade, prêmio igualmente melhor que seu contrário, a infelicidade. Em seguida, ao situar a Lei eterna no homem interior[487], conjunge inextricavelmente a ordem à própria justiça, dizendo que a Lei eterna, impressa no homem, "é aquela por meio da qual é justo que todas as coisas estejam na mais perfeita ordem". Isso equivale a dizer que a Lei eterna ou Razão suprema, que se pode dizer igualmente Justiça divina, preceitua que todas as coisas estejam ordenadíssimas, isto é, que estejam de acordo com a *summa ratio*, que prescreve que o melhor deve submeter o pior, e que, no caso do homem, a razão, sua melhor parte, deve governar-lhe os impulsos inferiores, ditos "irracionais". E mais ainda, de

---

484 Cf. 1,13,27,89-90.

485 Cf. 1,5,11,33; 6,15,48-49.

486 Cf. 1,6,15,49.

487 Cf. 1,6,15,51.

acordo com essa Lei eterna e imutável, reconhece Evódio na sequência[488], nada jamais fará com que não seja justo que todas as coisas estejam na mais perfeita ordem, o que inclui também o homem, num claro eco, posto que distante, da ordenação platônica apresentada na *República*. Com efeito, o homem agostiniano[489] estará perfeitamente ordenado, assim como o universo regido pela Lei eterna, o que implica dizer justo assim como rigidamente Justa é a ordem universal, se o que nele for superior governar o que for inferior, e injusto, se se der o contrário, se suas faculdades inferiores dominarem-lhe as superiores. Assim, como dito nos comentários ao livro primeiro, a sua parte excelente, que é racional (λογιστικόν), deve exercer completo domínio sobre os seus movimentos não racionais, daí inferiores, como os impulsos de sua alma, sejam os relacionados à parte responsável pela ira (θυμοειδές), sejam os relativos à parte desiderativa ou libidinosa (ἐπιθυμητικόν). Se a razão exerce o domínio, está o homem não apenas ordenado, mas é igualmente justo; do contrário, torna-se não apenas desordenado, mas também injusto[490]. Trata-se, pois, de uma noção de justiça que Agostinho fez derivar da Lei eterna, impressa no coração do homem, segundo a qual, como dito *supra*, pode o homem não apenas tomar ciência de tudo aquilo que seja superior ou inferior, mas igualmente ordená-los, melhores acima dos piores, ordenação que não se faz senão através da própria justiça, visto que não se pode dizer que algo esteja em conformidade com a ordem sem o domínio do que deve dominar, uma vez que não "seria perfeitamente ordenado que as coisas mais impotentes prevalecessem sobre as mais potentes"[491].

Se duas das regras ou luzes das virtudes representam de fato duas claras noções de justiça: atribuir a cada um o que é seu e o domínio do superior sobre o inferior, falta agora saber se a terceira, reunir as coisas iguais, também o faça, o que parece um maior desafio. Qual seria a origem desse princípio de equipolência, ou conjunção, a que recorre aqui o filósofo[492], princípio esse citado também antes, que prescreve que às coisas iguais se devam comparar outras iguais?[493] Na verdade trata-se de um princípio jurídico bastante

[488] Cf. 1,6,15,51.

[489] Cf. 1,7,16,52.

[490] Cf. 1,6,15,48-50.

[491] Cf. 1,10,20,71: *"Neque enim esset ordinatissimum ut impotentiora potentioribus imperarent"*.

[492] Cf. 2,10,29,117: *"Quae paria sibimet copulet"*.

[493] Cf. 2,10,28,113: *"Paria paribus conparanda"*.

conhecido, muito provavelmente extraído desde o Medievo de algum epítome das obras de Cícero remanescentes, mas cuja origem sem dúvida são os *Tópicos*, versão latina do homônimo aristotélico, um dos vários tratados que o filósofo grego compôs a respeito da linguagem dialética[494], denominado pela tradição *Ars topica* ou Τέχνη τοπική. Pois bem, nos *Tópicos*[495], ao lidar com argumentos construídos a partir de comparações (*ex comparatione*), Cícero relaciona os critérios segundo os quais um argumento de comparação seria ou não eficaz, como por exemplo: [i] a exigência de que aquilo que é válido para o maior deva igualmente ser válido para o menor[496]; [ii] e seu contrário, o que vale para o menor deva igualmente valer para o maior[497]; [iii] ou ainda, o que vale para um de dois casos semelhantes, deva igualmente valer para o outro[498]. O interesse para estes comentários, contudo, restringe-se à constatação de que tenha extraído todos os exemplos de seu universo de atuação profissional, o campo jurídico, ou seja, as leis de Roma, sua amada, porém moribunda, *res publica*. Isso explica o fato de que, ao aplicar o tópico da "comparação", sobre o qual se deviam construir argumentos legais, o célebre causídico romano não deixe de ressaltar o dever ético da

---

494 Trata-se aqui do Órganon, cujo nome, contudo, não foi atribuição do próprio autor. Segundo a célebre edição de Immanuel Bekker (1831), os tratados sobre a linguagem dialética ou lógica que compõem o Ὄργανον são os seguintes: [i] *Categorias* (Κατηγορίαι); [ii] *Da interpretação* (Περὶ ἑρμηνείας); [iii] *Analíticos anteriores* (Ἀναλυτικὰ πρότερα); [iv] *Analíticos posteriores* (Ἀναλυτικὰ ὑστέρα); [v] *Tópicos* (Τοπικά); [vi] *Refutações sofísticas* (Περὶ σοφιστικῶν ἐλέγχων).

495 A *ars topica* era considerada por Cícero (*Top.* 1,1,2) como uma *disciplina* que teria sido inventada por Aristóteles para sistematizar de modo racional a *inuentio* ou descoberta (εὕρεσις) dos argumentos (*disciplinam inueniendorum argumentorum [...] ad ea ratione et uia perueniremus ab Aristotele inuentam*). Seu nome, "Tópica", derivado do grego τόπος, "lugar", assim se explica por Cícero (*ibid.* 1,2,7-8): "Portanto, assim como a descoberta daquelas coisas que estão ocultas se torna fácil, tendo sido demonstrado e descrito o seu lugar próprio, assim também, quando queremos pesquisar algum argumento, devemos conhecer os seus 'lugares' [= tópicos, τόποι]; por isso, assim foram chamadas por Aristóteles essas como que 'sedes' de onde os argumentos são retirados. Deste modo, pois, é lícito definir o 'lugar' [= tópico, τόπος] como sendo a 'sede' do argumento; o argumento, por sua vez, [define-se como sendo] um raciocínio que torne crível algo duvidoso", ou seja, "que torne uma ideia qualquer duvidosa mais persuasiva" (*Vt igitur earum rerum quae absconditae sunt demonstrato et notato loco facilis inuentio est, sic, cum peruestigare argumentum aliquod uolumus,* locos *nosse debemus; sic enim appellatae ab Aritotele sunt eae quasi sedes e quibus argumenta promuntur. itaque licet definire* locum *esse argumenti sedem; argumentum autem rationem quae rei dubiae faciat fidem*).

496 *Top.* 4,23: "*Quod in re maiore ualeat in minore...*".

497 *Ibid.*: "*Item contra, quod in minore ualet, ualeat in maiore*".

498 *Ibid.*: "*Quod in re pari ualet, ualeat in hac quae par est*".

equidade (*aequitas*), dever que situa acima dos argumentos prontos, os ditos tópicos (τόποι), cinzelando então o célebre preceito, provável origem da construção cristalizada e lugar-comum em qualquer léxico jurídico hodierno, a rezar que a "equidade" deve prevalecer sobre os argumentos prontos ou tópicos (*ualeat aequitas*), equidade cujo escopo é sempre fazer com que, em causas iguais (*quae paribus in causis...*), juízos iguais se pratiquem (*paria iura desiderat*). A *sententia* completa, pois, é a seguinte:

> Prevaleça a equidade, a qual, em causas iguais, deseja juízos iguais.
> *Valeat aequitas, quae paribus in causis paria iura desiderat.*

Embora esta *sententia* se assemelhe sobremaneira a seu epítome agostiniano – *paria paribus conparanda* –, melhor seria se ele fosse interpretado como a prescrição de que as naturezas devessem converter-se a seus pares, ou seja, que a mente se volte ao eterno incorpóreo e suprassensível, deixando ao corpo e seus instrumentos, os sentidos, a cópula com o corpóreo e finito. De todo modo, conquanto apenas uma hipótese de leitura, a partir dela se pode inferir que os três princípios aduzidos por Agostinho no §113 e depois retomados no §117, como corolários da exigida vida justa, a saber, [i] que se deve submeter inferior ao superior, mantendo a ordem da Lei eterna; [ii] que iguais devem ser equiparados a iguais, segundo a noção de equidade; [iii] e que a cada um se deve atribuir o que lhe cabe de direito, todos eles, em suma, se relacionam inequivocamente ao campo jurídico. Essa associação, por sua vez, corrobora a proposta de Agostinho, que conjunge inextricavelmente a sabedoria à justiça, uma vez que a vida justa outra não é senão aquela que se vive com sabedoria. Ou ainda, dito ao revés, no que parece uma tautologia, uma vez que a ordem desses fatores parece não alterar o produto, a sabedoria é a vida vivida com justiça. Pode-se, a partir disso, arriscar uma nova interpretação para essa sabedoria, segundo as duas definições até aqui apresentadas, a saber: [i] que a sabedoria é a verdade em que se discerne e possui o Bem supremo, que é a Felicidade; [ii] que a sabedoria é a vida vivida com justiça. Logo é bastante lícito depreender que a vida vivida com justiça equivale à verdade em que se discerne e possui o Bem supremo, que é a Felicidade, ou seja, viver com justiça equivale à Felicidade, o Bem supremo, pois implica posse e discernimento da verdade. No entanto, se essas regras ou luzes das virtudes, em que se constitui a vida justa ou justiça, se dizem eternas e verdadeiras, como se retomará na sequência, compreende-se que sejam verdade.

Em assim sendo, se a viva vivida com justiça equivale à sabedoria, que, por sua vez, é a verdade em que se discerne e possui o Bem supremo, que é a Felicidade, tem-se, por consequência necessária, que a sabedoria outra coisa não é senão as próprias luzes das virtudes ou regras segundo as quais se vive justamente, e que são verdadeiras. Em resumo, pois, a sabedoria é a vida vivida com justiça, vida vivida segundo as luzes das virtudes ou regras verdadeiras que garantem não apenas o discernimento, mas também a posse do Bem supremo, o que redunda na suprema Felicidade. Portanto não se pode ser sábio sem ser justo, nem se pratica a justiça sem sabedoria.

2,10,29,119. Da sabedoria XIII: de retorno ao número

> **119.** A – Logo tão verdadeiras e absolutamente imutáveis são as regras dos números [...] quanto verdadeiras e absolutamente imutáveis são as regras da sabedoria [...] as quais concedes sejam presentes a todos os que podem considerá-las comuns para serem contempladas.

Para além das noções de número, sabedoria ou justiça, o que importa para o argumento que se está construindo é antes sua [i] veracidade, [ii] incomutabilidade, [iii] comunidade e [iv] racionalidade. Interprete-se a sabedoria pela definição que for, quer como sendo a verdade em que se possua e discirna o Bem supremo, quer como sendo a própria justiça por que se viva em vista da Felicidade. O escopo de Agostinho, pois, era provar que as mesmas características da verdade e razão dos números se podiam estender à sabedoria, cuja relação, como se disse, foi encontrada na versão bíblica do livro do Eclesiastes de que dispunha o filósofo[499]. Isso, porque, como bem vale lembrar, o que se pretende com essa discussão toda é provar a existência[500] de algo acima da razão e acima do qual nada mais pudesse existir, algo que, por sua natureza imutável, eterna, incorruptível e verdadeira só poderia ser admitido como o próprio Criador. E essa prova racional da existência de Deus, por sua vez, decidiu-se necessária em vista do que não se logrou concluir ao final do livro primeiro. Com efeito, se ficou provado que o malfazer decorre da vontade livre do homem, restava contudo saber de sua origem, origem da própria vontade, a fim de constatar se de fato Deus nada tinha que ver com isso. De onde três desafios terem sido propostos: comprovar [i]

---

499 Cf. 2,8,24,94-95.

500 Cf. 2,3,7,20.

a existência de Deus, [ii] se de fato ele é o Criador de todos os bens, [iii] e se a vontade livre é um bem. A resposta destas três perguntas pretende, ao fim, saber se os maniqueus estavam certos ao defender a existência de uma substância má em si mesma, oriunda de ou associada a um "antideus", que entendiam como sendo a divindade, segundo eles cruel e vingativa, do Antigo Testamento, presumível antagonista do Deus misericordioso e amoroso apresentado por Cristo em seu Evangelho. Para Agostinho, como se sabe, o malfazer não tinha origem em Deus, que era único, e sim na liberdade da vontade humana desviada, liberdade essa que oferece até hoje desafios enormes ao pensamento, quando se pretende conciliá-la com a Providência e a Graça divinas.

2,11,30,120-121. Da sabedoria XIV: número e sabedoria

> **120.** E – [...] se acaso uma se origina da outra, ou se uma consiste na outra, como se o número [se originasse] da sabedoria ou [consistisse] na sabedoria.

Evódio quer saber qual a relação existente entre "número" e "sabedoria", de que se vem discorrendo há alguns parágrafos. Estariam essas duas "realidades" subsumidas em alguma categoria ulterior e mais abrangente ou, pelo contrário, estariam conjungidas por alguma relação de dependência, causalidade ou, quando não, de mera sinonímia? Deriva o número sua existência (*exsistere*) da sabedoria, isto é, tem origem nela, como se fosse apenas um de seus aspectos ou predicados, como quem dissesse que seria possível ter sabedoria em matemática ou em contabilidade, por exemplo, como sugerido pelo próprio Evódio antes[501], ao aventar a hipótese de que cada um possuísse sua própria sabedoria? Ou seriam apenas dois termos distintos que designassem a mesma coisa, como sinônimos ou equivalentes, a expressar a capacidade lógico-raciocinativa da mente humana, capacidade de fazer cômputos ou até mesmo de argumentar matematicamente, ao modo dos silogismos aristotélicos, elaborados a partir de uma concepção geométrica da linguagem? Numa palavra, número e sabedoria são sinônimos, ou a sabedoria é uma categoria maior de que o número faz parte? Isso, porque Evódio não parece admitir a possibilidade de que o número seja de algum modo superior à sabedoria, como uma substância independente:

---

[501] Cf. 2,9,25,97-98.

121. E – Pois não ousaria dizer que a sabedoria se originasse do número ou que consistisse no número. [...] conheço muitos numerários ou numeradores [...] porém sábios, [conheço] muito poucos ou talvez nenhum...

Ao contrário de qualquer pretensão de ascendência pitagórica, o discípulo de Agostinho não parece disposto a admitir que seja possível derivar a sabedoria de um suposto Número metafísico, uma Unidade transcendente que a tudo subsumisse e de que tudo derivasse, nem mesmo que número e sabedoria consistissem numa única e mesma natureza, ou ainda, que a sabedoria consistisse no número, que seria então a categoria mais abrangente, de que a sabedoria seria apenas uma classe ou espécie inferior. Contudo, embora não admita nenhuma possibilidade de superioridade do número em relação à sabedoria, não se vê em condições de justificá-lo: "não sei de que modo [...] me ocorre que a sabedoria seja de longe mais venerável do que o número". Se empiricamente se constata o valor do número em nem tão simples cálculos aritméticos, levados a efeito pelos *numerarii*, "contadores", e *numeratores*, "contabilistas", cujas operações eram dignas de grande admiração e exaltação, numa época desprovida de calculadoras e outros instrumentos facilitadores, sendo até mesmo os cálculos mais complexos, como já dito, amiúde executados com pedrinhas ou riscados na areia, a existência dos supostos sábios, por sua vez, na esteira das exigências sobre-humanas dos estoicos, e mesmo dos platônicos, se fazia raramente observável. Por conseguinte, como dizer que a sabedoria seja mais venerável que o número, quando se pode observar e admirar a destreza dos contadores, ao passo que a sabedoria dos supostos sábios resta ignota ou raramente constatável? Ainda que Evódio esteja referindo o cômputo numérico e não simplesmente o número enquanto quantidade, ou seja, o raciocínio que se opera com os números, cuja importância reside não no instrumento, mas na operação mental em si mesma, ainda assim, com os exemplos aduzidos, dos *numerarii* e *numeratores*, Evódio não parece ter sido muito feliz, pois esses não vão além de maquinadores, que nada obstante sua admirável habilidade no trato com os números, não por isso podem ser considerados sábios. Portanto, embora sejam seres racionais mais capacitados intelectualmente, se comparados com boiadeiros ou aurigas[502], contudo não podem ser ditos "sábios", pois "destreza", mesmo que na elevada arte dos números, não é sabedoria. Qual, pois, a relação entre essas duas naturezas, número e sabedoria? Por que motivo a Escritura as conjungiu?

502 Cf. 1,9,19,69; 67-70.

2,11,30,122-123. Da sabedoria XV: contemplação na mansão dos números

122. A – [...] quando me ponho a considerar comigo mesmo a verdade perfeitamente imutável dos números e sua como que morada e santuário [...] sou removido para longe do corpo. E ao descobrir talvez algo que ali possa cogitar, contudo não ao descobrir algo que seja capaz de proferir em palavras, retorno, como se esgotado, para esta nossa [morada corpórea] [...] **123.** Isto me ocorre também quando de maneira extremamente vigilante e aplicada cogito acerca da sabedoria, quanto sou capaz de fazê-lo.

Essa verdade incomutável dos números, diz Agostinho, seja o que for, possui: lugar próprio ou morada (*cubīle*), seu santuário oculto (*penetrale*), que pode dizer-se *grosso modo* uma certa região (*regionem*), que lhe sirva simbolicamente de habitáculo (*habitaculum*) ou sede (*sedes*). Esses cinco termos pretendem descrever apenas metaforicamente um certo *locus sine loco,* "espaço sem espaço", ou seja, uma certa substância imaterial, pelo que não apenas imperceptível pelos sentidos do corpo, mas igualmente desprovida de *limes,* de fronteiras ou determinações, que possibilitariam sua existência em algum lugar específico, fosse uma morada, santuário, sede ou habitáculo. Demais, sua natureza inteligível, se se pode dizê-lo, explica o recurso a esses cinco termos de natureza espacial que se fazem modificar por partículas ou expressões que indiquem indefinição ou mesmo dúvida (*quasi, quoddam, si quod aliud inueniri...*). De fato, trata-se essa verdade incomutável dos números de algo que se não pode contemplar por meio dos olhos do corpo, mas apenas pelos da mente, contemplação essa que leva a um verdadeiro e desejável afastamento para bem longe do corpo (*longe remoueor a corpore*). A ideia, sem dúvida de origem pré-cristã, cuja precedência mais ilustre se encontra em Platão, embora o filósofo ateniense, por sua vez, tenha sido antecedido não apenas por Pitágoras, mas obviamente por correntes religiosas do Oriente, enfim, a ideia implicada por esse afastamento, espécie de exercício[503] ou disciplina de natureza espiritual, é voltar a atenção da inteligência para tudo aquilo que possua natureza incorpórea, que, por ultrapassar qualquer possibilidade de apreensão pelos sentidos do corpo, considera-se melhor do que o que possui natureza corpórea e corruptível. Isso, não apenas por sua imutabilidade, como dito, mas também por sua eternidade, que o aproxima da natureza

[503] Em grego *áskēsis* (ἄσκησις), daí os termos "ascese", "ascetismo" e derivados.

divina. Portanto, ao voltar os olhos da mente para as realidades incorpóreas ou suprassensíveis, eternas, porque imutáveis e incorruptíveis, o homem consequentemente afasta-se do próprio corpo, isto é, afasta-se do jugo dos sentidos e de suas tirânicas demandas, deixando momentaneamente de senti-los, deixando de ver, ouvir, cheirar, tocar ou gostar, ou, quando não, deixando de desejar fazê-lo. Como consequência natural deixa igualmente de desejar fruir de tudo aquilo que se possa apreender pelos sentidos, os objetos de natureza corpórea que se veem pelos olhos, como a beleza dos corpos humanos, que se sentem pelo olfato, como o perfume das flores, que se saboreiam pelo paladar, como a doçura do mel, que se tocam pelo tato, como a suavidade da seda, que se ouvem pelos ouvidos, como o canto das aves, numa palavra, tudo aquilo que pertence à natureza do corpo, esse instrumento corruptível que, como dizia Platão, aprisionava a alma, e do qual se envergonhava Plotino[504].

Ao voltar-se, pois, para a natureza incorpórea, para a verdade imutável dos números, o espírito do homem não encontra apenas aqueles objetos passíveis de contemplação intelectual, mas também, indo além, ao atingir um perfeito afastamento do corpo, extático[505], depara uma natureza que se não exprime por meio de palavras, pois indefinível, ou seja, inapreensível por meio da razão humana, razão que carece de fronteiras para operar seus cálculos. Sem dúvida está-se além dos números, pois esses são apreensíveis, ainda que se trate do cálculo e não das quantidades. Essa contemplação, de uma natureza que é acima de tudo, mas que é inefável, provoca um como que esgotamento no contemplante, que por não poder ali permanecer por muito tempo, é forçado de retorno ao corpo pesado, exaurido pelo esforço de desprendimento e pela própria queda, isto é, por ser obrigado a retornar para a prisão do corpo. E tudo aquilo que pôde vislumbrar por meio dos olhos da mente, pode agora, de volta ao corpo, apenas descrevê-lo em palavras, sons vulgares que costumam ser proferidos e que podem ser compreendidos pelos homens, mas que, por serem de natureza distinta, finitamente corpóreos, não logram exprimir verdadeira e fielmente o que o espírito pôde de fato contemplar.

Tudo isso que experimenta na contemplação da verdade imutável dos números, diz Agostinho, experimenta igualmente na contemplação da sabedoria,

---

504 Cf. Porfírio, *Vita Plotini* §1.

505 Esse afastamento foi levado ao extremo pelos neoplatônicos, tornando-se prática igualmente religiosa, disciplina ascética que visava um desprendimento radical do corpo e o consequente "êxtase" (ἔκστασις).

na medida de suas forças e possibilidades de desprendimento, o que serve de argumento em favor da equivalência entre ambos, a sabedoria e o número. Porém, se por um lado a passagem supracitada do Eclesiastes[506] conferiu ao número a chancela da autoridade, por meio de sua associação com a verdade, por outro apresentou enorme desafio, a fim de que fosse justificada racionalmente. À parte o que venha ser descoberto adiante com respeito a essa verdade incomutável dos números, a que se tem pretendido associar a sabedoria a partir dos testemunhos, ao menos até este ponto da disputa, o que se sobressai por cima de tudo nesta passagem, de par com a constatação definitiva de seu caráter metafísico, que se constitui em algo passível de contemplação, é o exercício ascético que se vislumbra, cuja descrição, aqui apenas embrionária, se retomará mais tarde em *Confissões*, configurando-se das passagens mais notáveis da célebre obra do filósofo.

No sétimo livro de *Confissões* Agostinho reporta empreendimento semelhante a este, muito influenciado por suas leituras neoplatônicas, exercício ascético de desprendimento que lhe permite contemplar a "luz" da verdade, luz que se diz "acima" apenas metaforicamente, por sua natureza superior, não por estar posicionada em algum lugar específico de dimensões espaciais:

> E dali, aconselhado a voltar-me para mim mesmo, penetrei as partes mais secretas do meu ser, conduzido por ti, e logrei fazê-lo, porque te tornaste meu auxílio. Entrei e vi, como que pelos olhos de minha alma, acima destes mesmos olhos de minha alma, acima de minha mente, a luz incomutável, não esta luz vulgar e visível a toda carne, nem do mesmo gênero, só que mais sublime, como se brilhasse com muitíssimo mais esplendor e tomasse tudo com sua magnitude. Não, aquela Luz não era isso, mas outra coisa, bem diferente de todas essas. E nem estava acima da minha mente como o óleo sobre a água, nem como o céu sobre a terra, mas muito mais acima, porque ela mesma me fez, e eu lhe sou inferior, porque fui feito por ela. Quem conhece a verdade, conhece-a, e quem a conhece, conhece a eternidade. O amor a conhece. Oh eterna Verdade, verdadeira Caridade, cara Eternidade![507]

---

506 Cf. Ecl 7,26 (25); 2,8,24,94-95.

507 *Conf.* 7,10,16: *"Et inde admonitus redire ad memet ipsum intraui in intima mea duce te et potui, quoniam factus es adiutor meus. intraui et uidi qualicumque oculo animae meae supra eundem oculum animae meae, supra mentem meam lucem inconmutabilem, non hanc uulgarem et conspicuam omni carni nec quasi ex eodem genere grandior erat, tamquam si ista multo multoque clarius claresceret totumque*

Trata-se de uma Luz superior à sua mente, ontologicamente superior, Luz imutável, transcendente, Luz que criou o homem, o qual *lhe* é inferior, pois por *ela* criado; numa palavra, Luz que só se percebe a partir do desprendimento, necessidade e consequência da contemplação da natureza inteligível. Portanto o primeiro passo é voltar-se para "dentro" de si, ou seja, voltar-se para os próprios pensamentos, para o conteúdo da mente, que assim se pensa a si mesma. Depois, conforme se vai desprendendo dos sentidos e progressivamente se afastando do corpo e do mundo corpóreo, se vai aproximando da natureza puramente inteligível, que não se pode apreender nem pela razão, quanto menos descrever em palavras. Contudo, assim como o próprio Plotino, ou quem fosse, Agostinho era incapaz de permanecer estável na fruição do Ser[508], pois quando era capturado por sua beleza, sendo por ela atraído e conduzido até ele, era logo em seguida arrebatado de sua presença por seu próprio peso, pelo qual precipitava-se em direção às coisas perecíveis. Esse *pondus*, que torna a alma pesada, diz Agostinho, era seu hábito carnal[509], sua atenção, ou vontade, dirigida aos objetos de natureza corruptível, coisas essas, enfim, que mantêm o homem distante da Verdade e do Ser. Agostinho reconhece que, embora guardasse consigo uma lembrança do Ser, num átimo contemplado, o peso do corpo, sua habitação terrena, no dizer bíblico do livro da Sabedoria, habitação que é corruptível, torna tudo mais difícil, fazendo pesar a alma, deprimindo-lhe a percepção, a não dizer das dificuldades criadas pela própria mente, que se perde no muito pensar[510]. Portanto manter-se na região supraceleste, ou na região da semelhança, em estado de contemplação da Verdade, não sendo um anjo ou alma qualquer que se lhes assemelhe, não é tão factível, especialmente nesta condição de tipo carnal em que se encontra o homem, restando-lhe apenas e tão somente a lembrança amorosa daquilo

---

occuparet magnitudine. non hoc illa erat, sed aliud, aliud ualde ab istis omnibus. nec ita erat supra mentem meam, sicut oleum super aquam nec sicut caelum super terram, sed superior, quia ipsa fecit me, et ego inferior, quia factus ab ea. qui nouit ueritatem, nouit eam, et qui nouit eam, nouit aeternitatem. caritas nouit eam. o aeterna ueritas et uera caritas et cara aeternitas!".

508 *Conf.* 7,17,23: *"Et non stabam frui deo meo".*

509 *Conf.* 7,17,23: *"Et pondus hoc consuetudo carnalis".*

510 *Conf.* 7,17,23: "*Quoniam corpus, quod corrumpitur, adgrauat animam et deprimit terrena inhabitatio sensum multa cogitantem...*". Cf. Sb 9,15: "Φθαρτὸν γὰρ σῶμα βαρύνει ψυχήν, καὶ βρίθει τὸ γεῶδες σκῆνος νοῦν πολυφρόντιδα"; *Conf.* 10,40,65: "Mas precipito-me novamente em direção a estas coisas pelos pesos desgraçados e sou tragado pelos hábitos..." (*sed recido in haec aerumnosis ponderibus et resorbeor solitis*).

que pôde vislumbrar, por um brevíssimo instante, numa espécie de lampejo[511], durante o exercício espiritual de ascensão ao Ser, e um desejo ardente por um alimento cujo aroma apenas pôde a alma sentir, por não ter ainda condições nenhumas de comê-lo:

> Procurando saber então de onde é que me vinha a aprovação da beleza dos corpos, fosse a celeste ou a terrestre, e que motivo concreto teria para ajuizar e dizer, acerca das coisas mutáveis, que deviam ser, ou não, deste ou daquele modo; procurando-o, portanto, de onde emitiria tais juízos, porque assim os emitia, acabei por encontrar a imutável e verdadeira eternidade da Verdade, acima da minha mente mutável. E assim, de grau em grau, desde o corpo até à alma, que percebe por meio do corpo, e daí até àquela sua potência interior[512], à qual os sentidos do corpo comunicam as coisas exteriores, até aonde os animais são capazes de ir, e deste ponto em diante, rumo àquela potência capaz de raciocinar, à qual se entrega, para que se ajuíze, aquilo que é assimilado pelos sentidos do corpo; potência que, descobrindo-se em mim que era também mutável, ascendeu à compreensão de si mesma e afastou o pensamento das coisas costumeiras, subtraindo-se à agitação contraditória das fantasias, a fim de que descobrisse por que luz era aspergida, pois sem dúvida alguma proclamava que o imutável era preferível ao mutável, de onde viria a conhecer o próprio imutável, porque se não o conhecesse por algum modo, de maneira nenhuma poderia antepor o imutável ao mutável com certeza; e chegou, num lampejo de uma visão tremulante, àquilo que é. E assim, pois, contemplei o invisível, que se compreende por meio das coisas que foram feitas[513], mas não fui capaz de sustentar a visão, quando então, abatido pela minha fraqueza, retornei à condição de costume, não trazendo comigo senão uma lembrança que ama, como se desejasse algo que exalasse um aroma, mas que ainda não pudesse comer.[514]

---

[511] *Conf.* 7,17,23: *"In ictu trepidantis aspectus"*.

[512] Referência ao sentido interior (*interior sensus*).

[513] Cf. Rm 1,20.

[514] *Conf.* 7,17,23: *"Quaerens enim, unde adprobarem pulchritudinem corporum siue caelestium siue terrestrium et quid mihi praesto esset integre de mutabilibus iudicanti et dicenti: hoc ita esse debet, illud non ita, hoc ergo quaerens, unde iudicarem, cum ita iudicarem, inueneram inconmutabilem et ueram ueritatis aeternitatem supra mentem meam conmutabilem. atque ita gradatim a corporibus*

Nas cercanias de Óstia Tiberina, pouco tempo depois de sua conversão e batismo, ao lado de sua mãe Mônica, teria Agostinho experimentado essa mesma contemplação do Ser, em que, por um brevíssimo instante apenas, consegue vislumbrar aquilo que é verdadeira e imutavelmente, conforme ele mesmo narraria no livro nono de *Confissões*[515]. O percurso foi semelhante ao supradescrito[516]: elevar-se a partir das coisas materiais, passo a passo, para além de todos os objetos corpóreos, inclusive os astros do céu; elevar-se ainda mais por meio da reflexão, da conversação e da contemplação das obras do Criador, para então adentrar suas próprias mentes, único lugar de onde é possível elevar-se rumo àquela "região de abundância inextinguível". Lá, onde a vida é a Sabedoria pela qual todas as criaturas vêm a ser, tanto as que já foram como as que ainda serão. Nesta Sabedoria não há passado nem futuro, apenas o Ser, uma vez que ela é eterna. Deste modo, enquanto dialogavam, Agostinho e Mônica alcançam-na, a esta Sabedoria imutável, de modo apenas superficial, é verdade, mas com toda concentração ou intensidade do coração, por um brevíssimo instante apenas, para, logo em seguida tornar "ao burburinho saído de suas bocas", onde as palavras, e sua reunião nas sentenças, têm princípio e fim. Esta contemplação, explica Agostinho, possível agora apenas num rápido vislumbre do pensamento, quando então forem definitivamente silenciadas todas as coisas e ela for totalmente arrebatada nesta única visão, aí então a alma verdadeiramente terá entrado "no gozo do seu Senhor"[517]; quando, porém, isso ocorrerá, não se pode dizê-lo[518].

---

ad sentientem per corpus animam atque inde ad eius interiorem uim, cui sensus corporis exteriora nuntiaret, et quousque possunt bestiae, atque inde rursus ad ratiocinantem potentiam, ad quam refertur iudicandum, quod sumitur a sensibus corporis; quae se quoque in me conperiens mutabilem erexit se ad intellegentiam suam et abduxit cogitationem a consuetudine, subtrahens se contradicentibus turbis phantasmatum, ut inueniret, quo lumine aspargeretur, cum sine ulla dubitatione clamaret inconmutabile praeferendum esse mutabili, unde nosset ipsum inconmutabile, quod nisi aliquo modo nosset, nullo modo illud mutabili certa praeponeret, et peruenit ad id, quod est in ictu trepidantis aspectus. tunc uero inuisibilia tua per ea quae facta sunt intellecta conspexi, sed aciem figere non eualui et repercussa infirmitate redditus solitis non mecum ferebam nisi amantem memoriam et quasi olefacta desiderantem, quae comedere nondum possem".

515 *Conf.* 9,10,23-25.

516 *Conf.* 7,17,23.

517 Mt 25,21: "Εἴσελθε εἰς τὴν χαρὰν τοῦ κυρίου".

518 Cf. *Conf.* 9,10,23-25.

2,11,30,123-124. Da sabedoria XVI: suavidade e força

123. A – [...] muitíssimo me admiro, como disse, que o número seja vil[519] para a multidão dos homens, e a sabedoria, cara. *Porém o fato de serem uma única e mesma coisa, isso não admira de modo algum.*

Se o exercício ascético de contemplação da verdade imutável dos números e da própria sabedoria serve de testemunho pessoal da equivalência das duas, a partir de um argumento simples, que diria algo do tipo: supondo-se que todo efeito semelhante tem a mesma causa, se E_c é fruto da mesma experiência com *N* e *S*, disso decorre que *N* e *S*, por provocarem uma única experiência E_c, devem participar da mesma natureza ou ser equivalentes[520]; enfim, se a contemplação serve a esse propósito argumentativo, o faz de modo insuficientemente persuasivo. Essa concordância empírica, seja a partir da experiência dos exercícios ascéticos, seja da autoridade dos testemunhos, que situa os dois em mesmo plano[521], número e sabedoria, para Agostinho é suficiente, embora reconheça a dificuldade da questão. De fato, se são uma e a mesma coisa, como atribuir-lhes valores distintos, sobrevalorizando a sabedoria em detrimento do número, como Evódio mesmo acabara de fazer[522], embora incapaz de justificá-lo? Admirável, portanto, não é o fato de serem a mesma coisa, número e sabedoria, e sim que a multidão os considere distintos, preferindo comumente a sabedoria em detrimento do número.

124. A – [...] embora sejam ambas [as potências] de uma única e mesma sabedoria.

Diante de um tal impasse, que provas aduzir, se já se apresentaram dois argumentos, ainda que de caráter retórico: um, porém, construído empiricamente a partir da "autoridade" da experiência pessoal, outro, a partir da autoridade divinamente chancelada? Talvez uma mescla dos dois: de um lado a autoridade divinamente inspirada dos testemunhos, a partir de uma citação das Escrituras sagradas, de outro um argumento de tipo hermenêutico, ou seja, uma interpretação de valor argumentativo a partir da autoridade axiomática a que se está

---

519 O adjetivo *uilis* refere-se ao que merece pouco valor.

520 Cf. 2,11,30,122-123. "A – [...] quando me ponho a considerar comigo mesmo a verdade perfeitamente imutável dos números [...] isto me ocorre também quando [...] cogito acerca da sabedoria...".

521 Cf. Ecl 7,26 (25); cf. 2,8,24,94-95.

522 Cf. 2,11,30,121.

recorrendo, o que não se faz senão com o concurso da razão. Portanto uma simbiose entre as duas vias de conhecimento, fé e razão, ainda que a razão a que se recorra tenha por ponto de partida a própria fé, no que, para alguns, constitui uma forma de petição de princípio, para não dizer círculo vicioso, porém para muitos, de modo nenhum[523]. Seja como for, é assim que Agostinho ataca o problema. Eis a citação do livro da Sabedoria:

> [A sabedoria] atinge[524] de um confim até ao outro confim com força
> e dispõe todas as coisas com suavidade.[525]

O argumento hermenêutico de Agostinho se constrói sobre o contraste de caráter oximorístico percebido entre os dois advérbios constantes cada um de um hemistíquio da passagem: *fortiter* e *suauiter*, respectivamente "com força" ou "com firmeza" e "com suavidade". Portanto a mesma sabedoria é inflexível e rígida em sua justiça, desde um extremo ao outro do universo, embora também a tudo proveja com qualidade oposta, uma suave doçura. Força e suavidade, pois, embora atributos antagônicos de uma mesma sabedoria, pois quem imprime sua força não o faz com doçura, senão num oximoro, se veem conjungidos no texto escriturário, cuja autoridade se tem por inquestionável, porque divina. Pois bem, Agostinho transforma o oximoro da passagem, que assim se qualifica porque ocorre em uma única e mesma sabedoria, que simultaneamente impõe sua força, conquanto com suavidade, em uma antítese, que se percebe não mais em uma unidade, a sabedoria, e sim em uma díade: sabedoria e número, mas que na verdade constitui uma espécie de persona de dupla identidade. Com efeito, a potência que se estende de um confim do universo ao outro impondo sua força, diz Agostinho, é possível dizer-se seja o próprio número, cujas leis imutavelmente estáveis governam todas as criaturas e seus movimentos na mais perfeita ordem e equilíbrio; porém aquela outra potência que administra todas as coisas, contudo dispondo com suave doçura cada uma em seu devido lugar, pode dizer-se com propriedade que seja a sabedoria, com inicial menor. Isso, porque tanto uma potência, o número em sua força, como a outra, a sabedoria em sua suavidade, ambas constituem, como diz a Escritura santa, que não podia ser contrariada, uma mesma substância, que é a própria Sabedoria, que convém grafar com inicial

---

523 Cf. **1**,1,1,1; 3,6,16; 10,21,74; 11,13,79; **2**,1,1,2; 2,5,11; 12; 16; 6,17-19; 4,10,41.

524 Ou "estende-se através", segundo a versão grega (δια + τείνω).

525 Sb 8,1. O texto da Vulgata hieronímica é igual ao citado por Agostinho: *"[sapientia] adtingit a fine usque ad finem fortiter et disponit omnia suauiter"*.

maior. Óbvio que Agostinho não recorre ao recurso das iniciais, não apenas em virtude da *scriptio continua*, que conjungia as palavras todas umas às outras de modo impensável para a mentalidade contemporânea, mas porque esse recurso era desconhecido. Porém, se se trata de uma mesma natureza, dita "sabedoria", que se subdivide em duas, número e sabedoria, de acordo com suas tarefas e características antitéticas, estender-se com força e dispor com suavidade, faz sentido que a maior seja de algum modo destacada de sua metade homônima.

Justiça e misericórdia

> **124.** A – [...] aquela potência, pela qual ela atinge de modo firme de um fim até ao outro fim, talvez se diga "número", porém aquela outra, pela qual ela dispõe todas as coisas de modo suave, é então chamada propriamente de "sabedoria"...

Interessante notar que nesse oximoro[526], suavidade e força, seus membros constituintes, atributos paradoxais presentes na sabedoria, única, como o próprio Criador, se aproximam de dois de seus pseudoatributos, igualmente oximorísticos, justiça e misericórdia, que serão retomados em *Confissões*[527] e mais adiante pela tradição medieval, como se constata no *Proslogion* de Anselmo de Cantuária, por exemplo. Por um lado a verdade imutável dos números, tão inflexível quanto um cálculo matemático, impõe em todos os quadrantes do universo a sua rígida e inexorável justiça, pois não se tem notícia de que o produto de uma quantidade x por si mesma tenha redundado em algo distinto de seu quadrado, x^2, seja ontem, seja hoje, seja quando for. De outro a sabedoria da divina Providência, ao dispor todas as coisas em todos os quadrantes da universalidade da criação, contudo o faz com a suave doçura, e se deve aplicar sua justiça, atribuindo a cada um o que lhe cabe, o faz movida docemente pela própria misericórdia, que perdoa e esquece. Ainda que isso constitua um paradoxo insolúvel às limitadas possibilidades da razão humana, conciliar o dever da

---

[526] Na Septuaginta, ao contrário da versão latina, o contraste, embora existente, parece menor: "[σοφία] διατείνει δὲ ἀπὸ πέρατος ἐπὶ πέρας εὐρώστως καὶ διοικεῖ τὰ πάντα χρηστῶς": "[a sabedoria] se estende desde um limite até ao outro limite de modo firme e administra todas as coisas de modo conveniente". Note-se que em *Griechisch-deutsches Wörterbuch zu den Schriften des Neuen Testaments und der frühchristlichen Literatur*, de Walter Bauer, revisto por F. W. Danker, o adjetivo χρηστός de que o advérbio χρηστῶς deriva pode significar, entre outros: 1. o que não causa desconforto; 2. o que é bom; mas também: 3. o que é benevolente; 4. amável ou beneficente, ao que o *Lexicon* de Liddell e Scott acresce ainda: 1. o que é conveniente; ou ainda: 2. útil; 3. e propício.

[527] Cf. *Conf.* 1,4,4.

retribuição inflexível a cada um do que lhe é devido e o de perdoar e esquecer as ofensas, para a inteligência infinita de Deus, de modo nenhum. Assim também aqui, estendendo o paralelo, pode-se compreender que em uma mesma noção de sabedoria, por cuja unidade propugna insistentemente, predicam-se dois atributos antitéticos, daí oximorísticos, força e suavidade, que se podem associar sem nenhuma temeridade, embora o próprio autor não o tenha feito, às noções de justiça e misericórdia. Se a primeira se associa à rigidez inflexível do cômputo numérico, a maleabilidade se faz prender à sabedoria menor, por assim dizê-lo, parte integrante daquela Sabedoria una. De fato, o genitivo endossa essa noção de partição, como se força e suavidade fizessem parte da mesma e única sabedoria, seja ao modo de atributos seus, seja como espécies subsumidas em gênero maior, como se ao gênero sabedoria *S* estivessem subsumidas as espécies sabedoria-suavidade s_s e força-número f_n. Mas seja como for que se interprete o genitivo da passagem[528], o fato inconteste, a partir do que está posto, é que Agostinho pretende considerar, com a anuência de Evódio, a Sabedoria e o Número como uma coisa só.

2,11,31,125. Da sabedoria XVII: número e ordem

125. A – No entanto, porque [a sabedoria] deu números a todas as coisas...

Que significa dizer que a Sabedoria[529] deu números aos seres, dentre os quais se incluem os corpos, extremidade inferior da ordem criada? Indubitavelmente não se trata de cômputo matemático, avançado ou rudimentar, como as operações aritméticas mais simples de que as crianças se veem igualmente capazes, muito menos do número como expressão de quantidade. Então de quê? Trata-se do número como expressão da Ordem divina presente em todas as criaturas, como se há de verificar adiante, número esse que confere medida e consequentemente *finis* ou limite a todas as coisas, noções essas de que a própria *forma*, determinação dos seres, não poderá prescindir, se não quiser ver-se precipitada no nada, naquilo que, por carecer de forma, não pode nem ser definido, tampouco compreendido. Portanto tem-se aqui uma ideia transcendente do número, imanente a todas as coisas, o qual insere tudo aquilo que o possui na categoria do que é.

---

528 §124: "*...cum sit utrumque unius eiusdemque sapientiae*".

529 Neste caso é clara a alusão a Cristo (cf. 1Cor 1,22-24), que presidiu a criação do mundo.

125. A – [...] o "saber", contudo, ela não deu aos corpos, nem a todas as almas, mas apenas às racionais...

Se a Sabedoria, que dispôs de todas as coisas desde a Criação, deu números a toda criatura, inclusive às de menor valor, como os corpos, o próprio "saber", aquilo em que ela própria se constitui, contudo não o concedeu a todas as criaturas indiscriminadamente, apenas às almas ditas "racionais". Porém o suposto modo, ou melhor, a finalidade para que teria posto nas almas racionais isso em que ela mesma se constitui, o próprio saber, surpreende: a Sabedoria teria concedido o saber às almas racionais para que tal capacidade operasse ao modo de uma "sede", um núcleo de irradiação a partir de onde ela mesma, Sabedoria, pudesse administrar, em seu próprio benefício, a ordem criada, o que não exclui nem mesmo os corpos, aos quais ela teria igualmente conferido os números, como dito. Logo, ao que parece, segundo se depreende da passagem e do que se segue, a Sabedoria dispõe da ordem criada por meio da própria ordem criada, ou seja, por meio daquilo que dela mesma inseriu naquelas criaturas aptas a recebê-la, o saber. De fato, as almas racionais, por seu saber, originário da Sabedoria divina, são capazes de julgar de toda ordem criada que lhes está situada abaixo na escada: [iii] as criaturas dotadas de inteligência (*intellegere*), mas que também vivem e são, constituintes do cume das naturezas, são capazes de julgar das criaturas que apenas vivem e são; [ii] as criaturas que vivem e são (*uiuere*), mas não compreendem, por sua vez, julgam de certo modo, por meio daquele sentido interior, das que lhes residem abaixo, que apenas são ou existem; [i] essas, que apenas e tão somente existem (*esse*), não julgam de nada, pois não apenas não têm capacidade para tal operação, mas porque estão na base da escada, abaixo de que nada mais há, ou melhor, abaixo de que há o nada.

125. A – [...] porque julgamos facilmente acerca dos corpos, tanto quanto das coisas que foram ordenadas abaixo de nós, nas quais discernimos impressos os números, pensamos que também os próprios números estão abaixo de nós...

O motivo por que o vulgo costuma ter uma apreciação inferior, ainda que equivocada, dos números em relação à sabedoria, encontra-se exatamente nessa ordenação, no fato de que as almas racionais são capazes de emitir juízos acerca das criaturas que lhes estão abaixo na escada, às quais a Sabedoria deu números, os quais discerne o homem, a quem a Sabedoria conferiu algo de si mesma. Portanto a criatura racional tem capacidade para reconhecer a presença

dos números nas demais criaturas, sua medida, como Agostinho irá elaborar adiante com maior requinte de detalhes. E essa capacidade julgadora conferida à criatura racional pela Sabedoria, de onde ela dispõe de toda a ordem criada, como se esse saber se constituísse um quartel-general (*sedes*) a partir de onde ela operasse, compreende-se como a própria potência ordenadora presente na criação. Pois é por meio dela que o homem, pertencente ao terceiro degrau da escada, julga do que lhe está abaixo, assim como os graus inferiores julgam, na medida de suas possibilidades, do que lhes está abaixo, numa perfeita ordenação, que, surpreendentemente, é operada por meio da própria ordem criada, como se o Criador, por intermédio de sua Sabedoria, Cristo, administrasse a criação de modo mediato, através de intermediários ordenadamente dispostos, segundo a tríade ser, viver e inteligir.

Contudo não é porque as almas racionais se veem capazes de perceber os números da ordem inferior que os próprios números, considerados em si mesmos, lhes sejam inferiores, argumenta Agostinho. Pois, assim como o saber que lhes foi conferido pela Sabedoria, com o qual ela mesma criou o mundo, não está abaixo deles, assim também o número, de que pelo saber conferido podem aperceber-se, tampouco se encontra abaixo deles. Com efeito, tanto o saber como o número, ou antes, tanto a sabedoria permitida por esse saber como o número por ele apreendido não são constituintes corpóreos das criaturas, passíveis de mutabilidade corruptível e consequente finitude. Pelo contrário, ambos se constituem categoria ontológica superior, acima do homem mutável e perecível, acima mesmo de sua alma mutável, pois eternos e imutáveis, como a Lei divina ou Razão suprema, pela qual o Criador dispõe de toda a ordem criada. O número impresso nos corpos designa verdadeiramente uma chancela de sua criação divina, de sua origem na Sabedoria imutável de Deus, Sabedoria a que esse número equivale ou de que faz parte, pois trata-se de sinete da própria Ordem universal, imutável e divina, que neles se imprimiu, conferindo-lhes medida e forma, por meio de que esses corpos se fazem compreensíveis pelas mentes racionais, mas também e principalmente se inserem na ordem criada. E se do número se pode dizer isso, muito mais se dirá da sabedoria, oriunda da Sabedoria criadora de Deus, por meio de que o mundo foi criado e a ordem impressa em tudo o que existe, mas também por meio de que as almas racionais se fazem racionais, possuidoras desse saber, por que podem não apenas administrar o que lhes está abaixo, mas tomar ciência do que lhes está incomutavelmente acima, o Ser.

2,11,31,126-32,127. Da sabedoria XVIII: transcendência dos números

126. A – [...] eles também transcendem nossas mentes e permanecem perfeitamente imutáveis na própria Verdade.

Embora inerentes às criaturas corpóreas, os números não se encontram abaixo das almas racionais, as quais os podem reconhecer impressos nos corpos. Porém tampouco se encontram equiparados às próprias almas racionais, mas muito acima, numa transcendência que só é possível atingir pela ascese, em exercício de contemplação por que se vai paulatinamente elevando, contudo pela via da interioridade, desde os corpos até aos sentidos, dos sentidos à razão e desta acima, quanto possível, em busca da substância imutável. Portanto, quando o homem se volta novamente para sua Origem, em direção ascendente (*sursum*), percebe que a morada dos números outra não é senão a própria Verdade incomutável. No entanto, embora possam de algum modo ser apreendidos pelas mentes racionais, sejam impressos nos corpos, sejam em si mesmos, em sua morada, que é a Verdade, de um modo ou de outro estão sempre acima da mente racional, que, ao contrário dos números, é mutável. Vê-se, pois, que nem tudo o que é apreendido é inferior ao que o apreende, do contrário seria necessário dizer que a mente é superior ao Número, à Verdade e à Sabedoria; e o que é pior, seria preciso admitir igualmente que, ao pretender inteligir o Deus infinito, estaria o homem pretendendo igualmente superá-lo, quando procura apreendê-lo racionalmente, o que seria no mínimo paradoxal.

126. A – E porque poucos podem saber, porém numerar até aos estultos foi concedido, os homens admiram a sabedoria e desprezam os números.

Desnecessário insistir na justificativa da igualdade entre número e sabedoria, especialmente quando se confundem as expressões de quantidade e as operações rudimentares de aritmética com o cômputo matemático estritamente inteligível e o número metafísico, chancela da Ordem divina impressa nas criaturas. Se os estultos são incapazes de efetuar essas distinções, o mesmo não se dá com os verdadeiramente doutos ou sábios, que estoicamente se harmonizam com o *ordo diuinus* e se deixam governar pela Razão suprema[530], submetendo ao

[530] Cf. 1,6,15,51.

melhor o que é pior[531]. Os sábios, cuja parte suprema, a razão, governa os impulsos irracionais de suas almas, a *libido*, e por esse domínio e ordenação logram manter-se afastados do império das sensações de ordem corpórea, hiperbolizado na expressão "labéu terreno"[532], se fazem por isso mesmo capacitados a contemplar e reconhecer o valor devido à sabedoria e ao número, segundo a ordenação divina. Com efeito, apenas aqueles que lograram afastar-se dos corpos por meio da ascese contemplativa, num esforço racional de desprendimento do jugo dos sentidos, voltando sua total atenção primeiramente para dentro, buscando compreender o mecanismo da apreensão sensorial e comunicação dos perceptos ao sentido interior e posteriormente dele à razão, e que, abstraindo-se do tumulto da carne[533], se fazem capazes de silenciar inclusive suas mentes racionais e penetrar aquela Verdade incomutável, que simplesmente é, conseguem atribuir o justo valor ao Número, ao divisá-lo ali em sua mansão, junto à Sabedoria. Esses, por fim, extasiados com a contemplação do que verdadeiramente é, reconhecem não apenas serem os números muito mais que o ouro ou a prata, por que se esgrimam incansável e estultamente os homens, mas muito mais do que eles mesmos.

127. A – [...] eles têm o ouro por mais caro do que a luz da lâmpada, com a qual o ouro, quando comparado, é digno de riso.

Os estultos, desordenados, como se viu no livro primeiro, porque permitem que suas partes superiores sejam submetidas pelas inferiores, em completa desordem e em absoluta dissonância com o diapasão da Razão suprema, se fazem incapazes de atribuir o justo valor às coisas, preferindo o inferior ao superior, o ouro e a prata, objetos corpóreos de valor suspeito, à luz de uma lamparina, cuja utilidade e beleza se têm por inquestionáveis[534].

---

531 Cf. 1,8,18,64.

532 §126 "...quanto mais removidos se encontram do labéu terreno...".

533 Cf. *Conf.* 9,10,23-25.

534 Digno de nota o mecanismo por detrás da noção comum que valorizava o mais raro em detrimento do menos raro, segundo a máxima citada por Agostinho ao final desta passagem: "Mas honra-se com mais amplitude aquilo que de longe é inferior", que ele justifica com o seguinte exemplo: "porque até o mendigo acende uma lâmpada para si, porém o ouro poucos possuem". Trata-se, na verdade, de um lugar-comum presente nos tratados antigos a respeito dos tópicos. O tópico ou *tópos* (τόπος), em latim *locus*, como dito antes (cf. 2,10,29,116-118), liter. "lugar", era um argumento genérico, pronto para ser utilizado na situação apropriada, não apenas por oradores, mas por qualquer um, inclusive filósofos. O *tópos* a que Agostinho recorre aqui, brilhante

2,11,32,127-128. Da sabedoria XIX: fogo consubstancial

127. A – [...] afaste-se a ideia de que em comparação com o número a sabedoria seja considerada inferior, visto ser a mesma coisa [que ele], mas demanda um olho pelo qual isso possa ser discernido.

De que modo se pode discernir essa igualdade entre número e sabedoria que defende Agostinho, visto que demande um "olho" para tanto? Embora reconheça o filósofo essa distinção não ser tarefa simples ou imediata, se são a mesma coisa, bastando para tanto que se possa ver adequadamente, que recurso melhor para propiciar essa "visão" adequada do que uma imagem, ou melhor, uma figura, no caso uma elegante comparação de tipo homérico, que logo adiante se denominará *símile*[535]:

128. A – Mas do mesmo modo como em um único fogo consubstancial [...] sentem-se o fulgor e o calor, e não podem ser separados um do outro [...] assim também a potência da inteligência que existe na sabedoria: os objetos mais próximos fervem [ao seu contato] [...] aqueles objetos que estão mais remotos, como os corpos, não atinge [a sabedoria] com o calor do saber, mas os inunda coma a luz dos números.

Assim como o fulgor do fogo é inseparável de seu calor, sendo ambos, por assim dizer, "consubstanciais", ou melhor, estando ambas as propriedades[536],

---

rétor que era, refere-se ao que Aristóteles denomina "tópicos do mais e do menos" ou, literalmente, "de aumentar e diminuir" (αὔξειν καὶ ταπεινοῦν οἱ τόποι) (Cf. *Retórica* 1393a; 1419b). Segundo o filósofo, ao compararem-se dois objetos, a diferença entre eles se dá muita vez segundo uma noção de grau ou intensidade, não de gênero. Pois bem, dentre esses critérios de gradação, a tópica aristotélica destacava os seguintes: 1. Da quantidade, que é quando o mais numeroso ou maior é mais desejável que o menor ou menos numeroso; 2. Da utilidade ou finalidade, que é quando o mais útil é melhor que o menos útil ou aquilo que é um fim em si mesmo é melhor do que o que apenas constitui um meio para fim ulterior; 3. Da raridade ou da pouca oferta – o tópico citado por Agostinho –, que é quando o que é mais raro é preferível ao que é mais abundante, como o ouro e a prata, por exemplo, em comparação com outros metais mais comuns, tópico esse que se constitui a base de todos os sistemas monetários; 4. Da maioria, que é quando aquilo que a maioria escolhe é preferível ao que a minoria o faz, critério subjacente aos sistemas ditos democráticos, e que é antítese do terceiro, o tópico da raridade.

535 Cf. 2,11,32,129. Na verdade este é o princípio da comparação, que se estriba em semelhanças (*similitudines*), ou em sua ausência, pontos de contato ou afastamento entre objetos que se quer pôr em paralelo.

536 Luz e calor constituem duas propriedades inseparáveis de uma única substância, o fogo, embora estejam sendo consideradas em si mesmas, para simples efeito da comparação, pois Agostinho as compara com o número e a sabedoria, que, embora paradoxal e aparentemente sejam coisas distintas, constituem uma mesma substância. Demais, ao recorrer ao termo

fulgor e calor, aparentemente distintas, presentes simultânea e indestrinçavelmente "em um único fogo consubstancial" (*in uno igne consubstantialis*), assim também pode-se dizer que ocorre com o número e a sabedoria, aparentemente distintos, embora indissociáveis, presentes simultaneamente na mesma Verdade consubstancial. Diz-se "consubstancial", isto é, de natureza igual, com respeito ao fogo e à Verdade, porque em ambos os casos trata-se de uma única substância, contudo que contém em si, por assim dizer, duas outras, aparentemente distintas, ao menos quanto às suas propriedades, luz e calor, número e saber, mas que em verdade são uma só, porque inerentes a um mesmo fogo e a uma mesma verdade, consubstanciais. Portanto, assim como o fulgor e o calor do fogo não se podem separar um do outro, ainda que constituam duas propriedades distintas em seus efeitos, pois o calor atinge apenas os corpos mais próximos, ao passo que o fulgor se estende em amplitude e distância consideráveis, assim também ocorre com "o poder da inteligência" (*intellegentiae potentia*) existente no "fogo" da sabedoria, sentencia Agostinho, uma vez que por intermédio do "calor" do saber se atingem os objetos mais próximos[537], como as mentes racionais, que se aquecem ao ponto de fervura (*feruescunt*) ao seu contato, ao passo que os objetos mais distantes, como os corpos, embora não podendo ser atingidos pelo calor do fogo da sabedoria, entrando em ebulição com o saber, não deixam por isso de ser atingidos de algum modo por esse fogo consubstancial, sendo iluminados a distância e amplitude maiores pelo fulgor dos números, brilho que irradia do fogo da Sabedoria verdadeira e incomutável em todas as direções, sendo difundido sobre os corpos todos.

2,11,32,129. Da sabedoria XX: semelhança e conformidade

> **129.** A – Isso talvez seja obscuro para ti, pois nenhum *símile* visível pode adaptar-se em total *conveniência* ao que é invisível.

Nada obstante o esclarecimento permitido pelo símile entre os fulgores e calores do fogo e da Sabedoria, que Agostinho denomina aqui *similitudo*,

---

"consubstancial" para qualificar fogo, Agostinho opta adrede por um vocabulário de peso teológico irreversível, uma vez dificilmente lhe terem sido desconhecidas as polêmicas trinitárias e decorrentes desdobramentos tanto do Concílio de Niceia (325) quanto do de Constantinopla (381), anteriores ambos à data da escritura desta obra.

537 Mais próximos do fogo da Sabedoria. Pois as criaturas que inteligem encontram-se mais "próximas" das naturezas inteligíveis, como a Sabedoria, porque mais se lhes assemelham.

“semelhança”, ou “símile”, reconhece o filósofo a insuficiência da linguagem corpórea para expressar realidades incorpóreas de modo conveniente, o que, contudo, jamais o impedirá de fazer sua filosofia e de buscar um modo de dizer o indizível, como se torna patente sobremodo no texto de *Confissões*. Neste caso, conquanto a felicidade do símile, admite as suas limitações, sendo mesmo possível que supusesse o risco incorrido ao tratar acidentes e substâncias retoricamente.

> **129.** A – [...] mesmo se não possa estar claro para nós se o número está na sabedoria, ou se existe a partir da sabedoria, ou se a própria sabedoria existe do número, ou se está no número, ou se ambos os nomes podem mostrar-se como sendo de uma única e mesma realidade, certamente está manifesto que cada um deles é verdadeiro, perfeita e imutavelmente verdadeiro.

À parte a fragilidade do símile e a possibilidade ou não de se provar a unicidade da sabedoria e do número, como calor e fulgor de um mesmo fogo consubstancial, alguns pontos careciam de assentimento para a sequência da argumentação, que pretende encontrar uma substância acima da mente racional e acima da qual nada mais exista, para que seja provada a existência de Deus, primeira das três questões propostas[538], das quais a segunda é saber se de fato Deus criou todas as coisas, e a terceira, se a vontade livre é um bem, o que implicaria ter sido criada por Deus e por ele dada ao homem com acerto, já que ficou provado no livro anterior que é por meio dela que o homem age mal. Portanto o que precisava ficar assente, independentemente da impossibilidade de responder de modo científico aos questionamentos levantados por Evódio[539] com respeito à relação entre número e sabedoria, quais sejam, se o número faz parte da sabedoria, ou se tem origem nela, como um seu atributo, ou o contrário, se a sabedoria é que tem origem no número, ou se está no número, ou se, por fim, ambos, número e sabedoria, são apenas nomes distintos de uma única e mesma substância, como fulgor e calor, enfim, ainda que isso não tenha sido iluminado pelo fulgor dos números, tampouco fervido ao calor da sabedoria, ainda assim, sentencia o filósofo, para que se possa dar seguimento com alguma plausibilidade à disputa dialética, faz-se mister acima de tudo reconhecer que tanto a sabedoria como o número são incomutavelmente verdadeiros, seja qual for sua relação recíproca. E de fato, para os fins a que a argumentação se propõe não parece tão necessário clarificar essa relação para muito além da luz

---

[538] Cf. 2,3,7,20.

[539] Cf. 2,11,30,120.

sobre ela derramada pelo símile, pois o que se quer, na verdade, pode ser obtido seja por um, seja pela outra, isto é, seja por intermédio do número, seja por intermédio da sabedoria, a constatação de que exista algo acima da mente racional, algo que seja imutável, incorruptível e eterno, algo que por sua natureza seja apreensível apenas pelas faculdades intelectivas, não por qualquer sentido corpóreo, condições que tanto o número como a sabedoria, seja qual for sua relação recíproca, parecem preencher satisfatoriamente. E se assim é, embora não demonstrado senão por um símile, o que estava sendo investigado já havia sido descoberto pouco antes[540], quando se inteligiu que os números igualmente transcendem as mentes racionais, permanecendo imutáveis na própria Verdade. Logo número e sabedoria, a despeito de sua relação mútua, devem ser considerados como verdadeiros, reconhecimento que implica a existência de uma verdade que não pode ser modificada.

2,11,33,130-132. Da sabedoria XXI: o que é e o que não é

> **130.** A – [...] a verdade absolutamente imutável existe [...] está ao alcance e se oferece em comum [...] assim como uma luz maravilhosamente secreta e pública.

Das passagens do diálogo até ao presente passo, talvez seja esta das mais problemáticas, na acepção estritamente filosófica do termo, tão mais desafiadora quanto profundamente enigmática. Agostinho terminou o parágrafo anterior[541] com a pretensão de fundamentar a existência da verdade e do número, independentemente da relação que se estabeleça entre eles, de modo inapelável, existência essa sobre a qual quer ele a todo custo completar o desafio hercúleo autoimposto, tendo encetado uma obra cuja temática se faz ainda hoje consideravelmente impermeável aos esforços da razão, a origem do mal e a consequente, ou não, imputabilidade divina. Pois bem, depois de ter examinado com riqueza de detalhes impressionante para os conhecimentos da época a mecânica dos sentidos corpóreos e sua captação dos objetos igualmente corpóreos, de par com as consequentes sensações ou perceptos decorrentes dessa apreensão e o modo como se comunicam àquela vida que se houve por bem denominar sentido interior, vida que faz com que os perceptos atinjam a mente racional, do homem a parte mais elevada, por assim dizer, equivalente

---

540 Cf. 2,11,31,126.

541 Cf. 2,11,32,129.

ao terceiro grau da escada das naturezas, *esse, uiuere, intellegere,* enfim, tendo esse processo todo sido analisado em diversos parágrafos[542], chegou-se à conclusão não apenas de que a Verdade existe, mas de que seja igualmente: [i] incomutável, o que implica dizer eterna e incorruptível; [ii] inteligível, ou melhor, incorpórea, isto é, apreensível apenas pela mente de todos os que são capazes de movimentos racionais, aqueles seres viventes pertencentes ao terceiro e último degrau da escada das naturezas; [iii] e pública ou comum, ou seja, que possa ser apreendida simultaneamente por todos os que se disponham a tanto e tenham instrumentos para fazê-lo, contudo sem que sofra nenhum detrimento em sua natureza, como ocorre com os alimentos ou com o ar que se respira, requisitos esses todos que foram apresentados acima[543], que parecem assemelhar-se aos da natureza que se está buscando, ulterior à mente racional e supostamente divina. Portanto, pressiona Agostinho, não há como negar que uma tal natureza exista, pois a Verdade numérico-sapiencial preenche esses pré-requisitos todos: [i] o ser pública, nada obstante ser apreensível individualmente pela mente de qualquer um sem detrimento em sua natureza; [ii] o ser imutável ou incorruptível, o que equivale, como dito, a dizê-la eterna; [iii] o estar ao alcance da apreensão racional, do discernimento que se opera pela razão, o que redunda em sua incorporeidade. Seja o que for essa Verdade, a qual contém tudo o que se diz verdadeiro e incomutável como ela, assim como os números, as virtudes, entre tais, sentencia o filósofo, deve ela existir, tanto como devem existir todas as verdades nela contidas, assim como uma luz maravilhosamente secreta e pública. Mas que luz é essa? A luz da mente, por que se define a razão ou inteligência[544]? Ou a luz dos cômputos numéricos, por que se pode refutar todo e qualquer cálculo errado[545]? Ou aquela luz interior, que os sentidos ignoram, por que se apreende a verdade dos números[546]? Ou seria a luz da virtude, princípio de justiça, luz verdadeira e incomutável, presente na mente individual de cada um para ser contemplada[547]? Todas elas, pois partícipes da Luz *una,* que, como a luz do Sol, irradia sua luz por todas as coisas, luz que se chama "Sabedoria", na qual todas as naturezas, de modo especial as incorpóreas, podem ser vistas secretamente e

542 Cf. 2,3,8,25-4,10,40; 2,7,15,59-8,20,80.

543 Cf. 2,8,20,79-80.

544 Cf. 1,7,17,59.

545 Cf. 2,8,21,82.

546 Cf. 2,8,23,92.

547 Cf. 2,10,29,116.

possuídas pela mente de cada um individualmente, ainda que ela seja simultaneamente uma só, pública e comum a todos[548]. Essa Verdade, portanto, existe.

130. A – Porém tudo aquilo que está ao alcance em comum de todos os que raciocinam e inteligem, quem dirá que pertence propriamente à natureza de algum deles?

Se a luz da mente, pela qual se define a razão ou inteligência, é individual, ou seja, própria a cada um, assim como a luz da razão, que permite os cálculos numéricos, ou ainda a luz interior, ignorada pelos sentidos, pela qual a verdade do número é apreendida, como dizê-las simultaneamente públicas ou comuns, como a luz *una*, luz da sabedoria, em que todas as verdades podem ser contempladas e possuídas, na mente de cada um, embora seja ela única? Não há dúvidas de que "aquilo que está ao alcance comum de todos os que raciocinam e compreendem", isto é, ao alcance dos que são capazes de raciocinar e de compreender, não se constitui patrimônio individual e exclusivo de cada possuidor. De fato, a verdade matemática do produto de uma determinada quantidade por si mesma, que se diz seu "quadrado", não é patrimônio exclusivo de mente individual nenhuma. Contudo essa regra matemática, objeto incorpóreo, produto de uma quantidade por si mesma, pode-se dizer exista de fato fora da mente individual de cada um dos que se dispõem a computá-lo, assim como se percebe, pelos sentidos, a existência de um objeto corpóreo homônimo, porém espacialmente quadrilátero, de lados e ângulos iguais, composto da matéria que for? Um empirista, como o matemático Bertrand Russell, certamente diria que não. Um parmenídico, como Platão, ou um platônico, como Agostinho, certamente que sim. Não há dúvidas de que o teorema de Pitágoras, enquanto objeto incorpóreo apreensível pela razão, não em sua forma corpórea, isto é, grafada em símbolos em algum pergaminho qualquer ou em livro, ainda que digital, pertença ao patrimônio intelectual comum da humanidade, embora seja sem dúvida questionável se venha ou não a permanecer em alguma "nuvem" de caráter virtual ou Mente absoluta, à parte as mentes da raça que o concebeu e o mantém permanentemente vivo, na memória. Extinta a humanidade e corrompido qualquer vestígio corpóreo remanescente de um pensamento como o suprarreferido teorema, restaria este objeto incorpóreo em algum mundo das ideias, como o imaginava Platão, e com ele, ao que parece, o próprio Agostinho, *mutatis mutandis*? Não se questiona nenhum dos pré-requisitos propostos

[548] Cf. 2,9,27,108.

anteriormente[549], como estar ao alcance comum, ser imutável e inteligível. O que se levanta, contudo, é se a comparação seja de fato válida, entre a luz solar corpórea ou sensível e a luz metafórica da sabedoria, incorpórea ou insensível, ou seja, se a luz da verdade permaneceria brilhando eternamente, como os antigos pensavam havia de permanecer a luz solar, depois de extintos os fogos-fátuos das mentes humanas.

E se a comparação com a luz solar é problemática, mais ainda a que se segue, na sequência do §131, com as apreensões sensoriais. Com efeito, talvez a natureza incorpórea, puramente intelectual, não tenha existência senão na mente humana, bastante ao contrário dos perceptos apreendidos ao contato dos objetos corpóreos com os sentidos do corpo, que supostamente são semelhantes para cada percipiente, como o vermelho de um mesmo ocaso ou o de uma mesma maçã, vermelho corpóreo esse que pode-se dizer não se encontre propriamente na retina individual, tampouco no sentido interior ou mesmo na mente de cada ser percipiente – à parte as imagens formadas e a retenção na memória[550] –, sendo "objetos comuns, para serem por nós sentidos".

132. A – [...] aqueles objetos que eu e tu observamos em comum, cada um com sua própria mente, de maneira nenhuma dirás que pertencem à natureza da mente de algum de nós.

Se o teorema de Pitágoras, por lapso dos mais lamentáveis qualquer, fosse olvidado universal e irremediavelmente, não remanescendo dele nenhum vestígio, restaria recôndito em dimensão espiritual qualquer, distante do mundo corpóreo, pronto em sua forma definitiva, esperando apenas ser redescoberto? O mesmo poderia ser indagado das luzes das virtudes, como a prudência ou a temperança, por exemplo, à parte os virtuosos que as possuíssem, se restariam prontas em alguma região supraceleste, como o ὑπερουράνιος τόπος platônico, apenas para serem incorporadas ao patrimônio ético de alguém[551].

---

549 Cf. 2,8,20,79-80.

550 É óbvio que cada percipiente carece de instrumentos equivalentes para que a percepção seja levada a efeito e a cor apreendida seja semelhante. Porém as propriedades da maçã, cujo brilho refletido pelas condições de luminosidade permite que sua imagem se faça vermelha nos olhos individuais de um dado gênero vivente capaz da cor vermelha, pertencem-lhe inextricavelmente, pois a mesma maçã não pode ser vermelha para um e azul para outro, dadas as mesmas condições de luminosidade e do instrumento captor.

551 Imagina-se hoje que, se por um evento catastrófico qualquer a comunicação entre os diversos povos que habitam o globo fosse irreversivelmente obstruída, o patrimônio técnico e cultural da humanidade seria completamente perdido em pouquíssimas gerações, como supõe-se ter

Interrogativas essas que não podem ser respondidas com a necessária honestidade intelectual e o devido respeito histórico sem que se estude atentamente a posição antipodal, cuja origem talvez seja o pensamento de Parmênides, mas que se torna célebre com Platão e se propaga no Ocidente sobremodo com Plotino. Se se pode argumentar em favor da existência real da maçã corpórea, em detrimento do percepto, ou melhor, da imagem da maçã apreendida pela retina e enviada à memória pelo suposto sentido interior, apenas para manter o esquema agostiniano, há quem argumente, não com menos razão, o exato contrário, o que tem provocado desde há muito a desconfiança dos que se autodenominam antimetafísicos. Pois bem, segundo o pensamento parmenídico-platônico[552], sucintamente, pode-se dizer que exista apenas e tão somente o que permanece. Essa permanência, por sua vez, como se disse amiúde ao longo desses comentários e fica patente no pensamento do próprio Agostinho, implica as noções de imutabilidade e incorruptibilidade, pois aquilo que se corrompe necessariamente tem um fim, assim como aquilo que sofre mutações em sua natureza, ainda que não se corrompa, pois, ao assumir uma outra forma, passa a ser algo novo, deixando de ser o que era. Esse deixar de ser algo para vir a ser outra coisa, por sua vez, imprime fim ao original, num processo que subentende o nascimento ou não de algo distinto. Por outro lado, a partir de Heráclito, cujas noções de fluxo contínuo exerceram igualmente considerável influência nas concepções platônicas acerca da matéria, a impermanência é característica notória de todo corpo, sujeito que está à ação inexorável do tempo. Embora a maçã seja tocada, vista, saboreada, cheirada e mesmo ouvida, ao ser mascada ou ao precipitar-se da macieira, sendo por isso considerada real, exatamente pela experiência sensorial que propicia, argumenta-se, a partir de Parmênides, que esses motivos, pelos quais se diz a maçã ser real, são os mesmos que justificam

---

ocorrido na própria Idade Média, com exceção do que pôde ser salvo pela iniciativa monástica e pela mentalidade da Roma bizantina. E mais, se por um cataclismo qualquer a humanidade fosse dizimada do globo terrestre, nada restaria absolutamente de seu legado técnico, científico e cultural, esvaindo-se toda a sua herança com o derradeiro suspiro exalado pelo último exemplar da espécie humana. Porém, se as ideias permanecem algures, nem tudo estaria de fato perdido, restando embrionárias para ser retomadas, seja pela anamnese platônica, seja pelo mestre interior, seja por algum outro mecanismo qualquer, quando os germens humanos, supostamente remanescentes ou recriados, encontrassem ambiente propício para voltar a germinar, quando e onde isso fosse possível. Vê-se com não muita dificuldade que se trata de uma questão, posto que pertinaz, do maior interesse, visto que extrapole em muito o âmbito da metafísica platônica, fazendo-se bastante pertinente às preocupações da atualidade.

552 Cf. **1**,7,17,60; 20,20,72; 13,28,98; 14,31,103-104; 16,34,114-115; **2**,3,8,25; 5,12,44-50; 8,20,79-80.

sua apenas "aparente" realidade, ou, como diria Platão, o fato de ser um simulacro, uma simples cópia malfeita, como se uma sombra da ideia perfeita e imutável, essa, sim, a única verdadeira.

Percebe-se nessa dialética parmenídico-heraclitiana um embate radical entre duas concepções sobre o ser, que se têm por completamente antagônicas, pois aquilo que é verdadeiramente, na concepção metafísica de Parmênides e Platão[553], segundo a visão contrária, a partir do pensamento de Heráclito e que depois será retomada pelos sofistas, visão que se pode denominar anacronicamente "empirista", absolutamente não é, não existe. Se o ser platônico, cujas concepções se veem presentes como fundamentais nesta obra de Agostinho, confunde-se em seus supostos atributos com aquilo que permanece, que é eterno, que não muda, que não sofre corrupção e, principalmente, que não é apreensível pelos sentidos do corpo, apenas pelas luzes da inteligência; seu contrário, aquilo que se capta pelos sentidos, que é corpóreo, sujeito à ação do tempo, por isso mesmo corruptível e mutável, não pode existir de fato, pois como imaginar o ser em algo que hoje é o que ontem não foi e amanhã deixará de ser? Consequência natural dessa questão se depreende das preocupações socráticas com as definições, como aludido anteriormente, o que se pode entender também como a essência das coisas. Com efeito, ainda que um sujeito qualquer *S* seja considerado um composto entre corpo e alma, no decurso do tempo não apenas o corpo desse composto sofre mutações, mas igualmente sua alma, se se a compreenda como princípio pensante, pois os seus cabelos encanecem ou caem, sua estatura se enverga e encolhe, sua voz se vai tornando áspera e vacilante, seus músculos se atrofiam, sua pele, por fim, enruga-se e afina-se irremediavelmente, a não mencionar sua paulatina e progressiva carência de estâmina. Sua mente, porém, à parte as doenças degenerativas passíveis de abatê-lo, não apenas sofre mudanças constantes e inumeráveis, proporcionais às ideias que cultivou e desenvolveu, aos raciocínios que empreendeu, às informações que acumulou, numa palavra, diretamente proporcionais à sua atividade mental ao longo da vida, o que redunda numa mente completamente diversa, quanto às crenças e opiniões, sem dúvida, mas também quanto à capacidade de raciocínio, desde que não se tenha degenerado sua memória ou outra potencialidade qualquer relacionada com ela. Pois bem, dito isso, a pergunta que se coloca, desde Sócrates até Russell, trata da

---

553 Cf. Cícero, *Tusc.* 1,24,58.

verdadeira essência desse composto corpo-mente, que se diz o sujeito *S*. Ao passar por todas essas mudanças, no corpo e na mente, mantém esse composto *S* a sua identidade original, sendo ainda o mesmo *S* de sempre, ou, ao contrário, um novo sujeito, S_1, S_2, S_3... S_n, surge a cada S_x que se vai pela transmutação, de modo ininterrupto, desde o nascimento até à morte? Sócrates acreditava que algo permanecia a despeito das mudanças, uma identidade que se mantinha constante sob as camadas cambiantes todas. Assim, despido de seu manto, de sua nacionalidade, de suas características físicas, de seus trejeitos, de tudo o que se pode dizer corpóreo, ou então, de todos os acidentes, que não eram Sócrates, apenas predicados seus, enfim, se se pudesse despi-lo de tudo isso, encontrar-se-ia enfim a sua essência, o ser de Sócrates, aquilo que o definisse e pudesse dizer-se constituir-se verdadeiramente Sócrates, e mais ninguém. O mesmo se indagava das abelhas, que constituem uma espécie por guardarem características comuns, embora diferentes umas das outras, se de fato havia uma essência da abelha, algo que pudesse defini-la, mas que não se confundia com seus predicados, como suas cores, suas asas, seu porte etc. Porém, argumenta o antimetafísico confesso Bertrand Russell, se se despisse Sócrates de tudo isso, de todos esses "eventos" que por certo o constituem como o conhecemos, nada absolutamente restaria, ainda que esse despimento fosse exequível.

Disso tudo, por fim, mantém-se a dúvida sobre se a prudência, a sabedoria, a temperança ou a coragem, essas luzes das virtudes de que fala Agostinho, ou se a verdade, ou mesmo o número, enfim, se subsistem realmente como substâncias, ou ideias absolutas, independentes das mentes que as concebem, compreendem, guardam e propagam, ou se, como diz Russell, constituem apenas nomes ou conceitos hipostasiados que de um modo ou de outro herdaram direito à cidadania ontológica, ou ainda e com maior simplicidade, se não constituem uma simples confusão gramatical, oriunda de palavras equivocadamente usadas como substantivos abstratos, quando na verdade não se trata senão de meros adjetivos. Ainda que não ausentes das preocupações do filósofo, essas questões não parecem de modo nenhum incomodá-lo, para quem o pensamento, depois de "descoberto" pela influência da filosofia neoplatônica, constituía em si mesmo realidade inegável, empiricamente comprovada e, por ser interior, igualmente inalienável. E mesmo no auge de sua maturidade intelectual, a respeito da natureza desse objeto incorpóreo e inapreensível pelos sentidos, o pensamento, admirava-se Agostinho de insondável enigma, o fato de não poder ser visto, nada obstante não

poder deixar de sê-lo[554]: "Quem é que não vê o seu pensamento? E quem é que vê o seu pensamento?"[555]. Esse mesmo pensamento, ademais, produto da parte do homem a mais elevada, o terceiro degrau da escada das naturezas, não apenas existe, comprovadamente, mas também é o único meio, por assim dizer, por que se pode chegar à contemplação daquilo que tem existência real, que se diz verdadeiramente ser, origem de tudo o que só é por participar no ser desse Ser imutável e eterno, Deus, o único que existe verdadeiramente, porque para sempre permanece imutável:

> E examinei as coisas que havia abaixo de ti e vi que nem existiam completamente, nem completamente não existiam: existem, por certo, porque vêm de ti; não existem, porém, porque não são o que tu és. Existe verdadeiramente aquilo que permanece imutavelmente[556].

2,12,34,133-136. Da sabedoria XXII: variação do critério do juízo

133. A – Portanto esta verdade [...] reputas que ela seja mais excelente do que a nossa mente, ou igual às nossas mentes, ou ainda inferior?

O tratamento acerca da sabedoria, cujo início[557] deu-se logo depois de sua conjunção com os números, segundo o testemunho de autoridade do Eclesiastes[558], encontra enfim um termo. Porém é preciso rememorar que, ao referir-se agora à Verdade, se está referindo igualmente à Sabedoria, a partir da definição proposta[559], segundo a qual a Sabedoria é a Verdade na qual se discerne e possui o Bem supremo. Logo, ao indagar da Verdade, de que se vem tratando desde o §96 deste livro segundo, se acaso é superior, igual ou inferior à mente racional do homem, está-se igualmente indagando da Sabedoria. Pois bem, Agostinho prometera provar a existência de algo acima da mente racional. Logo, se se provou a existência da Verdade[560], independentemente de sua

---

554 Cf. 2,10,28,110-115.

555 *Trin.* 15,9,16: *"Quis enim non uidet cogitationem suam? et quis uidet cogitationem suam?"*.

556 *Conf.* 7,11,17: *"Et inspexi cetera infra te et uidi nec omnino esse nec omnino non esse: esse quidem, quoniam abs te sunt, non esse autem, quoniam id quod es non sunt. id enim uere est, quod inconmutabiliter manet"*

557 Cf. 2,9,25,96; 9,26,100.

558 Cf. 2,8,24,94-95.

559 Cf. 2,9,26,100.

560 Cf. 2,11,32,129.

relação com o Número, resta agora apenas saber se este binômio Sabedoria--Verdade é ou não superior à mente racional, a fim de que fique provada dialeticamente a existência de algo acima desta mente, o que empreende o filósofo fazer na sequência.

133. A – [...] Mas se fosse inferior, não julgaríamos segundo ela, mas acerca dela, assim como julgamos acerca dos corpos [...].

O argumento se assenta sobre princípio semelhante ao anteriormente estabelecido[561], que diz que tudo aquilo que julga de ou acerca de algo deve ser considerado melhor do que aquilo de que ou acerca de que se julga, o qual pode ser desdobrado do seguinte modo:

1. O que julga[562] é melhor do que o que é julgado;
2. A mente julga dos corpos;
3. Logo a mente é melhor do que os corpos.

Todavia agora é preciso saber se a mente humana julga acerca da Verdade, ou não. Se julga, é-lhe superior, se não, é-lhe inferior, ainda que lhe possa ser também equivalente. Embora no critério de julgamento apresentado Agostinho não tenha dito nada sobre igualdade, desperta uma questão interessante, quando diz que a mente julga do espírito[563]. Ora, o que julga do espírito, pelo critério supraexposto, deve ser-lhe necessariamente superior, segundo se deduz do raciocínio lógico:

1. O que julga é melhor do que o que é julgado;
4. Espírito e mente são sinônimos[564];
5. A mente do homem julga de seu próprio espírito;
6. Logo a mente julga de si mesma;
7. Logo a mente é superior a si mesma.

---

[561] Cf. 2,5,12,48.

[562] Isto é, emite juízos acerca de.

[563] Cf. 2,12,34,134: "[...] acerca dos espíritos, por sua vez, [emitimos juízos, quando dizemos:] 'é menos capacitado do que deve' [...]". Ainda que Agostinho não diga explicitamente que a mente julga do espírito, ao dizer que "nós julgamos" (*iudicamus*), referindo o ser humano, permite compreender seja um juízo de sua mente, que é a parte responsável pela emissão dos juízos, chame-a como quiser, razão ou espírito, a não ser que, em vez disso, se pretenda atribuir ao corpo as faculdades judicantes, subtraindo-as à mente.

[564] Cf. 1,8,18,61; 65; 9,19,68.

Percebe-se a necessidade de emendar o critério do juízo, acrescendo-lhe talvez algum princípio de igualdade, como o seguinte: "O que emite juízos acerca de M é melhor ou semelhante a M, jamais inferior a M". Porém o que importa é saber se a mente, que emite juízos acerca dos corpos e de si mesma, emite igualmente juízos acerca do binômio Sabedoria-Verdade. Pois se o fizer, ser-lhe-á superior, ou, quando não, ao menos semelhante, jamais inferior, e consequentemente não se terá chegado ao objetivo proposto, de encontrar algo acima da mente racional.

134. A – Julgamos então estas coisas segundo aquelas regras interiores da verdade, as quais discernimos em comum; acerca das próprias regras, contudo, de modo nenhum se julga.

No que tange ao critério julgador, premente se faz compreender-lhe antes o mecanismo, a fim de depois aceitar-lhe, ou não, a validade. Ora, para emitir um qualquer juízo racional e coerente acerca de O_j, faz-se preciso de algum modo defini-lo, o que significa impor-lhe limites, para o que é preciso igualmente estar apto a circundá-lo e a apreendê-lo, sem o que não se logra fazê-lo. Porém essas operações todas são redutoras de O_j, seja O_j um objeto corpóreo, seja incorpóreo. Se ele é dotado de corpo, se está referindo às suas dimensões espaciais, que podem ser medidas e alteradas; se desprovido de corpo, o desafio é outro. Se se trate de um objeto incorpóreo mutável, como a mente humana, por exemplo, que, segundo se disse acima, pode ser julgada pela própria mente humana, quando diz que deve ser assim e não de outra maneira, depreende-se seja possível de algum modo diminuí-la, ou, quando não, restringir-lhe ou corrigir-lhe os movimentos, o que pressupõe superioridade ou igualdade, do mesmo modo como se pode julgar de outro ser humano, igual a si, ao dizer que deveria ou não ter agido de tal ou qual maneira e não de outra[565]. Porém, se se trate de um conceito estável como a virtude, por exemplo, pode-se tentar defini-lo por ainda outros conceitos, igualmente incorpóreos, o que contudo não resolve o problema, ou então parafraseá-lo por meio de imagens corpóreas dimensionáveis, embora essa operação, como dito antes por Agostinho[566], seja sempre tão mais frágil quanto insuficiente. Por exemplo, quando se disse que

---

565 Neste caso, sendo mutável, é possível fixar um padrão a partir do qual se meça a mente, que se modifica para melhor ou para pior, conforme mais ou menos se assemelhe às medidas ideais padronizadas.

566 Cf. 2,11,32,129: "...nenhum símile visível pode adaptar-se em total conveniência ao que é invisível".

a "Sabedoria é a Verdade em que se discerne e possui o Bem supremo", não se definiu muita coisa, uma vez que tão abstratos e intangíveis são os conceitos de Verdade e Bem supremo quanto o de Sabedoria, que eles procuram definir. Porém, se se dissesse que a Sabedoria é a Luz da mente, embora a luz seja algo apreensível pelos sentidos e de certo modo dimensionável, ou, quando não, ao menos descritível, ainda assim se estaria flutuando na caligem do indefinível, uma vez que a luz está sendo tomada metaforicamente apenas. Portanto o princípio de julgamento tem, sim, sua coerência, uma vez ser absolutamente impossível julgar acerca de algo sem dimensioná-lo ou diminuí-lo de algum modo, o que implica inevitavelmente a superioridade do julgador em relação ao julgado, uma vez seja inexequível o juízo acerca de O_j sem que se conheça O_j ou seja capaz de dimensioná-lo.

Por sua vez a distinção que opera Agostinho entre julgar segundo R_v e julgar de R_v implica o critério de juízo apenas no segundo item, julgar "de", não no primeiro, julgar "segundo". Embora nos dois casos se esteja emitindo um juízo acerca de algo, no primeiro se julga de O_j segundo R_v, enquanto critério de juízo, ao passo que no segundo, do próprio R_v. De fato, julgar de O_j segundo R_v é bastante distinto de julgar diretamente de R_v. Quando se julga da Verdade, pressupõe-se uma superioridade do que julga em relação à Verdade julgada, a fim de que se possa dizer dela se é como deveria ser, ou seja, a fim de que se possa diminuí-la para dimensioná-la. Por outro lado, quando se julga de O_j segundo o critério R_v, ou seja, quando se julga de alguma coisa digna de ser julgada segundo o critério ou as regras interiores da Verdade, não se está julgando acerca da própria Verdade ou de seus critérios imutáveis, e sim do objeto O_j, que teoricamente está tanto abaixo daquele que emite o juízo quanto dos critérios segundo os quais se julga. Isso, porque a Verdade, critério do juízo de O_j, em si mesma é imutável, e, por ser incorpórea, dificilmente redutível ou dimensionável, como se disse. Logo não se pode julgar da Verdade, já que não se lhe pode impor limites. Porém quem julga O_j segundo as regras da Verdade, R_v, emite um juízo segundo critério imutável, eterno, que por isso mesmo está acima da mente mutável e temporal do próprio julgador.

Não examinador, apenas descobridor

134. A – [...] Pois, conquanto se diga que os objetos eternos são preferíveis aos temporais, ou que sete e três são dez, ninguém diz que deveria ser assim, mas apenas, conhecendo que assim é, não corrige como um examinador, apenas alegra-se como um descobridor.

Portanto, conclui o filósofo, ninguém questiona a validade das regras interiores da Verdade, como ninguém questiona a luz dos números, pois, assim como sete e três foram, são e serão sempre dez, elas igualmente são eternas e imutáveis. E se julgar de ou acerca de R_v equivale a dizer que R_v deveria ser assim e não de outro modo, o que implica, como dito, uma superioridade do julgador sobre o julgado, do contrário não poderia pretender modificá-lo, para o que teria antes de reduzi-lo e apreendê-lo, enfim, se julgar de R_v é dizer dele como deveria ser e não contentar-se em conhecê-lo, quanto possível, depreende-se que à mente mutável do homem um tal juízo acerca de R_v – as regras imutáveis da Verdade – seja absolutamente inexequível. De fato, como o mutável haveria de dizer do imutável como este deveria ser, ou que deveria ser de modo distinto de como tem sido desde sempre? Ou como o temporal poderia apreender o eterno, diminuindo-o? Ou ainda, como a cambiável e falível mente humana poderia pretender estar mais certa do que a imutável, certíssima e perfeita Verdade? Resta, pois, aceitá-la como critério imutável, infalível e eterno, o que Agostinho dá conta de fazer com um recurso retórico de grande expressividade, figura que irá aperfeiçoar cada vez mais ao longo de seus escritos, a antimetábole, que com raríssima felicidade se logra traduzir mantendo a pujança expressiva do original latino:

> Não corrige como examinador
> mas apenas se alegra como descobridor.[567]

Não sendo mutável, a Verdade permanece independentemente das mentes que possam ou não aderir a ela. Essa existência independente da Verdade, assumida e abraçada com veemência pelo platonismo de Agostinho, se faz evidente nas linhas que se seguem.

> **135.** A – [...] se esta Verdade fosse igual às nossas mentes, ela também seria mutável. [...] permanecendo em si mesma, ela nem se faça proficiente, quando é mais vista por nós, nem deficiente, quando o é menos...

O argumento agora foi invertido, pois não se diz que a mente seria superior à Verdade se dela pudesse emitir algum juízo, mas ao contrário, que a Verdade

---

[567] Esta antimetábole, posto que não muito canora, se caracteriza pela inversão de estruturas paralelas, neste caso segundo o esquema SV-VS, que inverte a posição dos substantivos marcados pelo sufixo *-tor* com os verbos na 3.ª p. sing.: *"Non [s] examinator [v] corrigit sed tantum [v] laetatur [s] inuentor"*.

seria como a mente, mutável, se se lhe equiparasse. De fato, os juízos da mente variam, assim como quase todos os seus conteúdos, sendo por vezes capaz de contemplar a Verdade, por vezes afastando-se dela, como Agostinho bem o experimentou em sua acidentada jornada pelo maniqueísmo ou mesmo pelo ceticismo de tipo neoacadêmico. Mas se a mente oscila, a Verdade permanece constante, inalterável, eterna.

Conversão e aversão

> **135.** A – [...] [mantendo-se] íntegra e incorrupta, ela não apenas alegre com sua luz os que se converteram, como também puna com a cegueira os que se averteram[568].

Luz e trevas, associadas à Verdade e à ignorância, se veem inextricavelmente ligadas a juízo de outro tipo, decorrente da Razão suprema ou Lei eterna, a alegria proveniente da luz do conhecimento e da Sabedoria para os que aderem à Verdade, e a punição da cegueira para os que dela se afastam. Trata-se de conceitos da maior importância para o pensamento do filósofo, que se agrupam em pares antitéticos: [i] luz e treva; [ii] sabedoria e estultícia; [iii] alegria e miserabilidade; [iv] prêmio e castigo; [v] contemplação ou visão e cegueira ou falta de visão, todos esses decorrentes respectivamente dos movimentos antagônicos que os precipitaram, conversão e aversão. Portanto o prêmio para quem se converte à Sabedoria ou Verdade é a alegria de ser banhado por sua luz, fruindo de sua contemplação, que se pretende seja eterna, uma vez ela mesma ser interminável. Ao contrário, quem se averte da Verdade precipita-se na treva da estultícia, distante da Sabedoria, o que lhe redunda em punição e consequente sofrimento, decorrente de sua imersão na cegueira, ausência de visão. Se o prêmio é a felicidade da contemplação, o castigo, a miséria da cegueira; se o escopo é a Sabedoria e a Verdade, sua antítese, o mal a evitar, a ignorância e o erro; se o fim é a luz, seu antípoda, a treva; se o movimento que levou a tudo isso: felicidade, luz, Verdade, Sabedoria e contemplação, chama-se "conversão", o movimento contrário, que levou ao polo antitético da treva, estultícia, erro, infelicidade e cegueira, chama-se "aversão" ou "afastamento". Esse movimento de conversão, por sua vez, compreende-se como um processo, que, embora tenha um início, com o "voltar-se" da mente para a Verdade, não deve ter fim, ao menos no tempo, uma vez que seu destino é a eternidade.

---

568 Os que se afastaram (*auersos*).

Com efeito, conclui Agostinho, quanto mais a mente se aproxime da Verdade, convertendo-se, tanto mais se faz capaz da compreensão, desde que adira a ela, mantendo-se com a visão firme e estável no objetivo, não se desviando da rota da Verdade. Essa aderência, por sua vez, constitui tema dos mais interessantes, pois se dá na mente, na manutenção da conversão, ou seja, na manutenção interior da predisposição racional e volitiva de voltar-se para a Verdade, à qual, embora ainda se não conheça nem possua, pois não se chegou até ela, se pode aderir pela fé, esperança e caridade, na contemplação antecipada da Jerusalém celeste, enquanto ainda aqui, na Babilônia da carne, o que se logra fazer apenas e somente pelo louvor[569].

> **136.** A – [...] é fato que também julgamos das nossas próprias mentes segundo ela [...] Por isso, se [a verdade] não é inferior nem igual, resta que seja superior e mais excelente.

Sendo a mente mutável, fica patente, como dito acima, que pode julgar-se a si mesma, ou seja, que a mente pode emitir juízos acerca da própria mente, segundo o critério da Verdade, dizendo não apenas como faz, mas principalmente o que deve ser feito. Seria paradoxal, por certo, se se dissesse que a mente estivesse acima da mente, por poder julgar acerca de si mesma, ferindo o princípio de não contradição, uma vez que seria igual a si mesma sendo diferente de si mesma, por ser superior a si mesma. Logo o melhor é assumir uma pequena adaptação ao critério do juízo, em vez de presumir equivocadamente que Agostinho esteja considerando a mente uma coisa e a potência pela qual se julga da mente, outra. Seja como for, a longa sequência de parágrafos dedicados ao estudo da Sabedoria-Verdade permite entrever o próximo passo, a partir do reconhecimento definitivo de algo acima da mente racional. Depreende-se, portanto, que a Verdade não apenas exista, mas também que seja superior à mente racional, o que permite aos interlocutores enfim avançarem. E assim o argumento supraesboçado agora pode ser concluído em definitivo, do seguinte modo:

1. O que julga é melhor do que o que é julgado;
2. A mente julga dos corpos;
3. Logo a mente é melhor do que os corpos.
4. A mente não julga da Verdade;
5. Logo a mente não é melhor do que a Verdade.

---

[569] Cf. *En. in ps.* 64,3.

Todavia a mente julga da mente, porém não é melhor do que a mente. Neste caso, o que ocorre é que se deve operar a distinção entre julgar de e julgar segundo, pois a mente julga de si mesma segundo o ideal a que se converte, as regras imutáveis da Verdade. Estas, sim, são melhores do que a mente mutável, pois são absolutamente imutáveis, eternas e verdadeiras. A mente, contudo, é mutável, e pode ser melhor, desde que se converta para a imutabilidade da Verdade. Logo, quando se diz que julga de si, não julga porque é superior a si, mas porque o faz segundo o que lhe é superior, o que se expressa do seguinte modo esquemático:

6. Julgar de um dado objeto (O_j) é distinto de julgar segundo as regras imutáveis da Verdade (R_v);

7. A mente julga da mente, mas não porque seja melhor do que ela mesma, e sim porque julga segundo R_v, as regras imutáveis da Verdade, as quais são melhores do que a mente;

8. Logo, quando a mente diz dela mesma que deveria ser assim, não de outro modo, não o faz por ser superior a si mesma, mas porque julga segundo o que é superior e ideal, as regras imutáveis da Verdade;

9. Logo a Verdade é superior à mente que julga, pois a mente não julga dela, mas segundo ela.

2,13,35,137. A Verdade suprarracional

> **137.** A – Porém eu havia prometido, se estás lembrado, que te haveria de demonstrar [existir] algo que fosse mais sublime do que a nossa mente e razão. Eis que aqui tens a própria Verdade!

Portanto está cumprida a promessa, é a Verdade aquilo que é mais sublime do que a parte do homem a mais elevada, sua mente e a razão. E se ninguém se faz feliz a não ser no Bem supremo, que se discerne e possui naquela Verdade que se chama de "sabedoria"[570], aquele que se vê capaz de abraçá-la e de fruir dessa Verdade, de possuí-la de fato, esse, sim, se torna feliz, e sua felicidade é suprema, pois inabalável como a Verdade que contempla e possui. E se é inconcussa, incomutável e excele mais do que as demais coisas todas que existem, obviamente está acima da mente racional, que padece concussões e sofre inumeráveis mutações.

---

[570] Cf. 2,9,26,102.

2,13,35,138-140. A vida feliz dos sentidos e a Verdade

Em franca comparação com os cinco sentidos do corpo a Verdade excele de maneira inevitável, como argumenta Agostinho, ou melhor, ilustra, por meio dos recursos retórico-literários de que era mestre insuperável e de que dispunha com equivalente fluidez e simplicidade. Assim o rétor compara tão mais poética quanto eficazmente o que se apreende pelos cinco sentidos corpóreos à própria Verdade incorpórea, por meio de um mecanismo simples. Ao descrever hiperbolicamente o deleite que se acostuma associar a cada um dos cinco sentidos do corpo, por meio das cores brilhantes dos exemplos e descrições que elevam às alturas o prazer dos sentidos, Agostinho faz *a priori* parecer que a suprema felicidade decorre de tais prazeres, apenas para, logo em seguida, por meio de uma pergunta retórica que faz referência ao mesmo sentido e ao bem corpóreo por ele sentido, porém agora metaforizado, ou seja, compreendido em nível semântico distinto, como se fosse incorpóreo, faz ver, enfim, que por maior seja o prazer do referido sentido, o deleite espiritual auferido pela fruição constante de um bem incorpóreo, como a Verdade, é sempre muito superior. No entanto o que pretende comparar não é exatamente a apreensão dos sentidos nem os objetos por eles apreendidos, de natureza corpórea, à Verdade, de natureza incorpórea, e sim a felicidade resultante dos dois objetos, numa palavra, a falsa felicidade originada na experiência corpórea, porque efêmera, à felicidade verdadeira, porque duradoura, dos bens espirituais. Portanto o que se apreende pelos sentidos do corpo, embora seja considerado pelos homens como motivo de suprema felicidade, Agostinho faz ver que está abaixo da felicidade suprema e incorruptível resultante da posse da Verdade.

> **138.** A – Pois bem, se os homens clamam que são felizes quando envolvem em seu amplexo belos corpos, cobiçados com imenso desejo, seja de seus cônjuges, seja ainda de meretrizes, e nós, no amplexo da Verdade, hesitaremos dizer que somos felizes?

Por primeiro, se se costuma considerar, pelo prisma da corporeidade, como felicidade suprema a apreensão por meio do toque, como se dá no amplexo lascivo e apetecível em torno do corpo alheio, Agostinho faz ver, por meio de uma pergunta retórica, que obtém sua pujança argumentativa precisamente pela prescindência de resposta[571], que muito maior bem constitui o amplexo da Verdade.

---

[571] A pergunta retórica (ἐρώτημα) convida o interlocutor a responder por si, o que lhe dá a sensação não apenas de estar participando da discussão livremente, mas principalmente de que sabe de modo antecipado o que o seu arguidor está prestes a dizer, mas não diz. Essa suposta presciência

138. A – [...] Os homens clamam que são felizes quando, no estuar de sua garganta seca, chegam a uma fonte [de água] abundante e salutar, ou então, [estando] com fome, encontram uma refeição ou ceia ornamentada e copiosa, e nós havemos de negar que somos felizes quando irrigados e apascentados pela Verdade?

Em seguida o paladar, que encontra seu gozo no gosto salutar da sede ou fome saciadas, quando então dor e prazer se confundem em amálgama, como Sócrates bem se dera conta em seus últimos dias de prisão, sentindo-se prazerosamente aliviado das cadeias que lhe comprimiam intensamente as pernas como torniquete doído, horas antes de tomar a cicuta fatal[572]; quem dirá, pondera Agostinho, que a sede e a fome da Verdade, quando saciadas, não proporcionam felicidade mais duradoura e verdadeira que a sede e fome de bebida e comida, que, como dissera Cristo em relação à sede saciada pela água do poço samaritano de Jacó, depois de saciada, não tarda a voltar[573].

139. A – Costumamos ouvir as vozes dos que clamam que são felizes, se se deitam num leito de rosas e outras flores, ou se fruem intensamente de unguentos perfumadíssimos, [mas] o que é mais fragrante, o que é mais jucundo do que a inspiração da Verdade? E hesitamos dizer, quando somos inspirados por ela, que nós somos felizes?

---

lhe infla a autoestima, permitindo-lhe supor que sabe a resposta, sem, contudo, dar-se conta de que foi induzido a ela. Se, em vez de uma pergunta retórica, do tipo: "Quem ousará dizer que E não é assim?", se tivesse simplesmente afirmado: "Digo que E é assim!", o ônus da prova recairia totalmente sobre os ombros daquele que faz a afirmação. Ao contrário, com a pergunta retórica não há ônus, pois não se afirma nada, transferindo a resposta, que se quer por óbvia, mas com a qual jamais se compromete abertamente, ao ouvinte-leitor, embora ele, o ouvinte-leitor, não tenha outra alternativa senão concordar com o que lhe está sendo sugerido, ou praticamente sendo "imposto" pela pergunta, que na verdade não admite mais de uma resposta. De fato, a resposta já está dada, como uma isca, cabendo ao ouvinte-leitor apenas acatá-la em sua mente e tomar posse dela, como se fosse sua própria iniciativa, o que confere a essa pseudorresposta um poder argumentativo imenso, pois faz parecer que se trata de uma verdade universal, que carece apenas de ser enunciada, sendo já unanimemente acolhida e defendida por toda gente.

572 Cf. Platão, *Fédon* 60b: "Que estranho, ó colegas, disse [Sócrates], parece ser isto que os homens chamam de 'prazer'. Quão surpreendente parece ser em relação ao seu contrário, a 'dor' [...]" (Ὡς ἄτοπον, ἔφη, ὦ ἄνδρες, ἔοικέ τι εἶναι τοῦτο, ὃ καλοῦσιν οἱ ἄνθρωποι ἡδύ· ὡς θαυμασίως πέφυκε πρὸς τὸ δοκοῦν ἐναντίον εἶναι, τὸ λυπηρόν [...]).

573 Cf. Jo 4,13-14: "Respondeu Jesus [à mulher da Samaria, com quem conversava ao pé do poço] e lhe disse: 'Todo aquele que bebe desta água terá sede novamente; porém aquele que venha a beber da água que eu lhe tiver dado não terá sede para sempre, mas a água que eu lhe darei se tornará nele uma fonte de água que jorra para a vida eterna'" (ἀπεκρίθη Ἰησοῦς καὶ εἶπεν αὐτῇ· πᾶς ὁ πίνων ἐκ τοῦ ὕδατος τούτου διψήσει πάλιν· ὃς δ' ἂν πίῃ ἐκ τοῦ ὕδατος οὗ ἐγὼ δώσω αὐτῷ, οὐ μὴ διψήσει εἰς τὸν αἰῶνα, ἀλλὰ τὸ ὕδωρ ὃ δώσω αὐτῷ γενήσεται ἐν αὐτῷ πηγὴ ὕδατος ἁλλομένου εἰς ζωὴν αἰώνιον.).

Depois do tato e do paladar, o olfato. Nada obstante o prazer que odores agradáveis propiciem ao sentido do olfato, nada é mais aromatizante do que o perfume da Verdade. Indubitável que se não "inspira" a Verdade como quem inspira um perfume qualquer transportado pela brisa. Na verdade Agostinho metaforiza os exemplos aduzidos para hiperbolizar os sentidos do corpo: um abraço corpóreo se compara ao abraço da Verdade; a saciedade da sede de bebida, à irrigação e ao apascentamento da Verdade; e agora a inspiração das fragrâncias agradáveis das flores e unguentos, à inspiração da Verdade. Contudo vale destacar *en passant* que o rétor-filósofo diz que nós "somos inspirados" pela Verdade, construção cuja passividade se faz inequívoca pela presença do ablativo antecedido de preposição (*ab illa*), que opera na função de agente da passiva. Se se ignore esse detalhe, por não lhe compreender as possíveis implicações, perde-se bastante do jogo semântico e teológico provavelmente pretendido pelo filósofo. De fato, se nada é mais fragrante que a inspiração da Verdade, ninguém seria mais feliz do que quando a inspirasse, como se inalasse fragrância de unguento agradável, o que deveria dar-se metaforicamente por meio do "olfato" espiritual. Porém Agostinho inverte a imagem, como já havia feito com o paladar[574], ao deixar entrever que o homem é que é inspirado pela graça da Verdade, e não o contrário. A despeito das importantes implicações teológicas dessa passividade, que agora, contudo, não é o momento de pôr em destaque, importa notar que o termo "inspiração" aqui se desdobra em sentido ulterior, para muito além da metáfora, em direção ao sopro do espírito (πνεῦμα), como se poderá ver no célebre e belíssimo prólogo de *Confissões*: "Invoca-te, Senhor, a minha fé, a qual me deste, a qual me inspiraste, por meio da humanidade do teu Filho, por meio do ministério do teu pregador"[575]. Inspire o homem a Verdade como um unguento aromático, ou por ela seja inspirado, em sentido metafórico, em franca alusão ao Espírito, o que mais se coaduna com a posição teológica que irá adotar e defender Agostinho no futuro, o que importa agora, para efeito desta análise, é apenas a comparação que se faz entre a Verdade e o sentido do olfato.

---

[574] Como aqueles bem-aventurados, cujas fome e sede de justiça seriam saciadas (Mt 5,6): "Felizes os que têm fome e sede de Justiça, porque eles serão saciados" (μακάριοι οἱ πεινῶντες καὶ διψῶντες τὴν δικαιοσύνην, ὅτι αὐτοὶ χορτασθήσονται).

[575] *Conf.* 1,1,1: *"Inuocat te, domine, fides mea, quam dedisti mihi, quam inspirasti mihi, per humanitatem filii tui, per ministerium praedicatoris tui"*.

139. A – [...] Muitos estabelecem para si [que] a vida feliz [reside] no canto das vozes, não apenas das cordas, mas também das flautas, e quando estas coisas lhes faltam, creem-se infelizes [...] E nós, quando se nos penetra na mente[576], sem nenhum estrépito, por assim dizer, um certo canoro e facundo silêncio da verdade, procuramos uma outra vida feliz e não fruímos de uma tão segura e presente?

Na sequência, depois do tato, paladar e olfato, a audição, cujo prazer inquestionável do canto das vozes[577], ou sons, seja dos instrumentos de corda (*neruorum*), seja dos de sopro (*tibiarum*), seja das melodias entoadas pela voz humana, se se queira, sons corpóreos que contrastam com o "som" espiritual, porém inaudível pelos ouvidos da carne, o som da própria Verdade, expresso no belíssimo oximoro "canoro e facundo silêncio da Verdade". Nada obstante não se ouvirem os sons da Verdade, o silêncio "fala". Todavia não se trata de um qualquer silêncio, e sim da própria Verdade[578], cujas palavras só se ouvem quando a mente silencia. Entre o silêncio de Deus, que é a própria Verdade, e a facúndia humana, único meio neste mundo de se compreender, pela inteligência, algo da Verdade, ou verdades parciais de uma Verdade única e indivisa, enfim, entre o silêncio divino e a eloquência dos homens jaz um silêncio facundo, que fala sem dizer. De um lado tem-se que o silêncio facundo é melhor que o silêncio e que a facúndia, ao menos para os reles mortais. De outro tem-se que é uma mediação entre o silêncio inaudível e inenarrável de Deus e a facúndia das palavras humanas, veículo da sabedoria apreensível pelos homens neste mundo. O oximoro exerce papel de mediador entre o indizível silêncio de Deus, ou seja, da Verdade, e a facúndia da linguagem humana. O adjetivo "canoro", aqui, entra tão somente como contrapeso, servindo para compensar o valor pejorativo da facúndia que, via de regra, era tida por negativa, como se pode verificar por exemplo em várias instâncias dos livros bíblicos sapienciais[579], como a seguinte passagem

---

576 Há aqui igualmente uma passividade expressa pelo depoente *inlabor*, cujo sujeito é *silentium*, pois é ele que se insinua para dentro do ouvido humano, não o contrário.

577 O vocábulo *uox*, "voz", refere-se a todo e qualquer "som", no caso os melodiosos ou musicais. O original latino traz: *in cantu uocum et neruorum et tibiarum*, "no canto das vozes, não apenas das cordas, mas também das flautas". Se tem interpretado a passagem do seguinte modo: "No canto das vozes humanas, dos instrumentos de corda e das flautas". Contudo, pela colocação dos correlativos... *et*, parece muito mais provável que *uox* se aplique não especificamente à voz humana, e sim aos sons musicais dos referidos instrumentos.

578 Cf. Jo 14,6: "Eu sou o caminho e a verdade e a vida." (ἐγώ εἰμι ἡ ὁδὸς καὶ ἡ ἀλήθεια καὶ ἡ ζωή).

579 Cf. Prv 12; 13; Eclo 19,10; 20,8; 23 *et alia*.

do Eclesiástico: "Aquele que excede no discurso se tornará repulsivo"[580], ou então no tratado *De Trinitate* do próprio Agostinho, ao citar o livro dos provérbios: "Sei que está escrito: 'Nas muitas palavras não evitarás o pecado'"[581]. Ao dizer que a facúndia era canora, Agostinho estabelece-lhe um valor positivo, associando-a à música, das artes a que talvez mais se associasse ao divino, não por trabalhar com imagens, mas com o som, matéria que muito se aproxima do etéreo, constituindo-se em si mesma também, por sua própria natureza, um interessante oximoro: tão fugaz quanto permanente, a música foge dos ouvidos para permanecer na memória. Portanto o segundo termo, "facundo", que qualifica "silêncio", é que se compreende de modo oblíquo, fazendo com que a aparente contradição, em vez de simplesmente despertar perplexidade, incremente o poder argumentativo pela intensificação do apelo patético que a admiração provoca[582].

140. Os homens têm-se deleitado com a luz do ouro e da prata, com a luz das pedras preciosas e de outras cores, ou [com a luz] da própria luz que pertence a estes olhos [...] E nós, tememos colocar a vida feliz na luz da Verdade?

Por fim o último dos cinco sentidos corpóreos, a visão, cujo prazer maior encontra-se na contemplação da luz, seja no brilho das gemas, seja nos coloridos os mais diversos e lustrosos, seja no fulgor das chamas de um fogaréu ou em seu carvão incandescente, seja na luminosidade dos cometas e estrelas todas, luzes que exibem sua beleza aos olhos, instrumentos do sentido da visão, mas que mal se podem comparar com a Luz figurada da própria Verdade, Luz espiritual, incorpórea, absolutamente imperceptível aos olhos e infinitamente superior a quaisquer luzes corpóreas[583].

---

580 Eclo 20,8: "Ὁ πλεονάζων λόγῳ βδελυχθήσεται".

581 Cf. *Trin.* 15,28,51; Prv 10,19: "ἐκ πολυλογίας οὐκ ἐκφεύξῃ ἁμαρτίαν".

582 Este último parágrafo foi adaptado de nosso trabalho, citado anteriormente: *O enigma do espelho* (vejam-se os comentários a 2,3,8,27).

583 Se se traduzisse o latino *lux* por "brilho" ou "fulgor", ignorar-se-ia a relação com a metáfora que se segue, da "luz" da Verdade, arruinando o jogo antitético entre corpóreo e incorpóreo, entre as diversas luzes que se veem pelos olhos corpóreos e a que se vê pelos olhos da mente, jogo subjacente à pergunta retórica e responsável por sua pujança imagética e argumentativa. O filósofo não queria fazer crer que o ouro possuísse luz própria, ou a prata, ou mesmo as cores e as pedras preciosas, ciente de que seu brilho decorre do reflexo da luz que em si incide, apenas fazer "ver" seu argumento.

Teoria extromissiva da visão

É de interesse notar que, quando Agostinho alude à luz "da própria luz que pertence a estes olhos"[584], é muito provável esteja fazendo referência à ideia antiga, sustentada por diversos pensadores[585], de que os objetos eram iluminados por uma luz irradiada a partir dos olhos, no que se convencionou denominar teoria visual da "extromissão", em contraste com a teoria contrária, da "intromissão", que defende que a percepção da visão seja decorrente da luz refletida nos objetos e captada pelos olhos. Mas é possível também que esteja apenas referindo os objetos todos de gênero corpóreo, os quais pertencem à dimensão dos olhos, isto é, que carecem do sentido dos olhos para serem percebidos, o que não se dá com a luz da Verdade, visto que a regência verbal não apenas advoga em favor desta segunda hipótese, mas principalmente pelo que dirá na sequência[586], em relação aos que têm acuidade de visão suficiente para contemplar diretamente a luz do Sol, "que ilumina também os demais objetos, em que os olhos mais fracos se deleitam"[587]. De fato, o verbo *delector* (*delectati homines*) está regendo os seguintes ablativos, seguido dos respectivos genitivos: luz do ouro (*luce auri*); luz da prata (*[luce] argenti*); luz das pedras preciosas (*luce gemmarum*); luz das demais cores (*[luce] aliorum colorum*); luz da própria luz (*[luce] ipsius lucis*); esplendor (*claritate*); encanto (*iocunditate*). Sem dúvida não é tarefa fácil saber a que luz se esteja referindo o filósofo com a expressão luz "da própria luz que pertence a estes olhos", se à luz de tipo corpóreo, que se pode ver pelos olhos, como os exemplos aduzidos, do ouro, prata, pedras, cores, fogo, astros do céu, ou se à luz que se acreditava emanar dos olhos e que possibilitava ver tudo isso. Seja como for, neste caso redunda no mesmo, pois de um ou de outro modo, seja pela teoria da extromissão, seja da intromissão, trata-se uma vez e sempre da luz corpórea, luz perceptível pelos olhos do corpo, em contraste com a luz metafórica da Verdade, apreensível tão somente pelas faculdades mentais.

2,13,36,141-37,142. Fruição e contemplação da Verdade

141. A – [...] visto que é na Verdade que se conhece e possui o Bem supremo, e que essa Verdade é a Sabedoria, alcancemos nela o discernimento e possuamos o Bem supremo, e dele fruamos completamente! Pois sem dúvida é feliz quem frui do Bem supremo.

---

584 *"Ipsius lucis quae ad hos oculos pertinet* [...] *"*.

585 Como Empédocles, Platão, Euclides, Ptolomeu e Galeno.

586 Cf. 2,13,36,142.

587 *Ibid.: "Solem* [...] *qui etiam caetera, quibus infirmiores oculi delectantur, inlustrat* [...]*"*.

A passagem inicia-se com a negativa veemente à pergunta com que o parágrafo anterior (§140) termina: "E nós, tememos colocar a vida feliz na luz da verdade?". A vida feliz ou *beata uita*, tradução filosófica da εὐδαιμονία grega, finalidade última das escolas de pensamento ditas helenísticas, contemporâneas do império alexandrino e das dinastias dele decorrentes após a morte prematura de Alexandre (323 a.C.), reaparece aqui como alternativa às diversas pseudofelicidades citadas nos parágrafos que precederam (§§138-140), oriundas todas de experiências sensoriais. Uma alternativa platônica, é bem verdade, a não dizer extrassensorial. Se a sabedoria, como definido antes[588], é a Verdade em que se conhece e possui o Bem supremo, que se busque então, por meio desta Verdade, o conhecimento e a posse do supremo Bem, exorta Agostinho, a fim de que se possa fruí-lo em plenitude, pois essa fruição equivale à Felicidade, igualmente plena[589]. No entanto, como dito, essa fruição, que equivale ao conhecimento e posse do Bem supremo, que é também a Felicidade, não se conquista senão por meio da Verdade, que é sabedoria. Logo deve-se buscar a sabedoria, sem a qual não se pode conhecer e possuir o Bem supremo, o que equivale à sua fruição plena, a qual coincide com a Felicidade. Mas como se dá essa fruição que decorre da sabedoria? Se fruir do bem supremo equivale à Felicidade, pois "sem dúvida é feliz quem frui do bem supremo", diz Agostinho, e se essa fruição não se logra atingir sem seu conhecimento e posse, que se atinge pela Verdade, decorre forçosamente disso que fruir do bem supremo é também conhecê-lo ou discerni-lo e possuí-lo, o que se dá naquela Verdade, que, como se disse, é também sabedoria. Mas que é o Bem supremo, que se possa conhecê-lo e discerni-lo? Conhecê-lo equivaleria a conhecer a Felicidade? Porém ela concorre com ele, ou seja, torna-se feliz quando se conhece e possui o Bem supremo, e não o contrário, como se só o conhecesse e possuísse quem já fosse feliz. Agostinho parece indicar a resposta na sequência.

141. A – [...] esta Verdade mostra todos os bens que são verdadeiros, bens que os homens que inteligem elegem para si segundo sua capacidade de apreensão, seja um único bem, seja mais que um, para que deles possam fruir.

---

588 Cf. 2,9,26,100.

589 É preciso ter cuidado para não imaginar que a fruição do Bem supremo, que é Deus, conduz à felicidade, pois assim o Criador, Fim último, seria apenas um meio para algo ulterior, o que seria contraditório, visto que nada há que lhe seja ulterior.

Essa Verdade, na qual se possui e conhece o Bem supremo, posse e conhecimento que faz feliz, parece decorrer do conhecimento do verdadeiro, ou seja, do conhecimento que a própria Verdade propicia acerca dos demais bens. Portanto a Verdade permite ao homem eleger em seu benefício os bens verdadeiros, segundo os critérios dela, e consequentemente afastar de si os contrários, os falsos bens. Isso se dá, contudo, apenas e tão somente segundo a capacidade individual de inteligência de cada ser humano. Seja como for, seja em que grau de capacidade estiver o eleitor do verdadeiro, o fato é que o Bem supremo que se conhece e possui segundo a Verdade, ao que parece, decorre de escolhas menores, de bens menores que se elegem, a fim de que sejam fruídos, embora não em plenitude, segundo a capacidade individual de cada um, a partir de que, depreende-se, pode-se chegar então ao supremo Bem e em sua fruição ser plenamente feliz. Note-se que ao dizer que "esta verdade mostra"[590], Agostinho em certo sentido torna passivo todo o processo de cognição e posse do Bem supremo e da consequente Felicidade, que se alcançam através da sabedoria. De fato, não diz que os bens verdadeiros se podem vislumbrar ou revelar por intermédio de um conhecimento gradual e individual da Verdade, e sim que ela, enquanto sujeito ativo, na qualidade de verdadeiro agente, é que faz com que se discirnam os bens verdadeiros. E isso se explica na sequência claramente, quando Sabedoria e Verdade se descobrem epônimos de Cristo, como dito anteriormente[591], a partir do pensamento de Paulo, ou como será referido na sequência, a partir do evangelista João[592]. Logo a Felicidade concorrente com a fruição do Bem supremo, que se possui e conhece na Verdade e que se diz também Sabedoria, se possui e conhece *em* Cristo, Verdade e Sabedoria de Deus. Ou seja, se não há bem ulterior a Deus, o verdadeiro e único Bem, cuja posse e conhecimento concorrem com a suprema Felicidade, e se isso se dá na Verdade, que é Sabedoria, epônimos de Cristo, decorre necessariamente que apenas *em* Cristo é possível o conhecimento e a posse de Deus, em cuja fruição se frui da Felicidade plena[593].

---

590 *"Haec enim ueritas ostendit..."*.

591 Cf. 1,2,5,12; 1Cor 1,22-24.

592 Cf. Jo 8,31-32; 14,6.

593 Embora a posse da Verdade seja comum, a felicidade decorrente dela é própria a cada um (cf. 2,19,52,196-198). Nesse caso há que se distinguir, como dito antes, a Felicidade, que é Deus, da felicidade que se experimenta individualmente, quando diante da própria Felicidade suprema, fonte de toda felicidade individual, que é também a Verdade. De fato, cada um, quando diante da Felicidade, fonte de todo bem e Verdade inesgotável, que são bens públicos, torna-se

Luz do Sol, Luz da Verdade

142. A – Porém do mesmo modo como aqueles que na luz do Sol elegem aquilo que prazerosamente queiram divisar [...] assim também é a acuidade da mente...

Como rétor brilhante que era, Agostinho não pôde furtar-se a mais uma comparação clássica, na sequência dos exemplos apresentados antes (§§138-140), em que se equipararam a felicidade oriunda da apreensão dos sentidos à que se pode fruir na apreensão racional da Verdade. Agora, porém, esta pseudofelicidade, oriunda do que se apreende pelos sentidos, se compara à vida contemplativa. Na verdade não se comparam todos os cinco sentidos, apenas o mais elevado deles, por assim dizer, a visão. De um lado, pois, os empiristas, que elegem seu bem supremo a partir dos sentidos, especificamente o da visão, sentido que depende totalmente da luz solar, o mais sublime de todos os objetos apreensíveis sensorialmente, luz que ilumina tudo o que neste mundo pode ser visto pelos olhos e consequentemente tornar-se objeto de deleite, se se deixe de parte a teoria da extromissão. Vê-se que, para esses, felicidade se confunde com o prazer dos sentidos, pois feliz é quem pode abraçar, ou seja, tocar, mas também ver, ouvir e gostar pelo paladar[594], seja saciando uma necessidade, seja satisfazendo um prazer qualquer não premente. Do lado oposto, a mente, ou antes, a sua capacidade de visão, conquanto metafórica, pois a apreensão racional não é "visão", embora a metáfora seja das mais felizes. De fato, assim como a luz solar, incidindo sobre os objetos corpóreos, permite que sejam vistos pelos olhos, seja de modo extromissivo, seja intromissivo, assim também se dá com a "visão" da mente, uma vez que os objetos incorpóreos por ela apreendidos só podem ser "vistos" pelas faculdades mentais se "iluminados" (eis outra metáfora) por uma Luz igualmente superior, como a luz do Sol, Luz que ilumina tudo que é passível de apreensão racional. Essa Luz, assim como a luz que se diz corpórea, é imprescindível para a visão dos objetos corpóreos, o é também para a "visão" da mente, pois nenhum objeto pode ser visto no "escuro", ou seja, sem que seja refletido por essa Luz e chegue à captação da mente. Ora, na teoria

---

capaz de contemplá-la e daí se faz feliz, preservando sua intransferível disposição e com ela a sua individualidade.

594 Pleonasmo necessário, tendo em vista a catacrese consagrada em vernáculo, quando se diz que se "gosta" de alguém, o que, se compreendido em sentido estritamente etimológico, a partir do latim *gustare*, "saborear", equivaleria a dizer que se sente o sabor de alguém, ou que se saboreia sua convivência, ou seja, que se apraz de seu convívio, como se "doce" fosse.

extromissiva os olhos é que iluminam os objetos, por meio de uma luz que deles teoricamente emanaria, o que, se aplicado à visão da mente, implicaria uma iluminação da mente, da razão, sobre os objetos por ela apreendidos, como se ela se voltasse para um determinado objeto e fizesse incidir sobre ele a sua luz, deflagrando daí seus próprios movimentos e correspondentes mecanismos racionais. E mesmo que assim fosse, isto é, que se assumisse um equivalente dessa teoria extromissiva para a captação inteligível, ainda assim não se prescindiria da luz do Sol, ou seja, da Luz superior em que ou segundo a qual essa visão seria possível[595]. Mas que Luz é essa? Nenhuma outra além da Verdade, Luz que ilumina a visão interior, permitindo o discernimento do verdadeiro e do falso. O seu contrário metafórico, isto é, o escuro, depreende-se facilmente, seria a treva da ignorância ou do erro.

> **142.** A – [...] do mesmo modo como aqueles que [...] não observam nada com mais prazer do que o próprio Sol, o qual ilumina também os demais objetos em que os olhos mais fracos se deleitam...

Pois bem, dentre aqueles que elegem o seu bem supremo e buscam sua vida feliz nos sentidos, como a visão, em que se alegram e regozijam, uns há dotados de olhos mais vigorosos ou cheios de vida (*uegetiores*), olhos sãos (*sanus*) e muito fortes (*fortissimi*), isto é, repletos de ingente capacidade de penetração, ou de extrema resistência. Esses, por seu lado, em vez de regozijar-se apenas com a visão dos objetos iluminados pela luz solar, luz em que e pela qual tudo o que se vê se pode ver, preferem ir além, segundo sua maior capacidade de visão, ou seja, por terem os olhos mais vigorosos, sãos e fortes, voltam-se para a própria fonte imediata de luz, o Sol, o que lhes dá muitíssimo maior prazer do que a contemplação derivada de sua luz, no brilho mais ou menos refratário dos objetos, pelo que imensamente menor. Esses objetos todos, iluminados pela luz solar, contrariando a teoria da extromissão, objetos de luz apenas indireta, como a luz refletida pela Lua, infinitamente menos brilhante do que a de sua causa imediata, o Sol, são por certo fonte de deleite e felicidade para os que têm

---

[595] O que é fácil comprovar, pois, mesmo que coubesse à luz dos próprios olhos, segundo a teoria extromissiva da visão, a "iluminação" dos objetos que se fizessem apreender pela visão corpórea, à noite, ausente completamente a luz solar ou a lunar, percebe-se como a capacidade dessa suposta luz ocular seria bastante ineficaz, demais, por maior fosse a acuidade visual de uma dada pessoa, no interior de uma furna completamente tenebrosa ela absolutamente nada seria capaz de perceber.

olhos mais fracos, menos vigorosos e menos sãos, e que por essa fraqueza sua não podem aventurar-se na contemplação direta da luz solar, fonte de toda luz, contentando-se apenas com o seu reflexo. Portanto entre esses, que se dizem anacronicamente "empiristas", uns há, de visão mais fraca, que se contentam na contemplação da luz refletida nos objetos captados pelos olhos, instrumentos de um dos cinco sentidos corpóreos, aspecto esse de onde derivam seu prazer e sua felicidade; outros, mais capacitados quanto aos órgãos da visão, pois têm olhos mais fortes, animados e saudáveis, esses podem ambicionar contemplação mais prazerosa, a da própria fonte de luz imediata, o Sol, seu bem supremo, de que derivam seu deleite e sua felicidade igualmente supremos.

142. A – [...] assim também é a acuidade da mente, forte e vigorosa, se considerar muitos objetos verdadeiros e absolutamente imutáveis por meio de uma razão segura, dirigir-se-á diretamente para a própria Verdade, na qual todas as coisas se mostram...

No polo antipodal da comparação está a visão metafórica da mente, que permite seu deleite e sua suprema felicidade, incorpóreos ambos. Assim como se descreveram dois grupos dos que têm na mediação dos olhos sua fonte de prazer e felicidade, assim também se pode fazer com os que têm na "visão" da mente o seu deleite, os quais se podem subdividir entre os que têm uma "visão" ou "acuidade mental" (*acies mentis*) mais forte e vigorosa, e os que não a têm, embora estes últimos não tenham sido citados textualmente. O que se destaca, contudo, para além da comparação, é o método *contemplandi* descrito por Agostinho. Aqueles que são dotados de uma mente mais aguda, forte e vigorosa, assim como os que se voltam diretamente para a luz solar, seu bem supremo e fonte imediata de toda luz, pela qual tudo se pode ver, se se converterem para os objetos verdadeiros e incomutáveis por meio de uma razão segura, tornam-se aptos para voltar-se diretamente para a própria Luz da Verdade, na qual todas as coisas se mostram. Com efeito, a Verdade está para o Bem supremo como a luz solar, para os objetos corpóreos, pois, assim como os objetos só se podem ver quando refletem a luz solar em si, fazendo com que esta atinja o sentido da visão, do mesmo modo os objetos verdadeiros e incomutáveis só se podem ver se refletem em si a Luz da Verdade, Luz em que se discerne e possui o Bem supremo. Porém, para além da simples visão corpórea, Agostinho acrescenta um novo elemento neste polo da comparação, a razão segura (*certa ratione*). Portanto o caminho para a própria Verdade, em que se discerne e possui o Bem

supremo, no qual se frui da Felicidade, só se logra trilhar pela contemplação racional segura daquilo que é verdadeiro e imutável. E que mais verdadeiro e imutável do que a sabedoria e o número, ou seja, do que tudo aquilo que só pode ser captado pela mente, e que, ao contrário dos objetos corpóreos, não sofre detrimento em sua natureza ao ser apreendido, não é corruptível nem sujeito às transformações impostas pela ação do tempo, mas que pode ser captado publicamente, embora na mente individual de cada um? E ainda que se diga metaforicamente "visão" da mente e se utilizem verbos que denotem atributos e atividades específicas do sentido corpóreo da visão, essa contemplação se refere a uma atividade exclusivamente racional, que não prescinde de raciocínios seguros, o que sugere o método dialético, em certo sentido equivalente aos métodos da ciência experimental de hoje. Logo, se se quiser contemplar imediatamente a Verdade, Luz em que todas as coisas se mostram como são, assim como os objetos se podem ver apenas quando refletidos na luz solar, faz-se mister, desde que se tenha uma mente aguda, forte e vigorosa, considerar os objetos de apreensão inteligível, objetos verdadeiros, pois imutáveis, incorruptíveis, comuns e eternos, por meio de movimentos racionais certos ou inequívocos, que levem ao verdadeiro conhecimento, segundo os critérios da própria Verdade que se quer possuir e conhecer, o que equivale à sua contemplação e fruição.

Exclusiva aderência: não se pode servir a dois senhores

> **142.** A – [...] e aderindo a ela, se esquece, por assim dizer, dos demais objetos, e nela frui simultaneamente de todas as coisas. Pois aquilo que é jucundo nas demais coisas verdadeiras, na própria Verdade é especialmente jucundo.

No entanto essa fruição da Verdade, para que seja permanente, ao menos enquanto se está neste mundo, faz-se necessário seja firme e estável, o que só se consegue por uma aderência exclusiva, uma vez não ser possível servir a dois senhores, como admoestara o próprio Cristo[596]: ou se esqueça dos demais objetos de apreensão sensível e se volte para a Verdade, em regime de exclusividade, ou não se logra atingi-la. Isso, contudo, não significa renúncia total a tudo que não seja da Verdade, por assim dizê-lo, pois, ao fruir da Verdade, frui-se simultaneamente

[596] Mt 6,24: "Ninguém pode servir a dois senhores, porque ou odiará a um e amará ao outro, ou será devotado a um e desprezará o outro. Não podeis servir a Deus e a Mamon" (Οὐδεὶς δύναται δυσὶ κυρίοις δουλεύειν· ἢ γὰρ τὸν ἕνα μισήσει καὶ τὸν ἕτερον ἀγαπήσει, ἢ ἑνὸς ἀνθέξεται καὶ τοῦ ἑτέρου καταφρονήσει. οὐ δύνασθε θεῷ δουλεύειν καὶ μαμωνᾷ).

de todas as coisas, embora o contrário não seja verdadeiro, pois, fruindo do que lhe seja inferior, não se é capaz de fruir dela. Tendo sido alcançada a Verdade imutável, cuja Luz ilumina tudo o que é verdadeiro, o contemplante não vê outra saída, a não ser o desprezo e abandono de tudo o que não é por ela iluminado, de tudo o que é corpóreo e passível apenas de apreensão pelos sentidos. Isso, porque, se pelos sentidos só pode fruir de modo limitado, frequentemente um objeto por intermédio de um sentido a cada vez, quando em estado de fruição da Verdade, ao contrário, vê-se capaz de fruir simultaneamente de todas as coisas, por estar muito além do limite do corpo e dos seus sentidos. Não bastasse isso, sentencia o rétor-filósofo, "aquilo que é agradável no verdadeiro, muito mais o é na própria Verdade", o que significa dizer que, se os objetos iluminados seja pela luz do Sol, seja pela Luz da Verdade, se fazem fonte de prazer e deleite, muito mais a fonte imediata da Luz em si mesma, seja a luz corpórea do Sol, seja a Luz metafórica da própria Verdade. Mas, se ela não é apenas um substantivo abstrato, incapaz de subsistir fora da mente racional de quem queira sustentá-lo, que é, afinal, essa Verdade?

2,13,37,143. Verdade: epônimo de Cristo

143. A – Esta é a nossa liberdade, quando somos submetidos a essa Verdade; e ela é o nosso próprio Deus, que nos liberta da morte, isto é, da condição de pecado.

Embora sucinta, essa passagem lança mão de conceitos da maior importância para o pensamento cristão de modo geral e do próprio autor em particular. Por primeiro tem-se uma nova e oximorística definição de liberdade, que, ao contrário do que se poderia supor, define-se por ser uma espécie de servidão. De fato, a liberdade do cristão consiste em "servir à maneira do escravo", expresso no original grego do NT pelo verbo *douleúō*[597]. Ora, todo aquele que serve como escravo se submete ao senhor sob cujo talante se encontra, porém de modo involuntário. Contudo Agostinho refere-se aqui a uma submissão (*subdo*)[598] voluntária à Verdade, submissão ou servidão em que se diz consistir a própria liberdade (*libertas*)[599]. Essa Verdade, agora grafada com inicial maiúscula, não

---

[597] Em grego ὁ δοῦλος (v. δουλεύω) significava "escravo", que em latim se dizia *seruus* (v. *seruio*).

[598] Daí o adjetivo, formado do particípio passado de *subdo*, *subditus*, "súdito", ou seja, que está "sujeito" ou que foi "submetido" ao poder de outrem.

[599] Posto que o verbo esteja na passiva (*subdimur*). Porém isso não significa neste caso uma submissão involuntária, mas uma autossubmissão, por assim dizê-lo, como se o verbo se encontrasse

é outra coisa senão o próprio Deus, na figura de Cristo, que liberta da morte, salvando a humanidade da verdadeira submissão, que é a submissão ao pecado ou erro. Logo, se a liberdade consiste na submissão à Verdade, que se depreende como voluntária, tem-se que essa liberdade outra coisa não é senão servir a Deus, na figura de Cristo, Verdade que salva o homem da condição de pecado, que para ele equivale à própria morte.

A condição de pecado: vida que é morte[600]

No livro primeiro[601] faz Agostinho referência a dois tipos de liberdade. Uma, inferior, que exprime simplesmente o desejo vulgar de não viver aprisionado como escravo de algum senhor, ou seja, de não ser submetido ao poder e ao arbítrio de ninguém, como uma sua propriedade; a outra, única verdadeira, a liberdade dos que são felizes (*beatorum*), referente à aderência definitiva à Lei eterna. Essa liberdade de submeter-se à Verdade, portanto, se coaduna perfeitamente com aquela segunda, pois a Verdade imutável de Deus e sua Lei eterna não se podem dissociar. Pois bem, se Deus, na figura de Cristo, liberta o homem da morte, morte que se explica por sua condição de pecado, tem-se que a adesão à Verdade resulta na libertação da condição de pecado, ou seja, que a adesão a Cristo liberta do pecado, que é morte. O termo latino *condicio*, literalmente "condição", refere-se em sua origem ao estabelecimento das condições necessárias a um pacto entre partes, quando então se devia estar de acordo, "dizendo conjuntamente" as mesmas palavras[602], como recurso a uma fórmula de ajuste. Neste caso a condição de pecado, que equivale à morte, de que só Deus pode libertar, refere-se à condição pós-queda do primeiro homem, Adão, que por sua livre iniciativa e escolha como que firma um pacto com o pecado, personificado no diabo, antítese da Verdade e consequentemente de Cristo[603]. Essa vida na condição de pecado,

---

na voz média, ou reflexiva, e se dissesse que a liberdade dar-se-ia quando alguém se submetesse voluntariamente em favor da Verdade.

600 Cf. 1,4,10,30; 2,15,53,200.

601 Cf. 1,15,32,109.

602 *Cum + dicere.*

603 A bem dizer a antítese da verdade é a mentira, cujo pai, contudo, é o próprio diabo. Cf. Jo 8,44: "[o diabo] [...] nele não há verdade; quando fala uma mentira, fala do que lhe é próprio, porque é mentiroso e o pai da mentira" (...ὅτι οὐκ ἔστιν ἀλήθεια ἐν αὐτῷ. ὅταν λαλῇ τὸ ψεῦδος, ἐκ τῶν ἰδίων λαλεῖ, ὅτι ψεύστης ἐστὶν καὶ ὁ πατὴρ αὐτοῦ).

por sua vez, equivale à morte, pois se trata de uma vida afastada da verdadeira Vida e da Verdade, que é Cristo. E se pecar é errar, e se o ajuste do pecado é a morte, o ajuste contrário é o pacto da salvação, pacto da Vida, contrária à morte, e da Verdade, contrária à mentira do erro ou pecado[604].

Neste sentido, pois, começa evidenciar-se a noção de arbítrio livre e suas implicações teológicas. Com efeito, o arbítrio da vontade só será verdadeiramente livre quando esta vontade for de fato livre, isto é, libertada da condição de pecado, que é morte, pela submissão voluntária à Verdade, que é Deus, na figura de Cristo. Enquanto a vontade estiver submetida (*subdita*) ao pecado, numa palavra, enquanto estiver "escravizada" (δουλευομένη) por ele, jamais será livre de fato. Ao contrário, quando se fizer voluntariamente serva de Cristo, a Verdade, embora servindo como escrava (δουλεύω), será completamente livre, livre da mentira do erro e da maldade, conquanto escrava do bem e da Verdade. Por outro lado, embora se diga que o homem é livre para pecar, em decorrência do arbítrio livre de sua vontade, causa provada do malfazer, vê-se que se trata tão só de uma pseudoliberdade, uma vez permanecer preso às cadeias do pecado, sob o jugo tormentoso de suas próprias inclinações sensuais.

Liberdade e verdade

> **143.** A – [...] Pois a própria Verdade, ainda [enquanto] homem, falando com os homens, diz aos que creem nela: "Se permanecerdes em minha palavra, verdadeiramente sereis meus discípulos, e não apenas conhecereis a verdade, mas a verdade vos libertará"[605].

A Verdade, epônimo de Cristo, quando encarnada neste mundo, disse não apenas aos que criam então, mas a todos os que creem, que permanecessem em sua palavra, sendo assim seus discípulos, a fim de que conhecessem a Verdade e por ela fossem libertados. Nesta passagem, não ao acaso citada por Agostinho no final de sua demonstração racional da existência de Deus, recorre o filósofo a alguns conceitos-chave de seu pensamento em geral e para esta demonstração em particular: verdade (*ueritas*); fé ou crença (*credo*); permanência (*maneo*); disciplina ou aprendizagem (*discipuli*); conhecimento (*cognosco*); liberdade (*libero*)

[604] Ver logo adiante o subitem: "Inclinação sensual e a condição de pecado".

[605] Jo 8,31-32: "Disse então Jesus aos judeus que nele creram: 'Se permaneçais em minha palavra, sois verdadeiramente meus discípulos e conhecereis a verdade e a verdade vos libertará" (ἔλεγεν οὖν ὁ Ἰησοῦς πρὸς τοὺς πεπιστευκότας αὐτῷ Ἰουδαίους· "ἐὰν ὑμεῖς μείνητε ἐν τῷ λόγῳ τῷ ἐμῷ, ἀληθῶς μαθηταί μού ἐστε καὶ γνώσεσθε τὴν ἀλήθειαν καὶ ἡ ἀλήθεια ἐλευθερώσει ὑμᾶς").

e palavra ou razão (*uerbo*). Cristo, que é a Verdade, em que se conhece e possui o Bem supremo, admoesta os que pretendem ser seus discípulos verdadeiros, ou seja, que pretendem aprender da Verdade que é ele, a que permaneçam em seu Verbo, que é também Razão (λόγος), se quiserem alcançar o conhecimento desta própria Verdade, que liberta do pecado, condição de morte, para o que, contudo, se faz necessária, antes de tudo o mais, a fé, pois que se disse isso aos que creem, não aos que duvidam. Vê-se que não por acaso Agostinho recorre a esta passagem como subsídio e ratificação de tudo o que havia concluído sua *disputatio* com Evódio: apenas e tão somente o conhecimento da Verdade é que pode libertar o homem do erro e da mentira; Verdade que é vida; enquanto seu contrário, o erro, morte. Apenas o conhecimento da Verdade pode levá-lo a buscar-lhe a adesão, firme e inabalável, para permanecer na sua fruição e concorrente Felicidade ou *uita beata*. E se apenas o conhecimento da Verdade liberta, conhecimento a que se chega quando se permanece na Palavra (*in uerbo*) da Verdade, o seu contrário, a ignorância, que é mentirosa, escraviza. Assim sendo, o arbítrio do homem só será livre quando e se submeter-se à Verdade, permanecendo em seu Verbo, que é também razão. Se, ao contrário, não se submeter à Verdade, afastando-se de seu Verbo, precipita-se na escravidão do pecado, na mentira do erro ou antiverdade. Vê-se que o pré-requisito imprescindível para o conhecimento e posse da Verdade é o Verbo divino, que se pode compreender como Palavra, sem dúvida, mas também como o Deus-Palavra, o Verbo eterno e inefável, ou ainda a Razão suprema, presente de modo seminal no homem[606], que é sua imagem e semelhança, presença que o situa no terceiro degrau da escada das naturezas amiúde referida.

Interessa ainda notar como essa nova compreensão da Verdade, agora de viés mais teológico ou exegético, coaduna-se com a definição estritamente conceitual da sabedoria, referida antes[607], que diz que ela é a Verdade em que se conhece e possui o Bem supremo. Que é, pois, esse Bem supremo, senão Deus, a suprema Felicidade da criatura inteligente, que se quer possuir e de que se quer fruir eternamente? E que é a Verdade, senão Cristo, a Sabedoria de Deus, em que se permite conhecê-lo, possuí-lo e fruí-lo? Contudo esta definição aparenta assim padecer de uma inescapável circularidade, pois se estaria dizendo que a Sabedoria, que é também Cristo, é o Cristo em que se conhece e possui o próprio Cristo supremo, visto que ele é o próprio Deus. E de fato é isso mesmo,

606 Cf. 1,6,15,51; 2,9,27,103-105.

607 Cf. 2,9,26,100.

sem nenhuma circularidade ou aporia, pois Cristo, que é Deus, é a Segunda Pessoa da Trindade, a Sabedoria criadora de Deus, o Princípio sem princípio, mas também sua Verdade, seu Verbo incriado, eterno, imutável, infinito e inefável, presente desde a criação do mundo, a que presidiu. Logo a Sabedoria de Deus é a Verdade de Deus, que é o Verbo de Deus, Cristo. E o Bem supremo da humanidade outra coisa não é senão a posse e o conhecimento de Deus, ou seja, a fruição desse Deus que é Sabedoria imutável, perfeita, e eterna Verdade, fruição que equivale à suma Felicidade, visto que Deus é a própria Felicidade suprema[608], a *uita beata* em que se espera repousar, naquele Sábado que se tem por eterno. Por fim, como se chega a essa fruição, a esse Bem supremo, que é Deus, senão por Cristo, o mediador, que se fez carne a fim de que o homem finito pudesse almejar o infinito, libertar-se do pecado, aderir à Verdade eterna, convertendo-se para Deus? Ou seja, libertar-se da inclinação sensual pelos bens corpóreos perecíveis e voltar-se para os bens incorpóreos e imperecíveis. Logo Cristo, Sabedoria de Deus, é a Verdade em que se possui e conhece o Bem supremo, o Deus-Felicidade de que se espera fruir eternamente.

Liberdade e segurança

Mas como se pode fruir do Bem supremo em segurança, uma vez que, como remata a passagem o filósofo, "de coisa nenhuma frui a alma com liberdade, a não ser daquela de que frui com segurança"? De fato, como se pode fruir de algo com medo de que se acabe ou de que seja surripiado contra a própria vontade, pois, como já dissera o próprio Cícero[609], quem teme o que não pode ser evitado, esse jamais vive com o espírito tranquilo; e desejar uma vida tranquila, livre de medos, é um bem, desejo esse que não deve ser

608 Faz-se necessário operar a distinção entre a Felicidade suprema, que é Deus, e a felicidade como bem próprio e primeiro do homem (cf. 2,19,52,196-198). Enquanto a Felicidade é o gozo completo daqueles que se encontram face a face com Deus, contemplando eternamente sua Sabedoria e Verdade, que é um Bem público, a felicidade de cada um, enquanto bem privado, é intransferível. Logo a Felicidade, como epônimo divino, é por natureza como o Sol, de que todos podem fruir simultaneamente, sem detrimento algum em sua natureza. Se a felicidade individual é uma disposição própria do espírito de cada um, incomunicável, a Felicidade eterna, ao contrário, é a fonte de que decorre toda felicidade, pois o homem só é feliz de fato quando se vê contemplando a Verdade, que é Deus, e que é também de modo misteriosamente uno Beleza, Harmonia e demais perfeições.

609 *Tusc.* 2,1,2.

condenado, como ficou assente no primeiro livro[610]. Em vista disso, a questão que se levanta naturalmente é se seria possível manter-se em fruição estável do Bem supremo, ou, quando não, dos bens iluminados pela Verdade, os bens incorpóreos (§142). Nem Cícero, tampouco Agostinho, a não dizer dos epicureus, cínicos e estoicos, enfim, nenhuns aceitavam uma felicidade em que o espírito não pudesse estar tranquilo. Com efeito, esta segurança ou *securitas*, que outra coisa não é senão ausência de preocupações ou cuidados (*sine* + *curis*), confunde-se com os célebres escopos das suprarreferidas escolas filosóficas, *ataraksía*, *aponía* e *apátheia*, respectivamente [i] ausência de perturbação, [ii] de fadiga ou esforço, que causam dores e cansaços de ordem física sobremodo, [iii] e de afecções da alma, que levam a um estado de perturbação ou agitação inquietante. Portanto, como viver feliz, na fruição estável de seu bem supremo, se se vive concomitantemente com medo, receando perder o que se pensa possuir, conhecer e fruir, a não dizer da felicidade disso decorrente? Em verdade não é possível fruir com liberdade de nada, com exceção daquilo de que se frui com segurança, diz Agostinho. Contudo di-lo referindo-se à alma, não ao corpo, pois não há bem corpóreo de que se possa auferir algum prazer sem risco de perda, seja a música suave que enternece e balsamiza, seja o toque afetuoso em um corpo tépido, seja o sabor de frutados lábios, seja o perfume inebriante de um unguento adocicado, seja, por fim, o aspecto dourado e reluzente do mel a correr dos favos ou de longos cabelos ao sabor da brisa. De fato, não apenas os bens corpóreos podem ser subtraídos contra a vontade de seu possuidor, mas também pode dar-se que esse possuidor tenha seus sentidos corpóreos, pelos quais desfruta desses bens, deteriorados ou completamente corrompidos, seja pela cegueira, seja pela amputação das mãos, seja pela surdez, mudez ou qualquer outra patologia de caráter semelhantemente restritivo. Tudo isso pode vir a perder, se não na vida, certamente com a morte do corpo, que se verá obrigado a abandonar à corrupção inevitável e inexorável, cedo ou tarde. Logo, se não se pode fruir de nada em perfeita liberdade a não ser de modo seguro, decorre forçosamente uma inextricável associação entre os conceitos de liberdade (*libertas*) e de segurança (*securitas*), numa palavra, entre a submissão à Verdade, que é a verdadeira liberdade, como supradito, e a sua posse estável, uma vez que o homem só pode de fato dizer "seu" aquilo que não lhe pode ser tomado

[610] Cf. 1,4,9,24.

invito, nem corre o risco de ver corrompido ou perdido. Que natureza seria essa, se todo corpo padece corrupção certa e segura, por ser mutável e sujeito à ação do tempo? Além do mais, nenhum deleite pode dizer-se livre se se corre o risco de ver-se privado dele. Se se pode deixar de fruí-lo a qualquer instante, é porque um bem dessa natureza não é de fato seu, sendo sua posse apenas momentânea, ou, quando não, especiosa. Ademais, viu-se como os conceitos de fruição e de posse integravam a definição de Sabedoria, de par com a própria Verdade. Se não se é livre para fruir e dispor, não se possui de fato, o que só é possível se se está seguro de que haverá de possuir sem receio aquilo de que quer fruir, quanto e por quanto tempo quiser, segundo seu arbítrio. Eis a verdadeira liberdade, a segurança de poder fruir sem receio de perder, de poder possuir e conhecer, sem sobressaltos, cada um o seu bem supremo, o que jamais se pode atingir no corpo, isto é, se se creia possuir algum bem corpóreo como objeto eleito de fruição.

A inclinação sensual e a condição de pecado

Se a inclinação sensual (*libido*) é o amor daquilo que se pode perder contra a própria vontade[611], vê-se que não se coaduna de modo nenhum com essa noção de liberdade, pois tudo o que se ama com inclinação sensual é passível de perda, e nada se frui com liberdade de que se não se possa fruir também com segurança. Porém se a vontade avertida de Deus e convertida para os bens inferiores é a causa do malfazer, e se a condição de pecado, que é morte,

---

611 Fica patente, a despeito de tudo o que já se disse para justificar a escolha da locução "inclinação sensual" para traduzir o termo *libido*, o acerto desta escolha semântica. De fato, se *libido*, como definido no livro primeiro (1,4,10,31), é o amor de tudo o que se pode perder contra a vontade, e se apenas os bens incorpóreos é que se podem manter de modo estável, sem risco de corrupção ou subtração involuntária, depreende-se necessariamente que os contrários, os bens corpóreos, são todos incertos, bens cuja posse é temporária e arriscada. Esses bens corpóreos, corruptíveis e passíveis de subtração involuntária, como Agostinho deu conta de demonstrar ao tratar da apreensão dos cinco sentidos do corpo (2,7,15,58-19,78) e há pouco, por meio de comparações e perguntas retóricas elaboradas com metáforas, decretando a supremacia do deleite espiritual em confronto com o deleite dos sentidos (2,13,35,138-140), são todos sensuais, ou seja, objetos apreensíveis pelos cinco sentidos do corpo, dentre os quais se incluem igualmente os sons e a luz, equivocadamente tidos por incorpóreos. E se são objetos de apreensão pelos sentidos, são todos eles, pelo prazer que proporcionam, desejáveis por meio da *libido*, a inclinação sensual, o desejo de tudo aquilo que, exatamente por ser "sensual", é passível de perda involuntária.

condição em que se não adere à Verdade em submissão voluntária, mas à sua antítese, a mentira do erro ou pecado, parece que nesta condição, império da *libido*, não seja possível haver liberdade verdadeira, apenas uma pseudoliberdade. Isso, porque na condição de pecado, em que se vê compactuado com a antiverdade, o homem parece ter a liberdade para agir e pecar, se quiser e quando quiser. Porém, se a liberdade verdadeira inexiste nesta condição, em que se amam com inclinação sensual apenas coisas passíveis de perda involuntária, pois não se está submetido à Verdade imutável, não parece que seja de fato possível o arbítrio livre da vontade, ao menos neste mundo em que prevalece essa condição de pecado. O homem parece ter a vontade e querer fruir de algum bem corpóreo, o que faz livremente, porém o bem corpóreo de que quer fruir não é de modo nenhum passível de verdadeira fruição, proporcionando apenas um prazer momentâneo, fugaz, perecedouro e uma posse especiosa. Todavia o homem tem, sim, a liberdade de "querer" fruir, que se diz arbítrio livre da vontade, todavia não tem de modo nenhum a liberdade de fruir de fato e de direito. Com efeito, quer livremente ser feliz, mas não é livre para sê-lo, o que só é possível fora da condição de pecado, em submissão voluntária à Verdade, que é Deus, Verdade essa, como se há de ver, cuja posse, perfeitamente segura, por não poder ser perdida ou subtraída invito, é impermeável ao medo e ao erro mentiroso[612].

---

[612] Se o erro se define (2,9,26,100-101) pela procura de tudo aquilo que não devia ser procurado, ainda que isso pareça ser um bem ao que procura, procura essa que não leva ao objeto que se quer atingir, vê-se que se coaduna perfeitamente com a noção de pecado, para muito além da etimologia. De fato, na condição de pecado, como diz Agostinho, o homem não está submetido à Verdade, única que pode salvá-lo da morte. Vive, então, como morto, avertido da verdadeira Vida, propiciada pela posse e fruição da Verdade. Nessa condição, pois, procura os bens corpóreos como fins em si mesmos, nada obstante serem corruptíveis e de posse especiosa. Procura, pois, a mentira, aquilo que, na melhor das hipóteses, está fadado à destruição, mas que não existe realmente, sendo tanto menos quanto mais afastado de Deus esteja, ele que é o Ser supremo. Embora lhe pareçam bens, não o conduzem à Verdade, eterna e imutável, porque incorpórea. Esta condição de pecado, por sua vez, em que o homem se deixa conduzir pelo erro mentiroso ao fim que não deseja, embora crendo que esteja voltado na direção de seu bem supremo, é o reinado da *libido*, a inclinação de ordem sensual, pela qual, em vez de aderir aos bens incorpóreos, imutáveis e estáveis, perseguem-se os bens corpóreos, mutáveis e corruptíveis, bens que lhe podem ser subtraídos invito, os quais se apreendem não pela mente e razão, mas pelos sentidos do corpo, igualmente mentirosos, pois fazem crer especial o que é especioso. Vê-se, então, como o erro, fruto mentiroso da *libido* ou inclinação sensual, predomina nesta condição de pecado, em que o homem se vê avertido da Verdade, que é Deus.

2,14,37,144. Inclinação sensual: aversão da Verdade e da Sabedoria

144. A – [...] mas aquela que se diz "separação" da Verdade e da Sabedoria, essa é a própria vontade perversa, pela qual os objetos inferiores são diligentemente amados.

Se "de coisa nenhuma frui a alma com liberdade, a não ser daquela de que frui com segurança" (§143), e se "ninguém está seguro nestes bens que pode perder contra a vontade", depreende-se forçosamente que ninguém frui com liberdade de coisa alguma que pode perder contra a vontade, o que, como se viu no livro primeiro, respeita aos bens todos pertencentes ao universo da inclinação sensual[613]. Portanto não há segurança nenhuma na fruição dos bens predominantemente corpóreos, pois transitórios e corruptíveis todos, fruição que se dá por intermédio da *libido*. Diz-se predominantemente corpóreos, porque há outros, como a glória, a fama, o desejo de poder, entre tais, que, embora não sejam propriamente corpóreos, referem-se ao universo dos sentidos, como dito antes[614]; e, embora não sejam propriamente corpóreos, são igual e absolutamente transitórios, pois também passíveis de perda involuntária. No entanto nem a Verdade tampouco a Sabedoria, tratadas no singular como sendo uma só e mesma coisa, nenhuma das duas pode ser subtraída contra a vontade de seu possuidor. De fato, ninguém pode ser separado da Verdade ou da Sabedoria como quem separa um objeto de outro espacialmente, segundo os lugares (*locis*) em que se encontram. No entanto Agostinho diz que é sim possível ser separado da Verdade e da Sabedoria, porém não pelos lugares físicos, mas de acordo com outro critério, o critério da *peruersa uoluntas*, a vontade pervertida, ou seja, a vontade voltada na direção contrária tanto da Verdade como da Sabedoria, vontade pervertida essa que se chama "inclinação sensual". E se assim é, pode-se dizer que há uma nova definição para a *libido*: "separação da Verdade e da Sabedoria"[615]. Portanto, ao voltar-se para os objetos corpóreos ou que podem ser perdidos involuntariamente, o que se faz pela inclinação sensual, a alma se afasta da Verdade e da Sabedoria, cada vez mais, permanecendo na condição de pecado em que se encontra, condição de aversão do Ser e conversão para o nada.

---

613 Cf. 1,4,10,31.

614 Cf. 1,3,6,17. Vejam-se os verbetes *libido* e *cupiditas* no LÉXICO T-F.

615 *"A ueritate atque sapientia separatio."*

Ninguém, se não quer, quer alguma coisa

144. A – [...] ninguém quer algo não querendo.

Tão mais interessante quanto aparentemente enigmático o modo sentencioso como Agostinho termina a passagem, ao dizer que ninguém quer não querendo, como se esse querer explicasse claramente o afastamento da Verdade e da Sabedoria que se dá pela inclinação sensual. A suposta conclusão não tem nada de evidente, menos ainda de simples. De fato, se se quer a Verdade e a Sabedoria, é querendo que se as quer; se, por outra, os bens corpóreos é que são queridos, tampouco se os quer senão querendo. Estes, os bens passíveis de corrupção e de subtração involuntária, são queridos pela inclinação sensual, a *libido*, que é o amor de tudo aquilo que se pode poder contra a própria vontade, mas cuja posse se queria manter. Aqueles primeiros, os bens incorpóreos, Verdade e Sabedoria, são queridos não pela inclinação sensual, mas por meio de uma *ratio certa*, a qual permite sejam fruídos e conhecidos verdadeiramente como são, porque ela é a luz em que se veem. Mas se Agostinho está falando do querer, querer pelo qual se querem tanto a Verdade como a Sabedoria, só pode estar fazendo referência a um querer que é bom, antitético da inclinação sensual, um querer que, ao contrário do movimento de aversão, propicia a conversão para o Bem. E esse querer nada mais é do que a *bona uoluntas*, aquela boa vontade pela qual se procura viver reta e honestamente e "chegar à suprema Sabedoria", conforme dito no livro primeiro[616]. Logo, se a boa vontade leva, num movimento que se diz "conversão" (*conuersio*), até à Sabedoria ou Verdade, que é Deus, a sua antítese, a inclinação sensual, afasta ou mantém afastado da Verdade e da Sabedoria, num movimento de "aversão" (*auersio*) em relação a Deus, mas de conversão em relação às criaturas, situação que predomina na condição de pecado. Por conseguinte essa vontade pervertida ou inclinação sensual nada pode ser além de um movimento de "separação" da Verdade e da Sabedoria, como acaba de dizer o filósofo. Em nenhum dos dois casos, contudo, se pode querer não querendo, seja inclinado sensualmente, seja munido da vontade boa, pois para querer uma única condição se faz necessária: a própria vontade.

---

616 Cf. 1,12,25,83: "A vontade pela qual procuramos viver reta e honestamente e chegar à suprema Sabedoria" (*uoluntas qua adpetimus recte honesteque uiuere et ad summam sapientiam peruenire.*).

2,14,37,145-146. Elogio do binômio Verdade e Sabedoria

145. A – Portanto a possuímos todos, para que dela fruamos de igual modo e em comum. Nela não há angústias[617] nenhumas, nenhum defeito. Todos os seus amadores, de modo nenhum ela os acolhe ínvidos[618] para si, sendo não apenas comum para todos, mas também casta[619] para cada um deles individualmente.

Portanto a Verdade preenche os pré-requisitos elencados anteriormente[620], assim como a verdade dos números: [i] ser comum a todos os que raciocinam, embora apreensível na mente individual de cada um, [ii] o que equivale a dizer que seja incorpórea; [iii] não ser modificada ou corrompida pelo uso, como se fosse uma comida ou bebida, mas permanece casta e incorrupta. Logo, ao contrário do que se come ou bebe, ou mesmo do que se inala, numa palavra, ao contrário do que se apreende pelos sentidos (§§67-68), a Verdade pode ser por todos apreendida em comum, simultaneamente, em todas as suas partes[621], segundo a capacidade de apreensão intelectual de cada um, pois embora apreensível individualmente pela mente de cada um de seus amadores, como a verdade dos números, esse binômio Verdade-Sabedoria não se torna jamais propriedade particular de nenhum, jamais se corrompe ou sofre mutações em sua natureza, restando sempre e indefectivelmente incorpóreo, casto, íntegro, para sempre.

146. A – Todos aderem a ela [...] nada dela em momento algum se torna propriedade particular de um único qualquer, ou de alguns, mas simultaneamente para todos ela é toda comum.

Inevitável, como já aventado antes em alguns comentários, que se levante a dúvida sobre se esta natureza inteligível imutável, incorruptível e eterna, entre tantas outras qualidades, se de fato existe ou se acaso é somente um substantivo

617 Cf. *angustia* no Léxico T-F.

618 Não está clara a passagem, muito menos a intenção do autor. Pode estar dizendo que a Verdade não acolhe em seu seio aqueles que são ínvidos, os quais querem-na toda para si, em detrimento dos demais, ou então, o que parece mais provável, que ela não acolhe para si as almas a fim de que se tornem invejosas umas das outras, disputando espaço para conseguir fruir dela, como se ela fosse um bem finito, ao contrário, que lhes seja a todas igualmente acessível, a nenhumas causando detrimento.

619 Isto é, "íntegra".

620 Cf. 2,8,20,79.

621 Na verdade, sendo una, ela não possui partes, o que se diz apenas de modo impróprio, para significar as distintas capacidades de apreensão de cada um dos seus inúmeros amadores.

abstrato carente da inteligência humana para ter existência. Os desdobramentos dessa dúvida são por demais conhecidos dos pesquisadores da filosofia do Medievo, como a querela dos universais, para citar a mais célebre. Seja como for, o que importa neste ponto é que, para o platônico Agostinho, sobremodo por seu caráter público, a existência de uma tal natureza é inquestionável, do contrário não se justificaria sua presença na mente individual de todos quantos pudessem pensar nisso, assim como não se justificaria o próprio pensamento, caso ela não existisse. Mas sobre isso já se disse mais do que o bastante, uma vez que foge às preocupações do autor, que nunca considerou essas questões tão importantes quanto os pósteros o viriam a fazer.

2,14,38,147-150. Os sentidos da audição e da visão e a Verdade

147. A – Logo aqueles objetos que tocamos, ou que saboreamos, ou que cheiramos são menos semelhantes a esta verdade; mas os que ouvimos e discernimos [com os olhos] são mais...

Do que se capta pelos cinco sentidos todos resta claro que as apreensões pela visão e pela audição são as que mais se aproximam da intelecção da Verdade, pois o que se ouve e vê pode ser ouvido e visto por mais de um simultaneamente, o que de modo nenhum implica igualdade, pois essa semelhança é apenas aproximada, restando enorme a distância real entre elas.

148. A – Mas há uma distância muito longa entre essas semelhanças, pois uma voz qualquer não soa toda simultaneamente, já que ao longo do tempo ela se distende e se prolonga, e uma parte dela soa primeiro, outra, depois; e toda aparência visível, que, por assim dizer, se intumesce pelos espaços[622], não se encontra toda em toda parte.

O que as distingue, embora apontado apenas de modo embrionário aqui por Agostinho, será desenvolvido com maior riqueza em obras subsequentes, como no célebre décimo primeiro livro de *Confissões*. Pois bem, ainda que se considere um verso poético qualquer como conteúdo retido na memória, uma imagem acústica, por assim dizê-lo, resta claro que não se trata senão de cópia espelhada do original corpóreo, de natureza sensual. Com efeito, se se guarde na memória a passagem que Agostinho tanto gostava de citar, de um dos hinos célebres de Ambrósio, *deus creator omnium*, "Deus criador de

---

[622] No sentido de "crescer", ocupando os espaços físicos, pois trata-se de natureza corpórea.

todas as coisas", guarda-se em verdade a sequência visual de letras e sílabas[623], as quais, agrupadas, constituem palavras, conhecidas ou não, que representam objetos, aos quais remetem. Essas palavras, por sua vez, agrupadas em sequência, constituem frases que expressam pensamentos; do mesmo modo como a sequência de sons que se sucedem, umas sílabas após outras, pois se soassem todas simultaneamente não se compreenderia coisa alguma, assim como se se misturassem as letras todas umas sobre as outras, verticalmente, e não em sequência linear, da esquerda para a direita, como se convencionava fazer em latim ou grego, ao contrário do hebraico, por exemplo, cuja direção era a oposta, da direita para a esquerda, nada se poderia compreender. Não se requer tanto esforço para perceber o caráter linear deste tipo de memória, ou, quando não, dos conteúdos nela guardados, como imagens e sons, para limitar a série apenas aos dois sentidos corpóreos supra-aludidos por Agostinho. Pois bem, se o que se apreende pelos sentidos do ouvido e dos olhos tem esse caráter linear e consequentemente temporal, pois não se ouve a segunda sílaba da palavra senão após a primeira e assim sucessivamente, como tampouco se veem todos os lados de um poliedro simultaneamente, o mesmo não se dá com essa Verdade, que é também Sabedoria, Unidade que pode ser "vista" simultaneamente por todos em todas as suas "partes", mas não uma após a outra, e sim todas em tautocronia[624]; e não uma parte, por um, outra, por outro, e sim todas as partes sendo vistas por todos ao mesmo tempo, o que só pode ser concebido acerca de uma natureza deste jaez. Portanto é preciso restar bastante claro que nem tudo que se guarda na mente tem esse caráter simultâneo, sendo muita vez apenas reflexo ou imagem de percepto captado pelos sentidos do corpo, assim como se dá com o próprio número, que, enquanto expressão de quantidade, seja de pedrinhas, seja de outros objetos quaisquer, não é visto desse modo, mas apenas o número enquanto operação exclusivamente racional, imutável e independente do que se apreende pelos sentidos. Essa é a natureza da Verdade, natureza exclusivamente racional, acima da apreensão dos sentidos, compreensível em simultâneo, para muito além da linearidade visual das apreensões corpóreas, verdadeiro Verbo eterno que nada tem que ver com as palavras múltiplas e finitas de que se servem as

---

[623] E de algum modo também seus respectivos sons, porém não materiais, mas apenas como "imagens acústicas", no dizer de Saussure, as "impressões psíquicas" dos sons que se associam a significados para constituir o dito "signo linguístico".

[624] A não dizer fora do tempo, como o que se supõe ocorrer na eternidade.

bocas humanas para se comunicar, e de que as próprias palavras do Verbo encarnado são uma adaptação mediada à sua condição carnal, embora sejam verdadeiras, porém muitíssimo distantes da sua natureza imutável, ou seja, da Verdade da Palavra enquanto Palavra.

148. A – [...] E por certo todos estes objetos nos são arrebatados de modo invito, e somos impedidos por determinadas angústias[625], para que possamos fruir deles.

Porém a grande diferença entre uns e outros objetos de apreensão está não apenas em sua permanência, sendo a Verdade eterna e os sons e imagens corpóreas limitados pelo tempo, mas principalmente em sua e insegurança, visto que a Verdade e o que se lhe assemelha não podem de modo nenhum ser arrebatados a seus possuidores de modo invito, ao contrário dos sons, que podem ser interrompidos ou fazer-se inaudíveis pela distância ou por ruídos quaisquer que se interponham entre eles e os ouvidos dos ouvintes, e também o que se vê pelos olhos, que nunca é visto por completo em todos os seus ângulos, nem por todos em toda parte, nem de muito longe, nem de muito perto, visto constituir-se um objeto preso às cadeias da limitação espacial.

149. A – [...] se o canto suave de alguém pudesse ser sempiterno [...] ao ouvi-lo, nada reteriam para manter consigo, mas seriam apenas tocados pelas vozes, todas elas fugidias. **150.** Esse Sol [...] se eu quisesse considerá-lo[626] [...] mas no ocaso me desertasse e ficasse velado sob o céu nebuloso e sob muitos outros obstáculos, eu perderia, invito, o prazer de vê-lo.

Portanto, por mais feliz seja a metáfora, por maior a proximidade entre os sentidos da visão e da audição com a Natureza suprarracional, o que se ouve e vê resta muito distante da natureza da Verdade imutável. Mesmo as vozes que restam na memória, após terem sido captadas pelos ouvidos, linearmente, umas após outras, vozes que se poderiam dizer incorpóreas, por restarem presentes apenas na memória como imagens acústicas ou impressões psíquicas, depois de serem proferidas, ainda assim não guardam senão distante semelhança com a Verdade imutável, pois quando são evocadas, dos palácios da memória para a mente racional ativa, não se fazem senão na mesmíssima sequência linear com que foram captadas, pois sua natureza é essa, linear e limitada. De fato,

---

625 Quer dizer "obstáculos". Cf. verbete *angustia* no Léxico T-F.

626 Quer dizer, pôr-se a contemplá-lo, fosse possível manter os olhos fixos nele por muito tempo, sem causar-lhes lesão grave e irreversível.

aquilo que é determinado por essas dimensões espaçotemporais não pode deixar de ser corpóreo em sua natureza, seja quando apreensível pelos sentidos, seja quando retido na memória. E ainda que as vozes fujam dos ouvidos, sílaba após sílaba, verso após verso, melodia após melodia, adquirindo uma impressão maior de permanência, por restarem um tempo na memória, não por isso deixam de ser corpóreas e finitas, em nada ou muito pouco semelhantes à natureza da Verdade. Por outro lado, ainda que o aspecto do Sol fosse obnubilado e sua visão impedida aos olhos carnais, como no exemplo aduzido pelo filósofo, ainda assim se poderia argumentar em favor de sua imagem permanente na memória, de modo bem mais estável. Contudo nem essa imagem do Sol tampouco o eco de uma melodia suave são de fato comparáveis com a natureza da Verdade imutável. Enquanto imagem ou eco mentais, sem dúvida podem ter sua natureza questionável, como lembrado antes, pois nem a imagem mental do Sol, tampouco o eco da melodia suave ouvida, ambos de caráter corpóreo e por isso limitado, têm existência real, sendo apenas reflexos de experiências sensoriais. Neste sentido sem dúvida trata-se de simples nomes: palavras, ruídos, sílabas, imagens residuais (*after-images*) ou acústicas, impressões psíquicas e coisas do tipo, provenientes de experiências de natureza corpórea, não sendo reais em si mesmas, segundo a metafísica parmenídico-platônica. Mas um cálculo matemático, por outra, isso seria algo mais complexo, cuja verdade parece estar além da experiência dos sentidos, de modo invariável, pois, ao contrário da imagem residual de um objeto qualquer, que pode ser gravada na retina e depois na mente de modo distinto para cada um, o cálculo permanece invariável e igual para todas as mentes capazes de inteligi-lo.

150. A – [...] ainda que estivesse sempre presente a suavidade, não apenas da luz, para aquele que vê, mas também da voz, para aquele que ouve, que grande bem me adviria, uma vez que isso me seria comum com os animais?

No entanto, mesmo que fossem sempre presentes, seja essa imagem acústica finita do som captado pelos ouvidos, seja a imagem residual formada pelos sinais luminosos captados pelo instrumento apropriado dos olhos, no caso a retina, essas peculiaridades dos sentidos, por serem também comuns às criaturas do segundo degrau da escada, referente aos seres que apenas são (*esse*) e vivem (*uiuere*), porém não inteligem (*intellegere*), não sendo prerrogativa exclusiva dos humanos, mas também das bestas, constituiria apenas um bem menor, indigno de maiores louvores.

2,14,38,151-152. Em louvor do suprarracional: apófase e catáfase

151. A – [...] aquela beleza da Verdade e da Sabedoria, desde que apenas esteja presente uma vontade perseverante de fruí-la...

Depois de tudo o que se disse, desde a apreensão dos sentidos do corpo ao sentido interior, deste à compreensão racional, e desta, por fim, ao binômio suprarracional Verdade-Sabedoria, inicia o filósofo a conclusão de sua argumentação com um breve panegírico desta supersubstância recém-desvelada. Porém não o faz sem antes recapitular a condição *sine qua non*, patente desde as discussões do primeiro livro, de todo ato moral, qualquer que seja sua qualidade, bom ou mau, que seja praticado voluntariamente, pois aquela Lei eterna, que é também a suprema Razão, decretou "com estabilidade absolutamente imutável que o mérito está na vontade"[627]. Em assim sendo, não seria nada coerente que o ápice de toda moralidade[628], por assim dizê-lo, o ponto culminante aonde se pode almejar chegar, aquela Sabedoria-Verdade em que se frui do supremo Bem e da Felicidade, quando se vive a vida reta e virtuosa, fosse atingido de modo involuntário. Logo se faz necessário, antes de mais, que se possua e cultive a boa vontade, como dito antes[629], a fim de que se evada desta condição de pecado, que é mais morte que vida, convertendo-se de modo definitivo à Verdade indefectível, conversão esta que, se se desse de modo involuntário, seria no mínimo desprovida de mérito, segundo as conclusões a que o filósofo chegou no livro precedente.

Louvor apofático: retórica do contraste

151. A – [...] mesmo comprimida pela multidão dos ouvintes [i] *não* exclui os que vêm até ela, [ii] *nem* acaba com o tempo, [iii] *nem* migra de um lugar a outro, [iv] *nem* é interceptada pela noite, [v] *nem* é encerrada pela sombra, [vi] *nem* está sujeita aos sentidos do corpo.

Portanto essa Verdade, que preenche os pré-requisitos supracolocados[630], completamente ao contrário dos bens de natureza corpórea: [i] é pública, o

---

[627] Cf.1,14,30,101.

[628] Cf. 1,12,25,83. Não se chega à suprema Sabedoria sem que se esteja disposto a viver a vida reta e honesta nas quatro virtudes cardeais, destino esse que só se logra atingir aparelhado da boa vontade.

[629] Cf. 2,14,37,144.

[630] Cf. 2,8,20,79-80.

que significa acolher a todos, indistinta e simultaneamente; [ii] é eterna, ou seja, não está limitada pelas cadeias que o tempo impõe; [iii] é imutável segundo a categoria espacial, uma vez que, sendo incorpórea, não possui dimensões mensuráveis, não podendo ocupar lugar no espaço; [iv-v] ao contrário do Sol, de cuja visão o homem se vê impedido de desfrutar com o cair da treva noturna ou da sombra de uma árvore bastante copada, não é jamais afetada por contingência alguma de natureza física; [vi] isso, porque é uma substância incorpórea, absolutamente distinta de tudo o que possui dimensão espacial e está sujeito à ação corruptora do tempo. Porém não o diz Agostinho por afirmações, e sim negando, no que o pensamento grego denominava "apófase" (ἀπόφασις)[631], quer dizer, "negação". Isso, porque, se em última instância essa Verdade suprarracional constitui-se a própria Divindade, não pode não ser inefável, pois absoluta, o que significa dizer que é igualmente impredicável. Deste modo Deus não apenas não é verdadeiro, mas é a própria Verdade imutável, assim como não pode ser sábio, mas a própria Sabedoria, nem bom, e sim a própria Bondade, assim por diante. Uma discussão mais detalhada não apenas dessa impossibilidade de predicação divina, mas de sua total inefabilidade, que se convencionará denominar teologia "apofática" ou "negativa", não cabe aqui encetar, embora constitua interesse não menor o reconhecimento do recurso encontrado por Agostinho para dizer dela, dessa Verdade que acaba de ser desvelada apodicticamente, e não através da autoridade do testemunho apenas, e que, exatamente por ser suprarracional, deve ser igualmente inefável. Ora, aquilo que Agostinho e Evódio buscavam desde o início deveria por natureza não apenas estar acima da razão ou mente, sob pena de não lhe ser superior[632], mas também acima de tudo que existisse, constituindo aquela Substância acima da qual nada mais pudesse existir, do contrário não poderia ser Deus, cuja existência se propuseram provar apodicticamente. Agora, porém, encontrada essa Verdade e estando "manifesto que ela é sem dúvida superior às nossas mentes", como admitirá o filósofo na sequência, era preciso, para de algum modo dizer algo dela, que se encontrasse uma maneira adequada para tanto, o que logrou fazer em princípio pela apófase, pois, sendo suprarracional, não pode ser discernida pela razão como um objeto corpóreo qualquer[633].

---

631 Λόγος ἀποφατικός, "discurso apofático" ou "negativo".

632 Cf. 2,6,14,55-57; 14,38,152; 15,39,153.

633 É preciso distinguir a prova racional da existência de Deus de quaisquer discursos que se proponham falar de sua natureza suprarracional. Pois, se ele está acima da mente humana,

Louvor catafático: retórica do silêncio

152. A – [Ao contrário] [i] está próxima de todos os que a amam com dileção, os que do mundo todo se converteram para ela; [ii] a todos é sempiterna; [iii] não está em nenhum lugar; [iv] em tempo algum está ausente; [v] admoesta de fora; [vi] ensina de dentro; [vii] os que a discernem, muda-os todos completamente para melhor; [viii] por ninguém é absolutamente mudada para pior; [ix] ninguém julga acerca dela; [x] ninguém sem ela julga bem.

Conquanto reconhecidamente inefável essa Verdade, Agostinho jamais se furtou a dizer dela, seja pregando em seus memoráveis *sermones* ao povo berbere de Hipona, seja em suas obras teológicas mais complexas e ambiciosas direcionadas a audiência mais culta, como o célebre tratado acerca da Trindade, seja nas demais obras, algumas de difícil catalogação, como *Cidade de Deus* ou *Confissões.* De fato, logo após as negativas supraelencadas no parágrafo anterior, empreende o filósofo agora um louvor "catafático" (κατάφασις) ou "afirmativo" da Verdade suprarracional, ao dizer dela, embora de modo bem mais retórico que apodíctico: [i] que está próxima de todos os que a amam, o que não implica uma proximidade espacial, mas afetiva ou, quando não, espiritual (*mens*) e moral, pois não diz que a Verdade esteja próxima de todos, mas apenas dos que a amam, como se o amor, ou a boa vontade, fossem requisitos primeiros para a proximidade dela, e o seu contrário, a inclinação sensual, causa de seu afastamento, embora o filósofo não o diga explicitamente nesta passagem; [ii] que é eterna para todos, ou seja, que a Verdade não tem fim, independentemente da presença na mente individual de cada um, o que permite supor estar além do nome, do mero conceito, sendo uma Substância verdadeira e absoluta, porém de natureza incorpórea, do contrário não poderia ser eterna; [iii] embora esteja próxima de todos, como se disse, não se encontra em lugar algum de natureza física, uma vez que é incorpórea e não possui dimensão espacial qualquer; [iv] contudo, embora esteja próxima de todos sem estar em espaço físico algum, ainda assim jamais deixa de estar presente, o que, compreendido em conjunto com

---

pode-se apenas provar que existe, como a prova que se empreendeu. Porém dizer dele mais do que foi feito, isso não é possível, nem pretendeu Agostinho. Logo, ao dizer dessa natureza supramental que é eterna, imutável, comum, incorruptível, só foi possível *em contraste* com o que se sabe da natureza corpórea: temporal, mutável, privada em suas possibilidades de apreensão, corruptível, etc. Mas isso não diz muito, pois não se sabe o que é ser eterno, que não teve começo nem terá fim, nem o que é absolutamente imutável, embora mude todas as coisas, nem público, embora presente na mente de cada um em privado, nem incorruptível, embora crie e corrompa todas as coisas.

o item anterior, constitui um belo oximoro, recurso retórico bastante utilizado pelo filósofo no quarto capítulo do livro inaugural de *Confissões*[634]; [v] conquanto não ocupe lugar no espaço, ainda assim sua admoestação vem "de fora" ou "externamente", seja por meio de exemplos ou exortações de outros, seja pelo exercício dialético, seja através de contingências a que se atribuem significados, punitivas ou recompensadoras, como dores e aflições ou prazeres e alegrias, seja pelas palavras da Escritura, enfim, seja como for, suas advertências podem vir de fora, por meio de algum dos sentidos, em direção ao interior do homem, esse [vi] "de dentro", onde, por sua vez, sua disciplina ou instrução tem origem, por intermédio daquele Mestre interior que ensina no coração, que outro não é senão a própria Verdade, constituindo, com o item anterior, outro belo oximoro; [vii-viii] e assim como muda todos para melhor, por ninguém ela é mudada para pior[635], ou seja, todos os que de algum modo conhecem ou são capazes de algum discernimento desta Verdade, se veem transformados para melhor, embora ninguém seja capaz de mudar a Verdade, tornando-a algo menos perfeito do que seja. Na sequência, [ix-x] embora ninguém dela possa fazer algum juízo, dizendo que devesse ser assim ou de outro modo, nenhum juízo verdadeiro é possível sem que se lhe faça o devido recurso, uma vez ter sido estabelecida suficientemente a distinção entre julgar acerca de um dado objeto passível de juízo, e julgar segundo as regras da Verdade[636].

152. A – [...] E por isto está manifesto que ela é sem dúvida superior às nossas mentes, mentes que se fazem individualmente sábias por ação dela própria, [xi] que é única...

Embora tenha sido possível dizer algo dessa Verdade suprarracional impredicável, Verdade que se tem por inefável, tudo isso que se disse encontra-se submerso em inescapável paradoxo, ou melhor, oximoro[637], como quando se

---

634 Cf. *Conf.* 1,4,4: em referência a Deus, que se diz simultaneamente estar "secretíssimo e presentíssimo" (*secretissime et praesentissime*), além de vários outros oximoros interessantes.

635 Cf. *Conf.* 1,4,4: Deus, "[sendo] imutável, muda todas as coisas" (*inmutabilis mutans omnia*).

636 Cf. 2,12,34,133-136.

637 A distinção entre ambos, oximoro e paradoxo, foi efetuada com riqueza de detalhes em nosso trabalho, anteriormente citado: *O enigma do espelho* (vejam-se os comentários a 2,3,8,27). Pode-se dizer apenas, para efeito de síntese, que o oximoro é um paradoxo aparente, construído por meio de dois pensamentos que parecem opor-se frontalmente, como quando se diz que "Deus é misericordioso e justo", mas cuja contradição, em vez de restar insolúvel, leva a uma harmonia e a uma concordância ulteriores, nem sempre perceptível com facilidade, que se destacam tanto mais quanto mais feliz e surpreendente tiver sido o contraste conseguido pela

diz que está próxima, contudo sem ocupar lugar no espaço; que é sempiterna, posto que não se encontre em lugar algum; que não se encontra em lugar algum, embora jamais esteja ausente; que fala exteriormente, embora ensine interiormente; que muda sem jamais sofrer nenhuma mutação; e que, por fim, embora não seja julgada, nenhum juízo é possível sem ela, o que, neste último caso, não parece constituir-se paradoxo. É possível perceber, conquanto ainda incipiente, como Agostinho vai sendo levado a desenvolver aquele método retórico-literário de fazer filosofia que se houve por bem denominar "retórica do silêncio"[638], cujo ápice atinge sobremodo na escritura de *Confissões*, movido não apenas pelas necessidades do tema, suprarracional, mas graças também ao seu exímio domínio da retórica, arte que lhe permite dizer o indizível e pregar o Verbo inefável de Deus. De fato, embora os interlocutores se tenham desdobrado para empreender uma demonstração racional da existência de Deus, um exercício dialético rigoroso, segundo as regras estritamente apodícticas que uma demonstração exclusivamente racional demanda, deixadas de parte tanto a autoridade dos testemunhos como qualquer outro subsídio de ordem sobrenatural ou afetiva, ao deparar-se enfim com aquilo que estavam buscando, a Verdade-Sabedoria imutável e eterna de Deus, incorpórea e absoluta, Agostinho se vê obrigado a recorrer à retórica, não para descrevê-la, o que seria impossível, mas apenas distingui-la das demais criaturas, corpóreas ou incorpóreas, seja por meio do discurso apofático, ao dizer o que ela não pode ser, como feito no parágrafo anterior, seja por meio de um discurso que, embora catafático, esteja mergulhado em paradoxos e figuras outras de estilo. E isso não se fez por outro motivo senão pelo fato de ter-se atingido o limite da razão, acima do que nada mais há com que ela trabalhe: nem medida,

---

figura. Percebe-se que os lustrosos e dourados oximoros descritos à perfeição em *Conf.* 1,4,4 estavam sendo burilados na mente e na pena do rétor-filósofo desde estas páginas do *L.A.*, concebidas anos antes da célebre passagem.

638 Essa retórica se diz do "silêncio" porque, ao dizer tanta coisa do Verbo inefável de Deus, não disse nada de substancial, como se dissesse algo nada dizendo. O próprio filósofo reconhece a impossibilidade de dizer algo acerca da natureza eterna e infinita do Criador: [i] *Confissões* 1,4,4: "E que dissemos, meu Deus, minha vida, minha santa doçura; ou o que é que se diz, quando se diz algo a teu respeito?" (*et quid diximus, deus meus, uita mea, dulcedo mea sancta, aut quid dicit aliquis, cum de te dicit?*); [ii] *A doutrina cristã* 1,6,6: "Dissemos alguma coisa e emitimos algum som digno de Deus? De modo nenhum. Na verdade, sinto não ter desejado nada além de dizer. Porém, se disse, não é isto o que quis dizer. De onde é que eu sei isto, senão porque Deus é inefável?" (*diximusne aliquid et sonuimus aliquid dignum deo? imo uero nihil me aliud quam dicere uoluisse sentio. si autem dixi, non est hoc quod dicere uolui. hoc unde scio, nisi quia deus innefabilis est?*).

consequentemente tampouco limite, nem tempo, consequentemente tampouco sequência, ou seja, nada anterior ou posterior, nada com que se possa ordenar, medir, comparar, somar ou subtrair, operações todas, de par com inúmeras outras, constituintes da natureza da própria razão humana, mas que inexistem na eternidade, em que tudo se dá simultaneamente, em que não há sequência, em que impera o ilimitado, o que não pode ser mensurado, comparado, discernido, quantificado, numa palavra, em que nenhum juízo pode ser emitido, nenhum verbo conjugado, onde tudo o que é se torna simplesmente ser: infinito, sem tempo, modo, aspecto, um ser impessoal, singular, uno, embora envolva a tudo; ser inefável, em cuja morada não se ouvem sons produzidos por palavras que têm começo, meio e fim, onde os pensamentos que têm sequência não podem ter existência, como bem o reconhecerá Agostinho alguns anos mais tarde, quando se puser a especular sobre o mistério do Deus que é um, sendo concomitantemente três[639].

Na plenitude do simplesmente é

Numa eternidade tal não há conceber qualquer atividade racional senão a da suprema Razão imutável de Deus, que pensa tudo ao mesmo tempo sempre, por dizê-lo de modo impróprio, pois trata-se antes de um eterno presente, aquém e além de todo tempo. Não há conceber discernimento no reino da Unidade, onde a multiplicidade não tem vez. Não há empreender mensurações, que é a comparação de um dado objeto segundo uma escala predeterminada; nem analogias, que são comparações entre objetos conhecidos; nem definições, que são o reconhecimento ou a imposição de limites. Portanto, se não há partes, nada se pode mensurar nem analisar; se não há limites, nada se pode definir nem observar; se não há antes nem depois, nenhumas sequências; e se não há determinações, onde tudo é incorpóreo, nenhuma comparação, nem analogia, nem conhecimento, ao menos como o entende a mente humana, o que se dá sempre numa sequência, passo a passo, argumento a argumento, conclusão após premissas, comparadas e conjungidas por operadores lógicos, numa disposição linear, que se quis, desde sua concepção, perfeitamente geométrica. Tampouco pode haver palavras, nem escritas nem sonoras, que são sequências de sílabas, e estas de fonemas, as quais têm sempre começo, meio e

639 Cf. *Trin.* 15,7,13.

fim, o que não se admite no eterno presente, onde tudo é simultâneo, ou melhor, *na plenitude do simplesmente é*. Enfim, se nada disso é possível, como dizê-lo, nesta dimensão tão distinta em que a palavra e a razão humanas sobrevivem e reinam? Chegar ao conhecimento racional da existência de Deus é uma coisa, dizer dele, descrevê-lo, outra. Chegar ao ápice da razão, isso foi possível. Ultrapassá-lo, empreendendo dizer o Ser, o Infinito, o Absoluto, não! A não ser que se o diga sem dizer, que se o não diga dizendo, naquela retórica do silêncio que se há de desabrochar na obra do filósofo de Hipona, quando se deparar com a missão que lhe foi imposta, de dizer o indizível.

2,15,39,153. Fim da prova racional da existência de Deus

> **153.** A – [...] se eu mostrasse existir algo acima das nossas mentes, tu confessarias que isso era Deus, apenas se não existisse nada mais elevado. [...] se existe algo mais excelente, isso, de preferência, é que é Deus; porém, se não existe, então a própria Verdade é que é Deus. Logo, se exista ou se não exista algo, contudo não poderás negar que Deus existe...

Concluiu-se assim a demonstração racional da existência de Deus[640] em conformidade com a proposta apresentada parágrafos antes[641], de encontrar algo que estivesse acima da mente racional, desde que supremo, isto é, que fosse algo acima de que nada mais pudesse haver (*quo nullus est superior*). Portanto, descoberta a Verdade, que preenche os pré-requisitos colocados[642] e por isso se encontra comprovadamente acima da mente racional, uma das duas alternativas seguintes necessariamente se impõe: [i] ou esta verdade é Deus; [ii] ou então, se ainda houver algo acima dela, isso é que será forçosamente Deus, desde que nada além disso seja descoberto. Logo, exista ou não algo acima disso que é a Verdade, existe Deus, como se pode compreender na reestruturação abaixo:

1. Deus é a natureza suprarracional acima de que nada mais existe;
2. A Verdade existe, como se demonstrou racionalmente;
3. A Verdade está acima da mente racional;
4. Logo a Verdade é Deus, desde que nada mais se descubra acima dela;
5. Porém, se existir *x* e *x* estiver acima da Verdade, *x* é que será Deus, desde que nada mais exista acima de *x*;

---

[640] Iniciada em 2,3,7,20.

[641] Cf. 2,6,14,54.

[642] Cf. 2,8,20,79-80.

6. Porém, se existir *y* e *y* estiver acima de *x*, *y* é que será Deus, desde que nada mais exista acima de *y*, e assim sucessivamente, até que se chegue a uma suposta Substância S_n acima de que nada mais exista.

Duas perguntas, contudo, se fazem prementes. Primeiro, como saber se há algo acima dessa Verdade, de modo racional, se ela própria já se encontra acima da razão? Depois, embora não tenha sido esta a proposta da disputa[643], se a própria Verdade é suprarracional, seria possível de algum modo inteligi-la? A primeira questão, na verdade, já foi resolvida pelo critério julgador[644], segundo o qual tudo o que julga é melhor do que aquilo que por ele é julgado. Se ninguém julga da Verdade, dizendo que deva ser assim ou de outro modo, mas apenas, segundo ela, acerca das demais coisas, tem-se que seja imutável e esteja acima das próprias mentes que emitem seus juízos. Com efeito, quem pode dizer da Verdade que esteja errada, que um número adicionado a si mesmo não some seu dobro? Numa palavra, quem pode dizer que a Verdade não seja verdadeira, estável, imutável, eterna, incorruptível? Logo não se julga acerca dela, apenas segundo seus parâmetros, o que implica sua superioridade sobre tudo o que possa ser julgado[645]. Portanto seria preciso encontrar algo que julgasse dela, ou segundo o qual ela pudesse ser julgada, a fim de dizê-lo acima dela. No entanto, como nada pode ser encontrado que julgue dela, ou antes, uma vez que ela não pode de modo nenhum ser julgada, porque absolutamente imutável, conclui-se

643 De fato, nunca se propôs conhecer Deus ou inteligi-lo como a um objeto de conhecimento, apenas provar que ele de fato existe, que é o Criador de todos os bens e que a vontade livre, se criada por ele, é um bem. Isso, porque o que se "sabe" dele já está dado axiomaticamente desde o primeiro livro, como princípio de piedade, Cf. 1,2,5,12-13.

644 Cf. 2,5,12,48.

645 Sem dúvida há uma diferença entre ser capaz de julgar de *x* e ser o parâmetro pelo qual se julga *x*. A Verdade não julga de *x*. Logo, segundo o critério do juízo, não seria melhor que *x*. Contudo, pelo fato de ser o parâmetro pelo qual *x* é julgado, seja por quem for, tem-se que não importa quem julgue, desde que julgue pela Verdade, o parâmetro do reto juízo. Daí ter sido considerado o parâmetro melhor não apenas do que *x*, o objeto julgado, mas também do que o julgador de *x*. É certo que o critério do juízo deveria ter sido reformulado para incluir o parâmetro, visto dizer apenas que o que julga é melhor do que o julgado. Por outra, vale lembrar que há quem discorde da possibilidade de atribuir ao parâmetro qualquer estatuto ontológico, o que o impossibilitaria de ser melhor do que o julgador. Todavia não se deve esquecer que, segundo a autoridade dos testemunhos, cabe à Verdade, que é Cristo, o juízo de todas as coisas, visto ser não apenas a Sabedoria de Deus, o Princípio de tudo, mas também aquele que irá presidir o Juízo futuro, o famigerado *dies irae* (cf. Mt 25,31-46; 1Tess 4,16-18; 2Pd 3,7; Lc 21,25-28; Rom 1,18; Ap 6,17; 20,11-15).

que nada exista que lhe seja superior. O critério julgador, ao que parece, é o que decide racionalmente da superioridade da Verdade sobre a mente e da improvável inferioridade dela em relação ao que quer que seja.

No que tange à inteligência dessa Verdade imutável[646], que não pode ser julgada e que não se encontra abaixo de absolutamente nada, o que implica consequentemente em sua identificação com Deus, em princípio parece impossível inteligi-la, sendo incorpórea, eterna e provavelmente infinita também, embora isto ainda não se tenha dito. Contudo, se se adote como princípio a definição de Sabedoria dada por Agostinho[647], como sendo a Verdade em que se discerne e possui o Bem supremo, talvez seja possível conjungi-los todos, discernimento, posse e também fruição. Com efeito, Evódio dirá adiante (§156) o Bem supremo ser a adesão à Verdade, adesão que é a posse e discernimento consequentes à conversão, o que redunda em dizer que a Verdade é aquilo em que ou por que se adere à própria Verdade, ou seja, que ela permite fruir de si mesma, como se se dissesse que o discernimento e a posse da Verdade equivalem à própria fruição da Verdade, não havendo distância alguma entre discerni-la, possuí-la, e mesmo converter-se para ela ou aderir a ela, que equivaleriam, todos conjungidos, ao fruir dela. E isso se coaduna perfeitamente com o testemunho das Escrituras aduzido logo abaixo por Agostinho, em que se diz que a Sabedoria gerada, porém incriada, equivale a seu Pai, ou que o Pai e o Filho são um só[648], ou ainda, quando Jesus diz que ele é o caminho, a verdade e a vida[649], e que ninguém vai ao Pai senão através dele[650], ou seja, ninguém discerne e possui o Pai, fruindo dele, que é o Bem supremo, senão por meio dele, o Filho, Verdade e Sabedoria, que, por ser um com o Pai, "antecipa" tanto a posse e o discernimento quanto a fruição de si mesmo, em si mesmo. E mais, coaduna-se com os princípios lógicos da própria filosofia, especialmente a metafísica aristotélica, uma vez que nenhum meio pode ser fim, nenhum bem que leve a bem ulterior pode ser tido por último, senão aquele que é um fim em si mesmo, que se frui por si mesmo, em si mesmo, para si mesmo, e por nada além de si mesmo, sob pena de não ser último e supremo. Ora, se a Verdade é aquilo por que se frui do Bem supremo, seria meio para atingi-lo, e não Fim, que seria assim o Bem supremo. No entanto, como o Bem

---

646 Cf. 2,13,37,143 "Verdade, epônimo de Cristo".

647 Cf. 2,9,26,100.

648 Jo 10,30: "ἐγὼ καὶ ὁ πατὴρ ἕν ἐσμεν".

649 Jo 14,6$_{(a)}$: "ἐγώ εἰμι ἡ ὁδὸς καὶ ἡ ἀλήθεια καὶ ἡ ζωή".

650 Jo 14,6$_{(b)}$: "οὐδεὶς ἔρχεται πρὸς τὸν πατέρα εἰ μὴ δι' ἐμοῦ".

supremo é ela mesma, a própria Verdade, interpreta-se a definição de sabedoria sem circularidade alguma, definição em que ela se considera a Verdade em que se frui da própria Verdade, ou seja, a Verdade que se permite fruir em si mesma, por si mesma e para si mesma, Fim último e coincidente com a suprema Felicidade. Logo a Sabedoria é fruir da Verdade, que é o Filho, em que se possui e discerne a própria Verdade, que é o próprio Filho, que por ser um com o Pai é também o supremo e beatífico Bem. Parece confuso, embora tenha sido um passo decisivo para o pensamento cristão, ao associar as categorias mais fundamentais do pensamento grego ao testemunho da Escritura. A confusão se dá apenas se se compreende o termo "verdade" univocamente. Porém essa Verdade extrapola o conceitual e adentra o mistério trinitário, sendo simultaneamente Filho e Sabedoria do Pai, que enigmaticamente são um só Deus. Neste sentido, ao dizer-se que a Verdade permite a posse e fruição de si mesma, da própria Verdade, está-se dizendo que o Filho permite a posse e fruição do Pai, o Bem supremo, que, de modo impenetrável à razão, é um com seu Filho, enquanto Verbo imutável de Deus, embora esse Filho, na pessoa de Jesus, seja também homem, que o distingue nesse aspecto do Pai. Seja como for, isso serve apenas para ilustrar como a patrística encontra no testemunho escriturário os elementos fundamentais para dar seguimento ao pensamento filosófico grego, que havia encontrado seu limite, exatamente na fronteira em que se viu obstada e impedida de prosseguir a razão.

Fragilidade e perfeição

O próprio Agostinho admite a fragilidade da demonstração racional para provar a existência de Deus, mas não porque fosse impossível comprovar a existência de algo acima da Verdade, mesmo porque essa comprovação era desnecessária para a prova proposta. Pois bastava provar existir algo, fosse o que fosse, acima da mente racional, para que se provasse a existência de Deus, como proposto, pois se x não o fosse, necessariamente seria y ou S_n, acima do qual nada mais houvesse. Portanto a prova agostiniana não perde sua força por isso, pela impossibilidade racional de provar algo acima da Verdade. Porém não por isso deixa de ser duplamente frágil. Uma de suas fragilidades diz respeito à existência da Sabedoria, em si mesma, e não apenas nominalmente, o que faria ruir toda a metafísica de viés platônico[651]. A outra, de caráter mais epistêmico que meta-

[651] Cf. 2,9,25,97-98; 10,28,110-115; 23,33,130-132.

físico, a não dizer gramatical ou linguístico, que não deixa de relacionar-se de certo modo com a primeira, respeita ao alcance da mente humana, ou antes, à sua insuficiência para penetrar aquilo que se encontra além de suas possibilidades. De fato, com que instrumentos pode a razão abeirar-se do suprarracional, pretendendo dizer daquilo que ultrapassa seus limites e atributos, pertencentes todos ao universo do que tem medida? Como dizer o indizível, infinito, incorpóreo, eterno? À parte essa suposta e admitida fragilidade, no que tange ao escopo da prova em si mesma, não se pode dizer que Agostinho tenha sido ingênuo ou que se tenha equivocado, ao dizer que Evódio era obrigado, a partir da lógica interna do argumento, elaborado e atado com esmero e perfeição, diga-se, a admitir a existência de Deus. Com efeito, provada a existência da Verdade e provada sua superioridade em relação à mente racional, segundo a proposta apresentada e assentida de bom grado segundo as regras da dialética[652], era preciso agora acolher a conclusão. Se há algo comprovado acima da mente racional, isso será aceito como Deus, se e somente se nada mais houver acima dele; do contrário, será Deus o que houver acima, desde que nada mais exista que a ele excela.

2,15,39,154. Sacrossanta disciplina: duas pessoas, uma Sabedoria

154. A – Porque, se te incomoda *isto,* que recebemos da sacrossanta disciplina de Cristo para a fé[653], *que* exista um "pai" da Sabedoria, sê lembrado de termos nós acolhido também *isto* para a

---

652 Cf. 2,6,14,54.

653 A expressão "para a fé" traduz o latino *in fidem*, que poderia também ser vertido por "na fé". No entanto aquilo que se recebe na fé não se refere a outra coisa senão ao que se recebe "a fim de que" se creia. O ensinamento ou *disciplina* de Cristo que se recebe, se recebe para que nele se creia, uma vez que "aquele que crer e for batizado será salvo" (Mc 16,16: ὁ πιστεύσας καὶ βαπτισθεὶς σωθήσεται). Assim, acolher o ensinamento de Cristo "na fé", mesmo que possa ser interpretado como algo que foi crido sem ser compreendido racionalmente, equivale a acolhê-lo "para a fé". Porém se a fé não é um fim em si mesma, e sim um meio de salvação, que é o Bem supremo a que se quer converter para a ele aderir, e em cuja aderência se espera ser feliz, depreende-se que o ensinamento de Cristo foi ministrado, em última instância, para a salvação, para o Bem supremo, de que se espera fruir, pelo instrumento da fé. Logo ninguém crê para crer, uma vez que, quando se estiver face a face com Deus, a fé será desnecessária. Acolhe-se, pois, a *disciplina* cristã não a fim de crer, como um fim em si mesmo, e sim para que essa crença, a que se chega pelo acolhimento espontâneo da instrução, leve à salvação. Por exemplo, em Rm 1,16-18 diz o apóstolo Paulo que o Evangelho, que é a Virtude de Deus, foi escrito a partir da fé dos que creram para a salvação dos que creem, ou seja, para que, crendo, sejam salvos, no qual "a justiça de Deus é nele revelada 'a partir da fé para a fé', em conformidade com o que está escrito, que o justo vive da fé" (δικαιοσύνη γὰρ θεοῦ ἐν αὐτῷ ἀποκαλύπτεται "ἐκ πίστεως εἰς πίστιν" [*ex fide*

fé, *que* a Sabedoria é igual ao Pai eterno, ela que foi por ele próprio gerada.

Ao que parece, Evódio estava incomodado com a linguagem bíblica, assim como o próprio Agostinho pouco antes dele e outros padres da Igreja, como Jerônimo. Depois do enorme esforço dialético para encontrar uma substância suprarracional e admiti-la como o Bem supremo, torna-se um tanto difícil aceitá-la afetivamente como "pai". De fato, "sabedoria", assim como "verdade" ou "número", antes de mais, são conceitos, parte inalienável do patrimônio não apenas filosófico, mas intelectual da civilização ocidental, a não dizer do patrimônio léxico greco-latino, e personificá-los, para além da prosopopeia retórica, causa impacto considerável nas mentes mais racionalistas dos neófitos. Dizer da sabedoria que tenha um pai significa chamá-la de "filho", ou seja, associá-la a Cristo, na esteira do que a patrística fez com os livros ditos "sapienciais" do Antigo Testamento, de modo especial o livro homônimo lendariamente atribuído a Salomão, mas também os livros Provérbios, Salmos, Eclesiastes e Eclesiástico ou Sabedoria de Sirach[654]. Por outro lado, para além da relação de parentesco desse Filho-Sabedoria, Agostinho relembra ainda Evódio da igualdade dogmática, não muito antes debatida e aprovada no concílio de Niceia[655], entre esse Pai eterno e o Filho, *sua* Sabedoria, o que a torna tão eterna quanto o Pai, sendo ambos uma única coisa. Dessas questões, porém, não havia chegado a hora de tratar, o que o filósofo relegaria para bem mais tarde, quando se dispusesse a enfrentar o imperscrutável mistério Trinitário.

Fé na fronteira da razão

154. A – [...] Nada *disso* agora deve ser investigado, mas com fé inconcussa é que deve ser retido, pois Deus existe, e existe de modo supremo e verdadeiro.

---

in fidem], καθὼς γέγραπται· ὁ δὲ δίκαιος ἐκ πίστεως [*ex fide*] ζήσεται.); e o próprio filósofo, em sua obra a respeito da fé e do símbolo (1,1) diz: "Porque está escrito e estabelecido pela robustíssima autoridade do ensino apostólico 'que o justo vive da fé' [Gl 3,11: "ὁ δὲ δίκαιος ἐκ πίστεως ζήσεται"]; e essa mesma fé exige de nós que sirvamos tanto com o coração como com a língua. De fato, diz o apóstolo: 'Pelo coração se crê para a justiça, mas pela boca se faz a confissão para a salvação'". (Rm 10,10) (*Quoniam scriptum est et apostolicae disciplinae robustissima auctoritate firmatum: "Quia iustus ex fide uiuit"; eaque fides officium a nobis exigit et cordis et linguae. ait enim apostolus: "Corde creditur ad iustitiam, ore autem confessio fit ad salutem".*)

[654] Dentre os quais o primeiro (*Sabedoria*) e o último (*Eclesiástico*) se dizem "apócrifos" pelos protestantes e "deuterocanônicos" pelos católicos.

[655] Em 325 d.C.

Se as questões trinitárias devem ser transferidas do campo da investigação racional ao da fé, sendo cridas de modo inconcusso em vez de investigadas e discutidas pelos mecanismos da razão, isso não se faz sem motivo. Em primeiro lugar merece destaque a passividade dos dois verbos utilizados neste parágrafo[656], *recipio* e *accipio*, respectivamente "receber" e "acolher", para referir a "disciplina" de Cristo. Em ambos os casos Cristo é o *magister*, o mestre que ensina, cabendo ao ser humano "receber" o ensinamento, da fé para a fé (ἐκ πίστεως εἰς πίστιν), crendo nos testemunhos dos que nele creram, aos quais se vota confiança, para a fé que justifica o homem e o salva[657]. Não é por acaso que o conhecimento de fé, associado aos testemunhos aduzidos, se dá de certo modo passivo, quando então cabe à Graça de Deus a disciplina, restando ao homem apenas acolhê-la ou recusá-la livremente, para sua salvação ou perdição. Com efeito, se o homem caiu por sua livre iniciativa, deve agora esperar pela Graça salvífica de seu Criador, a fim de ser restaurado ao estado original, o que não depende mais só dele, carecendo então da ajuda divina para o seu livre arbítrio, como será mostrado no terceiro livro[658]. Por outro lado, como ainda se está distante dessa discussão, o que interessa neste passo é antes a dicotomia fé-razão, que faz ver como à razão cabe um movimento mais ativo, uma iniciativa mais ousada, embora sempre dependente da ajuda divina, como se viu em inúmeras passagens ao longo destes dois primeiros livros[659], ao recorrer Agostinho em súplica indireta à assistência divina para seu esforço especulativo. Pois bem, o motivo por que à investigação racional do mistério trinitário, como a igualdade entre as duas pessoas da Trindade, uma das quais é a própria Sabedoria-Filho, deve ser deixada de parte, permanecendo contudo no espírito, guardada por uma fé inconcussa, é o mesmo que demarca o limite extremo da razão: o suprarracional. A razão atingiu o seu limite, *nihil quaerendum*, diz Agostinho, "nada se deve investigar", no que tange ao mistério trinitário, ao menos por ora; o que, contudo, deixa entrever não apenas uma conveniência contingente, mas principalmente os desafios envolvidos nessa busca. Seja como for, ainda que se não tivesse conseguido o assentimento mútuo dialético a respeito da existência de Deus, ainda assim, ao atingir o patamar da suprarracionalidade, perde-se o próprio concurso da

---

656 Constantes do trecho supradestacado deste §154 que antecede o comentário anterior.

657 Rm 3,28: "Δικαιοῦσθαι πίστει ἄνθρωπον".

658 Cf. 3,18,52,177-179.

659 Cf. **1**,2,4,10; 5,12; 6,14,43; 7,15,57; 16,35,118; **2**,2,4,9.

razão e de todo o seu potencial, decretando-lhe a insuficiência, a não ser que se logre recorrer a algum tipo de linguagem ou recurso que emule o próprio suprarracional, na inevitável impossibilidade de penetrá-lo, o que caberá a uma retórica de cunho poético-literário fazer, como se verá, por exemplo, nas belas páginas de *Confissões*.

2,15,39,154-155. Uma forma tênue de conhecimento racional

154. A – [...] pois Deus existe, e existe de modo supremo e verdadeiro. **155.** O que não é duvidoso, e *que* agora não somente retemos com fé, conforme julgo, mas também atingimos por meio de uma forma de cognição certa, embora ainda muitíssimo tênue.

Portanto, embora esteja comprovado e assente que "Deus existe, e existe de modo supremo e verdadeiro", conhecimento induvidoso a que se chegou pela prova racional segundo as regras da dialética, que se define como sendo uma forma de conhecimento certa, isto é, inequívoca, conhecimento esse desde o começo das discussões retido no espírito sobre o fundamento da fé, a partir da autoridade dos testemunhos, enfim, embora se admita essa racionalidade segura, Agostinho reconhece sua imensa fragilidade, ao qualificar todo o esforço racional que acaba de empreender como sendo uma forma de conhecimento ainda "muitíssimo tênue"[660]. Tênue ou não, contudo não deixa de ser uma forma de conhecimento, um empreendimento hercúleo e ousado, essa demonstração da existência de uma substância acima da mente racional, uma vez o objeto fuja em muito ao escopo do instrumento utilizado, a própria razão, ultrapassando-lhe sobremodo os recursos, por tratar-se de algo suprarracional, ilimitado, eterno, incorpóreo etc. E de fato, trata-se paradoxalmente de um instrumento buscando superar seus próprios limites, embora jamais deixe de reconhecê-los, ao investigar uma natureza que lhe excede em muito os recursos, como se a criatura estivesse em busca de seu criador; a fonte, da nascente; a luz, do Sol; o efeito, da causa; a pergunta, da resposta, que talvez nem exista como resposta, assim como a nascente não pode estagnar-se e continuar a ser nascente, ou a luz deixar de brilhar e permanecer iluminando; assim também a resposta não pode deixar de ser pergunta, num movimento perpétuo de autodesvelamento e encobrimento, gerando mais e mais perguntas, numa nascente e corrente cada vez mais movimento, para sempre movimento.

---

660 *"Quamuis adhuc tenuissima forma cognitionis."*

2,15,39,156. O Bem supremo e beatífico

156. E – Eu sem dúvida aceito esses [argumentos] [...] e clamo serem absolutamente certos [...] com uma voz interior, pela qual desejo ser ouvido pela própria Verdade e a ela aderir, o que concedo seja não apenas um bem, mas *o Bem supremo e beatífico.*

Nada obstante a fragilidade confessa da prova racional da existência de Deus, que não por isso perde seu imensurável valor filosófico, teológico e cultural, dá-lhe seu assentimento Evódio, exclamando com imensa alegria pela descoberta, embora por meio de uma voz "interior", oximorística, uma voz silenciosa, apta a ser ouvida tão só pela Verdade incorpórea, que admoesta de fora, ensinando de dentro. Essa Verdade, portanto, constitui-se o Bem supremo, Bem por que se espera ser ouvido, em súplica, por meio dessa voz silenciosa, Bem a que se deseja aderir[661]. Porém, embora um Bem em si mesmo, essa Verdade não deixa de ser igualmente um bem proporcional, por assim dizê-lo, tão melhor para cada um quanto mais se lhe adira. Com efeito, ao denominá-lo beatífico, o que equivale a dizer que "faz feliz" (*beatus facere*), Evódio reconhece que faz tão mais feliz quanto mais se o discirna e possua. No entanto, se o Bem supremo torna feliz aquele que a ele adere, decorre disso necessariamente que seja a própria Felicidade, em vez disso, o Bem supremo, ulterior ao próprio Bem a que se queira aderir, essa Verdade[662]. Isso, contudo, faria não apenas da Felicidade o Bem supremo, mas da Verdade mero instrumento ou meio por que se atingisse fim ulterior. Agostinho irá perceber, como se depreende de seu pensamento maduro, que a Felicidade decorrente da adesão ao Bem, simultaneamente Verdade, Sabedoria,

---

[661] Na verdade, o pronome relativo neutro *quod*, cujo antecedente gramatical só pode ser oracional neste caso, e não *ueritas*, substantivo feminino, permite também interpretar que o Bem supremo, segundo o entendimento de Evódio, não se circunscreva à Verdade em si mesma, e sim a "ser ouvido pela verdade e a ela aderir" (exaudiri *cupio ab ipsa ueritate et illi* inhaerere, quod *non solum* bonum, *sed etiam* summum bonum *et* beatificum *esse concedo*). Ou seja, a Verdade, em si mesma, para Evódio e para cada um, só se constitui o Bem supremo na medida em que se lhe adira e seja por ela ouvido interiormente, isto é, na medida em que se possa fruir dela, pela qual se espera que os desejos mais íntimos sejam eternamente atendidos. Por outro lado, forçando um tanto a mão, é possível também imaginar a neutralidade do pronome mera analogia por aproximação, o que era bastante comum nos relativos gregos, não nos latinos, cujo caso concordava pela proximidade com algum termo que lhe antecedesse, e não segundo a função que exercesse na oração, como seria mais lógico. Nesse caso, o neutro (*bonum et beatificum*) parece ser nuclear. Deixa-se ao leitor a eleição de qual das duas opções lhe pareça mais convincente.

[662] Cf. 2,13,36,141-37,142; 143.

Eternidade e tudo o que se queira dele predicar, numa palavra, que tudo é uma só e mesma coisa, o Filho, que por sua vez é um com o Pai. O Bem supremo, portanto, é aquele que está acima de tudo, além do que nada mais pode haver, com que tudo que dele se predique deve coincidir, de modo inextricável e indiscernível, do contrário não pode ser o Bem em si mesmo, aquele Bem último em vista de que se vive e em vista de que tudo o mais se procura e cultiva.

2,15,40,157-160. Noção da Sabedoria impressa na alma[663]

> **157.** A – [...] Mas, eu te pergunto, por acaso já somos sábios e felizes? Ou ainda tendemos para isso, a fim de que isso nos venha a ser?

Se o ser humano ainda não é feliz, decorre disso que ainda não seja sábio, pois a verdadeira e suprema Felicidade, como bem se viu, só se alcança com a posse, que é conhecimento e fruição também, do supremo Bem, a Verdade. Logo, se a sabedoria é a Verdade em que se possui e discerne o Bem supremo, quem não o possui nem o discerne, não sendo feliz, necessariamente não é sábio. Agostinho põe lado a lado a felicidade e a sabedoria, tratando-as aqui como coisas distintas, embora paralelas; isso, à parte o pensamento que as considera uma e a mesma coisa, na impossibilidade lógica de atribuí-las a Deus como predicados. Por ora importa apenas estar manifesto que o homem não atingiu ainda o Bem supremo, que é Deus, por mais feliz possa crer-se na posse e gozo de seu patrimônio corpóreo. E se não atingiu Deus, nem é supremamente feliz, tampouco está de posse da Verdade, muito menos é sábio. Percebe-se que, se com os estoicos chega a sua noção de sabedoria e de sábio ao limite da perfeição inatingível, com a filosofia cristã, por sua vez, essa sabedoria se transfere deste para o mundo suprassensível, sendo possuída tão só naquela eternidade sabática que se espera penetrar algum dia e de algum modo, quando então se há de fruir do Bem supremo, contemplando-o face a face.

Insipiência: entre sabedoria e estultícia

> **157.** A – [...] Logo de onde é que compreendes essas coisas, verdadeiras e certas, com as quais clamas que te regozijas e concedes que pertençam à Sabedoria? Ou pode algum insipiente conhecer a Sabedoria?

---

663 Cf. 2,9,27,103-105 "Da sabedoria VII: noções impressas".

Porém como pode aquele que não é sábio conhecer a Sabedoria? Enquanto insipiente, diz Evódio, ninguém conhece a Sabedoria, embora ele mesmo se reconheça uma espécie de exceção a essa regra, pois afirma conhecer de algum modo a Sabedoria, conquanto admita seguramente não ser sábio. Ao que parece, ser insipiente, em latim *insipiens*, se distingue daquela categoria de ilustre precedência estoica, o estulto (*stultus*). Por um lado, se o estulto se define como sendo aquele homem desordenado, cuja razão, sua parte suprema, se deixa submeter pelos movimentos irracionais de sua alma[664], em total desalinho com a reta ordem prescrita pela Lei eterna; o sábio, por sua vez, é aquele que frui do Bem supremo, a Verdade, o que não pode fazer sem a posse completa das virtudes, numa palavra, trata-se daquele homem ordenadíssimo, que se afina perfeitamente pelo diapasão da Razão suprema[665], cujas inclinações sensuais foram totalmente pacificadas pelo reinado da mente. Entre esses dois polos antitéticos, sábio e estulto, ordenado e desordenado, encontra-se agora um termo médio, o insipiente, que se define pela negação de um dos polos, uma vez que é um "não sábio" (*in* + *sapiens*). Trata-se sem dúvida de um termo técnico de que se serve o filósofo para mediar a fenda entre duas extremidades antitéticas. E se não é sábio, não se pode dizer que seja estulto, pois conhece a sabedoria, embora não a possua. Poder-se-ia dizê-lo igualmente "não estulto", porém isso não daria conta de seu conhecimento da Sabedoria. Assume-se que, como Evódio, embora não a possua, tenda para ela, aspirando possuí-la, o que de modo algum se predispõe a fazer o estulto. Logo, ainda que se encontre a meio caminho, entre Sabedoria e estultícia, parece estar mais próximo da primeira que da segunda. O insipiente, portanto, pode ser definido sem temeridade alguma como sendo alguém que ainda não é sábio, mas tende a sê-lo, o que implica mais que simples aspiração, pois o verbo latino *tendo* utilizado por Agostinho e repetido por Evódio implica uma tensão, um esforço que se realiza no sentido da aspiração ou da vontade que se guarda no coração. No entanto, permanece a dúvida: se não é sábio, como pode conhecer a Sabedoria, aquela Verdade em que se possui e discerne o Bem supremo, pois tender para algo não é discerni-lo, muito menos possuí-lo?[666]

---

664 Cf. 1,9,19,67: *"in quo mens summam potestatem non habet"*.

665 Cf. **1**,9,19,66; 69; **2**,10,29,116-118; **3**,24,71,240.

666 Vale notar que pouco adiante (2,18,47,180), ao citar uma passagem dos *Salmos* (13/14,1; 52/53,2), o termo "insipiente" recebe ali conotação um tanto diferente, mais pejorativa, o que talvez se justifique por sua atecnicidade.

158. A – [...] não reconhecerás que aquele que não é justo é injusto, e quem não é prudente é imprudente, e quem não é temperante, intemperante? **159.** Logo por que também, quando não é sábio, não é insipiente?

Todos os exemplos aduzidos por Agostinho na sequência se estribam em negações de três das quatro virtudes cardeais, que se expressam pelo prefixo latino *in-*, "não", cujo correspondente vernáculo segue o padrão da língua-mãe: im-/in- (< *in-*). Assim [i] o justo (*iustus*) tem por seu contrário o injusto (*in-iustus*); [ii] o prudente (*prudens*), o imprudente (*in-prudens*); [iii] o temperante (*temperans*), o intemperante (*in-temperans*). Logo, se o insipiente é o não sapiente ou não sábio, o injusto é o não justo, assim como o imprudente, o não prudente, e o intemperante, o não temperante. Porém o que é a negação de *x*, não *x*, não necessariamente significa que seja contrário a *x*, pois pode-se ser não grande e não ser necessariamente pequeno, sendo, em vez disso, de dimensões médias; ou ainda se pode dizer que alguém seja não velho, sem contudo ser uma criança, sendo um adulto maduro, de meia-idade por exemplo. Seja como for, o que importa, para efeito de análise desta passagem, e de outras, como se há de ver adiante neste mesmo livro segundo[667], e também no terceiro, é a admissão de uma condição intermédia entre dois polos antitéticos, seja entre sapiência e estultícia, seja entre bens considerados grandes e pequenos, entre os quais se inserem os médios. Esse reconhecimento será de extrema importância para a resolução da questão do mal, no livro terceiro. Por ora, porém, merece atenção pelo que se segue, a possibilidade de algum conhecimento da Sabedoria, mesmo sem ser sábio.

160. A – Logo o insipiente conhece a Sabedoria. Pois, como já foi dito, ele não estaria seguro de querer ser sábio, e de que isso era necessário, se uma noção da Sabedoria não lhe aderisse à mente; assim como [uma noção] daquelas coisas, acerca das quais respondente uma a uma quando interrogado[668] [...]

Se a posse da sabedoria é que torna alguém sábio, deve-se admitir então que, não sendo sábio, pode-se conhecê-la sem possuí-la. Seria então o insipiente alguém que tende para a Sabedoria com conhecimento dela? Parece que sim, pois Agostinho não está inclinado a admitir que possa querer ser sábio e ter ciência da importância desse querer sem conhecimento prévio da Sabedoria, que

---

[667] Cf. 2,19,50,191.

[668] Cf. 2,14,38,151-152; 15,39,156.

ainda não se possui. Logo, assim como no espírito há uma noção impressa da Verdade[669], sem a qual não se pode vir a aspirá-la, há igualmente aderida à mente uma noção da Sabedoria, segundo a qual não seria possível, lembra Agostinho, que se tivesse certeza de tudo o que se conhece e crê acerca da Verdade, que é eterna, imutável, imóvel, incorpórea, onipresente, ubíqua, que ensina interna e adverte externamente, que não sofre detrimento em sua natureza, que muda todos os que entram em comunhão com ela para melhor, que ninguém emite juízos acerca dela, apenas segundo ela acerca das demais coisas, enfim, que é superior à mente racional, como ficou assente pouco atrás (§§151-152) e que é o supremo e beatífico Bem (§156). Logo deve haver na mente humana uma noção impressa da Sabedoria, assim como da Lei eterna ou Razão suprema[670], sem a qual não seria possível desejar a Sabedoria, que é a Verdade em que se possui e discerne o Bem supremo, Deus. Portanto não é preciso ser sábio para conhecer algo da Sabedoria, ou, ao menos, que se deve desejá-la, persegui-la e possuí-la acima de todas as demais coisas.

QVAESTIO II
A origem divina de todos os bens: *ex deo omnia bona*
(2,16,41,161-17,46,177)

2,16,41,161. Reunião, convergência, fixação e desprendimento

> **161.** A – [...] coligir de algum modo nossa alma toda, colocá-la ali e fixá-la de maneira estável, de tal modo que ela já não se alegre com algo seu privado, que misturou às coisas transitórias, mas despida de todas as disposições do tempo e do espaço, apreenda aquilo que é único e sempre o mesmo?

Que faz a alma quando se esforça (*studium*) para atingir a Sabedoria, que é aquela Verdade em que se discerne e possui o Bem supremo, indaga e responde o próprio Agostinho, senão: [i] reunir-se (*con-lego*) do estado de "dispersão" em

---

669 Cf. 2,9,27,103-105: §104: "[...] se não a discernisses de modo nenhum no espírito, de modo nenhum terias ciência não apenas de que tu queres ser sábio, mas também de que tu deves querê-lo [...]".

670 Cf. 1,6,15,51.

que se encontra[671], como dirá mais tarde ao escrever *Confissões*: "Doçura feliz e segura, que me reúnes da dispersão na qual em pedaços me dilacerei, enquanto estive voltado para longe de ti, que és único, evanesci na multiplicidade"[672]; [ii] colocar-se *em* ou convergir *para* aquilo único que se atinge tão só com a mente, na dimensão do incorpóreo, [iii] e procurar fixar-se (*in-fingo*) nesse lugar, como quem crava um prego, mas não em areia, e sim numa pedra, de modo tão estável (*stabiliter*) quanto possível. Portanto, ao buscar a Sabedoria, procura-se, em verdade, reunir a alma da dispersão típica da multiplicidade da matéria, voltá-la em convergência ao suprassensível e incorpóreo para, depois, fixá-la, com tanta estabilidade quanto seja possível, para o que se faz condição *sine qua non* [iv] o desprendimento, ou seja, despir-se de todas as afecções ou disposições circunscritas às dimensões espaçotemporais, numa palavra, que se dispa de tudo aquilo que possa afetar a alma segundo as coordenadas de tempo e espaço, em que todo corpo se vê circunscrito. Só assim, despida de tudo que o que se locomove nos espaços e se modifica sob a ação do tempo, corrompendo-se, por ser dotado de corpo, a alma pode então voltar-se para seu único objeto de desejo, fixando-se nele com firmeza, esforço esse que implica sua própria reunião, cujo contrário é a dissipação ou dispersão. Ao voltar-se para a unidade, portanto, a criatura continente evade-se da dispersão dos desejos corpóreos múltiplos, fixando sua alma na estabilidade da Verdade imutável.

Neste sentido, pois, a busca da Sabedoria, que é a Verdade em que se discerne e possui o Bem supremo – que, por outra, não deixa de ser Cristo, Verdade em que se conhece e possui o próprio Deus supremo e beatífico –, enfim, neste sentido o esforço por chegar à Sabedoria não é outra coisa senão um exercício ascético radical de desprendimento do corpo e da multiplicidade, uma adaptação cristã da contemplação pitagórico-platônica, de origem tão órfica quanto oriental, adaptada por Plotino, que o filósofo veio a conhecer a partir do círculo erudito de Milão, na década de 380, quando frequentou estudiosos adeptos do neoplatonismo, como seu "pai no acolhimento da Graça"[673], Simpliciano, tendo igualmente ouvido as homilias do erudito Ambrósio e travado conhecimento das aventuras espirituais de um dos maiores retóricos da

---

671 Cf. *Conf.* 10,29,40; 12,16,23.

672 *Conf.* 2,1,1: *"dulcedo felix et secura et* colligens *me a dispersione, in qua frustatim discissus sum, dum ab uno te auersus, in multa euanui"*. Note-se que o verbo utilizado aqui é o mesmo do *L.A.*, *colligo* (*conligo*), "reunir", "recolher", entre tais.

673 Cf. *Conf.* 8,2,3: *"patrem in accipienda gratia"*.

época, Mário Victorino. Um exercício ascético, sem dúvida, exercício de contemplação da Unidade imutável pela mente plural e mutável, *na* qual Unidade a mente empreende "cravar-se" a si mesma ao modo de um punhal, para participar-lhe de algum modo de sua Paz. De fato, ao pretender fixar-se na imutabilidade divina, nesse Uno-Deus, a mente plural e inconstante se faz *um* com ele, deixando de pensar coisas múltiplas, mutáveis e transitórias, fixando-se em sua estabilidade e unidade, como se desejasse essa unidade através de sua ancoragem numa ideia única, porém não como a concebemos, uma vez que se trata de ideia imutável, perfeita, eterna, certíssima, estabilíssima, seguríssima, infinita, o que não se confunde com nada que se possa associar, nem de longe, ao que se entende hodiernamente por "ideologia". Tampouco equivale a um panteísmo intelectual, ou uma autoaniquilação, pois a mente não deixa de ser mente, não deixa de ser o que é, capaz de abranger o plural, de mover-se no tempo, mas não no espaço, nem de levantar questões, ou seja, de ser capaz de filosofar. Isso, porque, ao fazer-se una com o Uno, a mente não deixa de conhecer, como uma ameba imóvel, unânime, uma gota de pensamento que se funde na mente una de Deus. Muito pelo contrário, a mente que se funde com a Mente divina, quando isso se dê, na eternidade sem tempo, espera-se conheça tudo ao mesmo tempo, todos e todas as coisas, como são, desde sempre, num átimo, tanto quanto todas as perguntas, que se fazem simultaneamente respostas, num sempre atemporal, o que é impossível de dizer, a não dizer de explicar. Portanto não se confunde com uma viseira autoimposta, um autoaniquilamento da razão, e sim uma transformação dessa razão em Razão, deste conhecimento em Sabedoria, desta esperança em Verdade.

É claro que esse estado só se espera atingir na eternidade sabática, presumindo o encontro definitivo e eterno da mente humana com a face de seu Criador. Até lá, contudo, essa fixação opera apenas e tão somente como uma âncora, que a alma joga em direção à Jerusalém celeste, a fim de que nas tempestades desta vida ela possa de algum modo manter-se segura, estável, presa mentalmente a essa unidade imutável de Deus, visto ser impossível qualquer estabilidade perfeita na matéria em que se encontra:

> Nossa pátria é Sião, Sião que é a própria Jerusalém. [...] E com efeito, quem canta, quando começou a ser renovado, já o faz com o coração em Jerusalém, como diz o apóstolo[674]: *Nossa morada está no céu. Embora*

[674] Fl 3,20; 2Cor 10,3.

caminhemos na carne, diz ele, *não militamos segundo a carne.* Agora é pelo desejo que ali estamos; enviamos agora de antemão a esperança àquela terra, como uma âncora[675], a fim de que não naufraguemos nesse mar turbulento. Portanto, assim como dizemos corretamente, a respeito de uma embarcação que está ancorada, que então está "em terra", embora ainda flutue, mas "em terra" [se diz porque] foi de certo modo protegida contra a ação dos ventos e das tempestades; assim também se dá contra as tentações desta nossa peregrinação: estando a nossa esperança fundamentada naquela cidade de Jerusalém, ela faz com que nós não sejamos arrastados em direção aos penhascos. Logo, aquele que canta segundo esta esperança, é ali que canta.[676]

A alma, tendo sido despida de tudo aquilo que se circunscreve às coordenadas espaçotemporais, pode então convergir para o que se apreende apenas com a mente e fixar-se com estabilidade na Verdade, que reúne a mente da dispersão, porque é una e sempre a mesma. Nesse processo todo a mente deixa de encontrar seu regozijo no que é privado, no que, por ser objeto de gozo particular, não deixa de ser transitório. De fato, se, em vez de aderir à Verdade, Bem público, a alma prefere manter-se satisfeita com o gozo de seus bens corpóreos, permanece na dissipação da multiplicidade e incapacitada da unidade. Ademais, uma vez todo bem privado ser de natureza transitória, a mente que se mantém distante da unidade mantém-se voltada para a corrupção e presa às cadeias do tempo e do espaço, fadada a amar o que tem limite e fim. Contudo, se preferir a Unidade, despindo-se de tudo o que está sujeito às coordenadas espaçotemporais, a alma deixa de amar o que lhe proporciona prazer individual, como os que se obtêm pelos sentidos do corpo, buscando, em vez disso, o que se obtém pela razão, que pode ser partilhado em comum e sem detrimento algum de sua natureza, bens estes que não se misturam aos transitórios, pois eternamente estáveis.

---

675 Hb 6,19. Ver também Mt 6,21.

676 *En. in ps.* 64,3: "*... patria illa est Sion; ipsa est Ierusalem quae Sion [...] etenim quisque cum coeperit innouari, iam corde in Ierusalem cantat, dicente apostolo:* conuersatio nostra in caelis est. in carne enim ambulantes, *inquit,* non secundum carnem militamos. *iam desiderio ibi sumus, iam spem in illam terram, quasi anchoram praemisimus, ne in isto mari turbati naufragemus. quemadmodum ergo de naui quae in anchoris est, recte dicimus quod iam in terra sit; adhuc enim fluctuat, sed in terra quodammodo educta est contra uentos, et contra tempestates, sic contra tentationes huius peregrinationis nostrae, spes nostra fundata in illa ciuitate Ierusalem facit nos non abripi in saxa. qui ergo secundum hanc spem cantat, ibi cantat...*".

2,16,41,162. A Vida da vida

162. A – Pois assim como toda a vida do corpo é a alma, assim também a vida feliz da alma é Deus...

Embora se diga que os alimentos de natureza corpórea nutrem o corpo físico, sua "vida" propriamente dita é a alma. De fato, aquilo que os romanos denominavam *anima*, e os gregos ψυχή, termos que expressam o princípio vital ou de movimento, é a potência que anima os corpos, fazendo com que se movam, movimento que para Platão era o substrato da própria imortalidade. Pois bem, assim como essa *anima* dá vida aos corpos, pondo-os em movimento ao mover-se a si mesma, assim também, diz Agostinho, numa bela e inusitada comparação, a vida feliz da alma é Deus. Ora, se o que move o corpo é a alma, reza a analogia que o que move a alma, por sua vez, é o próprio Espírito ou Sopro (πνεῦμα) divino. Neste sentido a alma, que em sua essência é vida ou movimento, é vivificada pelo Espírito divino[677]. Logo a vida da alma, que é a vida do corpo, é Deus, ou seja, a Vida da vida é Deus, o que equivale não só a dizê-la suprema, mas também que, assim como a alma anima o corpo, há uma outra Alma, divina, que anima a própria alma. Sem dúvida não se trata de uma vida qualquer, e sim de uma vida feliz, uma vida bem-aventurada, perfeita, uma vida no seio do Bem supremo, que é a Verdade. Logo a Verdade é a Vida da alma, pois é o supremo e beatífico Bem. Assim todo aquele que busca ser sábio, como dito no parágrafo anterior, busca igualmente ser feliz, busca a vida feliz, vida que não se logra atingir senão na posse do Bem supremo e beatífico, Deus. Portanto tudo o que se disse acerca da Sabedoria, no parágrafo anterior, refere-se a Deus, que reúne, e em que, quando se está fixo, de modo estável, não apenas desiste-se de amar os bens transitórios e privados, mas igualmente despe-se de tudo o que se prenda às coordenadas espaçotemporais, permitindo a verdadeira felicidade no seio do Ser supremo.

Porém que significa dizer que Deus é a Vida feliz da alma? Significa que ele põe a alma em movimento e que a faz feliz? Está Agostinho se referindo à alma nesta vida, enquanto sita num corpo, ou à vida eterna, num desejável corpo glorioso, seja qual ou como for? A resposta, ao que parece, se depreende da sequência imediata:

---

[677] Em vez do que pretendeu provar a *apódeiksis* platônica da imortalidade da alma, que propugnava por sua automobilidade e consequente eternidade (cf. *Fedro* 245c-246a).

162. A – [...] Porque, enquanto [assim] agimos[678], até que alcancemos o objetivo, estamos [ainda] no caminho. E porque nos foi concedido alegrar-se nesses bens verdadeiros e seguros, posto que apenas corusquem neste itinerário tenebroso...

Está-se a caminho, porque ainda não se chegou ao destino, ainda não se alcançou o objetivo, que é a contemplação face a face do Bem supremo e beatífico, Deus. E como não se atingiu o objeto de desejo, deve-se persegui-lo sem descanso, caminhando num itinerário tenebroso, porque distante da luz da Verdade que se almeja. Há, contudo, um consolo, a contemplação das verdades que, como bens antecipados, são facultadas aos que buscam a Sabedoria com o devido zelo. Bens esses que coruscam nas trevas do erro e da ignorância em que labutam os homens, devido ao seu estado febril de afastamento da Verdade imutável e apego aos bens perecíveis. Portanto foi ao homem concedida uma certa alegria antecipada, derivada dos bens seguros e verdadeiros, até que possa chegar de fato à Verdade e a estabilidade do Bem supremo. A própria Sabedoria vem ao encontro daqueles que a buscam, diz Agostinho, fazendo suas as palavras do livro bíblico, como que a dizer que ela é a Vida da alma, enquanto seguem os homens neste *iter* tenebroso em que se encontram.

162. A – [...] vê se acaso isto, que foi escrito acerca da Sabedoria, é o que ela realiza com os seus amadores, quando eles vêm até ela e procuram conhecê-la, pois foi dito: "Nos caminhos *ela* se mostra a eles bem-disposta e em toda providência correrá ao encontro deles"[679].

Essa busca da Sabedoria, que em última instância é Deus, a Vida feliz do homem, dá vida à alma, assim como a alma dá vida ao corpo, matéria inerte se dela desprovido. E é na busca dessa Sabedoria que a alma se vê não apenas viva, mas feliz, tanto quanto possível neste mundo, estribada na esperança da Vida

---

678 Quer dizer, enquanto "estamos caminhando", ou seja, enquanto vamos levando esta vida (*agere*) aqui neste mundo terreno.

679 Sb 6,17 (18). O texto da Vulgata (vv. 17) é um pouco mais claro do que o utilizado por Agostinho, pelo uso da preposição *in* na expressão *in omni prouidentia*, "em toda providência", além de trazer o verbo *occurro* no presente: "e nos caminhos se mostra bem-disposta e em todo pensamento [/providência] corre ao seu encontro" (*et in uiis ostendit se illis hilariter et in omni prouidentia occurrit illis*). Já a versão grega dos LXX, cujo versículo é o 16.°, traz a seguinte tradução: "e nos caminhos se lhes aparece favoravelmente e em todo pensamento vem ao encontro deles" (καὶ ἐν ταῖς τρίβοις φαντάζεται αὐτοῖς εὐμενῶς καὶ ἐν πάσῃ ἐπινοίᾳ ὑπαντᾷ αὐτοῖς). O sentido, portanto, é praticamente o mesmo, com a distinção entre *prouidentia* e ἐπίνοια, ambos os termos ligados a "pensamento" em sentido geral, e não ao que se entende por Providência divina.

beatífica suprema que aguarda, quando da posse e discernimento do Bem supremo. Portanto a Sabedoria, em conformidade com a citação do livro homônimo, há de mostrar-se alegre e propícia a todos os que se esforçam por chegar até ela, ao encontro dos quais virá correndo (*ob* + *curro*) em "toda providência", ou antes, em toda "prudência" ou "pensamento", o que equivale a dizer que toda vez que se dispuser o homem buscador da Sabedoria a emitir um juízo são, verdadeiro e sábio, a Sabedoria, que é Cristo, lhe virá ao encontro para subsidiá-lo.

2,16,41,163. Vestígios da Sabedoria

163. A – De fato, para onde quer que te voltes, ela te fala por certos vestígios que imprimiu em suas obras...

Ao contrário do que se poderia supor, pela tonalidade álacre do platonismo de algumas passagens, e em franca oposição ao dualismo soturno dos maniqueus, o corpo não é antagonista natural de Deus, tampouco de sua Sabedoria. E nem poderia sê-lo, uma vez Deus ser o Criador de tudo, inclusive dos próprios corpos, cujas almas, que os animam, têm igualmente origem em sua bondade. Portanto os corpos, ao contrário do presumível antagonismo, entoam hinos de louvor ao Criador e à sua Sabedoria, por sua própria constituição de caráter físico, que o filósofo, na esteira do salmista[680], denomina vestígios (*uestigia*) da Sabedoria.

163. A – [...] e a ti, quando retrocedes[681] para as coisas exteriores, ela te chama de volta para dentro, pelas próprias formas dos objetos exteriores, para que vejas que tudo o que te deleita em um corpo e te atrai pelos sentidos corpóreos é numeroso...

Se há algo na matéria que provoque deleite, diz o filósofo, isso decorre de algo inerente a ela, inserido nela desde sua criação, pela Sabedoria; algo

---

[680] Sl 18,2-5: "Os céus narram a glória de Deus e o firmamento anuncia a obra de suas mãos [...] não há conversas, nem discursos da parte deles, cujas vozes não se ouvem; seu som ressoou por toda terra e suas palavras até aos limites do mundo habitado" (Οἱ οὐρανοὶ διηγοῦνται δόξαν θεοῦ, ποίησιν δὲ χειρῶν αὐτοῦ ἀναγγέλλει τὸ στερέωμα [...] οὐκ εἰσὶν λαλιαὶ οὐδὲ λόγοι, ὧν οὐχὶ ἀκούονται αἱ φωναὶ αὐτῶν, εἰς πᾶσαν τὴν γῆν ἐξῆλθεν ὁ φθόγγος αὐτῶν καὶ εἰς τὰ πέρατα τῆς οἰκουμένης τὰ ῥήματα αὐτῶν).

[681] O particípio latino *relabentem*, que liter. significa "que retrocede", pode neste caso ser traduzido por uma reduzida de gerúndio, "retrocedendo", ou pela subordinada adverbial, no caso uma temporal: "quando retrocedes", ou seja, "ao retrocederes".

que se traduz pelo termo "número", mas que não faz jus ao seu conteúdo quando compreendido segundo a simples noção de quantidade que esse termo costuma expressar. Trata-se, em vez disso, da Verdade e Razão do número, que deu início à longa prova racional da existência de Deus[682]. Toda vez que se põe o homem a contemplar um dado objeto, por ínfimo seja, vê-se levado do exterior ao interior, dos sentidos do corpo à razão, da percepção de suas formas, de suas cores, de suas dimensões, de seus perfumes ou de seu gosto, numa palavra, de tudo o que pode ser percebido pelos sentidos do corpo, até ao que pode ser medido, cotejado, comparado, esquadrinhado, calculado, pelo metro do número. No entanto, se a princípio se trata do número derivado da noção de quantidade, expressão da ordem e harmonia geométricas visivelmente observáveis nas formas corpóreas, em última instância, não, pois o metro último a partir de que tudo será medido não é aquele número múltiplo, e sim a sua unidade, o *um* inapreensível, o *um* que não é corpo[683].

Leis da Beleza

> **163.** A – [...] aquilo, que tu atinges pelos sentidos do corpo, não podes aprovar nem desaprovar, se junto de ti não possuas certas *leis da beleza*, às quais refiras todos os objetos belos que sentes exteriormente.

Se se atenha exclusivamente aos objetos corpóreos nesta passagem, deixando de parte as implicações extrassensoriais, percebe-se claramente a dívida de Agostinho para com o pensamento da civilização de que era produto. Há, no interior do homem, certas "leis da beleza" (*pulchritudinis leges*), segundo as quais o homem emite juízos acerca dos objetos perceptíveis pelos sentidos corpóreos, se são ou não belos, em conformidade com o padrão expresso nessas leis, padrão que é "numérico". O filósofo, cuja obra inaugural tratava da própria beleza, *De pulchro et apto*, e que infelizmente havia já sido dada por perdida durante o decurso de sua vida, parece defender aqui uma teoria tão mais geométrica quanto helênica, segundo a qual nada pode ser considerado, quanto à sua beleza, sem que seja medido pelo metro de uma Beleza universal, metro denominado por ele "leis" da beleza. Que seriam essas leis, Agostinho

[682] Cf. 2,8,20,79-80.

[683] Cf. 2,8,22,85; 86-88.

não o diz especificamente neste passo, mas pode-se depreender guardem relação íntima com o próprio número, muito provavelmente relacionado ao significado do termo *aptus*, constante do título de sua obra supracitada acerca da beleza, que se pode traduzir grosseiramente como "conveniente" ou "adequado". Logo seria belo o que se conformasse com essas leis do número e do decoro, leis que, a partir da herança grega, propugnavam pela harmonia das partes entre si e dessas com o todo; leis da proporção, que guardavam íntima relação com as leis geométricas, bem ao gosto grego de conceber a arte, seja em que gênero fosse, e o próprio mundo, como se percebe pelos sentidos atribuídos ao termo *kósmos*, que tanto significava beleza, adorno – de onde a cosmética (κοσμητικὴ τέχνη) –, como ordem, em contraposição ao *kháos*, à desordem inicial do universo decorrente da ausência de medida ou forma. De fato, assim como se deviam seguir as leis dos gêneros, seja dos metros apropriados a cada assunto, na poesia, seja dos ritmos apropriados a cada gênero de dança, fosse qual fosse a forma geométrica apropriada a cada instância, a fim de que se atingisse a beleza, leis que não admitiam, na arquitetura, por exemplo, que uma coluna fosse maior ou mais larga que as demais, que o friso do templo se destacasse mais que sua estrutura como um todo, assim também não se aceitava uma qualquer noção de beleza em que se não deparassem proporção, medida, ordem, número, adequação etc. E isso se aplicava também aos corpos humanos, fosse o feminino, fosse o masculino, fosse ainda o corpo de um animal, fosse mesmo o "corpo" estrutural das cidades, dos ginásios, palestras, pórticos, teatros, e assim por diante.

Porém, se o belo se admira na perfeição dos corpos, que tanto deleite causam, essas leis da beleza, assim como a própria lei dos números, não se encontram nos corpos para que sejam vistas pelos olhos, os órgãos do sentido da visão, tampouco poderiam ser vistas pelos irracionais, conquanto dotados de olhos muita vez mais penetrantes e potentes que os humanos; isso, porque são leis interiores, embora se digam atrair exteriormente, pelos vestígios da beleza, vestígios que se podem explicar apenas e tão somente após uma reflexão interior, ainda que se parta do exterior. Portanto o vestígio opera como um chamariz, espécie de incentivo que desperta os sentidos, a não dizer os sentimentos, provocando a reflexão. Algo atrai, seduz, encanta, mas não se sabe explicar bem o quê, nem por quê. O vulgo simplesmente se deixa arrastar pela sedução. O aspirante a amigo da Sabedoria, por outra, segue as pegadas, os vestígios que não levam senão ao interior

de si mesmo, à própria razão, que o fará perceber então haver um padrão universal de beleza, expresso nas leis que justificam toda e qualquer forma do belo, pois o que é belo só pode sê-lo se se conforma com esse padrão. Esse é o verdadeiro *thaumásdein*[684] da filosofia grega, a admiração que leva a procurar padrões, a formular perguntas, a indagar-se do porquê das coisas, perguntas que brotam dessa mesma estranheza, desse encanto, dessa sedução, desse admirar-se. Na verdade o que causa estranheza não é especificamente o belo individual, que apenas desperta essa admiração, primeiro nos sentidos, como um vestígio aparente de algo ulterior, ultrassensível, e sim o vestígio do Belo em si, desse ulterior ultrassensível, em que se admira a Beleza existente por detrás de todo objeto que aguça os sentidos por sua beleza individual. O estulto, cujo domínio não está onde deveria estar, com sua razão, mas com os sentidos do corpo, que, movidos pela inclinação sensual o escravizam, não logra ver senão os vestígios da beleza individual, e por eles se apaixona, pretendendo em vão reter indefinidamente as sombras cuja transitoriedade é angustiantemente inevitável, assim como a própria morte. Mas se o estulto permanece no exterior, encantado pelos vestígios – que apesar de serem simples reflexos não deixam de ser belos igualmente –, encantado pelas sombras e aparências da beleza que se percebe sensorialmente nos corpos pelos órgãos da visão, dominado pelos deleites causados nos sentidos, por sua vez o aspirante a sábio, a não dizer dos sábios, raríssimos de encontrar, em vez de se deixar seduzir e dominar pelos vestígios, deixam-se tão somente despertar e iluminar por eles, sendo por isso conduzidos de fora, das aparências, para seu interior, para sua mente racional, de onde partem em busca das leis da Beleza, que pressentem, por que se deixam encantar suprassensorialmente, extracorporeamente. Portanto o vestígio, para o sábio, desperta-lhe o *thaumásdein* filosófico, a admiração que o torna inquieto e o instiga em busca da verdadeira e indefectível Beleza, que não irá abandoná-lo jamais, Beleza real cuja contemplação se dá a princípio a partir da ordem criada, dos vestígios do Belo em si nos corpos, mas que pretende realizar-se em plenitude diante do próprio Belo. E esses vestígios, como bem apontou Agostinho, têm como base os números, não enquanto quantidades, mas enquanto leis geométricas da proporção, da medida, do decoro, do ritmo, da harmonia, entre tais.

---

[684] Translit. do inf. do v. θαυμάζω, "eu me admiro", "eu me maravilho" etc.

As formas e a Forma suprema

2,16,42,164. Número, forma, ser e nada

164. A – Considera o céu, a terra, o mar e todas as coisas que neles refulgem de cima, ou rastejam embaixo, ou voam, ou nadam. Elas têm formas porque têm números. Retira-lhes esta forma, nada serão! Logo de onde é que elas são[685], a não ser de onde é o número, visto que elas possuem[686] tanto mais "ser" quanto mais numerosas são[687]?

Numa das passagens mais desafiadoras de toda a obra, para muito além de um panegírico da razão e verdade do número, avança Agostinho uma das questões tão mais espinhosas quanto profundas de toda a sua metafísica, de inequívoca ascendência neoplatônica. Tudo que há no cosmo corpóreo, desde os reinos mineral, vegetal e animal, o que não exclui nenhuma das ínfimas espécies conhecidas pela ciência do mundo greco-romano, até à excelsitude dos corpos sidéreos, planetas e satélites observáveis pelos astrônomos da época, enfim, todos os objetos nesse cosmo perceptíveis pelos sentidos corpóreos, qualquer um dos célebres cinco, contêm em si duas entidades, por assim dizer, cuja relação guarda interesse tão mais agudo quanto mais árdua se faz sua explanação: número e forma. A sequência, não por acaso, deve ser essa: primeiro o número, depois a forma, porque, diz o filósofo, os objetos perceptíveis pelos sentidos possuem uma forma exatamente em decorrência do número de que são dotados, ou seja, possuem formas porque (*quia*) possuem números[688], e não o contrário. Retira-lhes a forma, diz Agostinho, e esses objetos deixam de existir, tornando-se "nada" (*nihil erunt*). Ora, se a forma decorre do número, depreende-se que o número lhe seja anterior, talvez sua condição necessária para vir a ser o que é. No entanto, embora presuma-se posterior ao número, retirada a

---

685 Embora seja igualmente possível uma tradução do tipo: "Logo de onde é que *vêm*, a não ser de onde *vem* o número", ou então: "de onde é que *se originam*, senão de onde *se origina* o número", optou-se por manter o verbo "ser", "de onde é que *são*", importante para o desdobramento do argumento, em que a forma nominal do verbo (*esse*), substantivada, representa papel essencial, como se verá na sequência.

686 Se se desconsiderasse o dativo de posse, a tradução restaria assim: "Visto que nelas há tanto mais 'ser' quanto mais numerosas são". A pontuação também foi alterada nesta passagem, que consta do seguinte modo na edição da CCSL: *"A quo ergo sunt nisi a quo numerus? quandoquidem in tantum illis est esse in quantum numerosa esse"*.

687 Cf. os verbetes: *numerus, numerosus, numerose, numero* no LÉXICO T-F.

688 *"Formas habent quia numeros habent."*

forma de um corpo, não resta o número, como seria de esperar, e sim o nada. E o nada, supõe-se, não pode ter nada em si, o que inclui o número, do contrário não seria um nada. Embora o filósofo tenha dito que os objetos têm forma porque têm números, o que, como se viu, não implica dizer que a forma tenha origem no número, pois retirada a forma não resta o número, e sim o nada, conclui surpreendentemente afirmando a procedência comum de ambos: as formas existem a partir daquilo mesmo de que existe o próprio número[689], ou seja, têm uma origem comum, origem que se explica por sua própria existência, ou antes, por seu "ser" (*esse*), uma vez que as formas têm tanto mais "ser" quanto mais têm números[690]. O argumento, desdobrado de modo apenas tentativo na sequência, muito menos simples do que possa parecer a um leitor desavisado, guarda implicações das mais complexas e interessantes:

1. Tudo o que existe no cosmo sensível é corpóreo;
2. Tudo o que existe no cosmo é dotado de número;
3. Logo todo corpo é dotado de número.
4. Tudo o que é corpóreo tem forma;
5. Logo tudo o que é corpóreo tem número e forma.
6. Tudo o que tem forma tem forma porque tem número;
7. Logo o número é a condição necessária da forma;
8. Logo um corpo só tem forma se tem número.
9. Todo corpo privado de forma é um nada;
10. Um nada não tem ser, pois simplesmente não é;
11. Logo o que não tem forma não tem ser, pois não é;
12. Logo o que não é não pode ter número.
13. Os números e as formas existem a partir de uma mesma fonte, o Ser;
14. Logo o número é condição necessária da forma, mas não suficiente[691];
15. Quanto mais ser existe em uma forma tanto mais numerosa ela é, ou seja, mais número possui;
16. Logo ser e número são diretamente proporcionais[692].
17. Logo, quanto mais numerosa uma forma, mais ela é[693].

---

689 *"A quo ergo sunt nisi a quo numerus?"*

690 Liter. "nelas *existe* tanto mais 'ser' quanto mais são numerosas".

691 Pois, se ambos, número e forma, decorrem do ser, não é suficiente o número ao que não é.

692 Mas não são a mesma coisa, pois o ser se diz anterior ao número, embora pareça que o número é condição necessária, mas não suficiente, do ser, visto que o que não tem número não é.

693 Trata-se apenas de uma reformulação invertida do n.º 15.

Portanto, se se estabelece uma relação de proporcionalidade entre número e ser, sendo uma forma tanto mais quanto mais número possua, decorre disso uma relação consequente e obrigatória entre ser e forma. Mas que é essa forma, que é tanto mais quanto mais numerosa for? O grego possuía alguns vocábulos importantes relacionados à ideia de beleza, que, como se sabe[694], estava inextricavelmente ligada à sua concepção geométrica do universo. Termos como κόσμος, μορφή, εἶδος, ἰδέα, entre outros, relacionam ao conceito de beleza as noções de ordem, harmonia, proporção, regularidade, padrão, constância, conceitos esses intimamente conectados às formas geométricas, consideradas desde Pitágoras, para não retroceder demasiado, como perfeitas. De fato, um círculo, um quadrado ou triângulo, por exemplo, seguiam padrões de perfeição matemática, padrões que podiam reproduzidos, não apenas em teoria, mas na prática, para todos os olhos, como se podia perceber nas colunas de um templo, na disposição hipodâmica[695] das *póleis*, na engenharia das trirremes, na disposição das muralhas de proteção das cidades e portos, e o mesmo se observava em outras culturas mais antigas, como a do Egito, com suas pirâmides e templos, exemplo de perfeição geométrica e consequentemente admirável por sua beleza, ou seja, por sua ordem, harmonia e proporção, em dimensões impressionantes. E não apenas nisso, mas igualmente nos fenômenos que se podiam prever, calculados matematicamente, como eclipses, distâncias, altitudes, circunferências, a não dizer da mensuração do tempo, paradigma perfeito da regularidade e da ordem do cosmo, visível nas estações do ano ou nas gestações, para não ir além desses dois exemplos. E se uma coluna estivesse em desalinho com as demais, na fachada de um templo qualquer, isso não era apenas considerado disforme[696], feio, repugnante, mas igualmente desordenado, caótico, provando claramente a relação inextricável e necessária para a manutenção do cosmo entre forma-beleza e proporção geométrica, ou seja, a ideia geral de "número", pois corria-se risco iminente de ver o friso do templo desabar sobre as cabeças dos transeuntes.

Esses dois conceitos, portanto, número e forma, indissociáveis do belo, estavam intimamente conectados na mente dos antigos, especialmente na dos

---

694 Cf. 2,16,41,163.

695 Hipodamo de Mileto (*c.* 498-408 a.C.), matemático, arquiteto e urbanista jônico, cujos projetos "quadriculados", em forma de tabuleiro de xadrez, para as cidades-Estados gregas se tornaram célebres e paradigmáticos.

696 O próprio termo vernáculo "disformidade" significa tanto "deformação", ou seja, algo de forma irregular, como "feiura", assim como o adjetivo contrário, "formoso", por sua vez, que contempla acepções respeitantes à harmonia da forma e à consequente beleza.

filósofos, como os pitagóricos e platônicos. Por outro lado, para além do senso comum, da apreensão sensível dos objetos corpóreos, que obviamente devem ter alguma forma para que possam ser percebidos pelos sentidos, ainda que essa forma seja dificilmente mensurável, como o líquido que se ingira, ou um perfume que se inale, ou uma melodia que se ouça, "objetos" todos esses considerados corpóreos em acepção lata, pois perceptíveis pelos cinco sentidos do corpo, como audição, olfato, paladar, enfim, ainda que suas formas sejam pouco ou nada geométricas, segundo a acepção suprarreferida, nem constituem naturezas informes, nem destituídas de números. Mas não se trata ainda daquele número suprassensível, daquela razão e verdade de que falara Agostinho[697], apenas das impressões que se causam no espírito a partir dos particulares percebidos pelos sentidos do corpo, como se fossem imagens psíquicas de cada objeto visível[698]. E assim é de fato, pois nenhum corpo há que não possua alguma forma, sua própria determinação, sem a qual não pode ser percebido pelos sentidos. Essa forma, portanto, como determinação de tudo que tenha pretensão à existência, é imprescindível a que exista de fato. Logo, se não tem forma, não existe, ou antes, nenhum objeto de natureza corpórea pode existir sem uma forma, e o mesmo se aplica às naturezas incorpóreas, como se há de ver adiante. Essa numerosidade da forma, contudo, a despeito da concepção geométrica do cosmo, comum ao pensamento greco-romano, pode ser compreendida, neste passo, também como a simples configuração numérica de um dado corpo *C*, que exatamente por ser corpo não contém em si a unidade, como Agostinho deu conta de explicar antes[699]. De fato, se é corpo, tem um lado de cima, outro de baixo, um esquerdo, outro direito, um de dentro, outro de fora, e assim por diante, lados que podem ser quantificados, aumentados, diminuídos, dobrados, divididos, segundo a razão matemática dos números.

No entanto Agostinho deriva tanto as formas como os números de uma fonte comum[700], derivação essa que ele explica pelo fato de que nas formas há tanto mais ser (*esse*) quanto mais numerosas forem, ou seja, quanto mais dotadas forem desse elemento numérico. Ora, se uma forma é tanto mais quanto mais números em si *forem*, número e ser só podem ser proporcionalmente equivalentes, a não dizer que sejam a mesma coisa. Mas se não se trata

---

697 Cf. 2,8,20,79-21,83.

698 Cf. 2,8,21,81.

699 Cf. 2,8,22,86-88.

700 §164: "Logo de onde é que elas são, a não ser de onde é o número...".

do número metafísico, de que está falando Agostinho? Que significa dizer, no caso dos objetos corpóreos, que têm mais ou menos números? Que são mais ou menos belos, por serem mais ou menos proporcionais e harmônicos, em conformidade com a concepção pitagórico-matemática do cosmo? Fosse apenas isso, um círculo seria mais que uma elipse? O que ocorre, em verdade, é que Agostinho não dissocia os conceitos de número e de Verdade – que em última instância é Deus, o Ser supremo. Isso, contudo, não é um erro da parte do filósofo, pois assim como tudo o que deriva seu ser do Ser supremo, assim também o número corpóreo deriva sua verdade do Número suprassensível, aquela Razão e Verdade de que tanto se falou[701]. De fato, embora a Unidade não possa ser encontrada no corpo, suas partes são decorrentes da união harmônica de pequenas outras partes, inumeravelmente divisíveis, cujas relações entre si, matemáticas, participam da razão e verdade do número suprassensível. Por outro lado, se a forma de um corpo pressupõe a relação harmônica das partes entre si e dessas com o conjunto, relação essa que é numérica, quanto mais harmônica e perfeita essa relação, que se constrói a partir da razão e verdade dos números, tanto mais próximo da perfeição da razão e da verdade do número suprassensível estará esse corpo, dentro dos limites impostos pela própria dimensão corpórea, isto é, será tão perfeito quanto seja possível a um corpo. Nesse sentido, se se tenha por modelo a perfeição do Ser, diz-se que será tanto mais quanto mais próximo estiver de sua Perfeição. Num universo matemático, quanto mais exato for, ou quanto mais numeroso, mais se dirá ser. E se a forma tem origem no mesmo lugar em que tem origem o número, pode-se afirmar sem temeridade alguma que essa origem outra não é senão a Unidade, que é o próprio Ser, pois o Ser supremo e a Unidade perfeita não podem não ser a mesma coisa, Deus.

Na verdade a passagem é complexa, pois parece que ser e número se equivalem, o que talvez seja correto supor, se se aceitar a ideia de que, quanto mais perfeita uma natureza, mais numerosa, pois perfeição numérica, seja geométrica, no caso das figuras, seja matemática *lato sensu*, no caso dos cálculos mais abstratos, implica maior Verdade, e consequentemente maior proximidade com ou participação em o Ser supremo. Diz-se apenas proximidade ou participação porque nenhum cálculo ou figura geométrica, por mais perfeitos, se assemelham à unidade inatingível do *um*, à inefabilidade da perfeição infinita do Ser supremo, que é também o Bem supremo, Deus.

---

701 Cf. 2,8,22,86.

2,16,42,165-167. A arte e a luz interior dos números: vestígios platônicos

> **165.** A – E os homens, artífices por certo de todas as formas corpóreas, em sua arte têm números[702], aos quais adaptam sua obra, e movem as mãos e os instrumentos no fabrico por tanto tempo, até que aquilo que é formado por fora, tendo sido referido, quanto possível, àquela luz dos números que está dentro, impetre sua absoluta realização e agrade, através do sentido intérprete[703], ao juiz interno que considera os números supernos.

Se o número e a forma se fazem presentes em toda a natureza, não menos na obra dos homens. Em toda e qualquer atividade sistemática e aos outros comunicável, que os gregos denominavam "técnica" (τέχνη) e os latinos "arte" (*ars*), que incluía não apenas trabalhos manufaturados pelos artesãos, como vasos, ânforas e objetos tais, mas também produções do espírito, como poesia, música, retórica, enfim, havia nelas todas certamente a presença dos números, o que as tornava igualmente "numerosas". O exemplo ofertado é por demais evidente e dá conta de destrinçar um tanto mais o emaranhado da passagem anterior (§164). Toda arte tem números, diz o filósofo, aos quais os artífices fazem adequar-se a obra de suas mãos, mãos que movem, assim como os instrumentos que levam consigo, de modo ritmado, harmônico, estudado, numa palavra, numérico, por tanto tempo quanto seja necessário, até que a forma exterior do objeto que está sendo fabricado esteja tão ajustada quanto possível ao número que lhe refulge no interior, impetrando sua perfeita realização, o que agrada ao juiz interior, a razão. Não se trata sem dúvida de uma operação simples, pois envolve tanto os sentidos corpóreos quanto o sentido interior ou intérprete, além da razão. Os movimentos rítmicos e ordenados do artífice são regulados pela razão, que os supervisiona a partir da luz interior dos números e por intermédio de seu intérprete e capataz, o sentido interior, ao guiar os sentidos do corpo a fim de que por intermédio desses os membros possam produzir um artefato qualquer que esteja em perfeita harmonia e consonância com o número interior, a não dizer modelo ou ideia, num claro eco platônico[704]. A forma exterior do que é fabricado pelo artífice

---

702 Na verdade, não são dos homens os números, e sim da arte, pois trata-se de uma hipálage, figura sofisticada e de grande sutileza a que o rétor não se furta jamais a arriscar aqui e alhures.

703 Esse sentido "intérprete" é o sentido interior, que comunica os perceptos recebidos dos sentidos do corpo à razão, a fim de que sejam por ela julgados. O termo *interpres* significa intermediário, ou seja, aquele que não apenas anuncia (*nuntius*), mas também interpreta a outrem uma mensagem.

704 Cf. 1,14,31,103-104.

deve conformar-se com o número interior – que se pode compreender como sendo uma forma interior, uma forma incorpórea, simplesmente numérica e absolutamente inteligível –, o que deve ser feito com tanta precisão quanto agrade à razão, o juiz interno, o único capaz de contemplar o número superno[705], aquela Razão e Verdade do Número. O sentido intérprete ou interior traduz os perceptos que recebe dos sentidos do corpo em forma inteligível à razão até que esta se dê por satisfeita, o que só ocorre quando, iluminada pela luz dos números supernos e eternos, ela percebe ter sido impetrada a completa realização da obra, aproximando-se então a cópia do modelo que lhe deu origem, quanto possível.

Numerosidade no espaço e no tempo: estética matemática da dança

> **165.** A – [...] Procura em seguida quem move os membros do próprio artífice: será o número, pois eles também são movidos numerosamente. **166.** E se subtraias o trabalho das mãos, e do espírito, a intenção de fabricar, e o movimento dos membros seja referido ao deleite, [o resultado] será chamado de "dança". Procura então o que causa deleite na dança. O número te responderá: "Aqui estou!". Examina agora a beleza de um corpo formado: os números se mantêm em seu lugar. Examina a beleza da mobilidade em um corpo: os números se revolvem no tempo.

Porém não são apenas os objetos que refletem a luz interior dos números, conformando-se com a harmonia e a ordem imperante no cosmo, que lhes confere beleza, mas também os movimentos, que se realizam nas coordenadas tempo e espaço. De fato, os movimentos do artífice, seja ao aplicar o cinzel no frágil mármore, seja ao fazer correr o cálamo embebido de carvoenta tintura no papiro delicado e receptivo, são igualmente dotados de número, repetindo-se harmoniosa e ritmicamente no tempo, mas também no espaço. E a beleza disso se comprova por um dos mais felizes exemplos a que jamais recorreu Agostinho, tão mais gracioso quanto inesperado: se se subtraia ao esforço numeroso do artífice a sua *intentio fabricandi*, o objetivo pragmático de fabricar algo útil e proveitoso, o que se depreende dos movimentos ritmados e harmônicos de seus membros, cujo fim agora é o simples deleite e nada além, outra coisa não é senão a dança (*saltatio*). É de se confessar que o esforço de abstração do filósofo, que deve ter observado com frequência o trabalho dos mais variados artífices,

---

[705] O eco que se percebe entre *internus* e *supernus*, que se propugnou por manter na tradução, sem dúvida alguma é intencional, quando então se vê o rétor fazendo valer sua arte em prol de sua filosofia.

deixou-se levar por uma inspiração poética das mais delicadas, pois não é qualquer observador capaz de perceber dança nos movimentos dos cinzéis, buris, cálamos e objetos semelhantes manipulados por escultores, pintores e copistas. Contudo o mais interessante é a causa desse deleite que a dança provoca nos seus espectadores: o próprio número: número que é a raiz estética da dança e por certo de toda a beleza sensível e suprassensível. E mais, ao que parece, se se leve em conta o que se disse no parágrafo anterior, que quanto mais ser, mais numeroso, tem-se que ser e beleza comungam da mesma essência, ou mesmo que são uma e a mesma coisa: quanto mais ser tanto mais belo, ao ponto de poder reconhecer no Ser supremo a suprema Beleza. De fato, se quanto mais número tiver algo, mais se diga ser, decorre necessariamente que o Ser supremo será igualmente o Número supremo, que outro não é senão a Unidade perfeita, na esteira do pitagorismo de viés platônico, conhecido sem dúvida de Agostinho. Logo, se o que causa deleite na dança é o número, decorre disso que não apenas a dança seja deleitosa, mas igualmente numerosa, e quanto mais numerosa tanto mais será, numa equação clara entre número, ser e beleza, que é também forma. Portanto a beleza de um corpo estático ou em movimento decorre do número: quanto mais numeroso, mais será; quanto mais for, mais belo, e consequentemente mais deleitoso. Um corpo é belo porque os seus números estão cada um em seu lugar, assim como os seus movimentos, porque os números dançam no tempo. O contrário também é verdadeiro: quanto menos ser, menos numeroso e menos belo, até que se chegue ao nada, que não é, nem feio, muito menos belo, o que seria esdrúxulo e incoerente, pois o nada não pode ser predicado.

Seu tempo será nunca, seu lugar será nenhum

> **166.** A – [...] Adentra a arte de onde eles procedem, procura nela o tempo e o lugar: nenhum tempo haverá, nenhum lugar haverá[706]. Contudo nela vive o número, de que não há uma região dos espaços nem uma idade dos dias[707]. **167.** E no entanto, quando eles se acomodam à sua arte para aprendê-la, os que querem fazer-se artífices, movem seu corpo através dos lugares e dos tempos; o seu espírito, porém, [apenas] através dos tempos, porque obviamente com o progresso do tempo eles se fazem mais peritos.

A arte superna de que procedem os números, filosofa o poeta ou poetiza o filósofo, encontra-se fora do tempo e do espaço, num lugar sem lugar, num

[706] Liter.: "será nunca, será lugar nenhum" (*numquam erit, nusquam erit*).

[707] Essa idade "dos dias" (*dierum*), neste caso, significa o curso "dos tempos".

tempo sem tempo, no eterno presente interdito a todo objeto, cujas dimensões se medem, cujas posições se demarcam, cujas partes se subdividem e se relacionam espacialmente umas às outras, partes que têm seu cima, seu baixo, seu dentro, seu fora, que têm corpo, corpo que se modifica, que se corrompe, que se locomove. O número sempiterno não se mede no tempo, não se localiza no espaço, pois é absolutamente inteligível, muito além da mera expressão de quantidade a que se costuma restringir essa noção. Sua arte está no nunca do não tempo, no oco do pseudoespaço. Embora o número superno seja incorpóreo, apreensível apenas pela mente, que ilumina com seus padrões de perfeição a fim de que ela seja capaz de mensurar e julgar, segundo esses mesmos padrões, tudo o que o sentido intérprete lhe comunica, a partir dos sentidos corpóreos, esses, por sua vez, movem-se segundo as coordenadas espaçotemporais. Interessa notar que o sentido intérprete tem papel filosófico dos mais inusitados e importantes na história da metafísica, pois em certo sentido limitado logra aquilo que nenhuma outra escola filosófica consegue com tanta facilidade e simplicidade, a comunicação entre o incorpóreo e o corpóreo, entre o inteligível e o sensível. Com efeito, o sentido intérprete é o responsável por fazer a ponte entre o mundo "das ideias", mediatamente presente e ordenado nas mentes individuais dos seres humanos, e o mundo dos corpos e dos sentidos, em que se debate a multiplicidade caótica[708]. Porém esse sentido interior não está só, pois, ao que parece, a própria alma é medianeira, a meio caminho entre a matéria e o espírito, entre o corpo e a mente, entre a terra e o céu. De fato, se se move no tempo, contudo não no espaço, como Agostinho dirá mais tarde em sua carta 18 ao diácono Celestino[709], pois que hoje pensa uma coisa, amanhã, outra, o que se comprova pelo aprendizado do artífice, que com o passar do tempo vai retendo mais e mais conhecimento do seu ofício em sua mente, tornando-se a cada dia mais perito naquilo que faz.

---

[708] Há que se notar que a mente não é una, e sim múltipla. Embora seja por meio dela que o homem penetra algo do inteligível, ela mesma está limitada à coordenada temporal e, em certo sentido, também à espacial, pois trabalha com imagens psíquicas dos objetos corpóreos, que são limitados espacialmente, de par com conceitos e outras naturezas menos sensíveis, por assim dizê-lo. Portanto ela também, a mente, é mediadora entre o corpóreo múltiplo e o absoluto uno, o qual jamais se acessa pela razão, como o desprendimento contemplativo deixa patente, senão no silêncio de todas as "vozes" sequenciais que se fazem ouvir no interior da mente. Cf. 2,3,8,26-28; 11,30,122-123; 16,41,161.

[709] Cf. 1,6,14,44.

No secretário da Verdade: contemplação do Número eterno

167. A – [...] Transcende então o espírito do artífice também, a fim de que vejas o número sempiterno. No mesmo instante a Sabedoria refulgirá para ti de sua própria sede interior e do próprio [santuário] secreto da Verdade[710]; a qual Sabedoria, se ainda repele o teu olhar mais lânguido, volta o olho da mente para aquele caminho onde ela se mostrava bem-disposta[711]. Sê bem lembrado de teres diferido a visão, a fim de que a retomes mais forte e mais são[712].

Que morada é essa em que se diz estar a arte do número sempiterno, região dos espaços nenhuns? E quando, idade dos dias nenhuns?[713] Se todo tempo é mensurável, quantificável, por isso limitado, não pode ser tempo; nem o nunca, que significa "em tempo nenhum"; ao contrário, trata-se de um "fora do tempo", um não tempo, que confunde exatamente por carecer ser descrito a partir do próprio termo que se quer negar, como se o peixe carecesse da água para definir a terra, para ele apenas "o fora da água", por falta de outro termo que expressasse uma dimensão que lhe fosse desconhecida. Do mesmo modo, se é imensurável e infinito, não pode ser lugar, tampouco o vazio ou vácuo, que é um lugar que não contém nada; mas, ao contrário, um não lugar, uma dimensão absolutamente fora das coordenadas espaciais. Como se chega então até lá, não sendo lugar nem tempo, senão a partir do itinerário proposto neste livro segundo, dos sentidos ao sentido interior, deste à razão e além desta, onde se espera encontrar Deus? Porém esse além e acima não é lugar, não está acima da mente com o óleo sobre a água, dirá o filósofo em *Confissões*, nem como o céu

---

710 Liter. "secretário", mas com acepção distinta da prevalente em vernáculo. O termo latino é *secretarium*, o lugar secreto em que a Verdade se encontra. Não se diz secreto porque seja proibido, mas porque inacessível às mentes despreparadas e impuras, além de desconhecido do vulgo estulto, escravo dos sentidos e da inclinação sensual.

711 Cf. Sb 6,17 (18) *in* 2,16,41,162.

712 Cf. 2,13,36,142. Assim como apenas os que são dotados de olhos mais vigorosos, sãos e fortíssimos é que se fazem capazes de contemplar a luz do Sol, do mesmo modo apenas os que têm acuidade mental é que são capazes de contemplar a Verdade imutável. Em *Confissões* Agostinho retoma ideia semelhante, admitindo ser incapaz de permanecer "estável" na fruição de Deus (7,17,23): *"et non stabam frui deo meo"*, pois quando era capturado por sua Beleza, sendo por ela atraído e conduzido até ele, era logo em seguida arrebatado de sua presença por seu próprio peso, pelo qual precipitava-se em direção às coisas perecíveis. Esse *pondus*, diz o filósofo, era seu hábito carnal (*consuetudo carnalis*), sua vontade dirigida aos objetos corpóreos, que mantêm o homem distante da Verdade e do Ser.

713 Cf. *supra* §166.

sobre a terra, mas muito, muito acima, pois foi ele que criou todas as coisas[714]. Portanto quem logra ultrapassar o próprio espírito chega enfim à contemplação do Número eterno, quando então simultaneamente se depara com a própria Sabedoria, refulgente, desde sua sede interior, e do *secretarium* da Verdade, que, em última instância, são a mesma coisa, como se tem visto. E se essa contemplação, que é visão com os olhos da mente, está ainda interdita às mentes mais fracas, resta-lhes o socorro da fé, da misericórdia divina, ao confiar que a Providência lhes virá ao encontro bem-disposta e propícia, na qual se crê a partir da autoridade dos testemunhos, permitindo-lhes conhecer de algum modo antecipado, mesmo sem conhecer de fato, aquilo em que querem livremente dar o seu crédito de confiança. Depois, quando estiverem mais preparados, purificados do peso do amor do corpo e de tudo o que é corpóreo, quando se tiverem desprendido de fato dos sentidos e de suas inclinações de ordem sensual, aí então serão capazes de contemplar a Verdade, que é Sabedoria e Número.

2,16,43,168. Acenos da Sabedoria

168. A – Ai dos que te abandonam, seu condutor, e erram nos teus vestígios, esses que amam os teus acenos em lugar de ti, e que se esquecem do motivo por que lhes acenas, ó Sabedoria, suavíssima luz da mente purgada!

O termo latino *nutus* expressa um movimento que se faz com a cabeça, geralmente em sinal de aquiescência, um "aceno", portanto. E é nesse sentido, pois, que Agostinho se utiliza do termo nesta passagem, ao indicar, poeticamente, que os vestígios perceptíveis por meio dos sentidos do corpo são como que acenos divinos, sinais que Deus emite aos homens a fim de que eles despertem e passem a considerá-lo. No entanto o homem, ao perceber o aceno, em vez de voltar-se para seu autor divino, encanta-se e contenta-se com o próprio aceno, esquecendo-se do motivo pelo qual o aceno foi feito em princípio.

168. A – [...] Pois não cessas de acenar para nós o que e quão grande és, e os teus acenos são o embelezamento todo das criaturas.

---

[714] *Conf.* 7,10,16: *"non hoc illa erat [...] ita erat supra mentem meam, sicut oleum super aquam nec sicut caelum super terram, sed superior, quia ipsa fecit me [...] qui nouit ueritatem, nouit eam, et qui nouit eam, nouit aeternitatem [...]"*. Cf. 2,11,30,122-123.

A Sabedoria não cessa de olhar para o homem, cujo "adorno" (*decus*) é seu próprio aceno. Com efeito, se tudo o que existe é fruto da Bondade divina, quanto mais aquilo que de melhor se possa contemplar, presente na própria humanidade, em seu espírito, em suas obras? O homem, contudo, prefere amar a obra, os vestígios, os acenos da Sabedoria, não em detrimento dela mesma, pois ela não sofre detrimento algum pela perversão humana, e sim em detrimento de si mesmo, o único prejudicado.

2,16,43,169. Circunfulgência

> **169.** A – [...] Ai dos que se avertem da tua luz e aderem docemente à sua obscuridade! [...] e contudo, também ali, aquilo que os deleita, eles o têm ainda a partir da circunfulgência da tua luz.

Os que abandonam seu Condutor (*dux*), divagando ao invés em seus vestígios, enamorados de seus acenos em lugar daquela mesma que lhes acena, a própria Sabedoria, esses se fazem semelhantes aos que mais amam a forma que o conteúdo, as palavras do orador que seus ensinamentos[715]; palavras que nada mais são do que signos sonoros dos próprios pensamentos, diz o filósofo. Esses que voltam as costas à Sabedoria, num movimento de aversão à luz, convertendo-se, em vez disso, às próprias sombras carnais, encontram sem dúvida prazer em seus objetos de afeição, porque esses também derivam aquilo que têm de bom da Luz superna, que refulge ao seu redor, a Luz dos Números e da Forma em que todo objeto corpóreo é banhado (§164).

---

[715] O próprio Agostinho reconhecerá mais tarde, ao relatar em *Confissões* (5,13,23) seu encontro inicial com Ambrósio, em Milão, como o havia procurado mais pela fama de sua eloquência que pelo conteúdo de suas pregações: "E vim para Milão, para ver o bispo Ambrósio [...] cujos discursos ministravam ativamente a seiva do teu trigo, a alegria do teu azeite e a sóbria embriaguez do vinho ao teu povo. [...] E o ouvia atentamente discorrer diante do povo, não com a intenção com que devia, mas como que investigando sua facúndia, a ver se estava de acordo com sua fama [...] estava suspenso por suas palavras, atento, porém desinteressado do conteúdo; mas não apenas permanecia em atitude de desprezo, também me deleitava com a suavidade de seu discurso [...]" (*Et ueni Mediolanium ad Ambrosium episcopum* [...] *cuius tunc eloquia strenue ministrabant adipem frumenti tui et laetitiam olei et sobriam uini ebrietatem populo tuo.* [...] *et studiose audiebam disputantem in populo, non intentione qua debui, sed quasi explorans eius facundiam, utrum conueniret famae suae* [...] *et uerbis eius suspendebar intentus, rerum autem incuriosus et contemptor adstabam et delectabar suauitate sermonis* [...]).

2,16,43,170. O preço da aversão

170. A – Mas a sombra, quando é amada, torna mais lânguido o olho do espírito e mais inválido[716] para suportar o teu conspecto[717]. Por essa razão mais e mais o homem é entenebrecido, enquanto persegue prazerosamente tudo aquilo que acaba por torná-lo toleravelmente mais fraco[718].

Quando se averte do incorpóreo e se converte ao corpóreo, faz-se uma escolha em detrimento de si mesmo, preferindo as sombras em lugar da luz. Essa escolha tem por consequência inevitável um enfraquecimento da visão espiritual, que se torna doravante incapacitada de contemplar aquilo que verdadeira e sumamente é. Em vez de iluminar-se o homem se entenebrece, ao voltar-se para a sombra dos corpos, sombra que nada mais é que ausência de luz, condição e resultado de sua livre aversão. E porque averte-se da luz da Sabedoria, com prazer e espontaneamente, sofre a consequência forçosa de sua livre escolha, perdendo a capacidade de visão. Passa, pois, a não mais poder ver aquilo que é verdadeiramente; miopia essa que é o justo salário por sua escolha errada, numa palavra, recebe um soldo de sofrimento, que lhe é devido por seu livre movimento de aversão[719]. Nesse sentido o castigo é consequência merecida de seu pecado, de seu afastamento da Sabedoria incorpórea e eterna em prol do prazer fugaz que elege desfrutar nas sombras corpóreas. E se é salário, se é merecido[720] por obra levada a efeito, deve ser aceito, forçosamente, a partir da noção clássica de justiça de que já se discorreu[721], de atribuir a cada um aquilo que lhe é devido, seja o prêmio, seja a punição. E o que é justo não pode ser mau, remata Agostinho.

---

716 Quer dizer, "menos válido", ou seja, "menos capaz".

717 Cf. 3,25,76,264. Ver também verbete *conspectus* no LÉXICO T-F.

718 Ao perseguir os corpos, que quanto mais distantes da luz incorpórea mais obscurecidos se fazem, o homem é por eles "acolhido" como seu possuidor (*ex-capere*), objetos que o capturam, ao serem por ele perseguidos, embora ele pense que os esteja capturando; e que, por estarem distantes da luz incorpórea, esses objetos tornam mais fraca sua visão, toleravelmente mais fraca, isto é, mais incapaz de suportar a luz incorpórea da Sabedoria (cf. 2,13,37,142). O hábito de perseguir e amar as sombras corpóreas enfraquece a visão, que, por causa desse comércio com as sombras se torna incapaz de contemplar a Luz suprema.

719 Cf. *Conf.* 2,2,2: *"semina dolorum"*.

720 Cf. verbetes *merces, meritum, mereor* no LÉXICO T-F.

721 Cf. 1,5,11,33; 6,15,48-49.

Patologias da aversão: engano, sedução e tormento

170. A – [...] A partir disso começa a não poder ver aquilo que é de modo supremo, e a considerar como sendo um mal tudo que [i] engana o imprevidente, [ii] seduz o indigente, [iii] ou excrucia o cativo, embora padeça isso *pelo mérito* de sua aversão e tudo que é justo não possa ser mau.

Porém o castigo maior desse movimento de aversão, decorrente do enfraquecimento da visão da mente, incapacitada doravante de contemplar aquilo que é verdadeiramente, ao que parece, é um enfraquecimento da própria capacidade julgadora da mente, que começa a reputar como um mal [i] o engano, [ii] a sedução e [iii] o tormento consequente ao aprisionamento, conquanto *pro merito.* Porém, se é merecido, não pode ser injusto; e sendo justo, não pode ser mau, tampouco deveria ser motivo de lamentação. Nada obstante os homens consideram essas desditas como males[722], quando, na verdade, são consequência necessária de sua visão mental enfraquecida pela aversão da Sabedoria. Graças a essa miopia espiritual são, *pro merito:* [i] enganados, porque imprevidentes (*inprouidi*); [ii] seduzidos, porque necessitados e indigentes (*indigui*); [iii] excruciados, porque cativos (*capti*) da *libido,* capturados após terem sido engodados e atraídos pelas próprias inclinações sensuais. Logo, como sequência necessária dessa aversão, o homem sofre merecidamente, o que é justo e não pode ser considerado um mal, pois, como havia sido dito pela autoridade do apóstolo Tiago: "Cada um é tentado pela própria inclinação sensual, tendo sido por ela arrastado e seduzido"[723]. Portanto [i] *falsitas,* "engano", [ii] *illecebrae,* "sedução", e [iii] *excruciatio,* "tormento", conquanto sejam considerados pela miopia humana como males, são apenas o salário (*merces*) justíssimo a que o homem fez por merecer, *pro merito,* após sua aversão voluntária, quando deveria, ao invés, ter-se convertido ao que é sumamente.

2,16,44,171. Forma eterna e imutável

171. A – Logo, se não podes captar um objeto mutável que tenhas observado, seja pelo sentido do corpo, seja pela consideração do espírito, a não ser que ele esteja contido em alguma forma dos números...

---

[722] Cf. 1,1,1,1-2. Indagado por Evódio acerca da origem do mal, Agostinho deixa claro que dois são os males comumente considerados: sofridos e praticados. Contudo apenas os praticados é que se consideram de fato males, pois os que se padecem nada mais são do que consequência da Justiça providente de Deus.

[723] Tg 1,14: "ἕκαστος δὲ πειράζεται ὑπὸ τῆς ἰδίας ἐπιθυμίας ἐξελκόμενος καὶ δελεαζόμενος".

Nesse breve parágrafo Agostinho epitoma de modo bastante sucinto conceitos fundamentais de seu pensamento. Primeiro diz que os objetos mutáveis podem ser percebidos seja pelos sentidos do corpo, no caso dos objetos de natureza corpórea e sensível, como odores, aspectos, texturas, sabores, sons, cores, entre tais, seja pela consideração da mente, como as imagens mentais formadas a partir dos perceptos enviados pelo sentido intérprete, chamado de "interior", analisadas, comparadas e mensuradas pela razão, como por exemplo as imagens de duas figuras quaisquer captadas pelos olhos, fixadas na retina, enviadas pelo sentido interior à razão e por esse "juiz" cotejadas; ou ainda opiniões, crenças, conceitos e tais, que igualmente são passíveis de mudança no tempo, embora não no espaço. Desse último grupo estão obviamente excluídas realidades incorpóreas imutáveis, tais como a verdade dos números ou as virtudes cardeais, como por exemplo a Justiça. Nenhum desses objetos ditos mutáveis, corpóreos ou não[724], pode ser apreendido sem que seja dotado de uma forma, isto é, sem que esteja contido em uma "forma de números", como diz o filósofo. De fato, conforme havia dito pouco atrás[725], nada há no céu ou na terra que não seja dotado de forma; e nenhuma forma há que não seja dotada de números. Logo nada há que não esteja em uma "forma de números" ou "numerosa".

171. A – [...] [forma] que, caso lhe seja subtraída, faz com que recaia em um nada...

Se essa "forma numerosa" pudesse ser subtraída de um objeto qualquer, esse simplesmente deixaria de existir, o que equivale a dizer que se precipitaria no nada a partir de onde foi criado, uma vez ter sido admitido logo no início da obra que Deus criou tudo do mais absoluto nada (*ex nihilo*)[726]. Ora, se aquilo que foi criado a partir do nada deixa de existir, deixa de ser, não se pode dizer senão que retorne ao nada, o que se diz de modo impróprio, pois nem o nada é algum lugar para onde se possa retornar, nem algo que não existe pode ir ou retornar a qualquer lugar, ainda que seja para o nada. Logo aquilo que tem sua forma numerosa subtraída simplesmente deixa de ser, o que equivale a dizer, conquanto impropriamente, que recai no nada. Esse sair do nada para ser e voltar ao nada

---

724 Há que se fazer a distinção entre objetos incorpóreos de natureza imutável e objetos incorpóreos de natureza mutável, os quais se prendem à dimensão dos corpos, embora se digam incorpóreos, não apenas por serem tão mutáveis e transitórios como aqueles, mas porque os refletem.

725 Cf. 2,16,42,164.

726 Cf. 1,2,5,12-13.

para não ser justifica igualmente a afirmação supraefetuada de que nas formas há tanto mais ser quanto mais números nelas houver, ou seja, que são tanto mais quanto mais são numerosas (§164), pois, se se lhes retira o número, se lhes é retirada também a forma, e consequentemente o ser todo, nada restando para ser.

> **171.** A – [...] não duvides que, para que esses objetos mutáveis não sejam interceptados [em seu curso], mas que continuem [até completá-lo], como se fossem as circunvoluções dos tempos, por movimentos dimensionados e por uma variedade distinta de formas, [não duvides, pois,] que exista uma certa Forma eterna e absolutamente imutável, que nem seja contida e como que difundida pelos lugares, nem estendida e variada pelos tempos...

Decorre disso, diz Agostinho, ser indubitável a existência de uma Forma eterna e incomutável, uma Forma que não acabe com o tempo, estando fora dele; nem se modifique ou corrompa, sendo estável. Embora o filósofo não explique o que seja essa Forma, contudo refere sua finalidade, por assim dizê-lo. Essa Forma imutável e eterna tem existência a fim de que os objetos que não são imutáveis e eternos como ela não sejam interceptados (*intercipio*) em seu curso, e sim, bastante ao contrário, que vão até ao fim, realizando ou completando o seu percurso (*perago*). Embora o sentido dos verbos, se considerados isoladamente, possa ser posto em questão, quando considerados em conjunto na dialética no período em que contrastam, o resultado é translúcido, ao menos diante do pano de fundo do platonismo adotado pelo autor. Os objetos corpóreos todos têm fim, pois corrompem-se; objetos cujos corpos retornam ao pó, após desintegrada sua forma corpórea sensível. Nesse sentido têm cada um o seu curso, o seu tempo de existência, quando então sua forma numerosa, de natureza corpórea, se desintegra e o objeto deixa de existir, retornando ao nada, por assim dizer. Contudo, diz o filósofo, há uma Forma eterna e imutável que não se desintegra, abandonando sua forma, nem se modifica, deixando de ser o que é para ser outra coisa, por meio da qual os objetos se dizem chegar ao fim de seu percurso e não ser interrompidos pela degeneração decomponente antes do tempo que lhes está determinado. Mas como é que isso se dá? Por quê? Agostinho oferece um exemplo na sequência, comparando o circuito realizado sem interrupção pelos objetos corpóreos a uma certa revolução ou "volver" (*uersus*) dos tempos, o que remete por certo à ideia grega da circularidade temporal, impregnada nas mentes de todos os habitantes daquele mundo, o que não exclui de modo nenhum o homem pós-clássico, como Agostinho. O tempo, para os antigos, dava voltas e voltas, como as idas e vindas da maré, ou

o enovelar dos fios do destino pelas Parcas[727], novelos que não por acaso eram esféricos. E ainda que se trate de um pensamento cristão um tanto embrionário, nem por isso a metáfora deixa de ser clara e eficaz como exemplo. Os objetos corpóreos podem permanecer em seu curso porque suas formas são derivadas da Forma eterna e imutável, como as ideias de Platão, cujas cópias imperfeitas e ensombradas, os objetos de natureza corpórea, eram reflexos da Luz original. Logo, embora os objetos tenham um fim demarcado pela corrupção de sua forma corpórea sensível, o mesmo não se dá com a Forma perfeita, eterna e imutável, que não apenas serve de modelo a outros tantos objetos que terão começo e fim, através do ir e vir, como as circunvoluções do tempo, mas igualmente os mantém coesos, unidos, íntegros, como se essa Forma exercesse um esforço centrípeto integrador que os mantivesse, enquanto durasse sua existência, livres da desintegração. E ainda que haja uma variedade distinta de formas, todas elas, por serem derivadas da Forma ideal, são igualmente numerosas, cujo movimento, por serem mutáveis, é dimensionado, medido; movimento cujo número deriva igualmente da Numerosidade da Forma eterna. Desnecessário dizer que essa Forma, por ser eterna e imutável, conquanto dotada do Número, não se difunde através dos espaços, nem dos tempos, tampouco sofre mudança em sua natureza em nenhuma das duas coordenadas, seja no tempo, seja no espaço.

171. A – [...] [Forma] através da qual todas essas coisas, sem exceção, possam ser formadas, e que complete e realize[728], segundo o seu gênero, os números dos lugares e dos tempos[729].

---

727 Três deusas da mitologia grega que determinavam o curso da vida dos homens neste mundo.

728 Liter.: "preencha" e "acione".

729 Eis uma paráfrase do §171, cuja complexidade pode ser assim destrinçada para facilitar a compreensão: Não se pode captar nenhum objeto mutável, seja pelo sentido do corpo, seja pela mente, se este objeto não for dotado de alguma forma e consequentemente do número, pois nada pode haver sem que possua uma forma, que é a própria determinação do ser, sem a qual tem-se o nada. Não se deve duvidar de que existe uma Forma eterna e imutável, que, por ser incorpórea, não se desloca pelos espaços nem sofre variação no decurso do tempo. A F. eterna e imutável é responsável pela existência no tempo e no espaço da forma de todo objeto corpóreo, pois se ela não existisse, nada mais existiria. Os objetos existem porque têm forma e número, o que lhes confere uma existência ordenada, segundo a razão e verdade dos números, seja essa existência determinada por um movimento mensurável, seja por uma forma quantificável, numerosos ambos. Todas as formas mutáveis existem por causa da F. eterna e imutável, de que derivam seu ser e sua própria forma. Por fim a F. eterna e imutável é também responsável pela realização, ou seja, pela integração, manutenção coesa e unidade de cada forma mutável, enquanto esta for destinada a ser, no decurso do tempo, segundo o seu gênero, mas também pela própria numerosidade dos tempos e espaços, coordenadas em que as formas mutáveis se deslocam e existem.

E essa Forma eterna e imutável, de que derivam e que as mantém coesas, as demais formas mutáveis e temporais presentes em tudo o que existe, sem o que aquilo que existe deixa de existir e precipita-se no nada, enfim, é a partir dessa Forma que são formadas as coisas todas que são, sem exceção, num eco retumbante da ideia platônica. Isso, porque tudo aquilo que existe, deixando de não ser no nada para ser alguma coisa, só vem a ser porque e quando é dotado de forma e número, segundo o seu gênero específico. E se existe tudo aquilo que existe, porque tem forma e número, só passa a existir porque há um lugar e um tempo em que possa existir, lugar e tempo que são igualmente dotados de forma e número, sem o que tampouco existiriam. De fato, um lugar[730] tem esquerda, direita, alto, baixo, dentro, fora, aqui ou acolá, além de permitir a união equidistante de pontos numa reta, a disposição paralela de duas retas ou o seu posicionamento angulado, tangenciado, assim como o tempo[731] tem antes, depois, antes do antes, depois do depois, agora, sempre, nunca, então, quando, entre tais, expressões todas numerosas, mensuráveis, dimensionáveis, perceptíveis tanto nos lugares como nos tempos. A Forma suprema, ao imprimir um eco seu na forma e no número que confere ao que não era e vem a ser, cria um universo matemático, não apenas formado, mas igualmente numeroso, dimensionável, acionando as engrenagens que relacionam e integram tudo o que existe, exatamente por ter sido preenchido pelo número, constituinte do que tem forma e vem a ser.

O que parece complexo é bem menos do que se mostra, se se tiver em mente o fundo diante do qual se elevam as colunas mestras do pensamento do filósofo, ao menos nesse livro segundo. Na verdade pode-se compreender como uma paráfrase da própria criação *ex nihilo*, porém elaborada sobre os alicerces de algumas categorias metafísicas platônicas. Tudo o que vem a ser, a partir da ação voluntária e gratuita do Ser divino, vem a ser do nada, pois não havia senão um

---

730 Sempre em relação a um ponto de referência, obviamente. Não há dúvidas de que a noção de espaço, por si só, vazio, é relativa, embora em tese se admita a possibilidade dessas coordenadas, quando se tem por ponto de referência um sujeito qualquer, como no caso em questão. De fato, uma coisa é imaginar o espaço vazio, sem referências, em que um planeta ou asteroide qualquer esteja movendo-se, outra, bem diferente, é imaginá-lo no interior de um sistema, de uma galáxia, ou movendo-se elipticamente em torno de um outro astro qualquer. Quando Agostinho se refere ao espaço, obviamente o imagina em referência a alguma coisa ou algum sujeito, e não o espaço em si, isolado e destituído de referências.

731 A questão do tempo é complexa, como o próprio filósofo há de perceber em *Confissões* (11). Contudo pode-se dizer que, assim como a coordenada espacial, o tempo também se considera relativamente a um dado evento: antes, depois, conjuntamente ao qual seja possível referir-se.

silencioso nada antes de haver algo, o que só ocorre quando o Ser uno decide criar os seres, imprimindo certa multiplicidade ao seu cosmo ordenado. O ato criador, portanto, é também um ato formador e multiplicador: o Ser imprime as formas a partir do nada, de um absoluto não ser, dando existência ao que simplesmente não era, senão como uma ideia imperscrutável em sua mente eterna. Não parece algo lógico, sem dúvida, que se possa imprimir uma forma ao que não existe, e que, por isso mesmo, não poderia receber uma forma. Essa objeção era igualmente levantada pela mente racionalista grega, que jamais aceitou a criação judaico-cristã *ex nihilo*. Todavia é precisamente ao receber a forma que o que não era vem a ser. Vê-se, portanto, que apesar de se dizer que os pilares da edificação são platônicos, a pedra angular, contudo, é judaico-cristã, pois, ao contrário da concepção grega da eternidade do mundo e de seus elementos, a partir dos quais e por meio dos quais tudo se teria evolvido, fosse esse elemento primordial a água, a terra, o ar, o fogo, ou fosse um princípio intelectual incorpóreo qualquer (νοῦς), para a mentalidade cristã, contudo, anterior a Deus, só Deus, por dizê-lo, pois nada lhe seria antecedente, visto que ele é o Princípio eterno de que tudo vem a ser. Nenhum princípio poderia ter havido no Princípio, aquela Sabedoria criadora com a qual Deus criou o céu e a terra, salvo Cristo, o Princípio *um* com Deus, do contrário esse princípio qualquer, se houvesse existido, seria coeterno com Deus, um deus eterno, a seu favor ou antagônico a Deus, o que ruiria por completo o edifício piedoso acima do qual se erigiu a disputa[732], e sobre o que toda a especulação cristã doravante se haveria de alicerçar.

2,17,45,172. O ser e a forma das naturezas formáveis

> **172.** A – Pois é necessário que todo objeto mutável seja também formável. E assim como dizemos que é "mutável" aquilo que pode ser mudado, assim também eu denominaria[733] "formável" aquilo que pode ser formado.

Tudo o que é mutável deve necessariamente possuir uma forma, pois não seria mutável se não existisse, e não existiria se não possuísse uma forma[734]. De

[732] Cf. 1,2,5,12-13.

[733] Pode considerar-se aqui ainda um subjuntivo potencial, o que implicaria ser traduzido por: "eu poderia denominar". Cf. Greenough *et alii, op. cit.*, 2001, §447.

[734] Deve-se ter em mente que se trata aqui de uma existência inferior, ou uma quase não existência, pois, como se tem propugnado por dizer desde o início, segundo o pensamento parmenídico-platônico, só é verdadeiramente o que é permanentemente, coisa que o que é mutável não pode ser.

fato, como disse antes o filósofo[735], nada há no céu ou na terra que não seja dotado de forma. Logo todo objeto passível de sofrer mudança deve ser igualmente formável, do contrário nem existiria; e o nada não é nem mutável, tampouco formável. Contudo a origem da forma que cada objeto mutável possui não pode ser ele mesmo. Assim como nada pode vir a ser por si só, nada pode formar-se a si mesmo. E com efeito, se nada há sem forma, do que se depreendeu a correspondência entre ser e forma[736], seria ilógico imaginar que algo que não é possa conferir o ser a si mesmo, como se se imaginasse que algo que não existisse pudesse fazer qualquer coisa, como conferir existência, fosse ao que fosse. Se não tem forma, não existe; se não existe, não pode formar, tampouco formar-se.

> **172.** A – [...] Porém nenhum objeto pode formar a si mesmo, porque nenhum objeto pode dar aquilo que não possui...

E invariavelmente, remata o filósofo, para que algo possua uma forma, faz-se necessário seja formado, o que, para muito além da pseudo-obviedade e pseudotautologia da passagem, remete à criação *ex nihilo*. Com efeito, se nada pode formar-se a si mesmo, assumindo que possua uma forma, necessário se faz admitir que a tenha recebido de fora, de algum agente externo, daí o verbo na passiva[737]. E quem é formado, na voz passiva, gramática e logicamente deve ser formado por algum agente dessa passiva que não ele mesmo. É como se se dissesse, por outra, que nenhum efeito pode ser incausado. E se assim é, não seria possível que um efeito qualquer causasse a si mesmo, sendo necessário, para que tenha sido causado, que tenha sido causado por alguma outra causa que não ele mesmo, que é efeito de uma causa, não causa de um efeito.

> **172.** A – [...] porém se um outro não possui forma, não pode receber de si aquilo que não possui. Portanto nenhum objeto, como dissemos, pode formar-se a si mesmo.

Logo quem tem forma não carece de recebê-la novamente; quem não a tem nem existe, a fim de que mereça recebê-la ou possa conferi-la a si mesmo, sendo por consequência obrigado a ser criado por outrem, a fim de

---

735 Cf. 2,16,42,164; 44,172.

736 Cf. 2,16,42,164-167.

737 *Vt habeat formam, formatur aliquid*, "Para que possua uma forma, algo é formado". Logo é necessário que algum agente externo imprima uma forma a algo, para que esse algo se considere de fato "formado", pois nenhum objeto pode autoformar-se.

que venha a ser, assim como formado, a fim de que possua forma, como poeticamente reconhecerá Agostinho no prólogo do último livro de *Confissões*: "Porque antes que eu existisse, existias tu, e eu nem existia, para que me concedesses que eu existisse"[738].

2,17,45,173. Os anos sem defeito da locução profética

> **173.** A – [...] E deste modo conclui-se que o corpo e o espírito são formados por uma certa Forma absolutamente imutável e que permanece para sempre...

Portanto, se não pode formar-se a si mesma, decorre disso que de outra parte é que deve receber sua forma a alma, e com ela todo objeto mutável. Logo deve haver alguma Forma superior, imutável, eterna, anterior a tudo, a partir de que todo corpo e todo espírito ou mente sejam formados, vindo a ser. Se a forma de um objeto corpóreo e, por isso mesmo, sensível, pode ser vislumbrada sem grande dificuldade, a forma da mente ou espírito, por sua vez, não pode ser percebida pelos sentidos. Contudo é sabido que a mente sofre mutações em sua natureza ao longo do tempo, mas não no espaço, por ser incorpórea, o que permite supor uma maior proximidade com a Forma que lhe deu origem, igualmente incorpórea.

> **173.** A – [...] Forma a que se disse: "Mudarás as coisas e elas serão mudadas; porém tu és o mesmo e os teus anos não serão deficientes"[739]. A locução profética empregou "anos sem defeito" em lugar de "eternidade"[740].

Ainda uma vez Agostinho recorre à autoridade das Escrituras para chancelar sua argumentação. Desta feita cita um versículo dos Salmos, de par com um do livro da Sabedoria, o que, nada obstante sua poesia rudimentar e as metáforas tão mais singelas quanto profundamente tocantes, permite-lhe associar a eternidade divina com tudo o que acaba de dizer da Forma eterna

---

738 *Conf.* 13,1,1: *"Quia et priusquam essem, tu eras, nec eram, cui praestares, ut essem"*.

739 Sl 102,27 *iuxta* LXX (*iuxta Vulgatam* 101,28).

740 Optou-se por traduzir *deficere* por "ser deficiente" e não por "acabar" ou "ter fim", para não inutilizar a explicação subsequente de Agostinho e com ela sua perplexidade com o dizer profético; pois, do contrário, ter-se-ia algo como: "seus anos não terminarão... o dizer profético diz 'anos sem terminar' em lugar de eternidade" – o que não faria justiça nem à inteligência, nem ao espanto do filósofo, ao tornar a parentética inserida por ele, que nesse caso explicaria o óbvio, uma simples tautologia.

e incomutável, principalmente que imprime mudança a todas as formas, renovando-as[741], embora ela mesma permaneça imutável para sempre, pelos anos dos anos, sem nenhum defeito.

O verbo utilizado na passagem sálmica causa estranheza. De modo geral o latino *deficio* significa "ter defeito", "falhar", mas também "acabar". O equivalente grego para o versículo, ἐκλείπω[742], também significa "falhar", "deixar de existir", além de "ser defectivo" ou "deficiente". Portanto a passagem poderia ser assim traduzida: "Os teus anos não terão defeito", em vez de dizer que "não passarão". A ideia do autor bíblico é dizer que os anos de Deus não deixarão de subseguir-se um após o outro, que não serão interrompidos, mantendo-se numa sequência interminável, contudo que não se confunde com aquela eternidade sem tempo em que não pode haver sucessão alguma, o que implicaria um antes e um depois ali inaceitáveis. E o fato de Agostinho ter julgado necessário explicar a expressão profética, *anni tui non deficient*, "Os teus anos não serão deficientes", ou seja, "não acabarão", é evidência mais que suficiente de que a tradução latina da expressão sálmica era no mínimo insólita. Ao explicar que "sem defeito" significa "eterno", não apenas levanta questão acerca do sentido latino do verbo *deficio*, mas também acerca da expressão "anos", que não se aplica de modo apropriado à eternidade, em que não há tempo algum, senão metaforicamente.

2,17,45,174. Forma-Providência

> **174.** A – [...] [essa Forma] é a própria Providência delas. Com efeito, essas coisas não existiriam se ela não existisse[743].

---

741 Cf. 2,16,44,171; *Conf.* 1,4,4: "O imutável, que muda todas as coisas [...] o que renova todas as coisas..." (*inmutabilis, mutans omnia [...] innouans omnia...*). Sb 7,27. "Renovar", aqui, traduz o latino *innouo*, "tornar novo", que é tradução do grego καινίζω: "καὶ μένουσα ἐν αὑτῇ τὰ πάντα καινίζει".

742 No fut. ἐκλείψουσιν.

743 Liter.: "essas coisas não seriam, se ela não fosse". A passagem, que tem sua leitura dificultada pela sintaxe, pode ser mais bem compreendida pela seguinte paráfrase: Portanto, a partir do que se disse, fica claro que a Providência governa todas as coisas. De fato, tudo o que existe deixa de existir se se retira completamente a sua forma. Do que se compreende que a Forma imutável é a própria Providência, uma vez que essas coisas que existem só existem e permanecem em sua forma por causa dela, isto é, porque possuem formas e números conferidos pela Forma eterna. E sem essa Forma suprema, as demais formas não seriam possíveis, e os objetos que as possuem tampouco existiriam.

Essa Forma suprema, imutável, eterna, incorpórea, que forma todas as coisas, renovando-as, sem contudo sofrer nenhum mudança em sua natureza, permanecendo sempre a mesma, é a Providência divina, que na excelsitude de sua onisciência vê antecipadamente todas as coisas que foram, que são e que serão, embora ela mesma seja o Ser presente que jamais foi ou será, num é estável para sempre. É dessa Forma incomutável, portanto, a Providência, que derivam todas as coisas que são, ao imprimir-lhes, a cada uma, uma forma, sem a qual forma, contudo, deixam simplesmente de ser. Nada seria, diz o filósofo, se essa Forma imutável não existisse, ela que é o Ser supremo, de que deriva o ser de tudo o que venha a ser.

Forma, Providência, Ser, mas também Sabedoria, Verdade, Razão e Verdade dos Números, cujos atributos, por assim dizer, confluem numa única palavra, ou antes, na Palavra ou *uerbum*, que é Deus. Todo aquele que se decide por buscar a Sabedoria, em um itinerário ascendente da mente rumo à excelsitude acima dela mesma, depara-se com a própria Sabedoria, graciosa e propícia, a correr ao seu encontro, segundo a citação do livro bíblico homônimo, que tanto serviu a Agostinho nesses últimos parágrafos. O itinerário da mente para Deus, essa Sabedoria, se faz tanto mais álacre quanto mais belo se percebe, enobrecido e enfeitado por sua presença, desta sabedoria sem cuja companhia não se logra ascender para ela mesma, como se antecipasse a necessidade de sua Graça.

2,17,46,175. Ser, viver, inteligir VII: corpo e vida

> **175.** A – Tu, porém, se além daquilo que é e não vive, e daquilo que é, vive e não intelige, e daquilo que é, vive e intelige, descobrires algum outro gênero dentre as criaturas, ousa então dizer que existe algo bom que não tenha sua existência a partir de Deus![744]

Tudo que é, vive e intelige, os três graus da escada das naturezas elaborada pelo filósofo ao longo desse livro segundo[745], constitui a totalidade do que tem forma e número, numa palavra, de toda criação divina, oriunda da Forma-Sabedoria suprema, que é também a Providência divina, como ficou dito no parágrafo anterior (§174). Logo toda a criatura da Sabedoria eterna

---

[744] É possível ainda uma outra tradução, igualmente correta: "Ousa então dizer que algo que não exista a partir de Deus seja bom", ou liter.: "que algo que não seja a partir de Deus seja bom".

[745] Cf. 2,3,7,21-24; 5,11,42-12,50; 6,13,51-53.

de Deus, feita a partir do nada, ou é, ou é e vive, ou é, vive e intelige, o que abrange, como se viu com riqueza de detalhes acima, [i] os objetos inanimados, como minerais, por exemplo, que apenas são ou existem; [ii] os animais e as plantas, que além de serem igualmente vivem, ou seja, são dotados de movimento[746]; [iii] as naturezas inteligentes, dotadas de ser, vida e capacidade de intelecção, como o homem[747].

Da tríade à díade: carne e espírito

175. A – Pois estes três podem também ser enunciados por meio de dois outros nomes, caso sejam denominados "corpo" e "vida", porque não só aquele que apenas vive e não intelige, como a espécie das reses, mas também este que intelige, como no caso dos homens, de modo corretíssimo se diz "vida".

Interessante notar esse movimento de simplificação operado pelo filósofo, ao reduzir as três categorias a que recorreu inúmeras vezes ao longo deste livro segundo a duas outras mais abrangentes, corpo e vida. Logo tudo o que existe, enquanto existe, ou seja, enquanto é dotado de forma e número, ou é corpo (*corpus*), ou é vida (*uita*). Pois bem, se tudo o que é corpóreo é passível de apreensão pelos sentidos do corpo, pode-se entender essa categoria "corpo" como abrangente de tudo aquilo que seja sensível ou apreensível pelos sentidos corpóreos. Por outra, se tanto o que vive como o que vive e intelige são dotados de vida, depreende-se que essas duas categorias façam parte da nova categoria, "vida". Contudo sabe-se que nem tudo o que vive intelige, embora tudo o que intelija viva. Porém a categoria "vida" não se restringe especificamente aos dons da inteligência, talvez pelo fato de ser subsumida pela própria Inteligência divina neste gênero mais amplo, Inteligência que, como dirá Agostinho logo a seguir, quando suprema, outra coisa não é senão Deus. Seja como for, parece que o filósofo deu-se conta da insuficiência do escalonamento tripartite para ressaltar a antítese fundamental do pensamento cristão, corpo e alma ou carne e espírito, que aqui se denomina corpo e vida. Embora toda criação se subsuma corretamente nas três categorias supra-apresentadas, ser, viver e inteligir, essa tríade não dá o devido destaque à distinção

---

746 Movimento esse que, ao contrário daquilo por que propugnava Platão, não lhes é eterno, sob pena de se ter de considerar toda vida como princípio em si mesma, automovente e coeterno com Deus.

747 Os anjos e os demônios também se enquadram na terceira categoria.

fundamental existente no universo, entre matéria e mente ou corpo e espírito. E mais, embora Deus seja, isto é, embora a categoria "ser" refira-se igualmente a Deus, assim como as categorias viver e inteligir, Deus contudo não é corpo, nem a alma tampouco a inteligência se podem dizer corpos. Deus não é corpo, mas é espírito, vida, inteligência. Deus é incorpóreo, assim como a vida, a inteligência, a alma. A tríade não dá conta dessa oposição, dessa antítese, exatamente por ser uma tríade, uma escada em três degraus que não se opõem, mas que se completam. Ora, se um corpo apenas é, por não viver nem inteligir, não se deve daí concluir que o Ser em si seja inferior à Vida e à Inteligência em si mesmas, a partir da escada neoplatônica ser, vida e inteligência. Isso, porque em si mesmos, ou antes, em sua Fonte, que é Deus, o Ser supremo, que é também Vida e Inteligência supremas, são absolutamente semelhantes, embora nos seres se constituam naturezas distintas, não apenas com base em critérios qualitativos, ou ontológicos, como dito antes[748], mas também quantitativos. Pois não é apenas por ser que a pedra é menos que o animal, mas também porque este, para além do ser, possui também a vida. Ou seja, possui dois, que é mais que um. E o mesmo raciocínio se aplica à inteligência, que não é apenas melhor do que o ser em si mesma, enquanto natureza inteligível e menos distante da semelhança divina[749], mas porque implica a posse do ser e da vida, somando três naturezas em uma só, o que cumulativamente constitui algo duas vezes melhor do que o ser e apenas uma melhor do que a vida. Na verdade a aparente confusão se dá porque Agostinho precisou associar os três degraus às três categorias de naturezas criadas: o ser, aos corpos; a vida, aos corpos animados; a inteligência, aos corpos animados inteligentes. Mas se foi necessário para a prova racional da existência de Deus, deve-se compreender que nele, cuja natureza é absolutamente imutável e eterna, a não dizer suprainteligível, não pode haver associação nem com corpos, nem mesmo com os movimentos que a vida e a inteligência implicam. Portanto deve-se dissociar a Fonte do ser, da vida e da inteligência nas criaturas, que é o Ser, a Vida e a Inteligência supremos, Deus, de sua presença reflexamente participativa nas naturezas criadas, cuja comparação, como tudo o que se refere a Deus, é tão mais especiosa quanto inapropriada, ainda que necessária, do contrário nada absolutamente poderia ser dito a seu respeito para além da apófase.

---

748 Cf. 2,4,10,41-5,11,43.

749 Cf. Gn 1,26.

2,17,46,176. Todos os bens têm origem em Deus: conclusão da *Quaestio* II

176. A – [...] essas duas criaturas, portanto, corpo e vida, porque são formáveis, como nos ensinou aquilo que se disse mais acima, e porque, tendo perdido totalmente sua forma, recaem no nada[750], mostram de maneira suficiente que a partir daquela Forma é que subsistem, a qual é sempre do mesmo modo. Por isso os bens de qualquer tamanho, não importa se grandes, ou se mínimos, não podem existir, a não ser a partir de Deus.

Se todas as criaturas podem subsumir-se nestas duas categorias, corpo e vida — daí, por certo, a passagem da tríade à díade —, isso se deve ao fato de Deus se dizer igualmente "Vida", que é suprema[751]. De fato, se tudo o que existe cá embaixo na terra e acima no céu existe porque é formável, "tudo" esse que compreende o que é apenas, assim como o que é e também vive, de par com o que é, vive e acima de tudo intelige, naturezas que constituem o conjunto universal da criação divina, e que, como se viu, só têm forma porque recebem sua forma da Forma suprema, que é também a Providência divina, decorre disso que tudo o que é, vive e intelige só é, vive e intelige porque recebe seu ser, sua vida e sua inteligência dessa Forma suprema, que é Deus. Por outro lado, embora não seja corpo, Deus todavia se diz a Vida suprema, assim como é o Ser e a Inteligência supremos. Nenhum desses três, contudo, remete especificamente ao corpo, pois, embora se possa compreender a categoria "ser" em contraposição ao que vive e ao que intelige, como referindo-se aos objetos corpóreos que não são dotados de vida nem de inteligência, como os minerais e outras naturezas inanimadas, essa categoria é infinita e perigosamente mais abrangente[752]. E é possível que o filósofo se tenha apercebido disso, como ficará patente em suas obras posteriores, ao reconhecer Deus como sendo o Ser supremo, *summum esse*. O que se está dizendo é que, embora seja o mais baixo grau da escada tripartite apresentada,

---

750 Interessante notar que Agostinho se utiliza aqui do substantivo *nihilum*, "o nada", como se estivesse atribuindo-lhe algum estatuto ontológico, ou considerando-o algum lugar qualquer em que se situe aquele que se afaste do Ser supremo, a que esse "nada" se contrapõe. Cf. os verbetes *nihil* e *nihilum* no Léxico T-F.

751 Embora provável, não se pode dizer ao certo se Agostinho esteja aludindo à passagem joanina (14,6), em que Cristo se diz o Caminho, a Verdade e a Vida (ἐγώ ἰμι ἡ ὁδὸς καὶ ἡ ἀλήθεια καὶ ἡ ζωή).

752 Na verdade, como já foi dito (1,14,31,103-104 – *Tusc.* 1,24,58; 2,11,33,130-132), no platonismo adaptado por Agostinho os corpos não são verdadeiramente, visto sua natureza ser mutável à total corrupção de si.

referente às criaturas que apenas existem, não vivendo nem inteligindo, o ser de modo nenhum se restringe ao que é corpóreo e inanimado, pois se diz que Deus é, assim como são os anjos, os astros, o espírito e as virtudes. Porém o espírito, embora se diga "ser", não é como a pedra, que também se diz "ser". Daí se compreenda, talvez, a eficácia da díade: pretendendo contrapor o corpóreo ao incorpóreo, Agostinho reelabora as três categorias, excessiva e restritivamente voltadas ao mundo natural. Deus não é corpo, mas é Vida; Vida que é movimento também, embora em Deus não haja movimento algum, nem segundo as coordenadas espaçotemporais, movimento esse que se encontra na vida das plantas, no vaivém das águas, nos astros, nos ventos, nos peixes, numa palavra, em tudo aquilo que é e vive, nem segundo as coordenadas apenas temporais, como se vê em tudo o que tem inteligência, pois os pensamentos também se movem, assim como as imagens acústicas das palavras que neles "reverberam", de par com as imagens mentais de objetos corpóreos e outras que tais, e tudo aquilo que pertence ao mundo da mente. Logo duas são as categorias, corpo e vida: tudo o que contém em si a matéria inerte e sem vida, e tudo o que contém em si o movimento que se diz vida, movimento que pode ou não ser dotado de inteligência; e esse sopro vivificador se contrapõe naturalmente à matéria, ao corpo que sem ele é morto. Dito isto, tem-se que a segunda questão está resolvida, se é de Deus que provêm todos os bens, enquanto bens, segundo o argumento cuja estrutura se desdobra a seguir:

1. Tudo que ou é, ou é e vive, ou é, vive e intelige só é, ou é e vive, ou é, vive e intelige porque é formável;
2. Toda criatura ou é, ou é e vive, ou é, vive e intelige;
3. Logo toda criatura é formável;
4. Toda criatura que é destituída de sua forma recai no nada a partir de onde foi criada;
5. Logo toda criatura só é enquanto possui uma forma[753];
6. Nada pode dar-se o que não possui;
7. O que não é não existe, ou seja, não possui ser;
8. Logo o que não existe não pode dar-se o ser que não possui;
9. Logo o que não existe não pode ter vindo a ser por si próprio;

---

[753] Retira-lhe a forma e ela deixa de ser imediatamente.

10. Logo o que veio a ser assim o fez por meio de algo que lhe comunicou forma, daí também ser, vida e inteligência, conforme o seu gênero apropriado;

11. Deus é o Ser, a Vida, a Inteligência supremos que atribuiu ser, vida e inteligência a tudo o que é, vive e intelige;

12. Deus é a Forma suprema que atribuiu forma a tudo o que tem forma;

13. Logo tudo o que ou é, ou é e vive, ou é, vive e intelige só veio a ser, ou a ser e viver, ou a ser, viver e inteligir porque recebeu o ser, ou o ser e a vida, ou o ser, a vida e a inteligência do Ser, da Vida e da Inteligência supremos, que é Deus, pois nada pode dar-se o que não possui;

14. Logo tudo o que tem forma recebeu sua forma da Forma suprema, que é Deus, pois nada pode dar-se o que não possui;

15. Logo nada pode ser, viver ou inteligir que não tenha recebido seu ser, sua vida e sua inteligência de Deus;

16. Logo nenhuma criatura, que só é, vive e intelige porque tem forma é formada a partir de si própria, mas a partir da Forma suprema, Deus.

Portanto conclui-se que todos os bens têm origem em Deus, de quem procede tudo o que é, é e vive, é, vive e intelige, para o que não prescindem de uma forma, porque não puderam dar-se nem o ser, nem a vida, nem a inteligência, tampouco a forma que não possuíam, porque o nada não é, muito menos vive ou intelige. Portanto todos os bens têm origem em Deus.

2,17,46,177. Deficiência e proficiência

177. A – Pois o que é maior nas criaturas do que a vida que intelige?[754] Ou o que pode ser menos do que o corpo? Esses dois, por mais deficientes sejam e tendam ao ponto de não existir[755]...

Nada no conjunto da criação, que abrange corpo e vida, é melhor do que "a vida que intelige"; nada, por outro lado, está abaixo do corpo, pois desprovido de vida e de inteligência[756]. Portanto nessa reordenação na escada das

---

754 Referência ao terceiro degrau da escada das naturezas: *esse, uiuere, intellegere.*

755 Liter.: "tendam para aquele lugar, em que não sejam" ou "a fim de que não sejam". Isto é, tendam para o nada ou para a não existência, onde deixam completamente de ser.

756 Percebe-se a necessidade de incluir a vida e a inteligência sob uma rubrica maior, que se denominou simplesmente "vida", em contraste com o corpo, que é, mas não vive nem intelige; isso,

criaturas o corpo está na parte de baixo, a vida que não intelige logo acima dele, e a vida que intelige acima da vida que não intelige, embora ambas se subsumam em categoria maior, "vida" *simpliciter*. E nenhum dos dois, corpo e vida, excluída obviamente aquela Vida que se diz suprema, é indefectível, pois tanto a vida como o corpo são deficientes, destinados a deixar de ser para não ser. No entanto, diz Agostinho, embora voltados ao nada, alguma coisa de sua forma remanesce, um resquício de vida, por assim dizer, que os mantém vivos, ainda que se movam para o não ser.

> **177.** A – [...] contudo algo de sua forma lhes remanesce, a fim de que de algum modo existam. Algo de sua forma por certo remanesce, para a criatura deficiente, que existe a partir daquela Forma que não sabe o que é ser deficiente...

Isso que remanesce, como se disse, tem sua origem em Deus, a Forma suprema, que é também a Vida suprema. Logo, se remanesce vivo, assim o faz porque recebe da Vida suprema a dose de vida que lhe baste, até que deixe totalmente de viver e ser para morrer e não ser. Deus, a Forma suprema, não é deficiente, não acaba, nem permite que criatura alguma exceda a Lei dos números[757], seja a criatura deficiente, que caminha para deixar de ser, seja a proficiente, que caminha em sentido contrário, para a plenitude do Ser e da Vida eternos.

Louvor inefável da Forma fundadora: eterna contemplação

> **177.** A – [...] Portanto tudo aquilo que chama a atenção por ser louvável na natureza das coisas, quer seja julgado digno de exíguo, quer de amplo louvor, deve ser referido ao mais excelente e inefável louvor do Fundador...[758]

Pois bem, concluída a segunda questão, da origem divina de tudo o que existe, após ter sido provada racionalmente a existência de Deus, resta ao

---

porque nenhuma inteligência em si mesma subsiste fora da vida em que está situada. Se há vida sem inteligência, todavia nenhuma inteligência é possível sem vida.

757 Cf. 2,16,41,163.

758 Agostinho poderia ter-se utilizado do termo *creator*, como faz em §176, contudo recorreu a um termo paralelo, cuja distinção esforçou-se por preservar na tradução, a fim de manter a riqueza semântica da obra. Cf. verbetes *conditor, creator, administrator, artifex, institutor, ordinator* no LÉXICO T-F.

homem apenas o louvor, um exíguo ou amplo louvor, seja pelos corpos, bens ínfimos da criação, seja pela vida e vida que intelige, bens maiores; num e noutro caso, contudo, esse louvor é devido ao Criador de todos os bens, ínfimos ou grandes. O que chama a atenção, contudo, não é o dever do louvor, e sim o gênero de louvor que se deve a esse *conditor*, o Fundador ou Construtor divino, um louvor inefável, louvor indizível, impronunciável. De fato, se se trata de uma Substância incorpórea, acima da mente racional, cuja morada é a eternidade sem começo nem fim, como louvá-la por palavras, corpóreas todas, que carecem dos ouvidos para serem ouvidas, das bocas para serem proferidas, do ritmo, dos sons? Não, o louvor inefável não carece dessa palavra, pois volta-se para a Palavra primordial, para o Fundador, o Princípio sem princípio e o Fim sem fim. Há que se imaginar, portanto, uma palavra que seja como ele, sempre a mesma, imutável, que diga tudo num eterno presente e nunca acabe de dizer, que seja o somatório de todas as palavras[759], nunca terminando de louvar, num louvor que é contemplação, naquele Sábado eterno, onde se há de repousar de toda fadiga, contemplar sua face, amá-lo e louvá-lo, naquilo que se diz o fim sem fim: "ali descansaremos e contemplaremos, contemplaremos e amaremos, amaremos e louvaremos: eis o que será no fim sem fim"[760]:

> Louvemos, pois, o Senhor que está nos céus, caríssimos! Louvemos a Deus! Digamos *Aleluia!* Anunciemos com esses dias o dia sem fim! [...] Ali não louvaremos a Deus por cinquenta dias, mas do modo como foi escrito: pelos séculos dos séculos. Veremos, amaremos, louvaremos. E nem terá fim o que havemos de ver, nem perecerá o que havemos de amar, tampouco se calará o louvor que havemos de louvar. Tudo será eterno, tudo será sem fim! Louvemos, louvemos![761]

---

759 Cf. Eclo 43,27: "Πολλὰ ἐροῦμεν καὶ οὐ μὴ ἀφικώμεθα, καὶ συντέλεια λόγων τὸ πᾶν ἐστιν αὐτός".

760 *Ciu. dei* 22,30: *"Ibi uacabimus et uidebimus, uidebimus et amabimus, amabimus et laudabimus: ecce quod erit in fine sine fine."*.

761 *Sermo* 254,8: *"Laudemus ergo dominum qui in caelis est, carissimi. laudemus deum. dicamus alleluia. significemus istis diebus diem sine fine. [...]. ibi non quinquaginta diebus deum laudabimus, sed, quemadmodum scriptum est: in saecula saeculorum. uidebimus, amabimus, laudabimus; nec quod uidebimus deficiet, nec quod amabimus peribit, nec quod laudabimus tacebit; sempiternum totum erit, sine fine erit. laudemus, laudemus [...]"*.

QVAESTIO III
A vontade livre é um bem: *inter bona esse numerandam*
(2,18,47,178-20,54,206)

2,18,47,178. Deve a vontade livre ser numerada entre os bens?

178. E – Reconheço [...] [1] que Deus existe e [2] que a partir de Deus é que existem todos os bens [...]. Então vejamos agora se a terceira questão pode ser expedida, [3] se a vontade livre deve ser contada entre os bens. Tendo isso sido demonstrado, sem dúvida concederei que Deus no-la tenha dado e que era preciso ter-nos sido dada.

Duas das três questões postas no início deste livro segundo[762], [i] se Deus existe e [ii] se dele se originam todos os bens, tendo sido respondidas e admitidas pelo debatedor Evódio, em conformidade com os requisitos da disputa dialética, resta a última delas, [iii] se o livre arbítrio da vontade pode igualmente ser contado entre os bens criados por Deus. Isso, porque, se tudo o que é bom vem de Deus, sendo comprovado que a vontade livre é um bem, decorrerá forçosamente que foi Deus que a concedeu[763]. E se ele a concedeu, concedeu algo que, como comprovado pelas discussões do livro primeiro, é a causa do malfazer. Logo o Criador de todos os bens, presciente e onisciente desde sempre, deu ao homem algo por meio de que sabia que ele poderia e iria pecar, o que tem feito reiteradamente desde que foi criado, o que reconduz as discussões à questão inicial da obra, se se pode ou não imputar a Deus a origem do malfazer. Por outro lado, se Deus é bom, em conformidade com os princípios de piedade elencados no início da obra[764], não pode fazer mal, pelo que não pode ter criado algo mau, tampouco dado ao homem algo que o levasse a fazer mal. Logo, se o livre arbítrio é um bem, dado ao homem por um Deus que é bom e o autor de todo bem, como justificá-lo como a causa do malfazer, como se fosse possível dizer que o malfazer tem origem no bem? Parece, contudo, que o êxito de sua prova, em vez de chegar ao que objetivava, a isenção da participação divina no malfazer, obtém para Agostinho o exato oposto, a ratificação de sua responsabilidade, embora Evódio tenha dado seu assentimento ao princípio piedoso de

---

762 Cf. 2,3,7,20.

763 Cf. 1,16,35,117; 2,1,1,1.

764 Cf. 1,2,5,12-13.

que não se deve pôr em dúvida a perfeição dos desígnios divinos. Pois bem, se comprovada a bondade do livre arbítrio, comprova-se a sua origem divina, uma vez Deus ser o autor de todos os bens, o que não se quer jamais que implique alguma imperfeição nesse ato doador, ou seja, que a vontade livre não deveria ter sido dada, ainda que seja a causa do malfazer. De fato, conforme discutido antes[765], se a vontade livre é dom divino, só pode ter sido bem dada, do contrário não poderia ter tido sua origem em Deus, pois "convém reconheçamos, não importa o modo como foi dada, que ela, que foi dada, nem deveria não ter sido dada, nem ter sido dada de outra maneira. Pois ele a deu, cujo ato não pode ser retamente repreendido de forma nenhuma".

Porém cada coisa a seu tempo. Primeiro a terceira e última questão a ser resolvida, se o livre arbítrio é de fato um bem, o que comprova ter sido dado por Deus, cuja existência está provada, ele que é o autor de tudo que é bom. Depois se há de verificar, pondo à prova o mesmo princípio de piedade aceito por ambos desde o início, se convinha ou não que o livre arbítrio fosse dado ao homem por Deus, em que condições e com que finalidade, para que livremente dispusesse dele, com todas as consequências disso resultantes, de modo a saber, por fim, se é ou não lícito imputar ao Criador qualquer responsabilidade na existência do malfazer humano.

2,18,47,179-181. Recapitulação

> **179.** A – [...] essa terceira [questão] já está resolvida. [...] **180.** [...] não apenas os maiores, mas também os menores bens não podem existir, a não ser a partir de Deus.

Agostinho dá por concluídas as três questões levantadas no início deste livro[766], inclusive a terceira, se o livre arbítrio deve ser contado entre os bens criados por Deus, empreendendo uma breve *recapitulatio* de alguns dos pontos cruciais da argumentação. Logo de início havia objetado Evódio que o livre arbítrio não deveria ter sido dado ao homem por Deus, porque ele, em sua presciência, deveria saber que sua criatura iria utilizá-lo para fazer mal. Ao que Agostinho redargui, dizendo que, exatamente ao contrário do que supunha o discípulo, sem o livre arbítrio da vontade seria impossível

765 Cf. 2,2,4,10.

766 Cf. 2,3,7,20.

qualquer ação moral, fosse boa, fosse má, não havendo consequentemente nenhuma possibilidade de mérito ou demérito em ato que não se houvesse praticado livremente, sendo daí injusta toda punição ou premiação por parte de Deus, cuja Justiça portanto não poderia equitativamente nem premiar ação alguma levada a efeito ao acaso, nem castigar delito algum perpetrado invito. Numa palavra, se o homem não podia fazer mal sem o livre arbítrio, muito menos bem, o que seria um enorme prejuízo para a economia da universalidade da criação. Do que, como consequência dos princípios piedosos acatados por ambos, decorreu forçosamente que apenas e exclusivamente para o bem é que Deus poderia ter dado uma tal faculdade, jamais para fazer mal. Porém Evódio não acede de boa mente, objetando novamente que uma faculdade com tamanho potencial destrutivo não poderia ter sido dada de modo que se permitisse fazer mal por intermédio dela, apenas bem, assim como ninguém pode fazer mal uso da justiça ou de outras das virtudes, segundo o exemplo por ele citado.

O argumento de Evódio redireciona as discussões, levando Agostinho a considerar o livre arbítrio como sendo de natureza semelhante à das virtudes. Se uma virtude é o próprio bom uso de uma dada faculdade do espírito[767], resta saber por que há faculdades que podem ser mal utilizadas[768], ainda que elas sejam imprescindíveis para todas as demais virtudes, faculdades como o livre arbítrio da vontade, sem o que não se pode nem fazer bem, tampouco mal, como se disse, visto que o mérito reside na vontade, em conformidade com o decreto da Lei eterna[769]. Em sendo a virtude um bem, se o arbítrio livre merece ser tratado como ela, deve ser considerado igualmente um bem; e como bem é que deve ser justificado no quadro maior das discussões, em perfeita harmonia com os princípios de piedade elencados no início. E foi com esse escopo que o filósofo deu continuidade às demonstrações racionais que se seguiram, a fim de provar que Deus é bom e que dele só provêm bens, sendo tudo o que existe igualmente bom, do contrário não poderia ter saído da mão do Criador. Logo, embora exista o pecado, que é o malfazer humano, nenhum dos dons de Deus

767 Cf. 2,18,49,191.

768 Se a virtude é o bom uso das faculdades do espírito, seu mau uso supõe-se seja contrário à virtude: um vício, portanto. Logo o mau uso das faculdades do espírito é o mal que se procura, que se diz vício ou pecado, e que, como se percebe, não reside na própria faculdade do espírito, mas em seu mal-utente ou abusador (*ab + utens*).

769 Cf. 1,14,30,101.

pode jamais ser mau em si mesmo, pois o que é mau não pode ter existência real, uma vez que toda a criação é obra boa de um Deus bom. Disso decorre uma de duas possibilidades, ou o livre arbítrio é um bem, necessariamente dado por Deus, por bons e justos motivos, ainda que secretíssimos, porque Deus é bom e tudo o que faz deve forçosamente ser bom, não sendo possível a existência do mal, como queriam os maniqueus, ou então rui a ideia da bondade de Deus e dos demais princípios piedosos, o que Agostinho de modo nenhum inclina-se a aceitar. Logo tudo que existe, seja da dimensão ou importância existencial que for, deve necessariamente ser bom, como dá-se ao trabalho enorme de argumentar o filósofo.

Ratifica-se o compromisso com a razão

> **180.** A – [...] O que não poderia ser demonstrado de modo tão dilúcido, a não ser que antes [...] um qualquer assunto de tamanha dimensão, tendo sido empregada a razão na pequena medida de nossas forças, com o auxílio do próprio Deus num caminho tão perigoso, não houvesse tendido para algo manifesto[770].

Embora sustentadas por fé não sujeita às concussões da dúvida cética[771], as demonstrações empreendidas neste segundo livro, assim como tudo o que se pretendeu provar no antecedente, não prescindiram do concurso sistemático e honesto da razão. Portanto nem a existência de Deus nem a origem divina de todos os bens, enquanto bens, poderiam ter sido demonstradas com a evidência exigida, lembra Agostinho, se não se voltasse antes a argumentação para "algo manifesto", o que se faz concomitantemente com dois pré-requisitos elementares da disputa dialética: [i] o emprego da razão, na medida da capacidade individual dos disputantes, e [ii] o auxílio divino.

> **181.** A – Logo aquelas duas questões, isto é, [1] se Deus existe, e [2] se todos os bens existem a partir dele, ainda que com fé inconcussa também antes estivessem retidas [no espírito], contudo

---

770 Isto é, que os bens todos existem a partir de Deus só se pôde demonstrar porque antes a argumentação voltou-se para conteúdos certos e inquestionáveis.

771 Ceticismo expresso poeticamente pela citação dos Salmos (13,1): "εἶπεν ἄφρων ἐν καρδίᾳ αὐτοῦ οὐκ ἔστιν θεός". Note-se que enquanto a Vulgata de Jerônimo chama esse "insipiente" de "estulto" (*stultus*), provavelmente a partir do hebraico *nābāl*, cujo sentido bíblico mais comum é "tolo", mas que também pode ser compreendido como "insensato", tanto a versão dos LXX como a tradução latina de que dispunha Agostinho o denominam *insipiens*, a partir do grego ἄφρων.

foram tratadas assim, de modo que também este terceiro ponto, [3] se a vontade livre deve ser contada entre os bens, se faça evidente de modo perfeitamente manifesto.

Portanto o método racional utilizado, sustentado pelos axiomas de fé inicialmente postos, o princípio da piedade[772], tende inexoravelmente para evidência racional, como se pôde constatar no trabalhoso percurso dialético empreendido para responder às duas primeiras questões postas, que "assim foram tratadas", pela razão, o que deve ser feito agora com a terceira. Logo essa transição não apenas recapitula as questões que deram curso às investigações, ou rememora os alicerces do método dialético empreendido, mas sobremodo ratifica seu compromisso com a proposta inicial, de procurar chegar à verdade, tão mais manifesta quanto possível, contudo exclusivamente pela razão, conquanto estribado nos axiomas da fé.

2,18,48,182. O espírito é um bem maior do que o corpo

182. A – [...] a natureza do corpo existe em grau inferior ao da natureza do espírito, e que por isto o espírito é um bem maior do que o corpo.

O espírito é um bem superior ao corpo, diz Agostinho, *ipsis litteris.* Assim sendo, a dicotomia "corpo e vida", a que o filósofo reduziu a tríade "ser, viver e inteligir", agora se reestrutura como uma ordenação hierárquica também, contudo em apenas dois níveis, obviamente, dos quais o corpo é o degrau inferior, ao passo que a vida, que compreende tanto o viver como o inteligir, o superior. A justificativa para essa posição superior do espírito se apoia no que o filósofo chama de "natureza" (*natura*)[773], pois a do corpo, diz, é inferior à do espírito. Com efeito, nada há entre todas as naturezas, coincidentes com as criaturas, que seja superior àquela vida dotada de inteligência (*intellegere*), nem inferior ao corpo, aquilo que apenas é (*esse*), mas que nem vive, nem intelige[774]. Logo, assim como viver era melhor do que apenas ser, e inteligir, do que apenas ser e viver, assim também a vida é melhor do que a simples existência desprovida de vida, como o corpo. E sem dúvida, entre as duas espécies de

[772] Cf. 1,2,5,12-13.

[773] Que pode ser compreendida como sinônimo de "substância", como ele mesmo deixa claro adiante no livro terceiro (cf. 3,13,36,128): "'*naturam' uoco quae et 'substantia' dici solet*". Cf. verbetes *natura* e *substantia* no LÉXICO T-F.

[774] Cf. 2,17,46,177.

vida, a racional, que é a vida da inteligência, é melhor do que a simplesmente vida, desprovida de razão[775].

2,18,48,182. Tópico do grau (do mais e do menos): um argumento *a fortiori*

182. A – [...] Logo, se nos corpos bons encontramos alguns bens, dos quais o homem possa não usar retamente[776], não por isso, contudo, dizemos que eles não deveriam ter sido dados, porquanto confessamos que são bens, [assim sendo,] que há de surpreendente, se também no espírito existem certos bens, dos quais possamos também não usar retamente, mas porque são bens não poderiam ser dados, a não ser por aquele a partir do qual existem todos os bens?

Definidos, pois, os valores dos bens em questão, corpo e vida, Agostinho pode agora empregar toda a sua perspicácia argumentativa segundo as regras, tão mais desprezadas quanto menos conhecidas, da arte retórica que ele tão bem manejava. O argumento é bastante simples: se no menos, igualmente no mais. Esse mesmo tópico já havia sido utilizado por Agostinho no primeiro livro[777], ao dizer que não são as coisas em si mesmas que se devem inculpar, e sim os que delas se utilizam mal, uma vez que um simples pedaço de pão pode matar alguém, se envenenado, ou apenas a sua fome. Constante do catálogo de argumentos elaborado por Aristóteles, que posteriormente foi seguido de perto por Cícero[778], cuja obra, chamada de *Topica*[779], seguramente foi estudada por Agostinho, quando este completava seus estudos superiores em Cartago no primeiro meado da década de 370, o argumento reza que, se algo é possível no menos, também o será no mais, e vice-versa, se possível no mais, igualmente no menos. Esse tópico "do aumentar ou diminuir", como expresso no grego de Aristóteles (αὔξειν καὶ ταπεινοῦν οἱ τόποι), foi um dos quatro tópicos comuns discutidos por ele em sua *Retórica*[780]. Em lógica esse argumento se costuma chamar de "*a fortiori*", lembram Corbett e Connors, em seu didático manual de

---

775 Cf. 2,17,46,175-176.

776 Note-se que o advérbio (*non*) está negando outro advérbio (*recte*), pois não se está dizendo que o homem pode não usar algum atributo do corpo, mas que pode usá-lo de modo não reto.

777 Cf. 1,15,33,113.

778 Quintiliano também trata do tema no quinto livro de suas *Instituições oratórias* (5,10,22).

779 Do grego τοπικὴ τέχνη, "arte tópica", de onde também: τοπικά, liter. "tópicas", cuja transliteração latina é precisamente *topica*, que se pode entender como tratado dos lugares, *loci* ou *tópoi* (τόποι),

780 Cf. *Ret.* 1393a; 1419b.

retórica[781], argumento que muito apropriadamente ilustram com um dístico extraído de um soneto de John Donne, cujo tema é a morte:

> Do repouso e do sono, que apenas imagens tuas são,
> Muito prazer, então de ti muito mais deve fluir.[782]

Se do repouso e do sono, que são apenas "imitações" suas, deriva-se grande prazer, que se dirá da própria morte. É como se dissesse que, se se deriva grande prazer de um bem menor, de um maior, então, derivar-se-á muito maior prazer. Porém o argumento *a fortiori* pode operar nos dois sentidos: quer do maior para o menor, quer do menor para o maior. Donne argumenta do menor para o maior, da imitação para aquilo que é imitado, da imagem para a realidade definitiva. Um outro exemplo, sem dúvida muito conhecido de Agostinho, refere-se à célebre parábola "dos talentos" narrada por Jesus, onde se diz ao servo bom e fiel:

> Porque foste fiel nas poucas,
> nas muitas coisas hei de constituir-te.[783]

Quem é fiel no pouco o será também no muito. Mas pode-se considerar um exemplo do caminho inverso, do maior ao menor, quando se diz que quem rouba do pai fará muito pior a um desconhecido, como se dissesse que quem é ladrão no muito, sendo capaz de roubar o próprio pai, o será também no pouco, roubando qualquer um. Pois bem, nesse tipo de argumento, dito *a fortiori*, duas possibilidades se põem, explicam Corbett e Connors[784], uma das quais é mais provável que a outra. Seja o que for que se afirme a respeito do menos provável, pode ser afirmado com ainda mais força a respeito do mais provável. Porém, como a maior parte dos argumentos retóricos, um argumento *a fortiori* não pretende uma certeza absoluta, apenas uma probabilidade mais ou menos forte.

Pois bem, o argumento utilizado por Agostinho, construído a partir do tópico do mais e do menos, opera no sentido crescente, do menor para o maior. De fato, diz, se nos corpos, cuja natureza é inferior à do espírito, encontram-se bens que podem ser utilizados quer reta, quer viciosamente, que se dirá então daquilo cuja natureza é superior, a vida, ou antes, a vida inteligente do espírito?

---

781 Corbett & Connors, *Classical Rhetoric for the Modern Student.* Oxford: OUP, 1999, p. 99.

782 John Donne (1572-1631), Soneto Santo X, *"Death be not proud"*, vv. 5-6: *"From rest and sleep, which but thy pictures be, / Much pleasure, then from thee much more must flow"*.

783 Mt 25,21: "ἐπὶ ὀλίγα ἦς πιστός, ἐπὶ πολλῶν σε καταστήσω".

784 *Id. ibid.*

Ninguém diz que um membro do corpo é mau porque se o utiliza para seviciar a outrem, pois o membro do corpo é apenas um instrumento do seviciador, quando não uma parte sua, porém não independente. Do mesmo modo ninguém deve dizer que uma potencialidade do espírito é má porque possa ser mal usada, como a vontade livre, que está para o espírito assim como o membro para o corpo. Num e noutro caso não se deve inculpar os instrumentos, e sim aqueles que deles se utilizam viciosamente, assim como não se deve inculpar aquele de quem esses instrumentos provêm, na qualidade de dons, o Criador de todas as naturezas. O argumento está posto, estabelecido sobre o lugar comparativo do grau. Resta agora apenas ilustrá-lo e consequentemente reforçá-lo pelos exemplos, o que dá conta de fazer com esmero o rétor-filósofo (§§183-184), ao mostrar que a importância das mãos ao corpo não é diminuída por seu uso desviado para praticar torpezas, nem dos pés, quando se chuta alguém, tampouco dos olhos, por cuja penetração se percebem as formas corpóreas todas e suas distinções, além de servir para preservar a saúde, visto ser o guardião do corpo, ainda que a maior parte dos homens faça uso perverso de seus olhos, "coagindo-os a militar em favor de sua inclinação sensual...".

184. A – [...] vês quão grande bem falta à face, se os olhos lhe faltam. Porém quando estão presentes os olhos, quem é que os deu, a não ser o largo doador de todos os bens, Deus?

Das mãos aos pés, dos olhos aos demais instrumentos, Agostinho considera todas as partes do corpo, cuja natureza é inferior, como bens; e como bens só podem ter sido dados pelo Criador de todos os bens, aquela Forma eterna de que derivam todas as formas, aquela Verdade inquestionável segundo a qual se distinguem os objetos verdadeiros dos falsos, aquela Luz inextinguível que ilumina a treva do não existente, aquela Razão do Número, segundo a qual a mente ajuíza de todas as aparências. E a prova de que são bens, para além da sua origem divina, como provado pelos argumentos que se concatenaram[785], é possível obter-se tão mais fácil quanto empiricamente, bastando para tanto observar e reconhecer quanto falta ao corpo sem as mãos, ou sem os pés, ou quanto falta à face sem os olhos, e assim sucessivamente, o que não apenas comprova que são em alguma medida bens, mas também igualmente isenta o seu doador de qualquer culpa pelo seu mau uso, pois ninguém em sã consciência haveria de dizer que os olhos foram dados por Deus para que com eles os homens invejassem seus vizinhos.

---

785 Cf. 2,16,41,161-17,46,177 (*Quaestio* II).

2,18,48,185. O uso não determina a natureza dos bens[786]: o mal-utente é que deve ser recriminado

185. A – [...] Portanto, do mesmo modo como aprovas esses bens no corpo e, não levando em consideração os que deles usam mal, louvas aquele que deu estes bens, assim como a vontade livre, sem a qual ninguém pode viver retamente, é preciso que reconheças não apenas que ela é um bem, como também que foi divinamente dada[787], e que devem ser condenados de preferência os que usam mal deste bem, do que [dizer] que aquele que o deu não deveria dá-lo.

Se no menos, muito mais no mais. Com efeito, se se aprovam os bens do corpo, que podem ser tanto bem como mal utilizados, louvando o seu doador, Deus, do mesmo modo devem-se aprovar os bens do espírito, louvando o seu doador, o mesmo Deus. Numa palavra, se Deus merece louvor pelos bens do corpo, ínfimos na escada das naturezas, a despeito de serem eles mal usados por seus possuidores, muito mais deve ser louvado pelos bens do espírito, máximos na escada das naturezas, a despeito do mal uso que deles façam seus possuidores. Dentre os quais bens do espírito, por conseguinte, encontra-se a vontade livre, objeto da terceira questão posta no início[788], se seria de fato um bem, quando então deveria ser aceite ter sido dada por Deus, cuja existência se provou na primeira, e cuja autoria de tudo o que é bom, na segunda das três questões. Logo deve-se reconhecer que a vontade livre é um bem[789], e como tal deve ter sido dada por Deus, e precisamente

786 Se é verdade que o uso não determina a natureza de um dado bem, o inverso nem sempre parece ser válido, pois a natureza de um dado bem às vezes determina as possibilidades de seu uso, como no caso das virtudes, que nunca podem ser mal usadas por causa de sua magnitude, isto é, porque são grandes bens (*magna bona*), os quais se caracterizam precisamente por seu invariável bom uso; em vez disso, o arbítrio livre, por ser apenas um bem de estatuto médio (*medium bonum*), pode ser bem ou mal usado, como as demais faculdades do espírito, cujo nível é semelhante.

787 Isto é, que a vontade é um dom de Deus, tendo sido dada gratuitamente por ele. A edição utilizada da *Corpus Christianorum* adota *datam* em lugar de *datum*, que consta por exemplo na edição da Bibliothèque Augustinienne, cujo texto apenas reproduz a edição maurina. Se se adotasse *datum*, a tradução restaria algo assim: "...como a vontade livre, sem a qual ninguém pode viver retamente, faz-se preciso que reconheças que não apenas é um bem, mas que [este bem] tenha sido divinamente dado...". O que, no fim, não altera muito o sentido da frase.

788 Cf. 2,3,7,20.

789 E é um bem porque sem ela não se pode praticar o bem, uma vez que o mérito está na vontade, como ficou demonstrado no livro primeiro (1,14,30,101).

do modo como foi dada, não se admitindo nenhuma contestação acerca dos motivos que teria ou não o Criador para dá-la ao homem do modo como o fez. E se foi divinamente dada, foi dada com justiça e bondade, pois Deus é bom e justo, e não faz senão o bem. Em assim sendo, resta atribuir a culpa por seu mau uso ao próprio mal-utente que a recebeu[790], jamais ao Ser bondoso que a conferiu.

2,18,48,186-187. Refutação insistente: em busca da autoridade

187. A – [...] [acaso não está provado que a vontade livre é um bem?] visto que toda aparência exterior e toda forma de corpo subsiste a partir da Forma suprema de todas as coisas, isto é, a partir da Verdade, o que reconheceste e concedeste ser um Bem?[791]

Bastante aceitável a dificuldade de Evódio em reconhecer que a vontade livre seja de fato um bem, como se diz do corpo e de suas potencialidades, ou mesmo das virtudes. O argumento referido pelo filósofo, conquanto coeso, resta operoso e abstrato, tornando desafiadora sua apreensão na íntegra. Demais, ao referir as aparências exteriores e as formas corpóreas, não é de imediato perceptível sua relação com as potências do espírito, como a livre vontade. O fato de reconhecer-se uma razão e verdade dos números, que se descobriu coincidir com aquela Verdade divina, imutável e eterna, não apenas a Verdade em que se discerne e possui o Bem supremo, que se denominou também Sabedoria, mas que coincide ainda com o próprio Bem supremo, a suprema Felicidade, que é também Deus, pois essa Verdade é una e coeterna com ele, não tendo sido por ele criada, e que se descobriu igualmente ser a Forma suprema de que deriva toda forma, necessária, assim como o número, a que exista tudo o que existe, seja algo corpóreo, seja incorpóreo, numa palavra, isso tudo resta dificultoso de apreender, de tão conceitual. De fato, sabedoria, verdade, forma, ser, número, bem, felicidade, beleza, entre outros tantos conceitos utilizados pelo filósofo, tudo conjugado num argumento, conquanto bem coeso e perfeitamente lógico, oferece desafio enorme ao acompanhamento da razão, por sua excessiva abstração, em que ideias se prendem umas às outras numa cadeia sutil de definições e equivalências, tênues e sofisticadas.

---

790 Porém não a recebeu para fazer mau uso, e sim bom.

791 Cf. 2,16,42,164; 44,171-45,173.

Pois bem, o argumento tem seu fundamento na concepção matemática do universo criado e ordenado pela Providência divina, de modo específico a numerosidade de tudo que existe[792], cuja forma numericamente determinada de cada coisa se faz a *condicio sine qua non* de sua própria existência, de seu ser. Logo nada que não tenha forma e número pode existir; o que implica dizer que nada que possua forma e número, e consequentemente exista, pode existir sem que tenha derivado sua forma e seu número, condições de sua existência, da própria Forma dadora de toda forma e de todo número, a Verdade, que é Cristo, e que é também a Sabedoria imutável de Deus, coeterna com ele. Porém esse argumento foi desdobrado acima, com propriedade e minúcia mais que bastantes, pelo que Agostinho opta então por reforçá-lo retórica e autorizadamente, a partir dos exemplos selecionados das palavras da própria Palavra, a Verdade imutável que se fez carne e habitou entre os homens[793], a ver se daí encontra Evódio, por fim, sua definitiva aceitação.

2,18,49,187-188. O número dos cabelos

> **187.** A – Porque também os nossos cabelos estão numerados, diz a própria Verdade no Evangelho[794]. E acerca da supremacia do número e da potência que falamos estender-se de um fim até ao outro fim[795], isso te escapou?

Esta passagem restaria incompreensível sem que se preservasse uma rígida uniformidade na tradução, perseverando, a despeito dos riscos à sonoridade e fluência da prosa vernácula, na manutenção da tradução de certos termos de caráter técnico a partir de suas bases etimológicas. Neste caso trata-se do substantivo masculino *numerus*, cognato tanto do adjetivo *numerosus*, "numeroso", ou "dotado de número", como do verbo *numerō*, "numerar", que costuma ser traduzido em vernáculo, com suficiente correção, também pelo verbo "contar". Agostinho, como bom observador que era, percebeu consonâncias entre suas ideias e certas passagens escriturárias, que as ecoavam, o que sem dúvida o impele de volta ao recurso à autoridade, contudo apenas como corolário à razão, não como alternativa a uma possível insuficiência

---

792 Cf. 2,16,42,164-167.

793 Cf. Jo 1,14: "Καὶ ὁ λόγος σὰρξ ἐγένετο καὶ ἐσκήνωσεν ἐν ἡμῖν".

794 Mt 10,30: "E também os cabelos todos da vossa cabeça foram numerados" (ὑμῶν δὲ καὶ αἱ τρίχες τῆς κεφαλῆς πᾶσαι ἠριθμημέναι εἰσίν).

795 Sb 8,1. Cf. 2,11,30,124.

da sua *scientia*. Essa constatação é de fundamental importância, sem a qual a citação de Mateus resta enigmática, pois a princípio pouco tem que ver a suposta numeração de cada fio de cabelo da cabeça de cada criatura com a questão posta, se a vontade livre é ou não um bem, nem mesmo com a Forma de que derivam todas as formas. E de fato não teria, se se traduzisse o verbo latino *numero*, ou o grego *arithméō*, por "contar", que remete de imediato ao cômputo e apenas indiretamente ao termo "número", e com ele suas implicações metafísicas, termo esse essencial desde o início da prova racional da existência de Deus[796]. Contudo, ao dizer que todos os fios, por minúsculos sejam, do cabelo da cabeça de todas as criaturas são numerados, e que são numerados pela própria Verdade, encontra Agostinho subsídio fortíssimo na autoridade, visto referir-se neste caso à própria Verdade imutável de Deus. O que se comprova pela pergunta retórica que emenda na sequência, que obviamente prescinde de resposta, se Evódio estava esquecido da supremacia do número (*de numeri summitate*)[797] e daquela potência por meio de que a Sabedoria "com firmeza atinge de um fim até ao outro fim"[798], potência que Agostinho fez acima associar ao número[799]. Ora, ao dizer que cada fio de cabelo, por ínfimo seja, é numerado pela própria Verdade, que está dizendo senão que é dotado de número e forma, tendo sido, por conseguinte, derivado da própria Forma suprema, que é também a Verdade? Logo, por menor seja um fio de cabelo, se ele também tem sua forma e seu número, tendo sido obrigatoriamente criado pela Forma divina, que se dirá de um bem maior, como a liberdade de arbitrar cada um a sua vontade?

Tópico do mais e do menos II

O argumento construído por Agostinho a partir da autoridade escriturária, como se percebe com não pouca celeridade, esteia-se também no tópico do grau supraexplicado[800], ou seja, no lugar do mais e do menos: "Se no menos, por que não no mais?".

---

796 Cf. 2,8,21,81-24,95.

797 Cf. 2,11,31,126-32,127. Ver sobretudo §126: "[...] eles [os números] também transcendem nossas mentes e permanecem perfeitamente imutáveis na própria Verdade".

798 Cf. 2,11,30,123-124.

799 Cf. 2,11,30,124: "...aquela potência, pela qual ela atinge de modo firme de um fim até ao outro fim, talvez se diga 'número'...".

800 Cf. 2,18,48,182-185.

188. A – Portanto que tamanha perversão é essa, os nossos cabelos, conquanto estejam entre as coisas exíguas e absolutamente as mais abjetas de todas, todavia numerá-los entre os bens, *e não descobrir a que autor devem ser atribuídos* [...] e hesitar acerca da vontade livre[801], sem a qual até os que vivem pessimamente admitem que não se pode viver retamente?

Não resta dúvida alguma de que nesta passagem poder-se-ia igualmente interpretar o verbo latino *numero* como simplesmente "contar". E essa opção talvez fosse mais canora, podendo até mesmo parecer mais coerente, pois "contar" alguma coisa entre outras significa, em vez de dotá-las de números ou de considerá-las numerosas, "incluí-las" no cômputo geral, ou seja, no conjunto de elementos semelhantes ou ordenados a partir de algum critério comum. Contudo o fato inconteste é que o termo *numero* constante da Escritura serviu perfeitamente ao argumento do filósofo, que o explora ao máximo, a fim de coroar sua brilhante porém complexa rede de raciocínios conexos. Portanto, embora não reste dúvida de que Agostinho era mestre em jogar com os sentidos das palavras, aproveitando cada oportunidade para argumentar, ainda que a etimologia não endossasse por completo seus esforços filológicos, nesta passagem a equivocidade do termo "numerar" serve a seus propósitos também, como no parágrafo anterior, pois "contar" ou "numerar" os fios de cabelo significa não apenas incluí-los em ordem numérica no conjunto dos bens, por existirem, pois tudo o que existe é bom, tendo sido criado por um Deus que é bom e só faz o bem, mas principalmente compreendê-los como dotados de número e forma, o que implica sua procedência da Forma suprema. E se algo tão desprezível como um fio de cabelo é dotado de número e forma, existindo e consequentemente sendo um bem, bem criado por Deus e por ele "numerado", ele que é a Verdade suprema, por que não seria igualmente o livre arbítrio da vontade, potência essencial do espírito, sem a qual não se pode agir retamente? O argumento, apesar de conter em si o tópico do mais e do menos, como dito, assenta-se simultaneamente sobre uma variação de um outro tópico de grau, muito utilizado no livro primeiro, o tópico da utilidade, ou seja, "aquilo que serve a propósito maior é um bem maior do que aquilo que serve a propósito menor ou a propósito nenhum", assim como, de modo invertido, o tópico que diz que "aquilo que é útil para alguma coisa é menor

[801] Vê-se que "numerar" aqui significa tanto considerar como sendo dotado de número e forma quanto contar, ou seja, incluir no cômputo de todos os bens. Essa plurivocidade do verbo "numerar" obviamente não é acidental. Muito pelo contrário, Agostinho dela se serve com propriedade e sutileza para conferir autoridade divina a seu argumento, como um corolário de todo o seu esforço intelectual.

ou menos valioso do que aquilo que é um fim em si mesmo", tópico esse que se constitui fundamento da própria metafísica aristotélica e – por que não dizê-lo? – da Agostiniana também. O argumento tentativamente desdobrado em forma esquemática é o seguinte:

1. Tudo que serve a um propósito ou utilidade maior é melhor do que o que serve a um propósito ou utilidade menor ou que não serve a propósito algum;
2. Os cabelos, embora sejam corretamente considerados como bens e sejam dotados de números, estão entre os bens menores e mais desprezíveis, pois sua utilidade é notoriamente pouca[802];
3. Reconhecer a origem divina de todos os bens serve a propósito dos mais importantes: chegar à própria Sabedoria;
4. Logo reconhecer a origem divina de todos os bens, inclusive dos cabelos, bens ínfimos, é melhor do que os próprios cabelos;
5. A vontade livre serve a propósito ulterior dos mais importantes, pois é nela que reside o mérito de todo ato moral, sendo por isso faculdade essencial para determinar seja a felicidade, seja a infelicidade futura de seu utente, decorrentes respectivamente de seu bem e mal fazer;
6. Logo a vontade livre é melhor do que o fio de cabelo, bem pequeno[803];
7. Logo a vontade livre também deve ser um bem, e um bem maior do que o fio de cabelo.

Se está provado que a vontade livre é melhor do que o fio de cabelo, e que reconhecer a origem divina de todos os bens é igualmente um bem maior do que os mesmos cabelos, ainda que estes também sejam bens, por que hesitar em reconhecê-la como um bem? Se o menos, por que não o

---

[802] Exceção feita à estética, por certo!

[803] À parte o tópico da finalidade, pode-se dizer que o livre arbítrio é melhor do que o fio de cabelo porque, enquanto este ocupa o degrau mais baixo da escada das naturezas (*esse*), aquele ocupa o grau intermédio (*uiuere*), que lhe está acima. Todavia esse recurso seguiria o itinerário inválido da petição de princípio, recorrendo, para prová-lo, exatamente àquilo que se quer provar. Mas a tópica tampouco deixa de abrir brechas à contestação, pois, quando se retira um tópico, que é um argumento pronto, da pasta em que está guardado, como dizia Cícero (*Top.* 1,1,2), aceita-se-lhe a verdade, porém sem passá-la criteriosamente pelo crivo da razão. E de fato, caberia aqui perguntar se é realmente o mais útil sempre melhor do que o menos útil, visto haver tópicos que defendem o exato oposto, que aquilo que é fim em si mesmo é melhor do que o que é apenas útil, ou seja, que vale para algo ulterior.

mais? Seria acaso um problema o fato de Agostinho estar considerando duas coisas distintas, embora sob a mesma rubrica, "bem", uma delas corpórea, como um fio de cabelo, a outra, incorpórea, como uma potencialidade do espírito, se é que se pode assim denominá-la? Haveria número e forma na vontade livre, assim como se os veem no fio de cabelo? Seria a vontade livre uma natureza, como o fio de cabelo? E que dizer do reconhecimento da origem divina de todos os bens, como um objeto de conhecimento? Não são perguntas fáceis. Muitíssimo ao contrário. E talvez não existam respostas convincentes para nenhuma delas. Neste caso, contudo, parece que Agostinho determinou os bens pelo critério da finalidade, isto é, por sua utilidade para a prática do bem, critério esse que não obterá assentimento simples de Evódio.

Do mais ou menos útil para a vida reta

> **189.** A – [...] que coisa te parece ser melhor em nós, aquilo sem o qual se pode viver retamente, ou aquilo sem o qual não se pode viver retamente? [...] Logo [...] a vontade livre não te parecerá ser nenhum bem, sem a qual ninguém vive retamente?

Não há dúvidas de que um lusco pode viver retamente, pois a prática da virtude, condição essencial para a vida reta, independe do olho ou de outro qualquer instrumento de natureza corpórea. Para muito além do tópico do grau em que se assenta o argumento[804], trata-se, em verdade, de mais um critério argumentativo, além dos já apresentados[805], de que se serve o filósofo para estatuir o valor dos bens. Com efeito, se são bens tudo o que há, por ter sido criado por um Deus que é bom e cuja obra é absoluta e invariavelmente boa, visto haver diversos bens, notória e inequivocamente distintos, sua natureza, embora faça parte do grande conjunto dos bens, deve forçosamente subdividir-se em gêneros menores correspondentes às distinções percebidas. Logo nem todos os bens são iguais, embora subsumam-se no conjunto maior da criação. Quer se recorra ao que a tradição convencionou denominar tópica, como por exemplo o lugar do mais e do

804 Na verdade, como já haviam notado Aristóteles e rétores epígonos, com a perspicácia que lhes era peculiar, praticamente todo e qualquer argumento a que se possa recorrer se encontra em algum "lugar" (*locus*), isto é, faz parte de algum tópico (τόπος), seja qual for: *nihil sub sole nouum* (Ecl 1,10).

805 Cf. 2,5,12,48; 6,14,55-57; 12,34,133-136.

menos, ou uma sua variação, o lugar do mais e do menos útil, os quais fazem parte do chamado tópico do grau, quer se recorra a algo mais específico, que se denominou nestes comentários "critério", mas que poderia também ser considerado um tópico, enfim, seja o que for a que se recorra, faz-se necessário estabelecer algum tipo de regra ordenadora, a fim de separar os bens da criação segundo suas semelhanças ou, ao contrário, a partir de suas diferenças. O critério fundamental a distinguir os bens, neste passo, e que serve para situar a vontade livre não apenas como um dentre os demais, mas como um bem distinto e melhor do que um fio de cabelo, e igualmente distinto das virtudes, porém a elas inferior, é o que se diz "critério" ou "tópico da utilidade do bem": o que tem utilidade para a prática do bem é melhor do que o que não tem utilidade para a prática do bem[806]. A vontade livre, como dito amiúde, é uma potencialidade do espírito sem a qual é impossível a prática moral, seja do bem, seja do malfazer, pois o mérito de todo ato moral, isto é, aquilo que determina o preço que é devido segundo a ideia clássica de justiça, a cada um o que lhe cabe, enfim, esse mérito reside na vontade individual. Com efeito, nenhuma ação se pode dizer boa ou má sem que tenha sido praticada livremente, sem que tenha sido arbitrada com total liberdade a faculdade da vontade. Na verdade, quando se diz vontade livre, parece estar-se caindo em tautologia, pois se é vontade, como pode não ser livre? Como seria possível querer sem querer, ou ser forçado a querer, se o querer deve ser livre por definição? Pode-se ser forçado a fazer algo invito, porém não parece ser possível ser forçado a querer, a não ser que se confunda persuasão com coação. À parte essa questão, para lá de simples, e que foge aos propósitos desta passagem[807], o certo é que Agostinho recorre ao critério da "utilidade para o bem" a fim de definir a vontade livre como um bem superior ao fio de cabelo, pois em tese um fio de cabelo não tem serventia para a obra do bem, enquanto é impossível agir bem destituído de vontade, ainda que ela possa ser desviada para fazer mal, ao contrário de outros bens do espírito, por exemplo, como as virtudes ditas "cardeais".

---

806 É uma variação do subtópico do "mais ou menos útil", parte integrante do chamado "tópico do grau".

807 Essa questão será fundamental no debate contra os pelagianos, pois ninguém, argumenta Agostinho, pode querer sem querer, o que implica a vontade invariavelmente livre. Isso, contudo, sem mencionar por ora a tão mais crucial como insondável ingerência da Graça divina nessa vontade "livre".

2,18,50,190-19,50,191. Três gêneros de bens

190. A – Pois considera então a justiça, da qual ninguém usa mal. Ela é numerada entre os bens supremos[808], os quais existem no próprio homem[809], e também todas as virtudes do espírito, nas quais consiste a própria vida reta e honesta[810]. [...] também nestas virtudes todas, assim como na própria justiça, que tu mencionaste, vige[811] a reta razão, sem a qual as virtudes não podem existir. Porém da reta razão ninguém pode usar mal.

Se, por um lado, dos fios de cabelo ninguém se utiliza para a prática do bem, e do arbítrio livre da vontade não se pode prescindir para tanto, das virtudes, como as cardeais, por outro, ninguém pode utilizar-se mal. Isso, porque as virtudes, diz o filósofo, são regidas pela reta razão, que não pode ser desviada de seu curso. De fato, se é "reta", não pode ser "não reta", o que feriria o princípio da não contradição. Contudo ainda parece que o filósofo está comparando coisas distintas: [i] um objeto corpóreo como um fio de cabelo; [ii] uma potencialidade do espírito como a vontade livre; [iii] uma virtude cardeal, em que consiste a vida reta e honesta, como por exemplo a justiça e a temperança, cujo denominador comum é a reta razão. Embora todos os três se subsumam no conjunto maior dos bens da criação existentes no homem[812], pelo critério da "utilidade para o bem"

---

808 O termo "supremo" pode causar confusão. Agostinho quer dizer aqui apenas "entre os bens superiores" ou "mais elevados", pois não se deve confundir nenhuma virtude, considerada como potência do espírito, com o Bem supremo, Deus, que está acima de todos os demais bens, criaturas suas, embora se costume às vezes considerar o Criador como a personificação de todas as perfeições, o que pode ser expandido sem prejuízo algum para as demais virtudes, ao dizê-lo a suprema Justiça, ou a suprema Prudência, ou a suprema Temperança etc. Porém isso não significa dizer que seja prudente ou justo, e sim que toda justiça ou prudência derivam (ou participam) da Fonte de sua suprema Justiça ou Prudência, do mesmo modo como toda forma deriva (ou participa) de sua Forma suprema. Trata-se, se se pode dizê-lo, de um paradigma divino de perfeição, de um metro segundo o qual tudo se julga, como ocorre com a beleza, cujo parâmetro é a suprema Beleza ou perfeição do Número divino.

809 Se se trata das virtudes que estão no próprio homem, obviamente não refere Agostinho à Virtude suprema, que é Deus, cuja Justiça é Bem comum, não próprio, da qual participam todas as justiças individuais, derivando de sua perfeição suas qualidades.

810 Cf. 1,12,25,82-83; 13,29,97.

811 No sentido de "vigorar" (*uigor, uigoris*). Cf. Ernout & Meillet, *Dictionnaire Étymologique de la Langue Latine.* Paris, Librarie C. Klincksieck, 1939, p. 1107.

812 Com efeito, tanto o fio de cabelo, como a vontade livre e a reta razão, de que dependem as virtudes todas, se fazem presentes no homem, seja na qualidade de "corpo" (cabelo), seja na qualidade de "vida" (vontade e razão); seja ainda no grau das naturezas que apenas "são" (cabelo), seja no grau das naturezas que "são e vivem" (vontade), seja, por fim, no grau das naturezas que "são, vivem e inteligem" (razão).

eles se distinguem claramente: [i] um fio de cabelo não tem utilidade alguma para a prática do bem; [ii] a vontade livre é imprescindível para o bem, embora possa ser utilizada para fazer mal também; [iii] a virtude é a consequência da aplicação da vontade livre exclusivamente para o bem, pois se diz a própria "vida reta e honesta", que só pode advir de escolhas livremente "retas", escolhas que se fazem por intermédio da razão. Ao que parece, quando a vontade é mal utilizada, retorna-se ao primeiro estágio, ao corpo, mais próximo do nada[813]; pelo contrário, quando bem utilizada, ela conduz à vida reta e honesta, em que vigora a reta razão, que não pode ser mal utilizada, por que consiste no próprio uso reto da razão e na aplicação boa da vontade. Por outro lado, nenhuma potência pode demover a reta razão da sua retidão, pois essa potência teria ou de ser superior à reta razão, o que seria impossível, pois se fosse superior não a demoveria de sua cidadela, uma vez que ao fazê-lo seria automaticamente rebaixada de sua superioridade; ou então, se fosse inferior, não teria capacidade alguma para demovê-la[814].

Ser, viver e inteligir

Esses três gêneros de bens em que consiste toda a criação, que podem ser representados pelos exemplos supra-aduzidos, [i] corpo: fio de cabelo; [ii] potência do espírito: vontade; [iii] virtude: reta razão, representam os três degraus da escada hierárquica das naturezas proposta pelo filósofo no início deste livro segundo[815]: ser, viver e inteligir. De fato, o fio de cabelo apenas é, ao passo que a vontade vive e a razão intelige. Quando a vontade se deixa dominar ordenadamente pela reta razão, que lhe é superior, tem-se a vida reta e honesta nas virtudes, vida em que vige a reta razão; quando, ao contrário, a vontade desordenadamente não se deixa dominar pela razão, permanece simples "vida", movimento comum aos animais[816]. Porém

---

813 Cf. **1**,14,31,103-104 (*Tusc.* 1,24,58); **2**,11,33,130-132.

814 Cf. 1,10,20,73; 6,34,114-115.

815 Cf. 2,3,7,21.

816 Embora se diga comumente "irracional" essa vida, na verdade não o é como se costuma pensar, havendo a necessidade de operar uma distinção crucial aqui: uma coisa é viver destituído de razão, como as bestas, que não têm culpa alguma dessa sua condição, a qual não é carência; outra, completamente distinta, é abrir mão livremente da prerrogativa que lhe foi confiada, de fazer uso reto da razão. Se os primeiros não têm culpa alguma de seus apetites irracionais, os segundos, ao revés, agem contrariamente à reta razão, ou de modo racionalmente torto, avertido, pelo que são culpados. Assim estes desejam o que é contrário à reta razão, mas não por ausência desta, e sim por contrariar-lhe os preceitos retos. Neste sentido é que se dizem "irracionais", não porque não têm razão, mas porque se colocam contra (*in-*) os movimentos racionais (*-rationalis*) de sua mente.

os animais não têm vontade propriamente dita, uma vez que não pensam e seus apetites não são direcionados pela razão. Com efeito, por isso é que essa "vontade", quando mal direcionada, mais se "aproxima" da animalidade, em que predominam os sentidos sobre quaisquer movimentos anímicos. Os animais têm apenas apetites instintivos, visto serem incapazes de pensamentos ordenados. Os homens, por sua vez, quando não pensam, ou antes, quando preferem não fazer uso reto da razão, usando-a de modo torto ou não reto, "aproximam-se" da irracionalidade animal, vigendo neles mais apetite do que vontade, embora jamais possam regredir ao ponto da animalidade completa, salvo se, por alguma patologia ou afecção insuspeita, estiverem completamente desprovidos da razão. Na verdade essa sua "animalidade" é o que se definiu como "inclinação sensual" (*libido*), patologia anímica exclusiva das criaturas racionais, porque uma submissão voluntária da razão às inclinações de ordem sensual. Logo as três categorias de bens: corpos, potências do espírito e razão, embora possam ser comparadas e ordenadas segundo o critério do lugar do mais e do menos útil para a prática do bem, identificam-se com as três ordens de natureza: ser, viver e inteligir, as quais serviram de base para toda a metafísica do filósofo neste livro segundo. O fio de cabelo apenas existe, sendo absolutamente prescindível para a vida reta e honesta; a vontade livre existe e vive, sendo imprescindível para a vida reta, desde que subjugada livremente à reta razão, do contrário permanece simples vida, uma potência que pode ser tanto utilizada para o bem como para fazer mal; as virtudes, por sua vez, são o próprio bom uso da vontade livre de acordo com a reta razão, o que as torna superiores e impossíveis de desvio, pois são, no homem, o degrau supremo da escada das naturezas. Se o Bem supremo é Deus e se sua antítese equivale ao afastamento deste Bem, compreende-se como a vontade pode ser bem ou mal utilizada. Ora, se se deixar dominar livremente pela reta razão, será levada ao bem que é a vida reta e honesta na prática perfeita das virtudes, condutora do homem ao Bem supremo, a sua vida feliz no seio da Verdade, que é Deus. Ao contrário, se a vontade não for dirigida pela reta razão, rebelando-se, isto é, deixando-se dominar por suas inclinações sensuais – e os sentidos são o que o homem tem de mais baixo, que mais o atam ao corpo e ao mundo dos corpos, afastando-o do mundo do espírito –, o homem se afasta do Bem supremo, mantendo-se mais próximo do nada, que equivale, no fim, ao malfazer que se investiga desde há muito: um afastamento voluntário do Bem supremo e permanência igualmente voluntária no corpo, destinado à putrefação e ao fim. Troca-se assim de modo voluntário a Vida sem fim pelo fim sem vida, o Espírito que é mais pelo corpo que é menos, a não dizer que não é.

Logo as virtudes são grandes bens, as quais se encontram no último degrau da escada das naturezas, assim como a inteligência. Contudo há ainda bens mínimos e médios, como os fios de cabelo e a própria vontade, os quais todos têm sua origem no mesmo Deus, criador dos grandes bens: (§191) "Porém é preciso que estejas lembrado de que não somente os grandes bens, mas também os mínimos não podem existir, a não ser a partir daquele de quem existem todos os bens, isto é, Deus.".

2,19,50,191-192. Grandes, médios e mínimos: critério moral

191. A – Portanto [1] as virtudes, com as quais se vive retamente, são grandes bens; porém [3] as aparências, seja de que corpos forem, sem as quais se pode viver retamente, são bens mínimos; agora [2] as potências do espírito, sem as quais não se pode viver retamente, são bens médios. **192.** Das virtudes ninguém usa mal; porém dos restantes bens, isto é, dos médios e dos mínimos, pode-se usar não apenas bem, mas também mal.

Portanto o critério ordenador das criaturas de Deus, que são todas boas, segundo sua maior ou menor utilidade para a prática do bem, pode também ser compreendido segundo sua flexibilidade moral, seja para fazer mal, seja para fazer o bem. De fato, um corpo pode ser bem ou mal utilizado, assim como uma potencialidade do espírito, contudo uma virtude, não. Assim sendo, ordenam-se os bens também segundo sua disponibilidade para fazer mal. O fio de cabelo, embora seja possível utilizá-lo para fazer mal[817], não tem utilidade para o bem, pois, como visto antes[818], no caso dos olhos, até um lusco pode viver a vida reta e honesta. A vontade, por sua vez, embora possa ser utilizada para fazer mal, contudo é imprescindível para o bem. De onde a vontade ser melhor que o fio de cabelo, pois segundo o critério da utilidade para o bem, que opera como um verdadeiro critério de desempate entre corpos e potências do espírito, ela é superior. As virtudes, por sua vez, sendo inflexíveis, são melhores, pois não podem ser usadas para fazer mal, já que elas já são o próprio bom uso da vontade pela razão.

192. A – [...] E da virtude ninguém usa mal, porque a obra da virtude é o bom uso dessas coisas, das quais também podemos não usar bem. Porém ninguém, ao usar bem, usa mal[819].

---

[817] Talvez seja possível usar um fio de cabelo como ingrediente de um filtro que se prepare para envenenar alguém, por exemplo, ou outra mandinga maliciosa qualquer, pois, para quem deseja fazer mal, qualquer motivo é desculpa. Contudo o que interessa é notar que os corpos (*esse*), bens mínimos, embora sejam inúteis para o bem, podem ser mal usados, ou seja, usados para fazer mal.

[818] Cf. 2,18,49,189.

[819] Paralelismo de grande efeito, porém muito difícil de reproduzir em vernáculo, cujo sentido é o seguinte: ninguém, quando faz bom uso de alguma coisa, simultaneamente usa mal essa

2,19,50,192. Harmonia do todo: o conjunto é melhor do que as partes

192. A – [...] Por isso é que a abundância e a magnitude da bondade de Deus[820] proveu existirem não somente grandes bens, mas também médios e mínimos. Mais se deve louvar a sua bondade

---

coisa, o que seria contraditório. De fato, ou usa bem ou usa mal, não podendo fazer os dois ao mesmo tempo.

[820] Preferiu-se manter a concordância no singular, como está em latim e como foi feito antes também com a expressão "razão e verdade dos números" (cf. 2,8,20,80; 24,93), pelos mesmos motivos aduzidos nos comentários ao § 80 (cf. também os comentários ao § 197 deste Livro 2), mas sobretudo, neste caso específico, pelo seguinte. Disseminava-se no tempo do autor como prática, especialmente na epistolografia e na homilética eclesiásticas, algo que se enraizaria pouco depois e tornar-se-ia norma geral no Medievo, a saber, o costume de utilizar-se de substantivos abstratos, e por vezes de adjetivos, para referir-se seja a pessoas importantes na hierarquia da Igreja, seja à assembleia dos crentes, na terceira pessoa do singular. Não se trata ainda dos pronomes ditos "de tratamento", por certo, mas sem dúvida de uma prática que os faria a pouco e pouco medrar. Por exemplo, na carta (n.º 159) que escreve em 415 ao mesmo Evódio deste diálogo, já então colega sacerdote na cidade de Uzalis, também no norte africano, Agostinho, ao recomendar-lhe o portador para que fosse bem recebido, refere-se ao seu antigo discípulo com extremada formalidade, fazendo uso do substantivo abstrato "santidade" (sanctitas), do seguinte modo: "Esse irmão, cujo nome é Bárbaro, é um servo de Deus há tempo estabelecido em Hipona, um ouvinte fervoroso e esforçado da Palavra de Deus. Ele desejou [que enviássemos] essa nossa carta à tua santidade, na qual nós te o recomendamos no Senhor, e através dele te apresentamos a devida saudação" (*Frater iste nomine Barbarus seruus dei est iam diu apud Hipponem constitutus et uerbi dei feruidus ac studiosus auditor. desiderauit ad tvam sanctitatem litteras nostras, in quibus tibi eum in domino commendamus tibique per eum salutem debitam dicimus*). Já na homilia que escreveu para comentar o Salmo 124 (§10), Agostinho dirige-se à sua assembleia com a mesma expressão utilizada em homilia contemporânea proferida sobre o Evangelho de João (*In Iohannis euangelium tractatus* CXXIV 1,1), "Vossa Caridade", permitindo entrever que a prática era bastante comum: "Que a vossa caridade compreenda: [a palavra] 'Israel' interpreta-se [assim:] '[Aquele] que vê a Deus'; [a palavra] 'Jerusalém' interpreta-se [assim:] 'Visão da Paz'" (*Intellegat caritas vestra: "Israel" interpretatur "uidens deum"; "Ierusalem" interpretatur "uisio pacis"*). Portanto com esse mecanismo, espécie de "metonímia prosopopeica", se se permite dizê-lo, em que são as próprias qualidades de alguém que se destacam, personificadas, como se a elas se dirigisse, ou como se elas se dirigissem a alguém, como no caso da passagem supradestacada do *L.A.*, cria-se um "afastamento" solene, que provavelmente pretendia evitar uma indesejável intimidade, ao que parece, que o tu latino talvez ensejasse. Assim, quando diz alguém: "Vossa excelência é muito sábio e nobre", por exemplo, está se referindo, a bem dizer, às qualidades da pessoa, à sua sabedoria e à sua nobreza, e não diretamente a ela, como poderia parecer. Uma outra maneira de enfrentar a questão era fazer com que o nome do destinatário (ou o pronome que o representasse) fosse seguido de inúmeros adjetivos em grau superlativo (talvez em quantidade proporcional à dignidade do cargo ocupado), como se vê no cabeçalho da carta (n.º 84) que Agostinho escreve a Novato: "Ao felicíssimo, venerável e desejável irmão e cossacerdote Novato..." (*Domino beatissimo et uenerabili ac desiderabili fratri et consacerdoti Nouato...*).

nos grandes do que nos médios, e mais nos médios do que nos mínimos bens, mas mais ainda em todos eles [em conjunto] do que se não os houvesse atribuído a todos.

Deus é bom e deve ser louvado porque proveu a criação dos bens mínimos, como os corpos, dentre os quais contam-se os fios de cabelo também, que são considerados bons por Agostinho, contrariando a pecha de "pessimista" que se lhe atribuiu, muita vez injustamente. Porém Deus é melhor ainda, e deve ser ainda mais louvado por ter provido a criação dos bens médios, sem os quais não se pode praticar o bem, como as faculdades do espírito, dentre as quais se inclui a vontade livre. E Deus é ainda melhor e muito mais digno de louvor porque, além dos mínimos e médios, proveu a criação dos grandes bens, que resultam da reta aplicação da razão na submissão dos bens mínimos. Porém, acima de todos esses bens isoladamente, Deus deve ser louvado porque proveu a criação com esse conjunto harmonioso de bens mínimos, médios e grandes, os quais, todos juntos, conferem harmonia e perfeição ao todo.

2,19,51,193. Dúvida persistente: a vontade livre é de fato um bem?

193. E – Assinto, mas algo me incomoda[821]. Visto que a questão é acerca da vontade livre, e vemos que ela usa bem de umas e não usa bem de outras coisas, de que modo ela mesma também deve ser numerada entre aquelas coisas de que usamos?

Mesmo depois de tudo o que se disse Evódio ainda não parece inclinado a admitir que a vontade livre deva de fato ser contada entre os bens, quer entre os mínimos, quer entre os médios, quer entre os grandes. Por quê? A partir do critério ou tópico da "utilidade para a prática do bem" considerou-se [i] o fio de cabelo (*esse*) como um bem que pode ou não ser mal utilizado, embora seja inútil para o bem; [ii] a vontade livre, potencialidade do espírito (*uiuere*), como um verdadeiro "instrumento", quer do bem, quer do malfazer, uma vez poder ser utilizada tanto para fazer mal como para fazer o bem; [iii] por fim as virtudes regidas pela razão (*intellegere*) como o próprio corolário da vida reta e honesta, que consistem na própria aplicação reta da liberdade da vontade, sem a qual nenhum mérito é possível. Pois bem, embora nos três casos os bens fossem

---

821 Refere-se à terceira prova prometida: saber se a vontade livre deve ou não ser numerada entre os bens, o que Evódio insiste em não admitir (cf. 2,3,7,20; 18,47,178; 49,186).

ordenados e consequentemente comparados pelo critério da sua utilidade para a prática do bem, Evódio questiona, com toda justeza, se de fato os três graus podem ser comparados, ou, de modo particular, se o grau médio, o das potências do espírito, como a vontade livre, se é de fato um instrumento que pode ser usado, como um olho o é. Pois um corpo pode ser utilizado, seja ele de que tipo for, tanto para fazer mal como para fazer o bem. E até mesmo a razão pode e deve ser utilizada pelo espírito para temperar com retidão as suas inclinações, sustentando as virtudes. Porém a liberdade da vontade não parece poder ser em si mesma utilizada como um instrumento, e sim ela mesma utilizar das demais coisas, visto que a vontade ora quer *A*, ora *B*, ora *N*. Numa palavra, não parece que a vontade livre é um instrumento de que alguém se serve, e sim que ela mesma é que se serve de outros instrumentos para atingir seus fins. Pois a vontade quer, e quer sempre muitas coisas, mas ela mesma não parece a Evódio poder de fato ser equiparada aos demais bens.

2,19,51,194-195. Querer querer: memória, inteligência e vontade

> **194.** A – Do mesmo modo como conhecemos pela razão todas as coisas que conhecemos tendo em vista a ciência[822], e contudo também a própria razão se enumera entre as coisas que conhecemos pela razão[823].

Se é verdade que a vontade ora quer *A*, ora *B*, ora *N*, é igualmente verdadeiro que quer a si mesma, querendo querer e querendo não querer, quando então é sujeito e objeto do próprio querer: quer, como sujeito-vontade que é, ao mesmo tempo que é querida, enquanto objeto-vontade que também é. Portanto, assim como a razão é capaz de conhecer-se a si própria, enquanto sujeito-razão que é, e ser conhecida por si mesma, enquanto objeto-razão; ou a memória, enquanto sujeito-memória, lembra-se das coisas, mas também lembra-se de si mesma, enquanto objeto-memória que é, ao lembrar-se de que é memória; enfim, do mesmíssimo modo, obtempera Agostinho, a vontade, enquanto potência do espírito humano, é igualmente capaz de querer a si própria, numa palavra, de querer querer e de querer não querer.

---

822 A locução adverbial é *ad scientiam*, que literalmente se poderia traduzir por "para a ciência", ou seja, tudo que se conhece a fim de que se possua um conhecimento certo, comprovado, se conhece por meio da razão, o que se distingue do conhecimento que se diz obter a partir da autoridade dos testemunhos.

823 Cf. 2,3,9,36.

195. A – [...] que a própria vontade use de certo modo dela mesma, ela que usa das demais coisas, assim como a razão conhece a si mesma, ela que conhece também as demais coisas! [...] a memória também [...] não somente das outras coisas, mas também de si mesma está lembrada; ou antes, nós é que estamos lembrados não apenas das demais coisas, mas também da própria memória, através dela própria[824].

Note-se que, ao comparar três atributos humanos, por assim dizer, memória, razão ou inteligência e vontade, que serão retomados anos mais tarde, quando em seu tratado acerca dos mistérios da Trindade[825] se puser a procurar vestígios trinitários na criatura racional, Agostinho abre outra "gaveta" dos lugares (τόποι), recorrendo desta vez ao tópico da "comparação", estratégia das mais utilizadas por pensadores de todas as épocas, a fim de argumentar pela comparação entre predicados de dois ou mais objetos e tornar possível uma inferência acerca do que ainda não foi objeto de comprovação. Neste caso trata-se de uma indução por analogia, se se considerarem as faculdades que se comparam como sendo distintas, como quem comparasse, por exemplo, o comportamento de certas espécies de animais ao comportamento humano; ou pelo exemplo, se se considerassem as faculdades como membros de um mesmo gênero, no caso o das faculdades humanas. Seja como for, analogia ou exemplo, o fato é que o filósofo refere características nada simples das faculdades humanas, como memória e razão, a fim de que sirvam de base argumentativa para comprovar que a vontade, com a qual se quer compará-las, opera de semelhante modo. Numa palavra, se a razão é capaz de fazer-se objeto de conhecimento para si mesma, assim como a memória, ambas faculdades do espírito humano, por que motivo o mesmo não seria possível com a vontade, posto que esta seja um bem de estatuto inferior às duas primeiras, pertencente ao grau da vida, não ao da inteligência, na escada das naturezas? Pois, se é possível a *R* e a *M*, potências do espírito, por que não a *V*, que também é uma potência?

Pois bem, o princípio da analogia[826] baseia-se na semelhança de características comuns: C_1, C_2, C_3, entre dois ou mais objetos: O_a, O_b, O_c[827], as quais características comuns induzem a concluir que uma dada característica C_x,

---

824 Cf. *Conf.* 10,8-25.

825 Cf. *Trin.* 10,11,17 *et seq.*

826 Cf. Corbett & Connors, *op. cit.*, p. 94.

827 Isso significa que O_a possui as características C_1, C_2 e C_3, assim como O_b e O_c

observada em O_a, O_b, O_c[828], esteja presente também em O_x, embora não tenha sido comprovada. Logo, se os objetos O_a, O_b, O_c possuem as características C_1, C_2, C_3 em comum com o objeto O_x[829], pode-se inferir que uma dada característica C_x, confirmada em O_a, O_b, O_c, esteja presente também em O_x, embora não tenha sido observada. Logo O_a, O_b, O_c e O_x, que se assemelham em três categorias, C_1, C_2, C_3, assemelham-se, por analogia, segundo a categoria O_x. Porém essa semelhança, conquanto provável, ou seja, assentada sobre probabilidade, tão maior quanto mais características forem aduzidas e mais relevantes forem elas, enfim, embora provável, não é de modo nenhum certa.

No entanto, se o princípio da analogia opera desse modo com certos objetos, talvez isso não se aplique a todos, ferindo o próprio princípio sobre o qual está assentado. De fato, Agostinho põe-se a comparar objetos que só se dizem objetos de modo impróprio, derivado, pois memória, inteligência e vontade são nomes que se dão a eventos ou potencialidades do espírito humano, cuja definição é sobremodo complexa. Logo está o filósofo tratando de objetos nada quantificáveis, dificilmente qualificáveis, relativamente observáveis e bastante improváveis, isto é, que não se provam facilmente. Em assim sendo, duas questões se levantam. Primeiro, como compará-los, a esses objetos que mal se definem ou conhecem? Depois, como consequência natural das dificuldades levantadas na primeira questão, coloca-se a segunda, sobre se seria lícito questionar a validade da analogia, como método de argumentação e obtenção de conhecimento acerca de realidades deste gênero. E assim como da Verdade, que é Cristo, nada dignamente se pode dizer, embora muito se tente fazer, como reconhecerá Agostinho no parágrafo a seguir, talvez o mesmo se possa dizer dessas faculdades, como a memória e a inteligência, e mais ainda da vontade, que será muita vez rebatizada de "amor", nas discussões e analogias trinitárias da obra homônima do autor, anos depois da escritura desta. O que fica, sem dúvida, é a percepção de que o filósofo não apenas está desenvolvendo suas ideias, a cada passo, a cada dúvida, mas igualmente sua linguagem e as ferramentas que a retórica, como teoria e prática de linguagem, lhe poderiam oferecer, a fim de que pudesse de algum modo dizer o indizível.

---

828 Isso significa que O_a, O_b e O_c possuem a característica comum C_x, assim como O_x.

829 Isso significa que O_x possui as características comuns C_1, C_2 e C_3, assim como O_a, O_b e O_c.

2,19,52,196-198. O bem próprio e primeiro do homem: a vida feliz

196. A – Portanto a vontade, que é um bem médio, quando adere ao Bem absolutamente imutável e que lhe é comum, não próprio[830], assim como é aquela Verdade acerca de que muito falamos e nada dissemos dignamente[831], o homem retém [em si] a vida feliz; e essa mesma vida feliz, isto é, a disposição[832] do espírito que adere ao Bem absolutamente imutável, é um bem próprio[833] do homem e seu bem primeiro. Nele[834] estão também todas as virtudes, das quais ninguém pode usar mal.

Embora a fruição do Bem supremo, que se dá naquela Verdade em que esse Bem é discernido e possuído, e que se chama Sabedoria[835], seja a própria Beatitude, surge agora uma noção um tanto distinta de felicidade. Quando a vontade, que é um bem médio, diz o filósofo, escolhe livremente aderir ao Bem supremo, que é também Verdade, esse espírito, dono dessa vontade, possui aí a sua vida feliz. Essa Verdade é comum a todos: Bem público, eterno, que não sofre detrimento em sua natureza quando é fruído, inesgotável, em suma, o próprio Deus. Contudo essa vida feliz que se diz agora possuir, de modo privado, não é a Vida que lhe deu origem, Fonte inesgotável de toda Felicidade, e sim a disposição de seu próprio espírito, disposição presente em si quando adere ao Bem incomutável e que é seu bem primeiro e próprio, que se distingue do Bem supremo de que deriva, a Felicidade que é a Verdade. De fato, ao "possuir" Deus, que é a Verdade, o homem, ao modo de quem contempla o Sol e sente-se banhado e iluminado por seu calor e sua luz, não se torna por isso fonte de calor e de luz, muito menos torna-se o Sol, tampouco retém-no para si, embora seja por ele iluminado e aquecido. Do mesmo modo, quem penetra e contempla a Verdade-Sabedoria-Felicidade suprema, que é Deus, não se torna Deus, nem verdade, nem sabedoria, nem felicidade, apenas, se se pode dizê-lo, *um* com ele, por participação, pois se vê banhado por sua luz, em que contempla retamente o Bem; aquecido por seu amor, de que toma parte, amando as criaturas todas; esclarecido por sua Verdade, na qual discerne o reto do torto, o certo do errado; instruído por sua Sabedoria, em que se vê assimilado, vivendo

830 Cf. 2,9,26,100.

831 Cf. 2,2,25,96-12,34,136.

832 O termo latino é *adfectio,* liter. "afecção", no sentido de "estado" ou "condição" do espírito, porém não em sentido patológico, obviamente.

833 Em contraposição a "comum", pois só pode ser desfrutado individualmente.

834 "Nele" quer dizer "neste seu bem próprio e primeiro", a vida feliz (*uita beata*).

835 Cf. 2,8,24,93; 9,25,96.

retamente nas virtudes; assim como se faz feliz, por beber na suprema fonte da Felicidade. E o mesmo se pode dizer das virtudes, que são bens intransferíveis, pois cada prudente, corajoso ou justo o é em si mesmo, em seu espírito, não no espírito de outro, pois nenhum homem justo pode tornar justo a um outro, apenas por ser o que é. Porém, assim como não é nenhuma das virtudes que o predicam, tampouco é a Sabedoria, ou a Verdade, ou a Felicidade, qualidades supremas de que apenas participa, as quais, porém, são todas *una*, jamais predicados divinos, visto serem a própria Divindade.

Felicidade como disposição do espírito

Se no livro primeiro a vida feliz se define como sendo [i] o regozijo na posse dos bens verdadeiros e seguros[836], ou [ii] o júbilo gerado pela posse da boa vontade, quando eleva o espírito de modo tranquilo, sereno e permanente[837], agora se define como sendo [iii] uma disposição do espírito que adere ao Bem imutável[838]. Logo regozijo, júbilo e disposição do espírito descrevem a mesma coisa, a vida feliz. No primeiro caso o regozijo se dá na posse do que é verdadeiro e seguro, ou seja, que não pode ser subtraído ao seu possuidor, e que não se confunde com a ideia que se tem do corpo[839], como algo que não é de fato, pois destinado a deixar de ser pela mutação degenerativa. Logo o regozijo se dá na posse dos bens incorpóreos, imutáveis e por isso mesmo eternos. No segundo caso tem-se júbilo, que é um outro nome para a alegria imensa que se experimenta no espírito. Desta vez o júbilo se dá pela posse da boa vontade, que eleva o espírito de modo tranquilo, sereno e permanente. Ora, que significa dizer tranquilo e sereno, senão sem os cuidados (*sine curis*) e perturbações gerados pelas inclinações sensuais? E que significa dizer de modo estável, senão na posse do que não pode ser subtraído contra a vontade, seja por ação alheia, seja por inevitável degeneração? Logo o júbilo da boa vontade se refere aos bens incorpóreos, ou seja, quando se volta para o eterno, imutável, indefectível, que não pode ser subtraído, que não gera ansiedades

---

836 Cf. 1,13,29,98: *"Veris bonis certisque gaudere"*.

837 *Ibid.*: *"Hoc ipsum gaudium, quod huius boni adeptione gignitur, cum tranquille et quiete atque constanter erigit animum, beata uita dicitur"*.

838 Cf. 2,19,52,196: *"Ipsa uita beata, id est 'animi adfectio' inhaerentis incommutabili bono"*. Esse termo define também algumas virtudes, como a coragem, que se disse a "disposição" por que se desdenham as adversidades e perdas da vida (1,13,27,89).

839 Cf. **1**,14,31,103-104; **2**,11,33,130-132.

ou perturbações ao espírito, o que não se faz senão com a vontade que se diz boa. Assim não apenas o júbilo, mas também o regozijo, ambos se referem à mesma disposição do espírito supradescrita, disposição que se diz "vida feliz" ou "felicidade", que ocorre quando o espírito, elevado de modo sereno, tranquilo e estável, por meio de sua boa vontade, possui os bens verdadeiros e seguros, como as virtudes, os quais bens se encontram no próprio Bem supremo, pois quem com boa vontade eleva o espírito e possui as virtudes, possui igualmente o Bem supremo.

Felicidade comum e felicidade própria

197. A – [...] estes bens[840] [...] [são] bens próprios de cada homem em particular, não comuns. [...] por meio da felicidade de um homem um outro não se faz feliz...

Não se devem confundir os termos grafados (apenas em vernáculo) em inicial maiúscula e minúscula. Pois, se há uma Verdade, Bem supremo, comum a todos, imutável, incorruptível, que ao ser fruída, como a luz do Sol, não sofre detrimento em sua natureza, ao contrário por exemplo de um aroma que se inspira, cuja porção não pode ser exalada e reinspirada por outrem, pois transformou-se em parte do corpo daquele primeiro que a inalou; enfim, se há uma Verdade de que se pode dizer tais coisas, ainda que de modo impróprio e apenas por analogia, como se propugnou por descobrir e provar ao longo deste livro segundo, o mesmo se pode dizer de tudo aquilo que se lhe equivale, ou seja, que é *um* com ela, como a suprema Sabedoria, que é também Felicidade, que é também Forma, Número, Bem, Eternidade, entre tantos tais. Bens esses que são uma só coisa, pelo que não por acaso às vezes são referidos no singular pelo filósofo[841]. No entanto, assim como tudo o que tem número e forma deriva sua numerosidade e formosura da Razão e Verdade dos números e da Forma suprema, e assim como tudo o que é verdadeiro deriva sua verdade da Verdade eterna e imutável, assim também tudo o que é belo deriva sua beleza da Beleza eterna e imutável, e o que é bom, da Bondade, e o que é sábio, da Sabedoria, e o que é feliz, da suprema Felicidade. Isso, porque o que é supremo e perfeito em si mesmo, ao modo das ideias platônicas, é o paradigma, se se pode dizê-lo, a partir de que tudo o que vem a ser tem sua

[840] Refere-se às virtudes.

[841] Cf. 2,8,24,93-95.

origem, como se fosse um metro universal segundo o qual tudo o que tem medida se mede, ou o padrão universal de beleza segundo o qual toda beleza deve ser julgada, e assim por diante. Logo todo aquele que é feliz, embora o seja em si mesmo, de modo particular, felicidade que se lhe constitui o bem primeiro, acima de todos os demais que possa desejar, ele não é feliz senão porque sua felicidade se espelha na suprema Felicidade, de que deriva, em que participa, em cuja luz se banha. Nenhum desses bens, embora derivados de seus paradigmas supremos, se dizem públicos, pois a felicidade ou a virtude de um não pode ser dividida com outrem, ao contrário da luz da Sabedoria, comum a ambos. Portanto há que se distinguir entre a sabedoria de cada um, bem privado, e a Sabedoria suprema, Bem público.

198. A – [...] adaptando o espírito àquelas regras absolutamente imutáveis e às luzes das virtudes[842], as quais vivem incorruptivelmente na própria Verdade e Sabedoria comuns, às quais também aquele[843] adaptou e fixou o seu espírito, o qual, dotado dessas virtudes, propôs a si para que fosse imitado[844].

Logo quem quer ser feliz como o homem feliz, deve procurar imitá-lo, pois não pode partilhar de sua sabedoria privada; imitação essa que constitui um perfeito ato racional. Pois ao julgar da felicidade alheia, tomando ciência de como ele fez para chegar à felicidade, descobre a Felicidade paradigmática e suprema, Bem público, de que o feliz derivou a sua e em que participa, e as condições dessa mesma Felicidade, que são a posse das virtudes e a adesão sustentável ao Bem supremo. Quem pretende ser feliz, portanto, deve adaptar o seu espírito às luzes das virtudes, viventes na Verdade imutável, às quais o homem feliz adaptou seu próprio espírito. E desse modo, conquanto uma única seja a Felicidade suprema, para todos, tantos serão os felizes quantos os que se dispuserem a aderir ao Bem supremo com aquela boa vontade permanente, e viver nas quatro virtudes que habitam o reino da Verdade.

---

[842] Cf. 2,10,29,116-118.

[843] Aquele homem suprarreferido cuja felicidade se quer imitar. No entanto, porque essa felicidade é individual e intransferível, faz-se preciso buscá-la na Fonte de onde ele a bebeu, quer dizer, na própria Verdade imutável.

[844] O homem feliz apresenta seu espírito munido das quatro virtudes cardeais, nas quais ele vive a vida feliz, felicidade própria e intransferível, a fim de que seu espírito virtuoso seja imitado, não em si mesmo, mas enquanto reflexo das luzes das virtudes decorrentes daquela Verdade imutável.

Individualidade

Porém, se as disposições do espírito, sejam elas as virtudes ou a felicidade, são bens individuais e intransferíveis, pois ninguém pode fazer um outro feliz por meio de sua própria felicidade, tampouco pode torná-lo sábio por sua própria sabedoria, ou bom, por sua própria bondade, decorre disso a inevitável preservação da individualidade e a negação completa de todo panteísmo, com que flerta sobremodo a filosofia dum Plotino, por exemplo, a não dizer de outras correntes de pensamento oriental. Deus é uno e simultaneamente tudo o que dele se diga, quanto se diga, pois ele é o somatório das palavras, como consta da lição do Eclesiástico[845]; ele, cuja Luz a todos ilumina, cuja Sabedoria a todos ensina, cuja Verdade a todos guia, cuja Felicidade a todos se faz disponível. Todavia os dons que dele se derivam e em que se participa são possuídos de modo individual, pois cada um volta seu próprio espírito para o Bem supremo, permitindo-se partilhar dessa Felicidade comum, que é Sabedoria, Verdade, Bem etc. E se a felicidade se diz disposição do espírito, espírito que é próprio de cada um, será de modo individual também que fruirá dela, embora em si mesma ela seja comum a todos, como um verdadeiro Bem público.

Do movimento de origem à origem do movimento

2,19,53,199. O mal é a aversão da vontade: do público ao privado

> **199.** A – [...] a vontade, ao aderir ao Bem comum e absolutamente imutável, impetra os primeiros e "grandes" bens do homem, embora ela mesma seja [apenas] um certo bem "médio". Porém a vontade peca, quando avertida do Bem absolutamente imutável e comum e convertida ao bem próprio[846]...

Na qualidade de bem, a vontade livre é responsável por não pequeno feito na vida do homem: impetrar-lhe os bens que por ele são considerados

---

845 Eclo 43,11: *"Consummatio sermonum uniuersa est ipse"*.

846 Seria possível dizer "próprio bem", porém optou-se por manter o paralelismo com a expressão antitética logo antecedente, com a qual esta dialoga diretamente: *commune bonum* x *proprium bonum*. Isso, porque Agostinho pretende pôr em destaque o caráter dos bens, não seus possíveis possuidores. Assim, ao dizer "bem comum" ou "bem próprio", o que se está ressaltando é o gênero do bem, se é público ou privado; ao invés, quando se diz "próprio bem" – pois dizer "comum bem" seria agramatical –, ressalta-se antes o caráter do possuidor.

antes de todos os demais, além de serem grandes (*magna*); ou seja, ela, enquanto bem médio (*medium*) que é, confere ao homem os bens que são melhores do que ela mesma, como as virtudes. Com efeito, como dito pouco antes[847], quando a vontade adere ao Bem incomutável e comum, que é a Verdade, o homem obtém a vida feliz, que, sendo uma disposição do espírito aderente ao Bem supremo, define-se como o bem primeiro e próprio do homem. E essa vida feliz não se dissocia jamais das virtudes cardeais, que são grandes bens, de que ninguém pode fazer mau uso. Todavia, assim como a vida feliz em que elas estão contidas, as virtudes são bens próprios de cada um dos homens, embora lhes sejam os maiores e primeiros de todos os bens. Logo tanto a vida feliz como as virtudes a ela inerentes e indissociáveis, as quais constituem bens grandes, são impetradas pela vontade livre, que é apenas um bem médio. Vê-se, por conseguinte, que a vida feliz, que não pode não ser virtuosa, é alcançada por meio da simples vontade livre, bem médio, e nada mais. Nenhuma referência se faz, neste ponto, a qualquer ação da divina misericórdia, a qualquer graça conferida por Deus, a qualquer subsídio externo, seja qual for, problema esse que ainda não havia ocupado as preocupações do filósofo nestes tempos[848].

Contudo, embora seja responsável pelo bem primeiro do homem, a vida feliz, e pelos grandes bens, as virtudes, por ser um bem apenas médio, pode a vontade ser pervertida. O termo "perversão" é bastante conveniente, pois a vontade foi dada ao homem por um Deus bom para que dela se utilizasse bem. Logo desviá-la para um fim para o qual não foi nem concebida, tampouco conferida, não se pode dizer seja algo distinto de uma perversão[849] de sua finalidade, um desvio do rumo certo. Que rumo certo seria esse, senão a conversão para o próprio Deus, aquele Bem supremo, comum a todos, imutável, eterno, incorpóreo, que se descobriu ser a própria Verdade? Logo, quando a vontade, que é livre, se converte para o Bem imutável e comum, ela está sendo utilizada para o fim para o qual foi originalmente concebida e conferida ao homem, mantendo-se boa[850]. Porém, quando se volta na direção contrária, avertendo-se do Bem público e imutável e convertendo-se

---

847 Cf. 2,19,52,196.

848 No intervalo entre 388 e 392; ao menos segundo as evidências encontradas exclusivamente neste Livro 2.

849 Quer dizer, uma total (*per*) mudança de rumo (*uertere*).

850 Cf. 1,12,25,85.

em direção aos bens privados e mutáveis, bens que são desfrutados individualmente pelo homem, essa vontade se faz má, naquilo que se diz "pecado". Portanto, se o pecado, que é mau, consiste na aversão do Bem comum e imutável e na conversão aos bens próprios e mutáveis, o seu contrário, que seria o bem, consiste na conversão para o Bem imutável e comum e na aversão dos bens próprios e mutáveis. Logo há dois polos que representam respectivamente o bem e o malfazer, ou pecado: [i] o imutável e [ii] o mutável. Vê-se como os ecos da herança parmenídico-platônica se fazem vibrar de modo consistente, pois esse imutável e eterno, que se identifica com a Verdade, que é Cristo, *um* com Deus, é aquilo que é verdadeiramente, porque incorpóreo e livre da ação corrutora do tempo. No outro polo, o corpóreo, aquilo que se fada à corrupção e ao fim iminente, não é verdadeiramente, permanecendo apenas enquanto reste algo de si, embora esteja sempre em constante e inevitável processo de decomposição. Só a ideia, dirá Platão, a partir do próprio Parmênides, permanece de fato, pois o corpo é apenas uma sombra, uma imagem imperfeita da perfeição incorpórea do inteligível[851]. No entanto os dois polos suprarreferidos se desdobram em ainda outra antítese, entre [i] o comum ou público e [ii] o próprio ou privado, que representam respectivamente o Bem supremo e uno e o malfazer, múltiplo. Os bens comuns, como dito antes[852], podem ser por todos simultaneamente fruídos sem nenhum detrimento em sua natureza imutável e incorpórea; os bens próprios só podem ser utilizados[853], individualmente, cada um possuindo o seu e consequentemente sendo feliz por si só, em si mesmo, o que não pode ser repartido com outrem[854].

---

851 Cf. **1**,14,31,103-104 (*Tusc.* 1,24,58); **2**,11,33,130-132.

852 Cf. 2,7,15,58-8,20,80.

853 Cf. 1,3,6,17; especialmente *83 Questões diversas*, q. 30: "*Omnis itaque humana peruersio est* [...] *fruendis uti uelle atque utendis frui* [...]".

854 Embora Agostinho considere a felicidade e as virtudes bens individuais da criatura racional, pelo fato de serem os seus primeiros e maiores bens, os quais participam imediatamente do Bem comum e imutável, visto que ninguém é feliz senão no Bem supremo, tampouco sábio, justo, prudente, temperante ou corajoso, senão naquela Sabedoria que se diz a Verdade em que se possui e discerne o Bem supremo, resta claro que estes bens (incorpóreos) de natureza privada se distinguem sobremaneira dos demais, como os bens de natureza corpórea. Com efeito, se os corpóreos se amam através da inclinação sensual, que é o amor do que se pode perder invito, o mesmo não ocorre com as virtudes, bens inalienáveis do espírito, muito menos com a verdadeira Felicidade, que não pode ser perdida invito, visto ser a posse da Sabedoria

Uma desordem da vontade: mal adverbial

No entanto Agostinho "desvia" a tradição platônica, por assim dizê-lo, a fim de adaptá-la ao pensamento cristão, porque o corpóreo, embora antitético ao incorpóreo, não constitui em si mesmo algo mau, pois tudo o que existe, o que inclui todos os corpos de todos os seres, por ínfimos sejam, é essencialmente bom, tendo sido criado por um Deus bom. Assim sendo, aquele pecado, que consiste na aversão do imutável e comum e na conversão ao mutável e próprio, não é pecado porque o mutável e próprio em si seja mau, porque sem dúvida alguma não o é, e sim em decorrência da perversão da vontade, que deveria manter-se ordenada, preferindo os bens superiores aos inferiores. É claro que isto também sente as reverberações de ecos platônicos, como se vê na *República* ou no *Fedro*, onde o superior da alma deve governar o inferior[855], no entanto, para muito além do Platão recebido de Túlio Cícero, ou do Plotino, de Mário Victorino, Agostinho compreende a maldade a partir de outro prisma, e com características interessantemente distintas. Se há três classes de natureza, que são todas bens: ser, viver e inteligir[856], e se a vontade, como bem intermediário entre os ínfimos, que apenas são, e os grandes, que são, vivem e inteligem, pode ser bem ou mal utilizada, decorre disso que ou transite entre as duas classes, subindo e descendo os degraus da escada das naturezas, o que resultaria numa mudança em sua própria substância[857], ou então que, permanecendo onde está, na posição intermédia, seja "desviada" de suas funções naturais, por assim dizer. De fato, quando é boa, a vontade parece participar do grau último, o dos grandes bens; quando má, ela como que se faz apenas viva, uma potência neutra, que pode e deve ser governada pela razão, sob pena de precipitar a mente da cidadela do domínio. Sendo, contudo, esse universo ordenado e regido pela Lei eterna, a Razão suprema, resta necessário que a

---

em perpétua fruição do supremo Bem. Portanto dizer "privado" ou "particular" não significa necessariamente dizer "corpóreo" ou "inferior".

855 Cf. *Rep.* IV; *Fedro* 246a-b.

856 Que talvez não se exprimam por meio de verbos ao sabor do mero acaso, em vez de serem referidas por substantivos. Se diz Sabedoria, Verdade, Bem, contudo diz ser, viver e inteligir, quiçá para pôr em destaque a distinção entre o que é mais, por ser imutável, e o que é menos, por ser mutável. Enquanto Fonte imutável de todo ser, viver e inteligir, por sua vez, Deus é dito Ser (forma nominal), Vida e Inteligência supremos, pois é sem dúvida que ele não é, nem vive, tampouco intelige do mesmo modo como suas criaturas.

857 Cf. *Ench.* 4,13.

obra toda da criação esteja igualmente ordenada, como se imagina pela escada dos três degraus. Porém, se boa, em todos os seus degraus, ínfimos, médios ou grandes, parece não haver lugar para nenhuma maldade, conquanto seja notada por todos, em toda parte. Todavia não pode haver nenhum mal que exista em si mesmo, que contenha forma e número, do contrário teria de ter sido originado pela Forma suprema, que é a Verdade, que é Cristo, *um* com Deus. Logo não pode haver um mal desse tipo, numa palavra, que seja em si mesmo uma natureza. Resta assim, para que se explique a maldade que se vê no mundo de modo inequívoco, encontrar um outro tipo de mal, ou, por dizê-lo de modo menos impróprio, um malfazer, que não tenha forma nem número, que não mereça estatuto ontológico, que nem seja um bem ínfimo, nem médio, muito menos grande, do contrário seria Deus o seu autor.

Porém, se o pecado se diz a conversão aos bens mutáveis e próprios e a aversão do Bem supremo, comum e imutável, tem-se que esse mesmo pecado seja a conversão para um bem e o afastamento de outro bem; uma questão de escolha, portanto, entre bens. Mas se tudo são bens, a vontade então peca quando se volta para um bem, o que poderia parecer contraditório, ainda que não o seja. A vontade não peca porque se volta para o Bem uno, e sim para os bens múltiplos, mas não porque e enquanto bens, criados por Deus, cujo uso não constitui um ato mau. A vontade não peca por causa dos bens que quer, e sim porque quer; mas não peca porque quer o que não devia querer, e sim porque quer o que podia querer, mas não do modo como quer. O pecado, nesse sentido, tem viés adverbial, por assim dizer, um viés circunstancial, pois não se trata da escolha de um objeto mau, nem de um objeto proibido, como os ecos platônicos poderiam fazer supor, pois todos os objetos do querer são essencialmente bons, frutos da Bondade de Deus, e sim do modo torto, pervertido, numa palavra, no modo desordenado como se quer. Com efeito, a Razão suprema prescreve que os bens superiores devam ser preferidos aos inferiores, ordenando-se perfeitamente o homem quando se conforma e harmoniza com essa preferência; e caso não o faça, ou faça de modo contrário, desordena-se. Logo a desordem é o pecado, que é mau. E esse mal só existe enquanto desordem, pois nada que seja, viva ou intelija, enquanto é, vive e intelige, ou seja, enquanto criatura dotada de forma e número, pode ser mau. Mas que é essa desordem, senão a corrupção da ordem ou sua ausência completa? Logo, para haver desordem, deve haver antes ordem, sem o que nada haveria que desordenar-se. E do mesmo

modo, para haver mal, deve haver bem[858], consequentemente deve haver ser, viver e inteligir, e também forma e número, sem o que nada haveria que desordenar-se, deixando de ser, viver e inteligir.

Disso decorre que só há a possibilidade de algo ser mau onde haja algum bem, ou seja, só pode haver desordem onde haja ordem, e esta não pode existir senão onde exista algo, que, se existe, só pode ser bom. Logo só pode haver algo de mau enquanto algo de bom exista, pois o que é mau não é mais que a corrupção do bem existente no que é bom. E de que bem se trata aqui neste caso, senão da vontade, um bem médio? Logo só pode haver uma má vontade ou vontade corrupta se e enquanto houver uma vontade naturalmente boa, cujo bem possa ser corrompido. Nesse sentido se admite que ora correlacione-se apenas com a vida, ora com a vida e a inteligência, ou seja, que ora a vontade participe do degrau do que apenas vive, quando então é desviada e perde algo de seu bem, ora participe do degrau dos grandes bens, quando então se torna boa, sendo regida pela reta razão, recuperando e aumentando o seu próprio bem. Ademais, sabido que o que é mau não está nas criaturas em si mesmas, enquanto são, vivem e inteligem, porque são boas, sejam elas corpos, sejam disposições do espírito, e que querê-las não é algo mau, do contrário também seria mau querer algo bom, resta apenas que isso que é mau seja um querer desordenado, um querer que não quer do modo como deveria querer, antepondo o inteligir ao viver e este ao ser, de modo ordenado, como prescreve a Razão suprema[859]. Esse desvio da vontade, contudo, que se diz pecado, não torna a vontade em si mesma má, embora se possa dizer que, ao desordenar-se, ela perde algo de seu bem, pois o que é bom não pode ser totalmente mau, e sim menos um bem, sob pena de deixar de ser, perdendo todo o seu bem. Logo o mal não é a vontade, nem está na vontade, e sim no próprio desvio, na perversão, cujo objeto é essa faculdade do espírito, que se graduou como bem médio. E que é essa perversão que não respeita a Razão suprema, que leva ao amor, sem dúvida, mas não daquilo que não se deve amar, e sim ao amor pervertido, que faz com que se ame

---

858 Cf. 2,19,54,204 (*Ench.* 4,13-). Onde não há bem, nada há que ser corrompido, visto que a corrupção é a destruição do bem. Logo nenhuma corrupção é possível onde mais nenhum bem existe.

859 Pode-se dizer também, como Agostinho o faz em *83 Questões diversas*, que a perversão da vontade é querer fruir o que se deve usar e querer usar o que se deve fruir, o que significa amar os bens inferiores, que devem ser usados como meio, como se fossem fins, e amar os bens superiores, que deveriam ser amados como fins, como se fossem apenas meios. Isso também pode ser compreendido "adverbialmente", como uma perversão contingente do querer, não como perversidade substancial.

do modo como não se deve fazê-lo? Trata-se de um movimento, sem dúvida, mas de um movimento desordenado. Entretanto ninguém se move, seja para que direção for, avertendo-se do Bem imutável e comum ou convertendo-se aos bens mutáveis e próprios, enfim, ninguém converte ou averte nada, seja o que for, a não ser por intermédio da vontade. Logo esse movimento de aversão ou de conversão, enquanto movimento, não parece ser outra coisa senão a própria vontade. E se é assim, o problema está longe de ser resolvido, pois, se o pecado, que é mau, é esse movimento desordenado, e se esse movimento é a própria vontade, decorre disso necessariamente que a vontade seja o próprio pecado, que é mau. Mas isso seria contraditório, pois, fosse assim, um bem seria mau[860], uma vez que a vontade é sem dúvida um bem, como provado. E o que é pior, fosse mesmo assim, esse bem, que é mau, por ter sido doado ao homem no ato de sua criação, seria motivo suficiente de inculpar a Deus, que o teria criado munido de um bem que é mau, ou de um mal que é bom, sendo daí o responsável pelo famigerado mal substancial, como queriam e advogavam os maniqueus, contra os quais escreve Agostinho o *L.A.*

Não se pretende neste ponto dar seguimento ao problema, que será percebido pelo filósofo e abordado no livro terceiro. O que se quis fazer aqui foi apenas um rápido esforço cogitabundo, a fim de enriquecer a compreensão, o que não se faz sem elucubrações desta natureza. Em resumo, pois, dessas antíteses, entre bem e mal e comum e próprio, decorre que a felicidade se

[860] Cf. *Enchiridion* (4,13). É a essa conclusão aparentemente paradoxal que Agostinho chegará no final de sua vida, ao reconhecer exatamente isso que começa a perceber aqui no *L.A.*, que nada, a não ser que seja bom, pode ser mau (*non potest esse malum nisi bonum*). E isso vale sobretudo para o homem, dirá o filósofo, aparentando perplexidade. De fato, o homem também é algo de bom, porque é uma natureza, e toda natureza, ou substância, é um bem, porque criada pelo Deus bom e onipotente, cuja criação é sempre boa. E contudo há indubitavelmente homens maus. E que pode ser esse homem mau, no fim, senão um "mau bem", ou antes, "um bem que é mau" (*malum bonum*)? Contudo o homem não é mau enquanto bem, nem porque é homem, pois enquanto homem é um bem, mas é mau porque corrompido, porque iníquo. Sendo homem, é bom, enquanto homem; sendo vicioso ou iníquo, é mau, pela corrupção que há nele. De onde então a regra dos lógicos (*dialecticorum regula*) restar absolutamente falsa, provoca Agostinho, quando dizem que em coisa alguma podem ser predicados simultaneamente dois atributos contrários. Não apenas os males podem sim coexistir com os bens, como tampouco podem existir senão neles, embora sem dúvida existam bens sem males. De fato, pondera o filósofo, referindo-se à criação do homem, não havia no princípio nenhuma outra natureza senão a boa, corruptível ou não, que pudesse ser corrompida: não havia senão homens e anjos, cujos desejos se perverteram, desejos que na origem eram bons; portanto, nada que se tornasse mau, senão bens.

experimente de modo individual, como uma disposição do espírito de cada um, embora provenha da Felicidade suprema, como todos os demais bens de semelhante natureza. O homem que possui as virtudes, aderindo ao Bem supremo, imutável e comum, se faz feliz individualmente, contudo apenas e enquanto adira ao Bem, o que se logra tão só por meio da vontade livremente boa, que é um movimento do espírito, que pode ser direcionado para o Bem supremo, quando então é bom, ou para os bens mutáveis e próprios, quando então se diz pecado, ou erro.

2,19,53,199-200. Três gêneros de conversão: para dentro, para fora e para baixo

> **199.** A – [...] Converte-se[861] [a vontade de cada um] [1] para o seu próprio bem, quando quer estar em seu próprio poder[862]; [2] para o que é exterior, quando se esforça por conhecer os bens próprios dos outros, ou qualquer coisa que não lhe pertence; [3] para o que é inferior, quando ama diligentemente[863] o prazer do corpo[864].

A vontade peca quando avertida do Bem imutável e comum e convertida aos bens próprios. Essa conversão pode dar-se de três modos, ou em três direções: [i] para dentro, ou seja, para si; [ii] para fora, ou seja, para os bens alheios; [iii] para baixo, ou seja, para as voluptuosidades dos sentidos, os mais

---

861 O verbo latino está na passiva, *conuertitur*, traduzida em vernáculo pela forma sintética. Porém não se deve perder de vista essa passividade, que subentende sempre um agente, alguém que converte a vontade para dentro, para fora ou para baixo, que é o sujeito de que essa vontade é vontade, ou seja, de cujo espírito ela se constitui uma potência.

862 Trata-se de um genitivo de posse, *esse potestatis suae*, liter. "estar de sua posse", ou seja, "estar sob seu próprio poder", o que significa autonomia total: o homem que se volta para o bem próprio, em lugar do bem comum, quer ser seu próprio deus, estar sob o poder apenas de si mesmo, em vez de submeter-se à vontade da Verdade, aderindo ao Bem supremo. Como se há de constatar no final do último livro, esse é o pecado inicial do anjo que cai, o qual, à maneira de um Narciso autoenamorado, prefere-se a si mesmo em lugar do Criador, o que faz, contudo, em detrimento fatal de si mesmo.

863 O verbo latino *diligo* costuma ser utilizado para expressar um amor de tonalidade mais espiritual, menos carnal, um amor mais virtuoso. Neste caso, contudo, Agostinho se utiliza do verbo *diligo* para referir o amor dos prazeres corpóreos, bens inferiores. É possível seja apenas coincidência, porém pode não sê-lo, se estiver pretendendo pôr em destaque exatamente a perversão do amor sincero que, em vez de voltar-se para os bens superiores, entrega-se desmedidamente às voluptuosidades do corpo. Cf. verbetes *adamo*, *amo* e *diligo* no LÉXICO T-F.

864 Essas "exterioridade" e "inferioridade" referem-se aos objetos de natureza corpórea e às inclinações sensuais pelas quais se procura possuí-los ou subtraí-los aos seus legítimos possuidores.

baixos de todos. No primeiro caso a vontade diz-se converter-se para o seu próprio bem, explica Agostinho, quando ela quer estar em seu próprio poder, querendo simplesmente querer, como um fim em si mesmo, o que equivale a fazer-se ela mesma seu próprio fim, uma vontade de ter vontade, de que o filósofo confessará ter sido possuído ainda jovem, quando veio a residir na célebre Cartago: "Ainda não amava e amava amar [...]. Buscava o que amar, amando amar"[865]. No segundo caso a vontade volta-se (com presumível invídia) para o que é exterior, quando esforça-se por conhecer os bens dos outros e tudo aquilo que não lhe pertence. Por fim, no terceiro caso a vontade averte-se do Bem comum e imutável e converte-se aos bens próprios e mutáveis, voltando-se para o que é inferior, quando enamora-se dos prazeres do corpo, escravizando-se às inclinações dos sentidos. Em resumo, além de ser livre, a vontade quer também ser autônoma, tornando-se senhora e fim de si mesma; e para preservar sua autossuficiência, volta-se para bens menores de dois gêneros, exteriores e interiores, cuja consequência (ou causa)[866] é sua aversão do Bem supremo.

Três gêneros de pecado: soberba, curiosidade e lascívia

200. A – [...] E assim o homem soberbo, que se torna não apenas curioso, como também lascivo...

Esses três movimentos de aversão da vontade a partir do Bem comum e imutável em direção aos bens mutáveis e próprios, ditos pecados, são comumente denominados de [i] soberba, [ii] curiosidade e [iii] lascívia. No primeiro caso, quando a vontade, querendo apenas querer, volta-se para si mesma (*ad proprium*), não desejando outra coisa senão ser senhora de si, autossuficiente e absolutamente independente de seu Criador, tem-se então o pecado da soberba (*superbia*). No segundo, quando a vontade volta-se para fora (*ad exterius*), querendo conhecer os bens próprios dos outros ou tudo aquilo que não lhe pertence, tem-se então a "curiosidade" (*curiositas*), que

[865] *Conf.* 3,1,1: *"Nondum amabam et amare amabam [...] quaerebam quid amarem amans amare..."*.

[866] De fato, quando se averte do Bem público e imutável, converte consequentemente seu amor para os bens mutáveis e privados; contudo, ao modo de uma faca de duplo gume, o contrário é igualmente verdadeiro: quando se converte para os bens mutáveis e privados, como consequência inevitável se faz averter do Bem comum e imutável, pois "ninguém pode servir a dois senhores" (Mt 6,24), como diz a autoridade testemunhal (οὐδεὶς δύναται δυσὶ κυρίοις δουλεύειν).

neste caso, parece interessantemente associada à inveja (*inuidia*), distinguindo-se dela apenas pela presença do verbo "conhecer" (*cognosco*), utilizado aqui pelo rétor[867]. No terceiro caso tem-se o pecado da lascívia (*lasciuia*), quando a vontade volta-se para o que é inferior (*ad inferius*), amando os prazeres do corpo. Portanto a vontade peca quando averte-se do Bem comum e imutável e converte-se de três modos para os bens próprios e mutáveis: pela soberba, quando volta-se para si mesma, procurando sua autossuficiência; pela curiosidade, quando volta-se para fora e procura conhecer o bem próprio alheio e tudo o que não lhe pertence; e pela lascívia, quando volta-se para o que é inferior, entregando-se ao amor dos prazeres do corpo.

Vida que é morte

> **200.** A – E assim o homem soberbo, que se torna não apenas curioso, como também lascivo, é capturado por uma outra vida[868], a qual, em comparação com a vida superior, é morte[869].

Se no primeiro livro a vida daqueles que se entregam aos prazeres perversos, atirando-se ao gozo sem restrição "daquelas coisas que não podem ser possuídas sem o perigo de as perder"[870], se qualificava como criminosa e abominável, sendo mais bem denominada de morte[871], agora não se dá de modo diferente. Aquele cuja vontade livremente peca, avertendo-se da adesão ao Bem supremo e imutável e convertendo-se aos bens próprios e mutáveis, peca triplamente, seja pela soberba, seja pela curiosidade, seja pela lascívia, voltando-se respectivamente para si, para fora e para baixo, e, como consequência, sendo precipitado e apanhado numa vida que mais se assemelha à morte, em comparação com a verdadeira Vida. Essa comparação se explica, como se disse vezes reiteradas, a partir da concepção parmenídico-platônica enraizada no pensamento do autor, concepção que considera real apenas os seres incorpóreos, não fadados à

---

[867] De fato, enquanto a inveja quer a posse dos bens alheios, esta curiosidade quer apenas conhecê-los. Todavia, se se costuma buscar o conhecimento do que é do outro motivado por um secreto desejo de tomá-lo para si, nada arriscado supor que essa *curiositas* esteja intimamente ligada à própria *inuidia*.

[868] Vê-se apanhado, como quem cai numa armadilha.

[869] Cf. **1**,4,10,30 (*Conf.* 1,6,1); **2**,13,37,143; *En. in ps.* 145,6: "Que significa dizer 'em minha vida'? Que agora estou em minha morte" (*quid est "in uita mea"? quia modo in morte mea sum*).

[870] Cf. 1,4,10,30: *"Amorem ab his rebus, quae sine amittendi periculo nequeunt haberi"*.

[871] *Ibid.: "Vitam, quae mors melius uocatur"*.

corrupção e livres das limitações impostas pelas coordenadas de tempo e espaço[872]. Deste modo, uma vida voltada para os bens mutáveis e consequentemente perecíveis é uma vida cuja data de validade está predefinida, como quem investe seus esforços e afetos numa quimera, amando sombras, não o objeto de que a sombra se constitui apenas penumbroso contorno[873].

2,19,53,200. Providência justa e ordenadora

> **200.** A – [...] Essa vida, contudo, é regida pela administração da divina Providência, que ordena todas as coisas em seus lugares congruentes, e de acordo com os merecimentos distribui a cada um o seu.

Diga-se "morte", ou não, essa vida, daquele cuja vontade está chafurdada nos pecados da soberba, curiosidade e lascívia, voltado respectivamente para si mesmo, para fora e para baixo, não se pode furtar à administração da Providência divina, que ordena todos os bens da Criação e impõe-lhes sua Justiça, a qual, nesse caso, não contempla a misericórdia, pois ainda está presa às noções clássicas da distribuição meritória a cada um segundo o que lhe cabe, seja o prêmio, seja o castigo[874]. Isso, porque, como dito[875], a noção de mérito, para os antigos, tem que ver antes com *merces*, o salário devido por aquilo que se fez, seja bom, seja mau. Desta feita dar a cada um o que lhe cabe *pro merito* significa

---

[872] Cf. **1**,14,31,103-104 (*Tusc.* 1,24,58); **2**,11,33,130-132.

[873] Embora com outro viés, Cícero (*Tusc.* 1,31,75) também reputa esta vida uma morte (*nam haec quidem uita mors est*), vida que seu pessimismo considera digna de lástima sobre a terra (*quid ego nunc lugeam uitam hominum?*) (1,34,83). A verdadeira morte, em vez de afastar o homem dos bens e prazeres deste mundo, de que Cícero estava então privado no fim de sua vida, em virtude da política de César e de seus apoiadores, livra-o de incontáveis males (*a malis igitur mors abducit non a bonis*). Ademais o morto não mais carece de coisa alguma (*an potest qui non est re ulla carere?*) (1,36,87), pois a morte é um refúgio e um porto seguro (*portum potius paratum nobis et perfugium putemus*) (1,49,118). Não se trata, obviamente, de um pensamento sistemático de fundamentação metafísica, como no caso de Agostinho, mas não deixa de ser interessante a proximidade de argumentos em que por certo o filósofo de Hipona também se apoiou para elaborar sua própria doutrina.

[874] Na verdade o entendimento de Agostinho vai muito além da distribuição clássica, que privilegiava sistemas patriarcais rígidos, de pouca mobilidade social, quando não uma plutocracia muito pouco flexível. Pois trata-se aqui da Justiça divina, para quem não importa o nascimento ou as posses, mas o mérito moral indefectivelmente auferido, o que será sempre interditado aos sistemas e empreendimentos políticos dos homens, cujos móveis e intenções são invariavelmente ignotos de quaisquer juízes, por mais retos possam ser considerados.

[875] Cf. 1,5,11,33; 6,15,49.

dar-lhe a devida e exata restituição a partir do preço de sua ação, ou seja, do que ela em si mesma "mereça". Uma justiça sem dúvida matemática, que prevê uma rigorosa reciprocidade entre o ato e a recompensa, que passa a ser devida depois de cometido o ato, seja ela uma punição, seja um prêmio; enfim, justiça muito mais próxima do "olho por olho, dente por dente" da *lex talionis* do que da misericórdia que tanto exaltara Cristo em seu evangelho.

2,19,53,200. Aversão, conversão e perversão

200. A – [...] Contudo essa aversão, e também a conversão, visto não ser coagida, mas voluntária, a ela subsegue uma pena justa e digna de infelicidade.

Desnecessário retomar o que adrede foi dito por antecipação, pois Agostinho o faz de modo tão mais sintético quanto claro neste passo: nenhum bem deve ser considerado mau, o que inclui a vontade livre, bem médio, ou qualquer um dos corpos e prazeres a eles associados, bem mínimos, a não dizer dos grandes, como as virtudes. Tudo o que Deus faz é bom, pelo que todas as suas criaturas são igualmente boas. Logo não se deve inculpá-las pela maldade aparente no mundo. Assim sendo, a vontade livre não é má quando quer entregar-se aos deleites dos sentidos, seja saboreando exóticos manjares, seja encantando-se com melodias inebriantes, seja sentindo a tépida textura dos corpos, pois essas coisas todas são boas, assim como a própria vontade livre. O que se constitui um mal, portanto, é o movimento de aversão e de conversão, respectivamente a partir do Bem comum e imutável e em direção aos bens próprios e mutáveis. O pecado, portanto, está nesse movimento de dupla direção, movimento que se diz de conversão e aversão, de acordo com sua direção e seu fim. Porém em que se constitui este movimento, essa questão ainda não foi sanada, nem mesmo levantada. Se tem origem na própria vontade, se é algo distinto dela, se tem origem em alguma outra faculdade do espírito, seja o que for, o que se deve reconhecer é que nem a vontade, tampouco os bens da criação podem ser considerados males, sob pena de novamente serem imputados ao Criador.

2,19,54,201. Da potência à inversão do movimento

201. A – [...] de onde é que esse movimento se origine. O qual sem dúvida é mau [...] se esse movimento [...] é o pecado, podemos por acaso dizer que o autor do pecado seja Deus?

Investigar a causa do mal, portanto, é investigar a causa do movimento, mas não do movimento em si mesmo, como fez Platão no *Fedro*[876], conquanto essa questão não se possa dizer totalmente destrinçada do movimento específico de aversão do Bem comum e incomutável e conversão aos bens próprios e mutáveis, visto ambos serem movimentos anímicos. Com efeito, ao contrário do simples movimento, que por natureza é neutro, este movimento de aversão é mau. Na verdade, no universo deste *L.A.*, não há espaço para um movimento anímico neutro[877], pois ou é bom, ou mau. Embora todos os bens sejam bons, esse movimento de aversão não é apenas mau, diz Agostinho, mas a causa daquilo que se chama de "mal". Porém a vontade, enquanto potencialidade motora anímica, é sempre um bem, sendo dom de um Deus bom. Logo não é neutra, e sim essencialmente boa. Com efeito, se tudo que existe é bom, porque criado por um Deus bom, decorre disso que tudo que foi dado por Deus ao homem, o que inclui a potência de movimento que se denomina "vontade", ao menos enquanto simples potência de movimento, é essencialmente bom. Porém, se a vontade é boa, não pode ser má. Se se diz má, essa vontade, enquanto potência de movimento, assim se diz de modo impróprio, oblíquo. Com efeito, é apenas sua direção que é má, não a potência do movimento, nem o movimento em si, que se dá quando a vontade quer, pois sua essência é mover-se, de modo que não está incorreto dizer, metonimicamente[878], que a vontade em si mesma é movimento, visto mover-se sempre que quer. Por outra, se não quer, ainda que se diga potência de movimento, não se pode dizê-la de fato vontade, pois como pode ser vontade quando nada quer? Logo essa teórica potência de movimento, se só se diz vontade em plena razão quando se move, não pode ser potência, mas simples movimento. Logo não é a potência em si que não pode ser má, mas o próprio movimento, considerado em si mesmo, como simples movimento, simples querer; numa palavra, considerado como uma natureza, criada por Deus e conferida ao homem, chame-se de "potência de movimento", de "movimento" *simpliciter*, de "faculdade do espírito", ou o que seja, pois o que importa é sua direção avertida ou aversa,

---

876 Cf. 245c-246a.

877 Com efeito, se o movimento é alguma coisa, deve ser sempre bom, o que ocorre quando a vontade converte-se para o Bem supremo. Porém quando se averte, afastando-se do Ser, deixa progressivamente de ser, que é o que se define como "mal", mas que não tem natureza própria, sendo, ao invés, uma corrupção da natureza boa que ainda resiste, até que se chegue à corrupção total, caso isso ocorra.

878 Ao considerar-se o efeito pela causa, o próprio mover-se pela potência de movimento.

numa palavra, sua inversão. Logo a potência de movimento, que doravante se dirá simplesmente "movimento", considerada em sua natureza, como simples querer, é sem dúvida boa, ao passo que a direção desse movimento, seja sua aversão do Bem supremo, comum e eterno, seja sua conversão para os bens mutáveis, próprios e temporais, é que é má.

Todavia que é essa direção aversa, senão um desvio de sua finalidade original, desvio operado livremente? No entanto não seria despropositado se se dissesse que essa inversão ou desvio de sentido fosse também movimento. Logo indaga-se do movimento enquanto causa do movimento, o que precipita a investigação numa circularidade inescapável. Todavia, se se deixe de lado por ora essa questão do nome ou da definição que se queira ou deva dar a esse movimento, o que se quer, antes de tudo, é saber da sua origem, que Agostinho não está inclinado a atribuir ao Criador. Com efeito, se o malfazer, que é o pecado, se define como sendo um movimento de afastamento de Deus, um movimento em sentido adverso ao Ser supremo, em direção ao que não é, ou nada, como poderia ser atribuído a Deus? Seria Deus a causa do movimento de aversão de si mesmo, como a fonte que repelisse a água de si jorrada?

Perversão do movimento: mal e pecado

Essa associação entre mal e pecado, cujo termo latino é *peccatum*, substantivo derivado do particípio passado neutro do verbo *peccare*, ainda que possa não ter sido adrede intentada, fez-se bastante conveniente. De fato, se o que se pretende provar, em manifesto antagonismo ao dogma maniqueu, associado com a mais absoluta isenção divina nesta questão acerca da origem do mal, é a inexistência de uma substância que se possa compreender como má, independente de Deus, como se fosse um antideus, nada melhor que descrevê-la com termos apropriados. Se o verbo *peccare* expressa uma ação, a ação de errar, de desviar-se do alvo pretendido, interpretação essa que a etimologia costuma endossar, seu particípio substantivado *peccatum* não se furta a preservar em si seu "sangue" verbal, sua participação genética, por assim dizer, conquanto atenuada por seu duplo aspecto[879], na natureza do verbo que o gerou. Logo, se o mal é um movimento de aversão, movimento que se desvia do curso original

[879] Errar significa tanto "desviar do alvo" como "perder-se por aí", a esmo, à parte sua rica história teológica, que denotou ao longo dos séculos os atos morais dignos de reprimenda, representantes da quebra dos preceitos religiosos, entre outras derivações.

designado por Deus, e se o pecado expressa a ação de errar, desviando-se do curso pretendido, o que constitui obviamente um movimento, não há motivo por que não denominá-lo pecado, uma vez ambos serem em sua essência perversões de movimento.

2,19,54,202. Um *nada* de movimento

> **202.** A – Logo esse movimento não existirá a partir de Deus[880]. Então de onde existirá? [...] se eu te responder que não tenho ciência [disso] [...] terei respondido a verdade. Pois não se pode ter ciência do que é *um* nada.

Se o movimento de aversão do Ser não pode, senão paradoxalmente, ser originado do próprio Ser, então não existirá. E de fato, se só é aquilo que tem seu ser a partir do Ser, o que não é a partir do Ser não pode ser, o que parece óbvio. Porém, embora não sendo, de algum modo inexplicável se diz que o mal existe. Então de onde? Se não é do Ser, só pode ser de sua antítese, por assim dizer, do polo oposto ao Ser, ou de sua negação, de uma espécie de "não ser", que se diz "nada", *nihil*, cuja lição do étimo latino diz não significar "nem mesmo uma coisinha insignificante qualquer" (*ne-hīlum*). E segundo qualquer lógica elementar, sabe-se que aquilo que não é não pode ser conhecido, pois só se pode conhecer alguma coisa, não alguma "não coisa". Logo não se pode saber que coisa seja *um* nada. Logo não se pode saber a causa desse movimento de aversão do Bem comum e imutável e de conversão ao bem mutável e próprio, que é o mal, que é o pecado, pois se não tem origem no Ser, só pode ter saído do que não é, do não ser de *um* nada[881].

> **202.** A – [...] que não te ocorra nenhum bem, a ti que sentes, inteliges, ou de algum modo cogitas, que não exista a partir de Deus.

---

[880] Cf. verbete *esse ex deo* no LÉXICO T-F.

[881] Em *Cidade de Deus* Agostinho dirá que apenas as naturezas criadas a partir do nada é que estão sujeitas ao defeito, ou vício, que é a corrupção do ser. Isso, porque nenhuma criatura poderia retornar ao nada, se do nada não tivesse saído (cf. *Ciu. dei* 14,13 21-23: "Mas o vício não poderia depravar senão uma natureza feita a partir do nada" (*sed uitio deprauari nisi ex nihilo facta natura non posset*)). Assim sendo, o defeito da vontade decorre também do fato de ter sido criada do nada, como o homem em que ela faz morada (*ibid.* 24-26: "E por isso é que é uma natureza, porque foi feita por Deus; porém é deficiente [= tem defeito] por causa disto, porque foi feita a partir do nada" (*ac per hoc, ut natura sit, ex eo habet, quod a deo facta est, ut autem ab eo quod est deficiat, ex hoc quod de nihilo facta est*)).

E se a razão teria encontrado seu limite, na impossibilidade de conhecer o que não é, resta o apelo à autoridade, à fé naquele princípio de piedade estabelecido no início do livro primeiro[882], que preceituava ter-se o melhor conceito possível acerca de Deus, o que incluía crê-lo "o criador de todos os bens, aos quais ele mesmo é superior, e o governante justíssimo de todas as coisas que criou". Desse modo, sustenta Agostinho, munido dessa inconcussa piedade, não será possível que Evódio, ou quem quer que seja, imagine existir algo que possa ser sentido pelos sentidos do corpos, ou compreendido pela mente, ou concebido de algum outro modo qualquer possível que não tenha sido criado por Deus. Portanto, se existe, deve sua existência à Existência suprema; do contrário, só pode não existir; e se não existe, não pode ser sentido, nem pensado, nem cogitado seja do modo como se puder dar curso à imaginação.

Plotino e "o que não é ainda mais" (*Enéadas* I, 8)

No oitavo tratado da primeira das seis *Enéadas*[883], intitulado "Περὶ τοῦ τίνα καὶ πόθεν τὰ κακά", "Do que é e de onde [procedem] os males", Plotino determina como primeiro passo a definição do objeto e sua natureza[884], para o que se faria necessário responder às seguintes quatro perguntas: [i] De onde procede o mal? (ὅθεν;) [ii] Onde se dá ou estabelece? (ὅπου;) [iii] A quem acontece? (ὅτῳ συμβέβηκε;) [iv] E por fim, saber se o mal se encontra nos seres (εἰ ἔστιν ἐν τοῖς οὖσιν). Todavia Plotino admite ser impossível conhecer a natureza de um dado objeto, a não ser por meio daquilo a que ele se assemelha[885]. Assim, se a alma se conhece por meio da alma; a mente, pela mente; os corpos, pelos corpos; por meio de que se conheceria o próprio mal? Pois, se o mal só se permite "ver" como ausência do bem[886], seria necessário aplicar a ciência dos contrários, que é sempre única, isto é, sendo o mal o contrário do bem, a ciência do bem seria também a ciência do mal[887]. Portanto, quem quiser conhecer o mal deve

---

882 Cf. 1,2,5,12-13.

883 Do grego ἐννέα, "nove". Os escritos de Plotino foram compilados por seu discípulo Porfírio, depois da morte de seu mestre (*c.* 270 d.C.), em seis grupos de nove tratados cada, daí o conjunto dos 54 tratados terem sido denominados *Enéadas.*

884 *En.* 1,8,1 1-4: "τί τοτ' ἐστὶ τὸ κακὸν καὶ ἡ κακοῦ φύσις πρότερον...".

885 *En.* 1,8,1 7-8.

886 *En.* 1,8,1 11-12: "ἐν ἀπουσίᾳ παντὸς ἀγαθοῦ".

887 *En.* 1,8,1 12-14: "ὅτι τῶν ἐναντίων ἡ αὐτὴ γένοι' ἂν ἐπιστήμη, καὶ τῷ ἀγαθῷ ἐναντίον τὸ κακόν, ἥπερ τοῦ ἀγαθοῦ καὶ τοῦ κακοῦ ἔσται...".

principiar conhecendo o bem, seu alegado contrário[888]. Logo, para saber em que sentido se diz que o bem é o contrário do mal[889], seria preciso determinar a natureza do BEM[890], que é AQUILO:

1. Em que os seres todos estão suspensos (εἰς ὃ πάντα ἀνήρτηται);
2. Por que todos os seres anseiam (οὗ πάντα τὰ ὄντα ἐφίεται);
3. Que é princípio de todos os seres (ἀρχὴν ἔχοντα);
4. De que os seres todos necessitam (κἀκείνου δεόμενα);
5. Que não tem necessidade de nada (τὸ δ' ἐστὶν ἀνενδέες);
6. Que de nada carece (μηδενὸς δεόμενον);
7. Que é autossuficiente, isto é, que se basta a si mesmo (ἱκανὸν ἑαυτῷ);
8. Que é a medida e o limite de todas as coisas (μέτρον πάντων καὶ πέρας);

Mas é também dele que procedem (ἐξ αὐτοῦ...):

9.1. A inteligência (νοῦν);
9.2. O que é, isto é, o ser (οὐσίαν);
9.3. A alma (ψυχήν);
9.4. A vida (ζωήν);
9.5. A atividade da inteligência (περὶ νοῦν ἐνέργειαν).

Até ao Bem (τὸ ἀγαθόν) todas as coisas são belas[891], mas o Bem está além do Belo, pois ele é hiperbelo (ὑπέρκαλος)[892]; o Bem está além das coisas excelentes, pois é o rei dos inteligíveis[893]. Depois vem a Inteligência (ὁ νοῦς), que está em segundo lugar, visto ser o primeiro ato do Bem e a primeira que é, nele permanecendo[894]. Por fim, fora da Inteligência e em torno dela circula a alma (ἡ ψυχή)[895], que vê o deus supremo na Inteligência, contemplação que constitui a própria vida bem-aventurada (μακάριος βίος)[896], a qual, no caso de Plotino, refere-se ao deuses. Pois bem, aí onde contemplam os deuses na Inteligência, em perfeita impassibilidade, inexiste qualquer mal (καὶ τὸ κακὸν

---

888 *En.* 1,8,1 14-15: "ἀναγκαῖον περὶ ἀγαθοῦ διιδεῖν τοῖς μέλλουσι τὰ κακὰ γνώσεσθαι".

889 *En.* 1,8,1 17-18: "πῶς ἐναντίον τὸ ἀγαθὸν τῷ κακῷ;".

890 *En.* 1,8,2 2-7.

891 *En.* 1,8,2 7: "καὶ μέχρι μὲν τούτου καλὰ πάντα".

892 *En.* 1,8,2 7: "αὐτός τε γὰρ ὑπέρκαλος".

893 *En.* 1,8,2 7: "ἐπέκεινα τῶν ἀρίστων βασιλεύων ἐν τῷ νοητῷ".

894 *En.* 1,8,2 18-19: "καὶ ἔστι πρώτη ἐν ἐνέργεια ἐκείνου καὶ πρώτη οὐσία ἐκείνου μένοντος ἐν αὐτοῦ".

895 *En.* 1,8,2 23-25.

896 *En.* 1,8,2 25-26.

οὐδαμοῦ ἐνταύθα), nenhuma possibilidade de haver o mal. Logo, se toda vida se restringisse apenas a esses três níveis, Bem, Inteligência e Alma, nenhum mal seria possível.

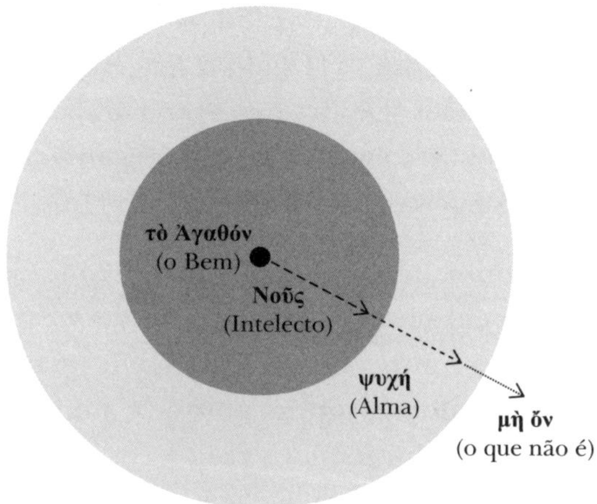

E de fato, se esses são os bens todos: Alma, Inteligência e Bem, o que está fora da circunferência externa não pode ser. Logo nenhum ser ali existe, pois não é possível encontrar o bem no que simplesmente não é[897]. O bem está no ser precisamente porque não é o não ser (ἐν τῷ ὄντι οὐκ ὄν αὐτὸ μὴ ὄν). Logo, se os seres todos são [i] o Bem (τὸ ἀγαθόν), [ii] a Mente ou Inteligência (ὁ νοῦς) e [iii] a Alma (ἡ ψυχή), nada há além disso, ou seja, não pode haver "ser" além dessas três naturezas[898], que são todas boas. Por outro lado, se o mal existe, deve existir naquilo que não é (ἐν τοῖς μὴ οὖσιν), pois não está no que é[899]. Então, se está no que não é, que é o mal? É como se fosse a forma do não ser, a forma do que não é, diz Plotino[900], pois o mal se encontra misturado ao não ser, ao que não é, participando dele[901]. Porém esse não ser não é o não ser absoluto, algo que simplesmente não é, nem equivale ao repouso (στάσις) e ao movimento (κίνησις) existentes no ser[902], constitui-se apenas [i] o outro do ser (ἕτερον τοῦ ὄντος), diz o filósofo[903]; [ii] uma imagem do que é (εἰκὼν τοῦ ὄντος), a qual,

[897] *En.* 6,5,1 23-24: "ἐν τῷ μὴ ὄντι".

[898] *En.* 1,8,3 1-3: "εἰ δὴ τοιαῦτά ἐστι τὰ ὄντα... ἀγαθὰ γὰρ ταῦτα".

[899] *En.* 1,8,3 3-4: "λείπεται τοίνυν εἴπερ ἔστιν ἐν τοῖς μὴ οὖσιν".

[900] *En.* 1,8,3 4-5: "εἶναι οἷον εἶδός τι τοῦ μὴ ὄντος ὄν".

[901] *En.* 1,8,3 5-6: "κοινωνούντων τῷ μὴ ὄντι".

[902] *En.* 1,8,3 6-7: "οὐχ οὕτω δε μὴ ὄν, ὡς κίνησις καὶ στάσις ἡ περὶ τὸ ὄν".

[903] *En.* 1,8,3 6-7.

contudo, não é; e [iii] algo "que não é ainda mais" (ἔτι μᾶλλον μὴ ὄν)[904]. Mas que significa dizer que algo não é ainda mais? Como é possível não ser em algum grau ainda maior do que o simples não ser, ou ser em grau ainda menor do que o não ser? Eis o que diz Plotino:

> [O que não é ainda mais] é isto: [1] tudo o que é sensível e [2] todas as afecções que respeitam aos sentidos ou [3] o que venha depois destas coisas, como acidentes destas coisas[905], [4] ou a origem destas coisas [sensíveis], [5] ou alguma das coisas que constituem isto.[906]

Portanto o não ser plotiniano não é o que absolutamente inexiste, por assim dizê-lo, mas o que não permanece, ao contrário do ser parmenídico-platônico. Logo é tanto a imagem (outra que não) do que é, quanto o outro do que é, que se diz ser apenas de modo impróprio, porque é ainda mais não ser, como tudo o que respeita ao âmbito dos sentidos corpóreos (τὸ αἰσθητόν), mas também como as afecções dos sentidos (ὅσα πάθη) e os seus acidentes (συμβεβηκὸς τούτοις), além de tudo o que, pertencendo a esse mesmo gênero de coisas, é um seu constituinte (τῶν συμπληρούντων) e princípio das coisas sensíveis (ἡ ἀρχὴ τούτων). Todavia importa notar que, se o ser é movimento, o não ser não é repouso, mas ausência, numa palavra, privação de movimento; ao revés, se se dissesse que o ser fosse repouso, o não ser não seria movimento, mas privação do repouso ou sua completa ausência.

---

904 *En.* 1,8,3 9: "ἔτι μᾶλλον μὴ ὄν", liter. "que não é ainda mais", tem sido traduzido do seguinte modo: [i] por Émile Bréhier, como: "*un non être encore inférieur*" (cf. Plotin, *Ennéades I.* Paris: Belles Lettres, 1976, p. 117); [ii] por A. H. Armstrong, como: "*something still more non-existent*" (cf. *Plotinus, Ennead I.* Cambridge, Massachusetts: Harvard University Press, 2000, p. 283, Loeb Classical Library, 440); [iii] por Jesús Igal, como: "*más no-ser todavía*" (cf. Plotino, *Enéadas I-II.* Madrid: Editorial Gredos, 2015, p. 312); [iv] por Kenneth Sylvan Guthrie, como: "*something still more distant from reality*" (cf. Plotinos, *Complete Works,* vol. III, *Porphyrian Books 34-35,* London: George Bell & Sons, 1918, p. 1145); [v] por Stephen MacKenna & B. S. Page, como: "*perhaps something still further removed than even an image*" (cf. Plotinus, *The Six Enneads.* London: W. Benton Publisher, 1952, p. 28).

905 Liter. "o que ocorreu com estas coisas". O acidente é uma afecção das afecções, por assim dizê-lo, que acontece com as coisas sensíveis e com os sentidos, numa alusão evidente às categorias ou predicados aristotélicos (*Cat.* 1b25-27: ποσόν, ποιόν, πρός τι, πού, ποτέ, κεῖσθαι, ἔχειν, ποιεῖν, πάσχειν). (Cf. 1,5,13,42-44 "Tempo e eternidade: considerações".)

906 *En* 1,8,3 9-12: "[ἔτι μᾶλλον μὴ ὂν] τοῦτο δέ ἐστι [1] τὸ αἰσθητὸν πᾶν καὶ [2] ὅσα περὶ τὸ αἰσθητὸν πάθη [3] ἢ ὕστερόν τι τούτων καὶ ὡς συμβεβηκὸς τούτοις [5] ἢ ἀρχὴ τούτων [6] ἢ ἕν τι τῶν συμπληρούντων τοῦτο τοιτοῦτον ὄν".

Na sequência deste oitavo tratado da primeira das seis *Enéadas*, Plotino elabora algumas analogias para tentar explicar isso "que não é ainda mais". Por primeiro diz que é como a desmedida (ἀμετρίαν), ou seja, privação de medida, em relação à medida (μέτρον)[907]. Depois o compara com a ausência de limite (ἄπειρον), em contraste com o limite (πέρας)[908]. Em seguida o compara ao informe (ἀνείδεον), em relação ao fazedor de toda forma (εἰδοποιητικόν), ou seja, a causa formal, acrescendo que é sempre carente, ou melhor, "deficiente" (ἀεὶ ἐνδεές), em comparação com o que é autossuficiente (αὔταρκες)[909]. E mais, o mal é sempre indeterminado (ἀεὶ ἀόριστον), sempre instável (οὐδαμῆ ἑστώς), completamente passivo (πανπαθές), insaciável (ἀκόρητον), e também indigência ou pobreza absoluta (πενία παντελής)[910]. Em suma, como não é dificultoso perceber, esse mal plotiniano confunde-se com a matéria, pois parece ter uma substância, mas apenas de modo impróprio, pois, assim como a matéria, ela verdadeiramente não é. Por outra, todas as coisas que se dizem más, na verdade apenas "participam" do não ser, a que se assemelham[911], tornando-se más (κακὰ γίνεσθαι) por meio dessa semelhança e participação, porém não são o mal em si (οὐχ ὅπερ δὲ κακὰ εἶναι), porque o mal não é. Todavia os atributos do mal, por assim dizer, devem ser alguma coisa, mesmo que o mal, visto não ter substância, inexista fora de algum sujeito, em si mesmo, do contrário teria de ser[912]. Esse mal absoluto, contudo, em certo sentido se dirá possível[913], quando presente num dado sujeito (ὑποκειμένην): [i] em que há figuras (σχήμασι); [ii] em que há formas (εἴδεσι); [iii] em que há formatos ou contornos (μορφαῖς); [iv] em que há medidas (μέτροις); [v] em que há limites (πέρασι); [vi] que é ornamentado com ornamento alheio (ἀλλοτρίῳ κόσμῳ κοσμουμένην); [vii] o qual sujeito nenhum bem possui em si mesmo (μηδὲν παρ' αὐτῆς ἀγαθοῦ ἔχουσαν); [viii] que é um fantasma, mera aparência (εἴδωλον δὲ ὡς πρὸς τὰ ὄντα), numa palavra, uma imagem sem substância, como o reflexo aparente num espelho, que, em comparação com o que existe, não é nada. Essa, em suma, é a substância do mal (κακοῦ οὐσίαν) – isso, se de fato

---

907 *En.* 1,8,3 12: "οἷον ἀμετρίαν εἶναι πρὸς μέτρον".

908 *En.* 1,8,3 13-14: "καὶ ἄπειρον πρὸς πέρας".

909 *En.* 1,8,3 14-15: "καὶ ἀνείδεον πρὸς εἰδοποιητικὸν καὶ ἀεὶ ἐνδεὲς πρὸς αὔταρκες".

910 *En.* 1,8,3 6-17.

911 *En.* 1,8,3 19-20: "τὰ δ' ἄλλα ὅσα ἂν αὐτοῦ μεταλάβῃ".

912 *En.* 1,8,3 20-21: "καὶ γὰρ ἑτέρῳ συμβαίνει τὸ κακόν, δεῖ τι πρότερον εἶναι... κἂν μὴ οὐσία τις ᾖ".

913 *En.* 1,8,3 35-40: "κακὸν πρῶτον καὶ καθ' αὑτὸ κακόν".

é possível haver uma substância para o mal, obtempera com razão Plotino[914], pois essas características todas mais se aplicam ao que não é do que ao que é. Pois o que possui formato, contorno, limites, medidas, ornamentos externos, formas visíveis, entre tais, não pode ser inteligível, muito menos imutável ou eterno, visto serem características que se aplicam aos objetos apreensíveis pelos sentidos, que se dizem "corpóreos", os quais, como se viu, não são de fato. E isso é o que concluirá Plotino, ao dizê-las todas pertencentes ao reino do não ser, μὴ ὄν, sustentando que "a natureza dos corpos, segundo a quantidade de matéria de que toma parte, é má"[915]. E se assim é, fica fácil perceber o motivo por que o neoplatonismo tinha os corpos em tão baixa estima, visto que essas características todas se dizem a própria substância do mal, isto é, se fosse possível realmente que o mal possuísse uma substância. Porém, ainda que seja má, a matéria não é o mal em si, o mal primeiro (οὐ πρῶτον)[916], pois essa forma (εἶδός τι) que os corpos possuem em verdade não lhes pertence, ou melhor, essa forma não é de fato verdadeira (οὐ ἀληθινόν), de modo que lhes pudesse de algum modo pertencer, visto ser uma forma privada de vida (ἐστέρηταί τε ζωῆς). Na verdade os corpos, como diria Platão, são um impedimento à atividade da alma[917], pois, por estarem em fluxo constante, fogem da substância, que é de modo estável[918]. E com efeito, se a natureza da matéria (ἡ ὕλης φύσις) é o próprio vir a ser (γένεσις), ela é má (οὖσα κακή), e de tal modo má, que até mesmo aquilo que não está nela, mas apenas olha para ela (μόνον δὲ βλέψαν εἰς αὐτήν), contamina-se (ἀναπιμπλάναι) com o seu mal (κακοῦ ἑαυτῆς)[919]. Isso, porque a matéria não participa do bem, sendo uma completa ausência de bem (ἄκρατος ἔλλειψις), isto é, uma "elipse pura", uma ausência sem mistura, o que faz com que torne semelhante a ele tudo o que entre em contato com ela. Se a deficiência da alma não é completa, sendo apenas parcial, o que faz com que não seja má[920], a deficiência da matéria, ao revés, é absoluta, diz Plotino[921], visto nela não haver parcela alguma de bem[922]. Todavia não é correto dizer que

---

914 *En.* 1,8,3 39-40: "εἴ τις καὶ δύναται κακοῦ οὐσιά εἶναι".

915 *En.* 1,8,4 1-2: "σωμάτων δὲ φύσις καθόσον μετέχει ὕλης κακὸν ἂν...".

916 *En.* 1,8,4 1-2.

917 *En.* 1,8,4 4: "ἐμποδιά τε ψυχῆς πρὸς τὴν αὐτῆς ἐνέργειαν...".

918 *En.* 1,8,4 4-5: "φεύγει τε οὐσίαν ἀεὶ ῥέοντα".

919 *En.* 1,8,4 20-22.

920 *En.* 1,8,5 6-7.

921 *En.* 1,8,5 8: "παντελῶς ἐλλείπῃ ὅπερ ἐστὶν ἡ ὕλη".

922 *En.* 1,8,5 8-9: "ἡ ὕλη, τοῦτο τὸ ὄντως κακὸν μηδεμίαν ἔχον ἀγαθοῦ μοῖραν".

a matéria "é", o que se diz apenas de modo figurado, porque o correto seria dizer que simplesmente "não é", porque não possui ser[923]. Portanto, se o que não é não participa do Bem, há nele um defeito, uma ausência, que o impede de tomar parte no Bem, e que faz com que o defeito seja mau[924], ou antes, não seja bom. Logo o defeito do Bem é não ser bom, porém o defeito absoluto do Bem (ἡ παντελὴς ἔλλειψις τοῦ ἀγαθοῦ), que é simplesmente não ser, é o que se diz verdadeiramente ser o mal (τὸ κακόν)[925], mas um defeito apenas parcial do bem é não ser plenamente bom, o que implica a presença remanescente de algum bem. Todavia, se é ausência, defeito absoluto, o mal deve ser anterior ao homem, diz Plotino[926], o que o leva à conclusão admirável, que não é o homem que possui o mal, mas o mal que o possui, invito[927].

2,19,54,203. Medida, número e ordem

> **203.** A – [...] onde vires [i] medida, [ii] número e [iii] ordem, não hesites em atribuir a seu Artífice, Deus! Porém de onde tiveres subtraído esses *três*, nada absolutamente remanescerá, porque, ainda se remanescesse algum começo de alguma forma, onde não encontres nem medida, nem número, nem ordem – porque em todo lugar em que elas existem, uma forma *perfeita* existe[928] – é preciso que retires também o próprio começo de forma, que, como uma matéria bruta[929], parece estar sujeita ao Artífice para ser *aperfeiçoada*[930]. Pois, se a *perfeição*[931] da forma é um bem, algum bem já é também o começo da forma.

Tudo que existe, portanto, existe a partir de Deus, a Forma suprema de que é originada toda forma, que só existe porque possui [i] medida, [ii] número e

---

923 *En.* 1,8,5,10-12: "...ὡς ἀληθὲς εἶναι λέγειν αὐτὸ μὴ εἶναι".

924 *En.* 1,8,5 12.

925 *En.* 1,8,5, 12-13.

926 *En.* 1,8,5 26-27: "ἀλλὰ πρὸ ἡμῶν ταῦτα".

927 *En.*1,8,5 29: "[Os males] que dominam os homens, dominam-nos contra a sua vontade" ([τὰ κακὰ] ἃ δ' ἂν ἀνθρώπους κατάσχῃ, κατέχειν οὐχ ἑκόντας).

928 *Perfectus* não significa apenas aquilo em que nenhum defeito há, mas também o que está completamente acabado (*per* + *factus*). Logo tudo aquilo que tem medida, número e ordem constitui-se uma forma acabada, em que nada falta, por assim dizer (cf. 1,3,6,17). Não se deve confundir essa perfeição-acabamento com a Perfeição divina, que desconhece qualquer defeito.

929 Qualquer matéria, por bruta seja, se existe, deve necessariamente ter sido criada por Deus *ex nihilo*.

930 A matéria bruta é "imperfeita" (*in* + *per* + *facta*), está inacabada, como que deitada à disposição do artífice, sujeita ao aperfeiçoamento que lhe queira impor, *ad libitum*, o que obtém ao imprimir-lhe medida, número e ordem.

931 A perfeição da forma, quer dizer, a forma concluída, terminada, contendo número, medida e ordem.

[iii] ordem. E se o que é, a fim de que seja, possui medida, número e ordem, o nada, que não é, obviamente não tem nenhum dos três, nem medida, nem número, tampouco ordem. Logo, se fosse possível retirar de um dado objeto sua medida, restaria um objeto sem medida, embora possuísse número e ordem. Que seria isso, senão uma forma imperfeita, incompleta, dotada de algum número e alguma ordem, porém sem medida? O mesmo se poderia dizer de um objeto sem número ou sem ordem, embora retivesse algo dos restantes. Portanto qualquer objeto, ainda que não possua uma forma completa, que é a que possui concomitantemente medida, número e ordem, nada obstante essa forma será um bem, em alguma medida; e como bem só pode ter sua origem no Bem supremo, Deus. Isso, porque qualquer começo (*inchoatio*) de forma, por menor seja, ainda assim é algum bem, embora seja um bem menor do que a forma perfeita, acabada.

2,19,54,204. Movimento defectivo e carência absoluta

> **204.** A – [...] tendo sido completamente subtraído todo o bem, por certo não remanescerá algo, mas absolutamente nada. Porém todo bem existe a partir de Deus, logo nenhuma natureza existe que não exista a partir de Deus[932].

Se a forma, para ser perfeita, deve possuir medida, número e ordem, e se a forma que não os possui, embora sendo apenas um começo de forma, ainda assim é um bem, porque se diz existir a partir de Deus, o Bem supremo, depreende-se que aquilo que não existe está completamente desprovido dos três, medida, número e ordem, do que resulta sua consequente e absoluta carência de forma. Na verdade nem carece de forma, porque simplesmente deixa de ser, e aquilo que não é não pode carecer de coisa nenhuma, "sendo" a própria carência em si mesma, como antítese da plenitude que existe no Ser. Logo o bem de cada coisa é proporcional ao tanto de medida, número e ordem que possua, três coisas que, ao que parece, constituem a própria forma, em sua versão "completa". E assim uma forma só deixa de existir completamente se lhe subtraiam totalmente sua medida, seu número e sua ordem, depois do que resta apenas o nada, que se pode definir aqui, embora o autor não o faça, como uma ausência total de forma, mas também uma ausência total de medida, número e ordem, numa palavra, a própria ausência em si mesma, se se pode dizê-lo.

---

932 Cf. verbete *esse ex deo* no Léxico T-F.

Da criação ao defeito *ex nihilo*[933]

204. A – [...] Logo aquele movimento de aversão, que reconhecemos ser o pecado, visto que é um movimento *defectivo*, e todo *defeito* existe a partir do nada[934], vê bem a quem pertence, e não duvides de que não pertence a Deus!

Se o mal, que se chama também de "pecado", é um movimento de aversão do Bem comum e imutável e de conversão ao bem próprio e mutável, movimento cujo sentido é pervertido, tem-se que seja igualmente um movimento em direção ao nada, do Ser ao não ser, da Forma imutável e perfeita à ausência total de forma, do Número perfeito à ausência total de número, da Medida[935] absoluta e perfeita à mais completa desmedida ou ausência total de medida, da Ordem absoluta e perfeita à mais completa desordem ou caos. Porém Agostinho afirma algo aparentemente distinto, que o mal existe a partir do nada, como se o nada pudesse dar origem a algo. A expressão surpreendentemente é a mesma consagrada para dar conta da Criação de Deus do mais puro nada – *ex nihilo:* "todo defeito existe a partir do nada" (*omnis defectus ex nihilo*). Pois bem, daqui podem ser suscitadas ao menos duas questões das mais interessantes: primeira, compreender exatamente o que o filósofo quer dizer ao chamar esse movimento de aversão de "defectivo"; depois compreender de que modo ele pode ser dito existir a partir do nada, como se pelo nada houvesse sido criado[936].

Pois bem, ao citar pouco antes a passagem bíblica: "Tu és o mesmo e os teus anos não serão deficientes"[937], Agostinho, pretendendo interpretar a figura

---

933 Cf. 3,5,15,57.

934 Nesta passagem, assim como fez um pouco acima (2,17,46,176), Agostinho lança mão do neutro *nihilum*, em lugar do indeclinável *nihil*. Seja por que motivo o tenha feito, esse "nada" de que fala nesta passagem difere, ao menos gramaticalmente, do referido anteriormente. Na dúvida, apenas a fim de manter a aparente distinção, antecedeu-se *nihilum* de artigo definido, ao passo que *nihil*, do indefinido. Cf. verbetes *nihil* e *nihilum* no LÉXICO T-F.

935 Óbvio que se trata de uma "medida sem medida", uma medida em sentido impróprio, pois Deus é infinito. O mesmo se pode dizer dele enquanto a Forma perfeita, dadora de toda forma, mas ela em si mesma não sendo limitada de modo nenhum.

936 No caso da criação de Deus, resta claro que foi ele quem criou tudo, porém sem carecer de nenhuma coisa preexistente para fazê-lo, o que se depreende da expressão *ex nihilo*. Porém, no caso do defeito, não se diz que tenha sido criado por alguém a partir do nada, mas que ele mesmo, ao que parece, existe ou saiu do nada, como se saído do oco.

937 Cf. 2,17,45,172-174 (Sl 102,27/28).

problemática[938], sente necessário explicar logo em seguida o uso do verbo *deficio*, justificando que o profeta havia empregado a expressão "anos sem defeito" em lugar de "eternidade". Já o adjetivo que qualifica este movimento de aversão que aqui se discute, "defectivo" (*defectiuus*), cognato do verbo utilizado na citação sálmica, significa precisamente aquilo em que há algum "defeito" ou "deficiência", o que em latim comumente remete à imperfeição, no sentido de "ausência", "falta", "falha", "insuficiência", entre tais. Ao dizer que os anos de Deus não serão deficientes, ou seja, defectivos, está o profeta dizendo que não terão fim, que não acabarão nunca, sendo para sempre, o que poderia sem dúvida ter sido expresso de maneira mais franca pelo adjetivo "eterno" (*aeternus*). Logo o que não tem fim, por ser eterno, não tem defeito, não é deficiente, na expressão sálmica; e ao contrário, aquilo que tem fim, que deixa de ser ou de existir, que se extingue, isso sim tem defeito, ou seja, é deficiente[939]. Nesse sentido, pois, toda deficiência é ausência de ser, de existência (*esse*), o que implica consequentemente ausência de forma, e necessariamente de medida, de número e de ordem. Portanto o movimento de aversão, que é o pecado, e que Agostinho diz ser "defectivo", o é por ser um movimento de privação, de ausência, um movimento de afastamento da Plenitude que é o Ser; numa palavra, um movimento de deixar de ser, logo direcionado à extinção, ao limite imposto e determinado pelo fim, ao contrário dos "anos" de Deus que não serão deficientes, em sua eternidade sem fim. Portanto esse movimento defectivo é um movimento de deixar de ser cada vez mais até não ser completamente, cuja essência é o desfazer-se, e cujo contrário, é lícito supô-lo, seria um movimento "eficiente", ou "efectivo" (*efficio*)[940], que se pode compreender como um movimento de "vir a ser" cada vez mais, que se vai

938 Ao dizê-lo, quis o profeta seguramente dizer "anos sem fim". Contudo o "ano" é um intervalo de tempo determinado, que, como se sabe, corresponde a uma circunvolução em torno do Sol e ao tempo mensurável que a Terra gasta para fazê-lo. Ora, dizer "anos sem fim", mesmo que signifique, numa expressão de linguagem inofensiva, anos e mais anos, numa sequência que jamais terá fim, pressupõe-se com isso a inevitável passagem do tempo, o que é inadmissível quando se refere à eternidade de Deus. A figura usada pelo profeta é um oximoro, pois se é ano, é determinado, não podendo ser sem fim; por outra, se não tem fim, como pode ser chamado de "ano", que é medida de tempo?

939 *Deficiens* é particípio de *deficio* (*de-facio*), que significa, entre outros: "acabar", "ter fim", "morrer", "extinguir-se", mas também: "faltar", "ser insuficiente", "falhar", "estar desprovido ou carente de algo". Cf. verbetes *deficio, defectus, defectiuus, defectio* no LÉXICO T-F.

940 O v. *efficio* (*ex-facio*) significa: "fazer", "construir", "criar", "dar origem", "causar", "cumprir" etc. Obs.: preferiu-se a grafia "efectivo" – um paleoneologismo – mantendo o "c" mudo abolido na última reforma ortográfica, apenas para manter o paralelismo com seu contrário, "defectivo".

tornando progressivamente também um movimento "perficiente", ou "perfectivo" (*perficio*)[941], movimento de chegar ao fim, à completude, que em latim se diz precisamente "perfeição", e que o próprio Agostinho diz encontrar-se em tudo que tem medida, número e ordem, "porque em todo lugar em que elas existem, uma forma perfeita existe"[942]. Portanto o movimento defectivo é aquele movimento em que há ausência progressiva de forma, o que se traduz pela ausência progressiva de medida, de número e de ordem, até que se tenha um nada, pois "de onde tiveres subtraído esses três, nada absolutamente remanescerá".

Mas que quer dizer ao afirmar que todo defeito existe a partir do nada? Se Deus é o Ser supremo, que é Plenitude, o nada seria sua antítese, o defeito total, a mais absoluta ausência de ser. Se o movimento defectivo é um movimento de imperfeição, de ausência, não decorre disso que esse movimento, na medida em que é movimento, tenha sua origem no nada, pois o movimento deve ser alguma coisa, de onde deve necessariamente ser bom, pois tudo o que é tem sua origem em Deus, que é bom. Logo o que se origina do nada não pode ser o movimento em si, enquanto movimento, e sim o defeito, a ausência, o fim. Como um buraco negro que a tudo engole, o nada é o defeito absoluto, a ausência total, escuridão. E que é a escuridão, senão ausência daquilo mesmo que lhe pode eliminar, a luz? E assim, quanto mais distante da luz, menos exposto ao alcance da luz, e consequentemente mais próximo daquilo cujo nome é "escuridão", que na verdade não é, sendo talvez apenas um "distanciamento", por assim dizer, que provoca essa progressiva ausência da luz, até que se chegue ao afastamento total, à total ausência, que assim se diz apenas porque o homem tem necessidade de dar nomes às coisas, pois, sendo nada, nem deveria merecer um nome. Se a ausência de luz se diz impropriamente "escuridão", assim como a de som, "silêncio", ou a de movimento, "repouso", ou à de saúde, "doença", tem-se que o mínimo denominador comum entre todas essas "ausências", denominadas de modo impróprio pela necessidade da mente humana de inteligir o que não pode ser inteligido, não seja outro senão a própria "ausência", em si mesma, que se diz "defeito". Portanto, se se trata de um movimento, enquanto movimento é ainda algo de bom, contudo porque é um movimento de aversão, um deixar progressivamente de ser para não ser mais, esse averter-se, que se pode compreender como o trânsito do ser ao não ser, é que é a própria

941 O v. *perficio* (*per-facio*) significa: "concluir", "acabar", "completar", "chegar ao fim", "chegar à perfeição", "aperfeiçoar", "terminar" etc.

942 Cf. 2,19,54,203.

deficiência, que simplesmente não é, pois nela nada há de bom, sendo apenas a corrupção do bem que ainda remanescia no movimento.

Trânsito e defeito: movimentos contrários

No décimo segundo livro de *Confissões*[943], ao tratar da passagem da matéria informe à constituição de algo formado, que ainda não é, embora não seja um nada, para algo que é, quando então recebe uma forma, diz o filósofo que esse algo invisível e informe não se constitui em algo "deformado", e sim numa certa "privação de toda forma"[944]. Isso, porque, para que fosse possível conceber algo totalmente informe, seria preciso imaginar algo sem resíduo formal algum. Todavia a matéria invisível e informe é algo próximo ao nada, entre a forma e o nada[945], mas que não é nem formado, nem o nada[946], portanto um "quase-nada informe", ou algo "informe próximo ao nada"[947]. Ora, assim como no movimento defectivo que aqui se diz pecado, Agostinho descobre também ali que a própria mutabilidade é alguma coisa, pois, quando se passa de uma forma a outra forma, algo remanesce, algo que resta à dissolução de uma e ao surgimento da outra, algo que não é nem um nada, pois que é, nem alguma coisa, pois que não é formado. Esse algo é a própria mutabilidade. Com efeito, quando algo passa de uma forma a outra, uma decompõe-se e deixa de ser; a outra, se não existia, passa do não ser ao ser, mas se existia vem a ser algo distinto do que era, pois a forma que surge ainda não era o que veio a ser, de onde o que é passar a ser o que não era, num morrer e nascer contínuos, numa transformação, ou mutabilidade, que não é um nada, pois é alguma coisa, senão simplesmente não seria. Que seria então essa mutabilidade, senão um movimento (*motus*)? Um movimento de passagem, que Agostinho chama de "trânsito" (*transitum*)[948], que se define tecnicamente como sendo a "passagem de uma forma a outra por meio de algo informe"[949]. Estabelece-se assim um estatuto ontológico para essa espécie de movimento de passagem, esse *transitum* de uma forma a outra, que é a

---

943 *Conf.* 12,5,5.

944 *Conf.* 12,6,6: *"priuatione omnis formae"*.

945 *"Inter formam et nihil."*

946 *"Nec formatum nec nihil."*

947 *"Informe prope nihil."*

948 Particípio neutro do verbo *transĕō* (*trans* + *ĕō*): "ir além", "passar", "atravessar" etc.

949 *Conf.* 12,6,6: *"transitum de forma in formam per informe quiddam"*.

própria matéria informe, pois nem é, nem não é, sendo um "quase não ser", pelo que também um "quase ser". Essa matéria informe não é forma, nem espírito, nem corpo, apesar de ser matéria, é um movimento de transformação, de trânsito ou passagem de uma forma a outra. Assim, quando uma coisa se transforma, não deixa de ser, apenas deixa de ser o que era, abandonando uma forma para assumir outra; e nesse trânsito há algo que permanece, algo que torna possível a mudança sem que haja perda de identidade: o próprio "trânsito", que possibilita que uma dada forma assuma outra, como se a forma f_n da coisa se transmutasse em F_n, onde $_n$ seria a base de sustentação, por assim dizê-lo, aquele algo que permanece, possibilitando que um dado sujeito deixe uma forma para assumir outra.

Pois bem, assim como se compreende aquilo que restava na passagem de uma matéria invisível e informe a algo formado, e que se chamou de "trânsito" (*transitum*), como um movimento de transformação ou de passagem, de modo análogo pode ser compreendido o pecado, que é um movimento de aversão cujo defeito tem origem no nada. Porém o pecado é um movimento contrário ao trânsito, que vai do quase nada à forma, visto que o defeito faz seu percurso em sentido invertido, da Forma perfeita ao quase nada, e desse, presume-se, ao mais puro nada. De fato, se entre o que quase não é, por ser informe, e o que é, por ser formado, resta um movimento transformador eficiente (ou proficiente) chamado de "trânsito", do mesmo modo entre o Bem comum e imutável e o bem próprio e mutável resta também um movimento de passagem e transformação[950], porém antagônico ao trânsito, porque deficiente, que se chama de "pecado" ou "defeito". No entanto, ao contrário do trânsito, esse movimento de aversão não tem nenhum estatuto ontológico, visto que entre eles há uma distinção fundamental. De fato, se entre o quase nada e a forma há uma passagem perficiente para o ser, entre o ser e o nada, ao contrário, há um movimento deficiente, um movimento de deixar de ser. O trânsito é um movimento perfectivo, ao passo que o pecado, defectivo. O primeiro é um vir a ser; o outro, um deixar de ser. Ora, o vir a ser é perfazimento e aperfeiçoamento (*per + facere*) do que é e está caminhando para ser mais e mais até à perfeição (*per + factum*); o deixar de ser é apenas o desfazimento (*de + facere*) do que era, que perde sua perfeição, tendo sua medida, seu número e sua

---

[950] É sem dúvida um movimento de transformação, porque o pecador sofre detrimento em sua natureza ao pecar, avertendo-se do Bem comum e imutável e convertendo-se ao bem próprio e mutável.

ordem, de par com sua forma, progressivamente corrompidas ou desfeitas (*de + factum*). Por esse motivo, se o trânsito é alguma coisa, enquanto movimento, deveria possuir alguma medida, algum número e alguma ordem, ao passo que o movimento de aversão, defectivo e contrário ao trânsito, resta apenas um movimento de desfazimento da medida, do número e da ordem, e consequentemente de sua forma, uma perda progressiva até nada restar, não sendo mais.

Só é mau o que é bom: desfazimento

Em sua última década de vida[951], quando elaborava uma síntese da doutrina cristã para seu amigo Laurêncio, o manual acerca da fé, esperança e caridade[952], mais conhecido como o *Enchiridion*, ao repassar brevemente a questão do mal[953], Agostinho explicava que uma doença, por exemplo, só existe na corrupção da natureza que deveria estar sã, não sendo uma substância em si mesma, apenas um "vício" ou "defeito" nela[954]. De fato, a carne é que é a substância, a qual é sem dúvida boa, sendo a doença apenas uma ausência da sua sanidade, numa palavra, uma privação do bem que a carne saudável seria em si mesma[955]. Isso se explica, dizia o filósofo, porque, embora todas as coisas fossem boas, não eram suprema tampouco inalteravelmente boas, assim como seu Criador. O bem das criaturas poderia aumentar ou decrescer, porém não ausentar-se por completo, do contrário as criaturas deixariam de existir. Assim não haveria corrupção nenhuma, se não houvesse bem nenhum, pois toda corrupção é corrupção de um bem, que deve existir para que possa ser corrompido. Se, por outro lado, não houvesse numa dada natureza nada a ser corrompido, admitindo sua existência, o que lhe restaria seria supremamente bom, pois seria então incorruptível[956]. Decorreu disso uma conclusão tão surpreendente quanto paradoxal, a rezar que coisa alguma, a não ser que fosse boa, poderia ser má[957]. Deste modo não apenas os males podem coexistir com os bens, como tampouco podem existir senão neles, embora sem dúvida existam bens sem males. De fato, pondera o filósofo, referindo-se à criação do

951 *C.* 422 d.C.

952 As célebres três virtudes teologais (cf. 1Cor 13,13): "πίστις, ἐλπίς, ἀγάπη".

953 *Ench.* 4,13.

954 *Ibid.*: "*Non enim ulla substantia, sed carnalis substantiae uitium est uulnus aut morbus*".

955 *Ibid.*: "*...priuationes eius boni quod dicitur sanitas*".

956 *Ibid.*: "*Si naturae aliquid remanebit quod iam corrumpi nequeat, profecto natura incorruptibilis erit*".

957 *Ibid.*: "*Non igitur potest esse malum nisi aliquod bonum*".

homem, não havia no princípio nenhuma outra natureza senão a boa, corruptível ou não, que pudesse ser corrompida: não havia senão homens e anjos, cujos desejos se perverteram, desejos que na origem eram bons; portanto, nada que se tornasse mau, senão bens.

Se nenhum mal é possível onde não há bem, nem corrupção, onde nada de bom há para ser corrompido, depreende-se igualmente que o defeito não pode ser senão um movimento de corrupção do próprio bem. De fato, por ser um movimento de aversão do Bem comum e imutável aos bens próprios e mutáveis, vê-se que é uma passagem do que é mais ao que é menos, de modo progressivo, até ao que simplesmente não é, pois o Bem comum é a Plenitude do Ser, ao passo que os bens mutáveis nem são de fato, senão de modo temporal e especioso, visto indefectivelmente fadados ao não ser. Ora, nesse movimento defectivo o que era mais se torna menos, possuindo menos ser a cada vez, o que se explica pela corrupção do ser de si, numa palavra, pela corrupção do seu bem. E se o pecado é um movimento deficiente, não o é enquanto movimento, como se disse, mas apenas enquanto deficiência, ausência, desfazimento. Mas se é um movimento entre bens, do Bem eterno aos bens temporais, indaga-se ainda uma vez por que motivo é que se deve compreendê-lo como um movimento defectivo? Simplesmente porque é um movimento para o nada, do Ser pleno para o defeito total, como todas as coisas mutáveis, que, embora sejam bens e possuam uma forma completa, cada qual em seu gênero particular, com medida, número e ordem, pelo fato de não serem imutáveis, destinam-se inexoravelmente a deixar de ser. E mais, diz o filósofo que o defeito se origina a partir do nada (*ex nihilo*), porque o defeito é ausência e imperfeição, que não pode ter origem na perfeição, sendo antes uma corrupção dela. E se o nada não existe, assim como a treva, que é ausência de luz, ou a doença, que é a corrupção da saúde, o defeito é a corrupção do bem, cuja origem se diz ser o nada apenas de modo deficiente, não eficiente. O nada não é o criador "eficiente" do defeito, pois o defeito só se diz existir de modo impróprio, como o deixar de ser se diz alguma coisa, sendo apenas o movimento de desfazimento, desfazimento de uma forma mais perfeita para uma menos perfeita, em direção ao nada. Na verdade o defeito não têm existência, e por isso é que Agostinho diz que tem origem no nada, porque é apenas ausência do que existe, e a ausência é apenas uma falta de presença, como o nada é a ausência do ser. Logo o nada como origem do defeito só se diz de modo impróprio, porque nem um nem outro são.

Defeito voluntário: autonomia

204. A – [...] Contudo aquele defeito, visto que é voluntário, está posto[958] em nosso poder. E se o temes, convém que não o queiras; e se não o quiseres, não existirá[959].

Se o movimento de aversão do Bem comum e imutável ao bem próprio e mutável, que se chama pecado, é um movimento da vontade, conclui-se que esse movimento é livre. E se é livre, basta deixar de querê-lo para que deixe de ser movimento, deixando de ser. Ninguém quer o nada, não apenas porque o nada não é, mas porque ninguém quer deixar de ser. Logo basta não querer o nada, para que se o evite, obtempera de modo ingênuo Agostinho. Diz-se "ingênuo", porque, se para o filósofo deste livro segundo basta não querer para não cair, para não se deixar arrastar pelo movimento de aversão que é o pecado, ainda que para o movimento inverso, para subir ou converter-se para o Bem imutável e comum, que é Deus, será preciso algo mais, como ficará patente no parágrafo a seguir (§205), para o pensador maduro, contudo[960], sem a Graça de Deus nem mesmo o defeito poderá ser evitado. Neste passo, dizer que basta não querer o defeito significa dizer que é suficiente não querer averter-se do Bem comum e imutável, Deus, convertendo-se em sentido contrário, ao nada, para além dos bens mutáveis e próprios.

2,19,54,205-206. O movimento defectivo é voluntário, o perfectivo, não

205. A – Portanto que é mais seguro do que estar numa vida onde não te possa sobrevir aquilo que não queres? Mas, visto que não pode, assim como caiu o homem de maneira espontânea[961], assim também soerguer-se[962]...

---

958 Seria possível ainda compreender a locução *positus est* como passiva: "foi posto", o que se coaduna perfeitamente com a ideia criacionista, embora destoe um tanto do sentido da passagem.

959 Isto é, se se receie este movimento de aversão, o melhor é não nutrir desejos por ele, não desejar averter-se de Deus; porque, se isso for feito, se não se entregar ao movimento de aversão, ele então simplesmente deixará de existir.

960 *Confissões* são um exemplo extraordinário disso, constituindo-se um verdadeiro hino de louvor e reconhecimento da Graça divina e de sua necessidade na obra do bem.

961 Traduz o latim *sponte*, "de livre e espontânea vontade", sem ser coagido (*cogente nullo*).

962 Provavelmente a passagem mais importante da obra até aqui, de maneira um tanto enigmática, padece de uma sintaxe suspeita. Na edição de *Corpus Christianorum Series Latina* (*CCSL*), supratraduzida de modo suficientemente literal, a conjunção causal *quoniam* antecede o advérbio de negação *non*, que parece estar mal colocado ou em posição dúbia. Já a edição beneditina, adotada pela Bibliothèque Augustinienne, traz o seguinte texto (aparentemente emendado): *sed quoniam non sicut homo sponte cecidit, ita etiam sponte surgere potest...*, que pode ser traduzido do

Para não incorrer em pecado, deixando-se arrastar pelos corcéis indisciplinados do movimento defectivo, bastava, por ora, apenas e tão somente querer, querer não querer averter-se do Bem comum e imutável e converter-se aos bens privados e mutáveis, permitindo que a vontade fosse submetida a picadas de espora e guiada com severidade pelas hirtas rédeas da razão, ecoando o que se disse ao longo do livro primeiro, onde nada mais que o querer parecia ser necessário[963]. Logo esse movimento defectivo, que se diz "pecado", está totalmente sob o controle da vontade, visto que a alma peca apenas se quiser, se não quiser, não peca. Porém o movimento perfectivo de retorno ao Bem comum e imutável, ao contrário do que se admitia no primeiro livro[964], já não depende mais somente da vontade, nem mesmo da vontade boa. Pois, diz textualmente o filósofo, não pode mais o homem soerguer-se de modo espontâneo, o que equivale a dizer, por sua própria e livre vontade, esse mesmo que caiu de modo livre e espontâneo, não tendo que acusar senão a si mesmo.

Se a obra terminasse com a pergunta retórica: "Que é mais seguro do que estar numa vida onde não te possa sobrevir aquilo que não queres?", é possível a história do pensamento ocidental tivesse tido outros desdobramentos, pois seria difícil imaginar como Agostinho poderia ter feito sua defesa contra as invectivas de Pelágio e de seus epígonos como o fez, tendo obtido a palma da vitória para sua doutrina da Graça. E por que motivo teria Agostinho havido por bem dizer que o homem não mais podia soerguer-se por sua livre iniciativa (*sponte sua*), do mesmo modo como havia caído também por sua iniciativa livre? Por que não mais seria capaz de converter-se para o Bem comum e imutável, avertendo-se dos bens próprios e mutáveis? Que força o estaria impedindo? Se a vontade é um movimento, que em sua origem é bom, visto ter sido dado por Deus, constituindo-se um bem médio, apto tanto para fazer o bem quanto para fazer mal, ou seja, capaz de converter-se ou averter-se, seja para o imutável, seja em sentido contrário, para o

---

seguinte modo também literal e sem a influência da pontuação: "Mas visto que não assim como o homem de modo espontâneo caiu assim também de modo espontâneo pode erguer-se", mais próxima sem dúvida da sintaxe comumente utilizada pelo autor, que prefere iniciar com o advérbio de negação a principal, que se completa apenas depois da subordinada intercalada. Seja qual for a versão que se adote, a ideia resta clara: embora o poder esteja na vontade, o homem não pode mais reerguer-se por sua livre e espontânea vontade, depois de ter caído de sua condição original, também de livre e espontânea vontade.

963 Cf. 1,12,26,86-87: *"uelle solum opus est"*.

964 *Ibid.*: "De fato, que coisa está tão situada na vontade como a própria vontade? [...] boa vontade [...] que, embora seja um bem tão grande, para que seja possuída é necessário somente querer?".

mutável, por que motivo não mais poderia lograr esse soerguimento? Se a vontade pode praticar o bem, por natureza, visto ser um bem médio, por que não poderia fazê-lo mais, convertendo-se para o Bem, movimento que nesta direção ascendente deixaria de ser defectivo, tornando-se de imediato perfectivo? Deixou acaso a vontade de ser vontade? Deixou esse bem médio de ser médio? Agostinho não o diz ainda, mas o fará no terceiro livro, e ainda mais em obras futuras, ao defender a Graça de Deus contra os pelagianos. Ao escolher livremente averter-se do Bem comum e imutável e converter-se ao bem próprio e mutável, movimento esse defectivo, o homem corrompe sua natureza boa, deixando doravante de ser capaz de soerguer-se por suas próprias faculdades. O que faz todo sentido, diante do que ficou dito até aqui, pois, se o pecado é um movimento defectivo escolhido livremente, ao converter-se para os bens próprios, afastando-se do Ser pleno e supremo, o homem "desfaz" (*de + facere*) progressivamente a natureza original de sua vontade, corrompendo a faculdade boa que Deus lhe deu ao criá-lo[965]. Logo, se a aversão da vontade é um movimento deficiente, que literalmente "desfaz" a natureza boa de seu amo, nada mais coerente que ela, ao converter-se livremente para o defeito, avertendo-se da Perfeição do Ser, onde e quando era boa e plena, torne-se progressivamente mais e mais defectiva, tanto mais defeituosa quanto mais se afaste do Bem comum e imutável e mais se aproxime dos próprios e mutáveis. E se fosse possível ir além, deixaria totalmente de ser, precipitando-se no nada, que se diz defeito, a escuridão absoluta da ausência do Bem, e com ele, de tudo o que existe.

Recriação gratuita

No entanto, se a conversão da vontade para os bens próprios e mutáveis, que se chama pecado e é um movimento defectivo, foi obviamente livre, o movimento inverso, que se pode chamar de "perfectivo", o qual poderia operar a restauração da natureza de seu bem corrompido, não poderá ser "efetivado" sem a ajuda daquele que lhe havia dado o bem no princípio, em seu estado incorrupto, pois somente Deus é que tem o poder para criar bens, e sobretudo para recriar o bem destruído pelo homem, o que faz de modo gratuito por intermédio de um outro dom, como explica Étienne Gilson:

> Se se quiser, pode-se dar a todos os dons de Deus o nome de "Graça", visto que eles todos são gratuitos [...], mas trata-se aqui do dom especial por

[965] Trata-se aqui do homem pré-lapsário, não da progênie adâmica (cf. 3,18,52,177).

meio de que Deus restitui ao homem caído aquilo que ele perdeu através de sua queda. Adotado como filho de Deus e irmão de Jesus Cristo no momento da criação, o homem perdeu esta qualidade por meio do pecado. Desde então nada do que ele faz, mesmo com o concurso universal de Deus, sem o qual ele cessaria de ser, tem o menor valor aos olhos de Deus. Para que seus atos recobrem um valor qualquer de mérito, é preciso que o próprio Deus lhes restitua esse valor, o que ele faz por meio da Graça, em virtude dos méritos de Jesus Cristo[966].

Pela Graça, portanto, que tem um caráter sobrenatural, a natureza do homem é restaurada a seu estado original de antes da queda adâmica, restauração essa que não depende mais do homem, que não pode ser atribuição sua, como explica Gilson[967]. Logo necessária se faz uma "recriação", a fim de que a criação original seja restaurada, pois só Deus pode dar novamente o que o homem perdeu livremente[968].

A destra de Deus

205. A – [...] agarremos com uma *fé* firme, esperemos com uma *esperança* segura e anelemos com uma *caridade* ardente[969] a destra de Deus estendida do alto, isto é, nosso Senhor Jesus Cristo! Entretanto, se ainda pensas que se deve investigar algo acerca da origem do pecado de modo mais diligente[970], isso deve ser diferido para uma outra disputa.

Quem, senão a destra de Deus, o mediador, Jesus Cristo[971], haveria de restaurar a criatura, prestando auxílio à sua vontade, tornada espontaneamente

966 Étienne Gilson, *Introduction à L'Étude de Saint Augustin*. Paris: Librarie Philosophique J. Vrin, 1987, p. 198-199.

967 *Id. ibid.* Cf. cap. III – "La liberté chrétienne", p. 185-216, esp. subcap. II – "Le péché et la grace".

968 Cf. *En. in ps. 26* 2,17: "Ora, porque recebeste o livre arbítrio, como que presumes saber de onde vens; mas não presumas de ti, pois se te abandonar, sucumbirás no próprio caminho: tombarás, perder-te-ás, estacionarás. Dize-lhe, pois: Deste-me sem dúvida a vontade livre, mas sem ti meu esforço é nada. Sê meu auxílio! Não me abandones! Não me desprezes, ó Deus, minha salvação! [Sl 21,5] Pois tu, que edificaste, auxilias; tu, que criaste, não abandonas!".

969 Ref. às virtudes teologais (1Cor 13,13): 1. fé firme, 2. esperança segura, 3. caridade ardente.

970 Em alguns manuscritos há o seguinte adendo: "Pois absolutamente eu, de minha parte, já não penso ser necessário..." [*nam omnino ego iam opus esse non arbitror*]. Se esta passagem está correta, é lícito concluir que Agostinho não pretendesse seguir adiante, esforçando-se para compor um árduo e delicado terceiro livro.

971 Cf. *Conf.* 10,43,67: "Quem haveria eu de encontrar, que me pudesse reconciliar contigo? Ambicionaria eu ir ter com os anjos? Por meio de que súplica? Por quais ritos sagrados? [...] No

defectiva, a fim de que pudesse, efetivada (*effecta*) e aperfeiçoada (*perfecta*), com o subsídio imprescindível da Graça de Deus, soerguer-se novamente, o que equivale a dizer converter-se para o Bem imutável e comum, avertendo-se dos bens mutáveis e próprios? Por mais interessante e frutífera, essa questão ainda não estava suficientemente madura, o que só o tempo e o adubo pelagiano dariam conta de fazer. Todavia, se dependesse do filósofo, ao menos a questão da origem dos pecados parecia estar solucionada: Deus absolutamente isentado de qualquer resquício de responsabilidade maniqueísta e o mal devidamente atribuído à liberdade pervertida do homem. Evódio, porém, embora aquiesça ao pedido de postergação por parte de seu amigo e mestre, deixa claro que ainda não estava satisfeito, pois todo movimento deve ter uma origem, cuja causa era ainda motivo de grande inquietação intelectual.

206. E – [...] eu não concedo que reputes que isso já tenha sido até aqui suficientemente investigado.

Com efcito, se o mal é o movimento defectivo de aversão do Bem imutável e comum e conversão para os bens privados e mutáveis, sabendo-se que nenhum movimento se inicia sem uma causa que lhe dê curso, restava ainda indagar da origem desse movimento, da causa da causa, por assim dizê-lo, pois ninguém quereria averter-se, seja de onde fosse, ou converter-se, seja para onde fosse, sem que se pusesse a querer. Portanto seria preciso seguir adiante, investigando, porém num outro livro, que só seria concluído por volta do ano 395, quando Agostinho era já bispo coadjutor de Hipona[972].

FIM DOS COMENTÁRIOS AO LIVRO SEGUNDO

---

entanto, importava que o mediador entre Deus e os homens [1Tim 2,5] possuísse algo semelhante a Deus, e algo semelhante aos homens, a fim de que não fosse semelhante aos homens numa e noutra coisa e ficasse longe de Deus, ou que fosse numa e noutra semelhante a Deus e ficasse longe dos homens, e desse modo não fosse um mediador [...]".

972 O bispo Valério morreria em 396, ano provável da consagração de Agostinho como bispo titular de Hipona. É muito provável que o *L.A.* tenha sido concluído um pouco antes, quando Agostinho era ainda o bispo coadjutor. Seja como for, como coadjutor ou titular, ele estava bastante amadurecido em relação ao neófito que escreve os primeiros dois livros desta obra, como se verificará facilmente no livro terceiro.

Conheça mais livros da coleção:

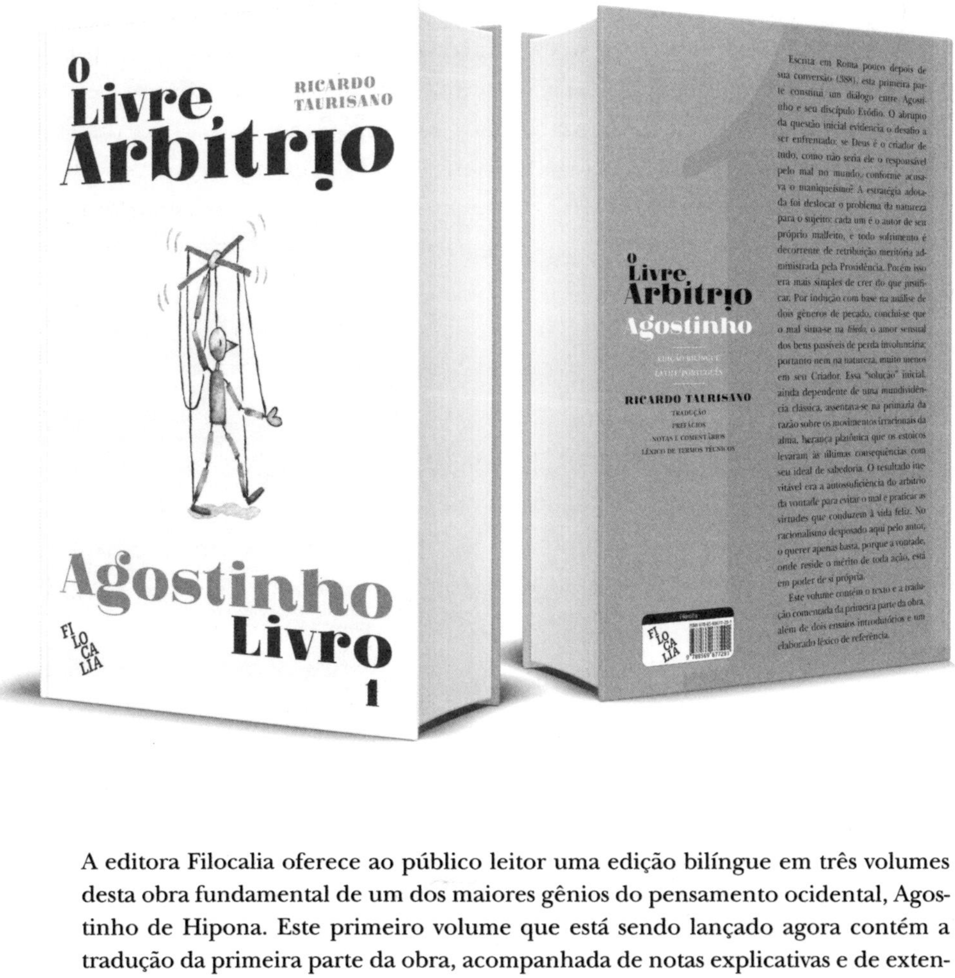

A editora Filocalia oferece ao público leitor uma edição bilíngue em três volumes desta obra fundamental de um dos maiores gênios do pensamento ocidental, Agostinho de Hipona. Este primeiro volume que está sendo lançado agora contém a tradução da primeira parte da obra, acompanhada de notas explicativas e de extensos comentários para cada parágrafo, além de dois ensaios introdutórios e de um léxico de referência com centenas de verbetes. Os volumes restantes contendo as respectivas traduções anotadas e comentadas das segunda e terceira partes da obra serão lançados logo na sequência.

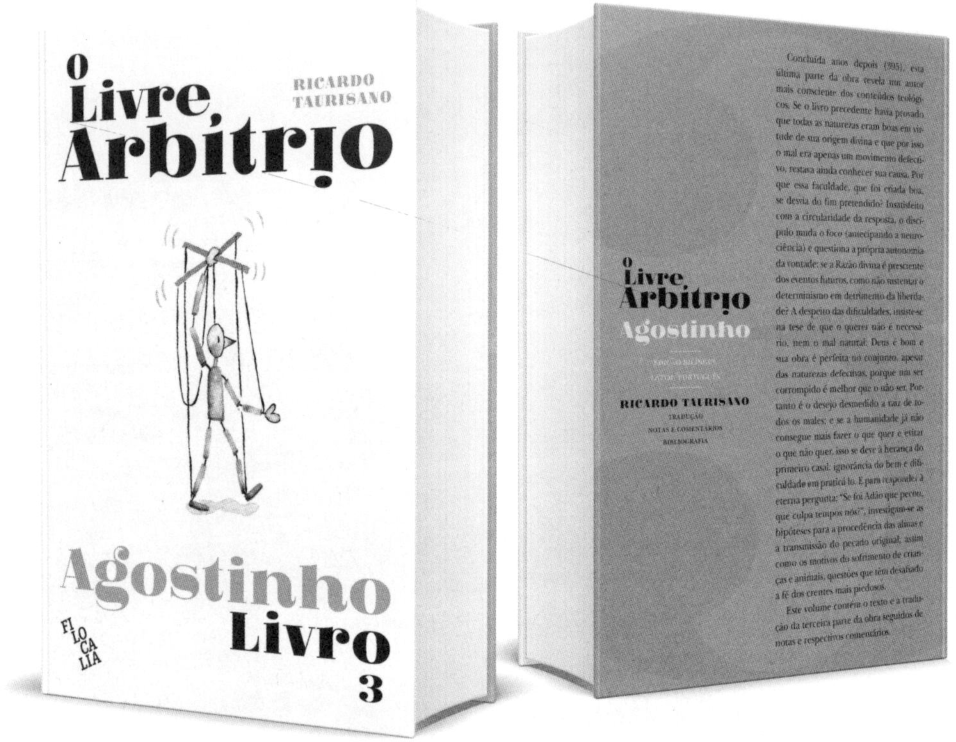

A terceira e última parte de *O Livre Arbítrio* encara mais diretamente o problema de saber como o mal – mesmo não consistindo, como visto, em ser – afinal de contas ocorre. O que faz a vontade desviar da bondade original? Como evitar a conclusão de que nossos atos, inclusive os maus, estão determinados, uma vez que eles são conhecidos de antemão por alguém, isto é, por Deus? Agostinho esclarece que herdamos do primeiro casal humano o desconhecimento do bem e a dificuldade em exercê-lo. No desequilíbrio do desejo é que se situa a raiz do caráter conflituoso da vontade. Esse pecado original, transmitido de Adão até nós, esclarece por que o sofrimento não se restringe a seres conscientes maduros, mas alcança também crianças e animais; e levanta a pergunta, por outro lado, sobre como e de onde procedem as almas particulares.

O Livre Arbítrio

Agostinho